Jana Kärgel (Hrsg.)
»Sie haben keinen Plan B«

Schriftenreihe Band 10151

Jana Kärgel (Hrsg.)

»Sie haben keinen Plan B«
Radikalisierung, Ausreise, Rückkehr –
zwischen Prävention und Intervention

Bonn 2017

© Bundeszentrale für politische Bildung
Adenauerallee 86, 53113 Bonn

Diese Veröffentlichung stellt keine Meinungsäußerung der Bundeszentrale für politische Bildung dar. Für die inhaltlichen Aussagen tragen die Autorinnen und Autoren die Verantwortung.

Die Inhalte der zitierten Internetlinks unterliegen der Verantwortung der jeweiligen Anbieter. Für eventuelle Schäden und Forderungen können die Bundeszentrale für politische Bildung sowie die Autorinnen und Autoren keine Haftung übernehmen.

Projektkoordination: Jana Kärgel
Redaktion: Eik Welker und Jana Kärgel
Lektorat: Verena Artz

Umschlaggestaltung und Satzherstellung: Naumilkat – Agentur für Kommunikation und Design, Düsseldorf
Umschlagfoto: © Jamie Brown/EyeEm
Druck: Druck- und Verlagshaus Zarbock GmbH& Co.KG, Frankfurt/Main

ISBN 978-3-7425-0151-6

www.bpb.de

Inhalt

HANNE WURZEL
Vorwort — 9

JANA KÄRGEL
Einleitung — 14

Teil I

Bestandsaufnahme und Grundlagen — 27

BRITTA VON DER HEIDE
Ein Sommer im Dschihad: Die Geschichte eines »IS«-Aussteigers — 29

PETER R. NEUMANN
Was wir über Radikalisierung wissen – und was nicht — 42

PATRICK FRANKENBERGER
Radikalisierungsfaktor Internet?
Jugendliche im Fokus dschihadistischer Propaganda — 57

BEHNAM T. SAID
Ausgereist – und dann? Deutsche im Dschihad-Gebiet — 68

HOLGER MÜNCH
Radikalisierung, Ausreise, Rückkehr – Lage und
Handlungserfordernisse — 84

GERWIN MOLDENHAUER
Rückkehrerinnen und Rückkehrer aus der Perspektive der Strafjustiz — 96

JANUSZ BIENE / JULIAN JUNK
Salafismus und Dschihadismus
Konzepte, Erkenntnisse und Praxisrelevanz der
Radikalisierungsforschung — 115

Inhalt

Teil II

Radikalisierungsprävention in der Praxis – Erfahrungen aus dem europäischen Ausland 129

HANS BONTE / JESSIKA SOORS (INTERVIEW)
Von der »Dschihadisten-Hochburg« zum Vorbild
Die Erfolge der belgischen Stadt Vilvoorde in der
Radikalisierungsprävention 131

PAUL THOMAS
Im Wandel begriffen und doch umstritten: »Prevent«,
die Anti-Terrorismus-Strategie Großbritanniens 142

FARHAD KHOSROKHAVAR
Deradikalisierung in Frankreich 155

PREBEN BERTELSEN
Der Kampf gegen gewaltbereiten Extremismus: Das Aarhus-Modell 173

Teil III

Radikalisierungsprävention in der Praxis – Erfahrungen aus Deutschland 195

KATJA SCHAU / JOACHIM LANGNER / MICHAELA GLASER / CARMEN FIGLESTAHLER
Demokratiefeindlichem und gewaltorientiertem Islamismus begegnen
Ein Überblick über Entwicklungen und Herausforderungen eines
jungen pädagogischen Handlungsfeldes 197

MICHAELA GLASER
Rechtsextremismus und islamistischer Extremismus im Jugendalter –
Gemeinsamkeiten und Spezifika der pädagogischen Handlungsfelder 212

CLAUDIA DANTSCHKE (INTERVIEW)
Die Rolle der Angehörigen in der Radikalisierungsprävention   227

ANDRÉ TAUBERT / CHRISTIAN HANTEL
Intervention durch Beratungsstellen
Die Arbeit der Beratungsstellen zu religiös begründetem
Extremismus   238

MICHAEL KIEFER
Prävention gegen neosalafistische Radikalisierung in Schule
und Jugendhilfe
Voraussetzungen und Handlungsfelder   252

KURT EDLER
Mit radikalisierten Jugendlichen diskutieren   262

GÖTZ NORDBRUCH
Präventionsarbeit: Alternativen zu salafistischen Angeboten aufzeigen   274

SILKE BAER
Mädchen im Blick: Genderreflektierte Präventionsarbeit   287

SAMY CHARCHIRA
Möglichkeiten der Einbindung muslimischer Institutionen und
Moscheegemeinden in die Radikalisierungsprävention   303

DIANA SCHUBERT
Netzwerkarbeit vor Ort: Ein Praxisbeispiel aus Augsburg   319

ÖNAY DURANÖZ
Radikalisierung und Rückkehr als Themen des
Jugendquartiersmanagements in Dinslaken   331

HUSAMUDDIN MEYER
Gefängnisse als Orte der Radikalisierung – und der Prävention?   346

THOMAS MÜCKE
Pädagogische Ansätze zur Deradikalisierung im Bereich
des religiös begründeten Extremismus   361

Inhalt

HOLGER SCHMIDT / MEHLIKE EREN-WASSEL / JOHANNES SCHWARTZKOPF /
INA BIELENBERG / MICHAEL KIEFER / HANNE WURZEL
Möglichkeiten und Grenzen der politischen Bildung in der
Radikalisierungsprävention – eine Diskussionsrunde   375

Die Autorinnen und Autoren dieses Bandes   405

Hanne Wurzel

Vorwort

Im Herbst 2017 ist es ruhig geworden um das Thema Ausreisen nach Syrien. Die Zahl stagniert seit dem Sommer bei ca. 940 Personen, die Deutschland in Richtung Syrien und Irak verlassen haben. Ähnlich verhält es sich mit Rückkehrerinnen und Rückkehrern aus dem syrischen Kriegsgebiet: ca. ein Drittel der Ausreisenden ist mittlerweile nach Deutschland zurückgekehrt, auch diese Zahl stagniert.

Ganz anders noch vor zwei Jahren: Die Pariser Anschläge vom November 2015 lagen erst wenige Wochen zurück. Fast täglich gab es Meldungen über junge Menschen, die nach Syrien ausgereist waren, um sich dort dem sogenannten Islamischen Staat (IS) oder anderen dschihadistischen Gruppierungen anzuschließen. Zur gleichen Zeit häuften sich aber auch die Meldungen über diejenigen, die von dort zurückkehrten: Junge Männer und Frauen, manche womöglich hoch ideologisiert, andere traumatisiert oder desillusioniert, die sich mit ihrer Ausreise in ein dschihadistisches Kampfgebiet strafbar gemacht hatten. Damit sind sie ein Fall für die Sicherheitsbehörden, für die Strafverfolgung und womöglich für psychologische Betreuung und Ausstiegsberatung, aber kein Thema für die politische Bildung – oder doch?

Eine Frage, die uns im Fachbereich »Extremismus« der Bundeszentrale für politische Bildung in diesen unruhigen Wochen – auf die Pariser Anschläge folgten wenig später viele weitere, unter anderem in Istanbul und Brüssel – nicht mehr losließ. Sie begann mit der Überlegung, dass die Rückkehr junger Menschen aus einem dschihadistischen Kampfgebiet längst nicht nur sie selbst und die Sicherheitsbehörden betrifft. Sie werden – früher oder später – in ihren Alltag zurückkehren, werden wieder in dieser Gesellschaft leben, werden Familien, früheren Bekannten und Freunden, aber auch anderen Menschen begegnen. Viele Fragen drängen sich dabei auf: Wie sollen Eltern damit umgehen, wenn ihr Kind wieder vor ihnen steht? Wie Geschwister und frühere Freunde? Können und sollen Lehrkräfte eine Rückkehrerin einfach in ihre Klasse integrieren oder riskieren sie, dass diese womöglich andere Schülerinnen und Schüler indoktriniert oder von diesen als »Heldin« gefeiert wird? Und wie sollen Ausbildungsbetriebe reagieren? Ähnliche Fragen stellen sich womöglich auch

Mitarbeiterinnen und Mitarbeiter in Jugendzentren, Moscheegemeinden und Sportvereinen, wenn eine solche Begegnung bevorstehen könnte oder tatsächlich eintritt. Wer kann ihnen helfen? Vielleicht finden sie Unterstützung bei einer Beratungsstelle, vielleicht stehen sie im Austausch mit den Sicherheitsbehörden, vielleicht aber muss ein Psychologe hinzugezogen werden, um die Geschehnisse mit dem Rückkehrer oder der Rückkehrerin aufzuarbeiten.

Je länger unsere Überlegungen dauerten, desto größer wurde der soziale Nahraum, der von der Rückkehr eines jungen Menschen potenziell betroffen sein könnte. Es betrifft Menschen in Wolfsburg und Dinslaken genauso wie in Hamburg, Bonn, Berlin oder Stuttgart. Legen wir die Statistik der Sicherheitsbehörden zugrunde, gibt es mehr als 300 soziale Nahräume, in die junge Menschen zurückgekehrt sind und deren Akteure auf vielfältige Unterstützung angewiesen sind. Nicht immer geht es dabei um Fragen des direkten Umganges mit dem Rückkehrer oder der Rückkehrerin, um ideologische Konfrontationen oder um theologische Debatten: Viele Akteure des sozialen Nahraums trifft das Thema vollkommen unvorbereitet, ihre Fragen sind sehr viel grundsätzlicher. Es fehlt an Detailwissen über Radikalisierungsprozesse, die salafistische Ideologie, Dschihadismus und vieles andere, um die Lebenswelt des Rückkehrers verstehen zu können. Fehlendes Wissen führt unmittelbar zu Unsicherheit im Handeln.

Wissen vermitteln, Prozesse der Meinungsbildung initiieren, kritisches Denken fördern, Handlungssicherheit und Partizipationsmöglichkeiten schaffen ... Ist nicht genau dies das »Kerngeschäft« der politischen Bildung? Sind Rückkehrerinnen, Rückkehrer und ihr sozialer Nahraum also womöglich doch ein Thema für die politische Bildung?

Wir wollten es herausfinden. In einem eintägigen Fachgespräch versuchten wir, aus den Erfahrungen der Teilnehmenden – vom Jugendquartiersmanager über den Gefängnisseelsorger bis hin zur Lehrerin – zu lernen und daraus mögliche »Arbeitsaufträge« für die politische Bildung abzuleiten. Mit Erfolg. So wurde beispielsweise die Vermittlung von Fachwissen zu Radikalisierung, Islamismus, Salafismus und Extremismusprävention als eines der zentralen Arbeitsfelder ausgemacht – eine Aufgabe, die verschiedenste Träger der politischen Bildung über Projekte mit Jugendlichen, Fachtage, Publikationen und Fortbildungen bereits seit Längerem gewährleisten. Speziell mit Blick auf die Bundeszentrale für politische Bildung hieß es, sie könne künftig die Rolle eines »Netzwerk-Moderators« übernehmen: Mit ihrer bundesweiten Strahlkraft und Unvoreingenommenheit beim Thema sei sie bestens geeignet, das breite Spektrum der beteiligten Akteure um sich zu versammeln und so beispielsweise Sicherheitsbehörden und Sozialarbeiter miteinander ins Gespräch zu bringen. Letztlich gehört auch die vorliegende Publikation zum »Arbeitsauftrag« des Fachgesprächs: das gewonnene Wissen zum Thema aus unterschiedlichen Perspektiven möglichst vielen Menschen zugänglich zu machen.

Das Fachgespräch zeigte uns aber noch etwas anderes, nämlich dass wir unseren Blick keinesfalls auf das Problem der Rückkehrerinnen und Rückkehrer verengen dürfen, nur weil diese gerade »in aller Munde« sind. Vielmehr geht es darum, noch einmal einen Blick zurückzuwerfen und zu der trivialen und doch wichtigen Erkenntnis zu gelangen: Wer Rückkehrer ist, der muss vorher ausgereist sein, und wer zu einer Ausreise bereit ist, der muss vorher einen Prozess der Radikalisierung durchlaufen haben.

Hier müssen wir ansetzen, denn: Junge Menschen und ihren sozialen Nahraum bereits im Vorfeld oder am Beginn eines solchen Radikalisierungsprozesses mit verschiedensten Angeboten politischer Bildung direkt vor Ort zu erreichen versuchen, darin besteht die eigentliche Kernkompetenz unserer Profession.

Die Entwicklungen der letzten Monate bestätigen unsere Überlegung, sich nicht ausschließlich auf Rückkehrerinnen und Rückkehrer zu konzentrieren: In Syrien ist der »IS« auf dem Rückzug, Ausreise- und Rückkehrerzahlen stagnieren seit einiger Zeit. Längst hat der »IS« seine Strategie angepasst und rät seinen Anhängerinnen und Anhängern, in ihren Ländern zu bleiben und vor Ort Anschläge mit wenig Aufwand und großem Effekt zu verüben, etwa mit Küchenmessern oder Fahrzeugen. Auch der Zuzug Hunderttausender Geflüchteter wirft neue Fragen und Herausforderungen auf, z. B. die Befürchtung, dass unter ihnen »IS«-Anhänger sein könnten, die mit einem »Auftrag« nach Deutschland geschickt wurden. Entsprechend groß ist auch die Verunsicherung unter ehren- und hauptamtlichen Flüchtlingshelferinnen und -helfern: Wie können sie erkennen, ob sich einer ihrer »Schützlinge« radikalisiert oder erste Anzeichen dafür zeigt? Was ist in so einem Fall zu tun?

Die Situation mag heute eine andere sein als noch vor zwei Jahren, die Fragen sind aber nicht weniger drängend. Der hohe Bedarf an Wissen, Praxiserfahrungen und Vernetzung auf Bundes- und Landesebene hat den »Infodienst Radikalisierungsprävention« entstehen lassen, eine weitere wichtige Säule unserer Arbeit in diesem Themenfeld. Dabei handelt es sich um ein Online-Informationsangebot, bestehend aus einer Website mit Fachtexten (von denen einige Teil dieses Sammelbandes sind), Datenbank, Mediathek und Materialien für die pädagogische Praxis sowie einem regelmäßig erscheinenden Newsletter, mit dem wir aktuelle Debatten und Fragestellungen aufgreifen. Denn: Nur wer weiß, wie sich die Szene gerade entwickelt, worin die Attraktivität salafistischer Ansprachen an Jugendliche liegt, und wer verstanden hat, wonach junge Menschen suchen, kann ihnen glaubwürdige Alternativen anbieten. Damit kommt politischer Bildung an dieser Stelle eine sehr grundlegende Funktion in der Radikalisierungs- und Extremismusprävention zu: nämlich durch Information und Sensibilisierung diejenigen zu stärken, die mit radikalisierungsgefährdeten Jugendlichen zu tun haben.

Der Sammelband, der nun vor Ihnen liegt, baut maßgeblich auf diesen beiden Angeboten, dem Fachgespräch und dem »Infodienst Radikalisierungsprävention«, auf: Er will Grundlagenwissen vermitteln und erfolgreiche Ansätze aus der Präventionspraxis vorstellen. Er scheut es dabei nicht, auch über gescheiterte Projekte und Fallstricke der Präventionsarbeit zu sprechen, in der Hoffnung, dass wir auch aus Fehlern lernen können. Der Band nimmt außerdem die bereits beschriebene Funktion eines »Netzwerk-Moderators« ein, indem es ihm gelungen ist, eine große Bandbreite der beteiligten Präventions- und Interventionsakteure zu Wort kommen zu lassen. Damit ist der Band nicht zuletzt das Ergebnis eines Lern- und Erkenntnisprozesses, den wir als Fachbereich in den letzten zwei Jahren durchlaufen haben:

Wir wissen, dass sich niemand in vollständiger Isolation radikalisiert: Jeder Mensch ist von einem sozialen Nahraum umgeben, der ihn prägt und Einfluss auf ihn nehmen kann: Familie, Freunde, Schule, Freizeit, aber vielleicht auch Moscheegemeinde, Beratungsstelle oder Gefängnis – all das sind Sozialräume und -systeme, die im Laufe eines Radikalisierungsprozesses von Bedeutung sein können und die deshalb an der Auseinandersetzung über das Thema beteiligt werden müssen.

Wir haben verinnerlicht, dass Radikalisierungsprävention (verstanden als ein Maßnahmenbündel, das neben präventiven auch Maßnahmen der Intervention und der Ausstiegsarbeit beinhalten kann) eine gesamtgesellschaftliche Aufgabe ist, an der zahlreiche Akteure beteiligt sind, von den Angehörigen über Lehrerinnen und Straßensozialarbeiter bis hin zu Ausstiegsbegleitern.

Wir haben erfahren, dass diese gesamtgesellschaftliche Aufgabe mehr als nur eine Floskel ist: Keiner der beteiligten Akteure kann eine Radikalisierung im Alleingang verhindern, unterbrechen oder umkehren. Der Erfolg einer solchen Maßnahme speist sich aus dem Zusammenspiel der einzelnen Akteure, die einander auf dem Laufenden halten, Informationen austauschen, sich gegenseitig unterstützen, an einem Strang ziehen. Dabei ist es wichtig, die eigenen Kompetenzen nicht zu überschätzen und die Arbeitsbereiche der anderen Akteure zu respektieren. Ein erfolgreiches

Handeln setzt eine klare und eindeutige Rollenklärung der unterschiedlichen Akteure voraus. Wir haben verstanden, dass auch der politischen Bildung dabei eine Rolle zukommen kann: Sie kann die beteiligten Akteure zusammenbringen und deren Austausch ermöglichen. Sie kann den Blick für das »große Ganze« behalten und neue Partner gewinnen, um ein möglichst weiträumiges und breites Verständnis von Radikalisierung und Prävention zu fördern. Sie kann Informationen bereitstellen, die dabei helfen, Geschehnisse einzuordnen, sich eine Meinung zu bilden und Handlungskompetenz zu erlangen. Sie kann den Dialog zwischen Wissenschaft und Praxis befördern und Transfermöglichkeiten schaffen. Sie kann Fortbildungsangebote konzipieren und bei der Entwicklung von Qualitätsstandards unterstützen. Sie kann eigenständig oder mit Kooperationspartnern Präventionsprojekte entwickeln oder diese finanziell unterstützen und so helfen, Nachhaltigkeit zu sichern – um nur einige Beispiele zu nennen.

Damit kann politische Bildung ihren ganz eigenen Beitrag leisten zu dem, was wir als *gesamtgesellschaftliche Aufgabe* begreifen: nämlich *gemeinsam* gegen Radikalisierung, Extremismus und Terrorismus zu handeln. Jegliche Art von Radikalisierung zu verhindern, zu unterbrechen oder umzukehren sollte unser aller Anliegen sein. Hierzu möchten wir nicht zuletzt mit diesem Sammelband einen Beitrag leisten.

Jana Kärgel

Einleitung

Mit wachen Augen blickt Christian L. in die Kamera. Hinter ihm hängt eine »IS«-Fahne, an der Wand daneben flimmert ein Propagandavideo. »Und das ist sie, meine Geschichte, wie ich den Islam annahm und den Weg eines *Mudschahed* [Kämpfers] einschlug«,[1] sagt er über das Video im Hintergrund.

Die hier beschriebene Szene ist die Schlusssequenz eines Propagandavideos, das der 28-jährige Dortmunder Konvertit Ende 2016 für den sogenannten Islamischen Staat (IS) produziert hat. Darin zeichnet er seinen Weg ins Kalifat nach: Sinnsuche – Erkenntnis – Läuterung – Entschluss – Planung – Ausreise – Ankunft – Alltag. Es ist der Weg seiner Radikalisierung.

Der Beginn einer solchen Radikalisierung ist selten spektakulär. Auch Christian L. war ein normaler Teenager. »Er zockte Computer-Spiele, spielte leidenschaftlich Fußball und reiste in den Sommermonaten öfters zum Surfen nach Spanien und Italien«,[2] berichtet der Blog *Erasmus Monitor*, der besonders die deutsche salafistische und dschihadistische Szene im Blick hat. Weiter heißt es dort über Christian L.: »An seiner Schule war er Schülersprecher, er galt als belesen und intelligent.«[3] 2009 wird er schwer krank – eine Zeit, so sagt er, in der er sich auf die Suche nach Gott gemacht und versprochen habe, sich diesem fortan zu verschreiben, wenn er ihn weiterleben lasse. Christian L. überlebt, sein Versprechen hat er nicht vergessen. Er beginnt, die verschiedenen monotheistischen Religionen zu studieren, aber Christentum und Judentum können ihn nicht überzeugen, stellt er rückblickend fest. 2012 konvertiert er schließlich zum Islam.

Das Propagandavideo zeigt ihn beim intensiven Studium des Korans und verschiedenster Lektüre zum Islam. Je tiefer er eintaucht, desto mehr reift in ihm der Entschluss zur Ausreise. Warum? Er suche nach einem Ort, an dem er ein gottgefälliges Leben führen könne, erinnert er sich im Video. Von vielen Ländern des Nahen Ostens, die für eine Auswanderung infrage kommen, ist er enttäuscht: Sie machten Geschäfte mit »dem Westen« und verleugneten ihre *Mudschahedin* (Kämpfer), sagt er. Als Option, so schlussfolgert er, bleibe ihm nur das Kalifat, das der »IS« Ende Juni 2014 auf Teilen des syrischen und irakischen Staatsgebietes ausgerufen hatte.

Anfang August 2015 reist er mit seiner Frau von Deutschland nach Syrien aus.

In Syrien angekommen, wirkt Christian L. gelöst. Es ist das erste Mal, dass das Propagandavideo eine Frontalaufnahme von ihm zeigt und man sein Gesicht erkennen kann. Er scheint buchstäblich angekommen zu sein. Die Kamera folgt ihm durch eine Stadt in Syrien, stolz erzählt er, dass er nun in einem Land lebe, in dem die Scharia gilt, und greift prompt selbst zur Peitsche, um einen anderen Mann für ein Vergehen zu bestrafen. Er wähnt sich am rechten Ort, stellt keine kritischen Fragen. Weder die Gewalt, die er selbst anwendet, noch die zahlreichen öffentlichen Hinrichtungen, Steinigungen, Enthauptungen, Anschläge, Vergewaltigungen und täglichen Erniedrigungen, mit denen der »IS« seine Gewaltherrschaft zu verteidigen sucht, stellen für ihn ein Problem dar. Er sucht Klarheit und Eindeutigkeit für sich und das Leben im »Kalifat« kann ihm genau das bieten: klare Feindbilder, strenge Regeln, geregelte Abläufe.

Wer sich an die Spielregeln halte, könne hier ein gutes Leben führen, suggeriert Christian L. im Video. Kann? *Nein*, muss. Denn es ist »der wahre Islamische Staat, zu dem *Hidschra* [Ausreise] zu machen, hier zu leben und ihn zu unterstützen für jeden Muslim verpflichtend ist«. Verheißungen wandeln sich zunehmend zu Verpflichtungen: *Hidschra* machen, ein gottgefälliges Leben führen und die Frontlinien des Kalifates verteidigen – gebetsmühlenartig wiederholt Christian L. die Pflichten eines »guten« Muslims, damit sie sich in den Köpfen der Zuschauer seines Videos festsetzen. Doch stets tut er dies mit glücklichem, gelöstem Blick, wie um zu suggerieren, dass er endlich gefunden hat, wonach er so lange gesucht hat.

Der knapp neunminütige Film endet mit einem Appell: Wer sich nicht selbst auf den Weg ins Kalifat machen könne, solle sich die Brüder, die »in Deutschland, in Frankreich, in Brüssel und in Orlando, die ihren *Iman* [Glauben] durch ihre Taten bezeugt haben«, zum Vorbild nehmen. Längst ist Christian L. Teil eines grausamen Systems, hat die Ideologie verinnerlicht, kämpft für den »IS«, tötet womöglich sogar für die Terrororganisation. War es bislang die irrlichternde Suche eines jungen Mannes nach Eindeutigkeit für sein persönliches Leben, enthält diese Schlusssequenz den klaren Aufruf an alle Musliminnen und Muslime, Gewalt und Anschläge im Westen zu verüben. Zugleich ist sie Zeugnis eines Radikalisierungsprozesses, der mit der Akzeptanz und Ausübung von Gewalt eine neue Qualität erreicht hat.

Vor wenigen Tagen meldeten mehrere Medien und Blogs übereinstimmend, dass Christian L. im August 2017 bei Gefechten mit syrischen Regimetruppen ums Leben gekommen sei.[4]

Jana Kärgel

Radikalisierungsforschung und aktuelle Debatten

Christian L.s Geschichte ist eine Geschichte vom Suchen und Finden, wie sie der »IS« schon vielfach in seinen hochprofessionell produzierten Propagandavideos erzählt hat und wie sie aus Protokollen von Erzählungen von Syrien-Rückkehrerinnen und -Rückkehrern bekannt sind. Es sind Geschichten von jungen Menschen, die häufig Parallelen aufweisen: Es geht um Brüche und Krisen in der eigenen Biografie, um Sinnsuche, um Ausgrenzungserfahrungen, um Rollenbilder und -erwartungen, um Selbstverwirklichung und Selbstwirksamkeit – und zwar in einer Welt, die keine einfachen Antworten auf diese Problemlagen und Suchbewegungen kennt. Es ist das Muster einer Radikalisierung, die sich so oder so ähnlich für Hunderte andere Fälle nachzeichnen lässt.

Sind das also die Gründe, warum sich junge Menschen heute radikalisieren und dem »IS« oder ähnlichen Gruppierungen anschließen? Wenn es so einfach wäre, würden wohl kaum Institute zur Erforschung von Radikalisierungsprozessen gegründet, Sonderforschungsprogramme aufgelegt und zusätzliche Mittel bereitgestellt werden. Tatsächlich ist die Realität sehr viel komplexer. Mal geht es um Sinnsuche, mal darum, dem alten Leben zu entkommen, mal um die Lust auf Abenteuer, mal um die Erfahrung von Gemeinschaft und Zugehörigkeit oder um die Aufwertung der eigenen Identität, mal fasziniert die Gewalt; es kann ein bewusster Hinwendungsprozess sein oder er kann sich schleichend und fast unbemerkt vollziehen, man kann Mitläufer sein oder eine aktive Rolle einnehmen – kurzum: Jeder Fall ist anders – und doch weisen sie gewisse Ähnlichkeiten auf. Dies ist vermutlich eine der zentralen Erkenntnisse, wie sie auch von den Vertretern der Sicherheitsbehörden, Wissenschaftlerinnen und Wissenschaftlern sowie Praktikerinnen und Praktikern aus der Radikalisierungsprävention und Distanzierungsarbeit formuliert wird, die an diesem Sammelband mitgewirkt haben. Sie mag ernüchternd und trivial wirken und ist doch essenziell, bedeutet sie doch, dass Radikalisierungsprozesse – deren Kern selbst umstritten ist und deren Anfangs- und Endpunkt sich nicht präzise benennen lassen[5] – zwar vielfach Gemeinsamkeiten aufweisen mögen, in hundert verschiedenen Fällen aber auf mindestens ebenso viele verschiedene Ursachengeflechte zurückzuführen sein werden.

Eine der zentralen Debatten der Radikalisierungsforschung, bei der es ebenfalls um die Suche nach Motiven und Ursachen geht, wird in Frankreich geführt. Dabei stehen sich die Positionen der renommierten Wissenschaftler Olivier Roy und Gilles Kepel scheinbar unversöhnlich gegenüber. Kepels Ansatz wird gern unter der Überschrift »Radikalisierung des

Islam« zusammengefasst, d. h., es ist eine der radikalsten Auslegungen des Islam – der Salafismus und die von ihm ausgehende Attraktivität (einfache Antworten, klare Regeln, Schwarz-Weiß-Malerei) –, die maßgeblich die Radikalisierungsprozesse junger Menschen befördert. Damit spricht er der Religion eine wichtige Rolle bei Hinwendungsprozessen zu. Roy befürwortet demgegenüber die These von der »Islamisierung der Radikalität«, um die Radikalisierungsprozesse junger Menschen der letzten Jahre zu beschreiben. D. h., dass es nicht das religiöse Moment ist, das Radikalisierungsprozesse befeuert, sondern dass diese vielmehr ein jugendkulturelles Phänomen sind, bei dem ein radikaler Bruch und eine Abkehr von der Gesellschaft im Vordergrund stehen. Der Islam und seine fundamentalistische Auslegung sind entsprechend nur eine Folie, vor der sich dieser radikale Bruch vollzieht. Es könnte genauso gut die rechtsextreme Ideologie sein, vor der sich ein solcher Bruch abspielt.

Während Roy deshalb immer wieder vorgeworfen wird, die Rolle von Religion und Ideologie zu unterschätzen, heißt es bei Kepel, er würde den spezifischen jugend- und subkulturellen Aspekten (etwa Brüche zwischen den verschiedenen Generationen, Momente jugendlicher Rebellion, Nihilismus) in seinem Ansatz nicht genügend Platz einräumen.[6] Vermutlich liegt die Wahrheit irgendwo dazwischen.

Ob man Religion und Ideologie nun einen großen Stellenwert einräumen mag oder nicht: Festzustehen scheint, wonach viele der jungen Menschen suchen, die sich in solchen Ab- und Hinwendungsprozessen befinden, nämlich nach kognitiver Sicherheit und Gewissheit. Es geht um Eindeutigkeit, um klare Regeln und Vorgaben, um die Reduktion der zunehmenden Komplexität der Welt. Ist dieser Zustand der inneren Abgeschlossenheit mit fortschreitender Radikalisierung einmal erreicht, gibt es kaum ein Zurück. »Sie haben keinen Plan B.«[7] Der Titel des vorliegenden Buches, der auf eine Aussage von Olivier Roy zurückgeht, besagt es schon: Niemand reist mit dem Gedanken in ein dschihadistisches Kampfgebiet aus, »wenn es hier nicht klappt, dann bleibt mir ja immer noch mein altes Leben in Deutschland«, insofern lässt sich auch die spätere Rückkehr nach Deutschland nicht als ein solcher »Plan B« interpretieren. Vielmehr sind die meisten Rückkehrinnen und Rückkehrer desillusioniert und traumatisiert und wissen nicht, wohin sie sonst gehen sollen, nachdem ihr Traum vom Leben im Kalifat geplatzt ist.

Jana Kärgel

Ausweglos? Prävention, Intervention und Distanzierung als möglicher »Plan B«

In Deutschland werden sie mit Sorge beobachtet, wissen wir doch nicht, warum sie hierher zurückkehren: Sind sie traumatisiert? Bereuen sie ihren Entschluss zur Ausreise? Oder sind sie womöglich »Schläfer« und wurden mit einem »Auftrag« hierher zurückgeschickt?

Entsprechend groß sind die Ablehnung und das Misstrauen, die ihnen entgegengebracht werden. In den Kommentarspalten der sozialen Medien – ein Ort, an den sich viele unserer gesellschaftlichen Debatten in den letzten Jahren verlagert haben – wird wahlweise die »konsequente Abschiebung« (aber wohin eigentlich?) oder »die volle Härte des Gesetzes« für »dieses Terroristenpack« gefordert, etwa die »Todesstrafe für Kopfabschneider«. Über die Formulierungen darf sicher gestritten werden, aber dennoch steckt auch im Kern dieser Diskussionen eine wichtige Frage: Warum sollen wir uns eigentlich mit Menschen befassen, die eine (bewusste) Entscheidung getroffen haben und die zu Tätern geworden sind, sei es, weil sie sich mit dem »IS« einer terroristischen Vereinigung angeschlossen haben, sei es, weil sie diese auf andere Art und Weise unterstützt haben, die sich also in jedem Fall strafbar gemacht haben?

Zugespitzt ließe sich sicher auch fragen: Warum scheinen uns die Täter mehr zu interessieren als die Opfer? Aus der Perspektive der Radikalisierungsprävention lautet die Antwort: um zukünftige Opfer zu verhindern. Natürlich ist es richtig und wichtig, diejenigen, die sich im Zusammenhang mit ihrer Radikalisierung strafbar gemacht haben, entsprechend zu bestrafen, wenn nötig auch mit Freiheitsentzug. Es ist aber mindestens genauso wichtig, diese Menschen jetzt nicht sich selbst zu überlassen: Der Hass auf die Gesellschaft, von der sie sich bereits früher abgelehnt fühlten und die ihnen auch jetzt feindselig gegenübersteht, die nicht verarbeiteten Bilder und Traumata aus dem syrischen Kampfgebiet, die ohne professionelle Betreuung psychologische Langzeitschäden verursachen können, die Leere, die der geplatzte Traum vom Kalifat hinterlässt – das sind nur einige Faktoren, die, wenn sie nicht verarbeitet werden, das Potenzial haben, diese jungen Menschen zu den Anschlägen von morgen anzustacheln.

Tatsächlich machen Rückkehrerinnen und Rückkehrer aber nur einen kleinen Anteil derjenigen aus, die von der Radikalisierungsprävention in den Blick genommen werden. Weitaus häufiger geht es um junge Menschen, bei denen man erste Anzeichen einer Radikalisierung wahrzunehmen glaubt oder die bereits Kontakte in die radikal-islamistische Szene geknüpft haben. Kerngedanke einer ganzheitlichen Radikalisierungsprävention ist es deshalb, jegliche Art von Radikalisierungen zu *verhindern*, zu *unterbrechen* oder *umzukehren*, ganz gleich, ob die jungen Menschen noch ganz am Anfang eines solchen Radikalisierungsprozesses stehen oder ob es sich dabei um Syrien-Rückkehrerinnen bzw. -Rückkehrer handelt.

Prävention, Intervention und Distanzierungs- bzw. Deradikalisierungsarbeit, wie sie hier verstanden werden, haben entsprechend die Aufgabe, jungen Menschen den bereits angesprochenen »Plan B« (wieder) an die Hand zu geben. Das heißt, es geht darum, Alternativen zu bisherigen Lebensentwürfen aufzuzeigen, das Muster der Schwarz-Weiß-Malerei, mit dem die Welt in »Gut« und »Böse«, in »Freund« und »Feind« strukturiert wird, zu durchbrechen und Graubereiche und Zwischentöne sichtbar zu machen. Junge Menschen sollen darin unterstützt werden, Ambiguitäten und Unklarheiten auszuhalten. Eine so verstandene Radikalisierungsprävention soll junge Menschen dazu bringen, (wieder) selbstständig zu denken, sie soll sie ins Grübeln bringen, sie soll irritieren.

Um dieses Ziel zu erreichen, wird (Radikalisierungs-)Prävention klassischerweise einem Trichtermodell folgend auf drei unterschiedlichen Ebenen angesiedelt. Unterschieden werden Primär- bzw. Universalprävention, Sekundär- bzw. selektive Prävention sowie Tertiär- bzw. indizierte Prävention, wobei die Übergänge zum Teil fließend verlaufen. Primärprävention ist breit angelegt, offen gestaltet und kann sich an verschiedenste Zielgruppen richten, denn sie »will in erster Linie nicht verhindern, vielmehr stärkt sie bestehende erwünschte Haltungen und zielt auf eine Stabilisierung der Lebensbedingungen von jungen Menschen«[8]. Die Sekundärprävention ist spezifischer und greift in der Regel dann, wenn bei jungen Menschen bereits erste Probleme erkennbar sind oder ihnen bestimmte Risikofaktoren zugeschrieben werden – entsprechende Angebote der Radikalisierungsprävention können direkter Natur (für die Jugendlichen selbst) oder indirekter Natur (für ihr unmittelbares soziales Umfeld, wie etwa die Eltern) sein und sind entsprechend auf diese Zielgruppe zugeschnitten. Die Tertiärprävention richtet sich schließlich an junge Menschen »in manifesten Problemlagen«[9], d.h., es geht um junge Menschen, die bereits tief in die islamistische Szene verstrickt sind und die sich mithilfe direkter und/oder indirekter Präventionsmaßnahmen von der Szene abwenden sollen.

An dieser Stelle verschwimmen die Grenzen zu den Bereichen der Intervention und der Distanzierungs- bzw. Deradikalisierungsarbeit, denn eigentlich geht es hier nicht länger um präventive Vorsorgemaßnahmen, sondern bereits um das Unterbrechen (Intervention; wenn beispielsweise eine Ausreise kurz bevorsteht) bzw. Umkehren (Distanzierung bzw. Deradikalisierung; etwa bei Rückkehrern, die sich von der Szene lösen wollen) von Radikalisierungsprozessen. Wonach aber alle Maßnahmen – ob Prävention, Intervention oder Distanzierung bzw. Deradikalisierung – streben, ist, jungen Menschen die Möglichkeit eines »Plan B« zu bieten. Denn ausgerüstet mit solch einem »Plan B« stellen sie, so die Hoffnung eines ganzheitlichen Präventionsverständnisses, auch keine Gefahr mehr für unsere Gesellschaft dar – ein Konzept, von dem alle profitieren können, wenn es aufgeht.

Über dieses Buch

Der Verweis auf die unterschiedlichen Präventionsebenen zeigt jedoch bereits, dass Radikalisierungsprävention kein Arbeitsfeld für Einzelkämpfer ist. Maßgeblich für einen ganzheitlichen Präventionsansatz ist, all diejenigen einzubinden, die den sozialen Nahraum eines jungen Menschen prägen. Akteure aus den unterschiedlichsten Disziplinen der Radikalisierungsprävention zu Wort kommen zu lassen und so die Bandbreite der Ansätze, Schwierigkeiten und offenen Fragen abzubilden, darin liegt die Stärke des vorliegenden Sammelbandes – und eine seiner größten Herausforderungen. Denn: Sozialarbeiterinnen reden anders als Staatsschützer, sie setzen unterschiedliche Prioritäten und sind im Zusammenhang mit Radikalisierungsprozessen an unterschiedlichen Fragen interessiert, auf die sie noch unterschiedlichere Antworten finden. Wir haben deshalb von Beginn an darauf verzichtet, den Autorinnen und Autoren ein feststehendes Vokabular an die Hand zu geben – ganz einfach, weil es der Komplexität der Thematik und der Bandbreite der daran mitwirkenden Disziplinen nicht gerecht geworden wäre. Viele von ihnen haben nachvollziehbare Gründe angeführt, warum sie von Neosalafismus statt von Salafismus, von demokratiefeindlichem und gewaltbereitem Islamismus statt nur von Islamismus, von Daesh statt vom sogenannten Islamischen Staat, von Hinwendung statt von Radikalisierung oder von Distanzierung statt von Deradikalisierung sprechen. Alle diese Bezeichnungen haben in bestimmten Kontexten ihre Berechtigung, so scheint es, und diese Begriffsdebatten sind wichtig, denn sie prägen das Forschungs- und Arbeitsfeld der Radikalisierungsprävention und zeugen von dessen Dynamik – und sie sind längst nicht abgeschlossen, wie ein Glossar oder die Arbeit mit feststehenden Begriffen fälschlicherweise suggeriert hätten.

Dieses Buch möchte aber nicht nur die Bandbreite der an der Radikalisierungsprävention beteiligten Disziplinen aufzeigen, sondern auch einen

Bogen schlagen, den »großen Wurf« wagen, und zwar in vielerlei Hinsicht:
Zum einen geht es darum, Grundlagenwissen zum gewaltbereiten Islamismus zu vermitteln und ein Verständnis von Radikalisierung zu ermöglichen *(Teil I dieses Buches)*, und zwar indem

- der komplexe Prozess von der Radikalisierung über die Ausreise bis hin zur Rückkehr und dem »Leben danach« anhand einer sehr persönlichen Geschichte nachgezeichnet und begreifbar gemacht wird (vgl. dazu den Beitrag von *Britta von der Heide*);
- aktuelle Entwicklungen und Trends insbesondere in Deutschland dargestellt werden (vgl. dazu den Beitrag von *Holger Münch*);
- eine eigene Definition des Radikalisierungsbegriffs angeboten und seine Komplexität umrissen wird, ohne dass dem Begriff deshalb sein analytischer Wert abgesprochen wird (vgl. dazu den Beitrag von *Peter Neumann*);
- es gelingt, mit gängigen Mythen à la »Wer sich im Internet Propagandavideos anschaut, wird sich binnen kürzester Zeit radikalisieren« aufzuräumen, ohne den Einfluss des Internets kleinzureden (vgl. dazu den Beitrag von *Patrick Frankenberger*);
- wir mehr darüber erfahren, wie das Leben im dschihadistischen Kampfgebiet abläuft, denn nur dann ist es möglich, diejenigen zu verstehen, die später nach Deutschland zurückkehren (vgl. dazu den Beitrag von *Behnam Said*);
- wir uns die Schwierigkeiten vergegenwärtigen, die mit der Rückkehr junger Menschen aus dschihadistischen Kampfgebieten nicht nur für ihr unmittelbares soziales Umfeld, sondern auch für die Strafverfolgungsbehörden und damit letztlich für Reintegrationsmaßnahmen einhergehen (vgl. dazu den Beitrag von *Gerwin Moldenhauer*);
- die Autoren den Finger in die Wunde legen und uns, die wir vielleicht in den Sicherheitsbehörden, in der Präventions- oder Distanzierungspraxis oder in der Wissenschaft tätig sind, den Spiegel vorhalten und uns daran erinnern, dass wir unsere Aktivitäten und Erkenntnisse noch viel besser miteinander verschränken müssen, wenn wir zu einem ganzheitlichen Verständnis von Radikalisierung und gewaltbereitem Islamismus gelangen wollen – Stichwort Wissenschaft-Praxis-Transfer (vgl. dazu den Beitrag von *Janusz Biene und Julian Junk*).

Die Idee des »großen Wurfs« verweist auch auf den Anspruch, den eigenen Blick zu weiten, über den deutschen Tellerrand zu schauen und Perspektiven aus anderen Ländern Europas einzubeziehen *(Teil II dieses Buches)*: Wie geht Belgien damit um, dass es innerhalb Westeuropas das Land mit den meisten Ausreisen nach Syrien bzw. Irak im Verhältnis zu seiner Gesamtbevölkerung ist? Welche Ansätze gibt es auf kommunaler Ebene, um dieser Entwicklung Einhalt zu gebieten? (Vgl. dazu das Interview mit *Hans Bonte und Jessika Soors*.) Inwiefern haben sich Präventionsbemühungen in einem Land wie Großbritannien, das bereits seit über einem Jahrzehnt über eine nationale Präventionsstrategie verfügt, etabliert, institutionalisiert oder auch verändert? Wie können sich eigentlich gut gemeinte Präventionsmaßnahmen ins Gegenteil verkehren und Stigmatisierungen produzieren? (Vgl. dazu den Beitrag von *Paul Thomas*.) Wie funktioniert Prävention in einem zentralistisch organisierten Staat wie Frankreich und wie kann man aus den eigenen Fehlern, z.B. anhand gescheiterter Projekte, lernen? (Vgl. dazu den Beitrag von *Farhad Khosrokhavar*.) Wieso hat ein Land wie Dänemark, das von größeren Anschlägen bislang weitestgehend verschont wurde und bei dem man deshalb nicht zwingend dringenden Handlungsbedarf in Sachen Radikalisierung vermuten würde, mit dem Aarhus-Modell schon vor vielen Jahren ein Präventionsmodell entwickelt, das europaweit Schule gemacht hat? (Vgl. dazu den Beitrag von *Preben Bertelsen*.)

Schließlich greift der Band die Forderung nach Prävention als gesamtgesellschaftlicher Aufgabe auf und versucht, selbst diesem Anspruch gerecht zu werden, indem er eine ganze Bandbreite von Expertinnen und Experten aus der Präventions- und Interventionspraxis ihre Erfahrungen schildern lässt *(Teil III dieses Buches)*. Vor diesem Schritt steht jedoch eine gründliche Vermessung des Handlungsfeldes: Wer tut was seit wann und welche Schwierigkeiten sind dabei zu beobachten? (Vgl. dazu den Beitrag von *Katja Schau, Joachim Langner, Michaela Glaser und Carmen Figlestahler*.) Überhaupt stellt sich beim derzeitigen »Hype« um Islamismusprävention und Deradikalisierung die Frage: War das nicht alles schon mal da? Müssen wir tatsächlich das Rad neu erfinden oder lassen sich bestimmte Ansätze aus der Präventions- und Distanzierungsarbeit zu Rechtsextremismus auch auf das islamistisch-salafistische Spektrum übertragen? (Vgl. dazu den Beitrag von *Michaela Glaser*.)

Sodann verengt sich der Blick vom »großen Ganzen« auf die Details. Maßgeblich für diesen dritten Teil war deshalb eine Ausdifferenzierung des sozialen Nahraums, in dem sich der junge Mensch – ob radikalisierungsgefährdet, kurz vor der Ausreise stehend oder bereits zurückgekehrt – bewegt, und die Frage: Wer hat mit diesem jungen Menschen zu tun bzw. wer könnte potenziell mit ihm zu tun haben und das Thema Radikalisierung mit ihm bearbeiten? Da wären beispielsweise die Angehörigen. Spätestens seit den Anschlägen auf die Redaktion des französischen Satiremagazins *Charlie Hebdo* im Januar 2015, verübt von den Brüdern Chérif und Saïd Kouachi, ist bekannt, dass familiäre Verbindungen Radikalisierungsprozesse maßgeblich befeuern können; eine Erkenntnis, die die Anschläge in und um Barcelona im August 2017, in die zwei Brüder und deren zwei Cousins involviert waren, erneut bestätigt haben. Zugleich wissen wir aber aus den Berichten von Praktikerinnen und Praktikern, dass Eltern – insbesondere Mütter – oftmals die letzte Verbindung in das »alte« Leben darstellen. Beratungsstellen wissen längst um diese besondere Rolle der Angehörigen, nehmen darüber hinaus aber noch viele weitere potenzielle Zielgruppen, etwa junge traumatisierte Geflüchtete, in den Blick und entwickeln ihr Portfolio ständig weiter (vgl. dazu das Interview mit *Claudia Dantschke* und den Beitrag von *André Taubert und Christian Hantel*).

Wer an die beiden oben genannten Anschläge oder an zahlreiche andere der letzten Jahre zurückdenkt – ob in Brüssel, Paris, Manchester, Berlin oder Istanbul – der hat ein Bild von jungen männlichen islamistischen Gewalttätern im Kopf. Von den Ausreisenden nach Syrien bzw. in den Irak waren jedoch nach den Erkenntnissen der Sicherheitsbehörden 20 Prozent Frauen,[10] etwa die 16-jährige Linda W., die im Juli 2017 im Irak festgenommen wurde. Nicht immer reisen radikalisierte junge Frauen aus, manche folgen auch einfach einem Aufruf zu Gewalt an Ort und Stelle, wie Christian L. es in seinem Video gefordert hat. So z. B. Safia S., die im Februar 2016 mit gerade einmal 15 Jahren versucht hat, einen Polizisten am Hannoveraner Hauptbahnhof mit einem Messer zu töten. Neben der zentralen Frage, was junge Mädchen und Frauen an der radikal islamistischen Ideologie fasziniert – einer Ideologie, die die Unterordnung der Frau und ein Leben nach strengen Regeln und Gesetzen propagiert –, muss deshalb auch geklärt werden, inwiefern Prävention gendersensibel sein muss (oder es vielleicht schon ist), um die Hinwendungsmotive junger Frauen bearbeiten zu können (vgl. dazu den Beitrag von *Silke Baer*).

Eine weitere trivial wirkende und doch handlungsleitende Erkenntnis, die viele Expertinnen und Experten dieses Bandes formuliert haben, lautet: An welchem Ort sind alle Jugendlichen gleichermaßen beständig anzutreffen? Im Sozialraum Schule. So können beispielsweise zivilgesellschaftliche Träger Ansätze entwickeln, die sie im Rahmen von Projekttagen in die Schulen tragen, es kann um die Stärkung der Schulsozialarbeit oder das Potenzial von islamischem Religionsunterricht und politischer Bildung in der Prävention gehen, die Vernetzung der unterschiedlichen schulischen und außerschulischen Akteure kann thematisiert werden oder es kann ganz konkret die Frage bearbeitet werden, wie man mit radikalisierten Schülern diskutieren kann (vgl. dazu die Beiträge von *Michael Kiefer, Götz Nordbruch* und *Kurt Edler* sowie die Diskussionsrunde mit *Johannes Schwartzkopf, Mehlike Eren-Wassel, Holger Schmidt, Ina Bielenberg und Michael Kiefer*). Damit haben die Schule und die in ihr und um sie herum tätigen Akteure einen festen Platz in der Radikalisierungsprävention. Aber wo sind Jugendliche nach dem Unterricht anzutreffen? Sind sie in ihrem Kiez unterwegs, sind sie im Jugendzentrum oder im Sportverein? Alles ist möglich, und weil das so ist, gibt es in Dinslaken (bekannt aufgrund der Ausreise der sogenannten Lohberger Brigade) ein Jugendquartiersmanagement, das die Jugendlichen in Dinslaken-Lohberg im Blick hat, mit Sportvereinen und der muslimischen Gemeinde vor Ort bestens vernetzt ist und den Jugendlichen kontinuierlich Angebote unterbreitet (z. B. Bewerbungscoaching), um ihnen Alternativen zum Rückzug in die Abgeschlossenheit aufzuzeigen (vgl. dazu den Beitrag von *Önay Duranöz*). Vernetzung ist auch das Stichwort, mit dem sich der Ansatz der Stadt Augsburg am besten beschreiben lässt: Regelmäßig kommen dort auf kommunaler Ebene all diejenigen zusammen, die von dem Thema in ihrer täglichen Arbeit betroffen sind – ein gutes Beispiel dafür, wie die Idee von Radikalisierungsprävention als gesamtgesellschaftlicher Aufgabe im Alltag tatsächlich umgesetzt werden kann (vgl. dazu den Beitrag von *Diana Schubert*). In Augsburg wie auch in Dinslaken setzt man zudem darauf, Moscheegemeinden und muslimische Communitys in die Radikalisierungsprävention einzubinden – ein lohnenswerter Ansatz? Auch Moscheegemeinden und muslimische Communitys haben durchaus Potenzial in diesem Arbeitsfeld und könnten in Zukunft Angebote für und mit Jugendlichen entwickeln – vorausgesetzt, sie professionalisieren ihren Ansatz und werden mit entsprechenden finanziellen Mitteln ausgestattet (vgl. dazu den Beitrag von *Samy Charchira*).

Ein ähnlich großes Potenzial wird auch Angeboten im Strafvollzug immer wieder attestiert. Statt das Gegenüber mit präventiven Maßnahmen zu sensibilisieren, zu irritieren oder womöglich die eigenen Fehlschlüsse aufzuzeigen, geht es im Gefängniskontext oftmals vor allem darum zuzuhören. Zuhören spielt insbesondere im Rahmen von seelsorgerischen Angeboten eine große Rolle, wie sie etwa im Strafvollzug für Angehörige verschiedener Religionen angeboten werden. Junge Menschen, die nur selten Besuch empfangen dürfen, sind froh, sich mit einem Imam austauschen zu können. Dieser wiederum kann die Entwicklung dieser jungen Menschen im Blick behalten und gegebenenfalls gegensteuern. Doch ähnlich wie Moscheegemeinden und muslimische Communitys kranken viele seelsorgerische Angebote daran, dass ihrer Arbeit ein solides professionelles und finanzielles Fundament fehlt (vgl. dazu den Beitrag von

Husamuddin Meyer). Ist die Strafe im Gefängnis irgendwann abgesessen, stellt sich schnell die Frage: Wie weiter? Wie sollen (ehemals) Radikale wieder in die Gesellschaft reintegriert werden? Geht das überhaupt, einen Menschen »deradikalisieren«, oder ist das nichts weiter als eine Chimäre? Und wenn ja, was heißt das eigentlich? Hat er der Gewalt abgeschworen oder hat er sich auch ideologisch distanziert? (Vgl. dazu den Beitrag von *Thomas Mücke*.)

Die Vielfalt der Beiträge dieses Bandes verdeutlicht es einmal mehr: Es ist genau diese Bandbreite der Akteure und Disziplinen, die das Thema Radikalisierungsprävention *braucht*, denn keiner kann alles allein machen (und sollte es auch nicht versuchen). Radikalisierungsprozesse vollziehen sich an den unterschiedlichsten Orten mitten in unserer Gesellschaft, d. h., sie gehen uns alle etwas an. Entsprechend sollte ihnen auch mit einer gesamtgesellschaftlichen Antwort begegnet werden. Und so findet Prävention nie an nur einem Ort statt, etwa in den Räumen der Beratungsstelle, sondern auch in der Schule, im Sportverein, auf der Straße, in der Moscheegemeinde, im Jugendzentrum oder eben im Gefängnis. Die Vernetzung aller beteiligten Akteure und der ständige Austausch bilden den Kern einer Radikalisierungsprävention, die – wenn sie erfolgreich ist – die Verantwortung aller anerkennt und von der wir als Gesamtgesellschaft nur profitieren können.

Dank

Ohne die Unterstützung zahlreicher Mitstreiterinnen und Mitstreiter würde es dieses Buch nicht geben. Mein Dank gilt deshalb zunächst und vor allem den Autorinnen und Autoren dieses Sammelbandes, die mir spannende Einblicke in ihre Arbeit gewährt haben und deren Texte sicher zu einem besseren Verständnis von Radikalisierungs-, Ausreise- und Rückkehrdynamiken und entsprechenden Präventions- und Interventionsansätzen beitragen werden. Danken möchte ich auch meiner Lektorin Verena Artz, deren inhaltliche Anmerkungen, Neugier für das Thema und Nachfragen dafür gesorgt haben, gute Texte noch besser zu machen. Auch Eik Welker, dessen prüfendem Blick in der finalen Korrektur- und Überarbeitungsphase kaum ein Fehler entgangen sein dürfte, hat dazu einen wichtigen Beitrag geleistet. Hanne Wurzel, Leiterin des Fachbereich »Extremismus« der Bundeszentrale für politische Bildung, hat dieses Buchprojekt von Beginn an unterstützt und mir die nötige Zeit eingeräumt, um es intensiv betreuen zu können. Schließlich möchte ich auch den Kolleginnen und Kollegen des Fachbereichs »Extremismus« danken, deren Anregungen, Ermunterungen, Vertrauen und Geduld entscheidend für das Gelingen dieses Bandes waren.

Bonn, im Oktober 2017

Anmerkungen

1 Für dieses und die folgenden Zitate von Christian L. vgl. The Islamic State: From Darkness to Light – Wilāyat al-Furāt (Video »Aus der Finsternis ins Licht«, 8:40 Minuten, 2. September 2016), http://jihadology.net/category/countries/germany/ (letzter Zugriff: 09.09.2017).
2 Dortmunder stirbt in Syrien, in: Erasmus Monitor, 03.09.2017, https://erasmus-monitor.blogspot.de/2017/09/dortmunder-stirbt-in-syrien.html#more (letzter Zugriff: 09.09.2017).
3 Ebd.
4 Vgl. ebd.; Dortmunder Islamist wohl in Syrien getötet, in: WAZ, 06.09.2017, online abrufbar: https://www.waz.de/region/rhein-und-ruhr/dortmunder-islamist-wohl-in-syrien-getoetet-id211831207.html (letzter Zugriff: 16.09.2017).
5 Vgl. z. B. Arun Kundnani: Radicalisation: The Journey of a Concept, in: Race & Class, Nr. 2, 2012, S. 3–25; Clark McCauley/Sophia Moskalenko: Understanding Political Radicalization: The Two-Pyramids Model, in: American Psychologist, Nr. 3, 2017, S. 205; dies.: Mechanisms of Political Radicalization: Pathways toward Terrorism, in: Terrorism and Political Violence, Nr. 3, 2008, S. 415–433.
6 Vgl. z. B. Jürgen König: Frankreichs Intellektuelle streiten über Terror-Ursachen, in: Deutschlandfunk, 13.08.2016, http://www.deutschlandfunk.de/revolution-oder-radikalisierung-frankreichs-intellektuelle.691.de.html?dram:article_id=363033 (letzter Zugriff: 16.09.2017) oder Leyla Dakhli: Islamwissenschaften als Kampfsport: Eine französische Debatte über die Ursachen dschihadistischer Gewalt, in: ufuq.de, 24.06.2016, http://www.ufuq.de/islamwissenschaften-als-kampfsport/ (letzter Zugriff: 16.09.2017).
7 Olivier Roy, interviewt von Daniel Bax: Muslime und Nichtmuslime sterben, in: taz, 05.09.2017, http://www.taz.de/!5440620/ (letzter Zugriff: 16.09.2017).
8 Rauf Ceylan/Michael Kiefer: Salafismus. Fundamentalistische Strömungen und Radikalisierungsprävention, Wiesbaden 2013, S. 111.
9 Ebd., S. 114.
10 Stand: 15. September 2017. Vgl. Bundesamt für Verfassungsschutz: Reisebewegungen Jihadisten Syrien/Irak, https://www.verfassungsschutz.de/de/arbeitsfelder/af-islamismus-und-islamistischer-terrorismus/zahlen-und-fakten-islamismus/zuf-is-reisebewegungen-in-richtung-syrien-irak (letzter Zugriff: 16.09.2017).

Teil I

Bestandsaufnahme und Grundlagen

Britta von der Heide

Ein Sommer im Dschihad: Die Geschichte eines »IS«-Aussteigers[1]

»Ich habe das Bedürfnis, vieles zu erklären«, sagt Ebrahim B. »Nicht nur in meiner Stadt, nicht nur in Deutschland und nicht nur in Niedersachsen. Nicht nur in Europa, sondern weltweit möchte ich, dass die Wahrheit ankommt.« Die Wahrheit über die Terrororganisation »Islamischer Staat« (IS). Als er diese Sätze an einem Freitag im Mai 2015 ausspricht, sitzt Ebrahim B. in einem Untersuchungsgefängnis in Niedersachsen. Kinn sorgfältig rasiert, kariertes Hemd mit gebügeltem Kragen unter einem Pullover mit V-Ausschnitt. Während des Interviews scheint er die Stationen seiner Reise im Sommer 2014 nochmals zu durchleben, er berichtet mal bewegt, mal sachlich, mal frotzelnd. Dann wieder ist er zurückhaltend, verschwiegen, will sich vielleicht selbst nicht belasten.

Ebrahim B. hat den »IS« erlebt. Von Anfang Juni bis Ende August 2014 war er bei der Terrororganisation im Irak und in Syrien, einer von inzwischen etwa 940 Deutschen[2], die dorthin ausgereist sind. Er kam nach Deutschland zurück und wurde Monate nach seiner Rückkehr verhaftet. Der Generalbundesanwalt erhob Anklage gegen ihn, »wegen Mitgliedschaft in einer terroristischen Vereinigung, deren Zwecke und Tätigkeiten darauf gerichtet sind, Mord oder Totschlag zu begehen«.

An diesem Freitag im Frühjahr 2015 ist er der erste Rückkehrer, der sich in einem Fernsehinterview offen und öffentlich gegen den »IS« stellen wird. Er will über dessen Grausamkeit und Gottlosigkeit sprechen. Er will reden, weil er andere davon abhalten möchte, sich dem »IS« anzuschließen. Vielleicht auch, um mit einer milderen Strafe davonzukommen. Er wird vieles zu den Fragen sagen können, die sich so viele stellen: Warum bloß wirkt der »IS« so anziehend auf junge Männer und auch immer mehr auf junge Frauen? Warum töten sie für ihn, warum lassen sie sich für ihn töten?

Ebrahim B. ist nur einer von inzwischen rund 300 deutschen Männern, die aus Syrien und dem Irak nach Deutschland zurückgekehrt sind.[3] Einige sitzen im Gefängnis und warten auf ihren Prozess, manche werden observiert, andere sind untergetaucht. Viele gelten als radikal und gefährlich, manche schätzen die Behörden durch ihre Erlebnisse beim »IS« als gebrochen und desillusioniert ein. Ebrahim B. findet, er gehöre zu den »richtigen« Aussteigern. Seine Zeit beim »IS« habe ihm die Augen geöffnet, erklärt er: »Der ›Islamische Staat‹ hat nichts mit dem Islam zu tun.«

Im Mai 2015 sitzt er mit gefalteten Händen im Untersuchungsgefängnis und versucht zu erklären, wie es überhaupt so weit kommen konnte. Aus Ebrahim B.s Geschichte kann man einiges lernen und viel verstehen. Auch wenn die Motive, aus denen junge deutsche Männer in das »IS«-Gebiet ziehen, unterschiedlich sind, gibt es doch wiederkehrende Elemente in ihren Geschichten.

»Der falsche Prediger«

Der überwiegende Teil der 940 Ausgereisten sind in Deutschland geborene männliche Muslime mit Migrationshintergrund. So auch Ebrahim B. Er ist vor seiner Ausreise kein frommer Muslim, trinkt gern mal ein Bier und raucht. Er hat kleinere Delikte auf dem Kerbholz, diverse Drogenerfahrungen. Er lebt in Wolfsburg, hier ist er geboren. Seine Familie stammt aus Tunesien, in den 1970er Jahren entschied der VW-Konzern, dort Arbeiter für das Wolfsburger Werk anzuheuern. Sie zogen nach Deutschland. Ebrahim B. wurde hier geboren, zog zurück nach Tunesien und machte dort einen ersten Schulabschluss. Als Jugendlicher kam er wieder nach Wolfsburg, versuchte es erst auf dem Gymnasium, dann auf der Realschule. Schließlich machte er den Hauptschulabschluss. Anschließend begann er eine Ausbildung zum Massagetherapeuten.

Eigentlich ist das Jahr 2014 ein gutes Jahr für ihn, er ist schwer verliebt in eine junge Frau aus Tunesien. Sie schmieden Hochzeitspläne, es läuft gut, er ist stolz, eine Verlobte zu haben. Doch dann stellt sich ein Onkel gegen die Heirat, alle Träume platzen. Für Ebrahim B. geht die Welt unter; nicht nur, dass er seine große Liebe nicht heiraten kann, das Ganze ist ihm auch wahnsinnig peinlich. Er muss Freunde und Bekannte wieder ausladen, einen nach dem anderen. Ebrahim B. fühlt sich gedemütigt und kommt sich vor wie ein Loser.

In dieser Zeit begegnet ihm ein alter Schulfreund, Ayoub B. Der lädt ihn ein, mit ihm in die DITIB[4]-Moschee nahe des Wolfsburger Bahnhofes zu kommen. Dort gehen zu dieser Zeit viele junge Männer ein und aus. Genau wie Ebrahim B. hat auch Ayoub B. eigentlich nichts mit Beten zu tun, auch wenn er aus einem muslimischen Elternhaus kommt. Ayoub B. hat gerade eine kleine Drogenkarriere hinter sich, Haschisch, Koks.

Immer wieder gerät er mit seinem Vater in Streit, dem die Lebensweise seines Jungen nicht passt. Beide, Ebrahim B. wie Ayoub B., sind die perfekten Kandidaten für Yassin Oussaifi, einen Anwerber des »IS«, der in der DITIB-Moschee junge Männer um sich schart.

Oussaifi geht ganz behutsam vor, lädt die Jungs zum Essen ein und sorgt für ein wohliges Gemeinschaftsgefühl. Seine Anhänger sind entweder, wie Ebrahim B. oder Ayoub B., in einer Lebenskrise, nicht besonders erfolgreich auf ihrem bisherigen Lebensweg oder suchen schlicht nach Anerkennung. Im späteren Gerichtsurteil von Ebrahim B. wird es heißen, »[a]uch der Angeklagte Ebrahim B. war schnell von Oussaifis Redetalent und Charisma in den Bann gezogen und fand in dem salafistisch-dschihadistischen Freund-Feind-Schema unbewusst die von ihm gesuchte Orientierung«. Ebrahim B. erinnert sich auch an seinen Wunsch nach Zugehörigkeit: »Wäre ich von einer Rocker-Bande aufgenommen worden in Jamaika oder in Amerika von Hells Angels oder so was, wäre ich mitgegangen. Ich bin gestolpert und wurde von den falschen Händen aufgenommen.«

Der Anwerber hat einen guten Blick für die Schwachen und Suchenden. Er macht ihnen ein schlechtes Gewissen und lockt mit falschen Versprechungen. Ebrahim B. nennt ihn jetzt im Interview nur noch den »falschen Prediger«: »Wir hatten mit Religion nichts zu tun. Und dann kommt ein falscher Prediger. Und er hat[te] viele Fragen [an uns], wie z. B.: ›Was ist, wenn du stirbst? Weißt du vielleicht, wenn du stirbst, wie kannst du in Ruhe schlafen, also in der Wärme, wo junge Muslime gerade verhungern oder Frauen gequält werden?‹« Das Leben hier in Deutschland fühlt sich falsch an, Ebrahim B. und sein Freund Ayoub B. wollen auf der »richtigen« Seite stehen und leben.

Ein anderer Rückkehrer, ein Hildesheimer deutsch-türkischer Herkunft, erzählt bei einem Gespräch 2016, wie sehr ihn die Idee begeistert habe, in einem Land zu leben, in dem die reine islamische Lehre wirklich gelebt wird. Davon predigt in Hildesheim der inzwischen verhaftete Ahmad Abdulaziz Abdullah, genannt Abu Walaa. Seine Predigten hat der Hildesheimer gehört. Die Leute würden nach den Vorträgen rausgehen und sagen: »Ey, hör mal, gegen diesen Hass muss ich jetzt was machen! Ich als Muslim stehe in der Verantwortung, dass ich mich wehre!« Das sei praktisch der Abschlussgedanke, mit dem man aus einem Vortrag von Abu Walaa rausgehe. Die »IS«-Anwerber wie Yassin Oussaifi oder Abu Walaa gehen dabei klug vor, rufen nicht direkt zum Kampf für den »IS« auf – ein Grund, warum die Ermittlungsbehörden den Prediger Abu Walaa so lange gewähren lassen: Sie haben nicht genug gegen ihn in der Hand. Erst als Zeugen bestätigen, dass er mit anderen die Ausreisen zum »IS« organisiert, wird er im November 2016 verhaftet.

Der Anwerber aus Wolfsburg, Yassin Oussaifi, kann offenbar ungehindert von den Behörden die Wolfsburger Gruppe für den »IS« gewinnen.

So banal es auch klingt, aber bei den jungen Männern ziehen auch schnelle Autos und Frauen – eben das, was sie nicht haben. »In Syrien kannst du das teuerste Auto fahren, das du dir in Europa nicht leisten kannst.« In Ebrahim B., noch seine geplatzte Hochzeit in den Knochen, weckt der Anwerber Hoffnung: »In Deutschland ist alles teuer, dort in Syrien da kannst du heiraten und islamisch gesehen vier Frauen heiraten. Wer möchte keine vier Frauen haben, um ehrlich zu sein?« So wirklich viel habe er nicht über den »IS« gewusst, sagt Ebrahim B. heute, »so ganz allgemein, wie jeder das weiß«, dass dort »Leute sich in die Luft sprengen und Unschuldige mit in den Tod reißen«. Er habe auch mitbekommen, wie der »IS« in der Presse dargestellt worden sei. Aber immer wenn die Presse geschrieben habe, der »IS« sei eine terroristische Vereinigung, dann habe Oussaifi gesagt, dass die noch nicht dort gewesen seien und dass das nur »Mediengerede« sei.

Ayoub B., Ebrahim B. und die anderen Wolfsburger besuchen Veranstaltungen in Hildesheim, sehen Propagandafilme des »IS«, Videos mit Denis Cuspert[5] und sind auch in Köln bei einem Auftritt des Salafisten Pierre Vogel[6] dabei. Eines Morgens, so erzählt die Schwester von Ebrahim B. später, kommt sie in das Wohnzimmer der elterlichen Wolfsburger Wohnung und alle Wände sind leer. Ebrahim B. hat alle Bilder abgehängt. Das hat er in der DITIB-Moschee von Oussaifi gelernt: Es sei mit dem Islam nicht vereinbar, Bilder aufzuhängen. Seine Schwester ist sprachlos, erkennt ihren Bruder kaum wieder. Auch die Eltern ahnen, dass etwas nicht stimmt. Der Vater will nicht, dass Ebrahim B. in die DITIB-Moschee geht, weil von dort schon junge Männer nach Syrien gegangen sind, das hat sich in der niedersächsischen Stadt herumgesprochen. Ebrahim B.s Vater versucht immer wieder, seinen Sohn davon abzubringen, in die Moschee zu gehen. Die Erinnerung an diesen aussichtslosen Kampf mit seinem Sohn macht ihn immer noch wütend. Er versteht nicht, wie sein Junge dem »IS«-Anwerber auf den Leim gehen konnte. Wie er glauben konnte, der »IS« habe etwas mit dem Islam oder einem guten Leben zu tun.

»Und dann war er plötzlich weg«

So geht es auch dem Vater von Ayoub B. Ihm steigen jetzt noch Tränen in die Augen, als er von seinem verzweifelten Kampf berichtet. Der Kampf, den er verloren hat. Alles habe er getan, um seinen Sohn von der Reise abzuhalten. Auf ihn eingeredet, mal ruhig, mal eindringlich, mal ungeduldig. Ihm erklärt, dass der »IS« nichts mit dem wirklichen Islam zu tun habe, ihm zuerst den Pass, später die Bankkarte weggenommen. Ayoub B. hört nicht auf ihn. Er glaubt den Mitgliedern der Gruppe, die schon in Syrien sind, die hätten bei Facebook nur Gutes darüber berichtet. Und Oussaifi habe alles, was sein Vater ihm gesagt habe, infrage gestellt: »Dein Vater ist ein alter Mann. Kennt er den Koran? Was weiß er?«

Ayoub B. entgleitet seiner Familie, dem Vater, der Mutter, den Brüdern. Irgendwann schließlich nimmt einer seiner Brüder sogar hinter seinem Rücken Kontakt zum Landeskriminalamt (LKA) Hannover auf. Man trifft sich in einer Shisha-Bar in Wolfsburg. Die LKA-Beamten notieren die Namen der Ausreisewilligen, also von Ayoub B., Ebrahim B. und den anderen aus der Gruppe. Doch es passiert nichts. Später, als beide nach ihrer Rückkehr vor Gericht stehen, wird Ayoub B. selbst quasi zum Ankläger, als er erfährt, dass das LKA Yassin Oussaifi nicht einmal vernommen hat. »20 Leute sind aus Wolfsburg rausgetanzt. Hat euch das kalt gelassen?«, fragte er während des Prozesses. Ein Ermittlungsbeamter im Zeugenstand betont, dass der Polizei ohne konkrete Tat die Hände gebunden seien. Doch nicht einmal Gefährderansprachen[7] werden den Jungs gehalten. Die Beamten machen lediglich einen Aktenvermerk von dem Gespräch mit Ayoub B.s Bruder.

Sicherlich hätte ein Gespräch nicht die ganze Gruppe aufgehalten. Manche Gefährderansprachen, so zeigt es sich z. B. später bei einem »IS«-Sympathisanten in Hildesheim, verlaufen absolut ergebnislos. Ein Beamter der Ermittlergruppe »Paradies 72« schildert das Gespräch damals so: »Auch Herrn A., der uns an der Haustür abfertigte, wurde der Grund unseres Erscheinens erklärt. Er gab an, dass ihn das nicht interessiere. Dann würde er halt bezahlen. Sollen wir doch ein Zwangsgeld verhängen. Für den Falle einer Ersatzhaft gab er an, dass Allah für ihn diese Haft absitzen würde. Anschließend fing er an, salafistische Parolen zu skandieren. Z. B., dass unsere Frauen Kopftücher tragen und auch hier bald die schwarze Flagge gehisst würde. Wir würden alle in der Hölle schmoren, und so weiter [...].« Die Beamten brachen das Gespräch ab.

Gefährderansprachen sind also kein Allheilmittel, nur die wenigsten lassen sich von der Ausreise abhalten. Aber vielleicht hätte es den einen oder anderen, z. B. Ebrahim B., zum Nachdenken gebracht. Vielleicht hätte es sich auch Sofian K. überlegt, der Schüchterne aus der Wolfsburger Gruppe, der sich später als Selbstmordattentäter an einer Brücke bei Ramadi im Irak in die Luft sprengt und viele Unschuldige mit in den Tod nimmt. In Hannover soll ein Untersuchungsausschuss des niedersächsischen Landtages klären, ob die Ermittlungsbehörden genug unternommen haben, um die Wolfsburger von der Ausreise abzuhalten, und welche Schwachstellen es bei der Abwehr möglicher islamistischer Bedrohungen in Niedersachsen gegeben hat.

Die Familien fühlen sich allein gelassen mit ihren Söhnen, die sich immer mehr verschließen. Einer der Väter stellt Yassin Oussaifi zur Rede und erklärt ihm, dass er seinen Sohn nicht weiter religiös beeinflussen solle. Tatsächlich macht Oussaifi um den Sohn dann einen Bogen. Doch um die anderen nicht. Ayoub B. wird Oussaifis Vertrauter, er genießt seine neue Rolle, sein Wichtigsein. Es heißt, Ayoub B. habe häufiger posaunt: »Wer hat die Chorones, da runterzugehen?!« Also: Wer hat die »Eier«, sich dem »IS« anzuschließen? Die Auseinandersetzung in der Familie verschärft sich, der Vater von Ayoub B. versucht es mit Hausarrest, als er nicht mehr ein noch aus weiß. »Und dann war er plötzlich weg.« Und mit Ayoub B. auch Ebrahim B., Oussaifi und so gut wie alle anderen aus der Gruppe. Die Behörden nennen es später die »Wolfsburger Ausreisewelle«. Von den mehr als 20 Männern, die sich dem »IS« angeschlossen haben, soll knapp die Hälfte inzwischen tot sein.

»Wenn du dahin gehst, bist du entweder tot oder tot«

Alles ist perfekt geplant. Die Gruppe teilt sich auf. Ebrahim B. und Ayoub B. fahren am 28. Mai 2014 mit dem Zug von Wolfsburg nach Hannover, sitzen dann nebeneinander in einem Flieger Richtung Türkei. Über Umwege erreichen sie die türkische Stadt Gaziantep, ein beliebter Sammelpunkt für »IS«-Reisende. Viele andere Deutsche sind über diese Stadt weiter nach Syrien gereist, um sich dem »IS« anzuschließen. In Gaziantep treffen sie einige der anderen Wolfsburger wieder, ein Mittelsmann nimmt Kontakt zu ihnen auf. Sie sind nervös, erzählt Ebrahim B., müssen stundenlang mit anderen in einem Versteck warten. Dann plötzlich, mitten in der Nacht, Aufbruch. »Jetzt geht's los, schnell, schnell, schnell!« In Kleinbussen fahren sie Richtung syrische Grenze. Nach einer Stunde schalten die Fahrer der Kleinbusse die Scheinwerfer aus. Im Dunkeln geht es im Slalom durch Olivenhaine. Dann halten die Busse, die Männer steigen aus, bewegen sich vorsichtig zu Fuß weiter. Sie werden von Zivilisten über die Grenze gelotst. Sie sollen schnell laufen, aber keine Angst haben. Man habe ihnen gesagt, so berichtet Ebrahim B. im Interview, »an der Grenze spazieren türkische Soldaten und die würden auch abfeuern, wenn sie euch sehen. Aber ihr braucht keine Angst zu haben, die schießen nur nach oben, die wissen, wer ihr seid, und die sind dabei.«

Ein Sommer im Dschihad: Die Geschichte eines »IS«-Aussteigers

Auf der anderen Seite – nahe der syrischen Stadt Jarabulus – kommen Ebrahim B., Ayoub B. und die anderen in ein Auffanglager für ausländische Kämpfer. Deutsche, Franzosen, Saudis, Tunesier. »Und ich habe den Schlüssel ›klickklack‹ gehört. Man durfte nicht mehr rausgehen, vor der Tür waren Wachen, am Zaun waren Wachen und da wusste ich: Du kommst da nicht mehr raus.« Sie müssen ihre Mobiltelefone und Pässe abgeben. Aber nicht nur das, erzählt Ebrahim B. »Wenn man da ankommt, wird einem alles weggenommen: Zahnbürste, Zahnpasta, Shampoo. Gebadet wird nur am Freitag in einem dreckigen See. Das Argument ist: Ja, unser Prophet hat auch so gelebt.« Das macht ihn immer noch ärgerlich. »Das hat mit dem Islam nichts zu tun.« Im Treppenhaus hängt ein Plakat, das Rauchen verboten sei, sonst drohe die Todesstrafe. Ebrahim B. und Ayoub B. rauchen heimlich.

Ebrahim B., Ayoub B. und die anderen Neuankömmlinge werden intensiv von Mitgliedern der »Abteilung für innere Sicherheit« des »IS« befragt. Ayoub B. ist erschrocken, wie er später der Polizei erklärt: »Die wussten alles über meinen Vater. Ja, der ›IS‹ hat so etwas wie einen Verfassungsschutz.« Die Angst vor Spionen sei beim »IS« sehr groß, meint Ebrahim B. Nach dieser »Sicherheitsüberprüfung« muss sich jeder, einer nach dem anderen, in das Büro des Emirs, also eines Befehlshabers, begeben. An einem Schreibtisch sitzt ein weiterer »IS«-Funktionär, ein Mann aus Saudi-Arabien, und registriert jeden Einzelnen mit allen Personaldaten, wie Namen, Geburtsdatum, Namen der Eltern, Ausbildung, Qualifikation, Bürgen, in welcher Moschee man gebetet habe usw., in einem Laptop.

Dann folgt die alles entscheidende Frage, die jedem Neuankömmling gestellt wird. Ob er beim »IS« *Mokatel, Istaschadi* oder *Inghimasi* werden wolle. *Mokatel* ist ein normaler Kämpfer, *Istaschadi* ist ein Selbstmordattentäter und *Inghimasi* ist eine Kombination aus Kämpfer und Selbstmordattentäter, nämlich jemand, der zunächst mit der Waffe möglichst viele Menschen tötet und sich dann schließlich selbst in die Luft sprengt, um möglichst viele weitere Menschen in den Tod mitzureißen. Ebrahim B. fasst es so für sich zusammen: »Entweder du bist ein Kämpfer oder ein Selbstmordattentäter. Kurz gesagt: Wenn du dahin kommst, bist du entweder tot oder tot. Jeder muss sich entscheiden.« Ebrahim B. entscheidet sich für den Einsatz als Selbstmordattentäter. Es scheint ihm ein kluger Schachzug zu sein, da er gehört hat, die Selbstmordattentäter würden nach Bagdad transportiert, und vom Irak aus, so meint er, könnte er besser flüchten.

Die Selbstmordattentäter werden von den Kämpfern getrennt. Ebrahim B. wird mit anderen freiwilligen Selbstmordattentätern in den Irak gebracht. Ayoub B. wird mit den Kämpfern in einem anderen Trainingslager an Waffen geschult. Es herrscht ein rauer Ton. Sie üben Angriffe, haben Schießtraining. Auch mental werden sie auf die »Schlachten« vorbereitet, erzählt Ayoub B. später der Polizei. Ihnen wird eingeschärft, dass sie »keine Geiseln nehmen dürfen, alle müssen abgeschlachtet werden«. Nach 35 Tagen Ausbildung bekommt jeder eine Kalaschnikow, fünf Magazine, zwei Handgranaten und eine Magazinweste.

Während der Reise in den Irak erlebt Ebrahim B. eine grausame Lektion, lernt die Gottlosigkeit und Gewalttätigkeit des »IS« kennen. Sie kommen in ein Haus, das er im Interview »das Schlachthaus« nennt. Hier will Ebrahim B. mitbekommen haben, wie ein junger Saudi aus der Gruppe unter Verdacht gerät, ein Spion zu sein. »Er wurde weggebracht. Dann kam ein Richter.« Nach einigen Minuten habe Ebrahim B. ein Quietschen gehört. »Ich habe ein ähnliches Geräusch gehört, als ich klein war. Da ist eine Katze von einem Auto überfahren worden.« Während sie starb, habe sie so gequietscht, erzählt Ebrahim B. »Genau das habe ich gehört und dann haben sie die Leiche zu uns ins Zimmer gebracht und seinen Kopf auf seine Leiche gelegt, zum Abschrecken.« Jede Nacht höre Ebrahim B. den jungen Saudi nun, er begleite ihn durch seine Träume. Wie viele andere Rückkehrer behauptet auch Ebrahim B., dass viele der ausländischen Kämpfer Angst um ihr Leben haben müssten. »Viele Jugendliche aus Deutschland oder Europa, die dorthin gehen, werden als Spion angesehen. Wenn sich der Verdacht bestätigt, wird derjenige abgeschlachtet.« Von nun an, so erzählt Ebrahim B., sei er nur noch von Angst durchdrungen gewesen.

Zu seinem Kumpel Ayoub B., der inzwischen irgendwo im Süden Syriens unterwegs ist, hat er selten SMS-Kontakt. Ayoub B. wird später vor Gericht behaupten, er habe nicht gekämpft. Er habe bei einer Schlacht im Juli 2014 nur Verletzte mit einem Kastenwagen vom Schlachtfeld transportiert. Überprüfen kann diese Erzählungen niemand. Seine SMS, die die Polizei später auf seinem Mobiltelefon findet, lassen unterschiedliche Schlüsse zu. Einem Freund schreibt er, »wir fahren jetzt zurück zu schlafplatz. die schlacht ist rum« und »Wir kampfen viel […] drauf auf die kufar [die Ungläubigen; B. v. d. H.] die sind Feiglinge«. Und an seine Verlobte: »Die Bomben fallen auf mich und die Schüsse fliegen um meinen Kopf.« Gleichzeitig vermisst er seine Mutter. »Liebe Mutter, ich liebe dich sehr« und »Bitte weine nicht um mich, Allah passt auf mich auf«. Wo gibt er an, wo sagt er die Wahrheit, wo hat er Angst?

Bei der Polizei und später vor Gericht in Celle wird Ayoub B. erklären, dass diese Erlebnisse für ihn so furchtbar waren, dass er seine Flucht zu planen begann. So etwas wollte er auf keinen Fall nochmals erleben. Per

Telefon und Skype nimmt er Kontakt zu seinem jüngeren Bruder auf. »Ich habe Angst, erwischt zu werden. Die denken, ich bin ein Spion.« Der Bruder sucht ihm eine Fluchtroute heraus. Mit gefälschtem Passierschein und einer gefälschten »IS«-Urlaubsanweisung gelingt Ayoub B. die Flucht. Am 17. August 2014 erreicht er türkischen Boden. Sein Vater holt ihn ab, nach der Ankunft in Deutschland stellt sich Ayoub B. sofort den deutschen Behörden und wird noch am Flughafen vom LKA befragt. Ayoub B. erzählt von seiner Ausreise und zu großen Teilen von seiner Zeit beim »IS«. Er wird laufen gelassen. Bis zu seiner Verhaftung im Januar 2015 vergehen Monate. Vor Gericht antwortet ein LKA-Beamter auf die Frage, ob der Angeklagte nach seiner Rückkehr observiert worden sei: »Von uns nicht.« Der Untersuchungsausschuss des niedersächsischen Landtages soll auch diese Zusammenhänge und mögliche Versäumnisse in der Terrorabwehr Niedersachsens aufklären.

Ebrahim B. ist inzwischen mit anderen in einer Villa in Falludscha, bei Bagdad. Dort haben sie Computer, Laptops, manche von ihnen auch Mobiltelefone. Es gibt Duschen und einen Garten. Von dieser Villa kursieren Fotos im Internet. Sie zeigen einen Freund von Ebrahim B. mit Palästinensertuch um den Kopf und mindestens einen weiteren Deutschen, Ahmet C. aus Ennepetal. Als Selbstmordattentäter reißt Ahmet C. im Juli 2014 in einem Stadtviertel von Bagdad 54 Menschen mit in den Tod, darunter viele Schulkinder. In dieser Villa der Selbstmordattentäter wartet Ebrahim B. wie die anderen auf seinen Einsatz. In ihrer Wartezeit sollen sie Werbung machen, Freunden zu Hause ans Herz legen, sich auch auf den Weg zum »IS« zu machen. Ebrahim B. postet auf Facebook ein Bild von sich, das ihn mit Maschinengewehr und Patronengurt zeigt.

Die Männer, die auf ihren Einsatz als Selbstmordattentäter warten, sind alle Ausländer. Ebrahim B. erklärt dies im Interview so: »Sie werden als Kanonenfutter genutzt und die werden vollgequatscht und überredet, damit die sterben. Wenn die das nicht wollen, wenn die das nicht schaffen, Ausländer zu überreden, zwingen sie die Leute dazu.« In der Villa, so behauptet Ebrahim B., denkt er nur noch an Flucht und fragt sich nachts: »Wo bin ich hier? Wie soll ich es schaffen zu flüchten?« Der Hergang seiner Flucht ist unklar. In seiner Version hat er sich gemeldet, um einen verletzten »IS«-Kämpfer in die Türkei zu begleiten. Das habe geklappt und da habe er sich abgesetzt. Warum er nicht als Selbstmordattentäter eingesetzt wurde, erklärt Ebrahim B. weder im Interview noch später in der Gerichtsverhandlung.

»Gefängnis in Deutschland ist mir lieber als Freiheit in Syrien«

Ebrahim B. kehrt im September unbehelligt nach Wolfsburg zurück. Die Behörden werden zwar durch einen anonymen Anruf und später von Ebrahim B.s Anwalt darüber informiert, dass er zurück ist, doch weder die Polizei noch der Verfassungsschutz nehmen Kontakt zu ihm auf. Er ist einfach wieder da und für die Familie bricht eine merkwürdige Zeit an. Ebrahim B. habe stundenlang, tagelang einfach allein in seinem Zimmer gesessen. In der Familie traut sich niemand, ihn auf die Zeit beim »IS« anzusprechen. Vielleicht, so denken sie, steht er noch unter Schock oder möchte einfach nicht darüber sprechen. Also redet keiner mit ihm über seine Zeit im Dschihad und so weiß auch keiner, was er dort erlebt hat. Der Vater ist erleichtert, dass sein Sohn wieder zurück ist. Gleichzeitig fühlt er eine ohnmächtige Wut, sein Sohn habe Schande über seine Familie gebracht. Er möchte seinen Jungen gleichzeitig umarmen und für immer verstoßen.

Keiner weiß, was in Ebrahim B. wirklich vorgeht. So geht es auch anderen Familien mit ihren zurückgekehrten Söhnen. Sie fragen sich, ob die Söhne wirklich desillusioniert heimgekommen sind, ob sie traumatisiert sind durch die Erlebnisse. Oder haben sie sich weiter radikalisiert, sind sie womöglich als Schläfer zurückgekehrt? Fragen, die weder die Eltern noch die Sicherheitsbehörden beantworten können. In die Köpfe der Männer kann niemand sehen.

Drei Monate »daddelt« Ebrahim B. am Computer vor sich hin, ist auf Jobsuche und versucht mit Flohmarkthandel Geld zu verdienen. Die Polizei hört ihn ab, notiert sorgfältig jedes noch so banale Gespräch: »(Min.: 2:40) Reden über Verkauf von Handtüchern, Flohmarktartikel«. Warum er nicht aufgesucht und vernommen wird, als Zeuge oder als Beschuldigter, ist nicht klar. Erst nach drei Monaten, im November 2014, wird Ebrahim B. verhaftet und kommt in Untersuchungshaft. Hier entschließt er sich nach langen Überlegungen, das Fernsehinterview zu geben. Er wolle andere davon abhalten, sich dem »IS« anzuschließen. »Wenn man richtig die Augen aufmacht, sieht man, dass es falsch ist. Man sieht, dass es mit dem Islam nichts zu tun hat, aber die jungen Leute haben ja keine Ahnung. Frag dich: Warum geht dein Vater nicht dahin? Oder warum gehen ältere Leute nicht dahin? Gott sagt nicht, das Paradies ist in Syrien oder irgendwo im ›Islamischen Staat‹.«

In der Untersuchungshaft kann er nicht schlafen, er bekommt Beruhigungstabletten, die Erinnerungen kommen immer wieder hoch. Trotzdem steht für ihn fest: »Gefängnis in Deutschland ist mir lieber als Freiheit in Syrien.« In einem anderen Gefängnis ist sein alter Mitstreiter Ayoub B. untergebracht. Sie werden gemeinsam vor Gericht gestellt, in einer langwierigen Verhandlung versucht das Oberlandesgericht Celle, ihre Schuld festzustellen. Dabei muss es sich zum großen Teil auf die Aussagen der Angeklagten verlassen – trotz zahlreicher Experten, die zwar viel wissen, aber nicht aus eigenem Erleben. Vor Ort beim »IS« waren nur die Angeklagten selbst.

Am 7. Dezember 2015 ergeht das Urteil, die Angeklagten sind der mitgliedschaftlichen Beteiligung an einer terroristischen Vereinigung im Ausland schuldig. Ayoub B. wird zu vier Jahren und drei Monaten Haft verurteilt, Ebrahim B. zu drei Jahren. Ayoub B. wird zur Last gelegt, dass er durch sein Schießtraining an der AK-47 eine Kampfausbildung genossen hat. Ebrahim B. hat sich freiwillig als Selbstmordattentäter gemeldet. Das Gericht hält ihnen zugute, dass sie von sich aus der Polizei und später vor Gericht viel erzählt haben: »Ein Großteil ihrer täterschaftlichen Handlungen wäre ihnen wahrscheinlich ohne ihre geständigen Einlassungen gar nicht oder jedenfalls nur schwer nachzuweisen gewesen.« Beide, Ebrahim B. wie Ayoub B., »haben sich zudem in der Hauptverhandlung eindeutig und glaubhaft von der Terrorvereinigung ›Islamischer Staat‹ distanziert«.

Für das, was die deutschen Männer beim »IS« erlebten, gibt es nur eine Quelle: sie selbst. Wir haben nur das, was sie nach ihrer Rückkehr in Deutschland berichten. So ist es auch bei Ebrahim B. und offen bleibt: Erzählt er tatsächlich alles, was er erlebt hat in seiner Zeit beim »IS«? Sagt er die Wahrheit über seine eigene Beteiligung? Wir Journalisten, die ihn interviewt haben, und auch das Gericht halten seine Aussagen für glaubwürdig – letztlich wissen wird man es aber nie.

»Es war wie ein Virus«

Im Dezember 2016 wird Ebrahim B. frühzeitig aus der Haft entlassen, Ayoub B. sitzt weiterhin im Gefängnis. Während Ebrahim B. die ersten Tage seiner Freiheit genießt – raucht, mit Freunden Bier trinkt – fährt der Attentäter Anis Amri in die Menschenmenge auf dem Berliner Weihnachtsmarkt. Zu dieser Zeit zählt das Bundeskriminalamt 549 islamistische »Gefährder«. Die Behörden vermuten, sie könnten sich vielleicht Richtung Syrien, Richtung »IS« bewegen. Oder sie waren schon dort, haben sich dem Kampf in Syrien und im Irak angeschlossen und sind nach Deutschland zurückgekehrt. Das sei bei der Hälfte der »Gefährder« der Fall, vermutet das BKA. »Gefährder«, das sind Personen, denen die Behörden Terrorakte zutrauen.

Sieht sich Ebrahim B. als »Gefährder«? »Spinnst du?«, fragt er zurück. Bei einem Treffen im Januar 2017 wirkt er fröhlich, zuversichtlich, befreit. Doch gleichzeitig lassen ihn seine Erlebnisse beim »IS« einfach nicht in Ruhe. Immer wieder kommt er auf einzelne Erlebnisse zurück, wie er »verarscht« worden sei, dass der »IS« selbst Muslime tötet, was das mit Glauben zu tun habe, dass er überhaupt auf die ganze Propaganda hereingefallen sei. »Es war wie ein Virus.« Dieser Virus habe ihn und seine Freunde befallen. Aber jetzt sei er ihn los. »Aber weißt du, wie soll ich jetzt eine Arbeit finden?« Er zeigt ein Foto von seinem Führungszeugnis. »Mitgliedschaft bei einer terroristischen Vereinigung. Verurteilt zu 3 Jahren Haft«, steht darin. Welcher Arbeitgeber sollte ihn damit überhaupt anstellen wollen? Vor zwei Wochen hatte er Glück, dachte er zumindest. Da hatte er ein Jobangebot von einem Baumarkt, sollte Möbel ausfahren, da musste er sein Führungszeugnis nicht vorzeigen. »Tja, aber der Bewährungshelfer hat gleich gesagt, dass ich das vergessen kann. Weil man ja in dem Baumarkt auch Chemikalien und so kriegen könnte«, erzählt er.

Ebrahim B. gibt nicht auf, er will es schaffen und wieder ein normales Leben führen, ohne dass er auffällt. Er hat sogar ein Mädchen kennengelernt. »Aber die weiß nicht, warum ich im Gefängnis war.« Das hat Ebrahim B. ihr lieber nicht so genau erzählt, er wolle sie ja nicht erschrecken. Ob sein Start in das neue Leben klappen wird, kann niemand vorhersagen. Bis jetzt hat Deutschland kaum Erfahrung mit ehemaligen »IS«-Anhängern, die ihre Haftstrafe abgesessen haben. Offenbar sicherheitshalber hat man Ebrahim B. deshalb erst einmal als »Gefährder« eingestuft.

Anmerkungen

1 Der Text beruht auf Hintergrundgesprächen mit »IS«-Rückkehrern, Recherchen zum Thema sowie auf: Georg Heil/Britta von der Heide/Volkmar Kabisch: Die Terrorschmiede – Anwerber für den IS in Deutschland, ARD, 08.11.2016; Britta von der Heide: Behörden lassen Dschihadisten ziehen, NDR, Panorama 3, 31.03.2015; Britta von der Heide/Stephan Wels/Georg Mascolo/Christian Deker: Ein Sommer im Dschihad – erstes Fernsehinterview mit einem IS-Rückkehrer, ARD, Panorama, 16.07.2015; Georg Mascolo/Britta von der Heide/Stephan Wels: Deutscher IS-Aussteiger: Einer packt aus, in: Süddeutsche Zeitung, 17.07.2015.

2 Bundesamt für Verfassungsschutz: Reisebewegungen von Jihadisten Syrien/Irak (Diagramm), Stand: 15. September 2017, https://www.verfassungsschutz.de/de/arbeitsfelder/af-islamismus-und-islamistischer-terrorismus/zahlen-und-fakten-islamismus/zuf-is-reisebewegungen-in-richtung-syrien-irak (letzter Zugriff: 18.09.2017).

3 Ebd.

4 DITIB steht für »Türkisch-Islamische Union der Anstalt für Religion e. V.«. Sie ist der bundesweite Dachverband der ihr angeschlossenen türkisch-islamischen Moscheegemeinden.
5 Denis Cuspert ist ein deutscher Dschihadist. Er ist im April 2014 dem »IS« beigetreten. Denis Cuspert ruft vor allem dschihadistische Salafisten in Deutschland auf, sich der Terrorgruppe anzuschließen. Er soll sich in Syrien aufhalten und ist bereits häufiger für tot erklärt worden.
6 Pierre Vogel ist ein salafistischer Prediger aus Köln, der in Deutschland als gefährlicher »Verführer« junger Menschen zum Salafismus gilt. Da er sich wiederholt öffentlich gegen die brutale Gewalt des »IS« ausgesprochen hat, empfinden ihn einige Anhängerinnen und Anhänger als nicht radikal genug.
7 In der Praxis bedeutet eine Gefährderansprache, dass die Sicherheitsbehörden jemandem, der von ihnen als »Gefährder« bzw. »Gefährderin« eingestuft wird, einen »Hausbesuch« abstatten. Im Gespräch weisen sie die Person explizit darauf hin, dass die Behörden sie aufgrund ihrer Nähe zum radikalen Islamismus im Blick haben. Dadurch soll die Person schon im Vorfeld von Straftaten abgehalten werden.

Peter R. Neumann

Was wir über Radikalisierung wissen – und was nicht

Die Fragen, die sich nach dem Anschlag auf den Weihnachtsmarkt am Berliner Breitscheidplatz im Dezember 2016 stellten, waren dieselben, die sich bereits nach den Anschlägen in Ansbach, Würzburg, Brüssel und Paris gestellt hatten: Wie und warum wird ein junger Mensch – in diesem Fall der Tunesier Anis Amri – zum Terroristen? Woher die Brutalität, die Bereitschaft zum Einsatz extremer Gewalt? Hätte man die Radikalisierung – das Abdriften in die salafistische Szene und die Wandlung zum terroristischen Gewalttäter – verhindern können?

Vieles von dem, was zu Amri in den Medien verbreitet wurde, war Stückwerk, Spekulation oder schlichtweg falsch. Die Missverständnisse fingen bereits beim Grundsätzlichen an: Was bedeuten Begriffe wie »Radikalisierung« und »Extremismus« und unter welchen Umständen führen diese Phänomene zu Gewalt und Terrorismus? Welche Ursachen und Prozesse lassen sich identifizieren und worüber gibt es nach wie vor Streit? Haben sich grundlegende Elemente geändert und wie – wenn überhaupt – unterscheiden sich verschiedene Formen und Ausprägungen?

Basierend auf einem früheren Artikel in der Zeitschrift *Aus Politik und Zeitgeschichte* und meinem aktuellen Buch *Der Terror ist unter uns: Radikalisierung und Dschihadismus in Europa* (2016)[1] grenze ich in diesem Beitrag zunächst wichtige Konzepte voneinander ab und erkläre, was über Ursachen und Dynamiken bekannt ist. Im letzten Teil greife ich dann aktuelle Debatten auf und argumentiere, dass sich Radikalisierungsverläufe – trotz unbestreitbarer Neuerungen – weniger dramatisch verändert haben als häufig dargestellt.

Herkunft und Definition

Wie beim Wort »Terrorismus« besteht unter Wissenschaftlern keine Einigkeit über die Definition des Begriffes »Radikalisierung«. »Radikal« stammt vom lateinischen Wort für Wurzel *(radix)* und wurde im Laufe der Jahrhunderte in unterschiedlichen Zusammenhängen verwendet. Im 19. Jahrhundert z. B. war »Radikalismus« das Motto liberaler Reformer, während im 20. Jahrhundert oft marxistische Revolutionäre als Radikale galten.[2] In beiden Fällen ging es um eine drastische Abwendung von den geltenden gesellschaftlichen Verhältnissen und die Errichtung eines anderen politischen Systems.

Im Kontext ihrer jeweiligen Zeit galten Radikale häufig auch als »Extremisten« – und der Prozess, durch den sie zu Extremisten wurden, war ihre »Radikalisierung«. Was genau dieser Prozess beinhaltet und womit er endet, ist unter Wissenschaftlern umstritten, nicht aber, dass es sich um einen Prozess – also eine Anzahl von Vorgängen, die sich über einen gewissen Zeitraum hinweg abspielen – handelt. Anders ausgedrückt: Niemand wird über Nacht zum Extremisten und bei Radikalisierung geht es nicht nur um das Vorhandensein bestimmter Faktoren und Einflüsse, sondern auch – und gerade – um deren Zusammenspiel, Entwicklung und Verlauf.[3]

Extremismus

Radikalisierung lässt sich deshalb auf den ersten Blick sehr einfach definieren, nämlich als Prozess, durch den Personen oder Gruppen zu Extremisten werden. Schwieriger wird es, wenn es darum geht, den Endpunkt dieses Prozesses zu bestimmen: Was genau ist ein Extremist? Für den politischen Philosophen Roger Scruton ist das Konzept zweideutig. Auf der einen Seite geht es um politische Ziele und Ideen, die den fundamentalen Werten und Überzeugungen einer Gesellschaft diametral entgegenstehen.[4] In einer westlichen Demokratie wie Deutschland wären dies jegliche Form von religiöser und rassischer Vorherrschaft sowie alle Ideologien, die demokratische Prinzipien, Freiheits- und Menschenrechte infrage stellen. Die Idee eines »gemäßigten« oder »moderaten« Neonazis ist – so gesehen – ein Widerspruch in sich.

Andererseits, so Scruton, kann der Begriff »Extremismus« auch die Methoden beschreiben, die politische Akteure zur Durchsetzung ihrer Ziele verwenden. Wer Mittel einsetzt, die »das Leben, die Freiheit und die Menschenrechte von anderen beeinträchtigen oder aufs Spiel setzen«,[5] der gilt nach ihm als Extremist – ganz egal, welche Ziele er oder sie damit verfolgt. Ein gutes Beispiel ist der Umweltschutz: Die meisten Menschen sind im Grundsatz dafür, die natürlichen Lebensgrundlagen zu schützen. Doch wer dieses Ziel mit illegalen und gewalttätigen Mitteln verfolgt, etwa durch Anschläge auf Fabriken oder die Entführung von Industriemanagern, ist ein Extremist.

Die Zweideutigkeit des Extremismusbegriffes hat zu vielen Debatten und Kontroversen geführt. Von einigen Liberalen und Libertären wird argumentiert, dass extremistische Ziele und Ideen an sich »unproblematisch« seien, solange sie friedlich und mit legalen Mitteln verfolgt würden. Die Beobachtung (nicht gewaltbereiter) Extremisten durch den Staat sei eine Einschränkung der Meinungsfreiheit und die hierfür verantwortlichen Behörden fungierten als eine Art »politische Polizei«.[6]

Das Gegenargument ist, dass auch »legalistische« – also nicht gewaltbereite, scheinbar systemtreue – Extremisten eine ernsthafte Bedrohung für den sozialen Frieden und die freiheitlich-demokratische Grundordnung darstellen könnten. Die Lehre aus dem Aufstieg der Nationalsozialisten, so der österreichische Philosoph Karl Popper, sei, dass tolerante Gesellschaften die Pflicht hätten, sich gegen jegliche Art von Extremisten zu verteidigen: »Wenn wir nicht bereit sind, eine tolerante Gesellschaftsordnung gegen die Angriffe der Intoleranz zu verteidigen, dann werden die Toleranten vernichtet werden und die Toleranz mit ihnen.«[7] Hieraus leitet sich das Prinzip der »wehrhaften Demokratie« ab.

Für Wissenschaftler ergibt sich aus der beschriebenen Zweideutigkeit die Notwendigkeit zur Abgrenzung. Viele Forscher unterscheiden deshalb zwischen »kognitiven Extremisten«, also Menschen, deren Ziel- und Wertvorstellungen dem gesellschaftlichen Konsens drastisch widersprechen, und »gewaltbereiten Extremisten«, die extremistische Mittel einsetzen.[8]

Kognitiver Extremismus

Auch der Begriff »kognitiver Extremismus« ist jedoch alles andere als klar. Die Worte »radikal« und »extrem« setzen ein Wissen darüber voraus, was in einer bestimmten Gesellschaft oder zu einem gewissen Zeitpunkt als »moderat« oder »Mainstream« gilt. Was die eine Gesellschaft für »radikal« hält, das gehört in einer anderen zum allgemeinen Konsens. Und was heute als »extremistisch« gilt, ist vielleicht morgen schon unverrückbarer Teil der staatlichen Ordnung.

Politisch Linke tun sich deshalb mit Begriffen wie »Extremismus« und »Radikalisierung« häufig schwer. Für sie ist Radikalismus weder problematisch noch negativ, sondern – ganz im Gegenteil – notwendige Voraussetzung dafür, dass sich Gesellschaften fortschrittlich entwickeln. Wer sich in der ersten Hälfte des 19. Jahrhunderts für die Abschaffung der Sklaverei aussprach, der war nach Meinung der (damaligen) Mehrheit ein »gefährlicher Extremist«; dasselbe galt für Frauen, die 100 Jahre später für ihr Wahlrecht kämpften und für den Bürgerrechtler Martin Luther King Jr., der in den 1950er und 1960er Jahren von der amerikanischen Bundespolizei FBI beobachtet und drangsaliert wurde.[9]

Befürworter des (kognitiven) Extremismusbegriffes halten dem entgegen, dass es innerhalb moderner demokratischer Gesellschaften einen normativen Grundkonsens gebe – Demokratie, Menschenrechte, Gleichheit vor dem Gesetz –, durch den sich Willkür bei der Klassifizierung bestimmter Ideen und Ziele vermeiden lasse.[10] Dennoch zeigen die oben genannten Beispiele, dass auch dieser (vermeintlich solide) Wertekanon unterschiedlich interpretiert werden kann und sich im Laufe der Zeit geändert hat. Darüber hinaus wird deutlich, dass sich in autoritären Staaten, wo es keinen solchen Wertekompass gibt, Begriffe wie »Extremismus« und »Radikalismus« leicht zur Verfolgung Oppositioneller instrumentalisieren lassen.

Gewaltbereiter Extremismus

Beim gewaltbereiten Extremismus ist die Definition einfacher, dennoch sind nicht alle Spielarten der extremistischen Gewalt identisch. Anarchisten und Linksextremisten sind häufig in Sachbeschädigung verwickelt. Hierbei handelt es sich um Formen der Sabotage, durch die Bauprojekte verhindert, Investoren abgeschreckt und/oder »dem System« zusätzliche Kosten verursacht werden sollen. Selten kommen hierbei Menschen zu Schaden (obwohl die Verursacher dies manchmal in Kauf zu nehmen scheinen). Die Extremisten argumentieren deshalb, dass derartige Anschläge – wenn überhaupt – als defensive Reaktion auf die »strukturelle Gewalt« des kapitalistischen Systems zu verstehen seien (»Macht kaputt, was Euch kaputt macht!«).[11]

Der zweite Typus ist die Straßengewalt. Hier geht es um gewalttätige Konfrontationen zwischen Anhängern verschiedener extremistischer Bewegungen oder zwischen Extremisten und der Polizei, die sich zumeist aus Demonstrationen und Versammlungen entwickeln und im Gegensatz zu anderen Typen extremistischer Gewalt nicht in allen Fällen geplant oder von zentraler Stelle koordiniert sind. Besonders bei Rechtsextremisten gibt es außerdem sogenannte Hassverbrechen *(hate crimes)*, die sich gegen Ausländer oder Angehörige von Minderheiten richten, also z. B. Brandanschläge oder Prügelattacken auf Menschen anderer Hautfarbe. Wie bei der Straßengewalt sind derartige Hassverbrechen nicht immer von langer Hand geplant.

Bei der dritten Kategorie handelt es sich um terroristische Gewalt – in den allermeisten Fällen Bomben- oder Selbstmordattentate, Entführungen oder politische Morde –, die sich als Teil einer systematischen Kampagne versteht und häufig (aber nicht immer) Zivilisten zum Ziel hat. Terroristen verstehen sich als Soldaten im Dienste der »nationalen Revolution«, »Gottes« oder »der Arbeiterklasse« und sind – im Gegensatz zu reinen Straßengewalttätern – meist besser organisiert, entschlossener und nehmen die Tötung von Menschen nicht nur hin, sondern begreifen sie als wichtiges Element ihrer Strategie.[12] Im Vergleich zu anderen extremistischen Gewalttypen erfordert der Terrorismus von den Beteiligten einen hohen Einsatz und Grad an Bindung. Ihm geht daher in vielen Fällen ein langer Sozialisierungsprozess in »radikalen Milieus« voraus.[13]

Vom kognitiven zum gewaltbereiten Extremismus?

Eine der am kontroversesten diskutierten Forschungsfragen ist der Zusammenhang zwischen kognitivem und gewaltbereitem Extremismus. Auf der einen Seite steht die sogenannte Fließbandhypothese, nach der der kognitive Extremismus Voraussetzung für den gewaltbereitem Extremismus ist. Anders ausgedrückt: Politische Gewalttäter durchlaufen zunächst einen Prozess der kognitiven Radikalisierung und werden dann – und deshalb – für gewalttätige Aktionen ansprechbar. Die Anhänger der Fließbandhypothese glauben zwar nicht, dass *alle* kognitiven Extremisten irgendwann zu gewalttätigen Extremisten werden, aber der Umkehrschluss, dass jeder gewaltbereite auch ein kognitiver Extremist ist, trifft ihrer Meinung nach zu.[14]

Für die Gegner der Fließbandtheorie ist der Radikalisierungsprozess komplizierter. Eines der am häufigsten vorgetragenen Argumente lautet, dass kognitiver Extremismus eine Art Ventilfunktion haben könne, durch den die Notwendigkeit für gewalttätige und zerstörerische Aktionen entfiele. Wer die Möglichkeit habe, auf legitime Weise »Dampf abzulassen« und seine extremistischen Ansichten laut – aber ohne Gewalt – vorzutragen, der sei für terroristische Gruppen schwerer zu rekrutieren. Denken und Handeln, so die Gegner der Fließbandhypothese, seien zwei völlig unterschiedliche Dinge.

Man könne etwa ein religiöser Fundamentalist sein – also die eigene Religion sehr streng auslegen und sich von der Gesellschaft abschotten –, aber dennoch den Einsatz von Gewalt zur Verbreitung und Durchsetzung des eigenen Gesellschafts- und Glaubenssystems aus Prinzip ablehnen. Unter den sogenannten Salafisten, deren Interpretation des Islams zweifellos »fundamentalistisch« ist, gebe es z. B. nicht nur »Dschihadisten«, sondern auch »Quietisten«, die auf friedliche Mittel setzen und Treue gegenüber Herrschern propagieren; ihre Rolle und ihr Potenzial zur Deradikalisierung[15] werde wegen der Dominanz der Fließbandhypothese aber häufig übersehen.[16]

Ein weiteres Gegenargument ist die Beobachtung, dass nicht alle Mitglieder terroristischer Zellen im gleichen Maße politisiert seien. Zwar treffe es zu, dass die Anführer terroristischer Gruppen meist stark ideologisierte, kognitive Extremisten seien, doch für die Anhänger stimme dies nicht notwendigerweise. Nach Ansicht des amerikanischen Psychologen Randy Borum gibt es unter Anhängern viele Mitläufer, die aus persönlicher Verbundenheit und Gruppenzwang in den gewalttätigen Extremismus hineingerutscht seien, selbst aber keine starken politischen Überzeugungen hätten. Die Gleichung »je extremistischer die Einstellung, desto höher die Gewaltbereitschaft« sei also in vielen Fällen falsch.[17]

Weder die Anhänger der Fließbandhypothese noch deren Gegner haben es bisher geschafft, den Zusammenhang zwischen kognitivem und gewaltbereitem Extremismus vollständig – oder nur annähernd überzeugend – aufzuklären. Er ist und bleibt eine der zentralen Fragestellungen der Radikalisierungsforschung.[18]

Ursachen und Bausteine

Die ganz einfachen Antworten auf die Frage nach den Wurzeln und Treibern der Radikalisierung sind fast immer falsch. Das trifft besonders dann zu, wenn sie versuchen, Radikalisierungsverläufe mit einer einzigen Ursache zu erklären. Terroristen sind nicht alle vaterlos, ungebildet oder arm. Genauso wenig kommen sie stets aus Großfamilien, sind promoviert oder haben reiche Eltern. Osama bin Laden, der ehemalige Anführer der Terrororganisation al-Qaida, war Sohn eines reichen Unternehmers, aber viele seiner Kämpfer wuchsen in Slums oder Sozialwohnungen auf. »Jihadi John«, der Henker des »Islamischen Staates« (IS), besaß einen Universitätsabschluss, doch seine Mitstreiter waren oft Schulabbrecher und vorbestraft. Auf jeden Millionärssohn, der sich radikalisiert, kommen Tausende, die den Sommer lieber auf Papas Yacht verbringen. Und für jede gescheiterte Existenz, die beim »IS« landet, gibt es Millionen, die stattdessen versuchen, ihre Probleme mit Alkohol und Drogen zu lösen.

Das bedeutet nicht, dass solche »Makro-Erklärungen« unwichtig sind. Aber singulär betrachtet, ist ihr analytischer Wert gering. Der Grund, dass Radikalisierungsverläufe komplizierter sind, als Zeitungskolumnen erlauben, ist, dass Radikalisierung kein Ereignis ist, sondern ein Prozess. Radikalisierung hat nicht eine Ursache, sondern viele. Und die Erklärung, warum junge Menschen zu Terroristen werden, besteht nicht aus der Addition von Ursachen, sondern aus ihrem Zusammenspiel.

Genauso wenig wie die eine Ursache gibt es die eine, universell gültige Formel. Zu behaupten, dass sich Neonazis in Deutschland auf die exakt gleiche Weise radikalisieren wie Tierschützer in England oder Dschihadisten in den Vororten von Paris, wäre absurd. Radikalisierungsverläufe variieren je nach Ort, Ideologie, Zeitpunkt und Kontext.

Selbst in derselben Bewegung, am selben Ort und zum selben Zeitpunkt können sich individuelle Prozesse stark voneinander unterscheiden. Die vier Attentäter, die die Londoner Terroranschläge vom 7. Juli 2005 ausführten, hatten sich zur selben Zeit im selben Dorf im Norden Englands kennengelernt, doch ihre Hintergründe und Motivationen waren völlig unterschiedlich. Zu ihnen gehörte ein vermeintlich gut integrierter 30-jähriger Lehrer mit Universitätsabschluss, Frau und einjährigem Kind, ein 22-jähriger Studienabbrecher, der seit Jahren in der Dönerbude seines Vaters arbeitete, ein 19-jähriger Konvertit aus Jamaika, der erst vor Kurzem in die Gegend gezogen war, und ein 18-Jähriger, der gerade die Schule abgeschlossen hatte. Keine Formel bringt solch unterschiedliche Typen und Lebensläufe auf einen Nenner.[19]

Bausteine der Radikalisierung

Und trotzdem: Dass sich Radikalisierungsverläufe komplex darstellen, heißt nicht, dass sie unverstehbar sind. Dass wir nicht alles verstehen, besagt nicht, dass wir gar nichts verstehen. Und die Unfindbarkeit einer einheitlichen, universell gültigen Formel, bedeutet nicht, dass es überhaupt nichts gibt, was sich verallgemeinern ließe. Die meisten gängigen Modelle und Theorien identifizieren fünf (zum Teil gut erforschte) »Bausteine« der Radikalisierung. Obwohl keiner der fünf eine ausreichende Erklärung dafür bietet, warum Menschen zu Extremisten – oder gar Terroristen – werden, sind sie beim Entschlüsseln von Radikalisierungsverläufen unentbehrlich:

- *Frustration* ist die auf den ersten Blick logische Erklärung dafür, dass Menschen zu Extremisten werden. Hinter jeder politischen – inklusive jeder extremistischen – Bewegung steht eine gesellschaftliche Spannung oder Konfliktlinie: Menschen, die Erwartungen haben, Ansprüche stellen und bei deren Verwirklichung scheitern. Hierzu zählen persönliche Identitätskonflikte genauso wie Ausgrenzungs- und Diskriminierungserfahrungen, die, gemäß dem amerikanischen Sozialwissenschaftler Quintan Wiktorowicz, »kognitive Öffnungen« produzieren, also die Bereitschaft, eigene Denkmuster und Normen zu überprüfen und mit neuen, mitunter radikalen Ideen und Wertesystemen zu experimentieren.[20]

- *Drang* und emotionale Bedürfnisse – was junge Menschen »fühlen« und »wollen« – können genauso bedeutend sein wie politische und ideologische Faktoren. Bei solchen Bedürfnissen geht es um die Suche nach einer starken Identität, Gemeinschaft, Bedeutung, Ruhm und Abenteuer. Auch jugendliche Rebellion, das Aufbegehren gegen existierende Normen und die Generation der Eltern, zählt hierzu. Extremistische Gruppen haben es häufig einfacher als etablierte Institutionen, diese Art von Bedürfnis zu befriedigen, denn sie stehen außerhalb des Systems, bieten einfache Erklärungen, reduzieren die Welt – und damit die eigene Identität – auf Gut und Böse und geben selbst »Verlierern« und »Gescheiterten« das Gefühl, eine wichtige Rolle zu spielen.[21]

- *Ideen* sind nicht so unwichtig wie Psychologen oftmals behaupten. Terrorismus ist politisch motivierte Gewalt und kann deshalb nicht völlig ohne politische Ideen erklärt werden. Ohne politischen oder religiösen Inhalt ist keinem klar, wer Feind und Freund ist, wofür gekämpft wird und warum sich das Kämpfen lohnt. Auch wenn nicht jeder Extremist ein Intellektueller ist, der Bücher liest und sich intensiv mit politischen Ideen auseinandersetzt, sind politische Ideen notwendig, um Radikalisierung zu begründen: Sie liefern die Rechtfertigung, Richtung und den Anstoß für politisches (und gewalttätiges) Handeln. Ihre Funktion besteht darin, einen Schuldigen zu identifizieren (»die Juden«, »die Ausländer«, »der Westen«, »das monopol-kapitalistische System«), eine Lösung zu formulieren (»der Gottesstaat«, »die nationale Revolution«, »die Diktatur des Proletariats«) und zur Mitarbeit zu motivieren (»Dschihad ist eine individuelle Verpflichtung«, »Proletarier aller Länder, vereinigt Euch!«).[22]

- *Leute* sind deshalb bedeutend, weil sich unser Verhalten häufig daran orientiert, wen wir kennen und was andere von uns denken und erwarten. Anders ausgedrückt: Menschen, die uns wichtig sind, beeinflussen, wie wir handeln – im Positiven durch Liebe, (freiwillige) Verpflichtung und Attraktion; im Negativen durch Zwang, Furcht und Druck. Wer Radikalisierung verstehen will, muss sich mit sozialen Phänomenen und Prozessen auseinandersetzen: den Netzwerken und Gegenkulturen, aus denen extremistische und terroristische Gruppen ihre Mitglieder rekrutieren, die Kleingruppen und Cliquen, in denen sich Zusammenhalt und der Wille zum Handeln bilden, und die charismatischen Anführer, die neue Unterstützer an sich binden und die Autorität besitzen, um gewalttätige Aktionen religiös und ideologisch zu legitimieren. Viele Sozialwissenschaftler argumentieren, dass gefährliche und/oder illegale Aktionen – sogenannter Hochrisiko-Aktivismus – besonders viele solcher Bindungen erfordern.[23]

- *Gewalt* ist in den Augen vieler Forscher lediglich Konsequenz, nicht Ursache von Radikalisierung. Doch diese Logik ist irreführend, denn wer Gewalt ausübt, rechtfertigt sie fast immer mit Gewalt, die von anderen zugefügt wurde. Aus Sicht der Gewalttätigen ist die eigene Gewalt fast niemals blanke Aggression, sondern stets Verteidigung oder Revanche. Ein weiterer Aspekt ist, dass sich Gewalt durch Erfahrung, Praxis und Wiederholung »normalisiert«. Die Brutalisierung, die z.B. bei »Jihadi John« erkennbar wurde, entstand nicht allein durch Veranlagung, Schock oder »Gehirnwäsche«, sondern war Ergebnis eines langwierigen und schrittweisen Prozesses. Übung, Imitationsverhalten oder die Beteiligung an gewaltsamen Konflikten können hierbei genauso entscheidend sein wie gewaltsame Prägung oder eine (oft im Nachhinein diagnostizierte) »aggressive Veranlagung«.[24]

Risikofaktoren

Die fünf Bausteine – Frust, Drang, Ideen, Leute und Gewalt – sind keine vollständige Theorie, denn dazu müssten sie erklären, welche Faktoren wichtiger sind als andere und in welcher Reihenfolge sie auftreten. Doch es gibt, wie bereits erwähnt, eine solche universell gültige Formel nicht. Aus welchen Elementen sich ein individueller Radikalisierungsverlauf zusammensetzt und in welcher Reihenfolge und Kombination sie in Erscheinung treten, lässt sich unmöglich generalisieren – oder gar voraussagen. Als analytische Werkzeuge, mit deren Hilfe sich Wege in die Gewalt beschreiben, vergleichen und schematisieren lassen, sind sie dennoch hilfreich. Kurzum: Sie sind kein Prognoseinstrument, sondern der Inhalt eines Baukastens.

Ein junger Mann, der Skinhead-Konzerte besucht und viele rechtsextreme Freunde hat, ist noch lange kein gewaltbereiter Neonazi, aber er gehört zum demografischen und sozialen Pool, aus dem die Bewegung rekrutiert, und hat aufgrund seiner Vernetzung mit der »rechten Szene« einen kürzeren Weg und mehr Möglichkeiten, sich zum politischen Gewalttäter zu radikalisieren, als der Rest der Bevölkerung. Das bedeutet nicht, dass Menschen aufgrund bestimmter Eigenschaften oder Aktivitäten für den Extremismus prädestiniert sind oder – schlimmer noch – dass solche Personen oder solches Verhalten kriminalisiert werden sollten. Doch genauso klar ist, dass nicht jede Person im gleichen Maße für Radikalisierung ansprechbar ist und dass die oben beschriebenen Bausteine dazu beitragen können, Risiken besser einzuschätzen und Ressourcen effektiver einzusetzen.

Gewöhnlichkeit

Was es schwierig macht, Radikalisierung zu erkennen und zu bekämpfen, ist, dass keiner der Bausteine so außergewöhnlich ist wie ihr Ergebnis. Mit Ausnahme des Faktors Gewalt sind alle Eigenschaften, Bedürfnisse und Prozesse, von denen die fünf Bausteine handeln, »gewöhnlich«, legal und – in den meisten Fällen – legitim. Unmut und Frustration gibt es in jeder Gesellschaft und die Bedürfnisse nach Identität, Gemeinschaft und Bedeutung sind so universell, dass sie kaum der Erwähnung wert scheinen. Sich für politische Ideen zu begeistern ist ebenso wenig ein Indikator für politische Gewalt wie einem charismatischen Anführer nachzufolgen oder Mitglied einer Clique zu sein. Was solche Verhaltensweisen – und diejenigen, die sie praktizieren – problematisch macht, ist nicht ihre Existenz, sondern ihre Zielrichtung und ihr Endpunkt, die sich aber in vielen Fällen erst spät oder im Rückblick erkennen lassen.

Mit anderen Worten: Frust, Drang, Ideen und Leute können genauso gut zur Mitgliedschaft bei den Grünen oder bei Greenpeace führen wie bei der gewalttätigen Animal Liberation Front. Und wer nach Abenteuer, (kontrollierter) Aggressivität und einem Ventil für seine Männlichkeit sucht, muss kein Terrorist werden, sondern kann zur Bundeswehr gehen. Was darüber entscheidet, wer zum Terroristen wird, hat häufig mit Normen, Kontext und Gelegenheit zu tun – und manchmal damit, zur falschen Zeit am falschen Ort gewesen zu sein. Als Ereignis ist terroristische Radikalisierung selten und ungewöhnlich, doch die sozialen Prozesse, die sie produzieren, sind es nicht.[25]

Wandel und aktuelle Debatten

Spätestens während des Sommers 2016 wurde deutlich, wie ernsthaft die dschihadistische Terrorbedrohung in Europa geworden war. Innerhalb von weniger als einem Monat kam es zu fünf dschihadistisch motivierten Anschlägen, die der »IS« für sich reklamierte, darunter die Anschläge in Würzburg und Ansbach, das Lastwagen-Attentat im französischen Nizza, die Enthauptung eines Priesters in der Normandie und eine Messerattacke im belgischen Charleroi.

Wie häufig bei Terroranschlägen ging es in der unmittelbaren Berichterstattung drunter und drüber. Basierend auf wenigen – oder gar keinen – Informationen wurde behauptet, die Attentäter seien »einsame Wölfe« gewesen, die unter psychischen Problemen gelitten und sich selbst in kürzester Zeit radikalisiert hätten. Deradikalisierung, so hieß es, sei zwar eine »nette Idee«, doch in der Praxis unmöglich.[26] Was ist von solchen Statements zu halten?

»Turboradikalisierung«

Die Idee der Turbo- oder Blitzradikalisierung entpuppte sich in den meisten Fällen als übertrieben oder falsch. Niemand wird über Nacht zum Terroristen, auch wenn es unmittelbar nach einem Anschlag, wenn noch wenig über die Attentäter bekannt ist, oftmals so aussieht. Die Täter aus der Normandie z. B. waren seit Jahren in der dschihadistischen Szene unterwegs und wurden seit geraumer Zeit als »Gefährder« eingestuft. Der Selbstmordattentäter von Ansbach war bereits Mitglied des »IS«, bevor er im Sommer 2014 als Flüchtling nach Deutschland kam. In Nizza hieß es zunächst, der Täter sei völlig areligiös gewesen und habe sich, wenn überhaupt, erst in den Tagen unmittelbar vor seiner Tat radikalisiert. Doch als die Polizei seinen Computer und sein Handy auswertete, stellte sich heraus, dass er den Anschlag seit mindestens einem halben Jahr vorbereitet hatte.

Einzig die in den vergangenen Jahren häufiger gewordenen sogenannten Gangster-Dschihadisten – also Terroristen, die vor ihrer Radikalisierung bereits »gewöhnliche« Kriminelle und/oder Gewalttäter waren – könnten Radikalisierungsverläufe beschleunigt haben, denn durch sie wurde das traditionelle Verständnis des Radikalisierungsprozesses umgekehrt. Bei »klassischen« Extremisten ging es zuerst um die Radikalisierung des Denkens – die kognitive Radikalisierung – und erst danach und als Konsequenz um die Radikalisierung des Handelns. Wer sich zu einer extremistischen Ideologie bekannte, war noch lange kein Gewalttäter, denn zwischen kognitiver Radikalisierung und der Bereitschaft, einen Menschen zu töten, lag typischerweise ein aufwendiger Prozess der Gewöhnung, den nur wenige konsequent und bis zum Ende beschritten.[27]

Bei »Gangster-Dschihadisten« jedoch ist die Bereitschaft zur Gewalt bereits vorhanden, bevor sie eine extremistische Ideologie voll akzeptiert haben. Das beschleunigt Radikalisierungsverläufe und macht es schwer, sie vorherzusagen. »Ich konvertierte nicht zum Islam«, so ein Dschihadist, der zuvor Mitglied einer Straßengang war, »sondern zum Dschihad.« Von »Blitz-Radikalisierung« zu sprechen scheint nach wie vor übertrieben, doch genauso klar ist, dass für die »Gangster-Dschihadisten« Gewalt nicht bloß Mittel zum Zweck ist, sondern – so scheint es – ein Mittel auf der Suche nach einem Zweck.

»Selbstradikalisierung«

Die Idee des isolierten, meist psychisch gestörten Einzeltäters, der sich völlig allein radikalisiert und dann ohne Hilfe und Anleitung einen Anschlag durchführt, war in den letzten Jahren ein wichtiges Element der medialen Berichterstattung. Doch viele der vermeintlich »einsamen Wölfe«, wie der Attentäter in Nizza, stellten sich als ganz und gar nicht einsam heraus, sobald mehr Details bekannt wurden und die Behörden die Gelegenheit bekamen, das Umfeld eines Attentäters genauer zu durchleuchten.

Völlig absurd ist die Idee des selbstradikalisierten Einzeltäters dennoch nicht. »Einsame Wölfe« sind kein völlig neues Phänomen – bereits während der anarchistischen Terrorwelle im späten 19. Jahrhundert versuchte man, Einzeltäter per Flugblatt und gedruckter Bombenbauanleitung zu Anschlägen zu animieren –,[28] auch wenn das Internet neue und zum Teil sehr wirksame Kanäle eröffnet hat, um diese Strategie zu verbreiten. Allerdings sind ihre Radikalisierungsverläufe weniger außergewöhnlich, als es auf den ersten Blick scheint: »Einsame Wölfe« handeln zwar auf eigene Faust, doch ihre Radikalisierung ist oftmals konventionell und geschieht im Kontext von Gruppen. Viele waren vor ihrer Tat Teil extremistischer Gegenkulturen und deshalb den Sicherheitsbehörden bekannt. Selbst wer sich ausschließlich im Internet radikalisiert hat, war dabei in den meisten Fällen nicht rein passiv, sondern hat mit anderen kommuniziert und zum Teil starke soziale Bindungen entwickelt.[29]

Psychische Probleme, so zeigen verschiedene Studien übereinstimmend, sind bei »einsamen Wölfen« ein wichtigerer Faktor als bei Terroristen, die in hierarchische Kommandostrukturen integriert sind, doch selten der einzige und/oder entscheidende Grund, weshalb sie Anschläge verüben. Mehr noch: Viele »einsame Wölfe« kündigen ihre Aktionen an, sprechen über sie oder posten Warnungen auf Facebook und Twitter. Sie sind zweifellos »anders« als die nach wie vor große Mehrheit der Radikalisierten, die als Teil fester sozialer Strukturen aktiv wird,[30] aber sie sind weniger einsam – und deshalb weniger unbekannt – als in der Öffentlichkeit dargestellt.

Fazit

Genauso wie viele andere sozialwissenschaftliche Konzepte – etwa Entwicklung oder Kriminalität – ist der Begriff »Radikalisierung« unter Forschern umstritten und es existiert keine allgemein anerkannte Definition. Das ist weder beunruhigend noch ist es Beleg dafür, dass das Phänomen, das sich dahinter verbirgt, nicht existiert. Wer sich gegen das Konzept der Radikalisierung sträubt, muss erklären, wie sich stattdessen der Prozess der Mobilisierung in den Extremismus – oder zur terroristischen Gewalt – beschreiben oder bezeichnen lässt.[31]

Dass Radikalisierung nicht völlig anders ist als andere, weniger problematische Prozesse der Mobilisierung, ist unbestritten. Radikalisierung ist in vielerlei Hinsicht »gewöhnlich« – und wird in den meisten Fällen erst im Nachhinein als Radikalisierung verstehbar.

Auch wenn es die eine, universell gültige Formel nicht gibt: Frust, Drang, Leute, Ideen und Gewalt sind auch im Zeitalter des Internets die zentralen Bausteine, aus denen sich Radikalisierungsverläufe zusammensetzen. Doch zweifellos gibt es Neuerungen, die ihre Dynamik und Darstellungsformen beeinflussen, viele der neueren Ideen zur Erklärung des Phänomens entpuppen sich jedoch – dies haben die Beispiele im letzten Teil des Beitrages gezeigt – als übertrieben oder irreführend.

Bereits der preußische Stratege Carl von Clausewitz argumentierte, dass zwar alle Kriege dieselbe Logik hätten, nicht aber dieselbe Grammatik.[32] Die Grundlagen der Radikalisierung sind mittlerweile gut erforscht, doch ihre »Grammatik« muss immer wieder neu erforscht werden.

Anmerkungen

1 Peter R. Neumann: Radikalisierung, Deradikalisierung und Extremismus, in: Aus Politik und Zeitgeschichte, Nr. 29–31, 2013, S. 3–10; Ders.: Der Terror ist unter uns: Radikalisierung und Dschihadismus in Europa, Berlin 2016.
2 Vgl. David R. Mandel: Radicalization: What Does It Mean?, in: Thomas Pick/Anne Speckhard/Beatrice Jacuch (Hrsg.): Homegrown Terrorism: Understanding the Root Causes of Radicalisation Among Groups with an Immigrant Heritage in Europe, Brüssel 2009.
3 Vgl. Zeyno Baran: Fighting the War of Ideas, in: Foreign Affairs, Nr. 6, 2005, S. 68–78; Fathali M. Moghadam: The Staircase to Terrorism: A Psychological Exploration, in: American Psychologist, Nr. 2, 2005, S. 161–169; Clark McCauley/Sophia Moskalenko: Mechanisms of Political Radicalization: Pathways Toward Terrorism, in: Terrorism and Political Violence, Nr. 3, 2008, S. 415–433.

4 Vgl. Roger Scruton: The Palgrave Macmillan Dictionary of Political Thought, Basingstoke 2007.
5 Ebd.
6 Vgl. Mark Sedgwick: The Concept of Radicalization as a Source of Confusion, in: Terrorism and Political Violence, Nr. 4, 2010, S. 479–449.
7 Karl Popper: The Open Society and Its Enemies, Bd. 1: The Spell of Plato, 5. Aufl., New Haven, CO, 1971, S. 265.
8 Lorenzo Vidino: Countering Radicalization in America: Lessons from Europe, United States Institute for Peace Special Report, November 2010, S. 5.
9 Timothy McCarthy/John McMillian: The Radical Reader: A Documentary History of the American Radical Tradition, New York 2003, S. 3f.
10 Bundesministerium des Innern: Verfassungsschutzbericht 2011, Berlin 2012, S. 16.
11 Ulrike Meinhof: Das Konzept Stadtguerilla (1971), in: Texte und Materialien zur Geschichte der RAF, Berlin 1997, S. 27 ff.
12 Vgl. Peter Neumann/M.L.R. Smith: The Strategy of Terrorism: How It Works, and Why It Fails, London 2008.
13 Vgl. Stefan Malthaner/Peter Waldmann (Hrsg.): Radikale Milieus: Das soziale Umfeld terroristischer Gruppen, Frankfurt/Main-New York 2012.
14 Vgl. Baran (Anm. 3).
15 Aus Platzgründen kann hier nicht näher auf das Phänomen der Deradikalisierung eingegangen werden. Detailliert hat sich Thomas Mücke in diesem Band mit dem Thema auseinandergesetzt.
16 Vgl. Quintan Wiktorowicz: Anatomy of the Salafi Movement, in: Studies in Conflict and Terrorism, Nr. 1, 2006, S. 207–239.
17 Vgl. Randy Borum: Radicalization into Violent Extremism I: A Review of Social Science Theories, in: Journal of Strategic Security, Nr. 4, 2011, S. 7–35.
18 Vgl. Marc Sageman: The Stagnation of Research on Terrorism, in: Chronicle of Higher Education, 30.4.2013, http://chronicle.com/blogs/conversation/2013/04/30/the-stagnation-of-research-on-terrorism/ (letzter Zugriff: 02.08.2017).
19 Vgl. Peter R. Neumann: Introduction, in: Ders. (Hrsg.): Radicalization – Major Works Collection, Bd. 1, London-New York, 2015, S. 1–19.
20 Quintan Wiktorowicz: Radical Islam Rising: Muslim Extremism in the West, London 2005, S. 20–24.
21 Vgl. Simon Cottee/Keith Hayward: Terrorist (E)motives: The Existential Attractions of Terrorism, in: Studies in Conflict and Terrorism, Nr. 11, 2011, S. 963–986; Steven M. Buechler: The strange career of strain and breakdown theories of collective action, in: David Snow/Sarah Soule/Hanspeter Kriesi (Hrsg.): The Blackwelll Companion to Social Movements, Oxford 2004.
22 Vgl. Donatella della Porta/Mario Diani (Hrsg.): Social Movements: An Introduction, 2. Aufl., Oxford 2006, S. 74–88; Neil Smelser: The Faces of Terrorism: Social and Psychological Dimensions, Princeton 2010, 2. Kapitel.
23 Vgl. Marc Sageman: Understanding Terror Networks, Philadelphia, 2003, S. 99–136; Doug McAdam: Recruitment into High-Risk Activism: The Case of Freedom Summer, in: The American Journal of Sociology, Nr. 1, 1986, S. 64–90.

24 Vgl. John Horgan: The Psychology of Terrorism, London 2009; Mohammed M. Hafez: From Marginalization to Massacres: A Political Process Explanation of GIA Violence in Algeria, in: Quintan Wiktorowicz (Hrsg.): Islamic Activism: A Social Movement Theory Approach, Bloomington, IN, 2004, S. 37–60.
25 Neumann: Der Terror ist unter uns (Anm. 1), S. 15 f.
26 Olivier Roy: Jihad and Death: The Global Appeal of Islamic State, London 2017, S. 98 f.
27 Vgl. Peter R. Neumann/Rajan Basra/Claudia Brunner: Criminal Pasts, Terrorist Futures? European Jihadists and the New Crime-Terror Nexus, London 2016.
28 Vgl. Peter R. Neumann, Die neuen Dschihadisten: IS, Europa und die nächste Welle des Terrorismus, Berlin 2015, Kapitel 1.
29 Vgl. Neumann: Der Terror ist unter uns (Anm. 1), Kapitel 9.
30 Vgl. Paul Gill u. a.: Bombing Alone: Tracing the Motivations and Antecedent Behaviors of Lone-Actor Terrorists, in: Journal of Forensic Sciences, Nr. 2, 2014, S. 425 ff.; Ramon Spaaij: The Enigma of Lone Wolf Terrorism: An Assessment, in: Studies in Conflict and Terrorism, Nr. 9, 2010, S. 854 ff.; Clare Ellis u. a.: Lone Actor Terrorism – Final Report, in: Countering Lone Actor Terrorism, Nr. 11, RUSI, April 2016.
31 Vgl. Peter R. Neumann, The Trouble with Radicalization, in: International Affairs, Nr. 4, 2013, S. 873 ff.
32 Carl von Clausewitz, Vom Kriege, 2. Aufl., Berlin 1999, S. 683.

Patrick Frankenberger

Radikalisierungsfaktor Internet?
Jugendliche im Fokus dschihadistischer Propaganda

Die Frage, warum und wie sich Menschen radikalisieren, terroristische Taten begehen oder sich dschihadistischen Gruppen wie al-Qaida und dem sogenannten Islamischen Staat (IS) anschließen, ist durch die Ereignisse der letzten Jahre dringlicher geworden. Insbesondere wird immer wieder das Internet als Radikalisierungsfaktor genannt. Jedoch ist nicht geklärt, welchen Einfluss die Rezeption dschihadistischer Online-Propaganda auf den individuellen Radikalisierungsprozess bis hin zur Gewaltanwendung hat. Auch der vorliegende Text wird diese Frage nicht abschließend klären können.

Was sich aber mit einiger Sicherheit sagen lässt: Das Internet ist ein zentrales Medium für die Verbreitung dschihadistischer Propaganda und spielt besonders für die Ansprache und Rekrutierung von jungen Menschen eine wichtige Rolle. Für sie sind Videoplattformen, soziale Medien und Messenger-Dienste zum Verschicken von Nachrichten fester Bestandteil ihrer Lebenswelt. Inzwischen haben nahezu alle täglich Zugriff auf das Netz über Smartphones, Tablets, Laptops oder PCs.[1] Mit ihren Webangeboten nehmen Extremisten gezielt Jugendliche ins Visier, die noch kein gefestigtes Weltbild haben oder Erklärungen für politische Ereignisse, gesellschaftliche Konfliktlinien oder Antworten auf Fragen der eigenen Identität suchen. Sie sollen auch über YouTube, Facebook und Co. für die Ideologie gewonnen werden, sich terroristischen Gruppierungen anschließen und in letzter Konsequenz Gewalt anwenden.

Der folgende Überblick zeigt, wie Dschihadisten Jugendliche im Internet ködern und versuchen, sie in ihrem Sinne zu beeinflussen. Dabei wird auch beschrieben, welche Entwicklungen es bezüglich dschihadistischer Online-Propaganda gegeben hat und gibt, welche zentralen Botschaften wo und wie vermittelt werden und warum sich junge Menschen davon angezogen fühlen könnten. Abschließend wird das Phänomen aus der Perspektive des Jugendmedienschutzes bewertet.

Patrick Frankenberger

Dschihadistische Webangebote im digitalen Wandel

Dschihadistische Propaganda im Internet ist sehr dynamisch, anpassungsfähig und professionell. In den vergangenen Jahren waren ein stetiger Anstieg an Quantität und Qualität zu beobachten sowie immer vielfältiger werdende Internetangebote, die den militanten Kampf verherrlichen und gegen Menschengruppen wie Nichtmuslime, Juden, Schiiten und andere hetzen. Bisheriger Höhepunkt dieser Entwicklung ist die Propagandamaschinerie der Terrororganisation »IS«, die nicht nur durch ihre hollywoodartigen Videoclipproduktionen und virtuosen Online-Kampagnen neue Maßstäbe setzte, sondern auch eine kaum zu überbietende Menschenverachtung propagiert.

Die Professionalisierung macht sich auch dadurch bemerkbar, dass im globalen Maßstab eine zielgruppengenaue Ansprache erfolgt. Sie ist z. B. auf ein weibliches oder männliches Publikum zugeschnitten und adressiert Nutzerinnen und Nutzer in unterschiedlichen Sprachen. Angebote sind so gestaltet, dass sie insbesondere gängige Seh- und Nutzungsgewohnheiten bedienen sowie an Lebenswelten und gesellschaftspolitische Debatten anknüpfen. Damit die wichtige Zielgruppe der Jugendlichen leicht auf die Propaganda stoßen kann, wird sie dort platziert, wo sich junge Menschen ohnehin bewegen: im Social Web; d. h., die Verbreitungswege dschihadistischer Propaganda haben sich in den letzten Jahren den allgemeinen technischen Entwicklungen und Digitalisierungsprozessen, aber auch dem Mediennutzungsverhalten angepasst. Die Bedeutung von eher statischen Websites und Foren hat stark abgenommen, die Bedeutung sozialer Netzwerke wie Facebook und Twitter sowie von Videoplattformen wie YouTube hat hingegen stark zugenommen. Über die Dienste lässt sich mit geringem Aufwand auch jenseits extremistischer Kreise Reichweite erzielen und sie bieten verschiedene Möglichkeiten der Ansprache.

Bei Twitter kann man seine kurzen Botschaften mit Schlagworten, sogenannten Hashtags, versehen. Greifen genug User einen Hashtag auf, kann daraus ein Trend entstehen. Der Dienst zeigt jedem User an, unter welchen Hashtags aktuell viel veröffentlicht wird. Dschihadisten machen sich das zunutze und verschlagworten ihre extremistischen Beiträge gezielt unter diesen Trendbegriffen, um so ein möglichst breites Publikum zu erreichen. Beispielsweise streuen Dschihadisten unter dem Hashtag #GNTM (das steht für die Fernsehsendung *Germany's Next Topmodel*) jugendaffine Memes (Kombinationen aus Bild und Text) mit islamistischen Botschaften oder Links auf Propagandavideos ein. Der Hashtag wurde von vielen Jugendlichen regelmäßig verfolgt – über diese Strategie sollte Interesse für die extremistische Ideologie geweckt werden.

Radikalisierungsfaktor Internet?

Jugendaffine Hashtags werden gekapert, um Propaganda zu streuen (Quelle: Twitter; Original unverpixelt)

Bei YouTube konnte Ähnliches beobachtet werden: Dschihadistische Videos wurden z. B. mit Namen von in Deutschland populären Rappern, die aktuell ein neues Album in den Charts hatten, betitelt. Stellten Jugendliche bei YouTube Suchanfragen nach eben jenen Rappern, um eines ihrer Musikvideos angezeigt zu bekommen, tauchten in der Trefferliste auch Clips auf, in denen für den militanten Kampf geworben wurde. Solche Videos sind in der Regel nicht länger als fünf Minuten und die Protagonisten sprechen häufig im Jugendjargon. Ein Beispiel: Ein deutscher Dschihadist richtete seine ca. dreiminütige Videobotschaft, in der er zur Teilnahme am Dschihad in Syrien aufrief, zwar an die Rapper Farid Bang und Massiv. Die eigentlichen Adressaten waren jedoch nicht die Rapper selbst, sondern deren Fans. Die Namen der Rapper im Titel des Videos dienten dazu, die jugendliche Zielgruppe zu erreichen. Solche Videos erzielen regelmäßig relativ hohe Aufrufzahlen, in manchen Fällen über 20 000 Klicks.

Facebook indes fungiert vorwiegend als Socialising-Instrument – auch für Dschihadisten. Als immer mehr Personen aus dem deutschsprachigen Raum nach Syrien oder in den Irak ausreisten, nutzten einige ihre Facebook-Profile weiter, um von ihrem neuen Leben im Dschihad zu berichten und dafür zu werben. Das Profil eines ausgereisten Jugendlichen, der sich dem »IS« angeschlossen hatte, umfasste über 1800 Facebook-Freunde, darunter etliche Jungen und Mädchen aus seiner Altersgruppe. Er postete vermeintlich authentische Nachrichten von den Kämpfen gegen die Soldaten des Assad-Regimes, »coole« Bilder von sich und anderen Dschihadisten in Flecktarnuniformen und mit Sturmgewehren sowie Bilder, die das Leben im Territorium der Terrororganisation als erstrebenswert erscheinen ließen. Vor allem aber kommunizierte er direkt mit seinen »Freunden« und Followern (denjenigen, die ihm auf Facebook folgten und seine Updates abonnierten). Er antwortete auf Fragen und versuchte, weitere Jugendliche davon zu überzeugen, ihm zu folgen. Ob er Erfolg damit hatte, ist nicht klar. Sicher ist jedoch, dass er mit seiner Propaganda als Multiplikator zahlreiche Jugendliche erreichte.

Einige Facebook-Profile richteten sich speziell an Mädchen und junge Frauen. Die vermeintlichen Betreiberinnen – es ist nicht verifizierbar, ob es sich dabei tatsächlich um Frauen handelte – gaben vor, selbst ausgereist und inzwischen mit einem Dschihadisten verheiratet zu sein. Die romantisch-verklärende Vorstellung vom unbeschwerten Familienglück im Dschihad sollte weibliche User animieren, ebenfalls auszureisen.

Nachdem Facebook, YouTube und Twitter in den letzten Jahren in hohem Maße von dschihadistischer Propaganda betroffen waren, ist jüngst eine Ausweichbewegung auf Plattformen wie den Messenger-Dienst Telegram zu beobachten. Auch das folgt einem generellen Kommunikationstrend, denn diese Dienste sind für die Nutzung mobiler Endgeräte wie Smartphones optimiert und erfreuen sich gerade bei Jugendlichen großer Beliebtheit.

Für sogenannte Broadcasting-Kanäle auf Telegram (ein Tool für den gleichzeitigen Versand von Nachrichten an einen großen Empfängerkreis) wird häufig auf jugendaffinen Facebook-Seiten, die thematisch und/oder gestalterisch an der Lebenswelt von Jugendlichen andocken und deren extremistischer Hintergrund nicht leicht zu erkennen ist, geworben. Klicken User auf dort veröffentlichte Links zu einem Kanal auf Telegram, werden sie über eingebundene Beiträge von anderen islamistischen Kanälen quasi stufenweise an die menschenverachtende Ideologie herangeführt. Jugendliche können so schnell an dschihadistische Angebote geraten.

Recherchen von jugendschutz.net zeigen, dass es weit über 100 deutschsprachige islamistische Kanäle auf Telegram gibt, wovon gut zwei Drittel dem dschihadistischen Spektrum zugerechnet werden können – ein Kanal eines »IS«-Sympathisanten hatte zeitweise über 3000 Mitglieder.

Radikalisierungsfaktor Internet?

Darüber hinaus veröffentlichen die Kanäle mit den drastischsten Inhalten auch die meisten Beiträge: Hinrichtungsvideos, Aufrufe zum bewaffneten Kampf, Bilder von Frontkämpfen und Werbung für Terrorgruppen. User werden dadurch mit einem konstant hohen Informationsfluss versorgt und erhalten bei jedem neuen Beitrag ein Signal von ihrem Smartphone (Push-Nachricht), sei es durch Vibration, Ton oder visuell. Dies befriedigt die Neugierde und das Bedürfnis von Jugendlichen, ständig auf dem Laufenden zu sein. Die authentisch wirkenden Informationen, etwa über Kampfhandlungen in Syrien, gelangen so direkt auf ihre Smartphones.

»Sticker« transportieren Terrorpropaganda in jugendaffiner Messenger-Kommunikation (Quelle: Telegram)

Darüber hinaus bietet Telegram die Möglichkeit, Emojis (auch Emoticons genannt; Zeichen, die vor allem in schriftlicher Chat-Kommunikation Begriffe ersetzen sowie Stimmungs- und Gefühlszustände vermitteln, z. B. ein Smiley) selbst herzustellen und allen Usern des Dienstes zur Verfügung zu stellen. Emojis sind sehr jugendaffin und sollen den Spaß an der Kommunikation erhöhen. Bei Telegram werden sie »Sticker« genannt. Inzwischen kursieren zahlreiche dieser Sticker mit dschihadistischer Ikonografie, die Terrororganisationen wie al-Qaida und den »IS« verherrlichen und z. B. die Anschläge vom 11. September 2001 im Comic-Stil positiv darstellen (siehe Screenshot S. 61). Osama bin Laden oder der berüchtigte Terrorist »Jihadi John«, der den amerikanischen Journalisten James Foley im Namen des »IS« ermordet hat, werden über Abbildungen zu Helden stilisiert. Die dschihadistische Ikonografie fließt so in die Alltagskommunikation von Jugendlichen ein und transportiert – quasi nebenbei – die menschenverachtende Ideologie.

Dschihadistische Online-Propaganda ist insgesamt äußerst vielfältig. Es gibt eine große »Produktpalette«, mit der rekrutiert und die extremistische Ideologie vermittelt wird. Professionelle Videos mit Special Effects und Animationen, die die Sehgewohnheiten von Jugendlichen bedienen, sind ein wichtiges Mittel. Gerade die Videoproduktionen des »IS«, so menschenverachtend sie auch sein mögen, sind selten langweilig, sondern folgen einer Dramaturgie, die aus professionellen Produktionen der Filmindustrie geläufig ist.

Versatzstücke der Ideologie transportieren die Akteure darüber hinaus mit Memes und Bildern, häufig in Kombination mit popkulturellen Elementen, die Jugendliche aus ihren Alltagswelten kennen. Aus ihrem ursprünglichen Kontext herausgelöst, werden Symbole wie das Nike-Zeichen oder das Adidas-Logo zu Werbeträgern des militanten Kampfes und Figuren aus Filmen, Fernsehen oder Comics zu Transmittern für dschihadistische Botschaften. Jugendliche erkennen das popkulturelle Element, mit dem sie etwas Positives wie Spaß oder »Coolness« assoziieren. Für Dschihadisten bietet diese Instrumentalisierung einen idealen Türöffner für die ideologische Beeinflussung. Auch Musik ist ein wichtiger Bestandteil zur Verbreitung der Ideologie. Zum Einsatz kommen sogenannte Kampf-*Anasheed*, eine dschihadistische Variante des traditionellen muslimischen A-cappella-Gesanges, der auch nach strenger Religionsinterpretation erlaubt ist. Versatzstücke dschihadistischer Ideologie werden mit eingängigen Melodien gekoppelt, um so subtil auf emotionaler Ebene auf die Jugendlichen einzuwirken. Diese Art Musik wird über verschiedene Dienste im Netz verbreitet, darunter YouTube, Messenger oder MP3-Filehosting-Plattformen (Websites, die Audio-Dateien zum Herunterladen bereitstellen).

Radikalisierungsfaktor Internet?

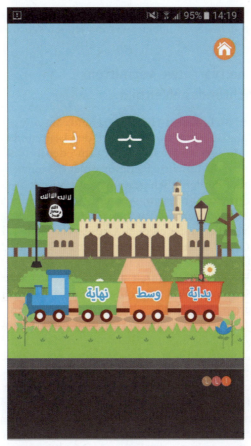

Spielerisches Heranführen an extremistische Ideologie mit Buchstaben, Zahlen und Kriegswaffen (Quelle: App »Moalem Al-Huruf«)

Inzwischen hat der »IS« sogar eigene Apps für die mobile Nutzung auf Smartphones und Tablets entwickelt. Einige von ihnen richten sich gezielt an jüngere Kinder. Sie sind in einfacher Sprache, bunt und bildreich gestaltet. Ziel ist, Kinder so früh wie möglich an die extremistische Ideologie heranzuführen und ein positives Bild vom Dschihad zu vermitteln. Spielerisch sollen arabische Buchstaben, Zahlen oder Bittgebete erlernt werden. Über die Bildsprache innerhalb der App wird immer wieder Bezug auf den bewaffneten Kampf genommen. So werden z. B. Zahlen anhand von Waffen wie Kalaschnikows oder Macheten erlernt und man muss in einem animierten Kinderzimmer eine Bombe finden, bevor sie explodiert. Die Kinder sollen dabei Spaß haben, werden jedoch subtil indoktriniert.

Dschihadistische Narrative vermitteln menschenverachtendes Weltbild

Zentrales Narrativ dschihadistischer Propaganda ist eine angebliche Verschwörung der »Ungläubigen« mit dem Ziel, den Islam und die Muslime zu vernichten. Überall – ob im arabischen Raum oder in westlichen Gesellschaften – seien Muslime und ihre Religion einer existenziellen Bedrohung ausgesetzt, die von einer feindlich gesonnenen Umwelt ausgehe. Um dieses Bedrohungsszenario zu belegen, werden Videos und Bilder mit grausamen Gewaltszenen oder den Folgen von Gewalteinwirkungen verbreitet, die mutmaßlich Mitglieder der eigenen Gruppe *(In-Group)* als Opfer äußerer Feinde *(Out-Group)* zeigen. Dahinter steckt das Kalkül, dass User diese schockierenden Darstellungen sehen und sich mit den Opfern identifizieren oder solidarisieren. Die dadurch möglicherweise ausgelösten starken Emotionen wie Angst und Wut werden so kanalisiert, dass Hass auf Feindbilder und das Verlangen nach Vergeltung geschürt werden. Der Dschihad wird dargestellt als »gerechter Krieg«, um sich mittels Gewalt gegen die Bedrohung zu wehren; die eigenen Glaubensgeschwister zu rächen und zu beschützen erscheint als »Pflicht« guter Muslime und Musliminnen.

Das Social Web hat es möglich gemacht, individuelle Biografien stärker mit dem Narrativ eines angeblichen Krieges gegen den Islam und die Muslime zu verknüpfen. Persönliche Krisen und Misserfolge, tatsächliche oder gefühlte Diskriminierungen werden in der Online-Propaganda als Folge einer antiislamischen Grundeinstellung der Mehrheitsgesellschaft interpretiert, die unmittelbare Lebensumgebung von Musliminnen und Muslimen in nicht islamischen Ländern als feindselig und bedrohlich dargestellt. Das Anknüpfen an gesellschaftspolitische Diskurse, wenn es z. B. um die Vollverschleierung oder Minarette im Stadtbild geht, soll das Gefühl der Entfremdung befördern und die Gesellschaften entlang konfessioneller Linien spalten. Erklärungsmuster ist ein polarisierendes Weltbild, in dem sich Gut und Böse als unversöhnliche Antipoden gegenüberstehen. Den »verkommenen« westlichen Gesellschaften und pluralen Lebensformen wird eine Gemeinschaft entgegengestellt, die Orientierung, Solidarität, klare Identitätsmuster und eine Ersatzfamilie bietet – auch virtuell. Die Abwertung all derer, die nicht in das enge Weltbild passen, wertet gleichzeitig die eigene Gruppe und das zu ihr gehörende Individuum auf. Für junge Menschen, die sich in der Gesellschaft nicht aufgehoben oder gar von ihr abgelehnt fühlen, könnte dies als attraktiver Ausweg aus der subjektiv erlebten Perspektiv- oder gar Chancenlosigkeit wahrgenommen werden.

Im Internet inszenieren sich Terrororganisationen wie al-Qaida und der »IS« als vermeintlich wehrhafte »Avantgarde«. Man tue etwas gegen die angeblichen Ungerechtigkeiten gegenüber Muslimen und kämpfe nicht nur gegen feindliche Gruppen, sondern auch gegen eine dekadente Gesellschaft ohne göttliche Gesetze und Moral. Jeder könne sich dieser »heiligen Sache« anschließen: Frauen und Männer, Mädchen und Jungen, egal welcher Hautfarbe oder Herkunft. Mädchen und junge Frauen werden vom »IS« aufgefordert, als Ehegattin eines Kämpfers an der Errichtung und dem Fortbestand des »Kalifates« mitzuwirken. Ihre ganz besondere Aufgabe bestünde darin, ihren Ehemännern treu ergebene Ehefrauen zu sein und ihre Kinder zu »Löwen«, zu zukünftigen Kämpfern für den »IS« zu erziehen. Propaganda, die mehr auf männliche User abzielt, zeichnet ein romantisierendes Bild vom Krieg und stellt den jungen Männern Heldentum und Abenteuer sowie Brüderlichkeit und Kameradschaft in Aussicht. Mit Freunden und Gleichgesinnten könne man Teil eines epischen Kampfes zwischen Gut und Böse, zwischen Glauben und Unglauben werden. Dieses auch in der Werbung für Computer- und Videospiele genutzte Narrativ ist vielen Jugendlichen geläufig. Auch viele Propagandavideos setzen auf Stilmittel, die an beliebte Ego-Shooter erinnern und dadurch unmittelbar an das Medienverhalten der jungen Generation anknüpfen.

Die Glorifizierung von »Märtyrern« ist ein weiteres zentrales Motiv in der dschihadistischen Online-Propaganda. Insbesondere Selbstmordattentäter werden in Videos, Bildern und Online-Magazinen des »IS« und von al-Qaida (für den »IS« sind es die Magazine *Dabiq* und *Rumiyah*, für al-Qaida ist es *Inspire*) als Popstars und Vorbilder inszeniert. Flankiert wird das mit Heilsversprechen für die Märtyrer, wie der Vergebung aller Sünden und dem direkten Einzug ins Paradies. Die zugrunde liegende Überzeugung: Der Dschihad sei oberste Pflicht in der Religionsausübung und der auf diesem Wege erlangte Tod werde von Gott besonders belohnt. Der bewaffnete Kampf, zu dem auch das Töten und die Ermordung von »Ungläubigen« gehören, wird in der Propaganda zum spirituellen Weg zu Gott.

Insbesondere der »IS« veröffentlicht immer wieder grausame Hinrichtungsvideos, die den Tötungsakt als sakralen Moment verklären, an dem die Community der »Gläubigen« via Internet teilnimmt. In diesen Videos wird in der Regel eine Rechtfertigung für die Ermordungen mitgeliefert: Die Opfer seien feindliche Kämpfer, Spione, Verräter, Abtrünnige,

Homosexuelle oder »Ungläubige« und müssten daher sterben. Eingebettet wird das in das große, oben beschriebene Narrativ vom angeblich weltweiten Kampf der »Ungläubigen« gegen den »wahren Islam« und die »wahren Muslime«. Eine derartige Sinnstiftung, die gleichzeitig auch als Rechtfertigungsmatrix für Gewalthandlungen dient, hat durchaus das Potenzial, junge Menschen in der Orientierungsphase negativ zu beeinflussen.

Webangebote können Jugendliche radikalisieren und ihre Entwicklung gefährden

Die Forschung zu Radikalisierungsprozessen gibt keine eindeutige Antwort auf die Frage, wie groß der Einfluss des Internets sein muss, damit eine Person sich einer terroristischen Gruppe anschließt und Gewalt anwendet. Studien zeigen, dass mehrere Faktoren zusammenkommen müssen, z. B. der Einfluss von Freunden oder Verwandten, ein radikales Milieu wie die salafistische Szene, Diskriminierungserfahrungen oder ein sozial schwaches Umfeld.

Eine Untersuchung der Biografien von über 780 Personen, die aus Deutschland nach Syrien oder in den Irak ausreisten und sich dschihadistischen Gruppierungen anschlossen, gibt einen Hinweis auf die mögliche Bedeutung des Internets. Demnach »scheinen vor allem zwei Faktoren, die sich gegenseitig ergänzen und überschneiden, für die Radikalisierung von Minderjährigen von deutlich größerer Bedeutung zu sein als für ältere Ausreisende: Freunde und Internet«.[2] Diese Aussage bezieht sich auf den Beginn einer Radikalisierung. Die Autoren gehen jedoch davon aus, dass die Bedeutung des Internets im weiteren Verlauf deutlich abnimmt.[3] Bei Kindern und Jugendlichen, die mit dem Internet aufwachsen, kann der mediale Einfluss bei Radikalisierungsverläufen insofern wohl kaum noch außer Acht gelassen werden.

Für die Bewertung von Angeboten unter Aspekten des Jugendschutzes ist vor allem entscheidend, ob sie die Entwicklung von Kindern und Jugendlichen zu einer eigenverantwortlichen und gemeinschaftsfähigen Persönlichkeit gefährden können. Das ist z. B. der Fall, wenn sie zu Gewalttätigkeit und Rassenhass anregen oder Selbstjustiz nahelegen. Solche Angebote können von der Bundesprüfstelle für jugendgefährdende Medien indiziert werden und dürfen danach Minderjährigen nicht länger zugänglich gemacht werden. Die Verbreitung von Angeboten, die den Krieg verherrlichen oder drastische Gewaltdarstellungen, volksverhetzende Aussagen oder Aufforderungen zu Straftaten enthalten, ist sogar grundsätzlich verboten. jugendschutz.net wirkt darauf hin, dass unzulässige Inhalte gelöscht werden und deren Verbreitung eingedämmt wird. Ziel ist es, das Risiko für Kinder und Jugendliche, mit solchen Angeboten konfrontiert zu werden, zu minimieren.

Betreiber sind in der Pflicht, solche Inhalte ab Kenntnis von ihren Plattformen zu löschen oder unzugänglich zu machen. Allerdings tauchen die Inhalte meist wenig später auf anderen Websites wieder auf oder werden von anderen Usern erneut hochgeladen bzw. weiterverbreitet. Dennoch ist die schnelle Reaktion wichtig, um eine weitere Gefährdung von Kindern und Jugendlichen zu verhindern. Indizierungen können dazu beitragen, dass Plattformbetreiber bei Verweis auf entsprechende behördliche Entscheidungen gemeldete Inhalte entfernen.

Ein Großteil der Propaganda von Dschihadisten vollzieht sich jedoch subtil und verstößt nicht gegen Jugendschutz- oder Strafgesetze. Hier ist wichtig, Jugendliche zu sensibilisieren und bei der Herausbildung einer kritischen Mediennutzung zu unterstützen. Daher werden im schulischen und außerschulischen Bereich medienpädagogische Ansätze benötigt. Gerade jüngere User brauchen das nötige Rüstzeug, um extremistische Inhalte erkennen und Manipulationsstrategien durchschauen zu können.

Anmerkungen

1 Vgl. Medienpädagogischer Forschungsverbund Südwest: JIM-Studie 2016. Jugend, Information, (Multi-)Media, Stuttgart 2016.
2 Bundeskriminalamt/Bundesamt für Verfassungsschutz/Hessisches Informations- und Kompetenzzentrum gegen Extremismus: Analyse der Radikalisierungshintergründe und -verläufe der Personen, die aus islamistischer Motivation aus Deutschland in Richtung Syrien oder Irak ausgereist sind. Fortschreibung 2016, 14.10.2016, S. 49, https://www.bka.de/SharedDocs/Downloads/DE/Publikationen/Publikationsreihen/Forschungsergebnisse/2016AnalyseRadikalisierungsgruendeSyrienIrakAusreisende.pdf?__blob=publicationFile&v=6 (letzter Zugriff: 28.07.2017).
3 Ebd., S. 49 f.

Behnam T. Said

Ausgereist – und dann? Deutsche im Dschihad-Gebiet

Einleitung

Bereits seit Beginn der 2000er Jahre gibt es Ausreisen von Deutschen in die sogenannten Dschihad-Gebiete. Die Pioniere kamen aus dem Kreis des Ulmer »Multikulturhaus« um Yahia Youssef und wurden vom Krieg in Tschetschenien angezogen.[1] Eine weitere, zahlenmäßig ebenfalls noch kleine Welle an Ausreisen setzte dann mit dem Irakkrieg ab 2003 ein. Zu einem wirklich wahrnehmbaren Phänomen hinsichtlich der Quantität und auch der Qualität wurden sie jedoch erst ab Mitte der 2000er Jahre bis etwa 2010, als mehr und mehr Deutsche in die von Pakistan verwalteten Stammesgebiete, östlich der afghanischen Grenze, ausreisten – oder dies versuchten –, um sich dort al-Qaida, der Islamischen Dschihad-Union oder der Islamischen Bewegung Usbekistan anzuschließen; daraus erwuchsen schließlich auch eigene deutsche Kleinstgruppen, etwa die Deutschen Taliban Mudschahidin. Die Mehrheit der Deutschen, die in ein Dschihad-Gebiet ausgereist sind, tat dies jedoch in den Jahren 2012 bis 2015 mit dem Ziel Syrien und Irak.

Das vorwiegende Interesse von Forschung, Sicherheitsbehörden und Politik gilt seit geraumer Zeit nicht den Ausreisen,[2] sondern den »Rückkehrern«, da sie eine besondere Risikogruppe hinsichtlich der inneren Sicherheit darstellen, sowie der Frage, wie und warum Personen sich dem Terrorismus zuwenden, sich also »radikalisieren«. Doch wer zum »Rückkehrer« wird, war vorher »Ausreiser«. So banal diese Aussage auf den ersten Blick wirkt, so viele Fragen wirft sie doch bei genauerem Hinsehen auf: Wie läuft das Ausreisen in eine Kampfzone eigentlich konkret, was passiert bei der Ankunft und welche Faktoren entscheiden über die künftige »Verwendung« des Ausgereisten?

Der folgende Beitrag versucht, einige erste Antworten auf diese Fragen zu finden. Für dieses Anliegen wurde hauptsächlich ein qualitativer Ansatz gewählt, der einzelne Berichte und Biografien von Ausgereisten sowie Gerichtsurteile berücksichtigt. Der Schwerpunkt des Beitrages liegt auf männlichen deutschen Ausgereisten, deren Biografien mit denen von Ausgereisten aus anderen westlichen Staaten oftmals vergleichbar sind, weshalb diese zuweilen in die Betrachtungen einbezogen wurden. Gegliedert ist der Beitrag in zwei Abschnitte. Zunächst werden die Phasen der Ausreise in ein Dschihad-Gebiet beschrieben, anschließend wird die »Verwendung« der Ausgereisten untersucht.

Ausreise

Vor der Ankunft und dem Training in einem Ausbildungslager (s. u.) lassen sich drei voneinander zu unterscheidende Phasen der Ausreise identifizieren: Entschluss, Planung und Durchführung.

Entschluss

Eric Breininger (1987–2010) war zwischen 2007 und 2009 das »öffentliche Gesicht« der Islamischen Dschihad-Union, einer Abspaltung der Islamischen Bewegung Usbekistan, die in den von Pakistan verwalteten Stammesgebieten aktiv war.[3] Er war zudem der erste deutsche Konvertit bei einer dschihadistischen Gruppe, über den – nach seinem Tod – eine (Auto-)Biografie veröffentlicht wurde.[4] Darin beschreibt Breininger, wie in ihm der Entschluss zur Ausreise reifte.[5] Eine wichtige Rolle spielten Propagandafilme, die das Leid von Muslimen, insbesondere von schutzlosen Personen, wie Gefangene, Frauen und Kinder, thematisierten. Der Konsum dieser Videos, der nicht isoliert, sondern gemeinsam mit einer Peergroup erfolgte, löste bei Breininger, wie er schreibt, einen aktivistischen Reflex aus: Er wollte nun direkt etwas gegen die von ihm wahrgenommene Ungerechtigkeit gegen die Angehörigen der Gemeinschaft der Muslime, als deren Teil er sich begriff, unternehmen: »Ich wusste somit schnell das ich was unternehmen muss gegen diese Kreuzzügler die unsere Brüder und Schwestern schändigen [sic!]«.[6]

Dieser Ablauf ist keineswegs eine Ausnahme, sondern lässt sich auf diverse andere Fälle von Ausreisern übertragen, sowohl im Westen als auch in der arabischen Welt. Hiervon ist der prominenteste sicherlich der Saudi Osama bin Laden. Dessen erste Ehefrau berichtete, dass er hauptsächlich durch Zeitungsberichte über das Leid der Afghanen während der sowjetischen Invasion erfuhr und motiviert wurde, erste Reisen nach Pakistan zur Unterstützung des Aufstandes gegen die UdSSR im benachbarten Afghanistan zu unternehmen.[7]

Auch für Syrien-Ausreiser spielt das »Leiden der Muslime«, insbesondere im Kontext dschihadistischer Propaganda dargestellt, eine nicht unerhebliche Rolle bei ihrem Entschluss zur Ausreise. So berichtet etwa ein französischer Freiwilliger aus der frühen Zeit der Syrien-Mobilisierung, dass unter anderem die »Gleichgültigkeit der Welt« gegenüber den Geschehnissen in Syrien gepaart mit den Reden bin Ladens ihn dazu veranlasst hätten, in den Dschihad zu ziehen.[8]

Planung

Es gilt sich zu vergegenwärtigen, dass die Ausreise mit dem Ziel, an einem militärischen Konflikt teilzunehmen, für die meisten keine Routine ist, sondern eine Premiere darstellt.[9] Demzufolge ergeben sich teilweise beträchtliche Herausforderungen, wie der Aufbau von Kontakten zu den militanten Gruppen (z. B. verschiedene Al-Qaida-Ableger, »IS«, Islamische Dschihad-Union etc.), an die der Anschluss erfolgen soll, oder auch die Akquirierung von Geldern. Die Planung stellt daher die kritischste und aufwendigste Phase dar, von der Erfolg oder Scheitern des Vorhabens maßgeblich abhängen.

Aus diesem Grund wurden diverse »Ratgeber« für Ausreisewillige veröffentlicht. In ihnen finden sich Hinweise für Voraussetzungen und Vorbereitung auf den Kampfeinsatz, etwa das Erfordernis körperlicher Ausdauer und Stärke oder das Absolvieren eines Erste-Hilfe-Kurses.[10] Teilweise enthalten sie auch detaillierte »Checklisten« mit Dingen, die man unbedingt mitnehmen sollte, wie solides Schuhwerk oder kleine Umhänge- oder Bauchtaschen für die wichtigsten Dinge und Dokumente.[11] Zusätzlich werden spezielle Ausrüstungsgegenstände empfohlen, wie Solarladegeräte für elektronische Geräte, da Steckdosen und Strom nicht immer vorhanden sind. Abgeraten wird hingegen von allem, was den Verdacht der Grenzbeamten erwecken könnte, wie Messer, Kampfstiefel und Tarnkleidung.[12]

Doch bevor die Koffer gepackt werden können, stehen die meisten Ausreisewilligen vor einer weitaus größeren Herausforderung: Dem Knüpfen von Kontakten in das Kampfgebiet. Einige der Ausgereisten hatten bereits vor der Ausreise Verbindungen zu Mitgliedern verschiedener islamistischer Organisationen in Syrien über soziale Medien oder Mittelmänner in Deutschland bzw. in ihren jeweiligen Herkunftsländern aufgebaut. Hierzu zählten etwa die Wolfsburger Ayoub B. und Ebrahim B., die schon vor ihrer Abreise über einschlägige Kontakte verfügten, was ihnen die Reise in das Gebiet des sogenannten Islamischen Staates (IS) deutlich erleichtert hat (siehe dazu den Beitrag von Britta von der Heide in diesem Band).[13]

Andere, die weniger gut vernetzt waren, reisten auf eigene Faust los. Kontakte aufzubauen ist dabei nicht immer ein einfaches Unterfangen, wie diese Äußerung eines Briten, der sich dem »IS« anschließen wollte, verdeutlicht:

»Unsere jamaa'ah [Gruppe] wartete lange auf eine Form der Verbindung ins bilaadul-'Izzah [das Land der Ehre], doch wussten wir von niemandem unserer Gemeinschaft, der dort gewesen war oder dort bereits ist. Im Laufe der Zeit wuchs unsere Frustration und ich erinnere mich, dass ich vor allem Bilder von unseren Brüdern und Schwestern auf tumblr [ein Blog] gesehen habe, die starben oder verletzt wurden, während wir alle mit Reden anstatt mit Handlungen zurückblieben. Wir begannen, die Situation offener unter uns zu diskutieren, um zu sehen, ob jemand irgendwelche Ideen hatte, aber am Ende standen wir an der exakt gleichen Stelle, an der wir begonnen hatten«.[14]

Eric Breininger schrieb ähnlich über seine Vorbereitungszeit und fasste diese mit den Worten zusammen: »Ich wollte in den Dschihad doch kannte ich keinen Weg«.[15]

Ob mit Kontakten oder ohne – viele Dschihad-Reisende aus dem Westen zitieren einen Ausspruch des US-jemenitischen Al-Qaida-Ideologen Anwar al-Awlaki (gest. 2011), um ihre Gefühlslage zu beschreiben. Dieser hatte in einer Vorlesung über die *Hidschra* (Ausreise in ein islamisches Territorium) gesagt, dass diese dem »Sprung von einer Klippe, ohne zu wissen, was einem am Boden erwartet« gleiche.[16]

In der Tat entsteht beim Lesen verschiedener Ausreiseberichte der Eindruck, dass ihre Verfasser mehr oder weniger (mental) unvorbereitet in der Türkei und später in Syrien ankamen und sich gewissermaßen »überraschen ließen«. Zumeist hatten sie klare Vorstellungen darüber, was sie verlassen wollten – nämlich die Gesellschaften des »Unglaubens« – und eine Wunschprojektion davon, wohin sie gelangen wollten – in eine »islamische« Gesellschaft, in der sie in »Ehre« leben können –, ohne sich jedoch vorstellen zu können, was sie tatsächlich erwarten würde.

Durchführung

Während der ersten großen Wellen von Ausreisen aus Deutschland nach Pakistan und Afghanistan in den Jahren 2008 bis 2010 führte der Weg in die Dschihad-Gebiete oftmals über Sprachschulen in Ägypten. So war es auch bei Eric Breininger, der seiner neu entdeckten religiösen Pflicht, nämlich Arabisch zu erlernen, nachkommen wollte. Erst durch den Kontakt zu einem Freund, der bereits in Pakistan gewesen war und den Breininger in Ägypten wiedertraf, eröffnete sich für ihn eine Reisemöglichkeit nach Pakistan. Persönliche Bekanntschaften oder auch Mittler spielten auch bei anderen Ausreisenden eine wichtige Rolle.

Die Möglichkeit der Teilnahme am Krieg in Syrien ab 2012, der quasi vor der Haustür Europas stattfand, führte dann dazu, dass einige der Schwierigkeiten, die sich für Ausreisewillige bei einer »Dschihad-Reise« nach Pakistan ergeben hatten, wie der Umweg über eine Sprachschule in Ägypten, wegfielen.

Dem Journalisten Amarnath Amarasingam gelang es, Rachid Kassim (geb. 1987), ein französisches »IS«-Mitglied, der als Hintermann oder zumindest Motivator für diverse Anschläge in Frankreich gilt, zu interviewen.[17] Die Ausreise in das Gebiet des »IS« unternahm Kassim im Jahr 2015 zusammen mit seiner Ehefrau und der gemeinsamen dreijährigen Tochter. Zuvor hatte Kassim den Kontakt zu seinen Eltern sukzessive reduziert, damit diese keinen Verdacht schöpften, wenn er sich bald mehrere Wochen nicht mehr bei ihnen melden sollte.[18] Eltern stellen für Ausreiseaspiranten oftmals eine der letzten sozialen Verbindungen zu ihrem alten Leben dar, weshalb in ihnen oft auch ein potenzielles Hindernis auf dem ersehnten Weg in den Dschihad gesehen wird. Daher werden Eltern in den allermeisten Fällen über die Reiseabsichten im Unklaren gelassen oder es wird ihnen gezielt mit falschen Informationen ein anderer Zweck der Reise vorgetäuscht.

Die Ausreise selbst war in Kassims Schilderungen ein mystischer Akt göttlicher Fügung, die es dem Ehepaar ermöglichte, trotz Beobachtung durch die Polizei Frankreich zu verlassen, ausgestattet lediglich mit 1500 Euro Bargeld.[19] Wunderereignisse im Zusammenhang mit der *Hidschra* sind ein typisches und wiederkehrendes Element in vielen Berichten.[20]

Die Reise nach Syrien verlief für viele Europäer vergleichbar: Auf dem Landweg oder mit dem Flugzeug trafen sie in der Türkei ein und begaben sich zu einer der grenznahen Städte auf türkischer Seite. Dort versuchten sie, entweder Kontakt zu einem Schmuggler oder einem Angehörigen einer dschihadistischen Gruppierung aufzubauen, oder sie kontaktierten einen Bekannten in Syrien, oftmals ein Mitglied einer der dschihadistischen Milizen, zu dem bereits vor der Abreise ein Kommunikationskanal über das Internet bestand.[21]

Ankunft und die ersten Wochen

Zumeist entscheiden Kontakte zu einzelnen Kämpfern, die schon vor der Ausreise aufgebaut wurden, darüber, welcher Gruppe sich die neuen Rekruten aus Europa anschließen, teilweise – dies insbesondere zu Beginn des Syrienkrieges, als die Fronten zwischen al-Qaida und dem »IS« oft noch fließender verliefen – wechselten Neuankömmlinge auch zwischen verschiedenen Milizverbänden. Die meisten Deutschen haben sich mittlerweile jedoch dem »IS« angeschlossen.[22]

Dem Großteil der Neuangekommenen ist die Umgebung, in der sie sich nun befinden, fremd: Kultur, Sprache, klimatische Bedingungen, Traditionen – an alles müssen sie sich erst gewöhnen. Über die erste Zeit ihres neuen Daseins entscheiden nicht sie selbst, wie es sich zumindest einige vorgestellt haben, sondern – je nach dschihadistischer Gruppierung in unterschiedlichem Ausmaß – die lokalen Befehlshaber, die sogenannten Amire, die etwa über die Auswahl der künftigen Behausung und des Trainingslagers, aber auch die sozialen Kontakte sowie die Bewegungsfreiheit entscheiden. Beim »IS« dürfen die zugereisten Rekruten in den ersten Tagen die Erstaufnahmehäuser nicht verlassen. Pässe und Mobiltelefone sowie andere elektronische Geräte werden eingezogen. Zum einen soll so die Abhängigkeit erhöht und die Möglichkeiten zur Flucht verringert werden, zum anderen will man damit das Risiko einer nachrichtendienstlichen Infiltration und elektronischen Ausspähung, etwa mit dem Ziel, Drohnenangriffe vorzubereiten, minimieren.[23]

Wie sehr die eigenen Wünsche und Bedürfnisse zuweilen mit den Vorgaben der lokalen Befehlshaber kollidieren können, schilderte der nach Syrien ausgereiste Hamburger »Bilal« in einer Audiobotschaft an seine Freunde in der Heimat eindringlich: Er wollte im syrischen Rakka bei den anderen Deutschen bleiben, denn gerade in der Fremde versuchen sich Menschen an Personen mit dem gleichen sprachlichen und kulturellen Hintergrund zu halten, aber er und andere wurden in den Irak verlegt.[24]

Zur Vorbereitung auf das spätere Training und den Einsatzbereich der Freiwilligen lässt der »IS« Personalbögen ausfüllen, in denen neben Stammdaten auch die jeweiligen Qualifikationen abgefragt werden. Am Ende des Bogens ist zudem angegeben, ob man als »Kämpfer«, »Selbstmordattentäter« oder »sich aufopfernder Kämpfer« (eine Art Kombination aus Kämpfer und Selbstmordattentäter) dienen möchte.[25] Die Möglichkeit einer anderen Verwendung ist hier nicht vorgesehen, was den Anwärtern damit erklärt wird, dass beim »IS« prinzipiell jeder, auch z. B. Ärzte oder Lehrer, als Kämpfer eingesetzt werden können.[26] Daher muss jeder Rekrut zunächst eine militärische Ausbildung durchlaufen, bevor er im Anschluss seine endgültige Verwendung findet. Sollte diese nicht militärischer Natur sein, gilt er dennoch als eine Art Reservist, der stets zu Kampfeinsätzen eingezogen werden kann.

Training

Wenn der Anschluss an eine dschihadistische Gruppierung vor Ort – nicht immer handelt es sich hierbei um den »IS« – erfolgt ist, was unter anderem das Bestehen einer Sicherheitsüberprüfung durch die jeweilige Gruppe voraussetzt, durchlaufen die Rekruten zunächst eine Art (militärische) Grundausbildung, die auch dazu dient, den Willen und das Durchhaltevermögen der Kandidaten zu testen sowie ihre individuellen Fähigkeiten zu ermitteln. Diese Phase läuft bei allen Gruppen vergleichbar ab: Sie umfasst sowohl ideologisch-religiöse Unterweisung als auch körperlichen Drill und das Training mit leichten und teilweise auch schweren Waffen. Anschließend werden die Rekruten üblicherweise gemäß ihrer Motivationen und ihrer Fähigkeiten sortiert. Einige melden sich freiwillig für Selbstmordattentate und werden in einem gesonderten Haus mit Gleichgesinnten untergebracht, andere erhalten spezielle Unterweisungen im Bau von Sprengsätzen oder andere Sonderaufgaben.

»Verwendung«

Die überwiegende Mehrheit der Zugereisten beim »IS« – dies gilt auch für die Deutschen – ist gekommen, um zu kämpfen, jeder zehnte war bereits bei Grenzübertritt zu einem Selbstmordattentat bereit.[27] Insgesamt scheinen Eigenmotivation sowie individuelle Fähigkeiten am ehesten darüber zu entscheiden, welche Rolle ein Ausreiser einnehmen wird. Es lassen sich dabei folgende Typen der Verwendung für die europäischen Freiwilligen herausarbeiten, wobei die Grenzen zwischen ihnen fließend sind:

- Logistiker,
- Propagandisten,
- Kämpfer,
- »Fachleute«,
- Führungsebene.

Aufgrund dieser verschiedenen Verwendungszwecke kann der im anglophonen Raum verwendete Begriff *foreign fighter* auch etwas missverständlich sein, da er suggeriert, dass jeder Ausgereiste zugleich ein Kämpfer ist, wobei Neumann zu Recht darauf hinweist, dass auch die zivilen Strukturen des »IS« zumindest in indirekter Weise der kriegerischen Ausrichtung des Projektes »Islamischer Staat« dienen.[28]

Logistiker

Logistiker dienen Neuankömmlingen mit demselben sprachlichen Hintergrund als Ansprechpartner und als Verbindung zur Führung einer dschihadistischen Gruppierung. Ein Beispiel für einen Logistiker ist der Österreicher Mohamed Mahmoud, von dem weiter unten noch die Rede sein wird. Logistiker können darüber hinaus weitere Aufgaben erfüllen, wie das Einwerben von Spenden oder auch die Planung sogenannter externer Operationen, also militanter Aktionen einer dschihadistischen Gruppe außerhalb ihres Kerngebietes, wofür Abdelhamid Abaaoud (1987–2015) ein Beispiel ist, der zunächst einen Angriff auf belgische Polizisten plante (der sogenannte Verviers-Plot, der im Januar 2015 aufgedeckt wurde) und dann die Anschläge des »IS« in Paris im November 2015 maßgeblich steuerte.

Die Funktion des Logistikers ist anspruchsvoll und setzt bestimmte Fähigkeiten, wie Organisationstalent und Kommunikationsfähigkeit, voraus. Zugleich ist die Anzahl der Logistiker sehr begrenzt (auch weil die Masse der Freiwilligen eher für den Kampfeinsatz gebraucht wird). Die deutschen Sicherheitsbehörden identifizierten von 527 deutschen Syrienausreisern lediglich drei Prozent als Logistiker.[29] Logistiker sind als Kader des mittleren »Managements« zu sehen. Ihr Wert vor allem für die Rekrutierung und Mobilisierung ist nicht zu unterschätzen. Der Wegfall eines Logistikers durch Tod oder Verhaftung lässt sich oft nicht ohne Weiteres kompensieren und kann einen empfindlichen Rückschlag für die Strukturen der terroristischen Organisation bedeuten. Daher sollten sie eine besondere Priorität für die Strafverfolgungsbehörden ihrer jeweiligen Ursprungsländer haben.

Propagandisten

Propagandisten treten für die terroristische Organisation, deren Mitglied sie sind, als Haupt- oder als Nebendarsteller in Videos auf, verfassen schriftliche Botschaften oder erstellen sonstige Propagandaerzeugnisse, wie Bilder oder Lieder. Sie können auch Verbreiter und Übersetzer von Propaganda sein.

Propagandisten sind zwar in der Öffentlichkeit am ehesten bekannt, aber auch ihre Zahl ist nicht hoch. Von den Personen, die aus Deutschland nach Syrien gereist sind, zählen die deutschen Sicherheitsbehörden lediglich zwölf Prozent zu diesem Kreis.[30] Dennoch finden sich Angehörige westlicher Staaten, die als Sprachrohr nach außen dienen, in fast jeder größeren oder kleineren dschihadistischen Organisation mit globalem

Anspruch, und dies nicht erst seit dem Aufkommen des »IS«: Als erste Deutsche gaben beispielsweise der bereits genannte Eric Breininger der Islamischen Dschihad-Union und die Brüder Mounir und Yassin Chouka der Islamischen Bewegung Usbekistan ein Gesicht.

Oftmals erfüllen viele der Propagandisten jedoch zusätzlich weitere Aufgaben. Ein bekanntes Beispiel aus jüngerer Zeit für einen »Teilzeitpropagandisten« ist Harry S. (geb. 1988) aus Bremen, der nach seinem Training für den Einsatz in einer Spezialeinheit des »IS« verletzungsbedingt aus dieser ausschied und anschließend in einem Propagandavideo als »Statist« mitwirkte.[31] Harry S. übernahm aber auch andere Tätigkeiten, wie eine Stelle als Sportlehrer für eine militärische Sportschule des »IS«, was deutlich macht, dass insbesondere der »IS« eine ganze Bandbreite von Verwendungsmöglichkeiten bietet. Auch Ayoub B. aus Wolfsburg berichtete in seinem Gerichtsverfahren, dass er – eigentlich als Kämpfer vorgesehen – in einer Sequenz eines »IS«-Videos auftaucht, wie er die »IS«-Fahne schwenkend ein anderes »IS«-Mitglied umarmt.[32]

Der bereits genannte Mohamed Mahmoud vereinte im Laufe seiner Jahre als dschihadistischer Aktivist mehrere Rollen in sich: So war der Österreicher einer der ersten Deutschsprachigen, die 2002 in den Irak reisten, um sich dort dschihadistischen Aufständischen der Gruppe Ansar al-Islam anzuschließen.[33] Zurück in Österreich war er lange Zeit »hauptberuflicher« Propagandist und gründete Ende 2005 den deutschen Arm der Globalen Islamischen Medienfront (GIMF), einer Medieneinheit zur Übersetzung und Verbreitung von Al-Qaida-Veröffentlichungen. Nach seiner Gefängnisstrafe wegen dieser Tätigkeiten von 2008 bis 2011 wurde er zu einem »Logistiker des Dschihads«, d.h., er kümmerte sich um Medien- und Netzwerkarbeit sowie um die Rekrutierung für GIMF und al-Qaida im Irak (AQI), und gründete schließlich die Organisation Millatu Ibrahim, von der viele Mitglieder später nach Syrien ausreisten. Nach seiner erneuten Ausreise 2012 zum »IS« vereinte er nun offenbar alle drei Funktionen in sich: Logistiker, Propagandist und vermutlich auch Kämpfer (es ist bekannt, dass er sich aktiv an Exekutionen beteiligte).

Es gibt auch Fälle, in denen ausländische Freiwillige deutlich höhere propagandistische Funktionen eingenommen haben als die Chouka-Brüder oder Mahmoud. Dies betrifft jedoch hauptsächlich Personen aus englischsprachigen Ländern, wie den US-Konvertiten Adam Pearlman (1978–2015), der unter dem Namen »Adam Gadahn« als Al-Qaida-Aushängeschild bekannt wurde und eigene Videos für Kern-al-Qaida (die Zentrale der Organisation in Pakistan) veröffentlichte. 1998 war Pearlman nach Pakistan ausgereist; 2004 erschien er erstmals in einem Video von Kern-al-Qaida.[34] Beim syrischen Ableger al-Qaidas[35] war der Australier Mostafa Mahamed (alias »Abu Sulayman al-Muhajir«) zu einer Art inoffiziellem Sprecher geworden. Zudem nahm er vermutlich auch noch eine führende Stellung in der Hierarchie der ehemaligen syrischen al-Qaida ein.

Kämpfer

Der überwiegende Anteil der Freiwilligen des »IS« im Syrien/Irak-Konflikt wird vor Ort den kämpfenden Verbänden oder anderen »IS«-eigenen Sicherheitskräften, wie Polizei, Geheimdienst oder *Hisba* (Sittenpolizei), zugeteilt.[36] Der Begriff »Kämpfer« suggeriert einen direkten Fronteinsatz. Allerdings besteht das Leben auch für diese Kategorie von Ausgereisten nicht aus einer steten Aneinanderreihung von tatsächlichen Fronterlebnissen. Unbeliebte Wacheinsätze sind zumeist eher an der Tagesordnung, ebenso wie andere Aufgaben des Soldatenlebens, wie Kochen oder das Instandhalten der Basen. Aber natürlich finden sich Ausgereiste auch in den ersehnten Kampfeinsätzen wieder. Zu 46 Prozent der nach Syrien und Irak ausgereisten Deutschen liegen Hinweise vor, dass diese sich an Kriegshandlungen beteiligt haben.[37] Manche der dschihadistischen Kämpfer, wie das mittlerweile ums Leben gekommene deutsche »IS«-Mitglied »Abu Ja'far al-Almani«, werden an verschiedenen Fronten eingesetzt, da sie sich als fähig erwiesen haben.[38] Auch der oben erwähnte aus Deutschland stammende Harry S., der nach seiner Rückkehr aus Syrien unter anderem wegen der Mitgliedschaft in einer ausländischen terroristischen Vereinigung vom Hamburger Oberlandesgericht zu einer Haftstrafe von drei Jahren verurteilt wurde, war einer derjenigen, deren Fähigkeiten als Kämpfer vom »Islamischen Staat« geschätzt wurden (wenngleich er nach eigenen Angaben nie für den »IS« gekämpft haben will, sondern lediglich die bereits erwähnte besondere Kampfausbildung im »Kalifat« durchlaufen habe).

Neben den Kämpfern im »allgemeinen Dienst« des »IS« werden auch Personen für besondere Aufgaben rekrutiert. So etwa Selbstmordattentäter und sogenannte *Inghimasis*, also Freiwillige, die Missionen auf sich nehmen, bei denen sie vermutlich getötet werden. Dschihadistische Gruppen waren und sind zudem auf der Suche nach Rekruten, die Ziele außerhalb ihres Operationsgebietes attackieren können. Diese Vorgehensweise wird gemeinhin mit dem »IS« in Verbindung gebracht, aber bereits al-Qaida hatte Attentäter erwählt, die für die Anschläge vom 11. September 2001 aus Afghanistan zurückgeschickt wurden, die 2007 in Deutschland verhafteten Mitglieder der sogenannten Sauerland-Zelle waren mit einem

Auftrag der Islamischen Dschihad-Union ausgestattet nach Deutschland zurückgekehrt und der frühere Chef der Abteilung für externe Operationen von al-Qaida, »Shaikh Younis al-Mauretani«, soll nach Pakistan eingereiste Deutsche gezielt zum Ende der 2000er Jahre gefragt haben, ob sie bereit seien, Anschläge in Europa zu verüben.[39]

»Fachleute«

»Fachleute« können Spezialisten aus vielen Gebieten sein: z. B. Mediziner, Pharmazeuten, Rettungssanitäter, Chemiker, Bau- oder Maschineningenieure oder Architekten. Insbesondere der »IS« warb zu Hochzeiten in seiner Propaganda um »Fachleute«, da ihre Kenntnisse und Fähigkeiten dringend benötigt wurden, um Verwaltung und Wirtschaft im Einflussgebiet am Laufen zu halten.

Zu den »Fachleuten« werden hier auch diejenigen gezählt, die technische Assistenz für die Propagandisten leisten, denn ihr Wert liegt nicht in ihrer Bekanntheit, sondern in ihren Fachkenntnissen. Ein Beispiel hierfür wäre Usman Altaf, ein vor seiner Ausreise 2014 in Mannheim lebender Pakistani, der von 2013 bis 2014 ein deutsches Internetportal betrieb, auf dem dschihadistische Propaganda auf Deutsch verbreitet wurde.[40] Altaf nahm laut der Baden-Württembergischen Verfassungsschutzbehörde eine »herausragende Stellung [...] in der IS-Medienhierarchie« ein.[41]

Insgesamt ist über die »Fachleute« des Dschihads jedoch recht wenig bekannt, da sie im Verborgenen arbeiten und aufgrund ihrer Fähigkeiten zum eigenen Schutz abgeschirmt werden. Wenn sie in Videos auftreten, etwa um den Bau eines Sprengsatzes zu demonstrieren, tun sie dies maskiert, um nicht erkannt zu werden. Andere Tätigkeiten, wie die eines Arztes oder eines Ingenieurs, sind vermutlich nicht medienwirksam genug, um eine prominente Rolle in der Propaganda einzunehmen. Es ist daher davon auszugehen, dass Spezialisten aus Europa, die sich etwa dem »IS« angeschlossen haben, eine weitaus höhere Überlebenschance in den Kampfgebieten haben, als Propagandisten oder gar Kämpfer. Das liegt vor allem daran, dass bei Angriffen der Gegner des »IS« die Ziele zum einen nach dem Wirkungsgrad der Zielpersonen *innerhalb* ihrer Gruppe ausgewählt werden – dementsprechend wäre ein ranghoher Kommandeur ein »attraktiveres Ziel« als ein einfacher Kämpfer. Zum anderen geht es bei geplanten Angriffen auch um die *Außen*wirkung der Zielpersonen für ihre Gruppe (d. h., wer ist für die Außendarstellung des »IS« in effektiver Weise verantwortlich). Schließlich können zu Personen, die offen auftreten, einfacher Informationen beschafft werden, sodass ein gezielter Drohneneinsatz möglich ist. Ärzte, Ingenieure und Co. spielen bei all diesen Aspekten nur eine nachgeordnete Rolle und sind deshalb zunächst »sicherer«.

Führungsebene

Es gibt nur äußerst wenige westliche Dschihadisten, die über nennenswerten Einfluss in den dschihadistischen Organisationen verfügen. Es scheinen am ehesten Personen aus dem englischen Sprachraum zu sein, denen der Aufstieg in den Hierarchien leichter fällt, was vermutlich daran liegt, dass in ihren Sprach- und Landeskenntnissen ein besonderer Wert für die Organisation gesehen wird. Beim »IS« sind zudem frankophone Zugereiste aus Belgien und Frankreich eher in höheren Hierarchieebenen zu finden als andere Europäer, was daran liegt, dass diese Personen oft nordafrikanischer Abstammung sind und daher über gute Kontakte zu Mitgliedern des »IS« aus Libyen oder Tunesien verfügen, die im »Islamischen Staat« einen nicht unerheblichen Einfluss haben. Zudem können den westlichen Dschihadisten, die den »Aufstieg« geschafft haben, höhere intellektuelle Fähigkeiten als den meisten anderen westlichen Freiwilligen und zudem in nicht wenigen Fällen eine religiöse Bildung attestiert werden. Sie finden sich in fast allen großen dschihadistischen Organisationen: Kern-al-Qaida, al-Qaida auf der Arabischen Halbinsel, Jabhat al-Nusra (Al-Nusra-Front) oder auch beim »IS«.

Unter dem Punkt »Propagandisten« wurden mit »Adam Gadahn« und »Abu Sulaiman al-Muhajir« bereits zwei Funktionäre genannt, die sowohl Außenwirkung als auch Zugang zu den Führungsebenen hatten. Über Gadahns außergewöhnliche Talente hieß es in einem Nachruf in einem Al-Qaida-Magazin:

»Seine Fähigkeit, sich in drei Sprachen (Arabisch, Englisch, Farsi) fließend zu unterhalten und zwei andere Sprachen (Paschtu und Urdu) zu verstehen, halfen ihm, die Komplexität von globaler und regionaler Politik zu erfassen. Für einen Auswanderer (Muhajir) waren seine tiefen kulturellen und politischen Kenntnisse der Region [...] bemerkenswert, um es vorsichtig auszudrücken.«[42]

Bei al-Qaida auf der Arabischen Halbinsel war es der US-Jemenit Anwar al-Awlaki, der nicht nur als Propagandist, sondern auch als interner Planer wirkte. Beim »IS« soll der amerikanische Staatsangehörige John Georgelas (alias »Yahya Abu Hassan«), der ebenso wie Gadah, Abu Sulaiman und al-Awlaki auch als Propagandist tätig ist, über gute Kontakte zur Führungsebene bis hinauf zum »Kalifen« des »IS« verfügen.[43] All diesen Personen ist gemein, dass sie keine »Blitzradikalisierung« hinter sich hatten, sondern auf eine lange dschihadistische »Karriere« zurückblicken konnten, oft bereits in ihren Heimatländern dschihadistische Aktivisten waren und über Kontakte zu Dschihadisten in arabischen Ländern verfügten. Sie haben zudem an der Mobilisierung und Rekrutierung im Ausland mitgewirkt.

Fazit

Wenn auch die Gründe für Radikalisierung sehr individuell sind, so ähneln sich doch die Wege derer, die den Schritt unternehmen, sich einer terroristischen Organisation im Ausland anzuschließen. Die »Ausreiser« haben zunächst einen Entschluss gefasst und diesen erfolgreich in die Tat umgesetzt, was sie in ihren eigenen Augen gegenüber jenen, die »sitzen bleiben und keinen Schmerz erleiden«, wie es in Anlehnung an Koran 4:95 heißt, auszeichnet. Sie haben weiterhin diverse gemeinsame Erfahrungen gemacht, etwa das Durchlaufen eines Trainingscamps. Dies alles kann eine Stärkung der kollektiven Identität und Gruppensolidarität sowie eine Verfestigung der ideologischen Überzeugung bewirken. Beispiele von Ausgereisten zeigen jedoch, dass dieser Effekt nicht bei jeder Person von Dauer sein muss. Andere Einflussfaktoren, wie negative Erfahrungen vor Ort mit Kommandanten oder enttäuschte Erwartungen hinsichtlich der eigenen »Verwendung«, können dazu führen, dass Abkehrprozesse bei einzelnen Individuen einsetzen.

Die Freiwilligen, die bleiben, nehmen für die Organisation, der sie nunmehr angehören, unterschiedliche Funktionen in verschiedenen Hierarchieebenen wahr. In den allermeisten Fällen werden sie als Kämpfer in niedrigeren Dienstgraden tätig, nicht wenige dienen zudem als Sprachrohr der Gruppe nach außen. Positionen, die ein ausgeprägtes religiöses Wissen, Kenntnisse lokaler Besonderheiten, etwa des Machtgefüges oder der Landessprache, erfordern, erreichen deutsche oder auch europäische Freiwillige nur in Ausnahmefällen. So sind z.B. wenige Fälle von Europäern als religiöse Richter, Lehrer oder in anderen Ämtern des quasistaatlichen Verwaltungsapparates des »IS« bekannt. Zwei bekannte Ausnahmen, neben einigen weiteren, sind Yassin Oussaifi aus Wolfsburg, der zunächst für den »IS« rekrutierte und ihm dann als Scharia-Richter diente, sowie der zuletzt in Berlin wohnhafte Reda Seyam, der den Aufstieg in die höhere Verwaltungsebene des »IS« geschafft haben soll.

Über die »Verwendung« der Ausreiser entscheiden vor allem persönliche Befähigungen und Interessen. Je spezieller und wertvoller Erstere für die Gruppe sind, umso höher ist die Wahrscheinlichkeit, dass beide Seiten profitieren.

Anmerkungen

1 Guido Steinberg: Al-Qaidas deutsche Kämpfer. Die Globalisierung des islamistischen Terrorismus, Hamburg 2014, S. 92–99.
2 Eine erfreuliche Ausnahme sind die Abhandlungen zu diesen Themen von Peter Neumann, vgl. Peter Neumann: Die neuen Dschihadisten. IS, Europa und die nächste Welle des Terrorismus, Berlin 2015.
3 Steinberg (Anm. 1), S. 147.
4 Es ist nach wie vor nicht zweifelsfrei belegt, ob Breiniger das 108 Seiten umfassende Dokument, seine »Autobiografie«, tatsächlich selbst verfasst hat. Vgl. dazu auch Behnam Said/Christopher Radler: The Story of Eric Breiniger, 2010, http://www.jihadica.com/guest-post-the-story-of-eric-breiniger (letzter Zugriff: 25.07.2017).
5 Die folgenden Ausführungen beziehen sich auf Abdul Ghaffar El Almani: Mein Weg nach Jannah, Mai 2010, Onlinepublikation. Hinter dem Autorennamen Abdul Ghaffar El Almani verbirgt sich Eric Breiniger.
6 Ebd., S. 53.
7 Najwa bin Laden/Omar bin Laden/Jean Sasson: Growing Up bin Laden. Osama's Wife and Son Take Us Inside Their Secret World, New York 2009, S. 27.
8 Charlotte Boitiaux: Confessions of a French jihadist in Syria, in: France 24, 13.02.2014, http://www.france24.com/en/20140212-france-24-exclusive-syria-french-jihadist-foreign-fighter-confessions (letzter Zugriff: 25.07.2017).
9 Lediglich 15 Prozent der den Sicherheitsbehörden bekannten Ausreisenden werden in einer Studie des Bundeskriminalamtes als »Mehrfachausreisende« bezeichnet; Bundeskriminalamt/Bundesamt für Verfassungsschutz/Hessisches Informations- und Kompetenzzentrum gegen Extremismus. Analyse der Radikalisierungshintergründe und -verläufe der Personen, die aus islamistischer Motivation aus Deutschland in Richtung Syrien oder Irak ausgereist sind, Fortschreibung 2016, S. 26.
10 Anwar Al-Awlaki: 44 Ways to Support Jihad, 2009, Onlinepublikation.
11 Hijrah to the Islamic State, 2015, Onlinepublikation.
12 Ebd.
13 Oberlandesgericht Celle: Urteil gegen Ayoub B. und Ebrahim H. B., 07.12.2015, Randnummer 124-132.
14 Hijrah (migration) to Bilaadul-Izzah (The Land of Honor – Shaam), 13.11.2013, Onlinepublikation.
15 El Almani (Anm. 5), S. 76.
16 Ebd.
17 Amarnath Amarasingam: An Interview with Rachid Kassim, Jihadist Orchestrating Attacks in France, 18.11.2016, http://jihadology.net/2016/11/18/guest-post-an-interview-with-rachid-kassim-jihadist-orchestrating-attacks-in-france (letzter Zugriff: 25.07.2017).
18 Ebd.
19 Ebd. Ein Geldbetrag im niedrigen vierstelligen Bereich wurde auch von vielen deutschen Ausgereisten mitgenommen. Der Wolfsburger Ebrahim H.B. hob beispielsweise insgesamt 4000 Euro vor seiner Ausreise ab; Oberlandesgericht Celle, Anm. 13, Randnummer 122.

20 Vgl. etwa http://shamstories.tumblr.com/ oder Hijrah to the Islamic State (Anm. 11).
21 Für eine detailliertere Schilderung der Abläufe in der Türkei vgl. Neumann (Anm. 2), S. 122–125.
22 Bei 409 seit 2012 ausgereisten Personen aus Deutschland ist bekannt, welcher Miliz sie beigetreten sind. 80 Prozent aus diesem Kreis sind demnach dem »Islamischen Staat« zuzurechnen, Bundeskriminalamt u. a. (Anm. 9), S. 29.
23 Oberlandesgericht Celle (Anm. 13), Randnummer 134–135.
24 Behörde für Inneres und Sport Hamburg: »Er schickt die einfach in den Tod«, 22.03.2016, http://www.hamburg.de/innenbehoerde/schlagzeilen/5001666/islamischer-staat-beluegt-unterstuetzer-verfassungsschutz-hamburg (letzter Zugriff: 25.07.2017).
25 Oberlandesgericht Celle (Anm. 13), Randnummer 136.
26 Ebd.
27 Yassin Musharbash: »Hast du Dschihad-Erfahrung?«, in: Die Zeit, 07.04.2016, http://www.zeit.de/2016/16/islamischer-staat-dschihad-bewerbung-rekrutierung (letzter Zugriff: 25.07.2017).
28 Neumann (Anm. 2), S. 126.
29 Bundeskriminalamt u. a. (Anm. 9), S. 30.
30 Ebd.
31 Oberlandesgericht Hamburg. Urteil gegen Harry S., 05.07.2016, S. 32.
32 Oberlandesgericht Celle (Anm. 13), Randnummer 179.
33 Steinberg (Anm. 1), S. 194–202.
34 Vgl. Seth G. Jones: Hunting in the Shadows: The Pursuit of al Qa'ida since 9/11, New York 2012.
35 Lange Zeit war der syrische Ableger al-Qaidas unter dem Namen Jabhat al-Nusra oder auch Al-Nusra-Front bekannt. Zwischen Juli 2016 und Anfang 2017 firmierte sie dann unter dem Namen Jabhat Fateh al-Sham. Anfang 2017 wurde die Gruppe zugunsten des Milizen-Bündnisses Hai'at Tahrir al-Sham aufgelöst, vgl. Kampf gegen Assad. Syrische Extremisten verbünden sich, n-tv, 28.01.2017, http://www.n-tv.de/politik/Syrische-Extremisten-verbuenden-sich-article19674327.html (letzter Zugriff: 02.08.2017).
36 Die Verwendung in einem der genannten Sonderdienste ist an höhere Zugangsvoraussetzungen gebunden, sodass diese Tätigkeiten in den meisten Fällen auch mit einem gesteigerten Maß an ideologischer Festigkeit und intellektuellen Fähigkeiten verbunden sind.
37 Bundeskriminalamt u. a. (Anm. 9), S. 30.
38 Amongst the Believer are Men – Abu Ja'far al-Almani, in: Dabiq, Nr. 11, 2015, S. 38.
39 Florian Flade: Pakistan Captures Al-Qaida Operative Sheikh Younis al-Mauretani, 05.09.2011, https://ojihad.wordpress.com/2011/09/05/pakistan-captures-al-qaida-operative-sheikh-younis-al-mauretani (letzter Zugriff: 25.07.2017); Steinberg (Anm. 1), S. 336–339.
40 Landesamt für Verfassungsschutz Baden-Württemberg: Medienfunktionär des »Islamischen Staats« stirbt bei Kämpfen im Irak, 2015, http://www.verfassungsschutz-bw.de/,Lde/Startseite/Arbeitsfelder/Medienfunktionaer+des+_Islamischen+Staats_+stirbt+bei+Kaempfen+im+Irak (letzter Zugriff: 25.07.2017).

41 Ebd.
42 Resurgence Magazine Special Issue, Nr. 2, 2015, »From the editor«, S. 5.
43 Graeme Wood: The American Leader in the Islamic State, in: The Atlantic, Jan/Feb 2017.

Holger Münch

Radikalisierung, Ausreise, Rückkehr – Lage und Handlungserfordernisse

Machtvakuen und -kämpfe, Instabilität und fragile staatliche Strukturen in Teilen des Nahen und Mittleren Ostens und Afrikas haben in den vergangenen Jahren zunehmend Operationsräume für terroristische Gruppierungen und einen Nährboden für Fanatismus und Radikalisierung entstehen lassen.

Die derzeit einflussreichste terroristische Gruppierung ist der sogenannte Islamische Staat (IS), dessen Genese eng mit den Auswirkungen des Krieges im Irak und in Syrien sowie den Umwälzungen durch den »Arabischen Frühling« verbunden ist. Seine militärischen Erfolge in Syrien und im Irak ab 2014, die Anschläge, die in seinem Namen weltweit begangen wurden, sowie die beispiellose Propagandakampagne, die damit einhergeht, haben der Bedrohung durch den islamistischen Terrorismus eine bislang nicht gekannte Dimension verliehen.

Andere terroristische Gruppierungen wie al-Qaida scheinen demgegenüber in den Hintergrund zu treten. Die Gefahr, die von ihnen ausgeht, ist jedoch nicht zu unterschätzen. So zeichnete »al-Qaida auf der Arabischen Halbinsel« z.B. für den Anschlag auf die Redaktion des Satiremagazins *Charlie Hebdo* in Paris im Januar 2015 verantwortlich.

Bedrohung durch den islamistischen Terrorismus in Deutschland

Deutschland und Europa stehen immer mehr im Zielspektrum dieser terroristischen Bedrohung. In Deutschland verzeichnen wir seit 2000 13 islamistisch motivierte Anschlagsversuche, die gescheitert sind bzw. von den Sicherheitsbehörden verhindert werden konnten, wie der Anschlagsversuch am Bonner Hauptbahnhof 2012, die Anschlagspläne der »Sauerlandgruppe« 2007 oder die Anschlagsversuche mittels Kofferbomben auf zwei Regionalzüge 2006. Im März 2011 wurde am Frankfurter Flughafen der erste aus Tätersicht erfolgreiche Anschlag begangen, bei dem zwei USamerikanische Soldaten getötet und zwei weitere schwer verletzt wurden. Die Anschläge unter anderem in Frankreich und Belgien sowie die explizite Nennung Deutschlands als Zielland in der Propaganda terroristischer Gruppierungen machten deutlich, dass auch hier jederzeit wieder mit einem islamistisch motivierten Anschlag gerechnet werden musste.

2016 wurden dann auch in Deutschland mehrere Anschläge verübt: der Messerangriff einer 15-jährigen Schülerin auf einen Bundespolizisten in Hannover im Februar, der Sprengstoffanschlag auf das Gebetshaus einer Sikh-Gemeinde in Essen im April, der Axtangriff in einem Regionalzug bei Würzburg im Juli, das Zünden einer Rucksackbombe durch einen syrischen Flüchtling in Ansbach wenige Tage später sowie im Dezember der verheerende Anschlag auf den Weihnachtsmarkt am Berliner Breitscheidplatz, der als erster islamistisch motivierter Anschlag in Deutschland zivile Todesopfer forderte.

Wachsendes dschihadistisches Personenpotenzial in Deutschland

Die aktuelle Bedrohungslage wird deutlich, wenn man sich das Ausmaß und die Dynamik des islamistischen Personenpotenzials in Deutschland vor Augen führt. Die Sicherheitsbehörden zählen derzeit rund 700 sogenannte Gefährder.[1] Die salafistische Szene in Deutschland, aus der sich das gewaltbejahende dschihadistische Personenpotenzial unter anderem speist, umfasst laut Schätzungen der Verfassungsschutzbehörden rund 9700 Anhänger[2] – vor vier Jahren waren es noch 5500.[3]

Die islamistische Szene weist außerdem ein hohes Radikalisierungspotenzial auf – die im November 2016 vom Bundesinnenminister verbotene »Lies!-Kampagne« ist nur ein Beispiel. Vor allem junge Menschen sind anfällig dafür, in die Fänge solcher radikaler Gruppierungen zu geraten. Eine Studie[4] der Forschungs- und Beratungsstelle Terrorismus/Extremismus des Bundeskriminalamtes zeigt anhand von 39 Interviews mit radikalisierten Personen unterschiedlicher extremistischer Szenen deutliche Parallelen im Hinblick auf die Hintergründe und Verläufe der Radikalisierungsprozesse auf: Zu Beginn stehen oft Probleme bei der Bewältigung jugendphasentypischer Entwicklungsaufgaben, z. B. Schwierigkeiten beim Einstieg in den Beruf, in vielen Fällen verbunden mit einem Mangel an sozialer Unterstützung durch Freunde und Familie. Motivation für den Anschluss an extremistische Szenen ist in erster Linie die Suche nach sozialem und emotionalem Anschluss, also nach Anerkennung und Zugehörigkeit, Verständnis und Struktur. Die radikale Szene wird zur Ersatzfamilie.

Vor diesem Hintergrund müssen wir besonders wachsam sein, was das Radikalisierungspotenzial der nun in Deutschland lebenden Flüchtlinge betrifft: Viele der Faktoren, die Radikalisierung begünstigen, liegen bei Flüchtlingen in erhöhtem Maße vor – starke Brüche in den Biografien aufgrund von Kriegserfahrungen und Flucht sowie die Suche nach Halt, Orientierung und Anschluss in einem fremden Land. Die islamistische Szene setzt genau an diesen Angriffspunkten an. Wir wissen von zahlreichen Versuchen, Flüchtlinge im Umfeld von Flüchtlingsunterkünften anzuwerben.

Internet als Leitmedium islamistischer Propaganda

Die Propaganda terroristischer Gruppierungen wird hauptsächlich über das Internet und die sozialen Netzwerke verbreitet (siehe dazu auch den Beitrag von Patrick Frankenberger in diesem Band; Anm. d. Hrsg.). Das Internet ist ein Medium der Kommunikation, der Radikalisierung und der Rekrutierung. Es bietet den Dschihadisten eine Plattform, auf der sie ihre Bilder und Botschaften weltweit ungefiltert verbreiten können. In ihren einschlägigen Foren und auf ihren Kanälen in sozialen Netzwerken haben sie die Deutungshoheit. Hier betreibt der »IS« »Kriegsberichterstattung« im eigenen Sinne, hier wird der grausame Bürgerkrieg in Syrien als gemeinschaftliches Abenteuer verkauft, als etwas Großes, »Göttliches«, das Ruhm, Macht und Heldentum verspricht.

Die unmittelbare Adressierung »westlicher« Kämpfer suggeriert Pflicht und Chance, sich im In- oder Ausland mit den jeweils zur Verfügung stehenden Mitteln für die »gemeinsame Sache«, für den »Dschihad« einzusetzen.

Es ist nicht zuletzt diese Propagandastrategie terroristischer Gruppierungen, die medial aufbereitete Verbreitung schlichter, vermeintlich attraktiver Botschaften, Lösungen und Appelle, die das dschihadistische Personenpotenzial in Europa und damit auch die Bedrohung durch den islamistischen Terrorismus weiter wachsen lässt.

»Dschihad-Reisende« und Rückkehrer

Ein Radikalisierungsprozess im islamistischen Spektrum drückt sich nicht nur in entsprechenden Einstellungen aus. Er kann in Gewaltbereitschaft münden und bis zu dem Wunsch führen, sich aktiv am »Dschihad« zu beteiligen.

Die Zahl der Personen, die nach Syrien bzw. in den Irak ausgereist sind, um dort auf Seiten des »IS« und anderer terroristischer Gruppierungen zu kämpfen oder diese in sonstiger Weise zu unterstützen, stieg im Zusammenhang mit den militärischen Erfolgen des »IS« rasant an. Uns liegen aktuell Erkenntnisse zu mehr als 940 Personen[5] vor, die in dieser Absicht aus Deutschland ausgereist sind. Der überwiegende Teil dieser Personen ist jünger als 30 Jahre. Ca. 145 Personen sind bislang in Syrien oder im Irak ums Leben gekommen.

Derzeit geht die Zahl der Ausreisen wieder zurück. Dies ist zum einen darauf zurückzuführen, dass der »IS« territorial immer mehr zurückgedrängt wird, seine Erfolge also abnehmen, zum anderen aber auch auf verbesserte Grenzkontrollen und andere Maßnahmen zur Verhinderung der Ausreise von *foreign fighters*.

Etwa ein Drittel der ausgereisten Personen ist mittlerweile nach Deutschland zurückgekehrt. Von Teilen dieser »Dschihad-Rückkehrer« geht unter Umständen eine langfristige, kaum kalkulierbare Gefahr aus. Ein besonderes Sicherheitsrisiko stellen Personen dar, die während ihres Aufenthaltes in den Konfliktregionen weiter ideologisch indoktriniert, militärisch im Umgang mit Waffen und Sprengstoffen geschult wurden oder Kampferfahrung gesammelt haben und gegebenenfalls mit dem Auftrag, Anschläge zu begehen, nach Europa zurückgeschickt werden.

Zudem sind durch die »Dschihad-Reisenden« aus aller Welt und ein verbindendes Internet internationale Netzwerke von Dschihadisten entstanden, die die Sicherheitsbehörden in Europa und weltweit vor neue Herausforderungen stellen. Aufgrund der militärischen Zurückdrängung des »IS« im Nahen Osten werden »Dschihad-Reisende« zunehmend auch nach Europa zurückkehren – nicht aber unbedingt in ihre Herkunftsländer. Das bedeutet: Wir bekommen es in Deutschland nicht nur mit unseren eigenen Rückkehrern zu tun, sondern unter Umständen auch mit »Dschihad-Reisenden« aus anderen europäischen wie auch außereuropäischen Ländern. Das islamistische Personenpotenzial in Deutschland wird somit absehbar größer, komplexer und internationaler.

Zielsetzung und Vorgehensweisen terroristischer Gruppierungen

Mit abnehmenden militärischen Erfolgen in Syrien und im Irak dürfte der »IS« künftig verstärkt darauf setzen, seine Handlungsfähigkeit mit Anschlägen vor allem in »westlichen« Ländern unter Beweis zu stellen. Gleichzeitig sind Anschlagsplanungen und -versuche anderer terroristischer Gruppierungen weiterhin einzukalkulieren.

Aufträge für Anschläge an Zellen werden weltweit erteilt oder Zellen agieren autonom im Namen von oder mit Bezug auf eine bestimmte Organisation. So besteht unverändert die Gefahr, dass Anschläge von Einzeltätern (sogenannten *lone actors*) oder konspirativen Kleinstgruppen begangen werden, die zuvor keinen unmittelbaren Bezug zu terroristischen Gruppierungen hatten, sondern sich z. B. von deren Internetpropaganda inspirieren lassen.

Wir müssen weiterhin mit gezielten und koordinierten Anschlägen wie in Paris im November 2015 oder in Brüssel im März 2016 rechnen. Planung, Vorbereitung und logistische Unterstützung der Anschläge von Paris erfolgten durch ein grenzübergreifendes Netzwerk französischer und belgischer Islamisten. Die Täter waren sogenannte *homegrown terrorists* – Personen, die in Frankreich bzw. Belgien aufgewachsen waren und sich dort radikalisiert hatten –, »Dschihad-Rückkehrer« sowie gezielt für diese Anschläge vom »IS« entsandte und als Flüchtlinge getarnt eingeschleuste Dschihadisten aus dem Nahen Osten.

Darüber hinaus müssen wir uns auf weitere mehr oder minder spontan begangene Gewalthandlungen gegen unmittelbar zur Verfügung stehende Ziele einstellen. Der »IS« ruft seine Anhänger immer wieder dazu auf, Menschen weltweit »mit allen Mitteln« anzugreifen, sie z. B. zu überfahren. Ein ähnlicher Aufruf erfolgte in der Vergangenheit bereits durch al-Qaida. Die Anschläge mit Lkw in Berlin und Nizza oder auch Angriffe mit Alltagsgegenständen wie in Würzburg und Hannover zeigen, dass diese Aufrufe Wirkung entfalten.

Die Art und Weise, wie diese Taten begangen wurden, zeigt das Ausmaß der Bedrohung, die vom islamistischen Terrorismus ausgeht, und beeinträchtigt das Sicherheitsgefühl in der Bevölkerung. Das Risiko der Täter, im Vorfeld von Anschlägen entdeckt zu werden, sinkt, denn je geringer Planung und Koordination ausfallen, desto weniger Ansätze haben Sicherheitsbehörden, Anschlagspläne rechtzeitig zu erkennen und zu stoppen. Zugleich wird die Zahl der Personen, die in der Lage sind, solche weniger komplexen Anschläge auszuführen, größer, wodurch wiederum die Gefahr von Nachahmungstaten steigt.

Maßnahmen zur Bekämpfung des islamistischen Terrorismus

Wie begegnen die Sicherheitsbehörden dieser wachsenden Bedrohung durch den islamistischen Terrorismus in Deutschland und Europa?

Grundlage erfolgreicher Terrorabwehr ist es, die notwendigen Informationen zu Personen, Sachverhalten, Verbindungen und Strukturen zu gewinnen, zusammenzuführen, auszuwerten und verfügbar zu machen.

Radikalisierung, Ausreise, Rückkehr – Lage und Handlungserfordernisse

Grundsätzlich sind wir diesbezüglich – das zeigen nicht zuletzt mehrere von den Sicherheitsbehörden verhinderte Anschlagsversuche – auf nationaler und internationaler Ebene gut aufgestellt. Die hohe Dynamik des Phänomens erfordert aber, dass wir unsere Maßnahmen immer wieder kritisch prüfen und gegebenenfalls anpassen.

Terrorismusbekämpfung in Deutschland

Die Grundlagen unserer heutigen Terrorismusabwehr wurden vor dem Hintergrund des 11. September 2001 gelegt und seitdem ständig fortentwickelt. 2004 wurde das Gemeinsame Terrorismus-Abwehrzentrum – kurz GTAZ – gegründet, das bis heute das Herzstück der Terrorismusbekämpfung in Deutschland bildet. Auf dieser Plattform tauschen Vertreterinnen und Vertreter von 40 Behörden[6] aus Bund und Ländern unter anderem in täglichen Lagebesprechungen ihre Erkenntnisse aus, nehmen Gefährdungsbewertungen vor und stimmen operative Maßnahmen ab. Auf diese Weise soll gewährleistet werden, dass Informationen umfassend und schnell länder- und behördenübergreifend zusammengeführt werden.

Die zunehmende Dynamik und Komplexität der terroristischen Bedrohung zeigt aber auch diesen bewährten Strukturen Grenzen auf. Die Gefährdungssachverhalte[7] haben in den vergangenen Jahren analog zum wachsenden Personenpotenzial der islamistischen Szene deutlich zugenommen. Ihre Bearbeitung und die in diesem Zusammenhang zu veranlassenden polizeilichen Maßnahmen bedeuten eine deutlich höhere personelle Belastung. Bundesregierung und Bundestag haben dies erkannt und dem Bundeskriminalamt einen beträchtlichen Stellenaufbau bewilligt. Da es gute Kriminalbeamtinnen und -beamte jedoch zunächst zu gewinnen und auszubilden gilt, wird es mehrere Jahre dauern, bis dieses Mehr an Personal vollumfänglich zum Tragen kommt. Bis dahin werden wir weiter durch intelligente Konzepte und organisatorische Schwerpunktsetzungen unserem Auftrag zum Schutz der Bevölkerung vollumfänglich nachkommen.

Internationale Zusammenarbeit und Informationsmanagement

Ein rein nationaler Ansatz trägt in der Terrorismusbekämpfung jedoch nicht. Wir haben es mit einem transnationalen Phänomen und hochmobilen, international vernetzten Tätern zu tun. Dementsprechend müssen auch die Sicherheitsbehörden in Europa und darüber hinaus grenzübergreifend zusammenarbeiten. Dies geschieht z. B. durch anlassbedingte bilaterale Zusammenarbeit, durch phänomenbezogene Kooperationen wie die Police Working Group on Terrorism (PWGT)[8], in der sich die Staatsschutzbehörden auf europäischer Ebene austauschen, im Rahmen von Europol und Interpol oder auch durch die Verbindungsbeamten des Bundeskriminalamtes, die an über 50 Standorten weltweit vertreten sind, um für einen engeren polizeilichen Austausch mit den dortigen Behörden zu sorgen und gleichzeitig im Sinne einer Früherkennung Erkenntnisse über die Kriminalitätsentwicklung vor Ort liefern zu können.

Einen zentralen und wachsenden Stellenwert nimmt darüber hinaus das Informationsmanagement auf europäischer Ebene ein. Wenn Straftäter sich in einem Europa ohne Binnengrenzen unkontrolliert von einem Mitgliedsstaat in den anderen bewegen können, muss gewährleistet sein, dass Informationen, die in den einzelnen Mitgliedsstaaten zu diesen Personen vorliegen, ausgetauscht werden bzw. abrufbar sind. Mit dem Wegfall der Binnengrenzen im Schengen-Raum[9] wurden daher Ausgleichsmaßnahmen geschaffen, die einen solchen Informationsaustausch gewährleisten und auf diese Weise mögliche Beeinträchtigungen für die innere Sicherheit der Vertragsstaaten minimieren sollen. Eine dieser Maßnahmen war der Aufbau des Schengener Informationssystems (SIS) und des korrespondierenden Kommunikationsnetzwerks SIRENE (Supplementary Information Request at the National Entry) als gemeinsamer Fahndungsverbund der Vertragsstaaten.

Grundsätzlich ist das SIS eine Erfolgsgeschichte: Polizeibeamte aus 30 Staaten haben Zugriff auf rund 75 Millionen Fahndungsdaten, davon rund eine Million Personendatensätze.[10] Im Schnitt hatten wir 2016 neun Festnahmen und 169 weitere SIS-Fahndungserfolge mit Deutschlandbezug pro Tag. Allerdings – und das ist ein wichtiger Optimierungsansatz – sind biometrische Daten, z.B. Fingerabdrücke, die im SIS hinterlegt sind, bislang nicht recherchierbar. Personenabfragen im SIS finden nach wie vor anhand der Personaldaten statt. Das bedeutet, dass im Falle der Nutzung von Alias-Personalien durch Straftäter oder auch nur bei unterschiedlichen Schreibweisen desselben Namens keine Treffer im System erzielt werden. Derartige Sicherheitslücken müssen wir schließen. Eine eindeutige Identifizierung und Zusammenführung unterschiedlicher Personalien ist derzeit einzig über den Fingerabdruck möglich. Daher muss das SIS unter anderem dringend um ein Automatisches Fingerabdruck-Identifizierungssystem ergänzt werden.

Auch darüber hinaus weist die europäische Informationsarchitektur Schwachstellen auf. Die unterschiedlichen Systeme und Datentöpfe sind nicht miteinander vernetzt. Einen Kriminalaktennachweis wie in Deutschland, der Einträge aus verschiedenen Erfassungssystemen verknüpft, gibt es auf europäischer Ebene noch nicht. Zudem sind die Abfragen in den verschiedenen Systemen in Teilen zu kompliziert und führen nicht schnell genug zu einem verwertbaren Ergebnis.

Der 2005 abgeschlossene Vertrag von Prüm beispielsweise regelt den Austausch von Fingerabdruck- sowie von DNA- und Kfz-Daten durch die Teilnehmerstaaten in Europa.[11] Derzeit haben 22 Staaten den Vertrag ratifiziert, nicht jeder tauscht aber alle im Prümer Verfahren möglichen Daten aus. Wichtige Partner wie Griechenland und Italien fehlen. Zudem liefert die Datenabfrage aus Datenschutzgründen zunächst nur eine anonymisierte Trefferanzeige. Was konkret dahinter steckt, muss in einem mehr oder weniger langwierigen schriftlichen Rechtshilfeverkehr erfragt werden.

Ein weiteres Beispiel ist EURODAC, in dem unter anderem die Fingerabdruckdaten von Asylsuchenden gespeichert werden. Auch dieses System ermöglicht lediglich die Feststellung, wann und wo in einem anderen Staat bereits ein Asylantrag gestellt oder eine Außengrenze illegal überquert wurde. Weitere Hinweise zu genutzten Personalien und Mitreisenden sind nicht abrufbar und müssen zeitaufwendig separat erfragt werden. Zudem ist die Nutzung von EURODAC für Zwecke der Strafverfolgung bisher nur eingeschränkt möglich. Wie wichtig dieses System allerdings auch für Sicherheitsbehörden ist, verdeutlicht die Festnahme zweier Personen, die dem Pariser Attentäterkreis zuzurechnen sind, in Österreich Anfang 2016 – der Hinweis auf ihren Aufenthaltsort ging unter anderem auf einen EURODAC-Treffer zurück.

Diese Schwachstellen im europäischen Informationsaustausch müssen wir beseitigen. Das Bundeskriminalamt setzt sich daher aktiv für eine zügige Verbesserung der Abläufe und Systeme ein.

Umgang mit Gefährdern

Darüber hinaus benötigen wir vor dem Hintergrund des in den letzten Jahren zahlenmäßig stark angestiegenen islamistischen Personenpotenzials aufgrund begrenzter polizeilicher Ressourcen ein Instrument für eine verbesserte Einschätzung des von diesen Personen ausgehenden akuten Risiko- bzw. Gewaltpotenzials. Die Vorstellung, man müsse nur jeden bekannten Gefährder rund um die Uhr observieren, wird der Komplexität dieser Aufgabe nicht gerecht und ist sowohl rechtlich als auch personell nicht realisierbar. Sie lässt zudem die Tatsache aus den Augen, dass in der Vergangenheit oftmals Anschläge von Personen geplant oder begangen wurden, die den Sicherheitsbehörden zuvor nicht bekannt waren und die somit auch nicht unter eine solche Maßnahme gefallen wären.

Es gibt bereits eine abgestimmte, bundesweit einheitliche polizeiliche Definition von »Gefährdern« und »Relevanten Personen«[12] sowie ein einheitliches Handlungskonzept. Für die Bewertung des von einer Person ausgehenden akuten Risikos für die Begehung einer schweren Gewalttat in Deutschland gab es bislang hingegen keine abgestimmten Standards. Das Bundeskriminalamt hat deshalb ein Instrument zur einheitlichen Bewertung von Personen des militant-salafistischen Spektrums entwickelt, das in den vergangenen Monaten bundesweit eingeführt wurde. RADAR-iTE (Regelbasierte Analyse potenziell destruktiver Täter zur Einschätzung des akuten Risikos – islamistischer Terrorismus) soll zum einen den Bewertungsprozess harmonisieren und zum anderen eine Unterscheidung des Risikopotenzials der Personen auf einer dreistufigen Risikoskala ermöglichen. Dies ist eine wichtige Voraussetzung, um bei einem insgesamt wachsenden islamistischen Personenpotenzial priorisieren und sicherstellen zu können, dass im Rahmen der verfügbaren Ressourcen die erforderlichen Maßnahmen getroffen werden.

Gleichzeitig müssen wir sicherstellen, dass die Maßnahmen, die auf Basis dieser Bewertungen erfolgen, bundesländerübergreifend vergleichbar sind. Dafür werden gemeinsame Bewertungen von Personen und die Abstimmung entsprechender Maßnahmen künftig im GTAZ erfolgen, so wie es in Bezug auf Gefährdungssachverhalte bereits der Fall ist.

Um bundesweit einheitliche Maßnahmen durchführen zu können, bedarf es darüber hinaus eines einheitlichen rechtlichen Rahmens. Derzeit verfügt die Polizei in elf Bundesländern über die rechtliche Befugnis, Telekommunikationsüberwachungsmaßnahmen (TKÜ) zur Gefahrenabwehr durchzuführen. Die »Quellen-Telekommunikationsüberwachung« für die auch von Gefährdern häufig genutzte verschlüsselte Kommunikation ist explizit nur in fünf, die Onlinedurchsuchung nur in zwei Bundesländern rechtlich erlaubt. In den Polizeigesetzen der jeweils übrigen Bundesländer sind die notwendigen Ermächtigungen für diese Maßnahmen nicht vorhanden. Praktisch bedeutet das, dass Überwachungsmaßnahmen im Zweifel nicht durchgeführt werden können oder abgebrochen werden müssen, wenn die Zielperson ihren Wohnsitz in ein Bundesland ohne entsprechend vorhandene Regelungen verlegt. Gerade im Bereich des islamistischen Terrorismus haben wir es immer wieder mit hochmobilen Personen zu tun, die ihren Wohnort wechseln und teilweise im gesamten Bundesgebiet und darüber hinaus vernetzt sind. Fehlende Rechtsgrundlagen, an denen Überwachungsmaßnahmen solcher Personen gegebenenfalls scheitern, können wir uns nicht mehr leisten. Hier sind die Bundesländer gefragt, die notwendigen Eingriffsermächtigungen in ihren Polizeigesetzen zu schaffen.

Darüber hinaus ist es für erfolgreiche Polizeiarbeit grundlegend wichtig, dass die Gesetzgebung mit der technischen Entwicklung und dem Wandel von Kriminalitätsphänomenen Schritt hält. Angesichts der wachsenden Rolle des Internets bei der Planung, Verabredung und Begehung von Straftaten muss durch eine Weiterentwicklung des Rechts sichergestellt werden, dass Ermittlungen auch im digitalen Raum effektiv durchgeführt werden können. Ein Beispiel ist die verschlüsselte Kommunikation von Straftätern, auf die die Ermittlungsbehörden mit den Mitteln der klassischen Telekommunikationsüberwachung keinen Zugriff mehr haben. Um auch hier auf Basis klarer rechtlicher Grundlagen auf die für die Ermittlungen relevanten Kommunikationsdaten zugreifen zu können, wurden z. B. Regelungen für die Quellen-TKÜ und die Online-Durchsuchung in der Strafprozessordnung geschaffen.[13]

Die Polizei muss darüber hinaus in der Lage sein, ihre Ermittlungsinstrumente auf die »digitale Welt« zu übertragen bzw. für diesen Bedarf geeignete Instrumente neu zu entwickeln. Das Bundeskriminalamt wird diesbezüglich die Rolle eines zentralen Dienstleisters übernehmen und Instrumente vor allem im IT-Bereich entwickeln, die wir der gesamten deutschen Polizei zur Verfügung stellen.

Prävention und Deradikalisierung

Angesichts eines hohen und weiter wachsenden Personenpotenzials der gewaltbereiten islamistischen Szene in Deutschland reichen polizeiliche Maßnahmen der Gefahrenabwehr und der Strafverfolgung auf Dauer jedoch nicht aus, um Extremismus und Terrorismus nachhaltig entgegenzutreten. Vielmehr müssen wir als Gesellschaft Maßnahmen ergreifen, um dieses Personenpotenzial langfristig zu reduzieren. Das bedeutet, dass wir mit Maßnahmen der Prävention und der Deradikalisierung dafür Sorge tragen müssen, dass sich extremistische Szenen jedweder Couleur in Deutschland nicht immer wieder neu speisen und vor allem Jugendliche für ihre menschenverachtenden Ansichten und Ziele gewinnen können.

Es gibt in Deutschland zahlreiche, sehr engagierte Präventionsinitiativen. Damit diese effektiv und flächendeckend arbeiten können, bedarf es einer sinnvollen Koordination, einer gesicherten finanziellen Basis für erfolgreiche Ansätze und Projekte sowie eines verbesserten Erfahrungsaustausches und Wissensmanagements von Präventionsakteuren und Multiplikatoren.

Fazit

Der islamistische Terrorismus wird auf nicht absehbare Zeit eine der zentralen Herausforderungen für die Sicherheitsbehörden, aber auch für uns als Gesellschaft bleiben. Wir haben es mit Personen und mit einer Ideologie zu tun, die unseren Rechtsstaat, unsere Werte und unsere Art zu leben verachten und mit allen Mitteln zu bekämpfen versuchen. Die Handlungsfähigkeit der Sicherheitsbehörden bei der Bekämpfung des islamistischen Terrorismus hängt maßgeblich davon ab, dass wir neue Trends und Entwicklungen schnell erkennen und unsere Maßnahmen und Bekämpfungsansätze entsprechend anpassen. Voraussetzung dafür ist eine enge Zusammenarbeit und Abstimmung aller relevanten Akteure, national und international, sowie ein effektiver und effizienter Informationsaustausch. Terrorismusabwehr kann nur in einem starken europäischen Verbund funktionieren.

Darüber hinaus müssen wir die Wehrhaftigkeit unseres Rechtsstaates stärken, durch die Schaffung starker und vor allem einheitlicher rechtlicher Grundlagen für eine effektive Terrorismusbekämpfung sowie durch erfolgreiche präventive Ansätze.

Trotz wachsender Bedrohungen ist Deutschland nach wie vor eines der sichersten Länder der Welt. Die deutsche Polizei wird alles daran setzen, dass das auch so bleibt. Das anhaltend hohe Vertrauen der Bevölkerung in unsere Arbeit ist für uns dabei Bestätigung und Verpflichtung zugleich.

Anmerkungen

1 Stand: September 2017. Ein Gefährder ist eine Person, bei der bestimmte Tatsachen die Annahme rechtfertigen, dass sie politisch motivierte Straftaten von erheblicher Bedeutung, insbesondere solche im Sinne des § 100a StPO, begehen wird.
2 Vgl. Verfassungsschutzbericht 2016, https://www.verfassungsschutz.de/embed/vsbericht-2016.pdf (letzter Zugriff: 15.09.2017).
3 Vgl. Verfassungsschutzbericht 2013, https://www.verfassungsschutz.de/embed/vsbericht-2013.pdf (letzter Zugriff: 15.09.2017).
4 Saskia Lützinger: Die Sicht der Anderen. Eine qualitative Studie zu Biographien von Extremisten und Terroristen, Köln 2010. Die Studie ist auf der Webseite des BKA als Download verfügbar.
5 Stand: September 2017.
6 Dies sind das Bundeskriminalamt, das Bundesamt für Verfassungsschutz, der Bundesnachrichtendienst, die Bundespolizei, das Zollkriminalamt, der Militärische Abschirmdienst, das Bundesamt für Migration und Flüchtlinge, Vertreter des Gene-

ralbundesanwaltes, 16 Landeskriminalämter sowie 16 Landesämter für Verfassungsschutz.

7 Das Bundeskriminalamt führt im Rahmen seiner Zentralstellenfunktion im Phänomenbereich der Politisch motivierten Kriminalität Gefährdungsbewertungen von Einzelsachverhalten durch, die den zuständigen Länderdienststellen zur Verfügung gestellt werden und diesen die Möglichkeit bieten, auf Grundlage einer fachlich fundierten Bewertung des BKA zeitnah eigene Erkenntnisse in ihre abschließende Bewertung einzubringen. Auf dieser Basis leiten die zuständigen Behörden Schutzmaßnahmen ein, führen Schwachstellenanalysen durch und legen den Grad der Gefährdung für Personen und Objekte fest. Diese sogenannten Gefährdungssachverhalte, also bekanntgewordene Sachverhalte, die auf ein konkretes Schadensereignis hindeuten, werden dabei anhand bestimmter Kriterien bewertet. Im Ergebnis wird eine Wahrscheinlichkeitsaussage hinsichtlich des potenziellen Schadenseintrittes getroffen.

8 Die PWGT ist ein informelles Netzwerk von Staatsschutz-Dienststellen der EU-Mitgliedsstaaten sowie Islands, Norwegens und der Schweiz.

9 Zum Schengen-Raum gehören Deutschland, Belgien, Dänemark, Estland, Finnland, Frankreich, Griechenland, Island, Italien, Lettland, Liechtenstein, Litauen, Luxemburg, Malta, Niederlande, Norwegen, Österreich, Polen, Portugal, Schweden, Schweiz, Slowakei, Slowenien, Spanien, Tschechische Republik und Ungarn.

10 Stand: September 2017.

11 Der Inhalt des Vertrags von Prüm wurde mit den EU-Ratsbeschlüssen 2008/615/JHA und 2008/616/JHA in den Rechtsrahmen der EU überführt und ist somit für die Teilnehmerstaaten in Europa bindend.

12 Eine Person ist als relevant anzusehen, wenn sie innerhalb des extremistischen/terroristischen Spektrums die Rolle a) einer Führungsperson, b) eines Unterstützers/Logistikers, c) eines Akteurs einnimmt und tatsächliche Anhaltspunkte dafür vorliegen, dass sie politisch motivierte Straftaten von erheblicher Bedeutung, insbesondere solche im Sinne des § 100a StPO, fördert, unterstützt, begeht oder sich daran beteiligt, oder d) es sich um eine Kontakt- oder Begleitperson eines Gefährders, Beschuldigten oder Verdächtigen einer politisch motivierten Straftat von erheblicher Bedeutung, insbesondere solche im Sinne des § 100a StPO, handelt.

13 Gesetz zur effektiveren und praxistauglicheren Ausgestaltung des Strafverfahrens v. 17.08.2017, in Kraft getreten am 24.08.2017.

Gerwin Moldenhauer[1]

Rückkehrerinnen und Rückkehrer aus der Perspektive der Strafjustiz

Einleitung

Straftaten im Zusammenhang mit dem Bürgerkrieg in Syrien stellen die deutsche Strafjustiz vor eine erhebliche Herausforderung. Die Belastung für die Justiz ist insoweit exponentiell angestiegen. In der ersten Jahreshälfte 2016 wurden fast 800 Ermittlungsverfahren im Bund und in den jeweiligen Bundesländern gegen Islamisten geführt;[2] allein der Generalbundesanwalt beim Bundesgerichtshof (GBA) leitete 2016 knapp 200 Ermittlungsverfahren in diesem Phänomenbereich ein.[3] Sowohl beim GBA und den jeweiligen Landesstaatsanwaltschaften als auch bei den jeweiligen Polizeibehörden besteht im Bereich Terrorismus und Extremismus trotz personeller Aufstockung eine extreme, kaum zu bewältigende Arbeitsbelastung.[4]

Es sind aber nicht nur die Fallzahlen gestiegen; die Ermittlungen sind insgesamt auch äußerst komplex und damit sowohl zeitaufwendig als auch kostenintensiv. Warum sind die Ermittlungen so komplex? Das wird verständlich, wenn man sich die Asymmetrie der Ermittlungen vergegenwärtigt. Die deutsche Strafjustiz muss rückblickend einen Sachverhalt aufklären, der sich mit Syrien in einem Land ereignet hat, mit dem keine justizielle Rechtshilfe stattfindet, und in dem sie selbst vor Ort nicht ermitteln kann. Zur Verdeutlichung mag ein Vergleich helfen: Bei einem Bankraub in Deutschland kann grundsätzlich auf Bilder der Überwachungskameras zurückgegriffen werden; die Bankangestellten stehen als Zeugen zur Verfügung und die Polizei kann vor Ort die sogenannte Tatort- und Spurenarbeit leisten. Dadurch können für den späteren Strafprozess wichtige Beweismittel gesichert werden. Solche Ermittlungsschritte sind selbstredend in Syrien derzeit nicht möglich. Hinzu kommt oft eine Sprachbarriere, die nicht allein mit einem Dolmetscher zu überwinden ist. Erforderlich ist auch ein Verständnis der historischen, kulturellen, religiösen und geografischen Zusammenhänge. Neben dem Dolmetscher bedarf es daher teilweise auch der Expertise von Sachverständigen. Islamwissenschaftler sind häufige Sachverständige in den Strafprozessen im Zusammenhang mit dem Bürgerkrieg in Syrien.

Teil dieser Herausforderung ist der Umgang mit den sogenannten Rückkehrerinnen und Rückkehrern. Dieser Beitrag soll die Fragen beleuchten, was man unter dem Begriff »Rückkehrer« versteht, ob und, falls ja, wie diese sich mit ihrer Ausreise nach Syrien bzw. in den Irak strafbar gemacht haben können, wie ein etwaiges Strafverfahren ablaufen kann und welche Sanktionen ein Rückkehrer bzw. eine Rückkehrerin zu erwarten hat, insbesondere wie sich eine Kooperation mit staatlichen Stellen, vor allem der Strafjustiz, auswirken kann.

Begrifflichkeit

Was verbirgt sich hinter dem Begriffspaar »Rückkehrerinnen und Rückkehrer«? Das Gesetz kennt den Terminus nicht, es gibt keine Legaldefinition. Vielmehr handelt es sich um einen Arbeitsbegriff, den die Praxis bemüht, um eine besondere Problematik im Bereich Islamismus zu beschreiben. Der Begriff umfasst Personen, die aus der Bundesrepublik Deutschland nach Syrien oder in den Irak ausgereist sind, sich dort aufgehalten haben und anschließend wieder nach Deutschland zurückgekehrt sind. Ein klassisches Beispiel ist, dass ein junger Mann – geblendet vielleicht von dschihadistischer Internetpropaganda und den damit einhergehenden Verheißungen oder Versprechungen – allein oder in einer Gruppe nach Syrien reist und sich dort dem sogenannten Islamischen Staat (IS) anschließt, nach einer Zeit aber desillusioniert und frustriert in seine Heimat nach Deutschland zurückkehrt.

Die Rückkehrerinnen und Rückkehrer sind von der Gruppe der islamistischen Straftäter abzugrenzen, die sich in Deutschland radikalisiert, aber Deutschland nicht verlassen haben. Sie sind auch von der Gruppe der Ersteinreisenden abzugrenzen, die gezielt nach Deutschland kommen, um hier terroristische Straftaten zu begehen.

Die justizielle Betrachtung des Phänomens ist von der politischen und gesellschaftlichen abzugrenzen. Für die Strafjustiz ist insbesondere von Bedeutung, weshalb die Personen ausgereist sind und was sie vor ihrer Rückkehr aus dem Kriegsgebiet nach Deutschland getan haben (siehe dazu auch den Beitrag von Behnam Said in diesem Band). Die Auslöser für so eine Ausreise sind vielfältig; wie oben ausgeführt kann dabei Internetpropaganda eine wichtige Rolle spielen, die insbesondere junge Männer anspricht, vermehrt aber auch junge Frauen. Die Intention der Ausreise kann äußerst unterschiedlich sein. Sie kann aus humanitären Gründen erfolgen, um einen Beitrag zur Hilfe für notleidende Menschen im Bürgerkrieg in Syrien zu leisten. Ebenso ist aber denkbar, dass die Ausreise dem Zweck dient, am Dschihad teilzunehmen, sich dem »IS« anzuschließen oder sich in einem »Terrorcamp« ausbilden zu lassen, um später – wo auch immer – einen terroristischen Anschlag zu begehen.

Daran schließt sich an, dass auch die Frage, weshalb die Personen zurückgekehrt sind, von erheblicher Bedeutung ist. Sind sie desillusioniert, von der ihrer Ausreise zugrunde liegenden Weltanschauung »geläutert« und wollen schlicht zurück in ihre Heimat? Oder wurden sie etwa nach Deutschland geschickt, um hier eine terroristische Straftat zu begehen? Es drängt sich auf, dass sämtliche dieser Fragen für die Beurteilung einer Strafbarkeit von erheblicher Relevanz sind. Sie lassen sich selbstredend nicht pauschal beantworten; es gibt nicht *den* Rückkehrer oder *die* Rückkehrerin. In der justiziellen Praxis bedarf es daher einer intensiven und sehr sorgfältigen individuellen Prüfung des jeweiligen Einzelfalles.

Die begriffliche Grundlage für diesen Beitrag wird hier so gefasst, dass unter »Rückkehrerinnen und Rückkehrern« zunächst sämtliche Personen zu verstehen sind, die aus Deutschland (oder der EU) in die nahöstlichen Kriegsgebiete gereist sind und – aus welchen Gründen auch immer – wieder nach Deutschland zurückgekehrt sind. Nach Auskunft des Bundesamtes für Verfassungsschutz lagen allein bis Mitte September 2017 Erkenntnisse zu mehr als 940 Personen vor, die in Richtung Syrien bzw. Irak gereist sind, um dort aufseiten des »IS« und anderer terroristischer Gruppierungen an Kampfhandlungen teilzunehmen oder diese in sonstiger Weise zu unterstützen;[5] etwa ein Drittel davon ist wieder nach Deutschland zurückgekommen. Seit einigen Jahren sind auch zunehmend Frauen unter den Ausreisenden und Rückkehrern. Das Bundesamt für Verfassungsschutz geht davon aus, dass ca. 20 Prozent der aktuell Ausreisenden Frauen sind.[6]

Überblick über die Sach- und Rechtslage

Die Sach- und Rechtslage aus Sicht der Strafjustiz kann hier nur schlaglichtartig wiedergeben werden. Zunächst wird der Frage nachgegangen, wie sich Rückkehrerinnen und Rückkehrer strafbar gemacht haben können. Sodann wird ein Überblick über das Strafverfahren gegeben, insbesondere wie die Aufgaben der Strafverfolgung gesetzlich verteilt sind und welche Aufgaben der GBA hat. Schließlich wird darauf eingegangen, wie sich eine Kooperation mit den Strafverfolgungsbehörden für eine Rückkehrerin bzw. einen Rückkehrer auswirkt.

Möglichkeiten der Strafbarkeit

Typische Deliktsfelder für die Strafbarkeit von Rückkehrerinnen und Rückkehren sind in der Praxis die Beteiligung an einer ausländischen terroristischen Vereinigung nach § 129b Strafgesetzbuch (StGB), einschließlich der in diesem Zusammenhang mitverwirklichten Delikte, und die Vorbereitung einer schweren staatsgefährdenden Gewalttat nach § 89a StGB.

Beteiligung an einer ausländischen terroristischen Vereinigung

Die Strafbarkeit im Zusammenhang mit einer terroristischen Vereinigung im Ausland regelt § 129b StGB. Die Norm wurde im Nachgang zu den Terroranschlägen vom 11. September 2001 in den USA im Jahr 2002 in das Strafgesetzbuch eingeführt[7] und ist die zentrale Norm im Zusammenhang mit der Beteiligung an einer ausländischen terroristischen Vereinigung. Die bekannteste ausländische terroristische Vereinigung in Syrien bzw. im Irak ist der »Islamische Staat« (IS), vormals »Islamischer Staat im Irak und Großsyrien« (ISIS); eine weitere ist z.B. die Al-Nusra-Front (Jabhat al-Nusra), die sich Anfang 2017 dem Milizen-Bündnis Hai'at Tahrir al-Sham angeschlossen hat.

§ 129b Abs. 1 StGB bezieht ausländische terroristische Vereinigungen in den Geltungsbereich des § 129a StGB – gewissermaßen der Kernvorschrift der terroristischen Vereinigung – mit ein, sodass die Beteiligungshandlungen und die Anforderungen für die terroristische Vereinigung des § 129a StGB gelten.

• Eine terroristische Vereinigung ist nach der gängigen Definition in der Rechtsprechung ein auf eine gewisse Dauer angelegter, freiwilliger organisatorischer Zusammenschluss von mindestens drei Personen, die bei Unterordnung des Willens des Einzelnen unter den Willen der Gesamtheit gemeinsame Zwecke, nämlich terroristische Straftaten wie Mord, Totschlag (§ 129a Abs. 1 StGB) oder Sprengstoffdelikte und andere gemeingefährliche Straftaten (vgl. § 129a Abs. 2 Nr. 1 bis Nr. 5 StGB) verfolgen und unter sich derart in Beziehung stehen, dass sie sich als einheitlicher Verband fühlen;[8] bei einer terroristischen Vereinigung nach § 129a Abs. 2 StGB ist eine besondere terroristische Bestimmung und Eignung erforderlich, nämlich in der Form, dass ihre Taten unter anderem dazu bestimmt sein müssen, die Bevölkerung auf erhebliche Weise einzuschüchtern.

Nicht unerwähnt bleiben sollte, dass der Gesetzgeber jüngst in Umsetzung eines EU-Rahmenbeschlusses die Vereinigung in § 129 Abs. 2 StGB erstmals gesetzlich als einen auf längere Dauer angelegten, von einer Festlegung von Rollen der Mitglieder, der Kontinuität der Mitgliedschaft und der Ausprägung der Struktur unabhängigen organisierten Zusammenschluss von mehr als zwei Personen zur Verfolgung eines übergeordneten gemeinsamen Interesses definiert hat.[9] Nach gefestigter Rechtsprechung ist der »IS« eine ausländische terroristische Vereinigung im Sinne der §§ 129a Abs. 1, 129b StGB.[10] Da der Vereinigungsbegriff der §§ 129a, 129b StGB den des § 129 StGB zugrunde legt, wird die nunmehr gesetzliche Definition maßgeblich sein. Diese wird aber keinen Einfluss auf die Beurteilung des »IS« als terroristische Vereinigung haben.

Als Tathandlungen kommen bei Rückkehrinnen und Rückkehrern das Sich-als-Mitglied-Beteiligen sowie das Unterstützen und Werben für Mitglieder oder Unterstützer in Betracht; die im Gesetz ebenfalls vorgesehenen Tathandlungen des Gründens einer (ausländischen) terroristischen Vereinigung sowie der Rädelsführerschaft spielen in diesem Zusammenhang keine Rolle: Zum einen zeigt die Praxis, dass die Rückkehrer sich einer bereits bestehenden terroristischen Vereinigung anschließen, nämlich überwiegend dem »IS«, zum anderen haben sie, soweit bekannt, keine maßgebliche Rolle in der Vereinigung, die eine Annahme der Rädelsführerschaft begründen würde.

Ein Rückkehrer oder eine Rückkehrerin beteiligt sich als Mitglied, wenn er oder sie über einen längeren Zeitraum an dem Verbandsleben der Vereinigung teilnimmt und sich in die Organisation bei Unterordnung unter den Organisationswillen einfindet und sodann aus diesem Verbandsleben heraus eine fördernde Tätigkeit leistet. Diese fördernde Tätigkeit kann äußerst mannigfaltig sein und ist es in der Praxis auch. Beispiele für eine solche Tätigkeit sind: militärische Wachdienste, administrative oder logistische Aufgaben, Mitwirkung an Propagandavideos, aber auch Tötungshandlungen. Ein Rückkehrer kann sich also z. B. als Koch beim »IS« beteiligt haben, indem er in einem Camp das Essen zubereitete; er kann aber auch im Rahmen von Kampfhandlungen oder bei einer Hinrichtung mitgewirkt und Menschen ermordet haben. Sofern die Beteiligungshandlung im Rahmen der terroristischen Vereinigung weitere Strafnormen verletzt, wie bei der Beteiligung an einer Ermordung, so sind diese neben der mitgliedschaftlichen Beteiligung an der terroristischen Vereinigung zu verfolgen und haben selbstredend massiven Einfluss auf die Rechtsfolgen (vgl. hierzu den folgenden Abschnitt).

Eine Unterstützung im Sinne der §§ 129b, 129a Abs. 5 Variante 1 StGB kommt in Betracht, wenn die Rückkehrerin oder der Rückkehrer kein

Mitglied einer terroristischen Vereinigung war, diese aber gleichwohl gefördert hat, indem er z. B. Informationen, Werkzeuge, Waffen oder Geld für die Vereinigung beschafft hat und diese Hilfsleistungen der Organisation (und nicht etwa nur einem einzelnen Mitglied) irgendwie zugutegekommen sind.

Ein Werben für Mitglieder oder Unterstützer ist gegeben, wenn die Rückkehrerin oder der Rückkehrer ebenfalls kein Mitglied in der (ausländischen) terroristischen Vereinigung war, aber Propaganda verbreitet hat, die auf die Gewinnung neuer Mitglieder oder Unterstützer einer terroristischen Vereinigung gerichtet war. Ob er dazu selbst Propaganda entworfen und verbreitet oder lediglich die Propaganda anderer weiterverbreitet hat, spielt dabei keine Rolle. Ebenfalls unerheblich ist, ob die »Werbung« Erfolg hatte. Die einzelnen Anforderungen an den Tatbestand sind dabei nicht unumstritten, können hier aber vernachlässigt werden, da das Werben im Sinne der §§ 129b, 129a Abs. 5 Variante 2 StGB im Zusammenhang mit der Rückkehrerthematik eine untergeordnete Rolle spielt.

Für die Strafverfolgung wegen einer Beteiligung an einer terroristischen Vereinigung, die im Bürgerkrieg in Syrien tätig ist, also außerhalb der Europäischen Union, muss ein sogenannter spezifischer Inlandsbezug bestehen und es muss eine Ermächtigung zur Verfolgung vorliegen.

Der spezifische Inlandsbezug ist regelmäßig gegeben, wenn es sich bei den Rückkehrinnen und Rückkehrern um deutsche Staatsangehörige handelt. Er ist auch gegeben, wenn sich nicht deutsche Staatsangehörige nach ihrer Rückkehr aus Syrien oder dem Irak wieder in der Bundesrepublik Deutschland aufhalten, also kann beispielsweise bei einem vor der Ausreise in Deutschland lebenden ausländischen Staatsangehörigen der spezifische Inlandsbezug erst mit der Rückkehr nach Deutschland begründet werden; solange er sich noch nicht in Deutschland aufhält und kein anderer die Zuständigkeit begründender Umstand besteht, mangelt es an einer Zuständigkeit der deutschen Strafverfolgungsbehörden.

Die Verfolgungsermächtigung vergegenwärtigt die politische Dimension der Strafnorm. Es wird der Exekutive die Möglichkeit gewährt, bei der Strafverfolgung außenpolitische Belange zu berücksichtigen. Das Bundesministerium der Justiz und für Verbraucherschutz (BMJV) kann eine solche Ermächtigung versagen, wenn gewichtige außenpolitische Belange die Strafverfolgung im Zusammenhang mit einer Beteiligung an einer ausländischen terroristischen Vereinigung nicht gebieten. Es können im Rahmen der Ermächtigung auch einzelne Verhaltensweisen von der Verfolgung ausgenommen werden, um die Strafverfolgung auf schwerwiegende Fälle zu konzentrieren oder um das gesellschaftliche Strafbedürfnis aus politischen Gründen zu steuern. So könnte beispielsweise das BMJV die Verfolgungsermächtigung auf die Mitgliedschaft in einer außereuropäischen terroristischen Vereinigung beschränken, was zur Folge hätte, dass andere Beteiligungsformen, wie die Unterstützung der Vereinigung, nicht verfolgt werden würden. Auch könnte die Verfolgungsermächtigung auf einen Zeitraum beschränkt werden, mit der Folge, dass für den nicht benannten Zeitraum eine Strafverfolgung nicht möglich wäre.

Das Staatsschutzstrafrecht ist zwar politisch geprägt, kann aber kein Instrument sein, um globale politisch-religiöse Konflikte zu lösen. Das repressive deutsche Strafrecht hat primär eine auf den Schutz der Rechtsgüter geprägte Betrachtung. Es ist außerordentlich schwierig, mit den Mitteln des Strafrechtes festzustellen, ob in einem religiös-politisch geprägten Bürgerkrieg Menschen als »Freiheitskämpfer« oder »Terroristen« agieren. Um die Dimension außenpolitischer Belange abschätzen zu können, bedarf es besonderer Expertise. Diesem Problem wird unter anderem durch die Strafverfolgungsermächtigung Rechnung getragen. Die Regelung ist rechtsstaatlich unbedenklich und von der Sache geboten.[11] Die Gründe für die Erteilung einer Verfolgungsermächtigung unterliegen keiner gerichtlichen Kontrolle.[12]

Die Verfolgungsermächtigung spielt für Rückkehrerinnen und Rückkehrer maßgeblich dann eine Rolle, wenn sie sich z. B. einer kleineren terroristischen Vereinigung (einem »Stamm«) angeschlossen haben, für die noch keine Verfolgungsermächtigung vorliegt. Für den »IS« hat das BMJV bereits eine Verfolgungsermächtigung erteilt.

Delikte im Rahmen der Mitgliedschaft

Bei der bewaffneten Teilnahme an Kampfhandlungen oder bei bewaffneten Wachdiensten kommt – neben der Strafbarkeit der mitgliedschaftlichen Beteiligung an sich – auch eine Strafbarkeit nach dem Kriegswaffenkontrollgesetz (KrWaffKontrG) in Betracht; das Sturmgewehr »Kalaschnikow« gehört zur Standardausrüstung von Kämpfern des »IS« und fällt unter das KrWaffKontrG. Sollte eine Rückkehrerin oder ein Rückkehrer gar an Morden oder Kriegsverbrechen[13] beteiligt gewesen sein, so werden diese Taten selbstredend ebenfalls bestraft. Es kommen auch Verbrechen gegen die Menschlichkeit und, etwa mit Blick auf die Massenverbrechen des »IS« gegen die religiöse Minderheit der Jesiden im Nordirak, sogar Völkermord in Betracht.[14]

Eine Beteiligung kann als Täter oder als Teilnehmer in Form der Beihilfe (§ 27 StGB) erfolgen. Für eine Beihilfe reicht es aus, dass der Rückkehrer oder die Rückkehrerin durch seine bzw. ihre Handlung z. B. den Mord bewusst und gewollt fördert und die Ermordung billigend in Kauf nimmt, etwa in Form von Gefangenentransporten zu einer späteren Ermordung.

Vorbereitung einer schweren staatsgefährdenden Gewalttat

Neben der Beteiligung an einer ausländischen terroristischen Vereinigung ist die Vorbereitung einer schweren staatsgefährdenden Gewalttat nach § 89a StGB eine weitere zentrale Norm, die im Zusammenhang mit Rückkehrerinnen und Rückkehrern zu prüfen ist.

Der Gesetzgeber wollte mit dem 2009 in das Strafgesetzbuch eingeführten[15] § 89a StGB eine mögliche Strafbarkeitslücke für den Fall schließen, dass jemand Vorbereitungshandlungen zu schweren politisch motivierten Gewalttaten vornimmt, die nicht nach §§ 129a, 129b StGB bestraft werden können, z. B. weil der Täter oder die Täterin unabhängig von einer (ausländischen) terroristischen Vereinigung agiert oder eine Mitgliedschaft nicht oder nicht ausreichend nachweisbar ist.[16] Die strafrechtliche Verantwortlichkeit wird damit in ein sehr frühes Stadium des Handelns, nämlich das der Vorbereitung, vorverlagert. Ein typischer Anwendungsfall des § 89a StGB ist unter anderen, dass sich ein Deutscher in einem ausländischen »Terrorcamp« ausbilden lässt, um später einen Terroranschlag in Deutschland zu begehen. § 89a StGB kann auch zusammen mit § 129b StGB verwirklicht werden.[17]

Die sehr lange und teilweise auch umstrittene Norm kann an dieser Stelle nur summarisch dargestellt werden. Voraussetzung ist zunächst die Vorbereitung einer »schweren staatsgefährdenden Gewalttat«. Diese wird durch § 89a Abs. 1 Satz 2 StGB selbst definiert, nämlich Mord, Totschlag, erpresserischer Menschenraub oder Geiselnahme.

Darüber hinaus muss die Gewalttat im Sinne des § 89a StGB noch einen Staatsschutzbezug aufweisen, d. h., sie muss nach den Umständen bestimmt und geeignet sein, den Bestand oder die Sicherheit eines Staates oder einer internationalen Organisation zu beeinträchtigen oder Verfassungsgrundsätze der Bundesrepublik Deutschland zu beseitigen, außer Geltung zu setzen oder zu untergraben. Dies wird man derzeit bei der Vorbereitung eines islamistisch-motivierten Tötungsdeliktes ohne Weiteres bejahen können.

Die einzelnen Tathandlungen des Vorbereitens sind umfangreich in § 89a Abs. 1 Satz 1 und den Absätzen 2 und 2a StGB geregelt. Beispielhaft sei hier die Ausbildung an Schusswaffen oder der Umgang mit Sprengstoff im Sinne des § 89a Abs. 2 Nr. 1 StGB genannt. § 89a Abs. 2a StGB regelt ausdrücklich den Ausreisefall. Danach ist § 89a Abs. 1 auch dann anzuwenden, wenn der Täter eine schwere staatsgefährdende Gewalttat vorbereitet, indem er es unternimmt, zum Zweck der Begehung einer solchen oder der in § 89a Abs. 2 Nr. 1 StGB benannten Handlungen (z. B. Ausbildung an der Schusswaffe oder Umgang mit Sprengstoff) aus der Bundesrepublik Deutschland auszureisen, um sich in einen Staat zu begeben, in dem solche Unterweisungen erfolgen.

Wegen des relativ weit gefassten Tatbestandes verlangt die Rechtsprechung, dass der Täter nicht lediglich in Kauf nimmt, dass es später zu einer solchen staatsgefährdenden Gewalttat kommt, sondern er muss vielmehr bereits »fest dazu entschlossen« sein.[18] Für die hier diskutierten Fälle der Rückkehrerinnen und Rückkehrer muss zudem eine Verfolgungsermächtigung (vgl. weiter oben) erteilt werden und ein Inlandsbezug bestehen.

Ein Beispiel: Ein Deutscher reist in ein Ausbildungslager nach Syrien, wobei nicht bekannt ist, wer dieses Lager betreibt. Im Lager lässt er sich im Umgang mit Schusswaffen und Sprengstoff ausbilden, um – so sein (damaliger) fester Entschluss – später nach Deutschland zurückzukehren und hier einen Terroranschlag zu begehen. Allein dies würde eine Strafbarkeit nach § 89a StGB (Vorbereitung einer schweren staatsgefährdenden Straftat) begründen; für eine Strafbarkeit nach § 129b StGB (Mitgliedschaft in einer terroristischen Vereinigung) würde es hingegen (noch) nicht ausreichen, da nicht nachzuweisen ist, ob das Ausbildungslager von einer ausländischen terroristischen Vereinigung betrieben wird und ob der Täter sich dieser auch angeschlossen hat. Solche »Erkenntnislücken« können z. B. darin begründet sein, dass die Freundin eines Ausreisenden, die sich – aus Angst um das Leben ihres Freundes – den Strafverfolgungsbehörden offenbart hat und als Zeugin zur Verfügung steht, nur eingeschränkte Angaben machen kann, da ihr Freund ihr keine Details erzählt hat.

Die für die Rückkehrerthematik spannende Frage, wie es sich weiter verhält, wenn er oder sie inzwischen geläutert ist und von seinem bzw. ihrem Vorhaben Abstand genommen hat, wird weiter unten erörtert.

Verfahren

Die Frage, welche Staatsanwaltschaft für ein Strafverfahren gegen eine Rückkehrerin oder einen Rückkehrer zuständig ist, lässt sich nicht pauschal beantworten. Grundsätzlich könnte man zunächst an die Staatsanwaltschaft denken, in deren Bezirk der Rückkehrer oder die Rückkehrerin ihren letzten Wohnsitz hatte, sprich von wo er oder sie ausgereist ist.

Im Staatsschutzstrafrecht bestehen aber wesentliche Besonderheiten hinsichtlich der sachlichen Zuständigkeit der Gerichte und mithin auch für die Staatsanwaltschaft, da deren Zuständigkeit an die gerichtliche gekoppelt ist.

In der Bundesrepublik obliegt die Strafverfolgung gemäß Art. 30 Grundgesetz (GG) grundsätzlich den Ländern. Die jeweiligen örtlich zuständigen Landesstaatsanwaltschaften leiten bei zureichenden tatsächlichen Anhaltspunkten einer Straftat ein Ermittlungsverfahren ein und erheben, sofern die Ermittlungen genügenden Anlass dazu bieten, öffentliche Klage bei den zuständigen Amts- oder Landgerichten innerhalb ihres Bezirkes.

Bei Straftaten im Staatsschutzstrafrecht, die sich in schwerwiegender Weise gegen die innere Sicherheit der Bundesrepublik Deutschland richten, bestehen hingegen besondere Zuständigkeiten des GBA. Dieser ist unter anderem als spezielle Staatsanwaltschaft des Bundes für Strafverfahren im Bereich des Staatsschutzes zuständig. Vereinfacht dargestellt kann sich die Zuständigkeit des GBA über geborenen und gekorenen Staatsschutznormen begründen. Die geborenen Staatsschutzdelikte sind im Katalog des § 120 Abs. 1 Gerichtsverfassungsgesetz (GVG) benannt, dem sogenannten großen Staatsschutz, und begründen in Verbindung mit § 142 Abs. 1 GVG eine originäre Zuständigkeit des GBA. Im Bereich der Rückkehrerthematik betrifft dies insbesondere die §§ 129a, 129b StGB sowie die Straftaten nach dem Völkerstrafgesetzbuch (VStGB). In diesen Fällen übt der GBA das Amt der Staatsanwaltschaft aus.

Bei einem entsprechenden hinreichenden Tatverdacht erhebt er seine Anklagen bei den jeweiligen Staatsschutzsenaten der Oberlandesgerichte. Staatsschutzsenate sind – nicht zuletzt wegen der besonderen, im Bereich Terrorismus erforderlichen Sicherheitsvorkehrungen – an folgenden Oberlandesgerichten konzentriert: Hamburg[19], Celle, Jena, Berlin[20], Düsseldorf, Frankfurt am Main, Koblenz[21], Dresden, Stuttgart und München. Die Oberlandesgerichte als Teil der Landesjustiz üben in diesen Fällen im Rahmen der Organleihe des Art. 96 Abs. 5 Nr. 6 GG Bundesjustiz aus, vergleiche § 120 Abs. 6 GVG, Art. 96 Abs. 5 GG.

Der GBA kann aber auch in diesen Fällen, in denen er originäre Zuständigkeit hat, also die hier relevanten Verfahren bei § 129b StGB oder dem VStGB, das Verfahren an die jeweils örtliche zuständige Generalstaatsanwaltschaft abgeben, wenn die Sache »von minderer Bedeutung« im Sinne von § 142 Abs. 2 Nr. 2 GVG ist. Nicht zuletzt wegen des Anstiegs der Verfahren insgesamt wird davon in jüngerer Zeit vermehrt Gebrauch gemacht. Eine »mindere Bedeutung« im Sinne der Norm kann z. B. vorliegen, wenn der Täter besonders jung ist und Jugendstrafrecht anzuwenden ist, er nur für einen kurzen Zeitraum Mitglied war oder nur untergeordnete Tatbeiträge als Unterstützer geleistet hat.

Die Verfahren wegen Vorbereitung einer schweren staatsgefährdenden Gewalttat nach § 89a StGB und vergleichbare Fälle des »kleinen Staatsschutzes« (vgl. den Katalog des § 74a Abs. 1 GVG) fallen grundsätzlich in die Zuständigkeit der Landesjustiz. Nur in Ausnahmefällen, nämlich bei einer »besonderen Bedeutung« oder sofern die Tat zusammen mit einem Vereinigungsdelikt nach §§ 129a, 129b StGB (Mitgliedschaft in einer terroristischen Vereinigung) begangen wurde, führt der GBA die Ermittlungen.

Der GBA kann nach § 89a StGB – sowie bei gewissen Fällen der Schwerkriminalität mit Staatsschutzbezug – das Verfahren nur ausnahmsweise an sich ziehen und die Normen zu »gekorenen« Staatsschutzdelikten machen, wenn die Tat etwa nach § 120 Abs. 1 Nr. 1 a) oder § 142 Abs. 1 Satz 1 GVG den Umständen nach geeignet ist, Verfassungsgrundsätze der Bundesrepublik Deutschland zu beseitigen, außer Geltung zu setzen oder zu untergraben. Man spricht in diesen Fällen von einer Evokation des GBA wegen der »besonderen Bedeutung«. Ganz unterschiedliche, medienbekannte plakative Beispielsfälle für eine Evokation des GBA wegen »besonderer Bedeutung« aus der Vergangenheit sind der rechtsextremistische Mordanschlag von Eggesin von 1999[22], der islamistisch motivierte Mordanschlag des 22-jährigen Arid U. am Frankfurter Flughafen vom 2. März 2011[23], der versuchte Mordanschlag auf die Kölner Oberbürgermeisterkandidatin Henriette Reker vom 17. Oktober 2015[24] und die Messerattacke am 28. Juli 2017 in einem Supermarkt in Hamburg-Barmbek[25].

Bezogen auf die Rückkehrerthematik kann festgehalten werden, dass in den Fällen einer Mitgliedschaft in einer ausländischen terroristischen Vereinigung nach § 129b StGB oder bei Verstößen gegen das VStGB der GBA die Ermittlungen führt, sofern es sich nicht um untergeordnete Tatbeiträge handelt und die Verfahren an die jeweiligen Generalstaatsanwaltschaften abgegeben werden. Im Bereich des § 89a StGB (Vorbereitung einer schweren staatsgefährdenden Straftat) werden die Verfahren hingegen von den Landesstaatsanwaltschaften oder von der in einigen Bundesländern bei einer Generalstaatsanwaltschaft[26] gebildeten Zentralstelle zur Bekämpfung politisch motivierter Kriminalität geführt, sofern keine »besondere Bedeutung« vorliegt. Es kann aber auch sein, etwa bei der Ausbildung in einem »Terrorcamp« der ausländischen terroristischen Vereinigung »IS«, dass die Delikte zusammenfallen und damit grundsätzlich in der Zuständigkeit des GBA liegen.

Zu erwartende Sanktionen

Welche strafrechtliche Sanktion die Rückkehrerin oder der Rückkehrer zu erwarten hat und wie diese zu bemessen ist, hängt von einer Vielzahl von Faktoren ab. Eine wesentliche Weichenstellung ist die Frage, ob es sich um Erwachsene handelt und damit das allgemeine Erwachsenenstrafrecht zur Anwendung kommt oder um Jugendliche oder Heranwachsende, bei denen das Jugendstrafrecht Anwendung findet.

Erwachsenenstrafrecht

Als erwachsen im Sinne des Strafrechtes gelten Rückkehrer, die das 20. Lebensjahr vollendet haben. Ab dem 21. Lebensjahr ist zwingend Erwachsenenstrafrecht anzuwenden. Maßgeblicher Zeitpunkt ist »die Begehung der Tat«, im Falle der §§ 129a, 129b StGB also der Anschluss an die ausländische terroristische Vereinigung, im Falle des § 89a StGB kann es – je nach Nachweisbarkeit – auch schon auf den Zeitpunkt der Ausreise oder deren Planung ankommen. Die forensisch-gerichtliche Praxis zeigt, dass die zu erwartende Sanktion grundsätzlich eine mehrjährige Freiheitsstrafe ist, sofern es zu einer Verurteilung gegen erwachsene Rückkehrerinnen oder Rückkehrer kommt.

Die Bemessung der Strafe ist immer ein höchst individueller Vorgang. Das deutsche Strafrecht ist Schuldstrafrecht und von dem verfassungsrechtlich verbürgten Grundsatz *nulla poena sine culpa* (keine Strafe ohne Schuld) geprägt. Der Schuldgrundsatz hat seine Wurzel in der vom Grundgesetz vorausgesetzten und in Art. 1 Abs. 1 und Art. 2 Abs. 1 GG geschützten Würde und der Eigenverantwortlichkeit des Menschen. Die Schuld des Täters ist auch gemäß § 46 Abs. 1 Satz 1 StGB die Grundlage für die Bemessung der Strafe.

Das Erwachsenenstrafrecht kennt eine Reihe von strafzumessungsrelevanten Normen, die hier nicht umfassend dargestellt werden können. Ausgangspunkt ist die Frage, welcher Strafrahmen Anwendung findet. Das StGB nennt im Besonderen Teil zunächst die Regelstrafrahmen. Die Strafrahmen der typischerweise im Zusammenhang mit Rückkehrerinnen und Rückkehrern relevanten §§ 129a, 129b, 89a StGB liegen im oberen Bereich der im StGB benannten Strafrahmen. Die Mitgliedschaft in einer ausländischen terroristischen Vereinigung ist ein Verbrechen und hat gemäß §§ 129a Abs. 1, 129b StGB einen Strafrahmen von Freiheitsstrafe von einem Jahr bis zu zehn Jahren (Regelstrafrahmen), die Vorbereitung einer schweren staatsgefährdenden Gewalttat hat gemäß § 89a Abs. 1 Satz 1 einen von Freiheitsstrafe von sechs Monaten bis zu zehn Jahren (ebenfalls Regelstrafrahmen). Sofern eine Beteiligung an Tötungshandlungen oder Kriegsverbrechen vorliegt, liegen die Regelstrafrahmen noch höher. Bei der Strafzumessung ist in einem ersten Schritt zu klären, ob es bei diesem Regelstrafrahmen bleibt oder ob der Strafrahmen nach den Regeln des § 49 Abs. 1 StGB zu mildern ist. Folgende Möglichkeiten kommen hier in Betracht:

- *Aufklärungshilfe*
Eine Möglichkeit der Milderung ist die 2009 in das StGB eingeführte[27] sogenannte Hilfe zur Aufklärung oder Verhinderung von schweren Straftaten gemäß § 46b StGB (»Aufklärungshilfe« oder auch »Kronzeugenregelung«). Danach kann das Gericht bei Straftaten mit einer erhöhten Mindeststrafe (»Anlasstat«) vom Regelstrafrahmen absehen und einen milderen Strafrahmen (§ 49 Abs. 1 StGB) zugrunde legen, wenn der Angeklagte durch freiwilliges Offenbaren seines Wissens wesentlich dazu beigetragen hat, dass eine im Zusammenhang mit seiner Tat stehende bestimmte schwere Tat[28] aufgedeckt werden konnte (Nr. 1) oder – sofern er von der Planung weiß – noch verhindert werden kann (Nr. 2). Die §§ 129a, 129b StGB und § 89a StGB sind taugliche Anlasstaten im Sinne des § 46b StGB, sodass die Rückkehrerinnen oder Rückkehrer bei entsprechender Kooperation grundsätzlich in den Genuss der Strafmilderung kommen können. Das erst später eingeführte[29] Konnexitätserfordernis schließt eine bloße Denunziation eines anderen aus und setzt letztlich faktisch eine Einlassung des Angeklagten zur Sache voraus. Die Angaben im Rahmen der Kooperation müssen darüber hinaus rechtzeitig und werthaltig sein. Rechtzeitig heißt, dass die Angaben spätestens bis zur Eröffnung des Hauptverfahrens erfolgen müssen (§ 46b Abs. 3 StGB), zugleich aber so früh, dass sie für die Strafverfolgungsbehörden noch »neu« sind. Denn werthaltig bedeutet im Sinne von § 46b StGB, dass ein bloßes Bemühen, eine schwere Straftat aufzuklären oder zu verhindern, nicht ausreicht. Es muss zu einem Ermittlungserfolg kommen und dieser muss auf die Angaben des Rückkehrers bzw. der Rückkehrerin zurückführbar sein. Wenn im Rahmen der Kooperation Umstände mitgeteilt wurden, die den Ermittlungsbehörden bereits durch andere Angeklagte oder Zeugen bekannt waren, kommt eine Strafmilderung über § 46b StGB nicht in Betracht; dem Bemühen um Aufklärungshilfe ist aber in der Strafzumessung im Rahmen des Geständnisses und des Nachtatverhaltens (§ 46 Abs. 2 StGB) Rechnung zu tragen. Letztlich muss der Rückkehrer bzw. die Rückkehrerin sich – anwaltlich

beraten – frühzeitig entscheiden, ob er bzw. sie den Weg der Kooperation geht. Die Milderung erfolgt durch das Gericht, sodass Staatsanwaltschaft oder Polizei zum Zeitpunkt, an dem die Entscheidung über die Kooperation zu treffen sein wird, keine entsprechenden Zusagen machen können. Losgelöst davon wäre eine Zusage auch deswegen nicht möglich, da ohne Kenntnis der späteren Angaben deren Werthaltigkeit nicht beurteilt werden kann.

- *Minder schwere Fälle*
  Nach §§ 129a Abs. 6, 129b StGB kann das Gericht die Strafe für die Mitgliedschaft in einer ausländischen terroristischen Vereinigung nach § 49 Abs. 2 StGB mildern, wenn die Schuld als gering anzusehen ist und die Mitwirkung der Rückkehrerin oder des Rückkehrers in der ausländischen terroristischen Vereinigung von untergeordneter Bedeutung war. Nach dieser sogenannten Mitläuferklausel liegt der Mindeststrafrahmen des § 129b StGB in Verbindung mit § 129a Abs. 1, Abs. 6 StGB beim gesetzlichen Mindeststrafrahmen, nämlich Geldstrafe von fünf Tagessätzen (§ 40 Abs. 1 Satz 1 StGB) oder Freiheitsstrafe ab einem Monat (§ 38 Abs. 2 StGB). Eine vergleichbare Möglichkeit räumen § 89a Abs. 5, Abs. 6 StGB ein. Bei einem minder schweren Fall nach § 89a Abs. 5 StGB, also wenn das gesamte Tatbild einschließlich aller subjektiven Momente und der Täterpersönlichkeit vom Durchschnitt der erfahrungsgemäß gewöhnlich vorkommenden Fälle in einem Maße abweicht, dass die Anwendung des normalen Strafrahmens nicht geboten ist, kann das Gericht den Strafrahmen von Freiheitsstrafe von drei Monaten bis zu fünf Jahren zugrunde legen. Schließlich kann das Gericht nach § 89 Abs. 6 StGB den Strafrahmen nach 49 Abs. 2 StGB mildern oder in Ausnahmefällen von der Bestrafung nach § 89a StGB absehen, wenn der Rückkehrer oder die Rückkehrerin freiwillig die weitere Vorbereitung der schweren staatsgefährdenden Gewalttat aufgibt und eine von ihm bzw. ihr verursachte und erkannte Gefahr, dass andere diese Tat weiter vorbereiten oder sie ausführen, abwendet oder wesentlich mindert oder wenn er oder sie freiwillig die Vollendung dieser Tat verhindert.

- *Geständnis*
  Entscheidet sich der Rückkehrer oder die Rückkehrerin für ein Geständnis, so kann er oder sie die Strafzumessung zu seinen bzw. ihren Gunsten wesentlich beeinflussen, und zwar auch zusätzlich zu einer Aufklärungshilfe, sodass die Milderungsgründe additiv zum Tragen kommen. Eine pauschale mathematische Lösung für eine Strafmilderung bei

Abgabe eines Geständnisses, etwa nach dem Grundsatz, dass die Strafe sich bei Geständnis um ein Drittel reduziert, ist dem deutschen Strafrecht wesensfremd. Das zur Entscheidung berufene Gericht steht vielmehr vor der schwierigen Aufgabe, festzustellen, welche Rückschlüsse das Geständnis im Einzelfall auf die individuelle Schuld des Rückkehrers oder der Rückkehrerin zulässt. Das Strafrecht kennt keine Legaldefinition eines Geständnisses. Der Begriff ist durch die gerichtliche Praxis geprägt. Eine offensichtlich taktisch motivierte, durch den Verteidiger erklärte »Anerkenntnis der Anklagevorwürfe« bei klarer Beweislage bietet keine Einblicke in die Motive des Rückkehrers bzw. der Rückkehrerin. Es hat daher nur marginalen Einfluss auf die Strafzumessung. Anders ist es, wenn er oder sie die Taten umfassend selbst schildert, seine bzw. ihre Motive erläutert und glaubhaft darlegt, warum er oder sie sich nunmehr ideologisch von seinen bzw. ihren Taten distanziert. Solche Faktoren können die Schuld und damit die Strafe erheblich reduzieren.

- *Bewährung*
Da sich bereits die Fragen der Strafzumessung nicht pauschal beantworten lassen, kann erst recht die Frage, ob der Rückkehrer bzw. die Rückkehrerin eine bedingte oder unbedingte Freiheitsstrafe erwartet, nicht generell beantwortet werden. Aus der Regelung des § 56 StGB ergibt sich, dass Freiheitsstrafen von über zwei Jahren nicht mehr zur Bewährung ausgesetzt werden können. Empirische Erkenntnisse zu den Strafhöhen liegen – soweit bekannt – nicht vor. Sofern eine Strafe von zwei Jahren oder darunter überhaupt ausgeurteilt wird, wird eine für die Aussetzung zur Bewährung erforderliche positive Sozialprognose nur in Betracht zu ziehen sein, wenn der Rückkehrer oder die Rückkehrerin sich glaubhaft deradikalisiert hat.

Jugendstrafrecht

Im vom Erziehungsgedanken geprägten Jugendstrafrecht gelten wesentliche Besonderheiten. Es ist zwischen der Gruppe der Jugendlichen und der Heranwachsenden zu unterscheiden. Bei Jugendlichen, also – der aus Perspektive der Gerichte betrachteten sicherlich kleinen Gruppe – der Rückkehrer oder Rückkehrerinnen im Alter von 14 bis 16 Jahren, ist zwingend Jugendstrafrecht anzuwenden.[30] Bei Heranwachsenden, also bei Rückkehrern und Rückkehrerinnen im Alter von 16 bis 21 Jahren, ist Jugendstrafrecht anzuwenden, wenn eine sogenannte Reifeverzögerung (§ 105 Abs. 1 Nr. 1 JGG)[31] vorliegt, also wenn die Gesamtwürdigung der Persönlichkeit des Rückkehrers oder der Rückkehrerin bei Berücksichtigung auch der Umweltbedingungen ergibt, dass er oder sie zur Zeit der Tat nach seiner bzw. ihrer sittlichen und geistigen Entwicklung noch einem Jugendlichen gleichstand.

Das Jugendstrafrecht stellt eine Reihe von Erziehungsmaßregeln und Zuchtmitteln zur Verfügung;[32] bei den hier in Rede stehenden Delikten wird aber regelmäßig eine Jugendstrafe zu prüfen sein. Diese verhängt das Gericht nach § 17 Abs. 2 Jugendgerichtsgesetz (JGG), wenn wegen der schädlichen Neigungen, die in der Tat des Rückkehrers oder der Rückkehrerin hervorgetreten sind, Erziehungsmaßregeln oder Zuchtmittel zur Erziehung nicht ausreichen oder wenn wegen der Schwere der Schuld Strafe unerlässlich ist. Der Begriff der schädlichen Neigung ist umstritten, nach der Rechtsprechung sind darunter erhebliche Anlage- oder Erziehungsmängel zu verstehen, die ohne längere Gesamterziehung des Täters die Gefahr weiterer Straftaten begründen.[33] Die Schwere der Schuld kann bejaht werden, wenn in einem relativ kurzen Zeitraum mehrere schwere Straftaten begangen werden,[34] was bei Rückkehrern oder Rückkehrerinnen, die Mitglied einer ausländischen terroristischen Vereinigung gewesen sind, der Fall sein wird.

Im Jugendstrafrecht gelten die Strafrahmen des allgemeinen Strafrechtes nicht. Die Jugendstrafe bemisst sich nach § 18 JGG, sodass das Mindestmaß der Jugendstrafe für Jugendliche stets sechs Monate und das Höchstmaß für den Fall der Mitgliedschaft in einer ausländischen terroristischen Vereinigung (§ 129b StGB) oder der Vorbereitung einer staatsgefährdenden Gewalttat (§ 89a StGB) fünf Jahre beträgt; bei Heranwachsenden geht der Strafrahmen nach § 105 Abs. 3 JGG – wie im Erwachsenenstrafrecht – bis zu zehn Jahre.

Resümee

Die Darstellung der Problematik der Rückkehrer und Rückkehrerinnen aus der Perspektive der Strafjustiz zeigt die Mannigfaltigkeit der Thematik auf. Es verbietet sich, auf die zentrale Frage einer Strafbarkeit der Rückkehrer und Rückkehrerinnen aus dem Gebiet des Bürgerkrieges in und um Syrien eine pauschale Antwort zu geben. Es gibt weder *den* Rückkehrer noch *die* Rückkehrerin. In jedem Einzelfall muss der strafrechtlich relevante Sachverhalt mit all den damit verbundenen Schwierigkeiten aufgeklärt und in einem etwaigen gerichtlichen Verfahren das Maß der persönlichen Schuld geklärt werden. Eine solche Aufklärung stellt die gesamte

Strafjustiz, zuvorderst die Staatsanwaltschaften und den GBA, sodann aber auch die Gerichte vor eine immense Herausforderung. Diese Herausforderung ist Teil einer derzeit zu bewältigenden gesamtgesellschaftlichen Aufgabe. Die Strafjustiz leistet in diesem Rahmen ihren Beitrag, der selbstredend die gesamtgesellschaftliche Problematik nicht lösen kann. Spätestens seit dem Marburger Programm des Juraprofessors Franz von Liszt von 1882 wissen wir aber um die Bedeutung der Prävention und der gesellschaftlichen Einflüsse für das Strafrecht.

Anmerkungen

1 Der Verfasser ist Staatsanwalt in der Abteilung Terrorismus des Generalbundesanwalts beim Bundesgerichtshof. Der Aufsatz gibt ausschließlich die persönliche Auffassung des Verfassers wieder.
2 Maik Baumgärtner/Jörg Schindler: Fast 800 Ermittlungsverfahren gegen Islamisten, in: Spiegel Online, 27.08.2016, http://www.spiegel.de/politik/deutschland/deutschland-fast-800-ermittlungsverfahren-wegen-islamismus-a-1109650.html (letzter Zugriff: 01.08.2017).
3 Generalbundesanwalt Dr. Frank anlässlich des Jahrespresseempfanges 2017 der Bundesanwaltschaft in Karlsruhe.
4 Andreas Ulrich: Bundeskriminalamt ist überlastet, in: Spiegel Online, 11.03.2017, http://www.spiegel.de/panorama/justiz/bundeskriminalamt-ueberlastung-wegen-terrorermittlungen-a-1138208.html (letzter Zugriff: 05.05.2017).
5 Vgl. Bundesamt für Verfassungsschutz: Reisebewegungen von Jihadisten Syrien/Irak, Stand: 15.09.2017, https://www.verfassungsschutz.de/de/arbeitsfelder/af-islamismus-und-islamistischer-terrorismus/zahlen-und-fakten-islamismus/zuf-is-reisebewegungen-in-richtung-syrien-irak (letzter Zugriff: 18.09.2017).
6 Bundesministerium des Innern: Verfassungsschutzbericht 2016, Berlin 2017, S. 163, https://www.verfassungsschutz.de/embed/vsbericht-2016.pdf (letzter Zugriff: 25.07.2017). Vgl. auch den Fall der Linda W.: Volkmar Kabisch/Georg Mascolo/Amir Musawy: Vom Kinderzimmer in Pulsnitz nach Mossul in den Dschihad, in: Süddeutsche Zeitung, 23.07.2017, http://www.sueddeutsche.de/politik/fall-linda-w-vom-kinderzimmer-in-pulsnitz-nach-mossul-in-den-dschihad-1.3599950 (letzter Zugriff: 01.08.2017).
7 Gesetz vom 22.08.2002 (BGBl. I, 3390).
8 Vgl. beispielsweise BGH, Urteil vom 14.08.2008 – 3 StR 552/08. Entscheidungen des Bundesgerichtshof ab dem Jahr 2000 sind im Internet frei abrufbar unter der Homepage www.bundesgerichtshof.de.
9 Vgl. § 129 Abs. 2 StGB in der durch das 54. Gesetz zur Änderung des StGB vom 17.07.2017 (Umsetzung des Rahmenbeschlusses 2008/841/JI des Rates vom 24.10.2008 zur Bekämpfung der organisierten Kriminalität), BGBl. I, 2440 ff.
10 Vgl. BGH, Beschluss vom 01.02.2017 – AK 1/17.

11 Gerhard Altvater: Das 34. Strafrechtsänderungsgesetz § 129b StGB, in: Neue Zeitschrift für Strafrecht (NStZ), Nr. 4, 2003, S. 179, 181.
12 Vgl. Detlev Sternberg-Lieben in: Schönke/Schröder, Strafgesetzbuch. Kommentar, 29. Aufl. 2014, § 129b, Rn. 8; für eine Überprüfbarkeit auf Willkür jüngst: OLG München, Beschluss vom 02.09.2016, 7 St 1/16.
13 Vgl. den Katalog des § 8 Abs. 1 VStGB der Kriegsverbrechen gegen Personen. In diesem Zusammenhang ist insbesondere das Urteil des Oberlandesgerichtes Frankfurt am Main vom 12.07.2016 (5-3 StE 2/16-4-1/16) zu nennen. Das Gericht hat einen 21-jährigen deutschen Staatsangehörigen mit iranischen Wurzeln, der von Deutschland aus nach Syrien gereist war, wegen eines Kriegsverbrechens gegen Personen gemäß § 8 Abs. 1 Nr. 9 VStGB im Zusammenhang mit dem Bürgerkrieg in Syrien zu einer Freiheitsstrafe von zwei Jahren verurteilt, da der Angeklagte im syrischen Bürgerkrieg mit auf Metallstangen aufgespießten Köpfen von zwei getöteten Soldaten posierte. Ein Foto wurde auf Facebook im öffentlich einsehbaren Bereich verbreitet, um die Getöteten zu verhöhnen und in ihrer Totenehre herabzuwürdigen. Bei dem Vorwurf geht es nicht um die Tötung der Soldaten, sondern allein um das Posieren auf den Fotos. Schon das kann unter gewissen Umständen den Tatbestand des § 8 Abs. 1 Nr. 9 VStGB erfüllen. Das Urteil ist noch nicht rechtskräftig. Vgl. dazu die Pressemitteilung des OLG Frankfurt vom 12.07.2016, abrufbar unter https://olg-frankfurt-justiz.hessen.de/.
14 Der enge Zusammenhang zwischen Terrorismus- und Völkerstrafrecht zeigt sich auch darin, dass im Jahr 2002 Verbrechen nach dem VStGB in § 129a Abs. 1 Nr. 1 StGB aufgenommen wurden; vgl. BGBl I, 2254.
15 Gesetz zur Verfolgung der Vorbereitung von schweren staatsgefährdenden Gewalttaten vom 30.07.2009, BGBl. I, 2437.
16 Bundestagsdrucksache 16/12428, S. 2 f.
17 Vgl. Sternberg-Lieben (Anm. 12), § 89a Rn. 24.
18 Vgl. BGH, Urteil vom 08.05.2014 – 3 StR 243/13.
19 Aufgrund des Staatsvertrages zwischen der Freien und Hansestadt Hamburg mit den Ländern Freie Hansestadt Bremen, Schleswig-Holstein und Mecklenburg Vorpommern sind die Staatsschutzaufgaben am Hanseatischen Oberlandesgericht in Hamburg konzentriert.
20 Aufgrund des Staatsvertrages zwischen den Ländern Brandenburg und Berlin sind die Staatsschutzaufgaben am Kammergericht in Berlin konzentriert.
21 Aufgrund des Staatsvertrages zwischen den Ländern Saarland und Rheinland-Pfalz sind die Staatsschutzaufgaben am OLG Koblenz konzentriert.
22 Vgl. BGH, Urteil vom 22.12.2000 – 3 StR 378/00.
23 Vgl. Flughafen-Attentäter muss lebenslang hinter Gitter, in: Süddeutsche Zeitung, 13.02.2012, http://www.sueddeutsche.de/politik/anschlag-auf-us-soldaten-in-frankfurt-flughafen-attentaeter-muss-lebenslang-hinter-gitter-1.1280795 (letzter Zugriff: 05.08.2017).
24 Vgl. Bundesanwaltschaft übernimmt Ermittlungen im Fall Reker, in: Spiegel Online, 19.10.2015, http://www.spiegel.de/panorama/justiz/henriette-reker-bundesanwaltschaft-uebernimmt-ermittlungen-a-1058536.html (letzter Zugriff: 05.08.2017).

25 Vgl. Pressemitteilung des GBA Nr. 65 vom 28.07.2017, https://www.generalbundes anwalt.de/de/aktuell.php (letzter Zugriff: 01.08.2017).
26 So beispielsweise für Nordrhein-Westfalen bei der Generalstaatsanwaltschaft Düsseldorf.
27 BGBl I 2288.
28 Es wird der Katalog der schweren Straftaten des § 100a Abs. 2 StPO zugrunde gelegt.
29 Eingeführt durch das 46. Strafrechtsänderungsgesetz vom 10.06.2013, BGBl. 1497.
30 Sofern eine strafrechtliche Verantwortlichkeit im Sinne des § 3 JGG vorliegt.
31 Eine Jugendverfehlung im Sinne des § 102 Abs. 1 Nr. 2 JGG ist bei der Rückkehrerthematik nicht naheliegend.
32 Vgl. §§ 9 ff., 13 ff. JGG.
33 Vgl. BGH, Beschluss vom 09.07.2015 – 2 StR 170/15.
34 Vgl. BGH, Urteil vom 21.12.2007 – 2 StR 372/07.

Janusz Biene / Julian Junk

Salafismus und Dschihadismus

Konzepte, Erkenntnisse und Praxisrelevanz der Radikalisierungsforschung

Einleitung

Radikalisierungsprävention im Bereich des religiös begründeten Extremismus bedarf einer breiten und transdisziplinären Wissengrundlage. Ein solches »wissensbasiertes Fundament«[1] erfordert einen institutionalisierten und wechselseitigen Austausch von wissenschaftlicher Forschung, sicherheitsbehördlichen Auswertungen und Erfahrungen der Präventions- und Deradikalisierungspraxis. Ziel ist, komplexe soziale Zusammenhänge in einem politisierten und kriminalisierten Feld auf Grundlage nachvollziehbarer (und damit überprüfbarer) theoretischer Annahmen und (möglichst systematisch erhobener) empirischer Daten in einer Weise zu erklären, die für Präventionsarbeit handlungsleitend sein kann. Dabei muss das Wissen so vermittelt werden, dass es verständlich ist und überzeugt.

Im Phänomenbereich »religiös begründeter Extremismus« dominieren Salafismus und Dschihadismus den öffentlichen und wissenschaftlichen Diskurs. In Analogie dazu zielen eine zunehmende Zahl an staatlich geförderten Präventions- und Deradikalisierungsprojekten auf die Vorbeugung der Diffusion salafistischen und dschihadistischen Gedankengutes sowie auf die Vermeidung von Radikalisierung hin zu religiös motivierter Gewaltanwendung und zur Ausreise in Kriegsgebiete, etwa nach Syrien, Irak oder Somalia. Nicht zuletzt unternehmen auch Polizei- und Verfassungsschutzbehörden große Anstrengungen in der Beobachtung, Eindämmung und Repression salafistisch-dschihadistischer Bestrebungen.

Tatsächlich vermehrt sich das Wissen über Salafismus, Dschihadismus und Radikalisierung und »gute« Präventionsarbeit stetig. Ausdruck dessen sind z. B. zahlreiche einschlägige wissenschaftliche Veröffentlichungen der letzten Jahre,[2] eine zunehmende Zahl von Handlungsleitfäden und Praxisbeispielen der Präventions- und Deradikalisierungsarbeit[3] sowie Auswertungen der Sicherheitsbehörden.[4] Hinzu kommen systematische Erhebungen der Präventionslandschaft[5] und Unternehmungen zur Etablierung einer Evaluationspraxis[6] in diesem noch recht jungen Feld.

Trotzdem bleibt der Wissensstand zu Salafismus und Dschihadismus in Deutschland lückenhaft. Erstens bedarf es nach wie vor terminologischer und konzeptueller Arbeit. Die Erkenntnis, dass Salafismus nicht gleich Dschihadismus ist, mag trivial wirken, findet aber im öffentlichen Diskurs und der Konzeption von Präventionsprojekten nach wie vor nicht genug Beachtung. Zweitens ist der Wissenstransfer bislang unzureichend institutionalisiert und Wissen eher fragmentarisch in einzelnen »Inseln des Wissens« vorhanden. So tauschen sich z. B. zivilgesellschaftliche Akteure, Wissenschaft und Sicherheitsbehörden über ihre Datengrundlagen viel zu wenig aus. Drittens weist die Radikalisierungsforschung, unter anderem bedingt durch die Dominanz der Sicherheitsperspektive, blinde Flecken in der Analyse von Ursachen, Motivationen und Verläufen von Radikalisierungsprozessen auf.

Ohne einem Anspruch auf Vollständigkeit gerecht werden zu können, werden – von einer begrifflichen Klärung ausgehend – im Folgenden eine Auswahl einschlägiger Erkenntnisse und Forschungslücken aufgeführt. Der Beitrag schließt mit Überlegungen zu Herausforderungen des Wissenstransfers zwischen Wissenschaft und Praxis in der Präventionsarbeit. Dabei gehen die Ausführungen von den Ergebnissen eines am Leibniz-Institut Hessische Stiftung Friedens- und Konfliktforschung (HSFK) koordinierten Verbundprojektes aus, ergänzen diese aber punktuell unter Hinzuziehung weiterer Publikationen zum Thema.[7]

Zur Unterscheidung von Salafismus und Dschihadismus

Zur Auseinandersetzung mit Salafismus und Dschihadismus bedarf es einer (hier notwendigerweise verkürzten) Verständigung darüber, was Salafismus und Dschihadismus (nicht) sind.[8]

Etymologisch lässt sich der Begriff »Salafismus« auf das arabische *as-salaf as-salih* (die frommen Altvorderen) zurückführen. Als solche werden gemeinhin der Prophet Mohammed (gestorben 632 in Medina) und die ihm nachfolgenden drei Generationen von Musliminnen und Muslimen bezeichnet. Salafismus lässt sich verstehen als eine moderne, fundamentalistische und transnationale Strömung im sunnitischen Islam, die eine literalistische Lesart von Koran und Sunna und eine strikte Orientierung am Vorbild der frommen Altvorderen propagiert. Ziel ist es, sowohl die individuellen Gläubigen als auch die Gemeinschaft der Musliminnen und

Muslime *(umma)* zu »reinigen« und zurück zum »wahren Glauben« zu führen.[9] In diesem Bestreben lehnen Salafistinnen und Salafisten auch die muslimische Tradition der vergangenen Jahrhunderte, z. B. die Orientierung an Rechtsschulen, ab.

Idealtypisch lassen sich verschiedene Strömungen im Salafismus unterscheiden, deren Übergänge fließend sind. Eine solche Strömung bilden quietistische bzw. puristische Salafistinnen und Salafisten. Sie wünschen sich nach islamischem Recht zu leben, befolgen aber in der Regel das in Deutschland geltende Recht und beschränken sich darauf, gemäß ihrer fundamentalistischen Vorstellungen zu leben. Politischen Aktivismus und Gewaltanwendung in Deutschland lehnen sie ab.

Politische Salafisten wollen die politische und gesellschaftliche Ordnung verändern. Es ist für den politischen Salafismus allgemein typisch, Menschen muslimischen Glaubens pauschal als Opfer einer vermeintlichen Hetze gegen den Islam darzustellen. Diese Weltsicht ist überdies anfällig für die Vorstellung von einem tief greifenden Konflikt zwischen »dem Islam« und »dem Westen«, der in eine strikte Opfer-Täter-Dichotomie mündet.[10] Die Frage des Einsatzes gewaltsamer Mittel ist dabei der zentrale Punkt, der die politische Richtung im Salafismus spaltet: Gewalt wird von der Mehrheit politischer Salafistinnen und Salafisten abgelehnt. Nur eine Minderheit empfindet die Anwendung von Gewalt als legitim, wendet sie aber nicht selbst an.[11] Allein die kleine, aber öffentlich sehr präsente Gruppe der salafistischen Dschihadistinnen und Dschihadisten ist bereit zur Anwendung von Gewalt oder tatsächlich schon in gewaltsame Akte involviert (auch in Deutschland).

Die Verfassungsschutzbehörden beziehen sich, qua Auftrag, in ihren Berichten lediglich auf die Anhängerinnen und Anhänger des politischen Salafismus. Sie bezeichnen Salafismus eben deshalb als extremistisch, weil ein Teil seiner Anhängerinnen und Anhänger Bestrebungen »gegen die freiheitlich demokratische Grundordnung, den Bestand oder die Sicherheit des Bundes oder eines Landes« (§ 3 BVerfSchG) unternehmen. Der öffentliche Sprachgebrauch hat sich die Terminologie der Verfassungsschutzbehörden weitgehend zu eigen gemacht, ohne auf die auch den Verfassungsschutzbehörden so wichtige Differenzierung zwischen politischem und quietistischem bzw. puristischem Salafismus zu achten.[12] Oftmals wird Salafismus fälschlicherweise gar mit Dschihadismus gleichgesetzt.

Der Begriff »Dschihadismus« lässt sich etymologisch auf das arabische Wort *gihād* zurückführen. Während viele Muslime dies als »Anstrengung« übersetzen und damit den inneren Kampf gegen die eigene Lasterhaftigkeit meinen, bezeichnet der Begriff für Dschihadisten primär den gewaltsamen

Kampf zur Verteidigung und Verbreitung des Islams.[13] Unter Dschihadismus lässt sich in Anlehnung an Ashour somit eine moderne islamistische Ideologie verstehen, nach der Gewalt zur Durchsetzung der eigenen Ziele theologisch legitim und notwendig ist.[14] Dies schließt Gewalt gegen »Ungläubige« (sprich: Nichtmuslime) bzw. »Abtrünnige« (sprich: nicht »wahrhaft gläubige Muslime«) mit ein.

Obgleich Salafismus und die Militanz predigende Ideologie des Dschihadismus Überschneidungen aufweisen handelt es sich auf ideeller Ebene um zwei unterschiedliche Phänomene. Der Unterschied liegt in der dschihadistischen Überzeugung des »absoluten Vorrangs des militärischen Dschihad, um den herum sich alle anderen Vorstellungen gruppieren«[15]. Als dschihadistisch, aber nicht salafistisch lässt sich z.B. die palästinensische Hamas bezeichnen, während al-Qaida und der »IS« salafistisch-dschihadistische Organisationen sind. Obgleich Organisationen wie die Hamas weiterhin aktiv sind, gilt der salafistische Dschihadismus heute als dominante Spielart des Dschihadismus. Dabei werden salafistische Prinzipien in einer extremen Form ausgelegt und dienen der Rechtfertigung von Gewalt.

Zentrale Wissensbestände und Forschungslücken

Die oftmals nicht ausreichend berücksichtigte Unterscheidung zwischen Salafismus und Dschihadismus hat politische Konsequenzen und auch solche, die sich in Lücken im Wissensstand niederschlagen. Im Folgenden referieren wir sechs zentrale Aspekte dieses Wissensstandes und beleuchten kurz sowohl Wissenslücken als auch Chancen für neue Forschungsakzente und effektiveren Wissenstransfer.

Lückenhafte Datenlage

Die Quellen- und Datenlage über Phänomene von Salafismus und Dschihadismus, die in wissenschaftlichen Studien zugrunde gelegt werden, ist lückenhaft.[16] Das hat unter anderem damit zu tun, dass es sich um ein kriminalisiertes und dynamisches Feld handelt, in dem die Erhebung von Daten notorisch schwierig ist. Personen, die als salafistisch kategorisiert werden, stehen wissenschaftlichen Erhebungen nicht selten ablehnend gegenüber, weil sie oft Fragen von Persönlichkeitsrechten und von Sicherheitsinteressen berühren oder weil es Diskurse über oder konkrete Anlässe von Stigmatisierungserfahrungen gibt – zudem sind einige der beforschten Gruppen so klein, dass sie immer wieder Anfragen zur Teilnahme an Erhebungen erhalten und sich eine gewisse Forschungsmüdigkeit einstellt.[17] Überdies lassen sich religiöse oder politische Einstellungen sowie die Zugehörigkeit zur salafistischen Bewegung nicht ohne Weiteres messen.[18]

In Ermangelung anderer Quellen beruhen die verlässlichsten verfügbaren Angaben auf Einschätzungen der Verfassungsschutzbehörden. Dabei ist zu beachten, dass es sich um Einschätzungen handelt, die mittels uneinheitlicher und nicht öffentlich nachvollziehbarer Erhebungsmethoden gewonnen werden.[19] Sie erfassen überdies nur politische Salafistinnen und Salafisten – und damit nur jene, die sich gegen die freiheitlich-demokratische Grundordnung wenden.[20]

Hummel u. a. haben darüber hinaus gezeigt, dass Veröffentlichungen, die auf theoriegeleiteten empirischen Studien basieren, rar sind.[21] Stattdessen überwiegen feldkundige Einschätzungen sowie konzeptuelle und ideengeschichtliche Ansätze. Darüber hinaus besteht ein Defizit an lebensweltlichen Forschungen, Milieustudien und biografischen Narrativen unter Einbeziehung der (Binnen-)Perspektive von Akteurinnen und Akteuren innerhalb und außerhalb der salafistischen Gruppierungen.[22] Empirische Forschung sowie eine größere Perspektivenvielfalt sind daher unbedingt notwendig, wie auch mehr Aufschluss darüber, wie die bisher vorhandenen Daten konkret erhoben wurden.

Organisationale Entwicklungen

Die salafistische Bewegung in Deutschland ist heterogen, in einem stetigen Wandel begriffen und höchst volatil. Entstanden aus von untereinander wenig verbundenen Schüler-Lehrer-Netzwerken in den 1990er Jahren, zeichnet sie sich heute durch einen hohen Grad an Diversifizierung und die teilweise Ablösung von einstigen Autoritäten sowie die Ausbildung einer regelrechten salafistischen Jugend- und dschihadistischen Subkultur aus.[23] Trotz der Ausdifferenzierung der deutschen salafistischen Szene unterscheiden sich die einzelnen politischen Strömungen kaum in ihren Anwerbungspraktiken. Sie sind vorwiegend auf eine jugendliche Zielgruppe zugeschnitten und bedienen sich plakativer Aktionen und Parolen. Teilweise mündet dies in einer eigenständigen radikalen Jugendsubkultur, die selbst von den salafistischen Hardlinern nur noch bedingt dirigier- und kontrollierbar ist. Der salafistische Lebensstil umfasst dabei die ganze Person und ist darauf ausgerichtet, sich von der Mehrheitsgesellschaft in allen Aspekten abzugrenzen.[24]

Hinsichtlich der Herausbildung und des Wandels der Organisationsformen der salafistischen Bewegung und dschihadistischen Szenen besteht noch erheblicher Forschungsbedarf. Studien, die die Forschung zu sozialen Bewegungen berücksichtigen, könnten dazu beitragen, die Wirkung repressiver und präventiver Maßnahmen besser einzuschätzen. Des Weiteren harren Prozesse der wechselseitigen Radikalisierung von Akteuren der extremen Rechten und solchen im Bereich Salafismus und Dschihadismus einer näheren Analyse. Erkenntnisse über diese aktuell zu beobachtenden Prozesse dürften für Präventionsarbeit unter den Bedingungen einer polarisierenden Gesellschaft nützlich sein; die in der Präventionsarbeit tätigen Akteurinnen und Akteure sollten stärker dazu befähigt werden, ihre Wissensbestände systematisch zu analysieren und in einer datenschutzrechtlich unbedenklichen Weise zu teilen.

Radikalisierung

Radikalisierung hin zu religiös motivierter Militanz und Ausreise kann durch vielerlei Faktoren auf unterschiedlichen Ebenen bedingt sein. Ein simples und allgemeingültiges Modell von Radikalisierung gibt es nicht. Stattdessen müssen Fälle von Radikalisierung stets individuell betrachtet werden. Auch deswegen ist und bleibt Radikalisierung ein grundsätzlich umstrittenes Konzept. Unumstritten ist lediglich, dass es sich um einen Prozess handelt, in dessen Verlauf auf individueller, sozialer und gesellschaftlicher Ebene eine Vielzahl von komplementär wirkenden Faktoren eine Rolle spielen (siehe hierzu auch den Beitrag von Peter Neumann in diesem Band).[25]

Mit Blick auf den Stand der Radikalisierungsforschung und der Präventionspraxis wäre allgemein dreierlei wünschenswert. Erstens sollte der Prozesscharakter von Radikalisierung ernst genommen und auf das Zusammenspiel von Faktoren über Zeit fokussiert werden, ohne auf simplifizierende Modelle zurückzufallen. Zweitens bedarf es Studien, die Radikalisierungsursachen und -verläufe nicht nur aus Fällen »erfolgreicher« Radikalisierung ableiten, sondern durch den Vergleich mit »Kontrollgruppen« von nicht oder nicht gänzlich Radikalisierten kausale Zusammenhänge identifizieren. Drittens wäre es vielversprechend, die Analyse von geschlechter(un)spezifischen Faktoren, der Rolle von Glaubensvorstellungen, Emotionen oder auch staatlicher Repression für individuelle und kollektive Radikalisierungsprozesse voranzutreiben.

Rechfertigungsnarrative

Die Attraktivität von Salafismus und Dschihadismus liegt nicht zuletzt auch in den von ihren Aktivisten verwendeten Rechtfertigungsnarrativen begründet. Diesen gemein ist eine Schwarz-Weiß-Logik, die Graubereiche auslöscht und Orientierung bietet.

Ereignisse internationaler Politik werden als Beleg dafür genommen, dass Musliminnen und Muslime aufgrund ihres Glaubens weltweit unterdrückt werden. In Analogie dazu wird die innenpolitische Situation für Musliminnen und Muslime in Deutschland als unerträglich geschildert. Sie seien unterdrückt und man verwehre ihnen das Ausleben der eigenen Religion. Diese Anschuldigungen beziehen sich entweder auf staatliche Maßnahmen gegen dschihadistische Prediger oder auf Restriktionen gegen Frauen, die die Ganzkörperverschleierung praktizieren, sie greifen aber auch aktuelle Debatten um Gebetsräume, Schwimmunterricht an Schulen oder kopftuchtragende Lehrerinnen auf.[26]

Die Behauptung systematischer Missstände wird in ein geschlossenes Weltbild eingeordnet, das den als problematisch empfundenen Ist-Zustand mit einem verlockenden Zukunftsszenario kontrastiert. Dieses beinhaltet unter anderem eine strenge Regulierung aller sozialen Bereiche. Dies gilt auch für die Festschreibung der Rollen von Frauen und Männern.

Im Hinblick auf Lernerfahrungen für Präventionsarbeit bedarf die Frage nach der Möglichkeit wirksamer Gegennarrative weiterer Forschung. Nachdem die Entwicklung von Gegennarrativen lange Zeit beinahe als Allheilmittel angesehen wurde, scheint nun eine ausgeprägte Skepsis gegenüber Versuchen der »staatlichen Gegenpropaganda« zu herrschen. Es nimmt das Bewusstsein zu, dass in der Präventionsarbeit die Förderung von Gegennarrativen nicht salafistischer Muslime eine größere Rolle spielen sollte.[27]

Transnationale Aspekte

Salafismus und Dschihadismus sind einerseits deutsche Phänomene, und zwar in dem Sinne, dass Entstehungsbedingungen von Radikalisierung in der hiesigen Gesellschaft zu verorten sind. Sie sind aber andererseits auch transnationale Phänomene. Es lassen sich zwei zentrale Aspekte dieser Transnationalität identifizieren: die Rolle von Schlüsselfiguren und die des Internets.[28]

Für die salafistische Bewegung in Deutschland spielen transnationale, nationale und lokale Schlüsselfiguren eine wichtige Rolle. Durch Vortragsreisen von Predigern, insbesondere (aber nicht nur) aus dem arabischen Raum, knüpfen deutsche Aktivisten Verbindungen über den nationalen Rahmen hinaus. Zugleich erreicht die lokale Ebene durch den Besuch transnationaler und nationaler Schlüsselfiguren Legitimität. Einzelne nationale Schlüsselfiguren, z. B. Pierre Vogel, reisen auch in den arabischen Raum, unter anderem um auf nationaler Ebene an Status zu gewinnen.[29]

Der Konsum salafistischen Gedankengutes und dschihadistischer Propaganda erfolgt nicht zuletzt über das Internet (siehe dazu den Beitrag von Patrick Frankenberger in diesem Band). Allerdings scheint nach neueren Erkenntnissen im europäischen Kontext das Internet eine verstärkende, keine ursächliche Rolle in Radikalisierungsprozessen zu spielen. Unbestritten ist, dass die Bedeutung visueller Kommunikation in Form von Videos enorm zugenommen hat. Teils werden auch elaborierte religiöse Diskurse in diese visuelle Kommunikation eingebunden und im Falle des »IS« zusätzlich in schriftlicher Form über das Internet verbreitet.[30] Die breite Medienberichterstattung über Gewalttaten des »IS« ermöglichte es, die dschihadistische Botschaft im Zielland zu verbreiten.

In Bezug auf transnationale Aspekte von Salafismus und Dschihadismus verdient die Rolle des Internets und sozialer Medien für die Verbreitung extremistischer Inhalte sowie den Verlauf von Radikalisierungsprozessen weitere Forschung. Nicht zuletzt leidet dieser Forschungsstrang unter methodologischen Problemen, die die Belastbarkeit der Ergebnisse in Zweifel ziehen.[31] Des Weiteren bleibt die Frage nach der Quelle, dem Umfang und der Rolle grenzüberschreitender Finanzströme zur Unterstützung salafistischer und dschihadistischer Akteure in und außerhalb von Deutschland offen. Hier ist vor allem ein internationaler Wissensaustausch zentral – zu häufig verharrt nicht nur die Praxis, sondern auch die Forschung innerhalb nationalstaatlicher Grenzen.

Prävention, Distanzierung und Deradikalisierung

Grundsätzlich gilt es, in der Diskussion um Ansätze der gesellschaftlichen Auseinandersetzung mit Salafismus, Dschihadismus und Radikalisierung zwischen Prävention, Distanzierung und Deradikalisierung zu unterscheiden. El-Mafaalani u. a. haben eine, auch für die Konzeption von Präventionsmaßnahmen gewinnbringende, Unterscheidung vorgeschlagen:[32]

Prävention setzt im Vorfeld und in Frühphasen der Radikalisierung an und zielt darauf, »erwünschte« Einstellungen und Handlungsweisen zu stärken, Alternativen zu salafistischen Deutungs- und Gemeinschaftsangeboten sichtbar zu machen und gesellschaftliche Teilhabe zu ermöglichen.[33] Sie wendet sich an Jugendliche und junge Erwachsene unabhängig von Religion und Herkunft, an pädagogische Fachkräfte, die mit Jugendlichen arbeiten, sowie an Eltern. Die Vielschichtigkeit der Angebote spiegelt sich in der Vielzahl der Akteure und Handlungsfelder. Letztere umfassen neben der Schule, politischer und religiöser Bildung und Jugend- und Sozialarbeit unter anderem auch muslimische Gemeinden sowie kommunale Verwaltungen und die Polizei.[34]

Distanzierungs- und Deradikalisierungsarbeit richtet sich an Personen, die bereits in salafistischen und dschihadistischen Szenen aktiv sind. Während in der Distanzierungsarbeit eine Abwendung von Gewalt angestrebt wird, zielt Deradikalisierung auch auf eine ideologische Veränderung im Sinne einer Abkehr von bestehenden Einstellungen. Dabei kann zwischen systemischen Beratungsansätzen und Ansätzen aufsuchender Jugendarbeit unterschieden werden. Ein systemischer Ansatz bezieht das soziale Umfeld der betroffenen Person ein und versucht über Angehörige und Freunde auf die Person einzuwirken. Aufsuchende Arbeit adressiert hingegen nicht vorrangig Angehörige, sondern radikalisierte Personen selbst. Religiöse Ansätze legen einen Schwerpunkt auf theologische Auseinandersetzungen mit salafistischen Orientierungen.

Angesichts dessen, dass Radikalisierungprävention und Distanzierungs- bzw. Deradikalisierungsarbeit sich nach wie vor in der Entwicklungsphase und in den Fängen andauernd befristeter Projekte befinden, ist eine solche Kategorisierung ein erster Schritt zu einer systematischen Präventions- und Deradikalisierungspraxis und zur Identifikation auch langfristig zu fördernder Maßnahmen. Dazu tragen zudem erste Erhebungen der Präventionslandschaft in Deutschland bei, die z. B. Zielgruppen, Strategien und Evaluationspraktiken systematisieren und vergleichen.[35] Des Weiteren scheint es vielversprechend, an die Erfahrungen aus der Präventions- und Ausstiegsarbeit im Bereich des Rechtsextremismus (siehe dazu den Beitrag von Michaela Glaser in diesem Band) und aus der Arbeit mit Angehörigen von Sekten anzuschließen.[36] Eine weitere offene Frage betrifft die Rolle theologischer Ansätze in der Präventions- und Deradikalisierungsarbeit.

Hinsichtlich der Wirksamkeit von Präventions-, Distanzierungs- und Deradikalisierungsarbeit liegen, außer feldkundigen Einschätzungen von im Feld tätigen Personen, noch zu wenige Erkenntnisse vor. Zwar werden heute wohl keine Projekte mehr gefördert, die nicht zumindest eine wissenschaftliche Begleitung vorsehen, dennoch kann von einer Evaluationspraxis, wie sie etwa die Entwicklungszusammenarbeit kennt, noch längst keine Rede sein. Doch auch dieses bislang brachliegende Feld ist in jüngerer Zeit in Bewegung. Dazu trägt anwendungsorientierte Forschung bei, die Methoden der Evaluation identifiziert und Erkenntnisse der Evaluationsforschung für die Radikalisierungsprävention aufbereitet.[37]

Gedanken zu den Herausforderungen des Wissenstransfers

Wie oben dargelegt, gibt es den doppelten Befund, dass an vielen Stellen mehr Forschung nötig ist und das durchaus vorhandene Wissen der Praxis zugleich besser zugänglich gemacht werden müsste. Dies ist kein exklusives Problem der Befassung mit Salafismus und Dschihadismus. Schon lange wird mit Verweis auf sozial-, geistes-, aber auch naturwissenschaftliche Disziplinen beklagt, dass Wissenschaft und Praxis aneinander vorbeiredeten und eine Spannung zwischen theoretischem Wissen und politischen Sachzwängen existiere, die verhindere, dass wissenschaftliche Expertise Eingang in politische, administrative und zivilgesellschaftliche Entscheidungsprozesse findet. Häufig sind aber gerade die Argumente im Bereich Radikalisierung, Salafismus und Dschihadismus im öffentlichen Diskurs in einer Weise zugespitzt, die sich völlig von der empirischen Forschung löst und die der Heterogenität der salafistischen Strömungen in weiten Teilen nicht gerecht wird; stattdessen wird vereinfacht und emotionalisiert.

Dies hat unterschiedliche Ursachen, die nur teilweise dem Gegenstandsbereich selbst geschuldet sind. Ein Faktor ist aber sicherlich, dass bei der Einschätzung des Phänomens der Blickwinkel der Sicherheitsbehörden und der Sicherheitspolitik dominiert. In der jeweiligen behördlichen wie politischen Eigenlogik macht eine Wissensproduktion, die Beobachtungen schematisch klar abgrenzbaren Kategorien zuordnet und dabei den Fokus auf Gefährdungspotenziale, nicht aber auf Grauzonen, kausale Komplexitäten und zeitliche Dynamiken legt, Sinn. Aber sie gerät dann an ihre Grenzen, wenn man jenseits der sicherheitspolitischen die *gesellschaftspolitischen* Herausforderungen in den Blick nehmen möchte.

Für so einen gesellschaftspolitischen Ansatz wird ein Wissenstransfer benötigt, der auf der Basis der Pluralität vorhandener Methoden ein nuancierteres und komplexeres Bild zeichnet und die verschiedenen kategorisierenden und hermeneutisch-prozessual gewonnenen Wissensquellen zusammenfügt.[38] Unseres Erachtens liegt in dieser Kombination, die der Pluralität, den Eigenarten und der Fluidität der salafistischen Gruppierungen Rechnung trägt, die Basis für Handlungsempfehlungen und Regulierungs- wie Diskursbemühungen, die voreilige Stigmatisierungen vermeiden und Grenzen zwischen Salafisten und Nichtsalafisten in ihren Grautönen in die Gleichung aufnehmen.

Allerdings gibt es Problembereiche der Politik, in denen man nicht davon ausgehen kann, dass wissenschaftliche Expertise zu »gelingender Politik« (wie immer man diese definiert) und zu ihrer Versachlichung beitragen kann. Es gibt aber auch solche, in denen man erkennen kann, dass Politikberatung, wie sie gegenwärtig praktiziert wird, eher kontraproduktive Effekte hat, Innovation verhindert, Alternativen reduziert und zu ungewollten Dynamiken beiträgt. Es gibt Anzeichen dafür, dass genau dies im Umgang mit Salafismus und Dschihadismus der Fall ist, dass nämlich die fragmentierte Wissensproduktion und die selektive öffentliche Wahrnehmung der Wissensquellen zu einer Fokussierung auf Sicherheitsgefährdungen führt, die ihrerseits wiederum weite Teile des Phänomens und seiner Ursachen sowie eventuelle Interventionsmöglichkeiten aus dem Blick verlieren lässt.

Die öffentliche Debatte verlangt – oft ereignisgetrieben – nach eindeutigen, gesicherten Antworten. Die Vielschichtigkeit z. B. von Radikalisierungspfaden oder die Komplexität von Modellen über die Wirksamkeit von Rechtfertigungsnarrativen, vor allem aber die Vorläufigkeit und Lückenhaftigkeit der vorliegenden Daten wird dieser Anforderung keinesfalls gerecht. Wenn die Wissenschaft gehört werden will, muss sie ihr Nichtwissen so gut es geht verbergen. Dies ist problematisch, ist es doch der Kern wissenschaftlichen Fortschrittsdenkens, transparent über Unsicherheiten zu kommunizieren. Zu starke Kooptation von Wissenschaft durch Politik und Medien kann hier nur schaden. Leider ist in der Realität oft das Gegenteil der Fall: Wissenschaftliche Politikberatung, die »gehört« werden will, muss sich auf den herrschenden politischen Diskurs einlassen, verspielt dadurch aber einen Teil ihres irritierenden Innovationspotenzials.

Entscheidend ist also die Unabhängigkeit der Wissenschaft bei gleichzeitiger Dialogfähigkeit. Dieser Dialog kann auch durch die Wissenschaft selbst vorangetrieben werden, indem sie ihr Wissen und ihre Unsicherheiten transparent in vielschichtigen Formaten in den öffentlichen Diskurs einspeist – über die klassischen Publikationsformate, über webbasierte Inhalte wie Blogs oder Filme. Weiterhin erfordert die Schließung der identifizierten Wissenslücken im Forschungsbereich des salafistischen Dschihadismus Forschungsvorhaben, die in enger Vernetzung zwischen Akteurinnen und Akteuren der praktischen Präventionsarbeit und Wissenschaftlerinnen und Wissenschaftlern entwickelt wurden und langfristig angelegt sind.

Anmerkungen

1 Bernd Holthusen/Sabrina Hoops/Christian Lüders/Diana Ziegleder: Über die Notwendigkeit einer fachgerechten und reflektierten Prävention. Kritische Anmerkungen zum Diskurs, in: DJI Impulse. Das Bulletin des Deutschen Jugendinstituts, Nr. 2, 2011, S. 22–25, hier S. 25; vgl. auch Michael Kiefer: Radikalisierungsprävention in Deutschland – ein Problemaufriss, in: Ahmet Toprak/Gerrit Weitzel (Hrsg.): Salafismus in Deutschland. Jugendkulturelle Aspekte, pädagogische Perspektiven, Wiesbaden 2017, S. 121–134.
2 Vgl. für eine jüngere Übersicht Janusz Biene/Christopher Daase/Julian Junk/Harald Müller (Hrsg.): Salafismus und Dschihadismus in Deutschland. Ursachen, Dynamiken, Handlungsempfehlungen, Frankfurt/Main 2016.
3 Verwiesen sei beispielhaft auf den Infodienst Radikalisierungsprävention der bpb (http://www.bpb.de/politik/extremismus/radikalisierungspraevention), die Informationen und Materialien von ufuq.de (http://www.ufuq.de) und die Fachzeitschriften *Journal Exit-Deutschland* (http://www.journal-exit.de) und *Interventionen* (http://www.violence-prevention-network.de/de/publikationen/interventionen-zeitschrift-fuer-verantwortungspaedagogik).
4 Verwiesen sei beispielhaft auf Bundeskriminalamt/Bundesamt für Verfassungsschutz/Hessisches Informations- und Kompetenzzentrum gegen Extremismus: Analyse der Radikalisierungshintergründe und -verläufe der Personen, die aus islamistischer Motivation aus Deutschland in Richtung Syrien oder Irak ausgereist sind. Zweite Fortschreibung, 2016, https://www.bka.de/SharedDocs/Downloads/DE/Publikationen/Publikationsreihen/Forschungsergebnisse/2016AnalyseRadikalisierungsgruendeSyrienIrakAusreisende.html (letzter Zugriff: 05.08.2017).
5 Z. B. Catrin Trautmann/Andreas Zick: Systematisierung von in Deutschland angebotenen und durchgeführten (Präventions-)Programmen gegen islamistisch motivierte Radikalisierung außerhalb des Justizvollzugs, Deutsches Forum Kriminalprävention, Bonn 2016, https://www.kriminalpraevention.de/files/DFK/dfk-publikationen/2016_systematisierung_islamismuspr%C3%A4vention_langfassung.pdf (letzter Zugriff: 05.08.2017).
6 So wurde 2016 z. B. das Nationale Zentrum für Kriminalprävention mit der Absicht gegründet, Erkenntnisse über die Wirksamkeit präventiver Maßnahmen aufzubereiten (www.nzkrim.de).
7 Eine Vielzahl von Publikationen und kurzen Informationsfilmen, die im Rahmen des Projektes an der HSFK entstanden sind, finden Sie unter https://salafismus.hsfk.de.
8 Für ausführlichere Erläuterungen vgl. Janusz Biene/Christopher Daase/Julian Junk/Harald Müller: Einleitung, in: Biene u. a. (Anm. 2).
9 Bernard Haykel: On the nature of Salafi thought and action, in: Roel Meijer (Hrsg.): Global Salafism. Islam's New Religious Movement, London 2009, S. 33–51, hier S. 35.
10 Marwan Abou Taam/Claudia Dantschke/Michael Kreutz/Aladdin Sarhan: Kontinuierlicher Wandel. Organisation und Anwerbungspraxis der salafistischen Bewegung, HSFK-Report, Nr. 2, 2016, S. 27.

11 Vgl. Claudia Dantschke: Lasst euch nicht radikalisieren! – Salafismus in Deutschland, in: Thorsten Gerald Schneiders (Hrsg.): Salafismus in Deutschland. Ursprünge und Gefahren einer islamisch-fundamentalistischen Bewegung, Bielefeld 2014, S. 171–186.
12 Vgl. auch Klaus Hummel/Melanie Kamp/Riem Spielhaus: Herausforderungen der empirischen Forschung zu Salafismus. Bestandsaufnahme und kritische Kommentierung der Datenlage, HSFK-Report, Nr. 1, 2016; zu den religiösen Aspekten von Salafismus vgl. z. B. Rüdiger Lohlker: Salafismus religiös. Elemente einer Vorstellungswelt, in: Janusz Biene/Julian Junk (Hrsg.): Salafismus und Dschihadismus in Deutschland. Herausforderungen für Politik und Gesellschaft, Berlin 2016, S. 19–23; Biene u. a. (Anm. 8).
13 Rüdiger Lohlker: Dschihadismus – eine religiös legitimierte Subkultur der Moderne, in: Religionen unterwegs, Nr. 1, 2015, S. 4–16, hier S. 4.
14 Vgl. Omar Ashour: Post-Jihadism: Libya and the Global Transformations of Armed Islamist Movements, in: Terrorism and Political Violence, Nr. 3, 2011, S. 377–397.
15 Lohlker (Anm. 12), S. 23.
16 Vgl. auch Kiefer (Anm. 1).
17 Hummel u. a. (Anm. 12), S. III.
18 Riem Spielhaus: Ein Muslim ist ein Muslim, ist ein Muslim… oder? Jugendliche zwischen Zuschreibung und Selbstbild, in: Wael El-Gayar/Katrin Strunk (Hrsg.): Integration versus Salafismus. Identitätsfindung muslimischer Jugendlicher in Deutschland. Analysen, Methoden der Prävention, Praxisbeispiele, Schwalbach/Ts. 2014, S. 23.
19 Hummel u. a. (Anm. 12), S. 17.
20 Behnam Said/Hazim Fouad: Einleitung, in: Dies. (Hrsg.): Salafismus. Auf der Suche nach dem wahren Islam, Freiburg 2014, S. 49.
21 Hummel u. a. (Anm. 12), S. 5.
22 Vgl. Riem Spielhaus: Brauchen wir eigentlich mehr Forschung zum Salafismus? Und wenn ja: welche?, in: Janusz Biene/Julian Junk (Hrsg.): Salafismus und Dschihadismus in Deutschland. Herausforderungen für Politik und Gesellschaft, Berlin 2016, S. 20–37.
23 Vgl. Abou Taam u. a. (Anm. 10).
24 Vgl. ebd.
25 Vgl. auch Wolfgang Frindte/Brahim Ben Slama/Nico Dietrich/Daniela Pisoiu/Milena Uhlmann/Melanie Kausch: Wege in die Gewalt. Motivationen und Karrieren salafistischer Jihadisten, HSFK-Report, Nr. 3, 2016; Farhad Khosrokhavar: Radikalisierung, Hamburg 2016.
26 Hummel u. a. (Anm. 12), S. III.
27 Christoph Günther/Mariella Ourghi/Susanne Schröter/Nina Wiedl: Dschihadistische Rechtfertigungsnarrative und mögliche Gegennarrative, HSFK-Report, Nr. 4, 2016; Rüdiger Lohlker/Amr El Hadad/Philipp Holtmann/Nicho Prucha: Transnationale Aspekte von Salafismus und Dschihadismus, HSFK-Report, Nr. 5, 2016.
28 Vgl. Lohlker u. a. (Anm. 27).
29 Ebd., S. 6–9.

30 Vgl. dazu Rüdiger Lohlker: Theologie der Gewalt. Das Beispiel IS, Wien 2016.
31 Joe Whittaker: Methodological Problems in Online Radicalisation, Vox-Pol Blog, 15.03.2017, http://www.voxpol.eu/methodological-problems-online-radicalisation (letzter Zugriff: 05.08.2017).
32 Vgl. Aladin El-Mafaalani/Alma Fathi/Ahmad Mansour/Jochen Müller/Götz Nordbruch/Julian Waleciak: Ansätze und Erfahrungen der Präventions- und Deradikalisierungsarbeit, HSFK Report, Nr. 6, 2016.
33 Vgl. auch Kiefer (Anm. 1).
34 Für das Handlungsfeld Schule wurde von Edler, Cheema und Bruckermann/Jung aufgearbeitet, wie Radikalisierungsprävention umgesetzt werden kann. Dabei handelt es sich um gute Beispiele für einen gelungenen Wissenstransfer zwischen Wissenschaft und Praxis. Kurt Edler: Islamismus als pädagogische Herausforderung, Stuttgart 2015; Saba-Nur Cheema (Hrsg.): (K)Eine Glaubensfrage. Religiöse Vielfalt im pädagogischen Miteinander, Bildungsstätte Anne Frank, Frankfurt/Main 2017; Jan-Friedrich Bruckermann/Karsten Jung (Hrsg.): Islamismus in der Schule. Handlungsoptionen für Pädagoginnen und Pädagogen, Göttingen 2017.
35 Vgl. Trautmann/Zick (Anm. 5); Bundeskriminalamt (Hrsg.): Extremismusprävention in Deutschland – Erhebung und Darstellung der Präventionslandschaft. Schwerpunktdarstellung Präventionsprojekte in staatlicher Trägerschaft (2014/2015), Wiesbaden 2016.
36 Vgl. El-Mafaalani u. a. (Anm. 32).
37 Vgl. Allard R. Feddes/Marcello Gallucci: A Literature Review on Methodology used in Evaluating Effects of Preventive and De-radicalisation Interventions, in: Journal for Deradicalisation, Nr. 5, 2015; vgl. auch die Internetseiten des Nationalen Zentrums für Kriminalprävention (www.nzkrim.de).
38 Vgl. auch Werner Schiffauer: Sicherheitswissen und Deradikalisierung, in: Friedrich-Ebert-Stiftung (Hrsg.): Handlungsempfehlungen zur Auseinandersetzung mit islamistischem Extremismus und Islamfeindlichkeit, Berlin 2015, S. 217–242.

Teil II

Radikalisierungsprävention in der Praxis – Erfahrungen aus dem europäischen Ausland

Hans Bonte / Jessika Soors (Interview)

Von der »Dschihadisten-Hochburg« zum Vorbild

Die Erfolge der belgischen Stadt Vilvoorde in der Radikalisierungsprävention*

2013 galt die belgische Stadt Vilvoorde vor den Toren Brüssels als »Dschihadisten-Hochburg«, denn aus keinem Ort in Europa waren verglichen mit der Zahl der muslimischen Einwohner mehr junge Menschen nach Syrien ausgereist. Mittlerweile sind die Ausreisen nach Syrien gestoppt und die Kleinstadt gilt vielen heute als Vorbild bei der Radikalisierungsprävention. Was ist passiert? Ein Gespräch mit Bürgermeister Hans Bonte und der kommunalen Beauftragten für Deradikalisierung Jessika Soors.

Wie groß war und ist das Ausmaß der Radikalisierung in ihrer Stadt?

Jessika Soors: Was die Frage der Syrien-Ausreisenden betrifft, so reden wir von 28 Personen bei insgesamt 43 000 Einwohnern. Unter diesen 28 jungen Menschen waren drei Frauen. Das Durchschnittsalter der ausgereisten Personen lag bei 23 Jahren, wobei darunter auch ein gerade einmal 14-jähriges Mädchen war, das sich bereits auf dem Weg nach Syrien befand, ehe es an einem deutschen Flughafen aufgehalten wurde. Von den 28 ausgereisten Personen sind acht in Syrien gestorben, weitere acht sind zurückgekehrt. Alle Rückkehrer sind männlich und Mitte zwanzig, sieben von ihnen sitzen noch im Gefängnis. Einer lebt derzeit wieder in Vilvoorde und wir sind sehr um seine Reintegration bemüht. Von einigen der jungen Frauen, die noch in Syrien sind, erhalten wir Nachrichten, in denen sie uns sagen, dass sie gern nach Vilvoorde zurückkehren würden.

Leider machen uns diese 28 jungen Menschen bis heute zu einer der Städte mit den weltweit höchsten Quoten. Glücklicherweise gab es seit Mai 2014 keine Ausreisen nach Syrien mehr. Doch das Problem der Radi-

---

* Bei dem Beitrag handelt es sich um eine aktualisierte und erweiterte Fassung des im Infodienst Radikalisierungsprävention veröffentlichten Interviews vom 07.11.2016.

kalisierung ist viel größer: Noch immer stehen 33 Menschen aus Vilvoorde auf der Liste des OCAD (Orgaan voor de Coördinatie en de Analyse van de Dreiging, etwa: »Koordinationsorgan für die Bedrohungsanalyse«; das OCAD entscheidet auch über die jeweils gültige Terrorwarnstufe in Belgien; Anm. d. Hrsg.). Darüber hinaus haben wir 131 weitere Personen im Blick, weil wir Hinweise auf eine mögliche Radikalisierung haben. Wir führen sie auf einer internen Liste. Wir setzen lieber auf frühe Prävention, statt darauf zu warten, dass jemand nach Syrien aufbricht.

Hans Bonte: Früher wurden wir von höchsten europäischen Instanzen als die Stadt mit der größten Dschihadisten-Konzentration dargestellt. Der Eindruck stimmt sicher in dem Sinn, dass zwischen 2012 und Mai 2014 insgesamt 28 junge Menschen ausgereist sind, vor allem in die Region Aleppo. In einer relativ kleinen Stadt sorgt das für eine Schockwelle, für Unruhe und Angst.

Das Gute ist, dass es viel früher als in anderen Städten und Ländern zu einem Stopp dieses Exodus kam. Das kann Zufall sein oder an unseren Anstrengungen liegen oder beides. Das ändert aber nichts daran, dass wir konsequent weiterarbeiten müssen. Denn die Unruhe und die Tendenzen zur Radikalisierung gibt es ja weiterhin, vor allem nach den Anschlägen vom 22. März 2016 (auf den Brüsseler Flughafen und die U-Bahn-Station Maalbeek in der Innenstadt; Anm. d. Hrsg.), die Vilvoorde besonders geschockt haben, weil man hier so nah dran ist.

Wie ist die Lage heute?

Hans Bonte: Der Konflikt in Irak und Syrien hat sich verändert und damit offenbar auch die Strategie des »IS«. Er will nicht mehr nur rekrutieren, sondern vielmehr in westlichen Ländern Angst erzeugen. Darum müssen wir viel alarmierter sein und nicht nur auf Menschen achten, die ins Kriegsgebiet aufbrechen wollen. Wir müssen auch ein Auge haben auf diejenigen Menschen, die anfällig sind für die Botschaften der Dschihadisten. Eine dieser Botschaften besagt, dass die jungen Menschen auch durch Anschläge in ihren Herkunftsländern eine wichtige Rolle spielen können. Ich denke, dass die Aufgabe damit schwerer wird.

Jessika Soors: Andererseits haben wir in den letzten Jahren enorme Anstrengungen unternommen bei der Sensibilisierung der Gesellschaft, etwa beim Ausbilden von Angestellten von sozialen Hilfsdiensten oder in der Jugendsozialarbeit. Es ging darum, Wunden zu heilen nach all den

Ausreisen aus Vilvoorde nach Syrien. Und es ging darum, dass Menschen sich mit ihrer Expertise an der Bekämpfung der Problematik beteiligen. In den letzten Jahren hat sich ein Netz aus engagierten Bürgerinnen und Bürger und Fachleuten gebildet. Die gesellschaftliche Mobilisierung ist viel größer geworden.

Gab es in Vilvoorde einen »Startschuss«, einen konkreten Anlass, um etwas an der Situation zu ändern?

Hans Bonte: Auf persönlicher Ebene war für mich jede Konfrontation mit einer Ausreise nach Syrien ein Auslöser. Die Eltern, die voller Trauer und Verzweiflung kamen und um Unterstützung dafür baten, ihre Söhne oder Töchter zurückzubekommen. Auf rationaler Ebene war es die Tatsache, dass der Leiter der EU-Justizbehörde Eurojust auf einer Pressekonferenz sagte, dass Vilvoorde ein gigantisches Problem habe. Für mich war das der Auslöser, dieses Thema anzupacken und mit voller Offenheit die Mithilfe der ganzen Gesellschaft zu suchen. Wobei ich in diesem Moment auch fast das Dach vom Bahnhof heruntergeflucht habe (belgische Redewendung; Anm. d. Hrsg.), weil meiner Stadt auf diese Weise ein solcher Stempel aufgedrückt wurde.

Jessika Soors: Ich fing hier 2013 als Beauftragte für Deradikalisierung an. Als ich noch voll damit beschäftigt war, alles kennenzulernen, brach eine Gruppe von drei Personen mit dem Auto nach Syrien auf. Das hat auf mich großen Eindruck gemacht, damals kam das Ganze sehr nah ran und wurde plötzlich sehr konkret.

War Vilvoorde ein Pionier damit, speziell jemanden für dieses Problem einzustellen?

Hans Bonte: Wir waren auf jeden Fall unter den ersten, die dieses Tabu durchbrachen. Als eine der ersten Städte haben wir unseren Ansatz professionalisiert, indem wir Mitarbeiterinnen und Mitarbeiter von ihren Tätigkeiten freistellten, um sich dieser Aufgabe zu widmen. Und wir waren sicher die erste Stadt in Belgien, die im Gemeinderat einen umfassenden Plan gegen Radikalisierung präsentierte, um so die nötige politische Unterstützung zu erhalten.

Wie viele Mitarbeiter sind konkret mit der Problematik beschäftigt?

Jessika Soors: Insgesamt gibt es dafür 3,25 Stellen, meine eingeschlossen.

Hans Bonte: Diese Stellen sind bei der Stadt angesiedelt. Jessika Soors ist für die Koordination zuständig.

Jessika Soors: Daneben haben wir Kooperationsabkommen mit zwei weiteren Vollzeitmitarbeitern, die nicht bei der Stadt Vilvoorde arbeiten. Außerdem gibt es bei einer Partnerorganisation noch einen zusätzlichen Vollzeitmitarbeiter. So können wir uns individuellen Themenbereichen widmen. Insgesamt kommen wir damit auf 6,25 Stellen.

Und welche anderen Instanzen sind beteiligt?

Hans Bonte: Es gibt auch innerhalb der Polizei in Vilvoorde eine spezielle Einheit, deren acht Mitglieder in Vollzeit mit dem Themenkomplex Radikalisierung beschäftigt sind. Außerdem arbeiten wir mit Sicherheitsdiensten – dem Veiligheid van de Staat (gemeint ist der belgische Inlandsgeheimdienst VSSE; Anm. d. Hrsg.), dem OCAD und der Justiz – zusammen. Viel wichtiger sind allerdings die Kontakte zu Menschen und Organisationen aus der Zivilgesellschaft, also z.B. zu Schulen, sozialen Hilfsdiensten, Jugendsozialarbeit und Sportvereinen, zu Moscheen und anderen islamischen Vereinigungen.

Welche Rolle spielt die muslimische Bevölkerung von Vilvoorde in diesem Prozess?

Hans Bonte: Eine meiner Überzeugungen ist, dass der aktive Einsatz und die Motivation der muslimischen Community vor Ort essenziell sind. Und die zweite: Hier in dieser Stadt – und ich vermute, dass es anderswo nicht anders ist – ist die Bereitschaft zur Zusammenarbeit sehr groß. Nur muss man auch die Möglichkeiten dafür bereitstellen. Man muss Plattformen schaffen, Offenheit und Respekt zeigen. In Vilvoorde konnten wir Multiplikatoren gewinnen, wie den Vorsitzenden der Moscheegemeinde, den Imam oder den Arabischlehrer. Informationsaustausch ist für uns sehr wichtig. Dafür brauchen wir sehr gute Kontakte und vertrauensvolle Beziehungen zu betroffenen Familien.

Die formellen Kontakte laufen zum Teil über unsere interreligiöse Plattform, an der Vertreter aller Religionsgemeinschaften beteiligt sind.

Toleranz und friedliches Miteinander gehören hier zu unseren wichtigsten Themen. Über die Plattform werden auch immer wieder eigene Projekte angestoßen. Aktuell planen die Mitglieder z. B. eine Ausstellung über die gemeinsamen Werte aller Religionen, die im Mai 2017 für Schülergruppen öffnet. Darüber hinaus gibt es monatliche Treffen mit dem Vorsitzenden der Moscheegemeinde und sehr häufig informelle Kontakte mit anderen Personen aus der muslimischen Community.

Jessika Soors: Mitglieder der muslimischen Community sind vielfach die ersten, die bemerken, dass sich jemand radikalisiert. Wir haben sie deshalb in speziellen Trainings für solche Fälle sensibilisiert. Gleichzeitig ist die muslimische Community ein wichtiger Teil unserer Lösungsansätze. Es gibt z. B. eine Art »Identifikationsfiguren« innerhalb der Community, die sich gezielt an die radikalisierungsgefährdeten Personen und ihre Familien wenden, um sie zu unterstützen und gegebenenfalls eine Gegenerzählung (sogenannte *counter narratives*) mit ihnen zu entwickeln.

Wie sieht es inhaltlich aus, was kennzeichnet den Vilvoorder Ansatz?

Jessika Soors: Es gibt einen allgemeinen »integrierten Maßnahmenplan«, der beide Ebenen unserer Arbeit aufgreift. Da ist einerseits die Ebene der Prävention mit allen Aktivitäten, um Radikalisierung zu verhindern. Hierunter verstehen wir z. B. Trainings für Multiplikatoren, an denen Lehrkräfte, Straßen- und Jugendsozialarbeiterinnen und -arbeiter, aber auch die Vilvoorder Polizei und Kolleginnen und Kollegen aus dem Gesundheitsbereich (etwa aus der Drogen- und Suchtprävention, da Drogenmissbrauch und Radikalisierung in Vilvoorde zum Teil Hand in Hand gingen), aus Krankenhäusern, Sozialhilfeeinrichtungen und aus Zentren für Geflüchtete teilnehmen. Darüber hinaus sind auch Aktivitäten für Jugendliche oder Broschüren für Schulen Teil unserer Präventionsarbeit. Die andere Ebene ist die »therapeutische«, wo es um individuelle Probleme und Themen geht. So betreuen wir z. B. Familien, aus denen jemand nach Syrien ausgereist ist, Personen, deren Radikalisierung zu befürchten ist, oder Rückkehrer, die bereit für einen Reintegrationsprozess sind. Entscheidend ist für uns hier der Begriff der »individuellen Maßarbeit«, denn jeder Fall ist anders.

Was bedeutet »individuelle Maßarbeit« konkret?

Hans Bonte: Als Basis dient die Feststellung, dass jeder, der weggeht, jeder Radikalisierte und jeder Rückkehrer, individuell zu betrachten ist.

Jede Motivation, nach Syrien zu gehen, ist anders, jede Rekrutierung auch. Darum gehen wir immer vom gesamten Kontext und den Personen im Umfeld, den Angehörigen aus. Dieser Ansatz ist sehr mühsam und arbeitsintensiv. Fall für Fall wird untersucht: Welcher Antrieb und welche Motivation liegen vor, welche Rolle spielt der Freundeskreis, wie sieht die Vorgeschichte aus? Im nächsten Schritt: Was kann dem entgegengesetzt werden? Wer kann dabei eine Rolle spielen? Und was für einen Zugang gibt es überhaupt zu dem Betroffenen? Dafür braucht man Menschen, die zusammenarbeiten wollen, und die nah am Betroffenen sind.

Wie werden diese Prozesse gesteuert? Wie funktioniert die Umsetzung im Detail?

Jessika Soors: Zunächst ist da die »supralokale« Ebene, auf der eine nationale und eine lokale Taskforce zusammenkommen. Hier geht es zu allererst um Sicherheitsfragen, weshalb dieser monatliche Austausch zwischen der lokalen Polizei aus Vilvoorde und den nationalen Sicherheitsbehörden stattfindet. Ziel ist die Einschätzung individueller Fälle vor dem Hintergrund, ob von ihnen eine Gefahr ausgeht und wer dann konkret für diese zuständig sein soll. Je nachdem, zu welcher Einschätzung die Expertinnen und Experten bei diesen Runden gelangen – also wenn keine konkreten Bedenken seitens der Sicherheitsbehörden vorliegen –, werden Fälle auf der lokalen Ebene mithilfe sozialer Maßnahmen weiterverfolgt.

Auch auf der lokalen Ebene finden dann monatliche Treffen statt. Dafür gibt es das sogenannte LIVC, das steht für »Lokale Integrale Veiligheids Cel« (Kommunaler gemeinsamer Sicherheitsausschuss; Anm. d. Hrsg.). Es dient vor allem dem regelmäßigen Austausch zwischen Bürgermeister, Polizeichef und dem Leiter der polizeilichen Spezialeinheit für Radikalisierungsfragen. Ich selbst bin auch dabei sowie, je nach Agenda, weitere relevante Personen. Auf dieser strategischen Ebene besprechen wir Zahlen und Tendenzen sowie Probleme, die unsere Arbeit in der Praxis erschweren. Auch sehr schwierige Einzelfälle werden thematisiert. Das LIVC tagt mindestens einmal im Monat mit dem Ziel, den Austausch zwischen Polizei und sozialen Diensten auf lokaler Ebene zu koordinieren.

Wenn die Zuständigkeiten auf den übergeordneten Ebenen einmal geklärt sind, landen die Fälle auf den sogenannten Partner-Tischen, an denen Expertinnen und Experten aus unterschiedlichen Arbeitsfeldern teilnehmen, etwa aus den Bereichen Bildung, Soziale Dienste, Jugendarbeit, Jugendamt, Psychotherapie. Hier finden die eigentlichen Fallbesprechungen statt – auch das mindestens monatlich. Das geschieht getrennt nach Minderjährigen und Volljährigen, wobei es Überschneidungen geben kann, wenn z. B. zwei Brüder betroffen sind, von denen einer minder- und der andere volljährig ist. Dort werden konkrete Absprachen getroffen: Wer geht diese Woche zum Hausbesuch? Wer legt Absprachen fest bei dieser oder jener Instanz? Wer begleitet eine Person dorthin? Auch neue Fälle werden hier besprochen. Zur Unterstützung dieser Struktur gibt es einen kontinuierlichen Austausch, *face to face*, telefonisch oder per SMS, parallel zu allen anderen Aufgaben. Daneben gibt es einen wöchentlichen Austausch mit den Mitarbeiterinnen und Mitarbeitern, die zu Hausbesuchen gehen, und zweiwöchentlich mit den anderen Begleiterinnen und Begleitern.

Von welchem Verständnis von Radikalisierung gehen Sie aus?

Hans Bonte: Die Definition von Radikalismus variiert. Entscheidend ist immer die Frage, ob die jungen Menschen bereit sind, Gewalt gegen Unschuldige anzuwenden, um der eigenen Überzeugung nachzustreben. Alarmiert sind wir, wenn sich jemand isoliert, jahrelange Beziehungen mit der Familie und vor allem mit Freunden abbricht.

Jessika Soors: Radikalisierung ist ein Prozess. Das bedeutet, dass wir manchmal in der Praxis viel stärker beunruhigt sind über jemanden, der derartige Formen von Isolierung zeigt, als wenn jemand mal etwas Heftiges sagt. Wie die Ankündigung gegenüber der Lehrerin, nach Syrien zu gehen, wenn man sein Examen nicht besteht. Das kann auch ein 16-jähriger Sprücheklopfer sein, der aber ansonsten viel weniger Zeichen von Radikalisierung aufweist als jemand, der schon in einem Prozess des Bruches mit der Gesellschaft ist.

Gibt es ein Monitoring? Evaluieren Sie Ihre Arbeitsprozesse und deren Ergebnisse?

Jessika Soors: Das beginnt bereits damit, dass wir uns am Anfang deutliche Ziele setzen. Dies ist die einzige Basis, auf der sich evaluieren lässt. Wenn also ein neuer Fall auf den »Partner-Tisch« kommt, brauchen wir im ersten Schritt ein möglichst deutliches Bild von der Situation, das sowohl Risikofaktoren als auch Schutzfaktoren berücksichtigt. Auf dieser Basis wägen wir Ziele und Maßnahmen ab, d. h., wir formulieren konkrete Vorgaben, was für diesen Einzelfall verbessert, verstärkt oder verhindert werden soll. In der Praxis benötigen wir einen langen Atem, müssen wir an jemandem dranbleiben und sein Vertrauen gewinnen. Das bedeutet, dass wir im Rahmen der »Partner-Tische« bei jedem Treffen gemeinsam unsere Fortschritte evaluieren, z. B.: Haben wir unsere gesteckten Ziele erreicht oder müssen wir sie neu definieren? Liegen uns neue Informationen vor?

Es handelt sich dabei um einen kontinuierlichen Prozess, denn die »Partner-Tische« geben ihre Einschätzung an das LIVC weiter, wo sie ebenfalls diskutiert, ergänzt und dann an die supralokale Ebene übermittelt werden, ehe sie von dort mit entsprechendem Feedback über die unterschiedlichen Instanzen zurück auf die lokale Ebene gelangen.

Hans Bonte: Jährliche Berichte gibt es nicht. Schwierig ist auch, dass es keine allgemeine Maßeinheit für Radikalisierung gibt. Dennoch haben wir ein gründliches Monitoring etabliert, und zwar in Form der zuvor dargelegten regelmäßigen Beratungen und Treffen, zu denen wir auf unterschiedlichen Ebenen mit verschiedenen Partnern zusammenkommen. Daran beteiligt sind unsere Mitarbeiterinnen und Mitarbeiter bzw. Vertreterinnen und Vertreter der höheren Sicherheitsdienste, also die belgische Bundespolizei und OCAD. Diesen Instanzen müssen wir ohnehin regelmäßig über unsere Fälle berichten.

Zurzeit bereiten wir außerdem eine Aktualisierung unseres Aktionsplanes vor. Wir werden diese neue Version wieder dem Gemeinderat vorlegen. In Rahmen dieser Aktualisierung wird es eine Evaluierung unserer bisherigen Arbeit im Abgleich mit dem ursprünglichen Plan geben.

Wenn wir das einmal durchspielen: Was hat in Vilvoorde gut funktioniert und was eher nicht?

Hans Bonte: Eine große Schwierigkeit bleibt der Informationsaustausch. Der Austausch mit den Justizbehörden ist dramatisch schlecht. Dazu kommt unsere Lage am Rand von Brüssel. Auch da ist die Zusammenarbeit problematisch. Wir haben sehr stark den Eindruck, dass einige Akteure dort ihre Verantwortung einfach nicht wahrnehmen. Das ist ein unglaublich schwieriger Punkt, weil es soziologisch eine sehr große Schnittmenge gibt zwischen Vilvoorde und Brüssel, mit Freundschaften, Familienverbänden, mit einer Dynamik von Umziehen und Zurückkommen, Schule hier und Wohnen dort oder umgekehrt. Auf Deutschland übertragen hieße das: Würde man dieses Problem etwa in Potsdam sehr konsequent angehen, aber in Berlin nicht, hätte man in puncto Sicherheit auch wenig getan.

Und womit sind Sie zufrieden?

Hans Bonte: Radikalisierungsprävention gehört zu einem Politikfeld, das einen niemals wirklich zufriedenstellen kann. Aber allen Problemen zum Trotz habe ich doch das Gefühl, dass der Graben zwischen der Verwaltung und entsprechenden migrantischen Gruppen in der Gesellschaft kleiner geworden ist. Das ist eine Grundbedingung, um irgendwann bei der Prävention weiterzukommen.

Jessika Soors: Bis auf mich haben alle Mitarbeiter bei den Deradikalisierungsprojekten der Stadt einen Migrationshintergrund. Das zeigt, dass es viel Engagement gibt bei Menschen z.B. aus der marokkanischen Community, aus der auch die meisten Syrien-Ausreisenden kamen. Und auch, dass die Stadt in diesem Bereich eine Form von Politik macht, mit der diese Menschen sich identifizieren können.

Was würden Sie anderen Kommunen raten, die sich Ihre Arbeit als Beispiel nehmen?

Hans Bonte: Die Essenz ist: Es darf keine Tabus geben, egal wie kontrovers das Problem ist. Zweitens muss man das Gespräch mit allen Akteuren der Gesellschaft suchen. Und drittens: Suchen Sie die konstruktive Zusammenarbeit mit Ihrer muslimischen Community. Ich denke, dass man mit diesen drei Ratschlägen schon sehr weit kommt.

Sehen Sie Vilvoorde als Vorbild, womöglich auch international?

Hans Bonte: An der Frequenz von Einladungen und Interviews stelle ich fest, dass andere Städte und Gemeinden das so zu sehen scheinen. Ich wehre mich ein bisschen gegen diese Rolle, aber ich sehe auch die Verantwortung, dass eine Stadt wie Vilvoorde über ihren Ansatz berichten muss. Ich bin mir sehr bewusst, dass es etwas ganz anderes ist, dieses Problem in Vilvoorde anzupacken als in Paris. Was das angeht, bin ich in der leichteren Position. Ich habe eine kleine Gemeinde mit guten Verbindungen in alle Viertel. Und umgekehrt haben wir eine repräsentative politische Verwaltung, und damit meine ich – und das ist unser Segen –, dass sich auch Menschen aus den Migranten-Communitys im Rathaus engagieren. Vilvoorde kann kein Vorbild sein für Paris. Trotzdem kann auch Paris etwas von unserem Ansatz lernen – nur muss der eben an den jeweiligen Kontext angepasst werden.

Wie hoch sind die Kosten für diese Form der Radikalisierungsprävention? Wie finanziert eine so kleine Gemeinde wie Vilvoorde ein solch komplexes Vorgehen? Gibt es offizielle Unterstützung, regional, national oder international?

Hans Bonte: Projektweise werden wir zum Teil von der Region Flandern finanziert und von der Zentralregierung. Letztere kommt auch für die personelle Aufstockung auf mit einem zusätzlichen Budget für die Stelle von Jessika Soors. Die Stadt leistet weitere Anstrengungen, indem sie die Aufgaben von bestehenden Mitarbeiterinnen und Mitarbeitern anpasst, z. B. im Präventionsdienst, im Integrationsdienst und bei der Polizei.

Jessika Soors: Europäische Unterstützung gibt es inhaltlich, im Sinne von Netzwerken, die uns gern miteinbeziehen wollen.

Hans Bonte: Es gibt großes Interesse an unserem Ansatz, z. B. bei der Europäischen Kommission. Ich sitze in einer Expertengruppe mit einem EU-Kommissar, Jessika gehört einigen europäischen Gruppen und Netzwerken an, in denen der Ideenaustausch im Vordergrund steht. Aber finanziell gibt es von dort keine Unterstützung.

Was unternimmt man in Vilvoorde langfristig? Wie kann man zukünftig Radikalisierung verhindern?

Hans Bonte: Ich denke, dass uns diese Problematik noch lange beschäftigen wird. Die wahre Prävention wird immer darin bestehen, dafür zu sorgen, dass ein jeder sich als Teil der Gesellschaft angenommen fühlt und auch seinen Kummer und seine Frustrationen ausdrücken kann. Und zwar auf eine Art, die von der Gesellschaft akzeptiert wird. Wichtig ist demnach, Minderheiten miteinzubeziehen und Diskriminierung sehr engagiert anzupacken. Ich sehe darin eine gigantische Herausforderung, vor allem in einer Gesellschaft, die sich zunehmend polarisiert.

Auf kommunaler Ebene müssen wir am Zugehörigkeitsbewusstsein arbeiten und alle Menschen einbeziehen. Gerade solche, die zu weit entfernt stehen vom gesellschaftlichen Geschehen, die neu sind in der Stadt oder ausländischer Herkunft. Daneben gibt es auch objektive Herausforderungen wie die ungleiche Verteilung von Beschäftigungschancen, die Jugendliche mit Migrationshintergrund noch immer strukturell benachteiligt. Ich denke, dass Integrationspolitik wieder absolute Priorität haben muss.

Es gibt sehr, sehr viel zu tun, aber alles beginnt und endet für mich in dem Bemühen, dafür zu sorgen, dass sich Menschen zu Hause fühlen können. Wenn das gelingt, bin ich davon überzeugt, dass junge Menschen nicht mehr in einem sinnlosen Konflikt sterben wollen, weil sie glauben, dass sie erst damit in der Gesellschaft eine Bedeutung erlangen.

Die Fragen stellten Sebastian Kauer (Redaktion »Infodienst Radikalisierungsprävention«) und Jana Kärgel. Die Übersetzung besorgte Tobias Müller.

Paul Thomas

Im Wandel begriffen und doch umstritten: »Prevent«, die Anti-Terrorismus-Strategie Großbritanniens

Einführung

Die von den westlichen Staaten eingeführten vorbeugenden oder »sanften«[1] Anti-Terrorismus-Strategien standen alle in der Kritik. Aber keine war so umstritten wie das britische Programm »Prevent«. Ab seiner Einführung 2007 war »Prevent« als »Ausspäh-Programm«, als »verdorben« und »vergiftet« verschrien, was vermuten lässt, dass diese Strategie der Terrorismusbekämpfung sich letztlich sogar als kontraproduktiv erweisen könnte. Der von der britischen Regierung beauftragte unabhängige Gutachter der Terrorismusgesetzgebung hat eine Überprüfung des »Prevent«-Programms gefordert und auch in Abgeordnetenausschüssen wurde »Prevent« kritisiert, aber die britische Regierung hat nicht nur jegliche Kritik zurückgewiesen, sondern sogar angedeutet, das Programm noch ausbauen zu wollen. Die Kontroverse hat die Regierungen anderer Länder nicht davon abgehalten, sich eingehend mit »Prevent« zu befassen und vergleichbare Programme aufzulegen. Das ist zum einen wohl darauf zurückzuführen, dass »Prevent« das erste Programm dieser Art nach dem 11. September 2001 war, zum anderen aber auch darauf, dass seine Größenordnung und ehrgeizige Zielsetzung auf großes Interesse stießen.

In diesem Beitrag werden die Anfänge und späteren Veränderungen von »Prevent« nachgezeichnet und die wichtigsten Ziele und Inhalte umrissen. Anhand von fünf weitgefassten und miteinander verknüpften Themen werden anschließend die heftigen und immer noch andauernden Kontroversen rund um das Programm dargelegt und diskutiert. Das ermöglicht einige Schlussfolgerungen über die Rolle von »Prevent« heute und in Zukunft.

Die Entwicklung von »Prevent«

Bei der Entwicklung von »Prevent« lassen sich zwei verschiedene Phasen ausmachen: »Prevent 1« wurde 2007 von der damaligen Labour-Regierung aufgelegt. »Prevent 2« läuft seit 2011. In der zweiten Phase erfolgten erhebliche Veränderungen, in denen sich einerseits zentrale Ereignisse wie der Ausbruch des Bürgerkrieges in Syrien widerspielgelten, andererseits aber auch Spannungen und verschiedene Sichtweisen innerhalb der Regierung (zwischen verschiedenen Ministerien und zwischen den Koalitionsparteien),[2] vor allem aber zwischen der Regierung in London und den Kommunalverwaltungen, die »Prevent« durchführen sollten.

»Prevent 1« wurde 2007/2008 mit Pilotprojekten rasch in die Praxis umgesetzt und dann zwischen 2008 und 2011 erheblich ausgeweitet.[3] Neben der Vergabe von Mitteln, die über das Ministerium für Gemeinden und kommunale Verwaltungen (Department for Communities and Local Government, DCLG) in alle Kommunen mit einem hohen muslimischen Bevölkerungsanteil flossen, beinhaltete das Programm Bemühungen um »vielfältigere Führungsstrukturen« innerhalb der muslimischen Communitys auf nationaler und lokaler Ebene, die besonders auf Frauen und junge Menschen ausgerichtet waren (etwa durch die landesweiten Young Muslims and Muslim Women's Advisory Groups) und damit in starkem Kontrast zu den traditionelleren Führungsstrukturen in muslimischen Communitys standen, die häufig von älteren Männern dominiert wurden.

Damit einhergehend strebte das Programm eine staatliche Förderung »gemäßigterer« Formen der islamischen Glaubenspraxis an (etwa durch zivilgesellschaftliche Initiativen, mit deren Hilfe eine Art »Mainstream«-Islam befördert werden sollte, z.B. die Radical Middle Way Roadshow oder der Sufi Muslim Council, der allerdings nur von kurzer Dauer war). Schließlich wurden 300 zusätzliche Polizeistellen für Präventionsarbeit im Rahmen der sicherheitspolitischen Maßnahmen des Innenministeriums und seiner Abteilung für Sicherheit und Terrorismusbekämpfung (Office for Security and Counter-Terrorism, OSCT) geschaffen.

Insgesamt wurden mit dem Programm fast 150 Millionen Pfund (etwa 220 Millionen Euro nach damaligem Wechselkurs) direkt und ausschließlich für Prävention ausgegeben. Die Kommunalverwaltungen verfolgten dabei unterschiedliche Ansätze: Einige verteilten das ganze Geld an Organisationen innerhalb der muslimischen Communitys, andere setzten es ein, um eigene Programme in der Jugend- und Gemeindearbeit zu entwickeln.[4] Die Regierung rühmte sich im ersten Jahr damit, mit dem Programm schon fast 50 000 muslimische Jugendliche zu erreichen.[5] Für muslimische zivilgesellschaftliche Organisationen kamen die »Prevent«-Mittel genau zu einer Zeit, als andere öffentliche Mittel gekürzt wurden. Dadurch fiel es ihnen vielfach schwer, die Mittel auszuschlagen, wenngleich sie wussten, dass die Annahme dieser Gelder sehr umstritten war.

Die schnell zunehmende Dominanz der Rolle der Polizei innerhalb von »Prevent« führte zu negativer Berichterstattung in den Medien, zum Vorwurf des »Ausspionierens«[6] und zu einer kritischen Überprüfung des Programmes durch einen parlamentarischen Untersuchungsausschuss.[7] Die neue Regierung aus Konservativen und Liberalen legte das Programm bei ihrem Amtsantritt zunächst auf Eis, um dann mit »Prevent 2« eine überarbeitete Version vorzustellen. Dabei war das das Ministerium für Gemeinden und kommunale Verwaltungen (DCLG) nicht länger involviert und die Mittel für die Kommunen wurden erheblich gekürzt. Die Kontrolle der »Prevent«-Mittel verblieb nun auf nationaler Ebene und wurde direkt der Abteilung für Sicherheit und Terrorismusbekämpfung (OSCT) des Innenministeriums übertragen, was zusammen mit der weiterhin dominanten Rolle der Polizei den Sicherheitsaspekt des Programms immer mehr in den Vordergrund rückte.

»Prevent 2« sollte angeblich allen Formen des Extremismus entgegenwirken, aber in der Praxis blieb der Fokus überwiegend auf den islamistischen Extremismus gerichtet und damit unmittelbar auf die muslimischen Communitys. Das öffentliche Interesse an »Prevent« schien jedoch abzunehmen, bis zwei Ereignisse im Jahr 2013, die Ermordung des Soldaten Lee Rigby durch zwei islamistische Extremisten und die sich verschärfende Krise in Syrien, »Prevent« wieder verstärkt auf die Agenda hoben und zu seinem Ausbau führten.[8]

Eine wesentliche Neuerung war die gesetzliche Verpflichtung (die sogenannte *Prevent duty*) für alle Schulen, Universitäten und andere öffentliche Einrichtungen, z.B. Gesundheitsdienste, »die Notwendigkeit ernst zu nehmen, Menschen davor zu bewahren, in terroristische Aktivitäten hineingezogen zu werden«,[9] sie vor Extremismus zu schützen und »Prevent« umzusetzen. Vor Ort tätige Fachkräfte, z.B. in der Jugendsozialarbeit und in den Schulen, mussten nun junge Menschen, bei denen sie erste Radikalisierungstendenzen bemerkten, beim ebenfalls neu eingeführten »Channel«-Projekt melden. Unterstützt wurde dies durch ein beträchtlich erweitertes Angebot an »Sensibilisierungsworkshops« (Workshop to Raise Awareness of Prevent, WRAP), mit denen eine große Zahl an Beschäftigten im öffentlichen Dienst geschult wurde, um eine Radikalisierung – selbst ein sehr umstrittenes Konzept[10] – besser zu erkennen.

Kontroversen um und Probleme von »Prevent«

Es gab unzählige politische, mediale und öffentliche Diskussionen über »Prevent«. Es ist nicht immer einfach, die Kommentare einzuordnen, weil sie häufig von heftigen emotionalen Plädoyers für oder gegen das Programm beeinflusst sind. Zudem ist aufgrund der oben angeführten erheblichen Veränderungen nicht immer ganz klar, wogegen sich die Kritik richtet – gegen das alte oder gegen das neue »Prevent«-Programm. Im Folgenden werden die zentralen Kontroversen um »Prevent« anhand von fünf Themenkomplexen zusammengefasst sowie die Änderungen und ihre Auswirkungen erklärt.

Der Fokus auf Muslime

Ausgestattet mit umfangreichen finanziellen Mitteln ging es in der ersten Phase von »Prevent« überwiegend um öffentlichkeitswirksame Maßnahmen, die ausschließlich Muslime in den Blick nahmen, und das trotz der Tatsache, dass am Anschlag vom 7. Juli 2005 in London (»7/7«) und bei anderen vereitelten Anschlägen nur eine sehr kleine Zahl an jungen Muslimen im Vergleich zur Gesamtheit der in Großbritannien lebenden Muslime beteiligt war (von denen einige darüber hinaus zum Islam »Konvertierte«, z. B. aus der afrikanisch-karibischen Community, waren oder keine besonders gläubigen Muslime, d. h. solche, die nur selten in die Moschee gingen, auf entsprechende Kleidung verzichteten und es mit den Vorschriften zu Essen, Alkohol und Beziehungen nicht so genau nahmen).

Das hatte zwei bedeutsame negative Folgen. Zum einen entstand bei den Muslimen der Eindruck, dass ihnen kollektiv die Schuld für die Taten Einzelner in die Schuhe geschoben wurde, was auch den diskriminierenden Erfahrungen entsprach, die viele von ihnen auf Reisen oder in der Öffentlichkeit machten. Zum anderen hegten viele Menschen nun *tatsächlich* einen Generalverdacht gegen Muslime und hielten sie für eine Bedrohung: Denn warum sonst sollte die Regierung ein so großangelegtes Programm für nötig halten? Und das verstärkte und rechtfertigte muslimfeindliche Einstellungen. Der berühmte Soziologe Stuart Hall nannte »Prevent« nicht zuletzt deshalb das »bedeutsamste Vordringen in eine ethnische Community« durch den britischen Multikulturalismus.[11]

Der Ansatz von »Prevent 1« ermöglichte jedoch die maßgebliche Einbeziehung zivilgesellschaftlicher muslimischer Organisationen in die Umsetzung des Programmes. Kommunalverwaltungen, die »Prevent«-Gelder erhielten, konnten diese Mittel nach eigenem Gutdünken einsetzen. Viele von ihnen boten muslimischen Gruppierungen Fördergelder an, um sie in die »Prevent«-Arbeit vor Ort miteinzubeziehen. Einige muslimische Gruppen lehnten die Annahme dieser Gelder jedoch entschieden ab, weil sie in einem zu engen Zusammenhang mit Terrorismusbekämpfung standen und damit einen faden Beigeschmack hatten.[12] Für andere waren es dagegen willkommene Fördermittel[13] zu einer Zeit, als die öffentlichen Ausgaben gekürzt wurden. Die »Prevent«-Finanzierung ermöglichte es den muslimischen Organisationen, stärkere Partner der Kommunalverwaltungen zu werden, was sie als einen deutlichen Vertrauensbeweis erachteten. Das änderte sich erst 2011, als sich auf nationaler Ebene allmählich eine andere, deutlich negativer geprägte politische Sichtweise zur Rolle und sogar zur Vertrauenswürdigkeit von muslimischen Communitys im Zusammenhang mit der Terrorismusbekämpfung durchsetzte.

Widersprüche zur Integrationspolitik

Großbritanniens multikultureller Politikansatz gegenüber bestimmten ethnischen Communitys hat sich in diesem Jahrhundert gewaltig verändert. Unruhen, ethnische Segregation und Spannungen zwischen verschiedenen Ethnien in mehreren Städten Nordenglands hatten 2001 zu einem entscheidenden politischen Umdenken geführt. Ein neuer politischer Ansatz, dessen Ziel es war, »Zusammenhalt im Gemeinwesen« *(community cohesion)* zu schaffen, wurde auf den Weg gebracht, wobei der Schwerpunkt auf gemeinsamen Werten, Identität und dem Dialog zwischen den Communitys lag. Politiker benutzten nicht länger den Begriff »Multikulturalismus«, was manch einen dazu veranlasste zu behaupten, der britische Multikulturalismus sei »tot« und die für Frankreich typische Assimilation werde nun bevorzugt. Die Forschung zeigte jedoch, dass auch der Ansatz des »Zusammenhalts im Gemeinwesen« in der Praxis auf ethnische und religiöse Identitäten und Organisationen fokussierte, aber diese darüber hinaus dazu ermutigte, Community-übergreifend zu arbeiten, um den sozialen Zusammenhalt zu fördern.[14] So ist der Zusammenhalt im Gemeinwesen letztlich nichts anderes als eine Umbenennung und Neujustierung des Multikulturalismus, aber keinesfalls sein Tod.

Diese neue Politik des »Zusammenhalts im Gemeinwesen« wurde sowohl von den Fachleuten vor Ort als auch von den Communitys selbst unterstützt. Genau aus diesem Grund fand die spätere Einführung von »Prevent« so wenig Anklang, weil dieses Programm inklusive der Fördermittel sich ausschließlich an Muslime richtete – und damit andere ethnische Communitys von der Möglichkeit, Fördergeldern zu erhalten, ausschloss, obwohl aus Berichten über die Unruhen von 2001 deutlich hervorging, dass diese Art von einseitiger Mittelbewilligung für Unmut sorgt. Da »Prevent« im krassen Widerspruch zum Ansatz des »Zusammenhalts im Gemeinwesen« stand, mit dem die Kommunalverwaltungen dem Extremismus entgegenwirken wollten, waren diese gegen das Programm. Ihre Einwände wurden jedoch ignoriert und sie waren gezwungen, »Prevent« umzusetzen. Im Rahmen von »Prevent 1« gab es zwar auch noch staatliche Mittel zur Förderung des Zusammenhaltes, aber nach und nach wurde dieser Ansatz in den Hintergrund gedrängt.[15]

Dass der Terrorismusbekämpfung ein höherer Stellenwert eingeräumt wurde als dem sozialen Zusammenhalt bestätigte sich 2012, als die britische Regierung die finanzielle Unterstützung für Projekte zur Förderung der *community cohesion* komplett einstellte.[16] Die 2001 identifizierten Probleme bei der Integration verschiedener Ethnien in die Gesamtgesellschaft sind zwar nach wie vor nicht gelöst, aber nun dreht es sich bei der Politik des britischen Staates gegenüber den muslimischen Communitys nur noch um Terrorismus.

Zunehmende Versicherheitlichung

Die große Rolle, die der Polizei und den Sicherheitsorganen innerhalb von »Prevent« eingeräumt wurde, wird als eine beunruhigende »Versicherheitlichung« *(securitisation)* der Gesellschaft angesehen und wurde sogar als Schritt in Richtung eines »polizeilich kontrollierten Multikulturalismus« bezeichnet.[17] Bei »Prevent« sollte es eigentlich nicht darum gehen, tatsächliche terroristische Anschlagsplanungen aufzudecken und Anschläge zu vereiteln, denn dafür gibt es in der Strategie der britischen Regierung zur Terrorismusbekämpfung den Bereich »Pursue« (Verfolgen).[18] Deshalb hat es viele Lokalpolitiker, pädagogische Fachkräfte und Sozialarbeiterinnen und Sozialarbeiter verwundert, dass die Polizei von Anfang an auf lokaler und nationaler Ebene eine so bedeutende Rolle im »Prevent«-Programm gespielt hat.

In der »Prevent-1«-Phase sollten die Polizeibeamten in erster Linie Kontakte in die muslimischen Communitys knüpfen und vertrauensvolle Beziehungen aufbauen. Dazu gehörte auch, dass sie mit den jungen Leuten aus den Communitys zusammenkamen – eine Aufgabe, die normalerweise von den Fachkräften in der Jugend- und Sozialarbeit erledigt wird. Aus den dem »Prevent«-Untersuchungsausschuss des britischen Parlamentes vorgelegten Berichten zur Arbeit der Polizei in den Jahren 2009/2010[19] lässt sich allerdings schließen, dass die Polizei wenig Vertrauen in derlei präventive Aktivitäten hatte, die in erster Linie auf eine positive Gemeinwesenentwicklung abzielten, sondern die Identifizierung von »Extremisten« innerhalb dieser Communitys stärker in den Fokus rücken wollte. Anlass der parlamentarischen Untersuchung waren übrigens konkrete Vorwürfe, dass Sicherheits- und Polizeikräfte Jugendsozialarbeiter dazu gedrängt hätten, »Informationen« über ihre jugendliche Klientel weiterzugeben.[20] Derartige Unstimmigkeiten verstärkten das negative öffentliche Image von »Prevent« und haben die Zusammenarbeit mit den muslimischen Communitys bei der Terrorismusbekämpfung erschwert.

Durch das 2015 verabschiedete Anti-Terror-Gesetz[21] hat die Versicherheitlichung des Programmes weiter zugenommen. Mit ihm wurde die sogenannte »Prevent«-Pflicht für Angestellte des öffentlichen Dienstes und das »Channel«-Projekt eingeführt, auf die noch ausführlicher eingegangen wird.

Die Spannung zwischen »Mittel- und Werteorientierung«

Ein wichtiger Grund für die erheblichen Veränderungen, denen »Prevent« unterzogen wurde, waren die Meinungsverschiedenheiten darüber, was mit dem Programm erreicht werden soll und wie es zu erreichen ist. Dies kann als Spannung zwischen »mittel- und werteorientierten«[22] Ansätzen zusammengefasst werden.[23]

Beim mittelorientierten Ansatz, der bei »Prevent 1« im Vordergrund stand, gilt die individuelle Hinwendung zum Extremismus als ein komplexer und unvorhersehbarer Prozess, da die Denk- und Handlungsweisen von Einzelpersonen von verschiedenen Faktoren auf individueller, gemeinschaftlicher und gesellschaftlicher Ebene beeinflusst werden. Entsprechend förderte »Prevent 1« die Entwicklung des Gemeinwesens, um die Communitys und die Widerstandsfähigkeit der Peergroups zu stärken. Man war zudem bereit, muslimische Gruppen zu finanzieren, die möglicherweise Einfluss auf radikalisierungsgefährdete Personen ausüben konnten, ganz gleich, ob diese Gruppen mit den gängigen demokratischen Werten der Gesellschaft übereinstimmten oder nicht. In dieser Phase überließ die Regierung es den Kommunen, zu beurteilen, welche Maßnahmen sie für geeignet hielten, und sie duldete die Einbeziehung von salafistischen Gruppen auf lokaler Ebene, wenn diese zur Prävention von Terrorismus beitragen konnten und weder gegen Gesetze verstießen noch Gewalt ausübten. Es ist bezeichnend, dass »Prevent« in dieser Phase tatsächlich als Programm zur »Verhinderung von *gewaltbereitem* Extremismus« bekannt war.

All das änderte sich mit der Überprüfung von »Prevent« im Jahr 2011, mit der die »Prevent-2«-Phase eingeläutet wurde. Dabei rückte der »werteorientierte« Ansatz in den Mittelpunkt. Aus diesem Blickwinkel wird die Hinwendung zu islamistischem Terrorismus nicht allein dem schwierigen Werdegang »gestörter« Individuen zugeschrieben, sondern auch allgemein mit den Einstellungen und Gesinnungen innerhalb der muslimischen Communitys in Zusammenhang gebracht, von denen generell eine Bedrohung ausginge, wie es Michael Gove, der an der Neuausrichtung auf nationaler Ebene beteiligt war, in seinem 2006 erschienenen Buch ausführt.[24] Der Ansatz folgt somit der Fließband-Hypothese der Radikalisierung, nach der Organisationen, die technisch gesehen gesetzestreu sind, aber in religiöser und politischer Hinsicht eine Abgrenzung von der Mehrheitsgesellschaft und »antiwestliche« Werte unterstützen, eine entscheidende Rolle dabei spielen, Individuen kontinuierlich in die Richtung politischer Gewalt zu drängen (siehe dazu auch den Beitrag von Peter Neumann in diesem Band).

Der Schritt zu diesem »werteorientierten« Ansatz führte zu einer Reihe von Veränderungen im »Prevent«-Programm. Erstens wurde fast die gesamte »Prevent«-Finanzierung für Gruppen aus muslimischen Communitys gestrichen, weil sie als Partner nicht mehr vertrauenswürdig schienen. Auch die Mittel für die lokalen Behörden wurden erheblich gekürzt und, wie bereits dargelegt, der Kontrolle der Regierung in London unterstellt, weil auch ihnen nicht mehr voll und ganz vertraut wurde. Zweitens ging es bei »Prevent« jetzt offiziell um Extremismus im Allgemeinen und nicht mehr ausschließlich um *gewaltbereiten* Extremismus, sodass z. B. auch die Kritik an der britischen Außenpolitik von nun an als ein Zeichen für eine Radikalisierung gewertet werden konnte. In der Praxis fand und findet es die britische Regierung fast unmöglich zu definieren, was (nicht gewaltbereiter) Extremismus ist und wie sie dagegen vorgehen soll, ohne gegen grundlegende Rechte zu verstoßen.

Drittens geht man bei diesem Ansatz davon aus, vorhersagen zu können, welche Individuen sich in Richtung terroristischer oder extremistischer Aktivitäten bewegen werden. Wie weiter unten ausgeführt, liegt daher die Priorität darauf, öffentliche Bedienstete zu schulen, solche Individuen zu erkennen und zu melden. Die Forschung ist sich jedoch einig, dass es kein klares Muster an ursächlichen Faktoren oder Verhaltensweisen gibt, mit deren Hilfe vorhersagbar ist, wer sich in eine terroristische oder extremistische Richtung entwickeln wird. So haben z. B. einige Mitglieder von salafistischen Gruppen zu Gewalt gegriffen, viele andere aber nicht. Deshalb ist ein Verbot oder eine Strafandrohung für Gruppen dieser Art vermutlich eher ineffektiv. Eine strenge Überwachung oder rechtliche Maßnahmen (etwa rechtliche Auflagen für bestimmte Vereine oder die Einschränkung der Bewegungsfreiheit verdächtiger Personen), würden nicht nur gegen Bürgerrechte und gesellschaftliche Normen verstoßen, sondern könnten sich sogar insofern als kontraproduktiv erweisen, als sie eine größere Feindseligkeit schüren und dazu führen könnten, dass sich Muslime von der Gesellschaft abwenden, weil sie das Gefühl haben, dass sie und Menschen wie sie ohne klare Beweise beschuldigt werden. Aus diesem Grund ist die »Prevent«-Pflicht in Großbritannien so umstritten.

Die »Prevent«-Pflicht

Die Einführung der »Prevent«-Pflicht *(Prevent duty)* im Jahr 2015 war die logische Folge des werteorientierten Ansatzes. Sie erhielt durch zwei Umstände Auftrieb: zum einen dadurch, dass junge britische Staatsbürger nach Syrien ausreisten, zum anderen durch eine Kontroverse über den ultrakonservativen muslimischen Einfluss auf öffentliche Schulen in Birmingham, der als »Extremismus« ausgelegt wurde. Die »Prevent«-Pflicht ist insofern international beispiellos, als sie von Fachkräften verlangt, jenseits ihrer normalen beruflichen Verantwortlichkeiten Maßnahmen zur Terrorismusbekämpfung umzusetzen. An Universitäten waren die Maßnahmen besonders umstritten, weil die freie Meinungsäußerung und wissenschaftliche Freiheit bedroht schien. Hier führte der Protest zu einigen politischen Kompromissen, aber in Schulen und Berufsfachschulen, im Gesundheits- und Sozialwesen wurde die gesetzliche Pflicht voll umgesetzt und Tausende öffentliche Bedienstete wurden entsprechend geschult. Bei den von der Regierung durchgeführten Überprüfungen, z. B. den OFSTED-Inspektionen[25] an Schulen und Berufsfachschulen, stand nicht länger die Umsetzung der Lehrpläne, sondern die Umsetzung der »Prevent«-Pflicht im Mittelpunkt.

Die »Prevent«-Pflicht geht mit der Forderung einher, Individuen, die »radikalisierungsgefährdet« zu sein scheinen, dem »Channel«-Projekt zu melden. »Channel« ist heute eines der »Prevent«-Elemente, dem höchste Priorität eingeräumt wird, und es verkörpert mit seinem kriminalpräventiven Ansatz die Problematik von »Prevent 2«: Es werden Menschen (von denen viele unter 18 Jahre alt sind) gemeldet, die gar keine Straftat begangen oder auch nur geplant haben. Hätten sie das getan, würde die Polizei ihre normalen Ermittlungen aufnehmen. Stattdessen sind die Meldungen häufig aufgrund von bestimmten Aussagen oder Denkweisen oder eines bestimmten Verhaltens dieser Menschen erfolgt.

Die auf nationaler Ebene festgelegten Indikatoren, nach denen die Fachkräfte ihre Beurteilungen machen, sind ebenso umstritten wie problematisch, weil sie Veränderungen beschreiben, die auf viele Teenager zutreffen könnten.[26] Von den Meldungen an »Channel« führen 90 Prozent zu keinen weiteren Maßnahmen. Die anderen zehn Prozent der Fälle werden individuell betreut und beraten. Den Kritikern der »Prevent«-Pflicht wird oftmals entgegengehalten, dass diejenigen, die nach Syrien gehen oder an Anschlägen beteiligt sind, nicht nur den Anschlagsopfern, sondern auch sich und ihren Familien großen Schaden zufügen. Außerdem würden einige ihre Gedanken sehr schnell in Taten umsetzen, sodass präventive Interventionen gerechtfertigt seien.

Welche Auswirkungen die »Prevent«-Pflicht hat, ist umstritten. Auch wenn die Medien bestimmte Fälle herausgepickt haben und die Berichterstattung in einigen dieser Fälle nicht korrekt war,[27] ist es unbestreitbar, dass es einige völlig unbegründete Meldungen aufgrund der »Prevent«-Pflicht gab,[28] die tatsächlich den von den Kritikern befürchteten kontraproduktiven Effekt hatten: Sie vermittelten den Eindruck, dass man aus nichtigen Gründen gegen Muslime vorgeht. Es ist jedoch nicht klar, wie repräsentativ solche Einzelfälle für die »Prevent«-Pflicht insgesamt sind.

Jüngere Untersuchungen dazu, wie Lehrkräfte diese Pflicht in Schulen und Berufsfachschulen verstehen und umsetzen,[29] legen nahe, dass die meisten von ihnen kein Problem mit dem Aspekt der »Prevent«-Pflicht haben, der auf den »Schutz« der Jugendlichen fokussiert. Sie begreifen die individuelle Gefährdung, sich dem Extremismus zuzuwenden, als reale Gefahr, die sich nicht sonderlich von der Gefährdung durch sexuellen Missbrauch, Drogenkonsum oder der Mitgliedschaft in Gangs unterscheidet. Auf diese Weise könnte »Prevent« allmählich zu einem normalen Teil des Kinder- und Jugendschutzes werden. Die befragten Lehrkräfte haben zwar das Gefühl, dass die »Prevent«-Pflicht Muslime in der Tat stigmatisieren könnte, aber sie sind fest entschlossen, dass dies nicht an ihren Schulen passieren wird, da sie Maßnahmen ergreifen, um genau das zu verhindern.

Was die Lehrkräfte jedoch kritisieren, ist, dass es seitens der Regierung keine Unterstützung dafür gibt, Bildungsmaßnahmen, die dazu beitragen, dass Jugendliche eine größere Resilienz gegen die »Verführungen« des Extremismus aufbauen, in den Lehrplan aufzunehmen. Lehrkräfte und Jugendsozialarbeiter versuchen dennoch, solche Maßnahmen, etwa Gespräche mit den Jugendlichen zu kontroversen politischen und gesellschaftlichen Themen, im Rahmen ihrer Regelarbeit anzubieten, bekommen aber wenig inhaltliche oder finanzielle Unterstützung durch »Prevent« oder die Regierung. Damit setzt sich ein Problem fort, das seit Beginn besteht:[30] Bei »Prevent« geht es darum, Terrorismus und gewaltbereiten Extremismus zu verhindern, aber das Programm hat wenig dazu beigetragen, die Präventionsarbeit zu verbessern. Es wurde und wird wenig Wert darauf gelegt, den Pädagoginnen und Pädagogen die Fähigkeit – und insbesondere das dafür notwendige Zutrauen – zu vermitteln, mit jungen Menschen kontroverse Themen zu diskutieren. Das ist eine überaus schwierige Arbeit, aber es ist vermutlich der einzige Weg, junge Menschen tatsächlich davor bewahren zu können, Extremisten zu werden.

Schlussfolgerung: Die britische »Prevent«-Strategie heute

»Prevent« ist heute noch genauso umstritten wie in den ersten Jahren. Es deutet sich jedoch an, wie die Bevölkerung allmählich davon überzeugt werden könnte, dass das Programm nützlich und notwendig ist. Ein sich gerade entwickelnder Ansatz ist, die »Prevent«-Arbeit transparenter zu machen. Die Medien erhalten jetzt Zugang zu tatsächlichen Fällen, die von »Channel« bearbeitet wurden. Dabei hat sich gezeigt, dass es sich in einigen Fällen um rechtsextreme Personen handelte, also nicht immer nur um Muslime, und dass viele von ihnen ernsthafte Probleme hatten, die eine Intervention erforderlich machten. Es deutet auch einiges darauf hin, dass »Prevent« aufgrund der gesetzlichen »Prevent«-Meldepflicht allmählich verschwinden könnte, indem es nicht nur nach und nach Teil des gängigen Kinder- und Jugendschutzes und der Beratungsarbeit wird, sondern auch Teil der politischen Bildung. Hier wäre es ein hilfreicher Schritt, wenn die Polizei sich noch weiter aus dem »Prevent«-Programm zurückziehen würde.

Es gibt zudem Hinweise darauf, dass die Regierung in London erkennt, dass es ein Fehler war, den Kommunen die (finanzielle) Unterstützung zu entziehen. Die finanzielle Förderung für lokale »Prevent«-Maßnahmen nimmt langsam wieder zu, aber es ist noch unklar, ob die Regierung jetzt den muslimischen Organisationen vertrauen und ihnen Fördermittel anbieten wird und ob diese die Mittel dann auch akzeptieren würden.

Die neue Herausforderung für »Prevent« sind die Rückkehrer aus Syrien. »Prevent« ist nicht für den Umgang mit Menschen konzipiert, die schon sehr radikalisiert und möglicherweise traumatisiert sind, dafür sind ein breiteres Spektrum an Experten und bessere Verfahren zur Risikobeurteilung vonnöten. Die behördenübergreifende Beratung im Rahmen des »Channel«-Projektes könnte jedoch eine Hilfe für die Rückkehrer sein. Die wirkliche Arbeit der Reintegration kann jedoch nur von der (muslimischen) Zivilgesellschaft geleistet werden. Damit zivilgesellschaftliche Gruppen, insbesondere muslimische Gruppen und Organisationen, Gelder von der Regierung akzeptieren, müssen sie vielleicht über einen anderen Mechanismus als »Prevent«, der nicht direkt ein Regierungsprogramm ist, vergeben werden.

Die Übersetzung des englischen Originaltextes besorgte Ina Goertz.

Anmerkungen

1 Vgl. Francesco Ragazzi: Towards »Policed Multiculturalism«? Counter-radicalisation in France, the Netherlands and the United Kingdom, Paris 2014.
2 Vgl. Paul Thomas: Responding to the Threat of Violent Extremism – Failing to Prevent, London 2012; ders.: Divorced but still co-habiting? Britain's Prevent/community cohesion tensions, in: British Politics, Nr. 4, 2014, S. 472–493.
3 Vgl. Thomas: Responding to the Threat of Violent Extremism (Anm. 2).
4 Vgl. Vivien Lowndes/Leila Thorp: Preventing violent extremism – why local context matters, in: Roger Eatwell/Matthew J. Goodwin (Hrsg.): The New Extremism in: 21st Century Britain, Oxford 2010, S. 123–141.
5 Vgl. Department for Communities and Local Government (DCLG): Prevent Pathfinder Fund – Mapping of Project Activities 2007/08, London 2008.
6 Arun Kundnani: How not to Prevent violent extremism, London 2009, http://s3-eu-west-2.amazonaws.com/wpmedia.outlandish.com/irr/2017/04/26154810/spooked.pdf (letzter Zugriff: 28.06.2017).
7 Vgl. House of Commons Communities and Local Government Committee: Preventing Violent Extremism: Sixth Report of session 2009-10, London 2010.
8 Vgl. Her Majesty's Government: Tackling Extremism in the UK: Report from the Prime Minister's Task Force on Tackling Radicalisation and Extremism, London 2013.
9 Her Majesty's Government: Prevent Duty Guidance for England and Wales, London 2015, S. 2.
10 Vgl. Arun Kundnani: Radicalisation: The Journey of a Concept, in: Race and Class, Nr. 2, 2012, S. 3–25.
11 BBC Radio 4: Thinking Allowed, Sendung vom 16. März 2011.
12 Vgl. Kundnani (Anm. 6).
13 Vgl. Lowndes/Thorp (Anm. 4).
14 Vgl. Paul Thomas: Youth, Multiculturalism and Community Cohesion, Basingstoke 2011.
15 Vgl. Therese O'Toole u. a.: Taking Part: Muslim Participation in Contemporary Governance, Bristol 2013, http://www.tariqmodood.com/uploads/1/2/3/9/12392325/mpcgreport.pdf (letzter Zugriff: 28.06.2017).
16 Vgl. Thomas: Divorced but still co-habiting? (Anm. 2).
17 Vgl. Ragazzi (Anm. 1).
18 Beide, »Prevent« und »Pursue«, sind Teil der übergeordneten Strategie Großbritan-

niens zur Terrorismusbekämpfung, genannt CONTEST. Bekannt geworden ist die Strategie aber durch insgesamt vier »P«, nämlich »Prevent« (Vorbeugen), »Pursue« (Verfolgen), »Protect« (Schützen) und »Prepare« (Vorbereiten), die allesamt unterschiedliche Bereiche der Terrorismusbekämpfung abdecken sollen.

19 Vgl. House of Commons Communities and Local Government Committee (Anm. 7).
20 Vgl. Kundnani (Anm. 6).
21 Vgl. Her Majesty's Government (Anm. 9).
22 Der Unterschied zwischen mittel- und werteorientierten Ansätzen besteht darin, dass es bei der Mittelorientierung prioritär darum geht, *gewaltbereiten Extremismus* zu verhindern. Dazu kann auch auf Mittel zurückgegriffen werden, die mit den liberalen und demokratischen Werten Großbritanniens nur bedingt vereinbar sind (z.B. die Zusammenarbeit mit salafistischen Gruppen, die aber keine Gewalt anwenden). Dadurch kann eine große Bandbreite an Mitteln zum Einsatz kommen. Der werteorientierte Ansatz knüpft hingegen den Einsatz der Mittel zur Bekämpfung *jeglicher Form von Extremismus* (auch nicht gewaltbereiter) direkt an die liberalen und demokratischen Werte Großbritanniens, sodass weitaus weniger Mittel und Kooperationspartner in Betracht kommen, weil sie diesem Wertekonsens nicht oder nur teilweise entsprechen.
23 Vgl. Yahya Birt: Promoting virulent envy – reconsidering the UK's terrorist Prevention strategy, in: The Royal United Services Institute Journal, Nr. 4, S. 52–58.
24 Michael Gove: Celsius 7/7, London 2006.
25 Das Office for Standards in Education, Children's Services and Skills (OFSTED) ist dem Bildungsministerium unterstellt und maßgeblich für die Überwachung der (Bildungs-)Standards im Bereich Bildung, Lehre und Erziehung im Land verantwortlich.
26 Vgl. Cage: The ›science‹ of pre-crime: The secret ›radicalisation‹ study underpinning Prevent, London 2016, https://cage.ngo/wp-content/uploads/2016/09/CAGE-Science-Pre-Crime-Report.pdf (letzter Zugriff: 28.06.2017).
27 Vgl. Open Society Foundation Justice Initiative (OSFJI): Eroding Trust: The UK's Prevent counter-extremism strategy in health and education, New York 2016, https://www.opensocietyfoundations.org/sites/default/files/erodingtrust-20161017_0.pdf (letzter Zugriff: 28.06.2017).
28 Im Bericht der Open Society Foundation Justice Initiative (Anm. 27) sind schonungslos und detailliert Beispiele von muslimischen Jugendlichen angeführt, die unter fadenscheiniger oder völlig ohne Begründung dem »Channel«-Projekt gemeldet wurden.
29 Vgl. Joel Busher/Tufyal Choudhury/Paul Thomas: What the Prevent duty means for schools and colleges in England: An analysis of educationalists' experiences, London 2017.
30 Vgl. Paul Thomas: Youth, Terrorism and Education: Britain's Prevent programme, in: International Journal of Lifelong Education, Special Issue on Youth, Social Crisis and Learning, Nr. 2, 2016, S. 171–187.

Farhad Khosrokhavar

Deradikalisierung in Frankreich

Einleitung

Radikalisierung ist ein Prozess, der nach den Anschlägen vom 11. September 2001 zunächst vor allem in den USA und später weltweit als gesellschaftliches Phänomen in den Fokus rückte. Dabei wird der Begriff »Radikalisierung« ebenso wie der der »Deradikalisierung« sehr unterschiedlich definiert und ausgelegt.[1]

In diesem Artikel wird Radikalisierung als ein Prozess verstanden, der auf einer Kombination aus extremistischer Ideologie (die an der etablierten politischen, gesellschaftlichen und kulturellen Ordnung rüttelt) *und* Gewalttätigkeit beruht und sich somit auf Individuen bezieht, die bereit sind, im Namen ihres Glaubens oder ihrer Ideologie Gewalt auszuüben.[2] Deradikalisierung, Desindoktrination *(désendoctrinement)* bzw. der »Kampf gegen die Radikalisierung« werden dementsprechend als institutionelle Versuche definiert, mit denen direkt (durch staatliche Organisationen) oder indirekt (durch Verbände, gemeinnützige Einrichtungen oder Nichtregierungsorganisationen als offiziell anerkannte und vom Staat finanziell unterstützte, qualifizierte Träger) der Radikalisierung von Individuen entgegengewirkt wird. Dabei gilt obige Definition von Radikalisierung, aber das Konzept bleibt – wie weiter unten noch ausgeführt wird – aufgrund konkurrierender Definitionen und struktureller Gründe unscharf. Zwar richten sich die Bemühungen der meisten Organisationen gegen den radikalen Islamismus, aber indirekt zielen sie auch auf den Rechtsextremismus ab. Der Schwerpunkt der neuen politischen Strategien liegt jedoch eindeutig auf dem Islamismus.

In Frankreich sind Radikalisierung (und somit auch Deradikalisierung) eng mit dem Dschihadismus und seiner Verkörperung im Daesh[3] verbunden. Offiziell wurde der Daesh im Juni 2014 gegründet, aber seine Wurzeln reichen bis ins Jahr 1999 zur Gruppe Jamaat al-Tawhid wal jihad zurück, die sich 2003 am Kampf gegen die US-Invasion im Irak beteiligte.

Die Geschichte der Radikalisierung von französischen Jugendlichen im Namen einer extremistischen Version des Islams begann 1995, als Khaled Kelkal, ein junger in Frankreich aufgewachsener und sozialisierter Algerier, mithilfe von einigen weiteren radikalisierten Algeriern mit einem Bombenanschlag in der Pariser Metrostation Saint Michel acht Menschen tötete und 148 verletzte. Die nächsten 17 Jahre blieb Frankreich von weiteren »erfolgreichen« dschihadistischen Angriffen verschont. Ab 2012 kam es zu einer neuen Serie terroristischer Attentate, angefangen mit den von Mohamed Merah in Toulouse und Umgebung verübten Anschlägen. Wie Merah waren viele der folgenden Attentäter in Frankreich geboren und aufgewachsen (z.B. die Kouachi-Brüder, die 2015 für den Anschlag auf das satirische Wochenmagazin *Charlie Hebdo* verantwortlich waren, oder Amedy Coulibaly, der nur zwei Tage danach den Anschlag auf einen koscheren Supermarkt beging).

Der Laizismus als Stolperstein für Deradikalisierungsmaßnahmen

In Westeuropa ist Frankreich das Land mit der höchsten Zahl an Dschihadisten, die nach Syrien gingen, und gleichzeitig das Land, das sich als letztes in Europa um Deradikalisierungsmaßnahmen bemühte.

Dieser Widerspruch verlangt nach einer Erklärung. Einer der wichtigsten Gründe dafür, warum Frankreich erst so spät Maßnahmen zur Deradikalisierung derjenigen, die im Namen einer extremistischen Ideologie Gewalt ausübten, ergriff, ist in der politischen Kultur des Landes mit ihrem Fokus auf dem Laizismus zu finden. Dieser ist ein zentrales Konzept der französischen Politik, in dem die Religion zur Privatsache erklärt wird. Im öffentlichen Raum sollen keinerlei religiöse Handlungen vollzogen werden, die darauf abzielen, andere zu bekehren oder einen Glauben »ostentativ« zur Schau zu stellen.

Laizismus gibt es in vielen Varianten mit feinen Bedeutungsunterschieden.[4] Dabei stehen sich die beiden extremen Formen, die als »minimalistisch« bzw. »maximalistisch« bezeichnet werden, sowohl im öffentlichen Raum als auch in der öffentlichen Meinung widersprüchlich gegenüber.

Den Anhängern der »minimalistischen« Version zufolge hat die Regierung dafür zu sorgen, dass jede/r ihrem bzw. seinem Glauben im öffentlichen Raum nachgehen kann, ohne dabei den Glauben anderer Menschen zu gefährden oder zu behindern. Das Tragen eines Kopftuches oder anderer muslimischer Verschleierung im öffentlichen Raum wird deshalb generell toleriert. Es gibt jedoch die Auflage, dass Beschäftigte des öffentlichen Dienstes bei der Arbeit keine Symbole ihrer Religion (z.B. ein Kopftuch) tragen dürfen. Die »minimalistische« Sichtweise wurde in den letzten Jahren teilweise von der »maximalistischen« Sicht verdrängt, wonach sämtliche »religiösen Symbole« im öffentlichen Raum verboten sein sollten. Ihren Anfang nahm die »maximalistische« Variante mit dem 2003 erlassenen Verbot von Kopftüchern in staatlichen Schulen. Bei der zuvor geltenden »minimalistischen« Version des Laizismus durften lediglich die Lehrerinnen als öffentliche Bedienstete kein Kopftuch tragen; seit 2003 gilt das Verbot auch für Schülerinnen. Im Jahr 2010 wurde das Tragen der Burka in der Öffentlichkeit gesetzlich verboten, weil sie als Ausdruck »salafistischer«[5] Frauenkleidung galt (zuvor, etwa bis zum Jahr 2005, bestand keine Notwendigkeit für ein solches Verbot, weil es bis dahin kein Thema war und das Tragen einer Burka sich erst später in Frankreich verbreitete).

Der Kampf gegen die Verschleierung ging weiter, als das Verbot 2014 auf Frauen ausgeweitet wurde, die in gemeinnützigen Organisationen oder ehrenamtlich mit kleinen Kindern arbeiten; seitdem ist es z. B. Frauen in Kindertagesstätten nicht mehr erlaubt, mit Kopftuch bei der Arbeit zu erscheinen. Allgemein gesagt hat Frankreich in Bezug auf das Tragen muslimischer Verschleierung die restriktivsten Gesetze in der westlichen Hemisphäre. Viele Muslime empfinden diese Gesetze als ungerechtfertigt oder gar als feindselig gegenüber dem islamischen Glauben. Zumindest indirekt leisteten sie der Radikalisierung eines Teils der muslimischen Jugend Vorschub.

Der »maximalistischen« Sichtweise des Laizismus zufolge sollte der Staat sich nicht in religiöse Angelegenheiten einmischen, da diese als Privatsache gelten. Die Reduzierung von Religion zu einer Privatsache hat jedoch zur Folge, dass die Einführung von Deradikalisierungsmaßnahmen sich in institutioneller und gesellschaftlicher Hinsicht als schwierig erweist, da sich die Regierung ja nicht mit dieser privaten Angelegenheit befassen soll. Wie aber kann unter diesen Umständen über die Rolle der Religion in Radikalisierungsprozessen reflektiert werden?

In einem ähnlichen Sinne neigen einige Sozialwissenschaftler in Frankreich (aber auch in anderen Teilen Europas) dazu, Radikalisierung auf ein soziales Phänomen zu reduzieren,[6] bei dem Religion keine Rolle spiele. Der radikale Islam sei für die jungen Menschen nur ein Deckmantel, unter dem sie ihren Ärger gegen die soziale Ausgrenzung und Stigmatisierung zum Ausdruck brächten. In diesem Sinne sei eine »Deradikalisierung« bedeutungslos, weil allein den gesellschaftlichen Ursachen des Problems entgegengewirkt werden müsse und nicht den möglicherweise fragwürdigen Auslegungen des Islams durch die jungen Menschen – oder zumindest müsste beides gleichermaßen bekämpft werden.

Somit sind sich die vollkommen säkularen Sozialwissenschaftler mit ihren Gesellschaftsanalysen und die Befürworter des Laizismus einig darin, jede Maßnahme als ungeeignet anzuprangern, die sich nicht auf die Wurzeln des Übels konzentriert – die sozialen Probleme.
Eine andere Sichtweise, die vor allem von der extremen Rechten, wie etwa dem Front National, vertreten wird, stellt den französischen »Republikanismus« (insbesondere die republikanischen Werte, für die er vermeintlich steht) dem Islam gegenüber. Vertreterinnen und Vertreter dieser Sichtweise kommen zu dem Schluss, dass der französische Republikanismus und der Islam inkompatibel seien, weil der Islam angeblich die demokratische Ordnung und die demokratischen Werte ablehne, vor allem die »französische Spielart der Demokratie«. Der Islam folge ausschließlich theokratischen Werten. Aufgrund ihres Glaubens (d.h. der Vorstellung von Gott als alleinigem Souverän, von dem die Herrschaft der Menschen nur abgeleitet sein kann), seien Muslime gar nicht in der Lage, sich zum Prinzip der Volkssouveränität und damit zur Demokratie zu bekennen. Folglich, so die Rechtsextremen, sei jeder Versuch, Muslime zu »deradikalisieren«, genauso zwecklos und sinnlos wie die Bekämpfung der Ursachen ihrer Radikalisierung. Aufgrund dieser »Tatsachen« soll den Muslimen nach Meinung der extremen Rechten die französische Staatsbürgerschaft aberkannt werden und ihnen verboten sein, in Frankreich zu leben. Selbstverständlich lässt eine solche Argumentation außer Acht, dass viele Muslime in Frankreich sehr säkular eingestellt sind und dass es selbst unter den strenggläubigen Muslimen diejenigen gibt, die nicht glauben, dass Gottes Wort über demokratischen Prinzipien stehen sollte.
Einige dieser Gedankengänge sind überall in Europa zu finden, aber die Kombination von Laizismus und rechtsextremen Ideologien sowie neomarxistischen Ansätzen (d.h. die Reduzierung der Ursachen der Radikalisierung auf die armen Vorstädte, die Banlieues, und damit allein auf soziale Ausgrenzung[7] und wirtschaftliche Benachteiligung oder auf die interventionistische Politik der französischen Regierung in muslimischen Ländern[8]) haben in Frankreich lange Zeit die Einführung konkreter Maßnahmen zur Förderung einer effektiven Deradikalisierung verhindert. Erst Ende 2014 und vor allem nach dem Anschlag auf *Charlie Hebdo* im Januar 2015 wurde die Notwendigkeit von Deradikalisierungsmaßnahmen zu einer Priorität auf der Regierungsagenda. Dass Daesh immer größer wurde und mehr junge Menschen als je zuvor nach Syrien aufbrachen (zwischen 2013 und 2016 waren es ca. 1200 bis 1500 Personen) erhöhte den Druck, staatliche Maßnahmen zur Eindämmung der Radikalisierung zu entwickeln.

Die verspäteten Anfänge der Deradikalisierungsmaßnahmen

Im April 2014 wurde das Innenministerium von der Regierung aufgefordert, Ansätze zur Radikalisierungsprävention zu erarbeiten. Es richtete eine Hotline ein (*le Numéro vert*, die Grüne Telefonnummer), bei der Familien, die sich Sorgen um die Entwicklung ihrer Kinder machten, um Unterstützung bitten konnten.[9] Darüber ermöglicht die Hotline der Regierung, Daten zu sammeln über den Kreis der Personen, die a) bereit sind, Frankreich zu verlassen, um sich in Syrien radikalen islamistischen Gruppierungen anzuschließen, b) demnächst von dort nach Frankreich zurückkehren könnten oder c) möglicherweise andere verleiten, ihnen in den Dschihad ins Ausland zu folgen (in der Regel nach Syrien und in den Irak, aber in Ausnahmefällen auch nach Mali, in den Jemen oder andere Länder). Es liegen zwar immer noch keine offiziellen Daten über die Zahl der Anrufer bei der Hotline vor, aber die Zahl der Personen, von denen man annahm, dass sie sich im Prozess der Radikalisierung befanden, stieg sprunghaft von etwa 4500 im Jahr 2014 auf über 11 000 im Jahr 2015 an; fast alle diese Fälle gingen auf Anrufe zurück, bei denen Personen gemeldet wurden, die im Verdacht standen, sich radikalisiert zu haben. Nach dem Angriff auf *Charlie Hebdo* im Januar 2015 und den Anschlägen in Paris vom November 2015 erreichte die Zahl der Anrufe neue Rekordhöhen.

Um den Familien beiseitezustehen, deren Kinder sich radikalisiert hatten, wurde ministerienübergreifend außerdem eine »Deradikalisierungszelle« geschaffen: Im Dezember 2013 ernannte das Innenministerium Pierre N'Gahane zum Leiter dieser »Deradikalisierungszelle«, dem bereits 2006 gegründeten Comité interministériel de prévention de la délinquance (CIPD, Interministerieller Ausschuss zur Verbrechensprävention). Ziel des Ausschusses war die Deradikalisierung derjenigen, die zumeist über die Hotline gemeldet wurden, weil sie in die Fänge radikaler Islamisten geraten waren. Über die Jahre standen N'Gahane als Leiter dieses Ausschusses (2016 wurde Muriel Domenach seine Nachfolgerin) für Studien über Radikalisierung und Deradikalisierung und für die Erarbeitung von Vorschlägen zur Deradikalisierung beträchtliche Gelder zur Verfügung.

Der erste großangelegte Versuch zur Radikalisierungsbekämpfung, der 2014 von der Regierung (dem Innenministerium) finanziert und einer privaten Organisation übertragen wurde (dem CPDSI: Centre de prévention des dérives sectaires liées à l'islam, etwa: Zentrum zur Prävention eines Abgleitens ins Sektierertum im Zusammenhang mit dem Islam), stand unter der Leitung von Dounia Bouzar, die inzwischen in Frankreich ziemlich umstritten ist. Das vom CPDSI entwickelte Programm beruhte auf der Annahme, dass Menschen, die sich dem radikalen Islam verschreiben, in die Fänge sektiererischer Einflüsse geraten seien, wobei die eigentliche Ideologie so gut wie keine Rolle spiele. Alleiniger Faktor sei die massive psychische Beeinflussung durch sektiererische Rekrutierer, die die verletzliche Psyche des jungen Menschen manipulieren würden, indem sie versuchten, einen Keil zwischen ihn und die Mehrheitsgesellschaft zu treiben. Das Programm lief bis Anfang 2016, als Dounia Bouzar ihre Zusammenarbeit mit der Regierung beendete.

Die enge Auslegung, dass Radikalisierung ausschließlich mit Sektierertum im Zusammenhang stehe, und die Tastache, dass beide aufgrund dessen immer wieder miteinander vermischt wurden, wurden heftig kritisiert, weil dabei nicht nur die Erkenntnisse aus Wissenschaft und Forschung, sondern auch die praktischen Arbeitserfahrungen auf dem Gebiet der Deradikalisierung und Ausstiegsarbeit unberücksichtigt blieben. Anlass zu weiterer Kritik gaben einige »gescheiterte« Fälle (wie der eines jungen Mädchens, das kurz nach ihrer »erfolgreichen Deradikalisierung« versuchte, sich Daesh in Syrien anzuschließen), die hohen Kosten (etwa 900 000 Euro in zwei Jahren) sowie die maßgebliche Rolle der Schwester von Dounia Bouzar in der Geschäftsleitung und ihre Bezahlung durch den Verein. Dies alles trug dazu bei, dass das Programm eingestellt wurde.[10]

In Aulnay-sous-Bois, einer der ärmeren Pariser Banlieues, wurde ein anderer Verein gegründet: La Maison de prévention pour les familles (Das Haus der Prävention für die Familien) unter der Leitung von Sonia Imloul, die der religiösen Dimension des Dschihadismus eine größere Bedeutung beimaß. Um Einfluss auf junge Menschen auszuüben, die aus Syrien oder dem Irak zurückkehren, oder um andere davon abzuhalten, die Reise anzutreten, band sie pietistische Salafisten (fundamentalistische Muslime, die zwar strenggläubig sind und eine literalistische Auslegung des Korans pflegen, aber Gewalt ausschließen und die dschihadistische Variante des Salafismus ablehnen) in ihre Arbeit ein. Dadurch stellte Imloul den pietistischen dem dschihadistischen Salafismus gegenüber. Ihr Ansatz stand jedoch im Widerspruch zum Laizismus, da er indirekt den pietistischen Salafismus, der den republikanischen Grundsatz der Trennung von Kirche und Staat ablehnt, legitimierte. Zugleich stellte sie damit das Konzept des religionsfreien öffentlichen Raumes (Religion als Privatsache) infrage. Aufgrund fehlender greifbarer Resultate und administrativer Mängel[11] beschloss die Regierung im November 2015, die Arbeit des Vereines nicht weiter zu finanzieren.

Sébastien Pietrasanta, Parlamentsabgeordneter aus dem Département Hauts-de-Seine und Berichterstatter zum Gesetzentwurf über die Terrorismusbekämpfung, schrieb 2015 einen Bericht über die Deradikalisierung[12], in dem er hervorhob, dass die Deradikalisierungsbemühungen auf vielen Gebieten ansetzen müssten und ein langwieriger Prozess seien, bei dem die Vorgehensweise auf die jeweiligen Einzelfälle zugeschnitten werden müsse, statt einer Universalmethode zu folgen. Des Weiteren hieß es in dem Bericht, dass dies einhergehen müsse mit der Schulung von muslimischen Intellektuellen und Theologen, die eine Auslegung des Islams vorschlagen würden, die die Legitimität des Dschihadismus anzweifelt und eine Religionsanschauung bietet, die im Einklang mit dem französischen Konzept des Laizismus steht.

Der interministerielle Ausschuss CIPD wurde im September 2016 reformiert, um Terrorismus effizienter bekämpfen zu können, in Comité interministériel de prévention de la délinquance et de la radicalisation (CIPDR, Interministerieller Ausschuss zur Verbrechens- und Radikalisierungsprävention) umbenannt und unter die Führung des Premierministers gestellt, der die Aufgabe hat, »Maßnahmen zur Prävention von Verbrechen und Radikalisierung in die Wege zu leiten, zu koordinieren und finanziell zu unterstützen«[13]. Dementsprechend hieß es: »Der CIPDR erarbeitet die politischen Richtlinien für die Prävention von Verbrechen und Radikalisierung und sorgt für deren Umsetzung. Dies geschieht unter der Führung des Premierministers oder durch Delegierung an den Innenminister und bezieht 19 Ministerien mit ein.«[14] Indem der reformierte Ausschuss direkt dem Premierminister unterstellt wurde, sollten die Unstimmigkeiten und Missverständnisse zwischen den verschiedenen Ministerien beseitigt und die Tendenz der einzelnen Ministerien, nach ihren jeweils eigenen Ansichten und Regelungen zu agieren und die Zusammenarbeit mit den anderen Ministerien zu vernachlässigen, überwunden werden. Allerdings erwiesen sich diese institutionellen Reformen als sehr langwierig, insbesondere mit Blick auf die vielen Anschläge, die seit 2012 auf französischem Boden stattgefunden hatten, und die vielen jungen Menschen, die seither nach Syrien ausgereist waren.

Auf wissenschaftlicher Ebene wurde 2016 dem Centre national de recherche scientifique (CNRS, Nationales Zentrum für wissenschaftliche Forschung, die wichtigste staatliche Forschungseinrichtung Frankreichs) ad hoc ein Haushalt für die Radikalisierungsforschung bewilligt. Ziel war es, ein besseres Verständnis von Radikalisierung und den Mitteln zu ihrer Prävention zu erlangen. Viele wissenschaftliche Projekte wurden finanziert und die verschiedenen Themen im Zusammenhang mit Radikalisierungsprozessen auf nationalen und internationalen Konferenzen unter der Schirmherrschaft des Forschungszentrums ausführlich diskutiert. Die Veröffentlichung der Ergebnisse steht allerdings noch aus. Das Observatoire de la radicalization (Beobachtungsstelle zur Radikalisierung) veranstaltete im Mai 2016 eine große internationale Konferenz in der Fondation de la maison des sciences de l'homme (Stiftung Haus der Humanwissenschaften) und dem Institut Montaigne (einer Privatstiftung, die Forschung zu aktuellen sozialen Fragen betreibt).[15]

Im September 2016 wurde in Beaumont-en-Véron im Département Indre-et-Loire eine neue Form der Intervention ins Leben gerufen. Statt weiterhin gemeinnützige Vereine und Freiwilligenorganisationen zu finanzieren, nahm die Regierung jetzt selbst die Fäden in die Hand. In dem Ort hatte es im kleinen Château von Pontourny ein experimentelles Bildungs- und Ausbildungszentrum für unbegleitete ausländische Jugendliche und junge Erwachsene gegeben, das aber auch französische Jugendliche, die von den Jugendämtern dorthin geschickt wurden, aufnahm. Diese Einrichtung wurde von der Regierung im Juni 2016 geschlossen und das Anwesen zunächst in ein »Deradikalisierungszentrum« und später in ein »Zentrum für Radikalisierungsprävention« umgewandelt. Hier sollten etwa 25 bis 30 »Freiwillige« aufgenommen werden, die aus dem Prozess der Radikalisierung aussteigen wollten. Sie sollten zehn Monate lang in der offenen Einrichtung (aber mit 24-stündiger Videoüberwachung) Unterstützung bekommen.

Die Behörden suchten nach jungen Erwachsenen zwischen 18 und 30 Jahren, die sich aus freien Stücken für die Deradikalisierungsmaßnahme bewarben,[16] weder straffällig geworden waren noch von den Strafverfolgungsbehörden beschuldigt wurden, Terroranschläge verübt zu haben, und auch nicht aufgrund eines *Fiche-S*-Vermerkes unter Beobachtung standen. Die Geheimdienste vermerken all diejenigen mit dem Hinweis *Fiche S*, die als radikalisiert und potenziell gewaltbereit gelten, und bemühen sich darum, diese besonders genau zu überwachen (ähnlich wie bei den in Deutschland als »Gefährder« bezeichneten Personen). Dieser Vermerk hat allerdings keine rechtliche Grundlage; er wurde nicht vom Justizministerium eingeführt und gilt für die Sicherheitsbehörden nur als Richtlinie. Die strengen Bedingungen für die Bewerber versperrten vielen jungen Menschen den Zugang zu der Maßnahme.

Einige Monate nach der Eröffnung zeigte sich der erste große Schwachpunkt des »Deradikalisierungszentrums« in Beaumont-en-Véron. Einer der Bewohner, der 24-jährige Mustafa S., wurde wegen Bildung einer terroristischen Vereinigung angeklagt (*Association des malfaiteurs en vue d'une action terroriste*, der Straftatbestand, der den meisten Anklagen gegen Terrorismusverdächtige zugrunde liegt). Er wurde schließlich zu einer Haftstrafe verurteilt, weil er im Dezember 2013 versucht hatte, sich Daesh in Syrien anzuschließen. Er stand im Verdacht, diesen Versuch ein zweites Mal im Mai 2016 unternommen zu haben. Er hätte also gar nicht in das »Deradikalisierungszentrum« aufgenommen werden dürfen. Von einer nicht näher genannten Quelle aus Beaumont-en-Véron hörte man, dass die Behörden entschieden hätten, auch »gefährliche« Menschen im Zentrum aufzunehmen, um es nicht leer stehen zu lassen. Im Februar 2017[17] stand es jedoch vollkommen leer und nicht zuletzt aufgrund der Kritik, dass hier öffentliche Gelder für ein Experiment verschwendet wurden,[18] kündigte das französische Innenministerium die Schließung des Zentrums für Ende des Jahres 2017 an.[19]

Im September 2016 beschloss die Regierung die Eröffnung von insgesamt 13 Zentren bis Ende 2017,[20] in denen junge Menschen nach »republikanischen Werten« resozialisiert werden sollten – mit Programmen, in denen ihnen die Grundlagen für neue Berufe vermittelt werden sollten, aber auch mit Sport und Psychotherapie, einzeln und in Gruppen, um bei den Jugendlichen Zweifel an ihren unerschütterlich radikalen Überzeugungen zu säen. Bis heute (Stand: Mai 2017) ist das Projekt allerdings noch nicht dezidiert in Angriff genommen worden. Für »schwerere Fälle« von Radikalisierten sollte ein weiteres Zentrum im Übersee-Département Mayotte (einer Insel zwischen dem afrikanischen Kontinent und Madagaskar) eröffnet werden. Die Menschen, die verurteilt wurden und nicht freiwillig dorthin gehen würden, hätten dann die Wahl zwischen einer Gefängnisstrafe oder der Aufnahme in dieses Zentrum. Aber auch die anderen Zentren sollten Personen aufnehmen können, die vor Gericht verurteilt wurden, wenn auch nicht unbedingt zu einer Haftstrafe. Auch diese Projekte sind jedoch bislang noch im Entstehen begriffen und noch nicht angelaufen.

Diese Bemühungen veranschaulichen die unklare Haltung der Regierung und ihre in zweierlei Hinsicht unangenehme Lage:
1. auf institutioneller Ebene: Aufgrund mangelnder Erfahrungen und einer hohen Zahl an »radikalisierten« Jugendlichen mussten neue Organisationen geschaffen werden, die in der Regel nach der Methode »Versuch und Irrtum« arbeiteten. Das konnte die Regierung natürlich nicht offen eingestehen, um nicht von der politischen Opposition als »Amateure« und als »inkompetent« abgestempelt zu werden;
2. auf der Ebene der Öffentlichkeit: Die Regierung musste eine entschiedene Haltung an den Tag legen. Der Öffentlichkeit zu zeigen, dass sie mit starken Maßnahmen »hart durchgriff«, war ein wichtiges Zeichen für eine nach den tödlichen Anschlägen vom November 2015 (bei denen mehr als 130 Menschen ums Leben kamen) tief traumatisierte Gesellschaft.

Gefängnis und Deradikalisierung

Haftanstalten waren und sind in Frankreich und vielen anderen europäischen Ländern eine der größten Brutstätten der Radikalisierung. Obwohl in Frankreich bei einer Gesamtbevölkerung von knapp 67 Millionen Schätzungen zufolge nur vier bis fünf Millionen Muslime leben, stellen sie etwa die Hälfte aller Gefängnisinsassen[21] (die meisten von ihnen sind nordafrikanischer Herkunft und kommen in der Regel aus den ärmeren Vororten französischer Großstädte, den Banlieues, in denen die zweite, dritte oder sogar vierte Generation verarmter Muslime aus den früheren französischen Kolonien einen Großteil der Bevölkerung ausmachen).

Im Jahr 2014 wurde in zwei Gefängnissen, in Osny und in Fleury-Mérogis, ein neues Programm aufgelegt,[22] um Möglichkeiten zu erproben, wie der Radikalisierung entgegengewirkt und eine Deradikalisierung gefördert werden könnte. Dazu wurden Dialog-Treffen eingerichtet, in deren Rahmen Soziologen versuchten, ausgewählten Häftlingen, die sich gerade im Prozess der Radikalisierung befanden, die Schwachstellen der dschihadistischen Ideologie aufzuzeigen, um ihre Überzeugungen infrage zu stellen. Die Gruppen trafen sich regelmäßig und es wurden Sozialwissenschaftler von außen eingeladen, um die wichtigen Themen im Zusammenhang mit dem Islam und der muslimischen Welt zu diskutieren. Ziel war es, den Häftlingen die Möglichkeit zu geben, ihre Sicht der Dinge zu schildern. Dies wiederum war Anlass für Sozialarbeiter und Wachpersonal, die Abläufe im Gefängnis zu reflektieren und ein Gefühl für die Perspektive der Häftlinge zu entwickeln. Die Dialog-Treffen wurden aufgrund ihres Erfolges schließlich auch anderen Haftanstalten zur Nachahmung empfohlen.

In den Gefängnissen von Fresnes (Val-de-Marnes), Fleury-Mérogis (Essonne), Osny (Val d'Oise) und Lille-Annoeulin (nahe der belgischen Grenze) wurden 2016 sogenannte *quartiers dédiés* für diejenigen Häftlinge eingerichtet, die aufgrund terroristischer Aktivitäten verurteilt worden waren. In Fresnes gab es schon ab Ende 2014 so einen separaten Zellentrakt mit einer Einheit namens »U2P« *(Unité de prévention du prosélytisme)*, um religiösen Missionierungen vorzubeugen. Die betreffenden Häftlinge wurden von den anderen getrennt und in Einzelzellen auf demselben Gang untergebracht. Sie wurden von Wärtern bewacht, die eine spezielle Schulung erhalten hatten, und von Psychologen sowie Integrations- und Bewährungshelfern betreut. Die Schaffung dieser Einheiten verkündete der damalige Premierminister Manuel Valls nach den Anschlägen vom Januar 2015 auf die Redaktion von *Charlie Hebdo* und den koscheren

Supermarkt bei Paris. Nach einigen Monaten standen diese Einheiten in der Kritik, vor allem nachdem in Osny im September 2016 ein Gefängniswärter von einem radikalisierten Einzelhäftling und einigen Mittätern angegriffen worden war,[23] was nicht nur die Grenzen dieser *quartiers dédiés* aufzeigte, sondern auch die Unfähigkeit vieler Gefängnisse, die maximale Sicherheit zu gewährleisten, die zur Überwachung radikalisierter Häftlinge erforderlich ist. Es überraschte daher nicht, dass der Justizminister im Oktober 2016 das Ende dieser Einheiten bekanntgab.

Er kündigte gleichzeitig an, dass in Fleury-Mérogis, Fresnes, Osny, Condé-sur-Sarthe, Bordeaux und Marseille stattdessen »Einheiten zur Einschätzung der Radikalisierung« eingerichtet würden *(quartiers d'évaluation de la radicalization)*. In jeder dieser Einheiten sollten rund 100 Häftlinge über einen Zeitraum von vier bis fünf Monaten untergebracht werden, um das Ausmaß ihrer Radikalisierung zu evaluieren. Die Insassen mit dem höchsten Radikalisierungsgrad würden nach Fresnes oder Fleury-Mérogis und die anderen in die Provinzgefängnisse verlegt. Die Hardliner unter den Dschihadisten, die man auf etwa 300 Personen schätzt, würden einem Regime unterworfen, das einer Isolationshaft nahekommt.[24] Die Gefangenen würden anhand der Aussagen der Wärter, des anderen Fachpersonals und des Geheimdienstes regelmäßig neu bewertet.[25] Wer der Gewalt abgeschworen zu haben scheint, würde eine andere Behandlung erfahren (z. B. in Gefängnisse verlegt werden, die geeignete Maßnahmen für eine Wiedereingliederung in die Gesellschaft anbieten) als diejenigen, deren Radikalisierungsgrad unverändert hoch ist.

Nicht einmal sechs Monate später führten die beiden Senatorinnen Esther Benbassa und Catherine Troendlé eine Untersuchung über die in den Jahren zuvor eingeführten Methoden der Deradikalisierung durch. Im Zwischenbericht mit dem Titel »Entideologisierung, Distanzierung und Wiedereingliederung der Dschihadisten in Frankreich und Europa« *(Désendoctrinement, désembrigadement et réinsertion des djihadistes en France et en Europe)* wurden die politisch Verantwortlichen kritisiert, das Problem der Deradikalisierung falsch angegangen zu haben. Die gemeinnützigen Vereine und Freiwilligenorganisationen wurden angeprangert, nur hinter dem Geld her gewesen zu sein, das Problem zu stark vereinfacht und seine Komplexität nicht erfasst zu haben.[26] Der Mitte Juli 2017 veröffentlichte Abschlussbericht der beiden Senatorinnen bestätigte dieses Zwischenfazit und regte auch die Schließung des Deradikalisierungszentrums in Pontourny an, die keine zwei Wochen später erfolgte. Außerdem betonte der Abschlussbericht auch die Notwendigkeit, den Austausch mit anderen Ländern zu suchen und verwies dabei auf die positiven Erfahrungen, die bereits im belgischen Vilvoorde und in Dänemark gemacht wurden (siehe dazu auch das Interview mit Hans Bonte und Jessika Soors sowie den Beitrag von Preben Bertelsen in diesem Band).[27]

Eine andere Maßnahme wurde in Bordeaux in Zusammenarbeit mit dem Imam der Hauptmoschee, Tariq Oubrou, ins Leben gerufen.[28] Im Zentrum »le Capri« (Centre d'action et de prévention contre la radicalisation des individus – Zentrum für Aktion und Prävention von Radikalisierung von Individuen) arbeiten die städtischen Behörden (Marik Fetouh), der Imam der Hauptmoschee von Bordeaux (Tariq Oubrou) und der gegen Sekten vorgehende Rechtsanwalt Daniel Picotin unter der Schirmherrschaft des Interministeriellen Ausschusses zur Verbrechens- und Radikalisierungsprävention (CIPDR) zusammen. Hier arbeiten muslimische Theologen, Psychiater, Psychologen und Juristen Hand in Hand. Sie unterscheiden drei verschiedene Radikalisierungstypen: erstens diejenigen, die psychisch verletzlich sind oder mit ihrer Familie gebrochen haben, zweitens diejenigen, die in die Fänge von Rekrutierern geraten sind, und drittens diejenigen, die Opfer von Diskriminierung sind. Für jede dieser Kategorien schlagen sie eine spezifische Therapieform vor. Es ist jedoch noch zu früh, um ihre Arbeit zu bewerten.

Deradikalisierung und Zivilgesellschaft

Wie oben erwähnt, kommen die Radikalisierten mehrheitlich aus den Banlieues, den armen Vorstädten in und um französische Großstädte. Dort hegen die Familien allgemein großes Misstrauen gegenüber der Polizei und Regierungsorganisationen. Gleichzeitig gehen aber die wichtigsten Initiativen gegen die Radikalisierung von der Regierung aus – über die Präfekten (die Vertreter der Zentralregierung in den jeweiligen Départements), die z. B. für die Vergabe von Geldern für Deradikalisierungsmaßnahmen zuständig sind – und werden die wichtigsten Antiradikalisierungsmaßnahmen von Regierungsbehörden bewilligt.

Polizeikräfte stoßen in den Banlieues bestenfalls auf Misstrauen, schlimmstenfalls auf Feindseligkeit. Zivilgesellschaftliche Initiativen sind kaum der Rede wert, im Grunde überhaupt nicht vorhanden. Initiativen von unten sind nur schwer auf die Beine zu stellen, was darauf zurückzuführen ist, dass die Verhältnisse in vielen armen Vorstädten von den jungen Erwachsenen aus der zweiten oder dritten Generation früherer Immigranten als »kolonial« oder bestenfalls als »ungleich« erachtet werden. Das Unbehagen über die Staatsbürgerschaft, die Stigmatisierung, eine koloniale Vergangenheit, die in der Vorstellungswelt der jungen Menschen weiterlebt, die ungerechte Behandlung, die junge Menschen aus Nordafrika »hoffnungslos« werden lässt, auch wenn einige von ihnen durchaus erfolgreich sind und in die Mittelschicht aufsteigen: All diese realen und zum Teil imaginierten Faktoren machen es sehr schwer, Brücken zwischen den Menschen der Banlieues und der Regierung zu bauen. Daher fällt die Radikalisierung genau in dieser Umgebung auf so fruchtbaren Boden. Aus den Mittelschichten radikalisiert sich nur eine Minderheit, bei denen es sich um junge Menschen auf der Suche nach neuen Idealen und Utopien (wie etwa der Idee eines weltumspannenden Kalifates) handelt.

Die Schwäche der französischen Zivilgesellschaft ist eines der größten Hemmnisse im Kampf gegen die Radikalisierung. Aktionen von »unten« durch Bürgerinitiativen oder Nichtregierungsorganisationen sind auf diesem Gebiet ohnehin selten, aber dieser Mangel an Initiativen ist auch auf ein zentralisiertes System zurückzuführen, das der Regierung immer die Hauptrolle einräumt – nicht nur bei der Terrorismusbekämpfung, sondern auch bei der Förderung von symbolischen und sozialen Anti-Terror-Aktionen.[29] Das Misstrauen bei vielen Familien in den armen Vorstädten gegenüber der Polizei und die Reduzierung der lokalen Polizeikräfte während Sarkozys Amtszeit als Innenminister haben die Zivilgesellschaft auf lokaler Ebene zu sehr geschwächt, um präventive Aktionen gegen den Dschihadismus voranzutreiben.

Vor Sarkozys Amtszeit konnten lokale Polizeikräfte einen Teil des Misstrauens der Banlieue-Bewohner gegenüber der Polizei als staatlicher Institution abbauen, indem sie persönliche Kontakte und Beziehungen zu den Bewohnern vor Ort aufbauten. Ihr Abzug aus den Banlieues führte dazu, dass plötzlich die nationale Polizei ohne lokale Kontakte und Beziehungen für viele Vororte zuständig war. Das alte Dilemma – nationale Polizeikräfte als langer Arm des Staates versus Banlieue-Bewohner – brach von Neuem auf und zögerlich aufgebautes Vertrauen in den jeweils anderen wurde zerstört.

Eine der aktiven Stützen gegen die Radikalisierung sind Mütter. Einige haben Vereine gegründet, um den Widerstand gegen die Radikalisierung ihrer Kinder zu fördern, so z. B. Nadia Remadna, die 2014 La brigade des mères (»Die Brigade der Mütter«) ins Leben rief und die Mütter in den Banlieues dazu aufrief, im Hinblick auf eine Radikalisierung die Verantwortung für ihre jungen Söhne zu übernehmen. Sie organisierte im März 2016[30] eine Demonstration in Sevran (einer Stadt bei Paris, aus der viele junge Erwachsene nach Syrien gegangen sind) und schrieb das Buch *Comment j'ai sauvé mes enfants* (»Wie ich meine Kinder rettete«), um ihre eigene

Art der Radikalisierungsbekämpfung zu veranschaulichen. Andere Mütter haben in Gesprächen oder Diskussionen nicht nur auf ihre Konfrontation mit dem Rekrutierer, der versuchte, ihre Söhne zu ködern, hingewiesen, sondern auch darauf, dass sie von der Regierung in keiner Weise dabei unterstützt wurden, ihre Kinder vor dem Abgleiten in die Radikalisierung zu schützen. Sie zeigten ihren Kampfgeist, konfrontierten die Rekrutierer und wollten sie anzeigen – bis Ende 2004 waren diese aber mehr oder weniger immun gegen Maßnahmen der Regierung, zumindest solange sie keine militante Vergangenheit hatten.

Ein weiteres Beispiel ist Latifa Ibn Ziaten, die 1977 als 17-Jährige im Rahmen einer Familienzusammenführung aus Marokko zu ihrem Mann nach Frankreich kam. Ihr Sohn Imad Ibn Ziaten war Unteroffizier in der französischen Armee und wurde am 11. März 2012 vom Dschihadisten Mohamed Merah getötet. Im April 2012 gründete sie die Association Imad Ibn Ziaten pour la jeunesse et pour la paix (Jugend- und Friedenswerk Imad Ibn Ziaten), um etwas für die ausgegrenzten Jugendlichen in den französischen Vorstädten zu tun. Ihre Auftritte im Fernsehen und ihr 2013 erschienenes Buch *Mort pour la France, Mohamed Merah a tué mon fils* (»Für Frankreich gestorben: Mohamed Merah hat meinen Sohn getötet«) fanden ein großes mediales Echo. Sie geht direkt in die Vororte, organisiert Treffen und spricht mit den jungen Menschen, um sie davon abzubringen, Gewalt auszuüben. Dass sie gebürtige Nordafrikanerin ist, selbst in einem der armen Vororte gelebt hat und durch das Tragen eines Kopftuches die Rolle der muslimischen Mutter verkörpert, trägt dazu bei, dass sie eine empathische und authentische Verbindung zu den Generationen muslimischer Jugendlicher aufbauen kann, die sich von den Behörden verachtet fühlen. Sie gilt als »eine von ihnen« und viele Jugendliche sind dankbar für ihre mütterlichen Ratschläge. Gleichzeitig hat ihr das Kopftuch jedoch harsche Kritik aus radikal-laizistischen Kreisen eingebracht, die ihren »Schleier« als antirepublikanische Einstellung anprangerten.

Fazit

Alles in allem ist die Politik der Deradikalisierung in Frankreich durch Unentschlossenheit und Wankelmut gekennzeichnet. Sie begann später als in vielen anderen Ländern (ernsthaft erst im 3. Quartal 2014) und seitdem hat es viele Richtungsänderungen und Kehrtwenden gegeben. Das erhebliche Ausmaß des Problems (viele Hundert Dschihadisten) sowie die institutionellen und ideologischen Probleme (vor allem der Laizismus) haben eine Lösung weiter erschwert. Die Regierung versuchte, einen einheitlichen Ansatz in die Wege zu leiten, aber bisher war das noch nicht von großem Erfolg gekrönt.

Deradikalisierungsmaßnahmen waren von Ambivalenz geprägt. Ihr gemeinsamer Nenner war der Kampf gegen Gewalt. Der konkrete Inhalt der Maßnahmen, also die Auseinandersetzung mit der radikalen Version des Islams, ging damit einher, »eine gemäßigte Version des Islams« einer dschihadistischen Variante gegenüberzustellen. Dazu bedarf es dringend der gemäßigten Stimmen aus den muslimischen Gemeinschaften. Viele dieser Imame haben allerdings eine ambivalente Haltung gegenüber dem Kopftuchverbot und dem Laizismus, was ihnen die Zusammenarbeit mit der Regierung erschwert. Das Dschihadisten-Problem stellt die Frage nach dem Umgang mit islamischen Fundamentalisten ganz neu: Sollen die Institutionen im Kampf gegen die Dschihadisten mit »Fundamentalisten« (wie in Sonia Imlouls Fall mit den pietistischen Salafisten) zusammenarbeiten oder nicht? In Frankreich werden alle, die eine neutrale Haltung zur Frage des Kopftuches einnehmen, mit Misstrauen beäugt und das »Kopftuchproblem« ist in den Augen der Behörden inzwischen die Trennlinie zwischen Fundamentalismus und »moderatem Islam«.

Viele Muslime, die der Ansicht sind, das Kopftuch müsse anerkannt werden, und die daher verdächtigt werden, fundamentalistische Neigungen zu haben, unterstützen die Regierung in ihrem Kampf gegen den Dschihadismus nur noch sehr zögerlich. Die generelle Einstellung unter den Muslimen zur Radikalisierung wird zum Zankapfel: Die überwältigende Mehrheit der Muslime lehnt den Dschihadismus ab, aber akzeptiert nicht, dass das Kopftuch automatisch als gleichbedeutend mit Fundamentalismus verstanden wird. Daher ist der Dialog zwischen den muslimischen Gemeinschaften und der Regierung durch Missverständnisse und gegenseitiges Misstrauen gestört, was ein gemeinsames Vorgehen im Kampf gegen die Radikalisierung erschwert.

Gleichzeitig fehlt es Frankreich an Erfahrungen in der Auseinandersetzung mit ideologisierten Menschen – Erfahrungen, wie sie z. B. Deutschland und Norwegen im Kampf gegen Neonazis gesammelt haben. Zudem erschwert der Laizismus den Umgang mit dem Islam erheblich, weil innerhalb der republikanischen Kreise jede Debatte über Religion mit der Begründung abgelehnt wird, dass diese reine Privatsache sei.

Der Mangel an Erfahrung, das Laizismus-Problem (sowohl in Bezug auf die Muslime als auch auf laizistische Kreise in der Gesellschaft), die Probleme in den Banlieues und der fehlende Dialog zwischen den Behörden und diesen Stadtvierteln sowie die Schwäche der Zivilgesellschaft lassen jeglichen institutionellen Umgang mit »Deradikalisierung« zu einer unglaublichen Herausforderung werden.

Die Übersetzung des englischen Originaltextes besorgte Ina Goertz.

Anmerkungen

1 Ein Überblick über die Definitionen findet sich in Farhad Khosrokhavar: Radikalisierung. Aus dem Französischen von Stefan Lorenzer, Hamburg 2016; vgl. auch Peter Neumann, Die Neuen Dschihadisten, Berlin 2015.
2 Die präzise Definition von Radikalisierung, die ich in meinem Buch (Anm. 1) vorschlage, wurde vom französischen Innenministerium übernommen; vgl. Guide interministériel de prévention de la radicalisation vom März 2016, S. 7: »Als Radikalisierung bezeichnet man den Prozess, der dazu führt, dass ein Individuum oder eine Gruppe zu einer Form der Gewaltausübung greift, die unmittelbar an eine sozial, politisch oder religiös motivierte Ideologie geknüpft ist, von der die herrschende politische, soziale oder kulturelle Ordnung abgelehnt wird. (Farhad Khosrokhavar).«
3 Daesh ist das Akronym für die arabische Entsprechung von »Der Islamische Staat im Irak und der Levante« (die Levante bezeichnet das historische Syrien, das in etwa dem heutigen Staatsgebiet Syriens sowie dem Libanon, Israel und den Palästinensergebieten und Jordanien entspricht) und ist in Frankreich der gebräuchlichere Name für den sogenannten Islamischen Staat.
4 Jean Baubérot unterscheidet sieben Definitionen von Laizismus; vgl. Jean Baubérot: Les sept laïcités françaises. Le modèle français de laïcité n'existe pas, Paris 2015.
5 Der öffentliche Diskurs in Frankreich generalisiert sehr stark und sieht im Salafismus eine gefährliche Ideologie, die Radikalisierung Tür und Tor öffnet. Deshalb wird der Kampf gegen den Salafismus als wichtige Vorstufe erachtet, um so auch den Dschihadismus bekämpfen zu können.
6 Roy ist der Überzeugung, dass dschihadistischer Extremismus »die Islamisierung von Radikalität« sei, d. h., dass Radikalisierung nicht in erster Linie mit dem Islam oder Islamismus zu tun hat (Islamismus ist lediglich die Überschrift, unter der junge Radikale ihren Hang zur Gewalttätigkeit ausleben). Ähnlich argumentiert Liogier, der auf die Unwissenheit der jungen Dschihadisten bezüglich des Islams als Religion hinweist; vgl. Olivier Roy: Le djihad et la mort, Paris 2016; und Raphaël Liogier: La Guerre des civilisations n'aura pas lieu: Coexistence et violence au XXIe siècle, Paris 2016.
7 In seinem ansonsten sehr gründlichen Buch über die armen Vorstädte in Frankreich erwähnt Lapeyronnie den Islam kein einziges Mal; vgl. Didier Lapeyronnie: Ghetto urbain, Paris 2008.
8 Vgl. François Burgat: Comprendre l'islam politique: une trajectoire de recherche sur l'altérité islamiste, 1973−2016, Paris 2016.

9 Vgl. Arnaud Danjean: Pour surveiller 4000 suspects de terrorisme, il faudrait 40 000 policiers, in: Le Figaro, 26.06.2015; Jean-Louis Dell'Oro: Combien y a-t-il de djihadistes en France et quels sont leurs profils?, in: Challenge, 08.01.2016, https://www.challenges.fr/france/combien-y-a-t-il-de-djihadistes-en-france-et-quels-sont-leurs-profils_45504 (letzter Zugriff: 12.08.2017).
10 Déradicalisation: premier échec pour la méthode »Dounia Bouzar«, in: Marianne, 01.03.2016.
11 In einem Buch mit dem Titel »Cellule de déradicalisation. Chronique d'une désillusion« (2016) prangert Julien Revial, der in dem Verein gearbeitet hat, die Missstände an und zeigt anhand der Unzulänglichkeiten von Imlouls Verein die generellen Schwachpunkte der französischen Deradikalisierungsbemühungen auf.
12 Sébastien Pietrasanta, La déradicalisation, outil de lutte contre le terrorisme, Bericht vom Juni 2015 im Auftrag des Innenministers Bernard Cazeneuve und des Premierministers Manuel Valls.
13 https://www.interieur.gouv.fr/SG-CIPDR/CIPDR/Le-secretariat-general (letzter Zugriff: 23.06.2017).
14 https://www.interieur.gouv.fr/content/download/99918/785380/file/plaquette-cipdr.pdf, S. 1 (letzter Zugriff: 23.06.2017).
15 Colloque international: Le djihadisme transnational, entre l'Orient et l'Occident, 31. Mai bis 2. Juni 2016, Paris, https://radical.hypotheses.org/527 (letzter Zugriff: 21.04.2017).
16 Xavier Frison: Le centre de déradicalisation de Beaumont-en-Véron va accueillir ses premiers pensionnaires, in: Marianne, 04.09.2016.
17 Guillaume Souvant, Le seul centre de déradicalisation en France ne déradicalise plus personne, in: l'express.fr, 09.02.2017.
18 Vgl. die Tweets von M. Carrier auf http://www.20minutes.fr/societe/2000331-2017 0122-menaces-fermeture-premier-centre-deradicalisation-beaumont-veron (letzter Zugriff: 21.04.2017).
19 Stéphanie Fillion: What we can learn from France's failed deradicalization center, in: La Stampa, 02.09.2017, http://www.lastampa.it/2017/09/02/esteri/lastampa-in-english/what-we-can-learn-from-frances-failed-deradicalization-center-s126MYkCYw329 OcwUd1UcJ/pagina.html (letzter Zugriff: 18.09.2017).
20 Delphine de Mallevoüe, Le premier centre de déradicalisation accueillera des «candidats» dès septembre, in: Le Figaro, 10.05.2016.
21 Eine Erörterung über den ungefähren Anteil von Muslimen in französischen Gefängnissen, der sich auf 40 bis 60 Prozent beläuft, findet sich in Farhad Khosrokhavar: L'islam en prison, Paris 2004 und in ders.: Prisons de France, Paris 2016. Da es den Behörden verboten ist, auf nationaler Ebene Statistiken im Zusammenhang mit Religion zu führen, beruhen die Zahlen der Soziologen auf einer Kombination aus qualitativen und quantitativen Beobachtungen. Vgl. auch James Beckford/Danièle Joly/Farhad Khosrokhavar: Muslims in Prison. Challenge and Change in Britain and France, London 2006.
22 Ouisa Kies leitete das Projekt auf der Grundlage von Diskussionsrunden mit Häftlingen zu Themen im Zusammenhang mit Radikalisierung, was bei den Häftlingen

durchaus zu Reflexivität führte. Das Projekt galt als überzeugend genug, um auf einige andere Haftanstalten ausgeweitet zu werden.
23 Paule Gonzales: Agression à la prison d'Osny: une attaque djihadiste concertée, in: Le Figaro, 06.09.2016.
24 Prisons: les unités de déradicalisation seront remplacées par des ›quartiers d'évaluation de la radicalisation‹, in: franceinfo, 25.10.2016.
25 Vgl. Farhad Khosrokhavar: Prisons de France (Anm. 21); ders.: Radicalization in Prison: The French Case, in: Politics, Religion & Ideology, Juni 2013.
26 Paule Gonzalès/Jean-Marc Leclerc: Djihad: la politique de déradicalisation est un échec, in: Le Figaro, 21.02.2017; weitere Informationen auf Deutsch sowie der Link zum Bericht finden sich unter: Bericht über französische Maßnahmen zur Deradikalisierung: Senatorinnen üben harte Kritik, in: Infodienst Radikalisierungsprävention, Bundeszentrale für politische Bildung, 06.04.2017, https://www.bpb.de/politik/extremismus/radikalisierungspraevention/246017/bericht-ueber-franzoesische-massnahmen-zur-deradikalisierungsenatorinnen-ueben-harte-kritik (letzter Zugriff: 18.09.2017).
27 Vgl. Frankreich: Abschlussbericht über staatliche Maßnahmen zur Deradikalisierung erschienen, in: Infodienst Radikalisierungsprävention, Newsletter August 2017, Bundeszentrale für politische Bildung, http://www.bpb.de/politik/extremismus/radikalisierungspraevention/254520/neuerscheinungen-materialien-studien-newsletter-august-2017 (letzter Zugriff: 18.09.2017).
28 Stéphanie Lacaze: Un (discret) centre anti-radicalisation islamiste lancé à Bordeaux, in: Libération, 09.01.2016.
29 Man vergleiche das mit Deutschland, wo die Bundesregierung den Bürgern einen größeren Handlungsspielraum einräumt, als dies in Frankreich der Fall ist. Allerdings hat das dezentralisierte System auch seine Schwachstellen offenbart, insbesondere in Bezug auf die Datenweitergabe zwischen Bund und Ländern zur Terrorismusbekämpfung: Im Fall von Anis Amri, der den Anschlag in Berlin verübte, scheint es, als sei das schlechte Zusammenwirken der Sicherheitsbehörden zum Teil mit dafür verantwortlich, dass der Tunesier seinen Terrorakt ausführen konnte.
30 Le combat des mères pour lutter contre la radicalisation de leurs enfants, in: Europe1, 13.03.2016, http://www.europe1.fr/societe/le-combat-des-meres-pour-lutter-contre-la-radicalisation-de-leurs-enfants-2691415 (letzter Zugriff: 12.08.2017).

Preben Bertelsen

Der Kampf gegen gewaltbereiten Extremismus: Das Aarhus-Modell

Die Ursprünge des Aarhus-Modells

Nach dem Terroranschlag in London im Jahr 2005 beschlossen die Verwaltung der zweitgrößten dänischen Stadt Aarhus und die Østjyllands Politi (die Polizeibehörde Ostjütland) eine Zusammenarbeit mit dem Ziel zu organisieren, sowohl den Terrorismus zu bekämpfen als auch frühzeitige Maßnahmen gegen Radikalisierungsprozesse zu ergreifen. Diese Zusammenarbeit entwickelte sich in den nachfolgenden Jahren zu dem, was später das Aarhus-Modell genannt wurde.

Zu Beginn stand aber nicht der religiös begründete, gewaltbereite Extremismus im Fokus, sondern die Maßnahmen zielten zum größten Teil auf die rechtsradikale und neonazistische Bewegung in Aarhus, »White Pride«, ab. Diese Bewegung verschwand jedoch in den folgenden zehn Jahren fast vollständig von der Bildfläche und ist zurzeit auf der öffentlichen und politischen Bühne kaum sichtbar. Zur gleichen Zeit verstärkten sich die Aktivitäten im extremistischen islamistischen Umfeld in Aarhus (sowie in Dänemark und in den westlichen Ländern insgesamt). Der Höhepunkt dieser Entwicklung war die Ausreise zahlreicher junger Menschen aus Dänemark und anderen westeuropäischen Ländern, um sich in Syrien einer der zahlreichen am Bürgerkrieg beteiligten Kriegsparteien – vielfach dem sogenannten Islamischen Staat – anzuschließen. Bis 2014 machten sich ca. 35 Jugendliche aus Aarhus auf den Weg nach Syrien, die meisten davon zwischen 2013 und 2014. Aufseiten der Stadt reagierte man darauf mit verstärkten Bemühungen, Radikalisierungsprozesse frühzeitig zu erkennen, aufzuhalten und so weitere Ausreisen zu verhindern. 2015 konnten die Ausreisen aus Aarhus gestoppt werden und bis heute gibt es nach Kenntnisstand der Polizei keine weiteren Jugendlichen, die sich auf den Weg nach Syrien gemacht haben.

28 Jugendliche sind seither von Mentoren betreut worden. Die meisten von ihnen sind mittlerweile in die Gesellschaft reintegriert, haben eine Wohnung, Arbeit oder Ausbildung und keine Pläne, auszureisen oder

sich gewaltbereiten Extremisten anzuschließen. Gegenwärtig werden noch sechs Jugendliche in Aarhus von Mentoren betreut.

Für das Aarhus-Modell waren von Beginn an zwei Charakteristika kennzeichnend: Zum einen folgt es dem wichtigen dänischen Grundsatz, Menschen, die sich aus unterschiedlichen Gründen als von der Gesellschaft ausgeschlossen betrachten (oder es tatsächlich sind), dabei zu helfen, wieder an dieser Gesellschaft teilzuhaben, und zwar als anerkannte, aktive Mitbürgerinnen bzw. Mitbürger – soweit dies möglich ist, d. h. ohne naiv zu sein und ohne die Sicherheit anderer in Gefahr zu bringen.

Zum anderen basiert das Aarhus-Modell auf einer im Vergleich mit vielen anderen Ländern außerhalb von Skandinavien einzigartigen gesetzlichen Grundlage, die es Schule, Sozialbehörden und Polizei organisatorisch ermöglicht, zusammenzuarbeiten, um jungen Menschen zu helfen und Informationen zwischen der Polizei und anderen Behörden auszutauschen. Die sogenannte SSP-Zusammenarbeit gibt es in Dänemark seit mehr als 40 Jahren. Ursprünglich wurde sie für den Einsatz gegen Jugendkriminalität konzipiert und hat sich seitdem als ein sehr effizientes Instrumentarium erwiesen. Sie ermöglicht eine konkrete und spezifische Arbeit in Bezug auf die Bedürfnisse des einzelnen Jugendlichen, da man zu jedem Zeitpunkt Informationen austauschen, passgenau Teams zusammenstellen und die Maßnahmen, die man im konkreten Fall als optimal ansieht, ergreifen kann. Daher lag es nahe, auch mit dem Aarhus-Modell auf die bewährte SSP-Zusammenarbeit zurückzugreifen und insbesondere radikalisierungsgefährdete Jugendliche in den Blick zu nehmen.

Seit 2011 ist das Aarhus-Modell außerdem Bestandteil einer Forschungskooperation mit dem Psychologischen Institut der Universität Aarhus (vertreten durch meine Person), die darauf abzielt, die theoretische und empirische Grundlage für den Einsatz speziell ausgebildeter Mentorinnen und Mentoren und für die Früherkennung von Risikofaktoren und Radikalisierungstendenzen zu entwickeln.

Bevor das Aarhus-Modell detailliert beschrieben werden kann, sind einige Ausführungen zum Verständnis des Begriffs »Extremismus« sowie zur theoretischen Grundlage des Aarhus-Modells, der Lebenspsychologie, notwendig.

Extremismus – eine Annäherung an einen umstrittenen Begriff

Viele Extremismus-Definitionen richten den Fokus auf äußere Umstände (z. B. ökonomische und gesellschaftliche Faktoren, wie Perspektivlosigkeit oder Diskriminierung), die einen Radikalisierungsprozess befeuern und schließlich in Extremismus münden können. Aber Extremismus schließt zunächst die Veränderung des eigenen Denkens ein, d. h. die Veränderung der eigenen Welt- und Lebensanschauung sowie die Selbstwahrnehmung und die Wahrnehmung anderer. Schmid hat eine umfassende Liste von Definitionen zusammengestellt, und ein durchgängiges Charakteristikum dieser Definitionen besteht darin, dass Extremismus als eine weit von der gesellschaftlichen »Mehrheitsmeinung« entfernte Position angesehen wird, die auf umfassende und fundamentale soziale, kulturelle und/oder gesellschaftliche Veränderungen des eigenen oder des gemeinschaftlichen Daseins gerichtet ist.[1] Er ist zudem dadurch gekennzeichnet, dass er keine Rücksicht auf das menschliche Zusammenleben[2] sowie auf eine Gemeinschaft und eine Daseinsform, die Raum für alle bietet und in der sich die große Mehrheit der Mitbürgerinnen und Mitbürger entfalten kann, nimmt.

Im Lichte dieser Überlegungen soll der Begriff Extremismus hier folgendermaßen definiert werden: *Ein intensiver Wunsch und/oder ein Bestreben nach einer universellen und durchgreifenden Veränderung des eigenen und gemeinschaftlichen Daseins – sozial, kulturell und/oder gesellschaftlich –, bei der keine Rücksicht auf das menschliche Zusammenleben genommen wird.*

Moskalenko und McCauley haben zudem aufgezeigt, dass es einen wesentlichen Unterschied macht, ob man sich in Richtung eines nicht gewaltbereiten Extremismus bewegt oder eine Entwicklung nimmt, die zu gewaltbereitem Extremismus führt.[3] Aus diesem Grund ist es dringend geboten, zwischen beiden Formen zu unterscheiden. Dies ist auch ein zentraler Aspekt im Aarhus-Modell.

Durch diese Unterscheidung zwischen nicht gewaltbereitem und gewaltbereitem (und somit schlussendlich auch zwischen legalem und illegalem) Extremismus wird eine der schwerwiegendsten Fallen vermieden, in die die Extremismusforschung und die Radikalisierungsprävention tappen können, nämlich auf die »falschen Positiven« abzuzielen – d. h., junge Menschen, die mit politischen und religiösen Ansätzen der Lebensgestaltung experimentieren, als Zielgruppe präventiver Maßnahmen auszumachen, obwohl sie niemals auf den Gedanken kommen würden, zu ungesetzlichen oder gewalttätigen Mitteln zu greifen. Zum einen wäre ein Vorgehen dagegen eine Verletzung der demokratischen Grundrechte.

Und zum anderen – was möglicherweise noch fataler wäre – könnte eine derartige Stigmatisierung die eigentliche Absicht ins Gegenteil verkehren und die zunächst fälschlicherweise als Zielgruppe ausgemachten Jugendlichen zusätzlich in Richtung eines gewaltbereiten und somit illegalen Extremismus radikalisieren.

Es bestehen weitere Fallstricke, die die Extremismusforschung und die Radikalisierungsprävention unter allen Umständen vermeiden müssen. Es ist naheliegend, dass viele ein Phänomen wie Terrorismus als »abnormal« wahrnehmen und es deshalb mit einer psychischen Erkrankung oder den gestörten Lebensverhältnissen des Täters bzw. der Täterin assoziieren. *Im Allgemeinen* leiden radikalisierte Personen jedoch nicht unter psychopathologischen Störungen, wie z. B. antisoziale Persönlichkeitsstörungen, Paranoia etc.[4] Der wiederholte Hinweis auf äußere, insbesondere soziale, kulturelle oder gesellschaftliche Bedingungen als *alleinige* Erklärfaktoren für Radikalisierungen in Richtung gewaltbereiter Extremismus bzw. Terrorismus hat sich ebenso wenig als hilfreich erwiesen: Viele Menschen weltweit sind mit ihren Lebensbedingungen unzufrieden, aber nur bei einer Handvoll von ihnen führt dies zu einem Radikalisierungsprozess.[5] Armut, schlechte Bildung und politische Unterdrückung taugen ebenfalls nicht als singuläre Erklärfaktoren.[6] Im Gegenteil, viele gewaltbereite Extremisten und Terroristen entstammen der Mittelklasse, sind oft gut gebildet (zum Teil mit Hochschulabschlüssen) und sind – soweit sich dies oberflächlich beurteilen lässt – selbst keine Opfer von Unterdrückung.[7]

Der erste einer Reihe von Fallstricken wäre deshalb die Konstruktion eines theoretischen Modells und entsprechender Mentoringansätze, die sich auf derlei oberflächliche demografische und sozioökonomische Angaben stützen (Herkunft, Religion, Einkommen etc.). Derlei Indikatoren würden mit ziemlicher Sicherheit eine große Zahl an »falschen Positiven« produzieren und gleichzeitig zur Stigmatisierung ganzer Bevölkerungsgruppen (z. B. Muslime) beitragen.[8]

Ein zweiter Fallstrick sind Modelle und Maßnahmen, die einseitig auf bestimmten politischen und normativen Vorstellungen über gesellschaftliche Werte, Zusammenhalt und Integration gründen und an die sehr genaue und enge Vorstellungen von Kultur und Gesellschaft geknüpft sind.[9] Auch hier würden bestimmte Bevölkerungsgruppen systematisch herausgepickt und diskriminiert, die diesen konkreten Gesellschaftsentwurf nicht teilen, aber womöglich in friedlicher Koexistenz in der Gesellschaft leben möchten.

Ein dritter Fallstrick wäre, dass es den eingeleiteten Maßnahmen nicht gelingt, die Grundbedingungen menschlichen Lebens ausreichend einzubeziehen, sodass die Individuen, an die sich solche Interventionen richten, diesen gleichgültig gegenüberstehen, weil sie die Maßnahmen nicht mit den realen Problemen ihres täglichen Lebens in Verbindung bringen können.[10]

Das theoretische Modell und die entsprechenden praktischen Maßnahmen sollten daher davon ausgehen, dass ein Lebensverlauf, ein Radikalisierungsprozess – egal wie »gestört«, wie gewalttätig er erscheinen mag – zumindest im Ausgangspunkt Ausdruck eines Strebens ist, das wir alle gemeinsam haben: des Strebens nach einem bedeutsamen und guten Leben.[11] Wir sollten uns daher eher einem psychologischen Ansatz zuwenden, bei dem das Leben – insbesondere das zufriedene Leben –, die grundsätzlichen Bedingungen menschlichen Lebens und die dafür notwendigen Kompetenzen im Vordergrund stehen.

Die Lebenspsychologie[12] als theoretische Grundlage des Aarhus-Modells

Die Lebenspsychologie stellt eine zentrale theoretische Grundlage für das Verständnis von Radikalisierung, Extremismus und Terrorismus dar sowie für die entsprechenden Gegenmaßnahmen, die sich im Aarhus-Modell niederschlagen.

Die Suche nach Antworten

Grundsätzlich gilt: Menschen sind auf der Suche – nach ihrem Platz im Leben, nach ihrer Identität, nach einem glücklichen Leben, nach Zufriedenheit etc. Das gilt für junge Menschen erst recht. Wenn wir es mit jungen, radikalisierungsgefährdeten Menschen zu tun haben, müssen wir unter die Oberfläche dessen dringen, wonach sie eigentlich suchen – meist handelt es sich dabei um ein Suchen nach dem, was sich jeder Mensch wünscht, ob jung oder alt, nämlich eine sinnvolle und handhabbare *Verankerung im Leben*. Oder anders formuliert: Es geht darum, seinen Platz zu finden und mit beiden Beinen fest im Leben zu stehen – einem Leben, dass dem Einzelnen sinnhaft erscheint und ihn erfüllt und zufrieden macht. Daher ist nicht das *Suchen* junger, radikalisierungsgefährdeter Menschen »verrückt,« »gefährlich« oder »falsch«, sondern die extremistischen *Antworten* auf dieses Suchen, die sie entweder selbst finden oder die von außen (durch radikale Prediger, Internetpropaganda o. Ä.) an sie herangetragen werden.

Die grundsätzliche Frage, die also noch vor dem Suchen und erst recht vor den Antworten darauf steht, ist: Wie gelangt jeder Einzelne zu einem guten Leben – für sich selbst, aber auch für andere? Diese Frage steht im Zentrum der Lebenspsychologie.

Die großen und kleinen Lebensaufgaben und die dazugehörigen Lebenskompetenzen

Menschen sind ständig mit kleinen und großen *Lebensaufgaben* konfrontiert, egal ob diese als positive Entwicklungsmöglichkeiten erscheinen oder als potenzielle Bedrohungen für das eigene Dasein. Die Fähigkeit, diesen Herausforderungen zu begegnen, setzt voraus, dass man grundsätzliche *Lebenskompetenzen* besitzt und anwenden kann. Wem es gelingt, die unterschiedlichen Lebensaufgaben zu bewältigen, der gilt als *sicher und sinnvoll im Leben verankert.*

Worin solche Aufgaben konkret bestehen (z. B. persönliche, politische, soziale, kulturelle Herausforderungen), lässt sich nicht durch einfaches Aufzählen ermitteln – vielmehr sind sie für den Einzelnen individuell verschieden. Weil sich die Aufgaben nicht einfach in wenigen Worten zusammenfassen lassen, entziehen sich auch die konkreten Lebenskompetenzen aller Menschen einer einfachen Übersicht. Es ist deshalb nur möglich, eine Reihe *universeller Lebensaufgaben* sowie die entsprechenden *universellen Lebenskompetenzen*, die über individuelle, kulturelle und gesellschaftliche Unterschiede hinweg Gültigkeit besitzen, zu identifizieren.

Flow vs. Non-Flow

Eine feste, sichere und sinnvolle Verankerung im Leben gilt dann als gewährleistet, wenn sich das eigene Leben im *Flow* befindet,[13] d. h., wenn man die grundlegenden Lebenskompetenzen nicht nur besitzt, sondern auch in der Lage ist, diese in Form von Handlungen so einzusetzen, dass sich damit die eigenen Lebensaufgaben bewältigen lassen. Wenn jedoch die Lebensaufgaben (darunter fällt auch der Umgang mit Stigmatisierung, Vorurteilen und Exklusion) die eigenen Lebenskompetenzen übersteigen – man also z. B. nicht in der Lage ist, der eigenen Exklusion etwas entgegenzusetzen –, gerät man mit dem eigenen Leben in einen *erdrückenden Non-Flow.* In einen *frustrierenden Non-Flow* gelangt man, wenn die Lebenskompetenzen, die man besitzt, nicht anerkannt werden oder wenn man in die Bewältigung von eigenen und gemeinschaftlichen – also auch andere Menschen betreffende – Lebensaufgaben nicht einbezogen wird.[14]

Das bedeutet: Sind Lebensaufgaben und die für ihre Bewältigung nötigen Lebenskompetenzen nicht in Einklang miteinander, führt das zu einem Non-Flow, der wiederum die eigene Verankerung im Leben bedroht. In derartigen Fällen wird man mit dem Versuch (re)agieren, die eigene Lebensverankerung zu (re)konstruieren.[15] Daran ist an sich weder etwas Extremes noch etwas Illegales. Das bedeutet, dass wir nach den *grundlegenden* Faktoren des Extremismus nicht in irgendetwas »Verrücktem« oder »Außergewöhnlichem« suchen müssen. Sie finden sich vielmehr in dem universellen Streben nach einer zufriedenstellenden Lebensverankerung und in der natürlichen Reaktion auf Bedrohungen derselben.

Grundfaktoren als Risikofaktoren

Auf dieser Basis lassen sich drei Hauptgruppen von Lebenskompetenzen, die den drei Hauptgruppen der Lebensaufgaben entsprechen, identifizieren: (1) die eigene, aktive *Teilnahme* am Aufbau, an der Entwicklung und der Bewahrung des eigenen und des gemeinschaftlichen Lebens (eigene soziale Netzwerke, Rahmenbedingungen für die eigenen Interessen, Mitwirkung in verschiedenen Gruppen, Bewegungen, Gemeinschaften etc.), (2) ein *Wirklichkeitsabgleich* darüber, inwiefern man seine Lebenskompetenzen entfaltet (fokussiert, praktisch und pragmatisch, moralisch und normativ), und (3) die Fähigkeit, sich *mit seinen eigenen Lebensperspektiven ins Verhältnis zu den Lebensperspektiven anderer Menschen zu setzen* (eigene Präsenz und Hinweise von außen, Reflexion und Selbstverständnis, Empathie und persönlicher Blickwinkel, Navigation und Verständnis für die Umwelt).[16]

In der Regel sind die allgemeinen Lebenskompetenzen *Schutzfaktoren* (d.h. eine robuste Widerstandsfähigkeit gegen Bedrohungen der eigenen zufriedenstellenden Lebensverankerung) – sofern sie sich in einem Flow-Zustand befinden. Die Lebenskompetenzen werden erst zu *Risikofaktoren*, wenn sie sich in einem Non-Flow-Zustand befinden. Riskant meint an dieser Stelle, dass sie ein Individuum in dessen Neigung zu extremistischen Ansichten und vor allem gewalttätigen Handlungen bestärken können.

Verstärkende Faktoren als zusätzliche Risikofaktoren

Aber selbst in einem Non-Flow-Zustand münden diese Risikofaktoren nicht zwingend in gewaltbereitem Extremismus. Dazu müssen verstärkende persönliche, äußere und strukturelle Risikofaktoren hinzukommen. Diese *verstärkenden Risikofaktoren* lassen sich aus der aktuellen Literatur über gewaltbereiten Extremismus und Terrorismus ableiten. Sie werden hauptsächlich in zwei Kategorien unterteilt: soziale und gesellschaftliche Faktoren einerseits sowie psychologische bzw. kognitive Faktoren andererseits. Die sozialen Faktoren können in weitere Unterkategorien aufgeteilt werden. So gibt es zum einen Faktoren, die mit den *engeren Beziehungen* verknüpft sind, d. h. Familie und Freunde und Bekannte betreffen, die (negative) Rollenmodelle darstellen. Zum anderen gibt es das *nahe Umfeld* bzw. den sozialen Nahraum. Auch hier geht es um Rollenmodelle, aber ebenso um die sozialen und entwicklungsrelevanten Qualitäten des Wohngebietes und die Möglichkeiten für Freizeitaktivitäten und eine aktive Teilnahme am gesellschaftlichen Leben. Insbesondere gibt es Risikofaktoren im Zusammenhang mit Wohngegenden mit schwachen Netzwerken sozialer Kontrolle, da diese anfällig für Kriminalität und antisoziales Verhalten sind.[17] Und schließlich gibt es Faktoren, die mit der Gesellschaft als solcher zusammenhängen: die Möglichkeit einer positiven Entwicklung und der Teilhabe durch Ausbildung und Arbeit, das Erleben der Zugänglichkeit öffentlicher Behörden und Institutionen etc.[18]

Darüber hinaus wird in der Literatur auf eine Vielzahl psychologischer Faktoren verwiesen, die eine Rolle als Risikofaktoren spielen könnten. Hier gibt es eine zunehmende Beachtung der kognitiven Faktoren, da sich gezeigt hat, dass kognitive Dispositionen ein Risikofaktor in Richtung Extremismus sein können.[19] Dies hängt damit zusammen, dass Menschen im Allgemeinen kognitive Sicherheit benötigen: zu wissen, wer sie sind, wie sie sich verhalten sollen, was zu tun ist und was man von anderen Menschen und auch von der Welt als solcher erwarten kann.[20] Dieser Drang nach kognitiver Sicherheit kann zu einem Bedürfnis nach Abschließung bzw. Abschottung *(need for closure)* werden: einem intensiven Bedürfnis nach Antworten auf drängende Fragen, Probleme und Konflikte.[21] Dabei lassen sich zwei Tendenzen ausmachen: Zum einen geht es darum, Antworten und Lösungen so schnell wie möglich zu finden. Zum anderen werden die Antworten, die man bekommt und als richtig empfindet, so lange wie möglich als die einzig wahren konserviert.

Das Bedürfnis nach kognitiver Sicherheit kann auch zur Intoleranz gegenüber Ambiguitäten und Anderssein führen (beide werden als unvereinbar mit Eindeutigkeit und somit Sicherheit betrachtet). Diese Ambiguitätsintoleranz bedeutet, dass einfache Schwarz-Weiß-Perspektiven bevorzugt und unterschiedliche Perspektiven auf das Leben konsequent abgelehnt werden. Schließlich kann sich der Wunsch nach kognitiver Sicherheit auch darin ausdrücken, dass jemand zu voreiligen Schlüssen (und Handlungen) neigt.

Ein theoretisches Modell der Radikalisierungsprozesse, Risikofaktoren und Schutzfaktoren

Befindet sich das eigene Leben aufgrund von Diskrepanzen zwischen Lebensaufgaben und -kompetenzen im Non-Flow, lösen die Grundfaktoren in der Regel Handlungen aus, die von nicht radikalen Aktivitäten über beginnenden Aktivismus (verstanden als ein aktiveres politisches und/oder religiöses Engagement mit Blick auf das eigene Leben) bis zu mehr oder weniger radikalem Aktivismus reichen, der in Extremismus münden kann (hier verstanden als umfassende Veränderungen des eigenen und gemeinschaftlichen Lebens ohne Rücksichtnahme auf die Gemeinschaft). Die verstärkenden Faktoren als zusätzliche Risikofaktoren sind mitentscheidend dafür, ob es sich tatsächlich um Extremismus handelt und ob dieser nicht gewaltbereit (legal) oder gewaltbereit (illegal) sein wird (vgl. Abb. 1).

Abb. 1: Das Radikalisierungsmodell und die Risikofaktoren, die zu nicht gewaltbereitem (legalem) bzw. gewaltbereitem (illegalem) Extremismus führen

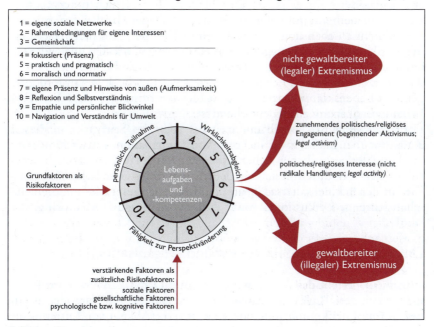

© Preben Bertelsen

Das so entstehende Modell bildet die Grundlage für die Unterscheidung unterschiedlicher Radikalisierungsverläufe und damit letztlich auch unterschiedlicher Typen von Terroristen.[22] Drei mögliche Verläufe werden erkennbar: (1) der lebens(re)konstruierende Verlauf, der sich mehr oder weniger extrem der politischen und/oder religiösen Rekonstruktion des Lebens widmet, ungeachtet der hierfür eingesetzten (gewalttätigen) Mittel, (2) der zugehörigkeitssuchende Verlauf, bei dem vor allem sozialer Anschluss und Anerkennung gesucht wird und der erst in zweiter Linie Gewalt als notwendigen Preis dafür akzeptiert, dazugehören zu können, und (3) der richtungsgestörte Verlauf/Typ ohne gereifte Lebenskompetenzen oder eine klare Richtung im eigenen Leben (wenn sich z. B. höchste Religiosität und Kleinkriminalität in der Biografie nicht ausschließen).

Was heißt das für Deradikalisierungsprogramme wie das Aarhus-Modell?

Deradikalisierungsprogramme müssen auf die Entwicklung von Resilienz gegründet sein, d. h., es muss bewusst der Versuch unternommen werden, gemeinsam mit demjenigen, den es zu »deradikalisieren« gilt, die menschlichen Lebenskompetenzen ebenso wie die potenziell verstärkenden Risikofaktoren in eine positive Richtung zu entwickeln und zu gestalten und die Person z. B. bei der Entwicklung von Ambiguitätstoleranz zu unterstützen. Ziel ist es, Lebensaufgaben bzw. alltägliche Herausforderungen und Lebenskompetenzen in einen Flow zu bringen, sodass die eigene Lebensverankerung zufriedenstellend ist.

Empowerment ist deshalb ein weiteres zentrales Stichwort in diesem Zusammenhang, und zwar in Form von Information, Entwicklung und Stärkung der persönlichen Lebenskompetenzen des jungen, radikalisierten Menschen, z. B. durch Erziehung, lebensorientierte Gesellschaftskundefächer in der Schule, (altersadäquate) existenzielle Gespräche und gemeinschaftsstiftende Diskussionen sowie durch Coaching und Mentoring.

Das Aarhus-Modell: Prinzipien und Organisation

Allgemein besteht das Ziel von Gegen- und Deradikalisierungsmaßnahmen darin, dem Radikalisierungsprozess Einhalt zu gebieten oder ihn im besten Fall umzukehren, d. h., idealerweise eine Abkehr von Extremismus sowohl auf der kognitiven als auch auf der Handlungsebene zu erreichen. Das Aarhus-Modell fußt auf dem simplen und doch fundamentalen Prinzip, dass die Menschenrechte und die Rechte des Einzelnen als Staatsbürger Dänemarks – dazu zählt unter anderem die Meinungsfreiheit – oberste Priorität genießen. Darüber hinaus gilt für das Aarhus-Modell das Prinzip der aktiven Staatsbürgerschaft[23] in der modernen Demokratie, das bedeutet, dass es jeder Bürgerin und jedem Bürger Dänemarks freisteht, sich aktiv als politisch-mündiges Individuum einzubringen, auch wenn dieses Einbringen kritisch (gegenüber dem Staat, anderen politischen Ansichten etc.) konnotiert ist.

Die Maßnahmen des Aarhus-Modells zielen also nicht auf eine politische und/oder religiöse Korrektur der Jugendlichen hin zu kritiklosen Staatsbürgerinnen und Staatsbürgern, solange ihre (vielleicht berechtigte, vielleicht extreme) politische und religiöse Kritik sich im Rahmen von Gesetz und demokratischem Grundkonsens bewegt. Derartige Formen einer Radikalisierung hin zu einem legalen und nicht gewaltbereiten Extremismus können und sollten Gegenstand demokratischer Diskussionen sein. Das Aarhus-Modell richtet sich somit ausschließlich gegen die illegalen und gewaltbereiten Formen der Radikalisierung und des Extremismus. Das Modell enthält also keine politisch oder religiös wertenden Aspekte – was aber nicht heißen soll, dass es durch Naivität oder Nachgiebigkeit gekennzeichnet ist. Mit anderen Worten: Das Ziel sowohl der frühen vorbeugenden Intervention als auch des Aussteigerprogramms des Aarhus-Modells besteht darin, die politischen und religiösen Bestrebungen und den Aktivismus der Jugendlichen zu legalen Formen der politischen Teilhabe und der aktiven Staatsbürgerschaft zu lenken.

Das Aarhus-Modell zeichnet sich durch drei Hauptcharakteristika aus: (1) eine enge und flexible fach- und disziplinübergreifende Zusammenarbeit zwischen zahlreichen bereits bestehenden Institutionen und Behörden, die sich mit schutzbedürftigen und gefährdeten Jugendlichen befassen, die ins gesellschaftliche Abseits zu geraten drohen, (2) »Inklusion« (d. h., der Prozesscharakter des Modells, mit dessen Hilfe Jugendliche zu mündigen Bürgern gemacht werden sollen, die am gesellschaftlichen Leben teilhaben), (3) wissenschaftliche Untermauerung.

Die einzelnen Elemente des Aarhus-Modells

Das Aarhus-Modell basiert auf einer Reihe von Säulen, die an verschiedenen Stellen ineinandergreifen und im Folgenden genauer vorgestellt werden sollen (vgl. Abb. 2).

Abb. 2: Die Säulen des Aarhus-Modells (2016)

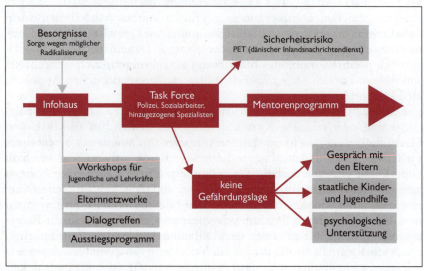

© Preben Bertelsen

Das Infohaus

Die ersten Informationen darüber, dass ein junger Mensch eine besorgniserregende Entwicklung in Richtung gewaltbereiter Extremismus macht, kommen häufig von Eltern, Lehrkräften, Jugendclubmitarbeiterinnen, Straßensozialarbeitern, Sozialarbeiterinnen und der Polizei. Diese Informationen werden an das sogenannte Infohaus *(Infohuset)* weitergeleitet. Es wurde 2010 in Aarhus gegründet. Besetzt mit Mitarbeiterinnen und Mitarbeitern aus Schulen, Sozialbehörden und von der Polizei, bildet es das Herzstück der SSP-Zusammenarbeit (siehe weiter oben). Von hier aus werden weitere Untersuchungen eingeleitet und gegebenenfalls eine interdisziplinäre Beratergruppe (bestehend aus Psychologinnen, Sozialberatern, Ärztinnen, Bildungs- und Berufsberatern etc.) hinzugezogen.

Auf der Grundlage der eingegangenen und eventuell zusätzlich eingeholten Informationen wird eine erste Bewertung dahingehend vorgenommen, ob es sich um einen Fall von Radikalisierung hin zu gewaltbereitem Extremismus oder um einen Fall von »falsch positiv« handelt, d. h. einen in diesem Zusammenhang eher als »harmlos« geltenden Fall von jugendlichem Protest und Provokation. Es kann auch passieren, dass der Jugendliche unter (psycho-)sozialen Problemen leidet, die in die Zuständigkeit anderer Behörden fallen. Wenn kein Beleg für eine Radikalisierung hin zum gewaltbereiten Extremismus vorliegt, kann ein solcher Fall eventuell mit der Empfehlung einer sozialen (für den Fall, dass die Eltern nicht in der Lage sind, sich selbst um ihr Kind zu kümmern; in diesem Fall übernehmen die Behörden die Betreuung) und/oder therapeutischen Maßnahme weitergeleitet oder auch nur ein Gespräch mit den Eltern geführt werden, um sie darauf hinzuweisen, dass sie das Wohlergehen, die Entwicklung und das Verhalten ihres Kindes aufmerksamer verfolgen sollten.

Scheinen die Befürchtungen hingegen begründet, greifen die unterschiedlichen Maßnahmen des Aarhus-Modells. In diesen Fällen wird sich das Infohaus bemühen, Kontakt zu den betroffenen Jugendlichen aufzunehmen. Im Rahmen eines Gespräches werden sie über die Befürchtungen und die erlangten Einschätzungen informiert und auf die Gefahren hingewiesen, die mit einer Fortsetzung einer derartigen Entwicklung in Richtung gewaltbereiter Extremismus verbunden sind. Darüber hinaus wird versucht, relevante Akteure aus dem sozialen Netzwerk der Jugendlichen zu mobilisieren (Familie, Freunde, Schule, Jugendclubs etc.), um gemeinsam eine weitere Radikalisierung zu verhindern. Die Akteure aus dem Netzwerk der Jugendlichen sollten in der Lage sein, dem oder der Jugendlichen zu helfen, alternative und legale Antworten auf die Fragen zu finden, die er oder sie in Bezug auf sein bzw. ihr Leben hat, und gemeinsam Lösungen für die Herausforderungen des täglichen Lebens zu finden, mit denen er oder sie sich konfrontiert sieht.

Das Mentorenprogramm

Die Mitarbeiter des Infohauses können aber auch beschließen, den betroffenen Jugendlichen eine Mentorin oder einen Mentor zur Seite zu stellen. Die Mitglieder des Mentorenteams sind Angestellte der Stadt Aarhus. Ihre Tätigkeit wird von einer kleineren Gruppe von Mentorenfachberatern organisiert und überwacht. Um den häufig sehr unterschiedlichen Bedürfnissen der jugendlichen Radikalisierungsgefährdeten entsprechen zu können, erfolgte die Auswahl der Teammitglieder unter der Maßgabe größtmöglicher Diversität mit Blick auf Alter, Geschlecht, ethnischen Hintergrund, formelle Ausbildung und Erfahrung, persönliche Erfahrungen in verschiedenen kulturellen und sozialen Milieus sowie politische und religiöse Weltanschauungen.

Der Einsatz von Mentorinnen und Mentoren ist das Kernstück des Aarhus-Modells. Zum einen spielen sie eine bedeutende Rolle bei der Deradikalisierung, indem sie die Mentees, also die Jugendlichen, die das Mentoring in Anspruch nehmen, für die Gefahren einer solchen Entwicklung für sie persönlich und für die Gesamtgesellschaft sensibilisieren und ihnen deutlich machen, welche fehlgeleiteten Denkmuster einer radikalen Ideologie zugrunde liegen und dass eine Radikalisierung oft den Schritt in die Illegalität bedeutet. Zum anderen helfen die Mentorinnen und Mentoren den Mentees dabei, ihren Alltag zu bestreiten und aktiv zu gestalten (Familie, Arbeit, Ausbildung, Freizeit). Drittens besteht ihre Aufgabe darin, gut informierte, neugierige und empathische Sparringpartner zu sein, mit denen die Mentees Fragen und Herausforderungen ihres täglichen Lebens und auch die großen Fragen existenzieller, politischer und religiöser Natur besprechen können.

Die Mentorinnen und Mentoren werden zu diesem Zweck in umfassenden Trainings geschult (knapp eine Woche Coaching sowie laufende Fortbildungen und kontinuierliche Supervision). Ihre Ausbildung und ihr Training umfassen zahlreiche Elemente: Radikalisierungsverständnis, Kulturpsychologie, Jugend und Identitätsfragen, Gesprächstechnik, Bewältigung von Konflikten und nicht zuletzt Lebenspsychologie. Sie erhalten darüber hinaus auch ein spezielles Training im Coaching und zu den Prinzipien guten Mentorings. Dazu gehört, dass sie lernen, wie man Kontakt zu Mentees aufbaut. Sie lernen, transparent zu arbeiten und authentisch zu sein, auf den Grund der Sorgen (sowohl des Mentees als auch der Gesamtgesellschaft in Bezug auf die befürchtete Radikalisierung) einzugehen und zu berichten, wo sie selbst in Bezug auf all die Fragen stehen, denen der Mentee gegenübersteht. Sie lernen, unterstützend und gleichzeitig konfrontierend zu sein, d. h., den Mentee in seinem Suchen anzuerkennen, aber dort konstruktiv konfrontierend zu wirken – also Widersprüche offenzulegen und Alternativen aufzuzeigen –, wo seine oder ihre Versuche, Antworten zu finden, als problematisch wahrgenommen werden.

Die Mentorinnen und Mentoren lernen ferner, dass Anerkennung nicht dasselbe ist wie etwa Zustimmung oder auch Akzeptanz – d. h., sie können das Suchen ihres Mentees anerkennen, ohne darin vollkommen mit ihm oder ihr übereinzustimmen. Sie lernen auch, nicht auf Fehler und Mängel ihres Mentees fokussiert zu sein, sondern die Ressourcen ihres Schützlings zu stärken, d. h., gemeinsam konstruktive Ansätze für dessen Leben zu erarbeiten, die sich im legalen Rahmen und damit auf dem Boden der demokratischen Grundordnung bewegen (und dennoch politisch und religiös kritisch sein können, im Sinne der eingangs erwähnten aktiven Staatsbürgerschaft).

Workshops

Ein weiteres wichtiges Element im frühzeitigen Kampf gegen die Radikalisierung Jugendlicher sind Workshops, die in Schulen, Jugendausbildungszentren und Berufsschulen durchgeführt werden. In diesen einmalig stattfindenden, zweistündigen Workshops geht es darum, den Jugendlichen sowie den Lehrkräften mithilfe von kurzen Präsentationen, Dialog- und Diskussionsrunden, Übungen und Rollenspielen erste Informationen über Terrorismus und gewaltbereiten Extremismus zu vermitteln. Sie sollen lernen, worauf Radikalisierung und Extremismus hinauslaufen können, und zudem in die Lage versetzt werden, die richtigen Risikofaktoren und Zeichen für eine mögliche Radikalisierung identifizieren zu können. Darüber hinaus geht es darum, sie für versteckte Versuche der Einflussnahme und der Rekrutierung durch von außen kommende Personen und Gruppen zu sensibilisieren.

Ferner sollen die Workshops die Jugendlichen und die Lehrkräfte im Umgang mit digitalen Inhalten und Propagandavideos sensibilisieren und ihnen eine klarere Haltung zu Vorurteilen und Exklusion (Stichwort Islamfeindlichkeit) vermitteln. Auf diese Weise sollen sie lernen, ihren eigenen Platz im politischen, kulturellen und gesellschaftlichen Leben zu reflektieren, eine gewisse Resilienz und kritische Haltung gegenüber möglichen Radikalisierungsmechanismen zu entwickeln sowie selbstständig legale Wege jenseits des gewaltbereiten Extremismus zu finden, um ihre politischen und religiösen Interessen zu verfolgen.

Elternnetzwerke

Die Elternnetzwerke werden von ausgebildeten Moderatorinnen und Moderatoren geleitet, die bei der Stadt Aarhus angestellt sind. Ihr Ziel ist, die Eltern zu unterstützen und ihre elterlichen Kompetenzen in Bezug auf die besonderen Herausforderungen, die eine Radikalisierung ihres Kindes mit sich bringt, weiterzuentwickeln. Ferner soll erreicht werden, dass die Eltern zu einer wirklichen Ressource im Gesamtnetzwerk des Aarhus-Modells und im System von Deradikalisierungsmaßnahmen werden.

Zu den Elterntreffen werden regelmäßig Experten eingeladen, die Vorträge über relevante Themen halten. Es wird auch darüber gesprochen, welche frühzeitigen Anzeichen für eine Radikalisierung es bei den Kindern gegeben hat, um ein gemeinsames Verständnis von Radikalisierung als Prozess zu entwickeln. Häufig waren sich die Eltern solcher Anzeichen nicht bewusst und erwiesen sich diese für sie erst im Nachhinein als alarmierend, oder sie hatten sie zwar wahrgenommen, aber nicht über die erforderlichen und/oder geeigneten Instrumente verfügt, um der Radikalisierung rechtzeitig entgegenwirken zu können. Nicht zuletzt haben die Elterntreffen auch zum Ziel, dass die Eltern ihr in diesen erworbenes Wissen in ihren eigenen Netzwerken teilen.

Dialogtreffen

Das Aarhus-Team führt regelmäßig Dialogtreffen mit unterschiedlichen muslimischen Gruppierungen, Organisationen und Moscheen in Aarhus durch, bei denen die Zusammenarbeit mit der Stadt Aarhus im Bereich Radikalisierungsprävention bei Jugendlichen diskutiert wird. Dies schließt auch die Möglichkeit ein, gemeinsam Akteure zu identifizieren, die mehr oder weniger im Verborgenen oder in der Peripherie von Organisationen und Moscheen agieren und versuchen, die Jugendlichen in diesen Organisationen und Moscheen für ihre radikal-islamistische Sache zu gewinnen.

Das Ausstiegsprogramm

2013 wurde ein spezielles Programm für Rückkehrer aus Kampfgebieten in Syrien und dem Irak mit dem Ziel aufgelegt, diese wieder in die dänische Gesellschaft zu integrieren, sofern sie nach dänischem Recht nicht strafrechtlich verfolgt werden können und keine Gefängnisstrafe zu erwarten haben und kein Sicherheitsrisiko darstellen – in diesem Fall sind zunächst die Sicherheitsbehörden gefragt. Das Programm kommt außerdem nur bei denjenigen zur Anwendung, bei denen wirklich eine Motivation zum Ausstieg und zur Deradikalisierung erkennbar ist. Es werden umfassende Vorkehrungen getroffen, um sicherzustellen, dass Rückkehrer, die möglicherweise terroristische Aktionen in Dänemark planen, das Aussteigerprogramm nicht als eine Art Deckmantel nutzen. Nur wenn jemand alle Überprüfungen erfolgreich besteht, kann er oder sie in das Aussteigerprogramm aufgenommen werden. Sie werden als Voraussetzung dafür gesehen, dass die Rückkehr, der Ausstiegsprozess und nicht zuletzt die Reintegration in die Gesellschaft gelingen können.

Dem Programm liegt die Annahme zugrunde, dass es bedenklich ist, junge Menschen nach ihrer Rückkehr ihrem eigenen Schicksal zu überlassen. Möglicherweise haben sie traumatisierende Dinge erlebt und es könnte einer weiteren Radikalisierung »unterhalb des Radars« Vorschub leisten, sie damit alleinzulassen. Zudem gibt es in Dänemark, wie auch in den meisten anderen gut funktionierenden Demokratien, eine lange Tradition der Rehabilitierung, sozialer Maßnahmen und von Ausstiegsprogrammen, um Menschen zu helfen, kriminelle oder radikal-gewaltbereite Strukturen zu verlassen und den Weg zurück in die Gesellschaft zu finden.

Zwar hat die Deradikalisierung bei diesem Programm oberste Priorität; dennoch geht es ebenso darum, den jungen zurückgekehrten Frauen und Männern, die den Wunsch haben, aus der radikal-islamistischen Szene auszusteigen, dabei zu helfen, (wieder) einen Platz in der dänischen Gesellschaft zu finden.

Dafür nimmt eine Taskforce eine Einschätzung dazu vor, welche spezifischen Maßnahmen, Hilfen und Unterstützung die jeweilige Person benötigt und welche Ressourcen in ihrem sozialen Nahraum in Dänemark vorhanden sind, um sie beim Ausstieg zu unterstützen (Familie, Freunde, Schule, Arbeit etc.). Es wird sodann ein schriftlicher Ausstiegsvertrag ausgearbeitet. Einerseits wird dem Rückkehrer oder der Rückkehrerin darin Hilfe beim Ausstieg vonseiten der Stadt Aarhus zugesichert (etwa, um eine Arbeit zu finden, eine Ausbildung zu beginnen oder wieder aufzunehmen, eine Wohnung zu finden, psychosoziale Beratung, Psychotherapie, medizinische Betreuung usw. in Anspruch zu nehmen). Andererseits verpflichtet er oder sie sich darin, die vertraglichen Bestimmungen einzuhalten und aus der gewaltbereiten islamistischen Szene auszusteigen.

Ausbildung und Supervision des Stabes

Der Stab des Aarhus-Teams und insbesondere die Mentoren, Elterncoaches und Workshopleiter haben ein umfassendes Training absolviert. Es besteht zum einen aus Kursen mit inhaltlichem Fokus, z.B. Kurse zu Radikalisierung, Extremismus und Terrorismus. Zum anderen umfasst es Kurse zu Phänomenen der Psychologie, z.B. zu Risikofaktoren, der Bewältigung von Konflikten, Coaching, Gruppenpsychologie, Kulturpsychologie oder Jugend. Hinzu kommt eine monatliche Supervision, die unter anderem durch den lebenspsychologischen Ansatz inspiriert ist.

Fazit

Es fällt vielleicht nicht leicht zu akzeptieren, dass das Aarhus-Modell ausschließlich darauf zielt, gewaltbereiten Extremismus zu verhindern, und dass in diesem Beitrag eine klare Unterscheidung zwischen gewaltbereitem (illegalem) und nicht gewaltbereitem (legalem) Extremismus vorgenommen wird. Hierfür lässt sich vor allem eine pragmatische Begründung anführen. Da es keinen wissenschaftlichen und politischen Konsens über klare Definitionen und Trennlinien gibt, wenn es um Radikalisierung und Extremismus geht, muss der Gesetzgeber diese Trennlinie selbst ziehen, um sichere Handlungsgrundlagen zu schaffen, die auch rechtsstaatlich vertretbar sind. Die entscheidende Frage ist daher: Hat der oder die Jugendliche strafbare Handlungen begangen bzw. ist er oder sie auf dem Weg, eine kriminelle Laufbahn einzuschlagen?

Es ließe sich jedoch einwenden, dass auch ein nicht gewaltbereiter (legaler) Extremismus zutiefst problematisch ist, wenn er demokratische Grundprinzipien infrage stellt oder gar untergräbt, und dass er in diesem Fall ebenfalls Gegenstand der Radikalisierungsprävention sein müsse. Dem stimme ich durchaus zu; entscheidend ist jedoch meines Erachtens, eine Präzisierung dahingehend, über *welche* Formen von Gegenmaßnahmen wir hier sprechen.

Antidemokratische Aktivitäten, die gegen Gesetze verstoßen, wie eben auch gewaltbereiter Extremismus, werden in Dänemark und vielen anderen Ländern bereits jetzt strafrechtlich verfolgt und Radikalisierungstendenzen in diese Richtung werden durch Maßnahmen des Aarhus-Modells unter die Lupe genommen. Handelt es sich jedoch um das, was ich als nicht gewaltbereiten (legalen) Extremismus beschrieben habe, betreten demokratische Rechtsstaaten gefährliches Terrain: nämlich wenn sie gegen *rechtmäßige* Bürgeraktivitäten – und seien sie noch so extrem – so vorgehen, als handele es sich um *kriminelle* Aktivitäten: Denken wir etwa an eine zutiefst religiöse Gemeinschaft oder eine Mini-Parallelgesellschaft, die als »extremistisch« gilt, weil sie die Lebensform, Kultur und Werte der Mehrheitsgesellschaft nicht teilt und jedwede Kommunikation mit der sie umgebenden Gesellschaft ablehnt, die aber zu keinem Zeitpunkt und auf keine Weise zu illegalen oder gewalttätigen Mitteln greifen würde. Auf welcher Basis würde eine solche »Kriminalisierung« stehen? Dass »uns« als »Mehrheitsgesellschaft« diese Art zu leben nicht passt?

Damit kein Missverständnis aufkommt: Das Engagement gegen nicht gewaltbereiten Extremismus (und die Radikalisierung, die dazu führt) kann und sollte Aufgabe einer modernen Demokratie und der Demokratiebildung sein, z. B. in Form von politischen, kulturellen und ideologischen Diskussionen, und damit meine ich jede Form der Auseinandersetzung, an der sich jeder beteiligen darf und die im politisch-bildnerischen Sinne dazu beiträgt, dass sich jeder selbst seine Meinung bilden kann – durchaus auch und vielleicht sogar notwendigerweise bis hinein in die untersten Klassenstufen der Grundschulen. Man könnte noch weiter gehen und fordern, dass in allen Klassenstufen und Schulformen bis zu den verschiedenen Formen der Jugendausbildung ein Fach etabliert wird, das zum Ziel hat, den demokratischen Bürger- und Gemeinsinn der Kinder und Jugendlichen zu entwickeln und ihnen dabei hilft, die Herausforderungen des Lebens »in den Griff zu bekommen« – auch reale sozioökonomische, rassistische und andere exkludierende Herausforderungen –, aber wohlgemerkt, einen »Griff«, der sich *innerhalb* der gesetzlichen Rahmen bewegt. Dies macht auch das eigentliche Alleinstellungsmerkmal des Aarhus-Modells aus, nämlich dass es gerade derartige nicht kriminalisierende bürgersinnstiftende Elemente beinhaltet.

Man kann also sagen, dass ein bürgersinnstiftendes *»Im-Griff-Haben« des Lebens im Rahmen einer pluralistischen Demokratie, die Raum für alle bietet*, den Kern des Aarhus-Modells ausmacht, zumindest aus meiner Sicht. Ein zufriedenstellendes »Im-Griff-Haben« des eigenen und des gemeinsamen Lebens ist zugleich der Kernbegriff der Lebenspsychologie, die grundlegend für das Aarhus-Modell ist.

Die Übersetzung des dänischen Originaltextes besorgte Olaf Schlaak.

Anmerkungen

1 Vgl. Alex P. Schmid: Radicalisation, De-radicalization, Counter-radicalization: A Conceptual Discussion and Literature Review, Hauge, ICCT Research paper, März 2013, https://www.icct.nl/download/file/ICCT-Schmid-Radicalisation-De-Radicalisation-Counter-Radicalisation-March-2013.pdf (letzter Zugriff: 06.08.2017).

2 Vgl. Preben Bertelsen: Tilværelsespsykologi. Et godt nok greb om tilværelsen, Kopenhagen 2013.

3 Vgl. Sophia Moskalenko/Clark McCauley: Measuring political mobilization: The distinction between activism and radicalism, in: Terrorism and political violence, Nr. 2, 2011, S. 239–260.

4 Vgl. Martha Creeshaw: The causes of terrorism, in: Comparative Politics, Nr. 4, 1981, S. 379–399; Andrew Silke: Cheshire-cat logic: The recurring theme of terrorist abnormality in psychological research, in: Psychology, Crime and Law, Nr. 1, 1998, S. 51–69; Jerold M. Post: Terrorist psycho-logic: Terrorist behavior as a product of psychological forces, in: Walter Reich (Hrsg.): Origins of terrorism: Psychologies, ideologies, theologies, states of mind, Washington, DC, 1998; John Horgan: Leaving terrorism behind: An individual perspective, in: Andrew Silke (Hrsg.): Terrorists, victims and society: Psychological perspectives on terrorism and its Consequences Hoboken, NJ, 2003; Andrew Silke: Becoming a terrorist, in: Ders. (Hrsg.), a.a.O.; Clark McCauley: Psychological Issues in understanding terrorism and the response to terrorism, in: Chris E. Stout (Hrsg.): The Psychology of terrorism, Westport, CT, 2004.

5 Vgl. Ariel Merari/Nehemia Friedland: Social psychological aspects of political terrorism, in: Applied Social Psychology Annual, Nr. 6, 1985, S. 185–205; Jim Sidaneus/Felicia Pratto: Social dominance: An intergroup theory of social hierarchy and oppression, Cambridge 1999.
6 Vgl. Claude Berrebi: Evidence about the link between education, poverty and terrorism among Palestinians, in: Peace Economics, Peace Science and Public Policy, Nr. 1, 2007; Marc Sageman: Understanding terror networks, Philadelphia, PA, 2004.
7 Vgl. Sageman (Anm. 6); Robert Pape: Dying to Win: The strategic logic of suicide terrorism, New York 2005; Anja Dalgaard-Nielsen: Violent radicalization in Europe: What we know and what we do not know, in: Studies in Conflict and Terrorism, Nr. 9, 2010, S. 797–814.
8 Lasse Lindekilde: Refocusing Danish counter-radicalisation efforts: an analysis of the (problematic) logic and practice of individual de-radicalisation in interventions, in: Christopher Baker-Beall/Charlotte Heath-Kelly/Lee Jarvis (Hrsg.): Counter-radicalisation. Critical perspectives, New York 2014.
9 Vgl. Arun Kundnani: Radicalisation. The journey of a concept, in: Baker-Beall u. a. (Anm. 8); Lindekilde (Anm. 8); Tom Martin: Challenging the separation of counter-terrorism and community cohesion in Prevent: the potential threat of the ›radicalized‹ subject, in: Baker-Beall u. a. (Anm. 8).
10 Vgl. Lene Kühle/Lasse Lindekilde: Radicalization among young muslims in Aarhus. Research report prepared for the Centre for Studies in Islamism and Radicalization, Aarhus University, 2010, http://www.ps.au.dk/fileadmin/site_files/filer_statskundskab/subsites/cir/radicalization_aarhus_FINAL.pdf (letzter Zugriff: 06.08.2017).
11 Vgl. Dalgaard-Nielsen (Anm. 7).
12 Anmerkung der Herausgeberin: Der Begriff der »Lebenspsychologie« bezieht sich auf das Konzept der dänischen *Tilværelsespsykologi*, das vom Autor am Psychologischen Institut der Universität Aarhus maßgeblich entwickelt wurde, wobei das dänische *tilværelse* im deutschen zumeist mit »Leben« oder auch »Dasein« übersetzt wird. Aus Gründen der besseren Lesbarkeit wird hier nur mit dem Begriff »Leben« gearbeitet (z. B. wenn es um »Lebensaufgaben«, »Lebenskompetenzen« oder den »Lebensverlauf« geht).
13 Vgl. Mihaly Csikszentmihalyi: Flow: The Psychology of Optimal Experience, New York 1990.
14 Vgl. Preben Bertelsen: Voldelig radikalisering – et systematisk overblik over risikofaktorer og en teoretisk model i Tilværelsespsykologiens optik, in: Jens H. Lund (Hrsg.): Tværprofessionelt samarbejde om udsatte børn og unge, Aarhus 2016.
15 Vgl. auch Shira Maguen/Anthony Papa/Brett Litz: Coping with the threat of terrorism: A review, in: Anxiety, Stress & Coping: An international Journal, Nr. 1, 2008, S. 15–35.
16 Vgl. Preben Bertelsen: Value formation of basic anthropological connectivities. A general political-psychological model, in: Theory & Psychology, Nr. 5, 2009, S. 600–623; ders. (Anm. 2).

17 Vgl. Tod I. Herrenkohl u. a.: School and community risk factors and interventions, in: Rolf Loeber/David P. Farrington (Hrsg.): Child Delinquents: Development, Intervention, and Service Needs, Thousand Oaks, CA, 2001, S. 211–246.
18 Vgl. David P. Farrington/Brandon C. Welsh: Saving children from a life of Crime: Early risk factors and effective interventions, Oxford 2007.
19 Vgl. Edward Orehek/Romina Mauro/Arie W. Kruglanski/Anne Marthe van der Bles: Prioritizing association strength versus value: Regulatory mode and means evaluation in single and multi-goal contexts, in: Journal of Personality and Social Psychology, Nr. 1, 2012, S. 22–31.
20 Vgl. Michael A. Hogg: Subjective uncertainty reduction through self-categorization: A motivational theory of social identity processes, in: European Review of Social Psychology, Nr. 1, 2000, S. 223–255; Ders.: Self-Uncertainty, social identity, and the solace of extremism, in: Ders./Danielle L. Blaylock (Hrsg.): Extremism and the Psychology of Uncertainty, New York 2011.
21 Vgl. Arie W. Kruglanski/ Donna M. Webster: Motivated closing of the mind: »Seizing« and »freezing«, in: Psychological review, Nr. 2, 1996, S. 263–283; Orehek u. a. (Anm. 19).
22 Vgl. Tore Bjørgo: Root causes of terrorism, Myths, reality and ways forward, New York 2005.
23 Anmerkung der Herausgeberin: Für den dänischen Begriff *medborgerskap*, mit dem die aktive Rolle der in Dänemark lebenden Menschen als Staatsbürger, also als politisch mündige Bürger, umrissen wird, gibt es keinen feststehenden, passenden Begriff im Deutschen.

Teil III

Radikalisierungsprävention in der Praxis – Erfahrungen aus Deutschland

Katja Schau / Joachim Langner / Michaela Glaser / Carmen Figlestahler

Demokratiefeindlichem und gewaltorientiertem Islamismus begegnen

Ein Überblick über Entwicklungen und Herausforderungen eines jungen pädagogischen Handlungsfeldes[1]

Die Auseinandersetzung mit demokratiefeindlichem und gewaltorientiertem Islamismus[2] ist in Deutschland noch ein vergleichsweise junges pädagogisches Handlungsfeld. Vor dem Hintergrund einer hohen gesellschaftlichen Gefährdungswahrnehmung hat es in den letzten Jahren allerdings stark an Bedeutung gewonnen. Mit der gestiegenen gesellschaftlichen und (förder)politischen Aufmerksamkeit ist auch eine zunehmende Ausdifferenzierung der Fachpraxis einhergegangen.[3]

Der folgende Beitrag skizziert zunächst die gesellschaftlichen und fachlichen Ausgangsbedingungen der Arbeit in diesem Handlungsfeld. Daran anschließend werden seine historische Entwicklung nachgezeichnet und das aktuelle Spektrum pädagogischer Ansätze charakterisiert. Im letzten Teil werden einige zentrale Herausforderungen, die sich für pädagogische Akteurinnen und Akteure in diesem Feld stellen, diskutiert.

Rahmenbedingungen der pädagogischen Auseinandersetzung

Zu den zentralen Ausgangsbedingungen, die die pädagogische Auseinandersetzung mit demokratiefeindlichem und gewaltorientiertem Islamismus in Deutschland präg(t)en, gehören die Entwicklung des Phänomens selbst sowie seine gesellschaftliche Rezeption. Für beides lässt sich um 2005 eine Zäsur festhalten: Zunehmend trat gewaltorientierter Islamismus nicht nur als eine aus dem Ausland kommende Gefährdung in Erscheinung, die primär unter sicherheitspolitischen Aspekten diskutiert wurde, sondern es rückten nun auch Hinwendungs- und Radikalisierungsprozesse einheimischer junger Menschen – und damit mögliche Ansatzpunkte für pädagogische Präventionsarbeit – in den Fokus.[4] Diese veränderte Wahrnehmung begründet sich z. B. durch die in Deutschland aufgewachsenen islamistischen Terroristen der »Sauerlandgruppe«[5] oder die Ausreisewelle von Dschihadistinnen und Dschihadisten aus Deutschland vor allem nach Afghanistan.[6] Zugleich entwickelte sich eine junge, deutschsprachige salafistische Szene, die bis heute ein wichtiges Zugangs- und Unterstützungsmilieu für den demokratiefeindlichen und gewaltorientierten Islamismus in Deutschland stellt und zum Teil selbst in diesen übergeht.[7]

Zu den maßgeblichen Rahmenbedingungen gehören aber auch gesellschaftliche Debatten, die bereits ab dem 11. September 2001 verstärkt demokratiefeindlichen und gewaltorientierten Islamismus thematisierten. Sie verschränkten sich zunehmend mit einer Diskussion um eine zum Teil infrage gestellte »Vereinbarkeit« von Islam bzw. muslimischem Leben und deutscher Gesellschaft. Kennzeichnend für diese Debatten sind ihre hohe Emotionalisierung sowie eine starke Polarisierung von Diskurspositionen.

Aufgrund der skizzierten Entwicklungen wurde gewaltorientierter und demokratiefeindlicher Islamismus in Deutschland verstärkt als soziales Problem wahrgenommen. Auch pädagogische Fachkräfte sahen sich in ihren Arbeitszusammenhängen zunehmend mit der Frage konfrontiert, wie darauf angemessen zu reagieren sei. An sie wurde angesichts des jugendlichen Alters vieler Protagonistinnen und Protagonisten auch schon sehr bald die dezidierte Erwartung gerichtet, diesen Entwicklungen mit ihren Mitteln präventiv und intervenierend zu begegnen. Allerdings konnte die pädagogische Praxis in Deutschland zu diesem Zeitpunkt noch auf keine Tradition der Arbeit in diesem Bereich zurückblicken: Es mussten zunächst Ansätze entwickelt werden, die für den Umgang mit Jugendlichen, die (tatsächlich oder vermeintlich) mit demokratiefeindlichen islamistischen Positionen sympathisieren bzw. in entsprechende Gruppen involviert sind, geeignet waren. Der Weiterentwicklung bedurften auch jene Ansätze, die sich mit – eng mit dem Phänomen verbundenen – Debatten um islambezogene Themen auseinandersetzen.

Grundsätzlich wurde und wird die Suche nach adäquaten Ansätzen dadurch erschwert, dass die Ursachen und Dynamiken jugendlicher Hinwendungs- und Radikalisierungsprozesse bisher wenig erforscht sind. Doch gerade präventive und intervenierende pädagogische Ansätze sollten sich auf empirisch gesichertes Wissen zu diesen Zusammenhängen stützen können. Insofern steht pädagogische Praxis hier vor der Schwierigkeit, dass es ihr an einem empirischen Fundament fehlt (zum Stand des Wissenschaft-Praxis-Transfers siehe den Beitrag von Janusz Biene und Julian Junk in diesem Band).[8]

Gleichwohl agieren pädagogische Akteure in diesem Handlungsfeld aber nicht ohne fachliche Vorerfahrungen. Sie können zumindest im Hinblick auf bestimmte pädagogische Grundprinzipien und Vorgehensweisen auf Ansätze und Erfahrungen zurückgreifen, die in anderen Bildungs- und Präventionszusammenhängen, etwa der pädagogischen Arbeit zu Rechtsextremismus (siehe dazu den Beitrag von Michaela Glaser in diesem Band), erworben wurden.

Entwicklung des Handlungsfeldes

Unter den beschriebenen Voraussetzungen ist in Deutschland in vergleichsweise kurzer Zeit eine spezifische Fachpraxis der pädagogischen Auseinandersetzung mit demokratiefeindlichem und gewaltorientiertem Islamismus entstanden, die sich methodisch wie auch im Hinblick auf ihre Zielgruppen immer stärker ausdifferenziert. Diese Entwicklung lässt sich analytisch in drei Phasen unterteilen, deren Übergänge zum Teil fließend verlaufen:

1. *Erste Schritte durch einzelne Vorreiter:* Vor allem ab 2007[9] nahmen sich verschiedene Akteure der Auseinandersetzung mit demokratiefeindlichem und gewaltorientiertem Islamismus an. Darunter waren insbesondere zivilgesellschaftliche Initiativen, die auf unterschiedlichen Vorerfahrungen aufbauen konnten. Das Violence Prevention Network oder ZDK Gesellschaft Demokratische Kultur erschlossen sich z. B. das Handlungsfeld aus der pädagogischen Auseinandersetzung mit Rechtsextremismus kommend, während etwa der Verein ufuq.de sich ihm über die politische Bildung mit jungen Musliminnen und Muslimen näherte. Auch einzelne staatliche Akteure wie das Hamburger Landeskriminalamt begannen bereits zu diesem Zeitpunkt im Handlungsfeld tätig zu werden.[10] Trotz der geringen Zahl an Initiativen und Projekten zeigte sich schon in dieser Phase eine Bandbreite verschiedener Ansätze, von der politischen Bildung bis zur pädagogischen Arbeit mit als gefährdet wahrgenommenen jungen Menschen und zur Beratung von Angehörigen.
Die entstandenen Einzelinitiativen und Projekte agierten im Kontext europäischer Entwicklungen. Großbritannien, Dänemark und die Niederlande legten bereits zwischen 2003 und 2009 nationale Präventionsstrategien mit eigenen Förderstrukturen vor.[11]

2. *Institutionalisierung und Etablierung von Akteuren:* In der zweiten Phase entwickelten sich erste bundesweite Strukturen. Ab 2010 wurde die pädagogische Arbeit zu »islamistischem Extremismus« in dem vom Bundesministerium für Familie, Senioren, Frauen und Jugend (BMFSFJ)

verantworteten Programm »Initiative Demokratie Stärken« erstmals in Deutschland systematisch gefördert. 24 Modellprojekte erprobten vor allem politisch-bildnerische Angebote und Ansätze zur Unterstützung und Kompetenzförderung von Jugendlichen, die als gefährdet wahrgenommen werden. Daneben fokussierten sich Projekte darauf, Wissen zu generieren und zu verbreiten.[12]

Ein Teil der Projekte bearbeitete bewusst neben »islamistischem Extremismus« auch Islamfeindlichkeit und Rechtspopulismus. Sie begründeten diese Weitung zum einen mit wechselseitigen Wirkungszusammenhängen, die sie zwischen Islamfeindlichkeit und Radikalisierung bzw. Radikalität annahmen, zum anderen mit pädagogischen Prinzipien, da sie an Lebensrealitäten muslimischer Jugendlicher anknüpfen und Lernwiderstände durch einseitige Problematisierungen vermeiden wollten.[13]

Parallel hierzu legte das Bundesamt für Verfassungsschutz (BfV) 2010 ein bundesweites Angebot zur Ausstiegsberatung auf, das sich an »gewaltbereite Islamisten« richtete – das aber 2014 beendet wurde, weil es dem Angebot nicht gelang, diese Zielgruppe zu erreichen.[14] Seit 2012 gibt es eine zentrale Beratungshotline, die – unter anderem aufgrund der vergleichsweise positiveren Wahrnehmung dieser Behörde in der Bevölkerung – beim Bundesamt für Migration und Flüchtlinge (BAMF) angesiedelt wurde.[15] Sie bietet eine zentrale Anlaufstelle für Menschen, die in ihrem Umfeld eine Person als radikalisiert bzw. radikalisierungsgefährdet wahrnehmen, und vermittelt gegebenenfalls an zivilgesellschaftliche Träger als Kooperationspartner vor Ort weiter. Einige dieser Träger wenden sich nicht nur an das Umfeld solcher Personen, sondern arbeiten auch direkt mit jungen Menschen, die sich in Prozessen der Hinwendung befinden oder bereits stärker radikalisiert sind.

Als Plattform für die europaweite Vernetzung von Praxisakteurinnen und -akteuren und feldkundigen Expertinnen und Experten, die zu unterschiedlichen extremistischen Tendenzen arbeiten, dient das 2011 auf Initiative der Europäischen Kommission ins Leben gerufene Radicalisation Awareness Network (RAN). In mehreren Arbeitsgruppen findet ein phänomenübergreifender Austausch etwa zur Distanzierungsarbeit oder zu Narrativen statt, außerdem wird unter anderem durch Fachtagungen und die Bereitstellung von Expertise der Dialog zwischen Fachpraxis, Wissenschaft und Politik angestrebt.

3. *Ausweitung, Professionalisierung und Diversifizierung:* Seit dem Jahr 2014 hat sich die Praxislandschaft erheblich verbreitert: Angefangen mit »Wegweiser – Präventionsprogramm gegen gewaltbereiten Salafismus« in

Nordrhein-Westfalen und dem Hessischen Präventionsnetzwerk gegen Salafismus haben verschiedene Bundesländer eigene Landesprogramme und Landesinitiativen eingeführt, die mit zivilgesellschaftlichen Akteuren zusammenarbeiten. Mit »Demokratie leben! Aktiv gegen Rechtsextremismus, Gewalt und Menschenfeindlichkeit« (2015–2019) legte das BMFSFJ ein Programm auf, in dem die Prävention von demokratiefeindlichen und gewaltorientierten »islamistischen Orientierungen und Handlungen« strukturell auf Bundes-, Landes-, und kommunaler Ebene gefördert werden soll und zusätzlich neue Ansätze in Modellprojekten und Modellvorhaben erprobt werden. Außerdem entstanden verschiedene weitere Initiativen und Angebote, unter anderem bei der Bundeszentrale für politische Bildung[16] und bei den Sicherheitsbehörden. Damit gibt es nunmehr in fast jedem Bundesland Präventions- und Distanzierungsangebote, die über professionelle Beratungsstellen erreichbar sind.[17]

Im Zuge der Ausweitung des Handlungsfeldes professionalisierten und spezialisierten einige bereits etablierte Träger ihre Ansätze. Diese Akteure sind mittlerweile bundesweit in verschiedenen Kontexten aktiv. Als Teil des Professionalisierungsprozesses ist auch die Gründung der Bundesarbeitsgemeinschaft religiös begründeter Extremismus (BAG Relex) im Jahr 2016 zu sehen. In ihr ist ein Großteil der relevanten zivilgesellschaftlichen Akteurinnen und Akteure im Feld vertreten. Ihre Ziele sind die bundesweite Vernetzung, der fachliche Austausch, etwa über Qualitätsstandards und Leitlinien der Arbeit, sowie die Etablierung einer Interessenvertretung.[18]

Zugleich lässt sich eine Diversifizierung des Feldes beobachten: Im Zuge der Ausweitung wurden auch neue Akteure sichtbar. Darunter sind verschiedene migrantische und islamische Organisationen, die das Handlungsfeld durch ihre Perspektiven erweitern und (teilweise in ehrenamtlichen Kontexten) eigene Ansätze und Zugänge entwickelt haben. Als fachliche »Neulinge« stehen sie in besonderem Maße vor der Herausforderung, die fachliche Fundierung sowie die Reflexion ihres pädagogischen Handelns noch weiter zu vertiefen.

Insgesamt existiert in Deutschland inzwischen eine zunehmend professionell agierende pädagogische Fachpraxis in diesem Handlungsfeld. Derweil ist der hohe Bedarf an spezifisch qualifizierten Fachkräften aufgrund der starken Zunahme von Angeboten und Projekten kaum zu decken. Dies führt auch zu gegenläufigen Entwicklungen und Ungleichzeitigkeiten im Professionalisierungsprozess des Handlungsfeldes.

Katja Schau / Joachim Langner / Michaela Glaser / Carmen Figlestahler

Spektrum der pädagogischen Ansätze

Das Spektrum der Zielgruppen, an die sich die existierenden Präventions- und Hilfsangebote richten, ist breit gefächert. Es umfasst Jugendliche und junge Erwachsene, denen z. B. aufgrund ihrer Lebensbedingungen ein Grundrisiko zugesprochen wird oder die als konkret gefährdet gelten, sich dem demokratiefeindlichen und gewaltorientierten Islamismus zuzuwenden. Es beinhaltet aber ebenso Jugendliche und junge Erwachsene, die bereits erste inhaltliche oder soziale Bezüge zum Phänomen entwickelt haben. Zielgruppen sind schließlich auch Personen, die bereits ausgeprägte, teilweise auch verfestigte ideologische Positionen entwickelt haben bzw. entsprechenden Gruppierungen angehören, sowie Ausstiegswillige und Rückkehrende aus Kriegs- und Kampfgebieten.[19]

Während es bei den ersten beiden Gruppen darum geht, Hinwendungs- und Radikalisierungsprozessen vorzubeugen bzw. diese bereits in ihrer Anfangsphase aufzuhalten und so eine stärkere Einbindung zu verhindern (Präventionsangebote), sollen Letztere bei Prozessen der ideologischen und sozialen Distanzierung und bei ihrer gesellschaftlichen Wiedereingliederung unterstützt werden (Ausstiegs- und Deradikalisierungsarbeit). Mit diesen unterschiedlichen Zielstellungen sind auch unterschiedliche pädagogische Handlungslogiken verbunden. Angeboten, die einer vorbeugenden Logik folgen (Präventionsangebote), liegt die Annahme zugrunde, dass unerwünschte gesellschaftliche, gruppenbezogene und individuelle Entwicklungen absehbar sind und Handlungsbedarf erzeugen.[20] Im Unterschied dazu beziehen sich Ansätze der sogenannten Ausstiegs- und Deradikalisierungsarbeit darauf, dass es im Einzelfall bereits zu manifesten Problemausprägungen kam, dass Entwicklungsverläufe jedoch grundsätzlich offen und nicht linear sind und insofern auch eine Abkehr von problematischen Entwicklungen initiiert und gefördert werden kann.[21]

Beiden Strategien ist gemeinsam, dass zunächst Risiko- und Problemkonstellationen analysiert und Ursachen identifiziert werden müssen, an denen pädagogische Strategien ansetzen können. Ohne diese Präzision in der Problembestimmung und der Reflexion von pädagogischer Bearbeitbarkeit der Ursachen bleiben präventive und distanzierende bzw. reintegrierende Wirkungen gegebenenfalls zufällig und Wirkungsversprechen teilweise unrealistisch.

Unabhängig von den verschiedenen Handlungsstrategien ist eine übergreifende Herausforderung im gesamten Praxisfeld, dass sich die Adressatinnen und Adressaten nicht immer eindeutig gemäß der genannten – idealtypischen – Kategorisierungen einordnen lassen. Hier zeigt sich die Schwierigkeit, dass die sozialen Probleme, denen die pädagogischen Akteure begegnen möchten, zwar einerseits als gesellschaftlich »gegeben« gelten, andererseits aber permanent in den Arbeitszusammenhängen konstruiert und plausibel gemacht werden müssen.[22] Dies kann zu unterschiedlichen Falleinschätzungen führen. Es ist nämlich durchaus auch eine Frage der Betrachtungsweise, ob Zielgruppen noch als gefährdet gelten oder schon erste Radikalisierungstendenzen aufweisen oder ob man zu der Einschätzung kommt, dass Rückkehrende noch ideologisch involviert und in problematische soziale Bezüge eingebunden sind oder sich bereits abgewendet haben.

Je nachdem, mit welchen Zielgruppen gearbeitet wird (und welche Zielstellungen und Handlungslogiken entsprechend verfolgt werden), setzen die Angebote unterschiedliche Schwerpunkte bei den praktizierten pädagogischen Vorgehensweisen und Formaten.

Je stärker die Arbeit auf Kinder und Jugendliche ausgerichtet ist, die (noch) keine konkreten bzw. lediglich erste Gefährdungen und Problemausprägungen aufweisen, desto mehr stehen die Sensibilisierung für das Phänomen und damit verbundene problematische Inhalte und Verhaltensweisen sowie die Stärkung der darauf bezogenen Einordnungs- und Urteilskompetenz im Zentrum des pädagogischen Handelns. Angebote dieses Typs orientieren sich mehrheitlich an pädagogischen Prinzipien und Methoden der außerschulischen, insbesondere der politischen Bildungsarbeit.[23] Sie bieten einen pädagogischen Rahmen, um über demokratiefeindliche und gewaltorientierte Inhalte, Akteure und Strömungen zu diskutieren, teilweise die rigiden islamistischen Auslegungen des vermeintlich »wahren Islams« zu dekonstruieren und z. B. in abschließenden Positionierungsspielen eigene Einschätzungen zu formulieren. Sie arbeiten überwiegend mit Gruppen und finden häufig in Kooperation mit Schulen, aber auch mit Jugendeinrichtungen oder Moscheegemeinden statt.

Je stärker die jugendlichen Zielgruppen bereits inhaltliche oder soziale Bezüge zu demokratiefeindlichen und gewaltorientierten islamistischen Gruppen aufweisen, umso mehr spielen Beratungsarbeit und sozialpädagogische Hilfestellungen eine Rolle. Beratungsangebote richten sich insbesondere an Angehörige und andere Akteure aus dem sozialen Nahraum des betreffenden Jugendlichen und jungen Erwachsenen. Sie bieten zum einen Informationen und Einschätzungen konkreter Konstellationen; zum anderen setzen sie an den persönlichen, insbesondere familiären Beziehungen der Jugendlichen und jungen Erwachsenen an und versuchen so indirekt auf diese einzuwirken. Durch – je nach Fallkonstellation – das Stabilisieren dieser persönlichen Bindungen oder auch das Auseinandersetzen mit hinwendungsfördernden Beziehungsdynamiken soll verhindert werden, dass sich die (jungen) Menschen stärker in diese Szene verstricken bzw. es sollen Distanzierungsprozesse initiiert, gestärkt und begleitet werden.[24]

In der stärker sozialpädagogisch geprägten Arbeit mit Jugendlichen und jungen Erwachsenen, die bereits inhaltliche oder soziale Bezüge zu demokratiefeindlichen und gewaltorientierten islamistischen Gruppen aufweisen, werden vor allem die biografischen Hintergründe von Hinwendung und Radikalisierung mit den Jugendlichen erarbeitet und die dahinterstehenden Bedürfnisse und damit verbundenen Funktionen bewusst gemacht. Davon ausgehend werden – je nach Fallkonstellation – soziale Alternativen etwa durch (Re-)Aktivierung von Beziehungen jenseits der Szene, aber auch alternative Sinnstiftungs- und Anerkennungsquellen gesucht. In diesem Setting können auch psychotherapeutische Annäherungen von Bedeutung sein. Um darüber hinaus die ideologische Bindung an diese Gruppen zu schwächen, werden verkürzte Auslegungen aufgezeigt und ideologische Widersprüche (zum eigenen Verhalten) aufgedeckt. Zwar wird auch hier, vor allem für den Zielgruppenzugang, zum Teil mit Gruppen gearbeitet, von zentraler Bedeutung ist jedoch die Möglichkeit, Einzelbetreuung in langfristigen Arbeitskontexten zu realisieren.[25]

Fachliche Herausforderungen und Kontroversen

Gesellschaftliche, phänomenspezifische und fachliche Ausgangsbedingungen stellen zentrale Einflussfaktoren für die pädagogische Arbeit in diesem Handlungsfeld dar. Aus ihnen resultieren sowohl spezifische Herausforderungen als auch fachliche Kontroversen. Im Folgenden werden einige für diese Arbeit zentrale Spannungsfelder und Anforderungen gebündelt.

Spannungsfeld gesellschaftliche Polarisierung

Wie bereits dargelegt, ist die pädagogische Auseinandersetzung mit demokratiefeindlichem und gewaltorientiertem Islamismus zum einen in gesamtgesellschaftliche Ausgrenzungs- und Stigmatisierungsprozesse und zum anderen in wechselseitige Polarisierungen und konfrontativ zugespitzte Auseinandersetzungen eingelagert. Für eine lebensweltlich orientierte Bildungsarbeit ergibt sich daraus die Notwendigkeit, diese gesamtgesellschaftlichen Diskurse und Mechanismen aufzugreifen und persönliche bzw. von Familienmitgliedern erlebte Diskriminierungserfahrungen mit zu thematisieren.

Auch müssen pädagogische Fachkräfte ihre gesellschaftlichen Positionen und damit zusammenhängende Machtkonstellationen selbstkritisch reflektieren. Das bedeutet für Fachkräfte, die selbst keiner ethnischen oder religiösen Minderheit angehören, eigene latente Ausgrenzungsmechanismen und Vorurteilsstrukturen kritisch zu hinterfragen, und für Fachkräfte mit muslimischem Hintergrund, eine gegebenenfalls vorhandene stark emotionalisierte Diskriminierungsbetroffenheit ausbalancieren und zugunsten zielorientierter pädagogischer Beziehungen zurückstellen zu können.

Eine weitere Herausforderung resultiert aus der Anforderung, eigene differenzierte und versachlichte Standpunkte in teils emotionalisierten Debatten über und Konflikten um den Islam und demokratiefeindlichen und gewaltorientierten Islamismus zu entwickeln und auch in konfrontativen Situationen ruhig zu behaupten.

Spannungsfeld Religion in Bildungs- und Präventionsprozessen

Religion ist in verschiedener Weise mit dem Handlungsfeld verwoben. Islamismus bezieht sich wesentlich auf den Islam als Religion: Er wird angebunden an theologische Diskurse, in theologischem Vokabular formuliert und er betont Handlungen als religiöse Pflichten mit transzendenter Bedeutung, die Sinn stiften und über das Versprechen jenseitiger Belohnungen eine besondere Attraktivität gewinnen. Damit verknüpft wird in der Fachpraxis kontrovers diskutiert, ob religiöser Glaube der Pädagoginnen und Pädagogen eine Voraussetzung, einen systematischen Vorteil oder eher ein Hindernis darstellt.

In der pädagogischen Praxis geht die religiöse Dimension mit spezifischen Herausforderungen einher: Sie kann wesentlich mit der individuellen Identität und damit dem persönlichen und fachlichen Selbstverständnis verbunden sein und den Menschen im Sinne »letztinstanzlicher Vergewisserungen« existenziell betreffen.[26] Sowohl religiösen als auch religionsfernen Praktikerinnnen und Praktikern kann es daher einiges abverlangen, Perspektiven auszuhalten, die dem eigenen religiösen bzw. weltanschaulichen Grundverständnis widersprechen, und sich für den pädagogischen Prozess verstehend und akzeptierend in diese hineinzuversetzen.

Es geht jedoch über das Aushalten von anderen (religiösen bzw. religiös konnotierten) Positionen hinaus. Denn im Sinne der fachlichen Anforderung, Inhalte in ihrer Vielschichtigkeit und Kontroversität zu vermitteln, ist geboten, religiöse und theologische »Vereindeutigungen« zu vermeiden. Dies gilt auch in Settings, bei denen Imame, Theologinnen bzw. Theologen oder andere religiöse Autoritäten in der Arbeit hinzugezogen werden, um authentisch und theologisch kompetent religiöse Gegenargumente zu vermitteln.

Gerade in der Distanzierungsarbeit stellt zudem die dem Phänomen innewohnende tiefe Transzendenz mitunter eine spezifische Herausforderung dar. Transzendente Begründungen entziehen sich in besonderer Weise der Nachprüfbarkeit und sind damit schwer zu irritieren. Zugleich kann es Distanzierungsprozesse erschweren, dass der demokratiefeindliche und gewaltorientierte Islamismus subjektiv häufig als die »richtige« Religionspraxis verstanden und daher mit essenziellen Fragen verbunden wird. So haben Aussteigerinnen und Aussteiger mitunter tief sitzende Ängste, dass eine Änderung ihrer Lebensführung im Jenseits schwer bestraft werden könnte, etwa indem ihnen der Zugang zum Paradies im Leben nach dem Tod verwehrt wird.[27]

Spannungsfeld transnationale Kontexte

Die Einbindung in transnationale Kontexte zeigt sich zum einen darin, dass politische Entwicklungen in anderen Ländern sich auf die politische und fachliche Einordnung von und Zusammenarbeit mit Kooperationspartnern, deren politische Bezüge und Netzwerke über den nationalen Kontext hinausweisen, auswirken. Des Weiteren sind Geflüchtete aus muslimischen Ländern seit der verstärkten Zuwanderung in den Jahren 2015/2016 als neue Zielgruppe der pädagogischen Arbeit in den Blick geraten, da sie zum einen mit gezielten Rekrutierungsversuchen seitens islamistischer Akteure konfrontiert sind und zum anderen davon ausgegangen wird, dass sie aufgrund biografischer Belastungen vergleichsweise empfänglich dafür sind. Dabei besteht einerseits die Herausforderung, Stigmatisierungen, die mit einer gezielten Adressierung einhergehen und gegebenenfalls zu einer Verschärfung von Gefährdungskonstellationen führen können, zu vermeiden; andererseits gilt es junge geflüchtete Menschen als potenzielle Zielgruppe pädagogischer Angebote zu erreichen.

Schließlich stellt es eine Herausforderung dar, dass im Internet und in sozialen Medien Berichte und Propaganda zum Leben in weit entfernten, dschihadistisch kontrollierten Gebieten verbreitet werden. Diese Berichte genießen gerade unter jungen Menschen eine hohe Authentizität und können von pädagogischen Fachkräften in Deutschland wegen der großen geografischen Distanz nur schwer widerlegt werden.

Fazit

Die vorangegangen Ausführungen haben gezeigt, dass in den letzten Jahren eine vielfältige pädagogische Praxis in der Auseinandersetzung mit demokratiefeindlichem und gewaltorientiertem Islamismus entstanden ist und dass diese sich im Zuge von Differenzierungs- und Professionalisierungsprozessen in kurzer Zeit stark weiterentwickelt hat. Es ist davon auszugehen, dass dieses Handlungsfeld auch weiterhin von einer anhaltenden Dynamik gekennzeichnet sein wird, sowohl im Hinblick auf die Entwicklung des Phänomens selbst als auch hinsichtlich seiner Einbettung in gesellschaftliche Zusammenhänge und damit verbundene Debatten. Für die pädagogische Praxis heißt dies, auch weiterhin Umgangsweisen mit den beschriebenen und sich kontinuierlich verändernden Herausforderungen zu finden. Von zentraler Bedeutung für eine weitere Konsolidierung der Fachpraxis wird dabei sein, den fachlichen Austausch innerhalb des eigenen Handlungsfeldes, aber auch mit angrenzenden Praxisfeldern und Disziplinen auszubauen und zu verstetigen.

Anmerkungen

1 Dieser Beitrag verdankt wichtige Impulse den Gesprächen mit Expertinnen und Experten der Fachpraxis, die uns wertvolle Einblicke in ihre vielfältige Arbeit ermöglicht und unseren Blick für aktuelle Herausforderungen geschärft haben. Dafür möchten wir ihnen an dieser Stelle ausdrücklich danken.
2 Im Handlungsfeld herrscht keine Einigkeit darüber, wie das Phänomen, mit dem man sich auseinandersetzt, einzugrenzen und zu benennen ist. Die Begriffe »islamistischer Extremismus«, »islamischer Fundamentalismus«, »(demokratiefeindlicher und gewaltorientierter) Islamismus«, »(politischer und dschihadistischer) Salafismus«, »Dschihadismus«, »Takfirismus«, »religiös begründeter Extremismus« etc. beschreiben verschiedene, miteinander überlappende Gegenstände. Einige, wie »Islamismus« oder »Salafismus«, umfassen auch allgemeine religiöse oder politische Bewegungen. Im Folgenden beziehen wir uns lediglich auf den Teil des Islamismus, für den eine Feindlichkeit gegenüber Demokratie und/oder eine Orientierung auf Gewalt wesentlich sind.
3 Vgl. speziell für das Feld der Distanzierungs- und Ausstiegsarbeit auch Michaela Glaser/Carmen Figlestahler: Distanzierung vom gewaltorientierten Islamismus. Ansätze und Erfahrungen etablierter pädagogischer Praxis, in: Zeitschrift für Jugendkriminalrecht und Jugendhilfe, Nr. 3, 2016, S. 259–265.
4 Anfang der 2000er Jahre war der gewaltorientierte Islamismus in Deutschland dominiert von »organisierten Dschihadisten«, die Befehle ausländischer Organisationen wie al-Qaida ausführten. Die Protagonisten von Terrorkomplotten in späteren

Jahren waren zunehmend in Deutschland bzw. in Europa aufgewachsen; vgl. Guido Steinberg: Al-Qaidas deutsche Kämpfer. Die Globalisierung des islamistischen Terrorismus, Hamburg 2014. Diese Veränderung zeigt sich auch darin, dass das Bundesamt für Verfassungsschutz (BfV) »Islamismus« seit 2005 nicht mehr als »sicherheitsgefährdende und extremistische Bestrebungen von Ausländern«, sondern als eigenes »inländisches« Thema behandelt.

5 Als »Sauerlandgruppe« wird eine 2007 aufgedeckte terroristische Zelle bezeichnet, die im Auftrag der Islamischen Dschihad Union Sprengstoffanschläge in Deutschland geplant hatte. Zum Kern der Gruppe gehörten neben zwei türkischstämmigen jungen Männern auch zwei deutsche Konvertiten. Letztere galten als »Rädelsführer« und wurden 2010 zu zwölf Jahren Haft verurteilt.

6 Der syrische Bürgerkrieg veränderte die Rahmenbedingungen insofern, als dass der Zugang zu Kampfgebieten deutlich leichter wurde und insbesondere mit dem sogenannten Islamischen Staat ein wirkmächtiger neuer Akteur entstand, der mit einer professionalisierten Propaganda und einem ausgedehnten Herrschaftsgebiet eine besondere Attraktivität auszuüben vermochte. Dies schlug sich sowohl in einer Ausreisewelle nach Syrien und in den Irak (2014–2016) als auch in einer Serie von Anschlägen in Deutschland und Europa nieder und sorgte damit für einen erhöhten Handlungsdruck.

7 Der *salafistische Mainstream* ist ab Mitte der 2000er nicht mehr vorrangig von arabischen Gelehrtennetzwerken, sondern stärker von deutschsprachigen Aktivisten wie Pierre Vogel geprägt, was als Beginn einer »einheimisch-autonomen« (Hummel) bzw. »deutschen« Phase (Wiedl) des deutschen Salafismus beschrieben wird; Klaus Hummel: Salafismus in Deutschland – Eine Gefahrenperspektive, in: Ders./Michail Logvinov (Hrsg.): Gefährliche Nähe. Salafismus und Dschihadismus in Deutschland, Stuttgart 2014, S. 61–90, hier S. 70; Nina Wiedl: Geschichte des Salafismus in Deutschland, in: Behnam Said/Hazim Fouad (Hrsg.): Salafismus – Die Suche nach dem wahren Islam, Freiburg 2014, S. 411–441, hier S. 418 ff.

8 Vgl. Maruta Herding/Joachim Langner/Michaela Glaser: Junge Menschen und gewaltorientierter Islamismus. Forschungsbefunde zu Hinwendungs- und Radikalisierungsfaktoren, in: Infodienst Radikalisierungsprävention, Bundeszentrale für politische Bildung, 15.09.2015, www.bpb.de/politik/extremismus/radikalisierungspraevention/ 212082/faktoren-fuer-die-hinwendung-zum-gewaltorientierten-islamismus (letzter Zugriff: 12.02.2017); Michaela Glaser: Gewaltorientierter Islamismus im Jugendalter. Eine Diskussion vorliegender Erkenntnisse zu Hinwendungsmotiven und Attraktivitätsmomenten für junge Menschen, in: Kinder- und Jugendschutz in Wissenschaft und Praxis, Nr. 1, 2016, S. 3–7; Michael Kiefer: Auf dem Weg zur wissensbasierten Radikalisierungsprävention? Neosalafistische Mobilisierung und die Antworten von Staat und Zivilgesellschaft, in: forum Kriminalprävention, Nr. 1, 2015, S. 42–48.

9 Demokratiefeindlicher und gewaltorientierter Islamismus veränderte sich ab 2005 zunehmend auch zu einem deutschsprachigen und in Deutschland vernetzten Phänomen. Wie es für die Bearbeitung bis dahin unbekannter sozialer Probleme typisch ist, geht der Problembearbeitung eine Aushandlung zwischen unterschiedlichen Akteuren u.a. über die Problemdeutung und mögliche Bearbeitungsformen voraus;

vgl. Michael Schetsche: Empirische Analyse sozialer Probleme. Das wissenssoziologische Programm, Wiesbaden 2008, S. 85 ff. Daher entwickelte sich auch in diesem Handlungsfeld erst nach und nach eine präventive und pädagogische Auseinandersetzung, verstärkt ab 2007.
10 Das Programm »Verstehen, Verbünden, Vorbeugen« startete 2008; vgl. Bürgerschaft der Freien und Hansestadt Hamburg: Schriftliche Kleine Anfrage der Abgeordneten Antje Möller, Phyliss Demirel, Christa Goetsch (GRÜNE) vom 17.09.2014 und Antwort des Senats, http://www.gruene-fraktion-hamburg.de/sites/default/files/dokument/13083_ska_moeller_demirel_goetsch.pdf (letzter Zugriff: 02.03.2017).
11 Vgl. Götz Nordbruch: Überblick zu Präventionsprogrammen im Kontext »islamischer Extremismus« im europäischen Ausland, Expertise im Auftrag des Deutschen Jugendinstituts e. V., Halle (Saale) 2013, http://www.dji.de/ueber-uns/projekte/projekte/arbeits-und-forschungsstelle-rechtsextremismus-und-radikalisierungspraevention/wissenstransfer.html (letzter Zugriff: 05.04.2017); Ministry of the Interior and Kingdom Relations: Polarisation and Radicalisation. Action Plan 2007–2011, Den Haag 2007, https://www.nyidanmark.dk/NR/rdonlyres/E9353925-A523-41C6-94F1-64 3EACF826CC/0/minbiz007_actieplanukv3.pdf (letzter Zugriff: 02.03.2017); Government of Denmark: A common and safe future. Danish action plan to prevent extremist views and radicalisation among young people, 2009, http://www.nyidanmark. dk/NR/rdonlyres/58D048E7-0482-4AE8-99EB-928753EFC1F8/0/a_common_ and_safe_future_danish_action_plan_to_prevent_extremism.pdf (letzter Zugriff: 18.06.2013); Ministry of Refugee, Immigration and Integration Affairs: Denmark's deradicalisation efforts, 2011, https://www.nyidanmark.dk/NR/rdonlyres/8A7278CB-EFAD-43CC-B6E4-EE81B8E13C6D/0/factsheetderadicalisation.pdf (letzter Zugriff: 09.01.2014).
12 Vgl. Alexander Leistner/Katja Schau/Susanne Johansson: Gesamtbericht der wissenschaftlichen Begleitung des Bundesprogramms »INITIATIVE DEMOKRATIE STÄRKEN«, Berichtszeitraum 01.01.2011–31.12.2014, www.dji.de/fileadmin/user_ upload/bibs2014/Gesamtbericht_2011_bis_2014_wiss_Begleitung_IDS.pdf (letzter Zugriff: 08.09.2015).
13 Vgl. ebd.
14 Vgl. Deutscher Bundestag: Antwort der Bundesregierung auf die Kleine Anfrage der Abgeordneten Volker Beck (Köln), Irene Mihalic, Monika Lazar, weiterer Abgeordneter und der Fraktion BÜNDNIS 90/DIE GRÜNEN – Aus- und Einreise potentieller islamistischer Teilnehmerinnen und Teilnehmer an nichtinternationalen bewaffneten Konflikten – Prävention und Intervention, Drucksache 18/2542, 11.09.2014, http://dipbt.bundestag.de/doc/btd/18/027/1802725.pdf (letzter Zugriff: 13.03.2017).
15 Florian Endres: Die Beratungsstelle »Radikalisierung« im Bundesamt für Migration und Flüchtlinge, in: Journal EXIT-Deutschland. Zeitschrift für Deradikalisierung und demokratische Kultur, Nr. 1, 2014, S. 1–12, hier S. 4.
16 Die bpb förderte bereits in früheren Jahren unter anderem durch die Bereitstellung von Informationen und pädagogischen Materialien, Vernetzungsaktivitäten sowie die Finanzierung von Projekten verschiedene Formen der pädagogischen Auseinandersetzung mit gewaltorientiertem und demokratiefeindlichem Islamismus.

17 Übersichten zu bestehenden Präventions- und Distanzierungsangeboten in Deutschland finden sich z. B. auf der Seite von »Demokratie leben!«, (https://www.demokratie-leben.de/mp_modellprojekte-zur-radikalisierungspraevention.html#t-1) oder beim Infodienst Radikalisierungsprävention der bpb (http://www.bpb.de/politik/extremismus/radikalisierungspraevention/208847/ansprechpartner-und-hilfsangebote-bundesweite-datenbank).

18 Vgl. Gründung der Bundesarbeitsgemeinschaft religiös begründeter Extremismus, https://bag-relex.de/2016/12/05/arbeitsgruppen-gegruendet (letzter Zugriff: 12.08.2017).

19 Eine besondere Schwierigkeit bei Rückkehrenden ist, zu klären, in welcher Weise sie dschihadistische Gruppierungen unterstützt (und somit strafrechtlich relevante Handlungen begangen) haben und wie sie sich aktuell zum Phänomen positionieren. Siehe dazu auch den Beitrag von Gerwin Moldenhauer in diesem Band.

20 Präventionsansätze werden in der Fachdebatte häufig binnendifferenziert; vgl. Susanne Johansson: Rechtsextremismusprävention und Demokratieförderung in den Feldern der Pädagogik, der Beratung und Vernetzung: eine kurze Begriffseinordnung und -abgrenzung, 2012, https://www.demokratie-leben.de/fileadmin/content/PDF-DOC-XLS/Wissen/Aufsatz_S._Johannson_REpraevention_final.pdf (letzter Zugriff: 19.01.2017). Eine Form der Spezifizierung ist folgendes zielgruppenbezogenes Trichtermodell. Es unterscheidet universelle, selektive und indizierte Prävention wie folgt: Richten Präventionsakteure ihr Vorgehen vor allem auf Zielgruppen aus, die zwar ein Grundrisiko, jedoch selbst (bisher) keine konkreten Problemausprägungen aufweisen, wird dies als universelle Prävention gefasst. Arbeiten sie vor allem mit Personen, die als konkret gefährdet wahrgenommen werden und setzen an diesen Gefährdungen systematisch an, wird dies als selektive Prävention klassifiziert. Fokussieren sie auf Zielgruppen, die erste Problemausprägungen zeigen und als gefährdet gelten, diese stärker auszuprägen, wird dies als indizierte Prävention kategorisiert; Richard S. Gordon: An Operational Classification of Disease Prevention, in: Public Health Report, Nr. 2, 1983, S. 107–109. Eine im Handlungsfeld ebenso gebräuchliche Binnendifferenzierung unterscheidet nach dem Interventionszeitpunkt zwischen Primär-, Sekundär- und Tertiärprävention; Gerald Caplan: Principles of Preventive Psychiatry, New York 1964.
Nahegelegt durch die vorbeugende Logik ist ein gewisser Präventionsoptimismus weit verbreitet, der auch von kritischen wissenschaftlichen Auseinandersetzungen begleitet wird, was die Notwendigkeit der kritischen Reflexion hinsichtlich negativer Effekte von Präventionsannahmen anmahnt; vgl. Frank Greuel/Katja Schau: Problemarchitekten und Bearbeitungsmanager – Zur Konstruktion des Problemgegenstands in der pädagogischen Prävention von Rechtsextremismus und Islamismus, in: Forum Gemeindepsychologie, im Erscheinen; Christian Lüders: Prävention, in: Jochen Kade u. a. (Hrsg.): Pädagogisches Wissen. Erziehungswissenschaft in Grundbegriffen, Stuttgart 2011, S. 44–50; Mike Seckinger: Prävention statt Erziehung?, in: Dialog Erziehungshilfen, Nr. 4, 2010, S. 32–40.

21 Vgl. Michaela Glaser/Sally Hohnstein/Frank Greuel: Ausstiegshilfen in Deutschland. Ein vergleichender Überblick über Akteure und Vorgehensweisen, in: Peter

Rieker (Hrsg.): Hilfe zum Ausstieg? Ansätze und Erfahrungen professioneller Angebote zum Ausstieg aus dem Rechtsextremismus, Weinheim-Basel 2014, S. 45–76. Diese Differenzierung ist insofern idealtypisch, als die Übergänge zwischen den Zielgruppen und damit auch zwischen den Arbeitsformen in der Praxis oftmals fließend sind. So spielt in der Arbeit mit Hinwendungs- und Radikalisierungsgefährdeten neben dem Bestreben, weiteren Annäherungen vorzubeugen, auch das Streben nach ideologischer und sozialer Distanzierung von bereits vorhandenen Gruppenbezügen eine Rolle.

22 Vgl. Greuel/Schau (Anm. 20); Axel Groenemeyer: Doing Social Problems – Doing Social Control. Mikroanalysen der Konstruktion sozialer Probleme in institutionellen Kontexten – Ein Forschungsprogramm, in: Ders. (Hrsg.): Doing social problems, Wiesbaden 2010, S. 13–56; Seckinger (Anm. 20).

23 In diesen Arbeitszusammenhängen erhalten nach Ansicht der Autorinnen und des Autors die pädagogischen Prinzipien der politischen Bildung eine besondere Relevanz, insbesondere die drei pädagogischen Prinzipien des Beutelsbacher Konsenses (Überwältigungsverbot, Kontroversitätsgebot und Lebensweltorientierung). Sie wurden 1976 als fachlicher Minimalkonsens vereinbart, um die Indoktrinierung mittels und Instrumentalisierung von politischer Bildung in politischen Auseinandersetzungen zu vermeiden; vgl. Hans-Georg Wehling: Konsens à la Beutelsbach? Nachlese zu einem Expertengespräch, Textdokumentation aus dem Jahr 1977, in: Benedikt Widmaier/Peter Zorn (Hrsg.): Brauchen wir den Beutelsbacher Konsens?, Bundeszentrale für politische Bildung, Bonn 2016, S. 19–27.

24 Vgl. Glaser/Figlestahler (Anm. 3).

25 Vgl. ebd.

26 Vgl. Charles Taylor: Die Religion und die Identitätskämpfe der Moderne, in: Nilüfer Göle/Ludwig Ammann (Hrsg.): Islam in Sicht: der Auftritt von Muslimen im öffentlichen Raum, Bielefeld 2004, S. 342–378; Volkhard Krech: Wo bleibt die Religion? Zur Ambivalenz des Religiösen in der modernen Gesellschaft, Bielefeld 2011, S. 40; Mirjam Eva Stricker: An Analysis of Interreligious Practice: Context, Conditions, Strategies and Consequences on the Basis of Biographical Narratives Gathered at a Centre for Christian-Muslim Dialogue in Germany, in: Forum Qualitative Sozialforschung/Forum: Qualitative Social Research, Nr. 1, 2016, http://www.qualitative-research.net/index.php/fqs/article/view/2347 (letzter Zugriff: 25.07.2017).

27 Vgl. Quintan Wiktorowicz: Radical Islam rising: Muslim extremism in the West, Lanham, Md., 2005; Glaser/Figlestahler (Anm. 3).

Michaela Glaser

Rechtsextremismus und islamistischer Extremismus im Jugendalter – Gemeinsamkeiten und Spezifika der pädagogischen Handlungsfelder*

Bei der Frage, wie die deutsche Gesellschaft Gefährdungen durch islamistisch-extremistische Strömungen in Deutschland begegnen kann, richten sich große Erwartungen auch auf die Möglichkeiten pädagogischer Einflussnahme: Mithilfe pädagogischer Angebote soll diesen Gefährdungen zum einen vorbeugend begegnet werden, zum anderen sollen gefährdete oder bereits involvierte junge Menschen bei der sozialen und inhaltlichen Distanzierung von diesen Gruppierungen unterstützt werden. Diesen Erwartungen steht allerdings eine vergleichsweise junge Fachtradition in diesem Handlungsfeld gegenüber (siehe dazu den Beitrag von Katja Schau u. a. in diesem Band), weshalb sich pädagogische Fachkräfte nur auf eine überschaubare konzeptionelle Debatte und auf begrenztes Erfahrungswissen stützen können.

Dagegen existiert zur Auseinandersetzung mit Rechtsextremismus bereits eine etablierte pädagogische Fachpraxis, die auf ein breites Spektrum von Ansätzen und inzwischen rund 25 Jahre Erfahrung zurückgreifen kann.[1] Insofern ist es lohnenswert, zu prüfen, ob und inwiefern die pädagogische Arbeit zu Rechtsextremismus eine Lernressource für die Auseinandersetzung mit islamistischem Extremismus sein kann: Sind die dort praktizierten Ansätze und damit gewonnenen Erfahrungen phänomenübergreifend relevant? Lohnen sich Erfahrungstransfer und fachlicher Austausch zwischen beiden Feldern? Aber auch: Welche Grenzen der Übertragbarkeit und welche spezifischen Bedarfe zeigen sich? Diese Fragen sollen im Folgenden am Beispiel der Arbeit mit gefährdeten bzw. bereits involvierten Zielgruppen diskutiert werden.[2]

---

* Bei dem Beitrag handelt es sich um eine aktualisierte und erweiterte Fassung des im Infodienst Radikalisierungsprävention veröffentlichten Textes vom 20.12.2016.

Eine Übertragung von Ansätzen setzt auf der Ebene der Phänomene vergleichbare Dimensionen und Zusammenhänge voraus, an denen pädagogische Aktivitäten ansetzen können. Daher ist zunächst zu klären, ob sich bei Rechtsextremismus und islamistischem Extremismus im Jugendalter solche phänomenbezogenen Gemeinsamkeiten zeigen. Im Zentrum des Beitrages steht deshalb der vergleichende Blick auf diese Phänomene bzw. das hierzu vorliegende empirische Wissen. Sodann werden Elemente und Erfahrungen der Distanzierungs- und Deradikalisierungsarbeit im Handlungsfeld Rechtsextremismus skizziert, die eine Lernressource für das neue Handlungsfeld bilden können. Abschließend wird auf einige Spezifika der Arbeit zu islamistischem Extremismus hingewiesen, die sich in ersten Praxiserfahrungen gezeigt haben.

Gemeinsamkeiten von Hinwendungsprozessen

Vorbemerkung: Für die im Folgenden diskutierten Prozesse hat sich inzwischen auch in pädagogischen Handlungsfeldern der Begriff der »Radikalisierung« etabliert. Angesichts der häufig noch sehr offenen Suchbewegungen junger Menschen ist diese Bezeichnung jedoch problematisch, da sie bereits starke Vorannahmen im Hinblick auf ideologisierte Motive und vor allem auch Gewaltbereitschaft beinhaltet. Erste jugendliche Annäherungen an diese Strömungen müssen nicht zwingend gleichbedeutend mit einer Radikalisierung sein, die sich auch auf Einstellungen oder Verhalten bezieht. Im Folgenden wird deshalb für die Gesamtheit dieser Annäherungsprozesse der Begriff »Hinwendungen« verwendet bzw. differenzierend von Hinwendungs- und Radikalisierungsprozessen gesprochen.

Forschungsperspektiven und Forschungsstand

Diskutiert werden hier nicht Rechtsextremismus und islamistischer Extremismus in ihrer Gesamtheit;[3] der Fokus liegt vielmehr auf den Erfahrungen und Motiven junger Menschen, die sich diesen ideologischen Strömungen und Gruppierungen zuwenden bzw. auf phänomenübergreifenden Gemeinsamkeiten, die sich bezüglich dieser Erfahrungshintergründe und Motivlagen zeigen.

Der zu diesen Dimensionen vorliegende Forschungsstand zu Rechtsextremismus und islamistischem Extremismus ist allerdings nur begrenzt vergleichbar, da die Forschungsfelder durch unterschiedliche Forschungsansätze und -traditionen geprägt sind und die Befunddichte zu einzelnen

Dimensionen recht unterschiedlich ist. So gibt es zu islamistischem Extremismus kaum Befunde zu frühen familiären Erfahrungen und es existieren nur wenige Studien, die das Zusammenspiel einzelner Faktoren vertiefend beleuchten. Generell ist die Empirie zum deutschsprachigen Raum sehr begrenzt, weshalb im Folgenden vor allem internationale Studien herangezogen werden. Aber auch in der Rechtsextremismusforschung zeigen sich Lücken, da viele Studien auf den jugendkulturellen Rechtsextremismus sowie auf Straf-und Gewalttäter fokussieren, während zu anderen Segmenten (organisierte Strukturen, Führungspersonen) kaum Erkenntnisse vorliegen.[4]

Insofern bezieht sich die folgende Diskussion auf einen vorläufigen Forschungsstand. Diese Einschränkungen vorangestellt, lassen sich Hinweise auf eine Reihe von gemeinsamen oder vergleichbaren Dimensionen von jugendlichen Hinwendungsprozessen identifizieren, die im Folgenden skizziert werden.

Stellenwert der Ideologie

Als eine erste Gemeinsamkeit wird erkennbar, dass Hinwendungen zu extremistischen Strömungen keineswegs immer aus primär ideologischen Motiven erfolgen. So weisen Jugendliche, die sich in rechtsextrem orientierte Szenen begeben, zwar häufig fremdenfeindliche Orientierungen auf; viele von ihnen verfügen jedoch über eher diffuse Weltbilder und haben nur wenig Wissen zu und Interesse an den konkreten politischen Positionen des organisierten Rechtsextremismus.[5] Auch im islamistischen Extremismus finden sich neben hochideologisierten Anführern Gruppenmitglieder, die einen (zunächst) geringen Ideologisierungsgrad zeigen.[6]

Die vorliegende Forschung weist für beide Phänomene vielmehr eine Reihe unterschiedlicher potenzieller Motiv- und Hintergrundkonstellationen aus. Diese Konstellationen sind für Rechtsextremismus und Islamismus keineswegs identisch (und zum Teil von sehr unterschiedlicher Qualität).[7] Es zeigen sich aber auch ähnlich gelagerte Erfahrungsdimensionen und Dynamiken, die für mögliche pädagogische Ansatzpunkte von Interesse sind.

Desintegrations- und Krisenerfahrungen

Als eine solche Gemeinsamkeit zeichnen sich (unterschiedlich gelagerte) Desintegrations- und Krisenerfahrungen ab, die zumindest bei Teilgruppen innerhalb der Phänomene als spezifischer Erfahrungshintergrund erkennbar werden. Zu nennen ist zum einen eine *soziostrukturelle Margina-*

lisierung, d. h. eine mangelnde Integration in den Bildungs-, Ausbildungs- und Erwerbssektor und daraus resultierende Defizit- und Nichtzugehörigkeitserfahrungen. In der Forschung zu Rechtsextremismus zeigen sich solche Erfahrungshintergründe zwar nicht für alle Akteursgruppen (bei Kadern und Führungsfiguren – zu denen allerdings nur sehr wenige Daten vorliegen – zeigen sich z. B. keine entsprechenden Auffälligkeiten); deutliche Zusammenhänge werden jedoch für das Teilsegment rechtsextremer Straf- und Gewalttäter erkennbar: Studien zeigen bei dieser Gruppe eine Häufung niedriger formaler Bildungsniveaus, eine erhöhte Zahl an Schulabbrüchen, vermehrte Schwierigkeiten bei Ausbildungs- und Berufsfindung sowie unsichere oder fehlende Beschäftigungsverhältnisse und damit verbundene Scheiterns- und Misserfolgswahrnehmungen.[8]

Für den islamistischen Extremismus zeichnet die Forschungslage ein insgesamt heterogeneres Bild. So finden sich teilweise Desintegrationskonstellationen, die den für den Rechtsextremismus beschriebenen ähneln. Doch zeigt die aktuelle Generation dschihadistischer Aktivistinnen und Aktivisten hinsichtlich der Bildungshintergründe keine Auffälligkeiten und manche Studien konstatieren für bestimmte Gruppierungen sogar ein überdurchschnittliches Bildungsniveau.[9] Allerdings sind auch für diese Akteure eine überdurchschnittliche Arbeitslosigkeit und ein erhöhter Anteil prekärer Beschäftigungsverhältnisse kennzeichnend. Dieser Befund korrespondiert mit den Ergebnissen einer qualitativen Studie, die neben »benachteiligten Jugendlichen« auch »enttäuschte Bildungsaufsteiger« als für islamistische Positionen besonders anfällige Gruppen identifiziert.[10] Insofern finden sich auch für dieses Phänomenfeld Hinweise, dass soziostrukturelle Marginalität eine Rolle spielen kann, wenn auch etwas anders konturiert.

Eine weitere Dimension von Desintegrationserfahrungen bezieht sich auf Erlebnisse der Nichtanerkennung und Nichtzugehörigkeit, die auf *interpersonaler, sozialer Ebene* gemacht werden. Hier zeigt sich für den Rechtsextremismus der bei unterschiedlichen Akteursgruppen feststellbare Befund, dass Jugendliche vergleichsweise häufiger von Außenseitererfahrungen bzw. -wahrnehmungen in Gleichaltrigengruppen, Schule und Sozialraum berichten.[11] Diese Erfahrungen sind allerdings einer Annäherung an rechtsextreme Szenen nur zum Teil vorgelagert. Zum Teil sind sie auch deren unmittelbare Folge bzw. können sich diese Prozesse wechselseitig verstärken: Die Übernahme rechtsextremer Positionen, Stilmerkmale und Verhaltensweisen führt zu negativen Umweltreaktionen, die wiederum die Einbindung in diese Szenen verstärken können.[12]

Mit Blick auf den islamistischen Extremismus problematisiert die Forschung insbesondere herkunfts- und religionsbezogene Diskriminierungserlebnisse[13] als Erfahrungen, die Hinwendungen potenziell befördern.[14] Allerdings lässt sich dieser Zusammenhang bisher nur indirekt – unter anderem aus Einstellungsbefragungen sowie aus dem hohen Stellenwert von Diskriminierungsnarrativen in islamistischer Propaganda – herleiten. Empirisch abgesichert in Bezug auf konkrete Hinwendungs- und Radikalisierungsverläufe ist dieser Zusammenhang bisher nicht und er wird in der Fachwelt auch kontrovers diskutiert.

Als ein gut gesicherter Befund gilt dagegen für beide Phänomenbereiche, dass biografische Krisen eine Relevanz für Hinwendungsprozesse besitzen. Auslöser solcher Krisen können etwa der Tod eines Elternteils oder Verlust des Partners sein, aber auch ein Gefängnisaufenthalt. Solche Erlebnisse können eine »kognitive Öffnung« bewirken, die für extremistische Bewegungen und ihre Botschaften empfänglich machen können und so als konkrete Auslöser für eine Hinwendung fungieren.[15]

Spezifik der Jugendphase

Ein weiteres übergreifendes Charakteristikum ist, dass Hinwendungen zu diesen Strömungen oft im Jugend- und Jugendwachsenenalter erfolgen – in einer Phase also, in der eine fundamentale Umorientierung primärer sozialer Bezüge stattfindet, sich Aktionsräume erweitern und Fragen der eigenen – auch politischen – Identität an Bedeutung gewinnen. So erfolgt der Einstieg in rechtsextreme Gruppierungen Fachleuten zufolge typischerweise mit 13 bis 14 Jahren; für den islamistischen Extremismus wird das Einstiegsalter mit ca. 15 bis 19 Jahren etwas später angesetzt.

Insofern ist es wenig erstaunlich, dass Hinwendungsprozesse phänomenübergreifend auch einige sehr jugendspezifische Charakteristika aufweisen. Diese Jugendspezifik zeigt sich unter anderem in den Hinwendungsmotiven, die in Forschungsarbeiten für beide Phänomenbereiche identifiziert wurde.

Zu nennen ist hier zum einen das Motiv einer Suche nach Sinnstiftung und Orientierung, die in der Jugendphase besonders ausgeprägt ist.[16] Diese Suche wird in vielen Fallstudien und Biografien als ein zentrales Hinwendungsmotiv erkennbar. Rechtextreme und islamistische Ideologien bieten insofern vergleichbare Antworten auf diese Sinnsuche, als sie dem Einzelnen eindeutige »Erklärungen«, klare Gut-Böse-Unterscheidungen und ein vermeintlich höheres Ziel seiner Existenz und seines Handelns bieten.

Als weiteres Motiv ist die – auch bewusst provokative – Abgrenzung von der Elterngeneration anzuführen[17] (im islamistischen Extremismus ist dieses Motiv allerdings anders konturiert als im Rechtsextremismus, da es sich häufig mit einer Abgrenzung von der Mehrheitsgesellschaft verschränkt – der gegenüber zum Teil auch eine advokatorische Position für »alle Muslime«, d. h. auch im Namen der Eltern, vertreten wird).

Damit verbunden zeigt sich bei manchen Jugendlichen eine ausgeprägte Suche nach Abenteuer und Grenzerfahrungen.[18] Sie werden durch die Klandestinität dieser Gruppierungen, den Nervenkitzel des Verbotenen, aber auch die Aussicht auf Gewalthandeln in besonderem Maße angesprochen.

Schließlich begegnet man in beiden Phänomenfeldern idealistisch orientierten bzw. begründeten Motiven, so widersprüchlich dies angesichts der Gewalthaltigkeit beider Ideologien auf den ersten Blick erscheint. Zu diesen Motiven gehört etwa der Wunsch, sich gegen wahrgenommene Ungerechtigkeiten oder für eine bessere Gesellschaftsordnung zu engagieren – eine gerechtere, naturverträglichere, dem »Wesen« des Menschen oder dem Willen Gottes entsprechendere.[19] Eine große Bereitschaft, sich zu engagieren, und das Interesse an radikaler gesellschaftlicher Veränderung sind typische Kennzeichen der Jugendphase. Ein Charakteristikum dieses spezifischen Engagementinteresses ist jedoch, dass es partikularistisch gerahmt ist: Bezugspunkte sind in beiden Phänomenfeldern Gesellschaftsideale sowie Ungerechtigkeitswahrnehmungen, die – (ethnisch-)religiös oder völkisch-national – auf das »eigene Kollektiv« engeführt werden.

Relevanz der Gruppe

Sowohl mit Blick auf die beschriebenen Desintegrationserfahrungen als auch vor dem Hintergrund jugendspezifischer Suchbewegungen erweist sich ein weiteres phänomenübergreifendes Attraktivitätsmoment als plausibel: das Versprechen, Teil einer besonders verbundenen Gemeinschaft Gleichgesinnter zu sein,[20] das in den Selbstinszenierungen dieser Gruppierungen als »Kameradschaft« (Rechtsextremismus) bzw. *brotherhood/sisterhood* (islamistischer Extremismus) gezielt bedient wird.

Die Forschung zu Distanzierungsprozessen zeigt zudem, dass insbesondere dann, wenn »Gemeinschaft« ein zentraler Hinwendungsgrund war, alternative Sozialbezüge die Gruppenbindung schwächen können, ihr Fehlen dagegen ein wesentliches Ausstiegshemmnis bildet.[21] Gruppendynamiken und -loyalitäten sind schließlich wesentlich dafür, dass auch Hinwendungen, die aus zunächst nicht ideologischen Motiven erfolgen, in ideologische Radikalisierung und Gewaltbereitschaft münden können.

Zwischenfazit

Aus den diskutierten Belastungs- und Umbruchserfahrungen lassen sich keine Zwangsläufigkeit und Vorherbestimmung ableiten und sie stellen für sich genommen auch keine Erklärungen dar. Vertiefende Untersuchungen vor allem zum Rechtsextremismus zeigen zum einen, dass für Hinwendungen niemals nur einzelne Faktoren verantwortlich sind, sondern dass diese stets aus dem Zusammenspiel verschiedener Aspekte resultieren. Zum anderen verweisen sie darauf, dass es für die Verarbeitung dieser Erfahrungen von entscheidender Bedeutung ist, auf welche sozialisatorisch erworbenen Deutungsmodi und Bewältigungskompetenzen junge Menschen zurückgreifen können.[22]

Erkennbar wird in der Gesamtschau allerdings, dass (aus unterschiedlichen Bereichen resultierende) Desintegrations- und Nichtanerkennungserfahrungen phänomenübergreifend in vielen Fällen als biografische Hintergrunderfahrungen präsent sind. Damit korrespondiert, dass sich das Gemeinschaftsversprechen und die sozialen Gratifikationen extremistischer Gruppierungen als ein zentrales Hinwendungsmotiv und Attraktivitätsmoment identifizieren lassen. Es zeigt sich zudem eine spezifische Bedeutung der Jugendphase, sowohl das Alter als auch die Motivlagen betreffend.

Im folgenden Abschnitt werden einige zentrale Elemente der Arbeit mit rechtsextrem orientierten Jugendlichen vorgestellt, die auf diese Zusammenhänge Bezug nehmen und sich in der Praxis sowohl mit hinwendungsgefährdeten als auch mit stärker involvierten Jugendlichen bewährt haben.

Übertragbare Elemente und Praxiserfahrungen aus der Distanzierungsarbeit zu Rechtsextremismus

Distanzierungsarbeit im Handlungsfeld »Rechtsextremismus«[23] ist zum einen durch bestimmte Prinzipien und Perspektiven charakterisiert, deren Grundzüge erstmals von Franz Josef Krafeld programmatisch formuliert wurden.[24] Diese Grundprinzipien lauten in Kürze:

- *Trennung von Einstellung und Person:* Abwertende, ausgrenzende und gewalthaltige Orientierungen und Verhaltensweisen sind klar zurückzuweisen, die Jugendlichen selbst jedoch sind als Personen anzuerkennen und ihre Bedürfnisse ernst zu nehmen.

- *Verstehensperspektive:* Es gilt, nach den Gründen für das problematische, selbst- und fremdschädigende Verhalten der Jugendlichen zu fragen und zu versuchen, gemeinsam mit ihnen die subjektive Bedeutung und den (vermeintlichen) Nutzen ihres Verhaltens zu ergründen. Davon ausgehend wird gemeinsam mit den Jugendlichen nach »funktionalen Äquivalenten«[25] gesucht, die der Anziehungskraft rechtsextremer Angebote entgegenzuwirken vermögen.
- *Vertrauensbeziehung als Basis:* Es bedarf einer belastbaren Arbeitsbeziehung, um mit den Jugendlichen an problematischen Haltungen arbeiten zu können. Der pädagogische Raum sollte deshalb ein geschützter Raum sein, in dem »heikle« Themen sanktionsfrei thematisierbar sind. Diese Vertraulichkeit hat ihre rechtlichen Grenzen dort, wo konkrete Gefahren für andere oder für die Jugendlichen selbst erkennbar werden. Als wesentlich gilt deshalb auch, diese Grenzen transparent zu kommunizieren.

Zum anderen zeigen bewährte Ansätze in diesem Handlungsfeld bestimmte gemeinsame Elemente in den konkreten Vorgehensweisen. Zu nennen sind hier insbesondere die Folgenden:

- *Mehrebenenansatz:* Um der Mehrdimensionalität von Hintergrundkonstellationen und Motivlagen Rechnung zu tragen, wird auf mehreren Ebenen mit den Jugendlichen gearbeitet, wenn auch mit unterschiedlichen Schwerpunktsetzungen. Bestandteil dieser Arbeit ist stets eine inhaltliche Auseinandersetzung mit weltanschaulich-politischen Positionen. Bedeutsam ist aber ebenso die Bearbeitung aktueller Problemlagen wie Sucht- und Gewaltproblematiken sowie von Belastungen aus früheren Lebensphasen. Zentralen Stellenwert hat zudem der Aufbau sozialer Bezüge und Anerkennungssysteme außerhalb rechtsextremer Szenen, etwa durch Hilfestellungen bei der Integration in Schule, Ausbildung und Arbeitsmarkt oder durch das Erschließen anderer Freundes- und Bekanntenkreise und alternativer Freizeitaktivitäten.
- *Fallbezogene Differenzierung:* Schwerpunkte und konkrete Inhalte der Betreuung werden jeweils mit Blick auf den Einzelfall und sich hier zeigende Bedarfe individuell festgelegt. Zu diesem Zweck steht am Anfang eine Analyse der relevanten Ursachen- und Problemdimensionen, die sogenannte Fallanamnese. Bestandteil dieser Analyse ist auch das Herausarbeiten der spezifischen Funktionalität, die rechtsextreme Orientierungen und Gruppenzugehörigkeiten für den jeweiligen Einzelfall besitzen.

- *Einbeziehung Dritter:* Um den unterschiedlichen Bedarfen der Jugendlichen professionell begegnen zu können, wird mit einem differenzierten Spektrum professioneller Akteure aus Jugend- und Sozialhilfe, Schul- und Berufsbildung, Sicherheitsbehörden, Freizeitvereinen etc. kooperiert. Durch die Angebote werden die erforderlichen Hilfen identifiziert, organisiert und koordiniert. Da der Aufbau und die Pflege dieser Kooperationsnetze sehr zeit- und arbeitsintensiv sind, werden sie im Idealfall als eigener Arbeitsschwerpunkt mit entsprechenden Ressourcen in der Arbeit verankert.
- *Arbeiten mit den sozialen Kontexten:* Es hat sich als bedeutsam erwiesen, Bezugspersonen der Jugendlichen – z.B. Eltern, Geschwister oder frühere Freunde – in die Arbeit einzubeziehen. Als relevant erweisen sich diese Personen zum einen, weil sie als unterstützende Ressource für Loslösungs- und Reintegrationsprozesse fungieren können. Zum anderen können sie aber auch »Teil des Problems« sein – was es entsprechend in der Betreuung mit zu berücksichtigen und zu bearbeiten gilt.

Darüber hinaus zeigen die vorliegenden Praxiserfahrungen aus dem Handlungsfeld Rechtsextremismus, dass Distanzierungsarbeit ein langwieriger und anfälliger Prozess ist, der eine hohe Professionalität, langfristige Formate, personelle Kontinuität sowie sozialräumliche Verankerung und Einbindung in fachliche Debatten erfordert.

Die hier vorgestellten Grundsätze und pädagogischen Vorgehensweisen der Arbeit mit rechtsaffinen und rechtsextremen Jugendlichen setzen an den diskutierten, phänomenübergreifend relevanten Motivlagen und Erfahrungshintergründen jugendlicher Hinwendungsprozesse an. Sie bieten sich deshalb für eine Übertragung in die Arbeit mit islamistischen bzw. entsprechend gefährdeten Jugendlichen an.

Neben diesen gemeinsamen Ansatzpunkten zeichnen sich allerdings auch Spezifika dieses neuen Handlungsfeldes ab, die Praktikerinnen und Praktiker vor besondere und zum Teil auch gänzlich neue Herausforderungen stellen. Einige dieser Spezifika, die sich in ersten Praxiserfahrungen gezeigt haben,[26] sollen abschließend benannt werden.

Spezifika des Handlungsfeldes islamistischer Extremismus

Um den Zugang zu Jugendlichen und ihrem sozialen Umfeld zu ermöglichen, aber auch um inhaltliche Auseinandersetzungen fundiert zu gestalten, müssen bei Kooperationen in diesem Handlungsfeld neue Wege beschritten werden. Besonderer Stellenwert kommt der *Einbindung religiöser Akteure* wie Moscheegemeinden oder Imame zu. Welche inhaltlichen und fachlichen Kriterien bei der Auswahl religiöser Kooperationspartner anzulegen sind oder welche Zielstellungen die religiös grundierte Arbeit verfolgen sollte, sind Fragen, zu denen es zukünftig weiterer fachlicher Verständigung bedarf.

Ein weiteres Spezifikum des Handlungsfeldes ist die *räumliche Entfernung zu den Gebieten, in denen dschihadistische Bewegungen aktiv sind* (z. B. Syrien, Afghanistan, Tschetschenien). Denn sie erschwert zum einen, islamistische Propagandabotschaften und -berichte, die über das Internet und soziale Medien unter Jugendlichen verbreitet werden, glaubwürdig zu hinterfragen und zu entkräften. So genießen in den sozialen Medien verbreitete positive und verklärende Berichte über das Leben unter »IS«-Herrschaft bei Jugendlichen häufig hohe Glaubwürdigkeit, zumal wenn sie von gleichaltrigen Ausreisenden verfasst wurden. Praktikerinnen und Praktikern fällt es schwer, diesen Aussagen etwas entgegenzusetzen, da ihnen keine vergleichbare Authentizität zugebilligt wird. Zum anderen stellt die räumliche Distanz Praxisakteure vor die Frage, wie sie ausgereiste Jugendliche weiter erreichen können, um mögliche Distanzierungsimpulse zu verstärken.

Als spezifische Herausforderung und Distanzierungshemmnis erweist sich auch der *Jenseitsbezug der Ideologie*, da sich die in Aussicht gestellten Belohnungen bzw. Bestrafungen in einem »Leben nach dem Tod« ebenfalls einer Überprüfung und damit möglichen Widerlegung entziehen.

Neue Anforderungen sind zudem mit der Zielgruppe der *Rückkehrerinnen und Rückkehrer* verbunden. Junge Menschen, die aus dschihadistischen Kampfgebieten zurückkehren, dürften in vielen Fällen einen spezifischen Betreuungsbedarf haben, um eigene und erlebte Gewalttaten aufzuarbeiten und ihre gesellschaftliche Reintegration zu begleiten. Gleichzeitig stellt sich – angesichts der häufig unklaren Motivlagen von Rückkehrenden – die stets schwierige Frage der Zusammenarbeit pädagogischer und sicherheitsbehördlicher Professionen hier nochmals in neuer, verschärfter Form.

Insgesamt ist dieses Handlungsfeld zudem durch eine ausgeprägte und im Vergleich zum Rechtsextremismus deutlich höhere gesellschaftliche *Gefährdungswahrnehmung* geprägt. Diese speist sich zum einen aus der Ausreiseoption und den damit verbundenen Gefahren für die Jugendlichen selbst, zum anderen aus einer hohen gesamtgesellschaftlichen Bedrohungswahrnehmung infolge der jüngsten Terroranschläge. Diese hohe Gefährdungswahrnehmung schlägt sich in einem vergleichsweise höheren Beratungsinteresse und zum Teil auch »übersensibilisierten« Meldeverhalten des sozialen Umfeldes von Jugendlichen, die vermeintlich oder tatsächlich gefährdet sind, nieder. Sie bringt aber auch einen erhöhten Verantwortungs- und Handlungsdruck mit sich, der auf den pädagogischen Fachkräften lastet.[27]

Nicht zuletzt erweisen sich aktuell stark polarisierte gesellschaftliche Debatten über »Einwanderung« und »Islam« sowie in der Gesellschaft verbreitete muslimfeindliche Tendenzen als hinderlich in der Distanzierungsarbeit. Zwar konnten Zusammenhänge mit Hinwendungs- und Radikalisierungsprozessen bisher wissenschaftlich nicht eindeutig belegt werden (s. o.). Festzuhalten ist jedoch, dass sie in jedem Fall Einfluss auf pädagogische Handlungsoptionen haben. So dürfte die Furcht vor (weiterer) Stigmatisierung einer der Gründe dafür sein, dass Familien mit muslimischem Hintergrund von Beratungs- und Hilfsangeboten bisher deutlich schwerer erreicht werden als Angehörige ohne muslimischen Hintergrund.[28] Vor dem Hintergrund dieser gesellschaftlichen Diskurse und Tendenzen bergen pädagogische Interventionen deshalb eine erhöhte Gefahr, durch eine gezielte Adressierung bestimmter »Risikogruppen« zu Stigmatisierungen beizutragen. Pädagogische Praxis steht hier nochmals in besonderer Weise in der Verantwortung, mögliche stigmatisierende Effekte ihrer Arbeit mit zu reflektieren und entsprechend sensibel zu agieren.

Schlussbemerkung

Die vorliegenden Befunde aus der Forschung zu Rechtsextremismus und islamistischem Extremismus verweisen darauf, dass sich jugendliche Hinwendungsprozesse auch als subjektiv plausible und funktionale Versuche der Bewältigung schwieriger Lebenslagen sowie von altersspezifischen Herausforderungen begreifen lassen – und dass dies übergreifend für beide Phänomenbereiche gilt.

Zentrale Grundprinzipien und Kernelemente aus der Distanzierungsarbeit im Handlungsfeld Rechtsextremismus haben sich in der Auseinandersetzung mit diesen Hintergründen und Funktionen von Hinwendungen bewährt und können deshalb auch für die Arbeit mit islamistischen bzw. entsprechend gefährdeten Jugendlichen als ertragreich erachtet werden.

In vielen Angeboten werden diese Ansätze oder einzelne ihrer Elemente auch bereits praktiziert. Weniger verbreitet ist der fachliche Austausch zwischen beiden Feldern. Ein Grund hierfür dürfte sein, dass vor allem bei neu hinzugekommenen Praxisakteuren die Wahrnehmung von Differenzen zwischen den beiden Phänomenen häufig überwiegt. Angesichts dessen kann der Blick auf Gemeinsamkeiten dem fachlichen Brückenschlag dienen, um Erfahrungstransfer, fachliche Professionalisierung und konzeptionelle Weiterentwicklung in der pädagogischen Distanzierungsarbeit mit jungen Menschen zu fördern.

Es zeigt sich allerdings auch, dass die Auseinandersetzung mit islamistischem Extremismus im Jugendalter durch Spezifika gekennzeichnet ist, die die Entwicklung neuer, eigenständiger Antworten erfordern und auch spezifische Anforderungen an Fachkräfte bergen. Nicht zuletzt ist unser Wissen zu den Erfahrungshintergründen und Motiven junger Menschen, die sich dem islamistischen Extremismus zuwenden, nach wie vor begrenzt. Das verweist einerseits darauf, dass wir mehr Forschung benötigen. Zum anderen sind ein differenzierender Blick und Zurückhaltung mit vorschnellen Gleichsetzungen angezeigt.[29]

Anmerkungen

1 Vgl. Michaela Glaser/Frank Greuel: Jugendarbeit und Rechtsextremismus, in: Enzyklopädie Erziehungswissenschaft Online (ISSN 2191-8325), 2013, S. 1–24.

2 Die folgenden Ausführungen stützen sich, neben der vorliegenden Fachliteratur, auf Wissens- und Datenbestände aus verschiedenen Erhebungen der Arbeits- und Forschungsstelle Rechtsextremismus und Radikalisierungsprävention des Deutschen Jugendinstitutes. Mein Dank gilt den beteiligten Kolleginnen und Kollegen Carmen Figlestahler, Frank Greuel, Maruta Herding, Sally Hohnstein, Joachim Langner und Nils Schuhmacher.

3 Nicht eingegangen wird etwa auf ideologische oder organisatorische Ausprägungen sowie auf historisch-politische Entstehungsfaktoren von Bewegungen.

4 Vgl. Nils Schuhmacher/Michaela Glaser: Biographische Perspektiven auf jugendlichen Rechtsextremismus. Darstellung und Diskussion vorliegender Forschungsbefunde, in: Forum Jugendhilfe, Nr. 3, 2016, S. 34–38.

5 Vgl. Wilhelm Heitmeyer/Joachim Müller: Fremdenfeindliche Gewalt junger Menschen. Biographische Hintergründe, soziale Situationskontexte und die Bedeutung strafrechtlicher Sanktionen, in: Dies. (Hrsg.), Identität und fremdenfeindliche Gewalt, Bonn 1995, S. 183–187; Martina Gaßebner/Christian Peucker/Nikola Schmidt/Klaus Wahl: Analyse von Urteilsschriften zu fremdenfeindlichen, antisemitischen und rechtsextremistischen Straftätern, in: Klaus Wahl (Hrsg.): Fremdenfeindlichkeit, Antisemitismus, Rechtsextremismus. Drei Studien zu Tatverdächtigen und Tätern, Berlin 2001, S. 89–161; Britta Bannenberg/Dieter Rössner: Hallenser Gewaltstudie. Die Innenwelt der Gewalttäter. Lebensgeschichten ostdeutscher jugendlicher Gewalttäter, in: Axel Dessecker (Hrsg.): Jugendarbeitslosigkeit und Kriminalität, 2. durchges. u. akt. Auflage, Wiesbaden 2007, S. 133–164.

6 Vgl. Randy Borum: Radicalization into Violent Extremism I: A Review of Social Science Theories, in: Journal of Strategic Security, Nr. 4, 2011, S. 7–36.

7 Die in diesem Beitrag entwickelte Perspektive auf Gemeinsamkeiten erhebt auch ausdrücklich nicht den Anspruch eines für beide Phänomene gültigen, übergreifenden Erklärungsmodells. Dieses würde eine sehr viel ausführlichere Darstellung erfordern, sowohl von Spezifika beider Phänomene als auch von Differenzen innerhalb der jeweiligen Phänomenbereiche.

8 Vgl. Andreas Marneros/Bettina Steil/Anja Galvao: Der soziobiographische Hintergrund rechtsextremistischer Gewalttäter, in: Monatsschrift für Kriminologie und Strafrechtsreform, Nr. 5, 2003, S. 364–372; Roland Eckert/Christa Reis/Thomas Wetzstein: Ich will halt anders sein wie die anderen, Opladen 2000.

9 Vgl. Alexander Heerlein: »Salafistische« Moscheen: Ort des Gebets oder eine Brutstätte für dschihadistische Muslime?, in: Klaus Hummel/Michail Logvinov (Hrsg.): Gefährliche Nähe: Salafismus und Dschihadismus in Deutschland, Stuttgart 2014, S. 155–182.

10 Vgl. Aladin El-Mafaalani: Salafismus als jugendkulturelle Provokation. Zwischen dem Bedürfnis nach Abgrenzung und der Suche nach habitueller Übereinstimmung, in: Thorsten Gerald Schneiders (Hrsg.): Salafismus in Deutschland. Ursprünge und Gefahren einer islamisch-fundamentalistischen Bewegung, Bielefeld 2014, S. 355–362.

11 Vgl. Figen Özsöz: Hasskriminalität: Auswirkungen von Hafterfahrungen auf fremdenfeindliche jugendliche Gewalttäter, Freiburg 2008; Benno Hafeneger/Mechtild M. Jansen: Rechte Cliquen. Alltag einer neuen Jugendkultur, Weinheim-München 2001.

12 Vgl. Anne Claire Groffmann: Das unvollendete Drama. Jugend- und Skinheadgruppen im Vereinigungsprozeß, Opladen 2001.

13 Diskriminierungserfahrungen sind von individuellen Außenseitererfahrungen insofern zu unterscheiden, als es sich um kollektiv geteilte, eng mit gesellschaftlichen Diskursen und Machstrukturen verwobene Erfahrungen handelt, die über die interpersonale Ebene hinaus- und in strukturelle Dimensionen hineinreichen. So kann Diskriminierung, in Form eines erschwerten oder nicht gewährten Zuganges zu gesellschaftlichen Gütern, auch für soziostrukturelle Marginalisierung verantwortlich zeichnen. An dieser Stelle geht es um vergleichbare subjektive Erfahrungsdimensionen, an denen pädagogische Praxis ansetzen kann. Auf Differenzen und spezifische Implikationen wird im dritten Beitragsteil nochmals eingegangen.

14 Vgl. Katrin Brettfeld/Peter Wetzels: Muslime in Deutschland. Integration, Integrationsbarrieren, Religion sowie Einstellungen zu Demokratie, Rechtsstaat und politisch-religiös motivierter Gewalt, Hamburg 2007; Oliver Roy: Der islamische Weg nach Westen, München 2006.

15 Vgl. z. B. Martina Schiebel: Biographische Selbstdarstellungen rechtsextremer und ehemals rechtsextremer Jugendlicher, in: Psychosozial, Nr. 3, 1992, S. 66–77; Quintan Wiktorowicz: Radical Islam Rising: Muslim extremism in the West, Landham, MD, 2005. Einschränkend ist anzumerken, dass ein Vergleich von Krisenerfahrungen den hier relevanten Bereich *früher* biografischer Erfahrungen nicht mit einzubeziehen vermag, da es zu diesem Bereich im Phänomenfeld islamistischer Extremismus bisher an Forschungsbefunden mangelt (vgl. hierzu auch Anm. 29).

16 Vgl. Klaus Hurrelmann/Gudrun Quenzel: Lebensphase Jugend. Eine Einführung in die sozialwissenschaftliche Jugendforschung, Weinheim 2012.
17 Vgl. Michaela Glaser/Tabea Schlimbach: »Wer in dieser Clique ist, hört einfach diese Musik«, in: Gabi Elverich u. a. (Hrsg.): Rechtsextreme Musik. Ihre Funktionen für jugendliche Hörer/innen und Antworten der pädagogischen Praxis, Halle (Saale) 2009, S. 13–80; Martijn de Koning: Changing Worldviews and Friendship. An exploration of the life stories of two female salafists in the Netherlands, in: Roel Meijer (Hrsg.): Global salafism. Islam's new religious movement, London-New York 2009, S. 372–392; Martin Schäuble: Dschihadisten: Feldforschung in den Milieus. Die Analyse zu Black Box Dschihad, Berlin 2011.
18 Vgl. Helmut Willems/Stefanie Würtz/Roland Eckert: Fremdenfeindliche Gewalt: Eine Analyse von Täterstrukturen und Eskalationsprozessen, Forschungsbericht für das Bundesministerium für Frauen und Jugend und die Deutsche Forschungsgemeinschaft, o. O. 1993; Ann-Sophie Hemmingsen: The Attractions of Jihadism. An identity approach to three Danish terrorism cases and the gallery of characters around them, University of Copenhagen, 2010, https://www.nyidanmark.dk/nr/rdonlyres/a3d4d315-dd58-45bb-b97c-86eb7d6e6bff/0/the_attractions_of_jihadism.pdf (letzter Zugriff: 29.04.2015).
19 Vgl. Christine Hewicker: Die Aussteigerin. Autobiographie einer ehemaligen Rechtsextremistin, Oldenburg 2001; Martijn De Koning: »We reject you« – »Counter-conduct« and radicalisation of the Dutch Hofstad network, in: Maruta Herding (Hrsg.): Radikaler Islam. Erscheinungsformen, Ursachen und Kontexte, Halle (Saale) 2013, S. 92–109.
Das Motiv wahrgenommener Ungerechtigkeiten findet sich – wie gesagt – in beiden Phänomenfeldern. Als These ließe sich formulieren, dass es im islamistischen Extremismus, insbesondere im Segment der Syrien-Ausreisenden, eine vergleichsweise größere Rolle spielen dürfte als im Rechtsextremismus. So werden die Leiden der syrischen Zivilbevölkerung und der Wunsch, ihr gegen das Assad-Regime beizustehen, in den wenigen hierzu vorliegenden Studien als wesentliche Ausreisemotivationen benannt. Die Befundlage ist insgesamt jedoch zu dünn, um fundierte Aussagen zum jeweiligen Stellenwert solcher Motive zu treffen.
20 Vgl. Wolfgang Frindte/Klaus Wahl u. a.: Biografische Hintergründe und Motivationen fremdenfeindlicher Gewalttäter, in: Wahl (Anm. 5), S. 162–315; Hans-Jürgen von Wensierski: Jugendcliquen und Jugendbiographien. Biografische und ethnografische Analysen der Mitgliedschaft in Jugendcliquen am Beispiel ostdeutscher Jugendlicher, Halle (Saale) 2003; De Koning (Anm. 19); Erin Marie Saltman/Melanie Smith: Till Martyrdom does us apart, Gender and the ISIS Phenomenon, London 2015.
21 Vgl. Daniela Pisoiu/Daniel Köhler: Individuelle Loslösung von Radikalisierungsprozessen. Stand der Forschung und eine Überprüfung bestehender Theorien anhand eines Ausstiegsfalls aus dem militanten Salafismus, in: Journal Exit-Deutschland. Zeitschrift für Deradikalisierung und demokratische Kultur, Nr. 2, 2013, S. 241–274.
22 Vgl. etwa Ralf Bohnsack/Peter Loos/Burkhard Schäffer/Klaus Städtler/Bodo Wild: Die Suche nach Gemeinsamkeit und die Gewalt der Gruppe. Hooligans, Musikgruppen und andere Jugendcliquen, Opladen 1995.

23 Dieses Arbeitsfeld umfasst die aufsuchende Jugendarbeit mit rechtsorientierten und einstiegsgefährdeten Jugendlichen, durch Multiplikatoren vermittelte Einzelarbeit mit diesen Zielgruppen, Trainings mit rechtsextremen und fremdenfeindlichen Straftätern sowie Angebote der staatlichen und zivilgesellschaftlichen Ausstiegsarbeit. Zu den dort praktizierten Ansätzen und damit gesammelten Erfahrungen vgl. ausführlicher Michaela Glaser/Sally Hohnstein/Frank Greuel: Ausstiegshilfen in Deutschland. Ein vergleichender Überblick über Akteure und Vorgehensweisen, in: Peter Rieker (Hrsg.): Hilfe zum Ausstieg? Ansätze und Erfahrungen professioneller Angebote zum Ausstieg aus dem Rechtsextremismus, Weinheim-Basel 2014, S. 45–76; Sally Hohnstein/Frank Greuel, unter Mitarbeit von Michaela Glaser: Einstiege verhindern, Ausstiege begleiten. Pädagogische Ansätze und Erfahrungen im Handlungsfeld Rechtsextremismus, Halle (Saale) 2015. Weitere erfahrungsbasierte Empfehlungen zu dieser Arbeit sind in den Guidelines and Principles of Good Practice des Radicalisation Awareness Network (2012) dokumentiert, http://ec.europa.eu/dgs/home-affairs/what-we-do/networks/radicalisation_awareness_network/ran-high-level-conference/docs/proposed_policy_recommendations_ran_derad_en.pdf (letzter Zugriff: 15.08.2017).

24 Vgl. Franz Josef Krafeld: Grundsätze einer akzeptierenden Jugendarbeit mit rechten Jugendcliquen, in: Albert Scherr (Hrsg.): Jugendarbeit mit rechten Jugendlichen, Bielefeld 1992, S. 37–45.

25 Vgl. Lothar Böhnisch: Sozialpädagogik der Lebensalter, Weinheim 2012.

26 Vgl. Michaela Glaser/Carmen Figlestahler: Distanzierung vom gewaltorientierten Islamismus. Ansätze und Erfahrungen etablierter pädagogischer Praxis, in: Zeitschrift für Jugendkriminalrecht und Jugendhilfe, Nr. 3, 2016, S. 259–265.

27 Dieser dürfte auch mit verantwortlich dafür sein, dass Praktikerinnen und Praktiker in diesem Handlungsfeld eine im Vergleich zum Rechtsextremismus deutlich größere Zurückhaltung zeigen, Personen als »nicht gefährdet« oder Fälle als »nicht mehr betreuungsrelevant« einzustufen.

28 Vgl. Glaser/Figlestahler (Anm. 26).

29 Ein Beispiel hierfür ist die Rolle familialer Erfahrungen. Zusammenhänge zwischen (frühen) familiären Einflüssen und Affinitäten zu extremistischen Strömungen, die sich im Lebensverlauf zeigen, konnten in Bezug auf Rechtsextremismus in einigen vertiefenden Studien gezeigt werden. Diese Einflüsse umfassen vorgelebte Orientierungen, soziale Vorbilder und vor allem auch emotionale Belastungen; vgl. Peter Rieker: Fremdenfeindlichkeit und Sozialisation in Kindheit und Jugend, in: Aus Politik und Zeitgeschichte, Heft 37, 2007, S. 31–38. Basierend auf Praxiserfahrungen sprechen manche Praktikerinnen und Praktiker solchen familiären Erfahrungen auch für den islamistischen Extremismus eine zentrale Erklärungskraft zu. Allerdings ist die diesbezügliche Empirie bisher sehr schmal und nicht eindeutig, sodass fundierte Aussagen zu möglichen Zusammenhängen (oder Nichtzusammenhängen) nicht möglich sind.

Claudia Dantschke (Interview)

Die Rolle der Angehörigen in der Radikalisierungsprävention*

»Die Familie ist der Schlüssel für die Arbeit mit jungen Menschen, die sich radikalisieren« – so Claudia Dantschke von der Beratungsstelle HAYAT. Einerseits ist eine gestörte Beziehung zur Familie oft ein Ausgangspunkt für den Weg in die Radikalisierung. Andererseits ist die Familie gerade daher der wichtigste Partner, um Jugendliche davon abzubringen. Im Interview berichtet die Islamismus-Expertin Claudia Dantschke darüber, welche Rolle die Angehörigen im Beratungsprozess spielen.

Das Beratungsangebot von HAYAT richtet sich an Angehörige von Personen, die sich salafistisch radikalisieren. Wer meldet sich konkret bei Ihnen?

Claudia Dantschke: Unser Beratungsangebot ist vor allem für die »Kernfamilie« gedacht, also die Eltern und die Geschwister, aber auch das nähere Umfeld. Es können auch Sozialarbeiterinnen und Sozialarbeiter oder Lehrkräfte sein, die eine starke Beziehung zu der Person haben, die sich radikalisiert.

Welche Rolle können die Angehörigen spielen, wenn sich ein Familienmitglied radikalisiert?

Claudia Dantschke: Bei uns geht es um die einzelne Person – um ihr Leben, ihre Bedürfnisse, ihre Emotionen. Wie sie z. B. Verluste verarbeitet hat. Wie sie psychisch und sozial geprägt ist. Denn jede Person ist abhängig von ihrer Sozialisation und verarbeitet bestimmte Entwicklungen anders. Wir müssen auf die persönliche Ebene heruntergehen, weil wir den speziellen Ansatzpunkt herausfinden müssen: Was hat eine Person dafür geöffnet, dass sie auf die extremistische Ideologie positiv reagiert?
  Hier kommen dann die Angehörigen ins Spiel. Denn es sind die Eltern,

---

* Bei dem Beitrag handelt es sich um eine aktualisierte und erweiterte Fassung des im Infodienst Radikalisierungsprävention veröffentlichten Interviews vom 12.05.2016.

die Geschwister, die Verwandten, zu denen eine emotionale Beziehung besteht, auch wenn sie eventuell kaputt oder angekratzt ist. Wenn sich das Kind aber plötzlich von der Familie und deren Werten abwendet und in eine radikale Gruppe eintritt, reagiert die Familie – Vater, Mutter – oft verletzt, enttäuscht und sehr autoritär. Das Kind wird dadurch eventuell weiter in die radikale Gruppe getrieben, weil es diese Gruppe als positiv empfindet. Sie wird zu einer Art Ersatzfamilie, während die eigene Familie nur noch als Stress, Konflikt und negativ empfunden wird.

Entscheidend ist, ob die Ideologie die Person emotional anspricht, die Fragen und den Frust, den diese Person empfindet, klärt. Es geht dabei um die Frage, ob ich mich angenommen, aufgenommen, akzeptiert, wertgeschätzt fühle. Hilft diese Weltdeutung mir, mein Leben in den Griff zu bekommen?

Ich will nicht sagen, dass die Eltern schuld an der Radikalisierung sind – aber die Familie ist ein Einflussfaktor, wenn sich die Person von der Familie nur noch abgelehnt fühlt. Die Arbeit mit der Familie ist eine Möglichkeit, zu schauen, wie man auf den betroffenen jungen Menschen einwirken kann. Ob sich etwas entwickeln kann, um den »Schub« in die Radikalisierung abzustellen.

Wenn wir es schaffen, dass das Konflikthafte gelöst und die Beziehung zumindest wieder als neutral empfunden wird, dann haben wir einen Weg der Einwirkung auf den Jugendlichen. Die Familie ist wieder eine Alternative zur neuen, radikalen Gruppe.

Voraussetzung für Ihre Arbeit ist also, dass die Kontaktpersonen einen Zugang zur sich radikalisierenden Person haben?

Claudia Dantschke: Ich kann nicht irgendjemanden beeinflussen oder auf ihn einwirken, wenn ich keine Bindung zu ihm habe, d. h., um einen Radikalisierungsprozess stoppen oder vielleicht auch umkehren zu können, ist immer zuerst Bindungsarbeit erforderlich. Es muss erst eine Beziehung aufgebaut werden.

Der Zugang über die Familie hat eine andere Qualität als der direkte Kontakt zu uns. Denn Jugendliche lassen sich etwas, das sie positiv stimmt, das ihnen vermeintlich guttut, nicht von fremden Leuten ausreden. Das Problem ist aber, dass die Beziehung zur Familie oft konflikthaft ist. Das bedeutet, wir müssen zuerst bei diesen Konflikten ansetzen.

Nehmen wir an, ich bemerke bei jemandem aus meiner Familie besorgniserregende Tendenzen. Zum Beispiel: Mein 18-jähriger Sohn äußert immer radikalere Ansichten. Was sollte ich als Erstes tun?

Claudia Dantschke: Um mit HAYAT zu arbeiten, müssten Sie den ersten Schritt machen und uns kontaktieren, denn wir machen keine aufsuchende Arbeit. Im ersten Gespräch mit Ihnen würden wir versuchen, Ihren Sohn anhand Ihrer Berichte kennenzulernen. Wir nehmen keinen direkten Kontakt zu ihm auf. Wir versuchen herauszubekommen, wie das Leben Ihres Sohnes bis zu dem Punkt war, ab dem er sich verändert hat. Oder anders gesagt: Uns interessiert nicht nur, was jetzt ist, sondern besonders, was vorher war. Gab es eventuell Brüche im Leben, wie sind die familiären Verbindungen, wie ist Ihre Beziehung zu Ihrem Sohn? Was könnte das Motiv sein, das Ihren Sohn in die radikale Ideologie treibt – was konkret sucht er?

Wir analysieren auch, wie weit der Prozess ist und in welche Richtung Ihr Sohn geht. Wir würden versuchen, zu klären, wie er argumentiert, welche Vorbilder er hat, ob er Kontakt zu bestimmten Gruppen, Netzwerken oder auch Moscheen hat. Es geht um die Frage, ob er sich vielleicht nur religiös im fundamentalistischen Sinne von der Gesellschaft abwendet oder ob er bereits Anhänger einer freiheitsfeindlichen Ideologie ist. Auch da muss man dann unterscheiden, wie sich seine extremistische Einstellung im konkreten Verhalten ausdrückt, besteht also die Gefahr, dass zur Durchsetzung der extremistischen Ziele auch Gewalt als Mittel legitim ist, oder beschränkt sich das Verhaltensmuster zunächst auf die Missionierung, also den Einsatz legaler Mittel. Diese Analyse ist der erste Schritt.

Und wie geht es dann weiter?

Claudia Dantschke: Mit dieser Analyse haben wir zunächst den Konflikt ein wenig rationalisiert, wir wissen jetzt ungefähr, in welche Richtung sich der bzw. die Jugendliche entwickelt und welche Bedürfnisse die radikale Gruppe bei ihm bzw. bei ihr befriedigt. Nun geht es darum, eventuelle innerfamiliäre Konflikte zu beheben, um wieder eine vertrauensvolle Beziehung herstellen zu können. Manchmal ist dafür externe Hilfe notwendig, eventuell durch eine Familienberatungsstelle oder auch durch das Jugendamt. Wichtig ist eine offene, interessierte Kommunikation, die Eltern müssen wieder in ein Gespräch mit ihrem Sohn oder ihrer Tochter kommen, das nicht geprägt ist durch emotionale Erregung, Schuldzuweisungen oder Ablehnung. Entscheidend ist, dass die Eltern Fragen stellen und dann zuhören und nicht sofort jede Antwort kritisieren und werten. Es geht nicht darum, dem Sohn oder der Tochter »den Islam« auszureden. Die Eltern sollen Interesse zeigen, eventuell die neuen Freunde einladen, versuchen, sie kennenzulernen. Auch ein gemeinsamer Besuch der Moschee, die ihr Kind aufsucht, kann sinnvoll sein. Ängste, Befürchtungen oder gegenteilige Auffassungen sollen offen geäußert werden, aber nicht aus einer autoritären Position heraus, sondern aus der Ich-Perspektive, auf Augenhöhe mit dem Sohn, der Tochter.

Dieser Aufbau einer vertrauensvollen Beziehung ist ein langer Prozess, in dessen Verlauf es darum geht, dass der junge Mensch seine eigenen Wünsche artikuliert und lernt, sein Leben selbst in die Hand zu nehmen. In Fällen, wo die Eltern oder wir erkennen, dass die neuen Freunde oder die Moschee, in die der oder die Jugendliche geht, gefährlich sind, sollte der Umgang verboten werden. Das allein wird aber nicht helfen, wenn nicht gleichzeitig versucht wird, Alternativen anzubieten, entsprechend den Bedürfnissen des jungen Menschen, die ihn zu dieser Gruppe getrieben haben.

Ich stelle mir das aus Sicht der Familie schwierig vor, sich an Dritte zu wenden, um über meine engen Angehörigen zu reden. Ist das nicht auch ein Vertrauensbruch?

Claudia Dantschke: Der Leidensdruck in der Familie ist oft sehr groß. Wenn Eltern uns ansprechen, sind sie an einem Punkt angekommen, an dem sie sich extreme Sorgen um ihren Sohn oder ihre Tochter machen. Gleichzeitig sind sie mit der Situation überfordert, weil diese Jugendlichen von der radikalen Szene angehalten werden, auch ihre Familien zu missionieren. Wenn die Eltern sich dem widersetzen, kommt es ständig zum Konflikt.

Das ist eine Situation, unter der alle leiden. Die Eltern suchen Hilfe. Dabei haben sie nicht das Gefühl, ihr Kind zu verraten. Das Motiv ist, die Situation zu klären – nicht nur im eigenen Interesse, sondern auch im Interesse des Kindes. Und wir sichern den Eltern natürlich zu, dass die Beratung vertraulich ist.

Zum Problem kann es dabei allerdings werden, wenn die öffentliche Sicherheit gefährdet ist, z. B. wenn es die Absicht gibt, in den Dschihad nach Syrien auszureisen. Wir machen den Eltern von Anfang an deutlich, dass man unter Umständen dann auch die Sicherheitsbehörden einschalten muss. Das machen wir aber in so einem Fall mit den Eltern gemeinsam.

Seit dem Krieg in Syrien hat sich die Situation zugespitzt. Die Gefahr ist real, dass die Jugendlichen von heute auf morgen auf dem Weg zum sogenannten Islamischen Staat sind oder zu einer anderen dschihadistischen Gruppe in Syrien oder im Irak. Das ist inzwischen bei allen Familien präsent. Das Wissen um die Gefahr motiviert die Eltern, sich frühzeitig Hilfe zu holen.

Wenn eine Familie in solch einer Situation ist: Gibt es irgendetwas, das sie besser nicht tun sollte?

Claudia Dantschke: Die Familie sollte zunächst einmal Beratung für sich selbst suchen und die nächsten Schritte mit dem Berater oder der Beraterin klären. Sie sollten dem Kind nicht gleich mitteilen: Wir haben uns jetzt Hilfe geholt. Denn wenn der oder die Jugendliche das Gefühl bekommt: »Jetzt kommen die Eltern mit irgendwelchen Außenstehenden und ich werde hier ausgehorcht«, dann kann die Kommunikation schwierig werden. Es sollte in der Beratung zuerst darum gehen, dass die Eltern wieder Zugang zu ihrem Kind finden und wieder offen kommunizieren.

Wenn Eltern allerdings sagen: Das schaffe ich einfach nicht! Können Sie nicht mal mit meinem Sohn oder mit meiner Tochter reden? Dann müssen wir schauen, wie weit wir überhaupt in einen Kontakt kommen können. Aber das sind von den Fällen, die wir bearbeiten, nur ungefähr fünf Prozent.

Die meisten Eltern versuchen, die Ratschläge umzusetzen. Das ist nicht leicht, denn es geht ja um jahrelang eingeübte Verhaltensmuster. Die kann man nicht von heute auf morgen über Bord werfen.

Es gibt auch Fälle, da ist der Konflikt schon so weit fortgeschritten, dass die Eltern psychisch sehr angegriffen sind. Für diese Fälle haben wir ein Partnerprojekt, das »Diagnostisch-Therapeutische Netzwerk Extremismus (DNE)«. Es steht zur Verfügung, um in solchen Fällen die psychosozialen Fragen zu klären. Das hilft den Eltern, Stabilität zu gewinnen und ihre psychische Belastung abzubauen. Denn es ist zu viel verlangt, dass Eltern auf ihre Kinder einwirken, wenn sie eigentlich mit sich selbst beschäftigt sind.

Gehen wir nochmal kurz einen Schritt zurück, um uns einen besseren Eindruck von Ihrem Arbeitsalltag und der Arbeit von HAYAT insgesamt zu verschaffen: Wie groß ist Ihr Team? Wie viele Fälle betreuen Sie bzw. wie viele Fälle haben Sie bisher betreut? Wer ist wofür zuständig?

Claudia Dantschke: Das lässt sich so nicht beantworten, da es ganz unterschiedliche Fälle gibt: Die einen sind sehr intensiv, andere hingegen weniger, das hängt von ganz vielen Faktoren ab. Im Durchschnitt dauert eine

Fallbetreuung ein bis zwei Jahre, wir haben aber auch mehrere Familien, die wir bereits seit vier Jahren betreuen.

Wir sind insgesamt fünf Mitarbeiterinnen und Mitarbeiter – ein Kollege betreut unsere Außenstelle HAYAT-Bonn, wir anderen arbeiten in Berlin. Insgesamt haben wir seit dem 1. Januar 2012 knapp 400 Fälle betreut, etwa die Hälfte davon ist abgeschlossen. Pro Monat kommen ca. zehn neue Fälle hinzu. Ich habe als Teamleiterin den Überblick über alle Fälle.

Aus Personalgründen kann jeder Fall nur von einem Mitarbeiter bearbeitet werden, was nicht heißt, dass wir uns nicht untereinander bei schwierigen Konstellationen austauschen und unterstützen. Das trifft vor allem bei den sicherheitsrelevanten Fällen zu. Damit sind Fälle gemeint, die einen direkten Bezug zum Dschihad haben: Angehörige aus diesem Bereich haben wir miteinander durch ein regelmäßig von uns veranstaltetes Angehörigentreffen vernetzt. Da treffen sich Eltern, deren Kinder in den Dschihad nach Syrien oder in eine andere Region ausgereist oder von dort zurückgekehrt sind. In einigen Fällen wissen wir und die Eltern nicht, ob ihre Kinder noch leben, in einigen Fällen haben wir inzwischen die Gewissheit, dass sie tot sind. Dann geht es auch um Trauerarbeit.

Bislang haben wir vorwiegend von Eltern gesprochen, die Ihr Beratungsangebot in Anspruch nehmen. Kommt es auch vor, dass sich andere Personen an Sie wenden?

Claudia Dantschke: Deutlich mehr als die Hälfte der Anrufenden sind Mütter. In den letzten Jahren nimmt der Anteil der männlichen Bezugspersonen zu – also Väter oder Brüder. Es gibt inzwischen aber auch einzelne salafistisch orientierte Familien, wo dann die Großeltern anrufen, weil sie sich Sorgen um die Enkelkinder machen.

Zunehmend melden sich auch Fachkräfte aus der Sozialarbeit, die in ihrer Einrichtung radikalisierungsgefährdete Jugendliche haben. Solange eine gute Beziehung zwischen den betroffenen Jugendlichen und unseren Kontaktpersonen besteht, arbeiten wir auch mit Sozialarbeiterinnen bzw. Sozialarbeitern. Bedingung ist, dass der oder die Jugendliche Vertrauen zu dieser Bezugsperson hat.

Auch in so einem Fall versuchen wir, über die Kontaktperson die Eltern mit ins Boot zu holen. Aber die Bezugsperson bleibt diejenige, die den guten Draht zu dem oder der Betroffenen hat.

Seit Sommer 2016 haben auch die Anfragen aus Flüchtlingseinrichtungen enorm zugenommen. Oft sind es nur Beobachtungen und daraus resultierend Unsicherheiten bei den Betreuerinnen und Betreuern, in einigen Fällen gibt es aber konkrete Anhaltspunkte für eine Radikalisierung und wir müssen gemeinsam tätig werden. Das große Problem dabei ist, dass es in diesem Bereich oft nicht die für diese Arbeit so wichtige Bezugsperson gibt und zudem Sprachschwierigkeiten eine vertrauensvolle Kommunikation erschweren. Bei unbegleiteten minderjährigen Flüchtlingen können die Eltern auch nicht einbezogen werden, da sich diese – wenn überhaupt noch vorhanden – in den Herkunftsländern befinden. Deshalb sind hier komplexere Ansätze notwendig.

Was können die Angehörigen generell bewirken, wie sind die Aussichten auf Erfolg?

Claudia Dantschke: Die totalitäre Ideologie muss man sich wie eine Burg vorstellen, in der es nur ein Fenster gibt, und das verschließt sich im Radikalisierungsverlauf immer mehr. Die Familie ist oft der letzte Bezug in eine andere Welt, das letzte Fenster in dieser Burg. Die radikalen Gruppen versuchen, ihre Anhängerinnen und Anhänger total in ihre Welt reinzuziehen. Sämtliche soziale Beziehungen außerhalb der Gruppe werden gekappt.

Die Familie kann, wenn sie geschickt handelt, noch eine Alternative zu dieser geschlossenen Welt bieten. Dafür ist Kommunikation wichtig. Wir sagen den Eltern, dass sie differenzieren sollten zwischen der Bindung zu ihrem Kind und dessen Handlungen. D. h., sie können einen Anfang machen, indem sie deutlich zeigen: Du bist unser Kind, wir lieben dich, wir wollen dir helfen. Und dann zuhören, ihr Kind kennenlernen.

Denn der Ausgangspunkt der Radikalisierung liegt darin, dass die neue Ideologie den jungen Menschen scheinbar Lösungen für ihre Probleme bietet. Sie fühlen sich plötzlich stark, selbstbewusst. Sie haben etwas gefunden, was ihre Fragen beantwortet. Sie finden neue Freunde, neue Perspektiven. In der Regel sind sie durchaus mitteilsam und bereit zu reden. Da kann es ratsam sein, einfach mal zuzuhören und nicht sofort alles besser zu wissen.

Wie man auf diese Bedürfnisse eingeht, muss man anschließend natürlich prüfen. Ein plakatives Beispiel: Es gibt Eltern, die haben ihren Sohn in eine bestimmte Ausbildung getrieben, die ihm nicht gefällt. Der Jugendliche kann sich aber nicht gegenüber seinen Eltern durchsetzen. Eine neue Bezugsgruppe mit ihrer Ideologie kann dieses Problem lösen, indem sie sagt: Diesen Beruf kannst du nicht ausüben, weil du dabei permanent mit fremden Frauen in Berührung kommst.

In so einem Fall geht es darum, zu schauen, was der Jugendliche von seinem Leben erwartet. Er soll möglichst seine Wünsche artikulieren. Das ist schwierig, weil in dieser radikalen Ideologie die persönlichen Bedürfnisse völlig unterdrückt werden. Es heißt: Du lebst nur auf dieser Welt, um »das Wort Allahs« umzusetzen, so wie es die radikale Gruppe interpretiert. Das Glück im Diesseits ist irrelevant, nur ein Scheinvergnügen, und lenkt vom Wesentlichen ab, sich nämlich für das vermeintliche Paradies zu qualifizieren. So eine Ideologie motiviert nicht gerade dazu, das Leben selbstbestimmt zu gestalten.

Um den Jugendlichen wieder dazu zu bringen, seine Vorstellungen zu artikulieren, müssen sich die Eltern viel kümmern und zuhören. Und sobald Wünsche geäußert werden, müssen sie versuchen, darauf einzugehen und helfen, Alternativen zu den Angeboten der radikalen Gruppe zu bieten. Das ist ein ganz schwieriger Weg, denn es geht nicht darum, den Jugendlichen von der Religionsausübung abzuhalten, sondern von einer menschenverachtenden Ideologie.

Gibt es einen besonderen »Hebel«, den man dabei einsetzen kann?

Claudia Dantschke: Wichtig ist in jedem Fall, dass die Betroffenen reden. Abgesehen davon, ist jeder Fall unterschiedlich, und alles hängt von den Bedürfnissen der jeweiligen Jugendlichen ab.

Es gibt z. B. auch Familien mit alleinerziehenden Müttern, die überfordert sind. Ein junger Mann aus so einer Familie sucht eine männliche Bezugsperson – so simpel kann das manchmal sein. In diesem Fall muss man sich nach Alternativen zum Familienvater umschauen, nach jemandem, den man zusätzlich ins Spiel bringen kann.

Wir hatten auch einen Fall, da hat ein junger Mann verlangt, in seinem Ausbildungsbetrieb zu beten. Er hat es immer mehr auf die Spitze getrieben und wollte schließlich freitags unbedingt in die Moschee. Das war bei allem Wohlwollen des Betriebes nicht möglich, der Ausbildungsvertrag wurde aufgehoben. Die Personalchefin hat mir berichtet, wie der Jugendliche reagiert hat, als er von der Auflösung seines Vertrages hörte: richtig erleichtert. Da wurde ganz deutlich, dass das Beten eine Provokation war. Es war Mittel zum Zweck, um aus der Ausbildung rauszukommen. Das eigentliche Problem war, dass er eine Ausbildung gemacht hat, die er nicht wollte.

In diesem Fall war der Vater selbst kein Muslim und hatte kein Verständnis für das Verhalten seines Sohnes. Es war schwierig für den Vater, zu begreifen, dass nicht die religiösen Ansichten seines Sohnes das Problem waren. Dass es eigentlich darum ging, dass er seinem Sohn entgegenkommen musste, um ihn nicht weiter in die Radikalisierung zu drängen. Stück für Stück hat sich das Verhältnis von Vater und Sohn verbessert – inzwischen studiert der junge Mann. Er ist weiterhin praktizierender Muslim, aber es geht von ihm keine Gefahr für irgendjemanden aus.

Das ist ein langer Weg, der manchmal Jahre dauert. Aber es motiviert die Eltern, wenn sie merken, dass sich die Konflikte entspannen.

Das klingt, als sei die Hinwendung zu einer radikalen Ideologie auch oftmals eine Form jugendlicher Provokation. Woher weiß ich denn, ob mehr dahintersteckt?

Claudia Dantschke: Es ist in vielen Fällen eine Art von Rebellion und gezielter Provokation. Nicht selten sorgen autoritäre Reaktionen der Provozierten, oftmals der Eltern, aber auch von Lehrern oder Lehrerinnen, dafür, dass aus der Provokation langsam mehr wird. Nur durch eine intensive individuelle Auseinandersetzung nach dem hier beschriebenen Muster lässt sich erkennen, was hinter der Provokation steckt und ob der Jugendliche wirklich in die radikale Ideologie abrutscht.

Wo liegen mögliche Fallstricke Ihrer Arbeit?

Claudia Dantschke: In einem meiner Fälle hat ein Vater die neuen Freunde seiner Tochter als ihre »Terroristenfreunde« bezeichnet. Es waren natürlich keine besonders demokratischen Leute, aber für seine Tochter waren es eben die neuen Freunde. Und das kennen ja alle Eltern: Ab einem bestimmten Alter ist die Peergroup wichtiger als alles andere. Es ist klar, dass die Jugendlichen sie gegenüber ihren Eltern verteidigen.

Wir animieren die Eltern dann, sich selbst ein Bild vom neuen Umfeld ihrer Kinder zu machen, z. B. die Freunde einzuladen oder in die Moschee mitzugehen, in die auch ihre Kinder gehen. Einfach, um ein Gefühl dafür zu bekommen. Vielleicht ergibt sich so die Möglichkeit, den Sohn oder die Tochter dafür zu gewinnen, auch mal eine andere Moschee zu besuchen. Der Islam ist schließlich sehr vielfältig und die Akzeptanz dieser Vielfalt kann den Jugendlichen auch auf diese Weise vermittelt werden. So kann man sich annähern.

Ein Problem können auch Interventionen von staatlicher Seite sein. Der Staat muss handeln, wenn er die öffentliche Sicherheit in Gefahr sieht. Es gibt dann z. B. die sogenannte Gefährderansprache, also Besuche der Sicherheitsbehörden zu Hause, oder der Pass wird eingezogen. Das kann in manchen Fällen durchaus einschüchternd wirken. Aber in den meisten Fällen kann es zu einem Radikalisierungsschub führen. Denn der vermeintlich islamfeindliche Staat mit seinen Behörden und seiner Polizei ist ein ganz wichtiges Feindbild. Der junge Mensch fühlt sich dann in seiner Opferrolle erst recht bestätigt.

In solchen Situationen stehen die Eltern hilflos zwischen dem Staat und ihrem Kind. Einerseits kann die staatliche Intervention eine Hilfe für sie sein. Andererseits sehen sie auch, wie das auf ihr Kind wirkt. Es ist nicht einfach, die Eltern in so einer Situation in ihrer Rolle als Vermittler zu stärken und zu verhindern, dass sie ganz für die eine oder andere Richtung Partei ergreifen.

Und: Wir sind keine Allround-Talente. Wir können nur die Kompetenzen einbringen, die wir im Beratungsteam haben. Darüber hinaus bauen wir um jeden einzelnen Beratungsfall eine Hilfekonstruktion. Wir können z. B. eine Familientherapie vermitteln oder Kontakte zu Muslimen, wenn die Eltern selbst keine Muslime sind. So können die Eltern lernen, zwischen dem radikalen Islam ihrer Kinder und anderen Varianten zu unterscheiden. Die Zusammenarbeit mit einem Jugendamt ist manchmal ganz wichtig. Wir sind aber darauf angewiesen, dass alle in diesem Beratungsnetzwerk am gleichen Strang ziehen und die Kommunikation untereinander nicht abreißt. Problematisch kann es werden, wenn viele Akteure an einem Fall arbeiten und keiner vom anderen weiß.

Wann endet Ihre Arbeit, wann gilt ein Fall als »abgeschlossen«?

Claudia Dantschke: Für uns ist ein Fall dann abgeschlossen, wenn von der sich radikalisierenden Person keine Gefahr für andere mehr ausgeht und sie ein selbstbestimmtes Leben führt.

Bleiben Sie auch nach Abschluss der Beratung noch mit den Familien und den Jugendlichen in Kontakt?

Claudia Dantschke: Wenn die Jugendlichen keine Kenntnis davon haben, dass sich die Eltern hilfesuchend an uns gewandt haben, dann kontaktieren wir die Jugendlichen nicht, auch nicht nach Abschluss der Beratung. Einige Familien melden sich sporadisch immer mal wieder und berichten davon, wie sich ihr Leben mit ihrem Kind weiterentwickelt hat, was der Sohn oder die Tochter inzwischen macht. Aufgrund der Vielzahl immer wieder neuer Fälle haben wir leider nicht die Zeit dazu, mit allen Familien in Kontakt zu bleiben.

Gab es denn schon einmal Fälle, deren Betreuung Sie verweigern mussten? Wenn ja, warum?

Claudia Dantschke: Wir können nur in den Fällen helfen, in denen die Ratsuchenden die Hilfe auch annehmen und gemeinsam mit uns versuchen, die Vorschläge Schritt für Schritt umzusetzen. Es gab bisher keinen Fall, bei dem wir eine Betreuung verweigern mussten. Es gibt aber durchaus Fälle, wo sich die Betroffenen nach einer gewissen Zeit nicht mehr melden, weil sie die Hoffnung auf Besserung der Situation aufgegeben haben oder weil sich das Verhältnis zum Kind normalisiert hat und sie mit dieser Situation jetzt gut leben können, auch wenn von einer Deradikalisierung keine Rede sein kann.

Um ein Fazit zu ziehen: Wie wichtig sind die Angehörigen für die Deradikalisierung?

Claudia Dantschke: Aus meiner Sicht ist die Familie ein Schlüssel. Ein ganz wichtiger Partner, um Jugendliche von der Radikalisierung abzubringen. Andererseits können Angehörige sehr kontraproduktiv sein, wenn sie ausschließlich autoritär handeln. Das tun sie natürlich nicht böswillig. Ob die Familienmitglieder das wollen oder nicht: Weil sie die nächsten emotionalen Bezugspersonen sind, wirken sie ganz massiv auf einen jungen Menschen ein.

Vor diesem Hintergrund ist ein Familienumfeld, das sich dessen bewusst ist und das sich aktiv daran beteiligt, dem Jugendlichen bzw. der Jugendlichen zu einem selbstbestimmten Leben zu verhelfen, das wichtigste Mittel gegen Radikalisierung.

Die Fragen stellten Sebastian Kauer (Redaktion »Infodienst Radikalisierungsprävention«) und Jana Kärgel.

André Taubert / Christian Hantel

Intervention durch Beratungsstellen

Die Arbeit der Beratungsstellen zu religiös begründetem Extremismus

Religiös begründeter Extremismus ist in Deutschland schon seit vielen Jahren ein virulentes gesamtgesellschaftliches Thema, aber erst innerhalb der letzten fünf Jahre flächendeckend zum Feld pädagogischer Auseinandersetzung geworden. Jugendliche und junge Erwachsene kommen durch Internet und Smartphone heute tagtäglich mit extremistischen Ideologien in Kontakt und sind damit immer auch der Gefahr ausgesetzt, diese nicht als solche, sondern als Weg aus ihrer persönlichen Krise wahr- und anzunehmen.

Im Verhältnis zu vielen anderen europäischen Staaten sind aus Deutschland deutlich weniger junge Menschen nach Syrien oder in den Irak gegangen, um sich dem sogenannten Islamischen Staat (IS) anzuschließen und sich – in ihren Augen – am Aufbau eines Kalifates zu beteiligen. Trotzdem haben sich zwischen 2012 und 2016 insgesamt rund 900 meist junge Erwachsene auf den Weg dorthin gemacht, mit den unterschiedlichsten persönlichen Biografien und Zielen.[1]

Wenngleich der empirische Beleg dafür noch aussteht – eine starke Zivilgesellschaft, die flächendeckend allerorts in Deutschland durch Ehrenamt oder staatliche Zuwendung an den Bindungen zwischen Staat und Mensch arbeitet, kann mitentscheidend dafür sein, dass das Phänomen in Deutschland weniger stark zu Tage tritt als andernorts. So konnten sich in der Vergangenheit z. B. insbesondere dort sogenannte Terrorzellen entwickeln, wo – wie etwa in den Vororten von Brüssel und Paris – neben anderen Einflussfaktoren, z. B. sozialer Ungleichheit, die Zivilgesellschaft schwach vertreten und die Bindung zwischen den Menschen und dem Staat brüchig zu sein schien. Der Zusammenhang zwischen der Entwicklung extremistischer Gruppen einerseits und Ausgrenzung und fehlender Teilhabe andererseits ist offenkundig, wenn ganze Stadtteile vernachlässigt werden und zivilgesellschaftliche Angebote wie Jugendfreizeitheime, Quartierstreffs oder mobile Sozialarbeit fehlen und junge Menschen sich selbst überlassen werden.

Dass einer Radikalisierung von jungen Menschen frühzeitig entgegengewirkt werden sollte und dabei auch der Radikalisierungsfaktor der Diskriminierung sowohl institutionell als auch individuell in den Blick genommen werden muss, scheint unstrittig. Identifizierte Radikalisierungsprozesse gilt es zu unterbrechen, sozialer Isolation und Desintegration muss dabei als begleitenden Faktoren aktiv begegnet werden, persönliche Abgrenzungen von extremistischen Ideologien (die im Allgemeinen als »Deradikalisierung« bezeichnet werden) müssen vertrauensvoll und professionell unterstützt werden. Diese Aufgabe haben in den letzten vier Jahren unter anderem die deutschlandweit neu entstandenen Beratungsstellen übernommen, die über eine zentrale Hotline beim Bundesamt für Migration und Flüchtlinge miteinander verknüpft sind und die nun als zusätzlicher spezialisierter Teil der Zivilgesellschaft dem Phänomen religiös begründeter Radikalisierung begegnen sollen.

Aufgabe der Beratungsstellen – wie Legato in Hamburg oder beRATen e. V. aus Hannover, bei denen die Autoren dieses Beitrags tätig sind[2] – ist es unter anderem, Menschen zur Seite zu stehen, die den Eindruck haben, dass sich Angehörige, Bekannte oder auch Schülerinnen oder Schüler in eine extremistisch-religiöse Richtung bewegen, und sie sollen auch sogenannte Ausstiegsberatungen anbieten. Im Rahmen der Beratung werden in jedem Fall gemeinsam Handlungsansätze entwickelt, die Radikalisierungsprozesse aufhalten und umkehren sollen.

Zur Typologie der Beratungsfälle

Immer wieder ertönt nicht nur in Deutschland der Ruf nach Ausstiegsprogrammen für islamistische Extremisten. Die Idee dahinter ist oft die einer Anlaufstelle für Menschen, die mit ihrer Ideologie brechen wollen, weil sie »einsichtig« geworden sind. Allerdings baut die Vorstellung, dass Menschen irgendwann wieder »vernünftig werden«, auf der trügerischen und verlockenden Idee auf, dass es eine »Vernunftsdefinition« gibt, die für jeden Menschen gleichermaßen sinnvoll ist und dass sich junge Menschen durch gute Argumente für die Vernunft entscheiden und allein durch Informations- und Wissensvermittlung von ihrem Radikalisierungsweg abbringen lassen. Der subjektive Sinn einer Radikalisierung, der sich aus sozialen Kontexten und persönlichen und emotionalen Krisen im Zuge des Erwachsenwerdens ergibt, wird in dieser Theorie ausgeblendet. Insbesondere die Vorstellung, dass jeder Mensch das Potenzial hat, sich zu radikalisieren, ist unattraktiver als die, dass es »andere« Bevölkerungsgruppen sind, denen es schlichtweg an Bildung fehlt oder die sich aufgrund einer bestimmten kulturellen Vorprägung vom Extremismus angezogen fühlen. Die Fallzahlen der Beratungsstellen sprechen für einen insgesamt hohen Bedarf in diesem Feld. Dabei erhalten sie eher selten direkte Anfragen von »Aussteigern« – also von Menschen, die bereits tief in der Szene verhaftet sind und nun von sich aus mit dieser brechen wollen –, dafür jedoch umso häufiger von Angehörigen, Freunden, Sozialarbeiterinnen und Lehrern. In den Beratungsstellen Norddeutschlands sind seit ihrem Bestehen mittlerweile rund 900 Fälle bearbeitet worden.

Eltern melden sich, weil ihre pubertierenden oder bereits erwachsenen Kinder, deren Alter von 13 bis 35 Jahre reicht, sich in und vor ihren Augen radikalisieren. Der Leidensdruck der Eltern ist meistens hoch. In den seltensten Fällen spielte islamische Religiosität im Alltag bei den Familien in der Vergangenheit eine Rolle. Radikalisierung ist ein Phänomen, das Eltern sehr viel Angst macht, daher melden sie sich häufig zu einem frühen Zeitpunkt und manches Mal, wenn der äußerliche Eindruck noch nicht auf eine Radikalisierung hindeutet, aber trotzdem bereits gefährliche Prozesse sozialer Isolation sichtbar sind, der alte Freundeskreis aufgegeben wurde und verbale Auseinandersetzungen zu Hause immer alltäglicher und heftiger werden.

So wendet sich etwa eine Mutter an eine Beratungsstelle, weil sie befürchtet, dass ihre Tochter sich radikalisiert, denn sie sei konvertiert und trage nun ein Kopftuch. Genau diese Angst der Mutter verursacht jedoch dringenden Handlungsbedarf: Erfährt die Tochter von den Ängsten der Mutter, kann sie diese schnell im Sinne des »IS«-Narrativs interpretieren, nämlich als Ablehnung des Islams und Muslimfeindlichkeit des »Westens«, und so schnell in eine weitere Radikalisierung gedrängt werden. Jugendliche kommen leicht in Kontakt mit Propagandamaterial des »IS« oder Personen, die dem »IS« bewusst oder unbewusst zuarbeiten, weil sie selbst Anhänger des »IS« sind. Diese Kontakte lassen sich nur schwerlich vermeiden – im Internet, in sozialen Netzwerken sind diese »Gegenspieler der Eltern« unschlagbar stark. Allerdings dürfen Eltern nicht den Fehler machen, durch heftige emotionale Auseinandersetzungen einen eigentlich »harmlosen« Prozess jugendlicher Abnabelung selbst in Richtung Radikalisierung zu befeuern. Wenn Jugendliche zu Hause das Gefühl vermittelt bekommen, dass sie nicht Muslim bzw. Muslimin sein dürfen, also am Ende Religionsfreiheit gar nicht existiert, deckt sich diese persönliche Erfahrung plötzlich in gefährlichem Maße mit dem Hauptnarrativ des »IS«.

Nach der subjektiven Identifizierung einer Radikalisierung seitens der Eltern muss deshalb oft ihr Aktionismus eingedämmt werden. Es geht zunächst darum, ihnen Sicherheit und Orientierung und nicht zuletzt ein offenes Ohr für ihre Sorgen zu geben. Durch gezielte Intervention der Beratungsstellen, Aufklärung und Auseinandersetzung mit dem individuellen Radikalisierungsprozess können weitere Konfrontationen im Umgang mit den Jugendlichen verhindert werden, um die Radikalisierung nicht noch weiter anzutreiben.

Die Anzahl der Fälle, in denen der Vater eine aktive und positive Rolle in der Familie spielt, ist übrigens bemerkenswert gering. In vielen Fällen haben Väter sich seit Jahren nicht um ihre Familie gekümmert, sind gar nicht bekannt oder bringen sich lediglich als »Brachial-Patriarchen« mit wenig Gespür für Emotionen und adoleszente Entwicklungen ein.

Die Zahl der Fachkräfte, die Beratung in Anspruch nehmen, steigt seit Beginn der Arbeit der Beratungsstellen stetig. Lehrkräfte melden sich aufgrund der Entwicklung von Schülerinnen bzw. Schülern, die sich scheinbar radikalisieren oder durch ihre konfrontative religiöse Haltung im Unterricht oder gegenüber anderen Schülerinnen und Schülern auffallen. Mitarbeiterinnen und Mitarbeiter von Jugendämtern sowie Lehrkräfte melden sich aufgrund von Kindern, die in extremistischen Elternhäusern zwischen einem totalitären Dogmatismus einerseits und wankelmütiger erzieherischer Beliebigkeit ihrer Eltern andererseits aufwachsen.[3] Sie berichten dann, dass diese Kinder schnell überfordert sind, wenn ihre eigenen Haltungen auf die von Kindern und Erwachsenen treffen, die mit anderen Werten groß werden bzw. groß geworden sind. Bei der Beratung und Unterstützung der Fachkräfte geht es deshalb darum, wie diese den Kindern außerhalb der Familie eine alternative, klare und greifbare Form der Alltagsbewältigung vorleben können.

Auch Fachkräfte, die mit unbegleiteten minderjährigen Geflüchteten arbeiten, melden sich häufig und stellen diffuse und komplexe Problemlagen mit jungen Geflüchteten dar, bei denen das, was als mögliche Radikalisierung identifiziert wird, oft eine innere kritische Auseinandersetzung mit »IS«-Propaganda oder nur impulsiv geäußerte Ideologiefragmente sind, die kurzfristig Aufmerksamkeit generieren sollen oder irrlaufende Versuche zur Erklärung ihrer Situation sind. Während hier oft Probleme, wie allgemeine Folgeerscheinungen von Traumata, mit im Spiel sind und z. B. fehlende Affektkontrolle oder stark defizitäre Frustrationstoleranz eine Rolle spielen, gibt es erfahrungsgemäß nur selten eine Bindung an die extremistische Szene im direkten Umfeld. Stattdessen verläuft eine Radikalisierung hier meist isoliert.

Vereinzelt melden sich auch Unternehmen, weil sie sich um Mitarbeiterinnen oder Mitarbeiter sorgen, die aufgrund immer stärker gelebter und formulierter Religiosität im Berufsalltag zunehmend zur Herausforderung für den Betrieb werden. Das Verweigern des Handschlages gegenüber Frauen, der Wunsch, in nach Geschlechtern getrennten Büros zu arbeiten, die Weigerung, mit den Kolleginnen und Kollegen über bestimmte Themen zu sprechen, oder ein demonstratives fünfmal tägliches Beten erscheinen als wahrgenommene Veränderung, die eine Radikalisierung befürchten lässt. Oft hilft es, wenn die Situation gemeinsam mit den Mitarbeiterinnen und Mitarbeitern der Beratungsstellen betrachtet wird, d. h., gemeinsam die Intention der Person zu ergründen, die sich (vermeintlich) radikalisiert. Es kann dem betroffenen Mitarbeiter z. B. darum gehen, eine Veränderung der persönlichen beruflichen Situation heraufzubeschwören und bei der Kündigung, die am Ende einer solchen Veränderung stehen mag, moralisch überlegen zu sein. Das Narrativ »Man hat mir gekündigt, weil ich Moslem bin« ist für den Mitarbeiter nach außen hin leichter zu vertreten und nach innen leichter zu verkraften als das Narrativ »Ich habe den Job nicht gepackt« oder »Ich hatte keine Lust mehr«. Das bereits angesprochene Narrativ des »IS« leistet hier nützliche Unterstützung. Inwieweit in solchen Fällen auch plötzlich aufkommende spirituelle Religiosität eine Rolle spielt oder ob es überhaupt um Religiosität geht, ist allerdings oft schwer zu beurteilen.

Die Vorstellung, dass junge Menschen aus dieser Szene sich in relevanter Anzahl eigenständig an Beratungsstellen wenden, weil sie sich nicht so sicher sind, ob sie auf dem richtigen Weg sind und »aussteigen« wollen, blendet nicht nur aus, dass, wie oben beschrieben, Radikalisierung mit subjektiver Sinnsuche und Sinnfindung verbunden ist, sondern ignoriert auch die Lebenswelt junger Menschen. Die meisten Jugendlichen und jungen Erwachsenen, die sich radikalisieren, suchen ganz gezielt im Internet nach Antworten und Auswegen aus ihrer Situation und könnten dort verstärkt durch zivilgesellschaftliche Angebote aufgefangen statt durch islamistische Inhalte angesprochen werden. Möglicherweise könnten und sollten zu diesem Zweck deshalb in Zukunft vermehrt Online-Angebote entwickelt werden, die zwar aufwendiger in der Konzeption, dafür aber lebensweltnäher sind. Dies sollten vor allem säkulare Online-Angebote sein, die die Fragen der Jugendlichen zu Religion, Identität und Lebenswelt aufgreifen.

Bislang ist es meist so, dass Aussteigerinnen und Aussteiger sich melden, wenn eine Gerichtsverhandlung ansteht oder eine Abschiebung oder Inhaftierung droht. Der Gang zur Beratungsstelle erscheint dann als eine Möglichkeit, eine mildere Behandlung zu erreichen, weil vermittelt werden soll, dass man sich auf dem Weg der Läuterung befinde. Teilweise sprechen Gerichte auch Auflagen aus, die beinhalten, dass die betroffenen Personen regelmäßig bei einer Beratungsstelle vorsprechen. Erfahrene Beraterinnen und Berater können im Laufe der Zeit durch den Aufbau einer pädagogischen Beziehung und professionelle Beratung darauf hinarbeiten, dass die Beratungsnehmer nicht mehr gezwungenermaßen, sondern freiwillig zu ihnen kommen. Insbesondere in dieser Phase ist es hilfreich, als Beratungsstelle nicht Teil der oftmals endlosen Debatte um theologische »Wahrheiten« zu sein, sondern stattdessen den individuellen persönlichen Sinn und Zweck dieser Debatten zu reflektieren und in den Mittelpunkt der Beratung zu rücken. Die pädagogische Haltung des »akzeptierenden« Ansatzes[4], der schon im Zusammenhang mit rechten Orientierungen in den 1990er Jahren entwickelt wurde, ist möglicherweise ein hilfreiches Instrument, wenngleich hier wie in Bezug auf alle Ansätze zur Radikalisierungsprävention im Bereich Islamismus empirische Belege dafür, was tatsächlich »funktioniert«, noch immer ausstehen.

Der akzeptierende Ansatz beinhaltet als ersten pädagogischen Schritt den Bindungsaufbau zwischen Fachkraft (in diesem Fall der Berater bzw. die Beraterin) und Klienten, bei dem die Fachkraft zunächst die Weltanschauung ihres Gegenübers als gegeben akzeptiert, ohne sie selbst zu übernehmen und die eigene Haltung zu verheimlichen. Im Zusammenhang mit religiös begründetem Extremismus könnte genau in diesem Ansatz eine große Chance liegen, denn ein Gegenüber, das behauptet, einen »wahren« Islam zu kennen, scheint zunächst einfacher zu akzeptieren zu sein als ein Gegenüber, das einer rassistischen Ideologie anhängt. Der akzeptierende Ansatz steht im diametralen Gegensatz zu eher theologisch geprägten Interventionsansätzen, die schnell darin münden, dass sich zwei Menschen gegenüberstehen, die beide postulieren, einen »richtigen« bzw. »wahren« Islam zu kennen.

Die Frage, wann ein »Fall« als »Fall« gilt, darf nicht durch theologische Debatten darüber, wann es sich um »den richtigen« oder »den falschen« Islam handelt, entschieden werden. Dadurch wird nämlich ausgeblendet, dass Radikalisierung im Rahmen einer persönlichen Suche nach Antworten stattfindet und nicht, weil die »falschen Leute« junge Menschen mit den »falschen Wahrheiten« verführen und man in der Konsequenz nur diese »falschen Wahrheiten« mit alternativen Wahrheitsentwürfen ersetzen müsse. Zum anderen führt dieser Ansatz dazu, dass am Ende doch wieder »dem Islam« die Verantwortung in die Schuhe geschoben wird und keine muslimische Gemeinschaft im Kampf um den »richtigen« Islam als »Gewinner« hervorgehen kann. Die Frage, ob und wann ein Fall als Fall gilt, sollte sich stattdessen stets entlang eines Kriterienkataloges bewegen,

243

der eine prozesshafte Verstärkung sozialer Ausgrenzung und Bindungsabbrüche, konfrontative Religionsausübung und unter Umständen Gewaltbefürwortung in den Blick nimmt.

Ziele der Arbeit

Die Zielvorgaben an die Arbeit der Beratungsstellen werden häufig schlichtweg mit dem Begriff der »Deradikalisierung« umschrieben. Peter Neumann definiert diesen wie folgt: »Unter Deradikalisierung versteht man die Umkehrung des Prozesses, durch den eine Person zum Extremisten geworden ist. Dabei wird angestrebt, bestehende Konflikte, die zu einer kognitiven Öffnung gegenüber der Ideologie beigetragen haben, zu reduzieren. Weiterhin wird der extremistischen Ideologie entgegengewirkt und die Person dabei unterstützt, sich aus ihrem extremistischen Umfeld herauszulösen.«[5] Wann das Ziel jedoch erreicht ist, bleibt bei dieser Definition nie abschließend beschreibbar, denn dafür bedürfte es letztlich einer allgemeingültigen Definition eines »richtigen« Islams (im Gegensatz zum »falschen« Islam, der extremistischen Ideologie, aus der ein Deradikalisierungsprozess die radikalisierte Person vermeintlich »befreien« soll), die es jedoch aufgrund der Religionsfreiheit nicht geben kann. Die Zieldefinition der »Distanzierung« – ein im Zusammenhang mit der Abkehr von extremistischen Gedanken ebenfalls häufig verwendeter Begriff – wirft ähnliche Fragen auf: »Die Distanzierung (auch Demobilisierung genannt) ist ein Prozess, der bei einer extremistisch eingestellten Person die Unterlassung von gewalttätigen Handlungen zur Erreichung extremistischer Ziele anstrebt. Eine distanzierte Person kann weiterhin das politische System ablehnen und sich gegen die verfassungsmäßige Ordnung stellen, dadurch dass er oder sie antidemokratische oder rassistische Auffassungen vertritt. Es liegt bei den Personen jedoch eine bewusste Festlegung auf den Einsatz von legalen Mitteln oder den vollständigen Rückzug aus dem politischen Aktivismus vor.«[6]

Beide Begriffe scheinen also nur bedingt geeignet, um die komplexen Ziele der Beratungsarbeit zu erfassen, finden jedoch aufgrund ihrer Prägnanz kontinuierlich Verwendung.

Die praktische Arbeit im Themenfeld religiös begründeter Radikalisierung zeigt immer wieder auf, dass das Thema Religion hintergründig anzusiedeln ist. In den Beratungsprozessen kommen andere entscheidende Themen bereits in den ersten Gesprächen zur Sprache. Dabei sind biografische Brüche und Misserfolge entscheidend, Erfahrungen von Verlust, aber auch frühkindliche Auffälligkeiten oder Traumata. Der Familiengeschichte kommt in diesem Zusammenhang oft eine besondere Bedeutung zu. Erfahrene und gut ausgebildete Beraterinnen und Berater können schon in den Erstgesprächen die wesentlichen Themen eines Beratungsprozesses identifizieren.

Vieles weist darauf hin, dass durch die Schaffung von alternativen Narrativen zum extremistisch-ideologischen Weltbild, durch die Fähigkeit zur komplexeren Narrativbildung (anstatt dichotomer Weltbilder und simplifizierender Schwarz-Weiß-Malerei) und zur Auseinandersetzung mit der eigenen Biografie, durch die Schaffung von realistischen Lebensgestaltungsperspektiven und sozialen Bindungen sowie durch den Aufbau von Vertrauen zur Gesellschaft und zum individuellen sozialen System »Distanzierung« und »Deradikalisierung« bei der zu beratenden Person unterstützt werden. Außerdem eignen sich diese Elemente in ähnlicher Weise zur Prävention und um Radikalisierungsprozesse zu stoppen. Die Zielbeschreibung der Beratungsarbeit entlang diesem oder einem ähnlichen Komplex von Ressourcen und Fähigkeiten zu führen, ist daher ein vielversprechender Weg.

Praktischer Beratungsprozess

In der überwiegenden Mehrheit der Fälle erfolgt die Arbeit der Beratungsstellen in drei Schritten: Kontaktaufnahme – Problemanalyse – Beratung.

Die Kontaktaufnahme der »Klienten« findet wie oben beschrieben auf unterschiedlichen Wegen statt. Möglichst niedrigschwellig Zugangsmöglichkeiten zu gestalten, ist in allen Beratungsstellen eine der herausforderndsten Aufgaben, vor allem da Niedrigschwelligkeit je nach Zielgruppe etwas anderes bedeutet. So fragen z.B. bestimmte Fachkräfte – je nach Fallerfordernis und Vorgabe seitens des Arbeitgebers – eher »interne« Beratungsstellen als »externe« an, bei anderen Berufsgruppen kann es genau andersherum sein;[7] in bestimmten Sozialräumen ist es notwendig zu betonen, dass eine Beratungsstelle zivilgesellschaftlich orientiert ist, während es in anderen wichtig ist, hervorzuheben, dass man ein staatliches Mandat innehat. Beratungen in verschiedenen Sprachen anzubieten, ist eine weitere Form der Niedrigschwelligkeit, dies kann aber auch stigmatisierend sein und kontraproduktiv wirken, wenn man damit Menschen das Gefühl gibt, dass man ihren kulturellen Hintergrund in den Vordergrund stellt.

Im zweiten Schritt der Fallbearbeitung, der Problemanalyse, geht es um eine Analyse der persönlichen Situation des jungen Menschen und des sozialen Systems, das ihn umgibt. Die Grundlage des Beratungsprozesses bildet der systemische Beratungsansatz, der einen ganzen Werkzeugkoffer zur Analyse sozialer Systeme bietet.

In systemtheoretischen Ansätzen der sozialen Arbeit werden »Menschen als psychobiologische Systeme verstanden, die bewusstseinsfähig sind und Bedürfnisse haben«.[8] Darauf aufbauend werden beim systemischen Sozialberatungsansatz von Peter Lüssi[9] die Wechselwirkungen von Elementen eines Systems im Gesamtzusammenhang betrachtet. Dabei werden zudem das Verhalten der einzelnen Elemente im System und das Verhalten des Systems zu seiner Umwelt betrachtet. Hier wird ein Problem nicht als Wirkung einer bestimmten Ursache gesehen, sondern als eine »Systemstörung« definiert, die beseitigt werden muss. Die betroffenen Personen werden nicht als ganzheitliche Persönlichkeiten, sondern als Teileelemente des Gesamtsystems in ihrer speziellen Rolle, die für den entsprechenden Zusammenhang relevant ist, betrachtet.

Wenn z. B. ein Sozialarbeiter in einer Jugendeinrichtung einem Jugendlichen tagtäglich deutlich macht, dass er dessen strenge Religiosität bedenklich findet, ist der Sozialarbeiter damit spätestens an dieser Stelle Teil eines »Radikalisierungssystems«, und sein Verhalten hat einen bestimmten (positiven oder negativen) Einfluss auf das Radikalisierungssystem, das den Jugendlichen umgibt. Deshalb ist es wichtig, diesen Einfluss im Beratungsprozess herauszuarbeiten: Mit einer sorgfältigen Analyse des individuellen Zwecks einer persönlichen Veränderung (sprich: der Radikalisierung des Jugendlichen) und der Interaktionen zwischen dem Jugendlichen und dem Sozialarbeiter lassen sich gemeinsam mit dem Sozialarbeiter Maßnahmen zur Unterbrechung des Radikalisierungsprozesses entwickeln (z. B. veränderte Kommunikation, anders auf den Jugendlichen zugehen, mehr mit dem Jugendlichen unternehmen etc.). D. h., der Beratungsprozess verläuft in diesem Fall entlang der zentralen Fragestellungen »Warum radikalisiert sich der Jugendliche?«, »Was ist zwischen dem Jugendlichen und dem Sozialarbeiter (als Teil des Systems, das den Jugendlichen umgibt) vorgefallen?« und schließlich »Wie kann der Sozialarbeiter künftig anders handeln, um dazu beizutragen, die Radikalisierung des Jugendlichen zu verhindern?«.

Wichtig ist bei der Analyse gemeinsam mit dem Beratungsnehmer (im oben beschriebenen Fall der Sozialarbeiter), der im Allgemeinen Teil des sozialen Systems ist, dass vor allem er selbst den Sinnzusammenhang der Radikalisierung und seine eigene mögliche Rolle in diesem Zusammenhang versteht. Es ist hilfreich, wenn der Berater bzw. die Beraterin die Hintergründe und Zusammenhänge einer Radikalisierung versteht, aber es ist noch viel wichtiger, dass der Beratungsnehmer (sofern es nicht der

Jugendliche selbst ist) – und damit die eigentliche Verbindungsperson zum sozialen System – dies tut. Der Beratungsnehmer ist im Allgemeinen nicht nur Informationsgeber für die Beratungsstelle, er ist auch deren Schlüssel zum System. Für die Analyse eines sozialen Systems besitzen systemische Berater einen Werkzeugkasten, bestehend aus vielen unterschiedlichen Methoden, von speziellen Fragetechniken über Gesprächsführungsmethoden bis hin zu ganz plastischen Methoden, z. B. über die Aufstellung mit Figuren oder die Visualisierung von Lebensläufen.

Oftmals haben junge Menschen im Prozess einer Radikalisierung ein schwieriges emotionales Verhältnis zu ihrem familiären Umfeld, das geprägt ist von Maßregelung und Kritik an ihrer Person und wenig Anerkennung und positiv konnotierter Kommunikation. Im Verlauf des dritten Schrittes, der Beratung, werden dann vom Berater und vom Beratungsnehmer (Angehörige, Fachkräfte etc.) immer wieder gemeinsam neue Strategien entwickelt, wie Kommunikation verbessert werden kann, wie dem jungen Menschen neuer und anderer Selbstwert vermittelt werden kann, wie mit emotionalen Argumenten der extremistischen Ideologie der Wind aus den Segeln genommen werden kann oder wie andere Zukunftsperspektiven entwickelt werden können. Dabei haben die verschiedenen Akteure eines sozialen Systems rund um den jungen Menschen unterschiedliche Rollen, in denen sie dem Jugendlichen gegenübertreten (z. B. Lehrerinnen, Klassenkameraden, Angehörige, Sozialarbeiter, Sporttrainer, Streetworker), und nicht jeder kann jeden »Auftrag« erfüllen.

Die Beratung kann sich sehr unterschiedlich entwickeln. Teilweise kann sie sich über Monate oder sogar Jahre hinziehen. Insbesondere wenn es sich um die Beratung von Angehörigen handelt, die immer wieder Unterstützung und Orientierung brauchen, ist langfristige Beratung gefragt, da sich ein junger Mensch nicht in ähnlich schneller Weise »deradikalisiert« bzw. von seiner extremistischen Ideologie distanziert, wie er sich radikalisiert hat. Fachberatungen, also Beratungen für Multiplikatorinnen und Multiplikatoren, wie Lehrkräfte und Sozialarbeiterinnen bzw. Sozialarbeiter, finden hingegen oft nur einmalig statt, da diese im Allgemeinen über die benötigten Kompetenzen verfügen und die Fachberatung eher dazu dient, Bedarfe und Prozesse aufzudecken und das Gefühl von Handlungsfähigkeit zu schaffen. Ähnliches gilt für die Beratung von Unternehmen. Ausstiegsberatung hingegen ist ein oft noch längerer Prozess als die Angehörigenberatung und bedarf neben pädagogischen auch therapeutischer Kompetenzen.

Längerfristige Beratung erfordert auch, kontinuierlich abzuwägen, ob weitere Personen miteinbezogen werden sollten, und sie verlangt zudem –

in gut reflektierter professioneller Haltung – Verantwortung abzugeben und an andere, nicht zuletzt an theologisch ausgerichtete Instanzen, verweisen zu können.

Die Entwicklung von Standards in der Beratungsarbeit

Soziale Arbeit hat ein mehrfaches Mandat: Sie ist den Bedarfen des Einzelnen sowie seinem sozialen Bezugssystem genauso verpflichtet wie den Bedingungen des staatlichen Rechtssystems und damit auch der uneingeschränkten Religionsfreiheit.[10] Im Übrigen ist sie sich selbst gegenüber in der Pflicht. Dies beinhaltet eine kritische, möglichst wissenschaftliche Reflexion und eine damit einhergehende ethische Bewertung der spezifischen Situation. Entscheidend für diese Reflexion sind der »Ethikkodex Sozialer Arbeit«, das deutsche Grundgesetz sowie die Allgemeine Erklärung der Menschenrechte.

Wenn Praxis etwas umsetzen soll, dann muss sie an der Entwicklung von Standards beteiligt sein, und zwar im Sinne eines »Bottom-up-Prozesses«, also von unten nach oben wirkend – ansonsten ist die Umsetzung irgendwelcher Vorgaben unwahrscheinlich. Dies ist die ureigene Natur der Zivilgesellschaft, die in Bezug auf die Entwicklung von Konzepten und Standards genau bei solchen Prozessen ihre Stärke besitzt und sich eben dadurch von staatlichen Akteuren (Sicherheitsbehörden, Jugendämter, Verwaltung etc.) unterscheidet. Im Übrigen ist es keine neue Erkenntnis, dass zur Verbesserung pädagogischer Praxis die Kooperation von Wissenschaft und Praxis notwendig ist (siehe dazu den Beitrag von Janusz Biene und Julian Junk in diesem Band). Vorsicht ist jedoch geboten, damit nicht Politikwissenschaft, Islamwissenschaft und Soziologie beschreiben, was soziale Arbeit ist, und dann nach Sozialarbeiterinnen und Sozialarbeitern gerufen wird, die alles so umsetzen sollen, wie es »neu entdeckt« wurde.

Standardentwicklung in der Art »top-down« – also im Sinne der Vorgabe von Standards von oben nach unten statt deren gemeinsamer Erarbeitung – wird oft insbesondere dort bevorzugt, wo fachliche Vorbehalte gegenüber der Arbeit der Zivilgesellschaft bestehen, die z. B. aus fehlender Erfahrung in der Zusammenarbeit resultieren. Vermehrt sind solche Versuche aber auch dann zu beobachten, wenn einzelne Akteure sich berufen fühlen, als »Experten« für die gesamte Praxis zu fungieren, und dann in erheblichem Maße vom politischen Handlungsdruck und dem medialen Hype des Themas profitieren. Zurzeit schafft man es in die Presse und ins Fernsehen, wenn man behauptet, man habe Hunderte junger Menschen

»deradikalisiert« und Dutzende vom gewalttätigen Dschihad abgehalten, und kann dafür den Beweis ohne Weiteres schuldig bleiben.

Seriöse Beratungsstellen würden so niemals agieren – wohlwissend, dass diese Zurückhaltung in der Bewerbung ihrer Arbeit nicht zu besonders viel Aufmerksamkeit für ihr Tun führt. Bei Hunderten von Interventionen, die es bereits in Norddeutschland in den vergangenen Jahren gegeben hat, wird kein Berater der dortigen Stellen behaupten, er könne mit Gewissheit sagen, die Person vom gewalttätigen Dschihad abgehalten zu haben – das ist eben entscheidender Teil von Seriosität und Professionalität. Im Kampf um finanzielle Mittel für die Prävention riskieren Beratungsstellen als Teil der Zivilgesellschaft dadurch allerdings, dass sie gegenüber den Sicherheitsbehörden argumentativ ins Hintertreffen geraten, wenn z. B. sicherheitsbehördliche Interventionen Erfolge in Form vereitelter Anschläge vorweisen können.

Die Zusammenarbeit der Beratungsstellen – Teil einer starken Zivilgesellschaft

So unterschiedlich sie bezüglich ihrer Interventionsansätze auch sein mögen – die Gesamtheit der Beratungsstellen der Bundesländer verfügt bereits seit einigen Jahren über eine national funktionierende Strategie der Intervention bei religiös begründeten Radikalisierungen, die weltweit in dieser Form ihres Gleichen sucht. Koordiniert wird diese Vernetzung der Beratungsstellen vom Bundesamt für Migration und Flüchtlinge (BAMF). Über die nationale Hotline beim BAMF wird auch der Kontakt zu den Beratungsstellen, die in ganz Deutschland zu finden sind, hergestellt. Eine entscheidende Stärke dieses so entstandenen Beratungsstellen-Netzwerkes liegt darin, dass Zugänge in unterschiedlichster Form ermöglicht werden, per Mail, Telefon, über die Vermittlung anderer Beratungsstellen oder Fachkräfte oder als offene Sprechstunde. Die Beratungsstellen vor Ort bieten zusätzlich milieuspezifische Zugangsmöglichkeiten, indem z. B. Personal mit bestimmten sprachlichen oder kulturellen Zusatzqualifikationen vorhanden ist, weil in bestimmten Stadtteilen bestimmte Bevölkerungsgruppen von Radikalisierungsdynamiken besonders betroffen sind.

Im sogenannten Nordverbund der Beratungsstellen zur Vorbeugung und Bekämpfung von religiös begründetem Extremismus tauschen sich die Beratungsstellen Norddeutschlands darüber hinaus regelmäßig über Erfahrungen aus der Arbeit, Standards und Ziele, Ansätze und Netzwerke aus. Bereits 2016 wurde in diesem Verbund ein »Rückkehrerleitfaden« aus der Praxis für die Praxis als Arbeitshilfe und zur Festlegung von Qualitätsstandards im Umgang mit Syrien-Rückkehrerinnen und -Rückkehrern entwickelt. Anfang 2017 entwickelte der Nordverbund zudem das Format der »Lüneburger Fachgespräche«, bei dem sich Beraterinnen und Berater, Fachkräfte aus angrenzenden Themenfeldern und Behördenvertreterinnen und -vertreter zu unterschiedlichen Themen in Klausur begeben. Der entscheidende Mehrwert dieser Formate liegt in der Beteiligung aller, die in der Folge damit arbeiten wollen und sollen. Bemerkenswert ist hier, dass diese zivilgesellschaftliche Ebene scheinbar erheblich schneller gemeinsam handelt und zusammenkommt als manch übergeordnete behördliche Ebene, wo Umsetzungen durch politische Begehrlichkeiten, föderalistische Grenzen und behördliche und strukturelle Vorgaben so manches Mal ins Stocken geraten können.

Die Erfahrung zeigt, dass Betroffene oft eine Weile brauchen, um sich durchzuringen, eine Beratung in Anspruch zu nehmen, und dass sie dann ein Angebot benötigen, das genau dem entspricht, was zur subjektiven Lösung ihrer persönlichen Problematik hilfreich ist. Hieraus ergibt sich für die Beratungsstellen die Notwendigkeit, einerseits die eigenen Angebote so abwechslungsreich wie möglich in Richtung der potenziellen Klientel zu kommunizieren und andererseits »Linientreue« in Bezug auf die eigenen Ziele und Ansätze hinsichtlich dessen, was »funktioniert«, zu halten. Die Inhalte und Methoden der Arbeit der Beratungsstellen transparent darzustellen, ist dabei wichtig, nicht zuletzt vor dem Hintergrund, dass diese Steuermittel verwenden.

Insgesamt lässt sich festhalten, dass die Beratungsstellenlandschaft in Deutschland im internationalen Vergleich sehr gut dasteht. Sie zeichnet sich durch ein buntes Portfolio von Angeboten und Ansätzen, die über die gesamte Bundesrepublik verteilt sind, aus. Ein besonderes Pfund ihrer Arbeit ist dabei die bundesweite Vernetzung, die durch die zivilgesellschaftliche Verortung vieler Beratungsstellen in erheblichem Maße strukturell vereinfacht wird und einen steten fachlichen Austausch ermöglicht. Zwar stehen noch viele Aufgaben aus, z. B. eine flächendeckende und interdisziplinäre Standardentwicklung. Darüber hinaus hat die zunehmende Privatisierung der sozialen Arbeit in den vergangenen Jahren dazu geführt, dass zum Themenfeld »Deradikalisierung« Hochglanzbroschüren entstanden, Fachkräfte mit langjähriger Erfahrung im Feld aber aufgrund der Vielzahl neuer Projekte und Träger sowie befristeter Projektstellen mancherorts rar geworden sind. Dennoch kommt die unverzichtbare Rolle, die zivilgesellschaftliches Engagement in Deutschland spielt, in der Arbeit der Beratungsstellen besonders deutlich zum Ausdruck.

Anmerkungen

1 Vgl. Bundeskriminalamt/Bundesamt für Verfassungsschutz/Hessisches Informations- und Kompetenzzentrum gegen Extremismus: Radikalisierungshintergründe und -verläufe der Personen, die aus islamistischer Motivation aus Deutschland in Richtung Syrien oder Irak ausgereist sind, 2015, http://innenministerkonferenz.de/IMK/DE/termine/to-beschluesse/2015-12-03_04/anlage_analyse.pdf (letzter Zugriff am 05.07.2017).
2 Bei beiden Beratungsstellen handelt es sich – wie bei den meisten anderen Beratungsinstitutionen in diesem Arbeitsfeld – um Einrichtungen jüngeren Datums. Die Hamburger Fach- und Beratungsstelle Legato (http://legato-hamburg.de) hat am 1. Juli 2015 ihre Arbeit aufgenommen. Sie resultiert aus dem interdisziplinären Arbeitskreis »Präventionsnetzwerk Hamburg«, der sich im Herbst 2014 auf Grundlage eines Beschlusses der Hamburger Bürgerschaft und unter der Federführung der Sozialbehörde gegründet hat. Die Träger von Legato sind die Vereinigung Pestalozzi, ein etablierter Hamburger Jugendhilfeträger, und der Verein Ambulante Maßnahmen Altona (AMA) e. V., der Träger für den Bereich der Jugendhilfe im Strafvollzug in Hamburg ist.
Die niedersächsische Beratungsstelle zur Prävention neo-salafistischer Radikalisierung – beRATen e. V. (https://www.beraten-niedersachsen.de) hat am 8. April 2015 ihre Arbeit auf Initiative und mit Finanzierung des Ministeriums für Soziales, Gesundheit und Gleichstellung aufgenommen. Der Trägerverein der Beratungsstelle ist der Verein für Jugend- und familienpädagogische Beratung Niedersachsen. Die Beratungsstelle hat ihren Sitz in Hannover, ist aber in ganz Niedersachen tätig.
Beide Beratungsstellen sind Teil des Nordverbundes, des 2015 gegründeten Verbundes der Beratungsstellen zum Thema religiös begründeter Extremismus der Bundesländer im Norden, dessen Zweck vor allem der fachliche Austausch und die Entwicklung von Standards ist.
3 Vgl. André Taubert: Aufwachsen zwischen totalitärem Dogmatismus und totaler Beliebigkeit, in: Die Kinderschutzzentren (Hrsg.): Jugendliche in den Blick – Übergänge und Übergangene in der Kinder- und Jugendhilfe, Köln 2017.
4 Vgl. Franz-Josef Krafeld: Die Praxis akzeptierender Jugendarbeit, Opladen 1996.
5 Peter Neumann: Radikalisierung, Deradikalisierung und Extremismus, in: Aus Politik und Zeitgeschichte, Nr. 29–31, 2013, S. 7 f.
6 Ebd. S. 8
7 Interne Beratungsstellen entstammen in der Regel dem eigenen Ressort bzw. Zuständigkeitsbereich, d. h., Lehrkräfte wenden sich deshalb z. B. womöglich zuerst an den Schulpsychologen vor Ort und anschließend an eine entsprechende Beratungsstelle im Schulamt oder im übergeordneten Ministerium, anstatt einen externen Träger (»externe« Beratungsstelle), wie Legato oder beRATen e. V., hinzuzuziehen.
8 Cornelia Füssenhäuser: Theoriekonstruktion und Positionen der Sozialen Arbeit, in: Hans-Uwe Otto/Hans Thiersch: Handbuch Soziale Arbeit, 4. Aufl., München 2011, S. 1652.
9 Vgl. Peter Lüssi: Systemische Sozialarbeit – Praktisches Lehrbuch der Sozialberatung, 6. Aufl., Bern 2008.
10 Vgl. Hans Gängler: Hilfe, in: Otto/Thiersch (Anm. 8), S. 676–685.

Michael Kiefer

Prävention gegen neosalafistische Radikalisierung in Schule und Jugendhilfe[*]
Voraussetzungen und Handlungsfelder

Einleitung

Der andauernde syrische Bürgerkrieg, die Rückkehr von dschihadistischen Gewalttätern nach Belgien, Frankreich, Deutschland und in andere westeuropäische Länder sowie die Rekrutierung von Attentätern durch Gefolgsleute des sogenannten Islamischen Staates (IS) haben in allen westeuropäischen Staaten zu einer unübersichtlichen Gefährdungslage geführt, in der permanent mit Anschlägen gerechnet werden muss.

Im Kontext der Gegenmaßnahmen kommt neben polizeilichen und geheimdienstlichen Maßnahmen der Präventionsarbeit eine wachsende Bedeutung zu. Die Radikalisierungsprävention ist in Deutschland – aber auch in den anderen westeuropäischen Ländern – eine sehr junge Disziplin, die sich im Entwicklungsprozess befindet (siehe dazu auch den Beitrag von Katja Schau u. a. in diesem Band). Wie alle Präventionskonzepte folgt die Radikalisierungsprävention dem Handlungsprinzip, dass man einem negativen Ereignis bzw. einer negativen Entwicklung mit Gegenmaßnahmen zuvorkommen müsse.

Radikalisierungsprävention hat also die Aufgabe, Problemlagen frühzeitig zu identifizieren, diese kritisch einzuschätzen und angemessene Gegenmaßnahmen – auch pädagogischer Art – zu ergreifen. Befasst man sich mit den vielfältigen Handlungsfeldern der Radikalisierungsprävention, rücken vor allem die Schule und die mit ihr verbundene Jugendhilfe[1] (insbesondere Schulsozialarbeit) in den Fokus der Betrachtungen. Das Problem hierbei: Über ein wissensbasiertes Fundament und eine erprobte Methodik verfügen die Präventionsakteure – darunter Lehrkräfte und Sozialarbeiterinnen und Sozialarbeiter – derzeit nicht. Folglich laufen viele Projekte

---

[*] Bei dem Beitrag handelt es sich um eine aktualisierte und erweiterte Fassung des im Infodienst Radikalisierungsprävention veröffentlichten Textes vom 22.09.2015.

und Maßnahmen, die durchaus erste Erfolge verzeichnen können, in eher experimentellen Anordnungen.

Dennoch sind die Voraussetzungen günstig: Die Schule ist der einzige soziale Ort, an dem alle jungen Menschen über einen relativ langen Zeitraum beständig anzutreffen sind. Für Präventionsarbeit gleich welcher Art sind dort also ideale Bedingungen gegeben. Dieser Sachverhalt ist seit geraumer Zeit bekannt und Präventionsprogramme gegen andere schädliche Phänomene wie Gewalt, Diskriminierung oder Drogen sind längst ein fester Bestandteil des schulischen Alltags. Hinzu kommt nun die Radikalisierungsprävention. Damit diese in der Schule und dem angrenzenden Sozialraum erfolgreich implementiert und durchgeführt werden kann, sind jedoch einige weitere Voraussetzungen zu erfüllen.[2]

Voraussetzungen einer Radikalisierungsprävention in der Schule und angrenzenden Sozialräumen

Radikalisierungsprävention ist voraussetzungsreich. Von zentraler Bedeutung sind zunächst ein umfassend dargelegter Präventionsbegriff und präzise formulierte Präventionsziele, die von möglichst allen schulischen Akteuren – Lehrkräften, Schulsozialarbeit und Elternschaft – geteilt werden. Genau hier bestehen jedoch oft erhebliche Unschärfen. So ist z. B. unklar, was genau verhindert werden soll. Manche schulischen Akteure halten den Salafismus insgesamt für ein bekämpfenswertes Phänomen, da dieser unter anderem die Gleichstellung von Männern und Frauen infrage stellt. Andere hingegen beschränken sich ausschließlich auf gewaltbefürwortenden Salafismus.

Klärungsprozesse sind an diesem Punkt sehr wichtig, da nicht jede unliebsam erscheinende Form von Religiosität Gegenstand von präventivem Handeln sein kann. Zu bedenken ist in diesem Kontext auch, dass das Recht auf freie Religionsausübung ein hohes Verfassungsgut darstellt und staatliche Akteure in dieser Hinsicht einer Neutralitätspflicht unterliegen. Darüber hinaus sollte gesehen werden, dass muslimische Eltern in diesem Bereich eine hohe Sensibilität aufweisen. Der Grund dafür sind negative Erfahrungen aus Islamdiskursen, die mit pauschalen Zuschreibungen und Vorurteilen Muslime in ein fragwürdiges Licht rücken. Hinzu kommt, dass die meisten bislang registrierten Straftäter aus religionsfernen Milieus stammen, die nicht in klassischen Moscheekontexten sozialisiert wurden. Ein unmittelbarer Zusammenhang zwischen Gemeindearbeit und Radikalität besteht demnach nicht.

In einem engen Zusammenhang mit der Zielsetzungsproblematik steht, dass eine Markierung verhindert werden muss. Projekte der Radikalisierungsprävention adressieren als Zielgruppe nicht selten allgemein muslimische Jugendliche und Moscheegemeinden. Eine solche Vorgehensweise kann – wenn auch unabsichtlich – zu einer negativen Markierung oder gar Stigmatisierung der Zielgruppe führen. Grundsätzlich gilt: Keine Schülerin und kein Schüler möchte von Lehrkräften oder anderen Akteuren in der Schule in einer Gruppe, der Risikofaktoren zugeschrieben werden, verortet werden. Zuschreibungen und Bezichtigungen können junge Menschen verletzen und eigentlich positive Präventionsziele konterkarieren.

Darüber hinaus kann eine fehlgeleitete Prävention schlimmstenfalls zu einer Umkehrung der Zielperspektive führen. Im Sinne einer *self-fulfilling prophecy* kann dies bedeuten: Wenn Akteure der Prävention eine Gefährdungssituation als real definieren, dann sind die Konsequenzen real – d. h., die vorab markierten Akteure gelten als potenzielle Problemfälle und entwickeln dann auch ein möglicherweise problematisches Abwehr- und Protestverhalten.[3] Bisherige Projekterfahrungen, die unter anderem im Bundesprogramm »Demokratie leben«[4] gesammelt werden konnten, zeigen, dass Zielformulierungen und Ansprachen erforderlich sind, die keine bestimmte soziale, ethnische oder religiöse Gruppe im Lebensraum Schule gesondert hervorheben.

Eine weitere Bedingung für das Gelingen schulischer Präventionsarbeit stellt deren strukturelle Verankerung dar. Auch ein durchdachtes Präventionskonzept kann nur dann nachhaltige Erfolge erzielen, wenn es im schulischen Alltag von den Fachkräften getragen wird und es klare personale Zuständigkeiten gibt. Überaus deutlich wird dies z. B. in sogenannten Clearingverfahren, die sich mit mutmaßlich radikalisierten Schülerinnen und Schülern befassen. Unter Clearingverfahren wird ein Maßnahmenbündel verstanden, mit dessen Hilfe geprüft wird, ob eine Radikalisierung vorliegt und wie dieser gegebenenfalls mit pädagogischen Mitteln begegnet werden kann. Ohne eine Fallführung und die systematische Einbindung aller relevanten Akteure aus Schule und Jugendhilfe können effiziente pädagogische Hilfestellungen nicht geleistet werden. Als Beispiel kann das Modellprojekt »Clearingverfahren und Case Management – Prävention von gewaltbereitem Neosalafismus und Rechtsextremismus« angeführt werden, das mit Förderung der Bundeszentrale für politische Bildung an sechs schulischen Standorten in Deutschland im Zeitraum von 2016 bis zunächst 2019 durchgeführt wird. Hauptziel ist die Erprobung eines mehrstufigen und strukturierten Clearingverfahrens, das sich an Schülerinnen und Schüler richtet, die Anzeichen von Radikalisierung zeigen.[5]

Schließlich bildet umfangreiches Fachwissen eine unabdingbare Voraussetzung, d. h., die Akteure müssen mit den Erscheinungsformen des Neosalafismus[6] und Faktoren der Radikalisierung vertraut sein.

Von großer Bedeutung ist ferner eine profunde pädagogische Expertise. So verlangen Interventionsgespräche und Angehörigenberatung ein hohes fachliches Können und Achtsamkeit. Eine unangemessene oder dilettantische Vorgehensweise kann das Vertrauen der betroffenen Jugendlichen und Eltern massiv erschüttern. In einem solchen Fall droht schlimmstenfalls der vollständige Kontaktabbruch.

Ebenen der Radikalisierungsprävention im schulischen Kontext

In der Radikalisierungsprävention werden in Anlehnung an Gerald Kaplan und Robert S. Gordon drei Ebenen unterschieden: 1. Primäre oder auch universelle Prävention, 2. sekundäre oder auch selektive Prävention und 3. tertiäre oder auch indizierte Prävention.[7] Alle drei Ebenen, auf denen jeweils Handlungsfelder mit spezifischen Anforderungen beschrieben werden können, spielen im schulischen und Jugendhilfekontext eine – wenn auch unterschiedlich gewichtete – Rolle.

Primäre oder auch universelle Radikalisierungsprävention

Pädagogische Maßnahmen der primären oder auch universellen Prävention weisen in der Regel keine Zielgruppenspezifik auf. Vielmehr geht es um die Stärkung von individuellen Ressourcen. Angesprochen sind alle gesellschaftlichen Gruppen. Pädagogische Maßnahmen in diesem Bereich zielen nicht so sehr auf Verhinderung, sondern wollen bereits bestehende erwünschte Haltungen stärken. In Schule und Jugendhilfe kommt dieser Präventionsebene eine sehr große Bedeutung zu. Deutlich wird dieser Sachverhalt z. B. durch einen Blick in das nordrhein-westfälische Schulgesetz. Darin heißt es:

»(6) Die Schülerinnen und Schüler sollen insbesondere lernen
1. selbstständig und eigenverantwortlich zu handeln, [...]
3. die eigene Meinung zu vertreten und die Meinung anderer zu achten,
4. in religiösen und weltanschaulichen Fragen persönliche Entscheidungen zu treffen und Verständnis und Toleranz gegenüber den Entscheidungen anderer zu entwickeln, [...]
(7) Die Schule ist ein Raum religiöser wie weltanschaulicher Freiheit.

Sie wahrt Offenheit und Toleranz gegenüber den unterschiedlichen religiösen, weltanschaulichen und politischen Überzeugungen und Wertvorstellungen. Sie achtet den Grundsatz der Gleichberechtigung der Geschlechter und wirkt auf die Beseitigung bestehender Nachteile hin. Sie vermeidet alles, was die Empfindungen anders Denkender verletzen könnte. Schülerinnen und Schüler dürfen nicht einseitig beeinflusst werden.«[8]

Die Erreichung dieser Zielsetzungen, die ähnlich formuliert auch in den Schulgesetzen anderer Bundesländer zu finden sind, erstreckt sich auf das gesamte Schulleben und ist Aufgabe aller schulischen Akteure. Darüber hinaus finden wir auf der Stundentafel die Fächer »Werteerziehung« und »Religionsunterricht«. In ihnen sollte unter anderem die aktive Auseinandersetzung mit fragwürdigen Eindeutigkeitsangeboten oder Ideologien der Ungleichwertigkeit erfolgen.

In unmittelbarem Bezug auf den Neosalafismus kommt insbesondere dem islamischen Religionsunterricht eine besondere Bedeutung zu. Auch wenn die Prävention nicht zu seinen Hauptaufgaben zählt, erlangen hier Schülerinnen und Schüler, im Idealfall von der 1. bis zur 10. Klasse, unter anderem die Kompetenz, religiöse Inhalte und ihre Quellen kritisch zu reflektieren.[9] In den vergangenen fünf Jahren wurden hierfür hochwertiges Unterrichtsmaterial und Lehrwerke entwickelt. Aufgeführt sei nur das Lehrwerk »401 Hadithe für den Islamunterricht«[10] des Gießener Religionspädagogen Yasar Sarikaya, das eine ausgewählte Hadithsammlung mit ergänzenden Informationen in leicht verständlicher Sprache für den islamischen Religionsunterricht bietet. Der arabische Begriff *Hadith* (Bericht, Erzählung) bezeichnet im Kern die Überlieferungen der Aussprüche und Handlungen des Propheten Mohammed.[11] In der neosalafistischen Ideologie werden vor allem die Hadithe missbraucht, die dekontextualisiert und im Literalsinn dargeboten werden, um mit einfältigen Botschaften neue Anhängerinnen und Anhänger zu gewinnen. Sarikayas Werk zeigt überzeugend auf, dass diese Lesart der Hadithe nicht in der islamischen Tradition verbürgt ist. Nicht zuletzt aufgrund dieses Sachverhaltes gehen einige Religionspädagoginnen und -pädagogen davon aus, dass eine profunde religiöse Bildung einen wichtigen Beitrag zur »Immunisierung« gegen radikale Inhalte leisten kann.[12]

Schließlich sind noch die zahlreichen Projekte anzuführen, die von Bildungs- und Jugendhilfeträgern im schulischen Kontext durchgeführt werden. Erfolgreich ist das Programm »Schule ohne Rassismus – Schule mit Courage«[13]. Dieses moderierte Schulnetzwerk, dem mittlerweile weit über

1000 Schulen angehören, hat seit 2010 eine Reihe von Projekten gegen islamistische Eindeutigkeitsangebote durchgeführt. Hierzu zählen auch mehrere Handbücher für Lehrkräfte, die z. B. umfassend zu Ideologien der Ungleichwertigkeit informieren. Hervorzuheben ist ferner die schulische Dialoggruppenarbeit des Berliner Trägers »Dialog macht Schule«[14], der seit dem Jahr 2013 hochwertige und langfristige Dialoggruppenangebote im Bereich der Sekundarstufe I durchführt. Vielversprechend ist dieser Ansatz vor allem aufgrund des Peer-Education-Ansatzes, der junge Studierende als Dialoggruppenmoderatoren in die Schule bringt (siehe dazu den Beitrag von Götz Nordbruch in diesem Band).

Sekundäre Prävention oder auch selektive Prävention

Die sekundäre oder selektive Prävention umfasst pädagogische Maßnahmen, die sich gezielt an junge Menschen richten, deren Lebenssituation als »belastet« gilt oder die Risikofaktoren aufweisen. Als Risikofaktoren gelten unter anderem alle Formen einer konfrontativen Religionsausübung, die mit Überwältigungsversuchen einhergehen. Als Beispiel sei auf fastende Schülerinnen und Schüler verwiesen, die im Ramadan andere Schülerinnen und Schüler mit der Androhung von Höllenstrafen zum Fasten überreden wollen. Auch dieser Bereich der Radikalisierungsprävention spielt in Schule und Jugendhilfe eine wichtige Rolle. Zum Handlungsfeld gehören jedoch nicht alle Schulen und die mit ihnen verbundenen Sozialräume. Vielmehr geht es hier um schulische Lernorte, die erwiesenermaßen in »Brennpunkten« liegen (z. B. Dinslaken-Lohberg und Wolfsburg) oder bereits manifeste Problemlagen aufweisen. Dies können z. B. große Berufsbildungszentren sein.

Es können indirekte und direkte Maßnahmen der sekundären Prävention unterschieden werden. Zu den indirekten Maßnahmen zählen Fortbildungen für Lehrkräfte und Sozialarbeiterinnen und Sozialarbeiter, die unter anderem über Phänomene der Radikalisierung informieren und Handlungsoptionen aufzeigen. Zu den direkten gehören Fachberatungen oder Infoveranstaltungen für Schülerinnen und Schüler, auf denen z. B. Aussteigerinnen oder Aussteiger authentisch über ihre Erfahrungen mit der neosalafistischen Szene berichten. Derartige Veranstaltungen werden in Nordrhein-Westfalen unter anderem im Rahmen des Präventionsprogrammes »Wegweiser«[15] durchgeführt.

Michael Kiefer

Tertiäre oder indizierte Prävention

Schließlich wäre der Bereich der tertiären oder indizierten Prävention anzuführen. Maßnahmen in diesem Bereich richten sich an Personen, die manifeste Problemlagen aufweisen, also an junge Menschen, die sich bereits radikalisiert haben oder sich im Prozess der Radikalisierung befinden. Pädagogische Interventionen sollen hier Radikalisierungsprozesse unterbrechen. Ferner geht es darum, junge Menschen aus extremistischen Bewegungen herauszulösen. Im schulischen und Jugendhilfe-Kontext ist die tertiäre oder indizierte Prävention ein wichtiges Handlungsfeld, das an die Präventionsakteure jedoch hohe fachliche Anforderungen stellt. Auch hier können direkte und indirekte Maßnahmen aufgeführt werden.

Zu den indirekten Maßnahmen zählen z. B. zertifizierte Fortbildungen für Lehrkräfte und Sozialarbeiterinnen und Sozialarbeiter, die in mehreren Modulen detailreiches Wissen über Radikalisierungsverläufe vermitteln. Herausragend ist hier derzeit das 80 Stunden umfassende modularisierte Fortbildungskonzept »Neosalafismus – Prävention in den Handlungsfeldern politische Bildung, Schule, Jugendhilfe, Vereinsarbeit und Gemeinde«, das von der Bundeszentrale für politische Bildung in Kooperation mit weiteren Partnern von Januar bis April 2017 in Nürnberg durchgeführt wurde,[16] oder das zertifizierte Programm »Neo-Salafistischer Islamismus. Grundlagen – Analyse – Prävention« der Donau-Universität Krems[17]. Beide Programme wenden sich an Lehrkräfte, Sozialarbeiterinnen und Sozialarbeiter sowie weitere Fachkräfte aus Polizei und Justiz. Vermittelt und eingeübt werden Methoden und Maßnahmen der direkten Präventionsarbeit.

Zu den direkten Maßnahmen zählen Verfahren und Methoden, die geeignet erscheinen, eine beginnende Radikalisierung zu unterbrechen. Von zentraler Bedeutung sind Clearingverfahren, wie das weiter oben erwähnte, die auch über einen längeren Zeitraum Hilfestellungen für Schülerinnen und Schüler und deren Angehörige bereitstellen können. Im Rahmen eines solchen Verfahrens kann ein ganzes Bündel von Methoden und pädagogischen Maßnahmen zur Anwendung kommen: Neben einer präzisen Fallanalyse, die auf der Grundlage verlässlicher Indikatoren[18] durchgeführt werden sollte, zählen dazu unter anderem Fallkonferenzen, Interventionsgespräche, externe Fachberatung und gegebenenfalls auch polizeiliche Unterstützung (z. B. bei einer drohenden Ausreise).

Ob und wie diese und andere Maßnahmen zur Anwendung kommen, ist für jeden Fall aus den spezifischen Erfordernissen heraus zu entscheiden. Wichtig ist eine durchgehende Prozesssteuerung, die den Interventionsverlauf im Blick behält. Eine wichtige Prämisse ist ferner die Beteiligung aller relevanten Akteure aus der Lebenswelt der Schülerin oder des Schülers.

Ausblick

Die Schule und die mit ihr verbundene Jugendhilfe spielen in der Radikalisierungsprävention eine zentrale Rolle. Angesichts der schweren Gewalttaten, die im Jahr 2016 mitunter auch von jugendlichen Gewalttätern begangen wurden, stellt sich jedoch die Frage, ob die professionellen Akteure aus dem schulischen Raum die bestehenden Problemlagen angemessen und nachhaltig bearbeiten können. Hier sind Zweifel durchaus berechtigt.

Denn erstens kann konstatiert werden, dass die Schule in den vergangenen zwei Dekaden stets neue Aufgabenfelder bewältigen musste. Zum klassischen Bildungsauftrag traten z. B. zunehmend erzieherische Aufgaben hinzu, die offenbar in manchen Elternhäusern nur noch unzureichend bewältigt werden. Dies hat viele Lehrkräfte und Schulsozialarbeiterinnen und -arbeiter an die Grenze der Belastungsfähigkeit geführt. In diesem Zusammenhang muss auch gesehen werden, dass die personellen Ressourcen an vielen Schulstandorten trotz weiterer Aufgaben nicht gewachsen sind. An großen Schulen, insbesondere an den großen Berufsbildungszentren, die teilweise über 4000 Schülerinnen und Schüler beheimaten, gibt es mitunter nur ein oder zwei Fachkräfte für Schulsozialarbeit. Es liegt auf der Hand, dass in einem solchen personellen Setting eine funktionierende Radikalisierungsprävention nicht zu implementieren ist. In Gänze betrachtet ist die Jugendhilfe im schulischen Kontext zu schwach aufgestellt. An zusätzlichen personellen Ressourcen führt mittelfristig kein Weg vorbei.

Zweitens ist Radikalisierungsprävention immer auch eine Vernetzungsaufgabe, die von allen relevanten Partnern aktiv betrieben werden muss. Es bedarf gemeinsamer konzeptioneller Überlegungen und letztlich einer abgestimmten Präventionsstrategie, die sich in der täglichen Arbeit der schulrelevanten Akteure niederschlägt.

Drittens und schließlich bedarf die Präventionsarbeit einer wissenschaftlichen Fundierung. Die Methoden und Instrumente im Praxisfeld können nur dann optimiert werden, wenn das Radikalisierungsgeschehen und die darin wirksamen Faktoren einigermaßen bekannt sind. Bislang sind die Forschungsanstrengungen in diesem Feld jedoch unzureichend (siehe dazu auch den Beitrag von Janusz Biene und Julian Junk in diesem Band).

Michael Kiefer

Anmerkungen

1 Die Kinder- und Jugendhilfe umfasst eine Vielzahl von Leistungen und Maßnahmen der freien und öffentlichen Träger. Dazu zählen unter anderem Familienbildungszentren, »offene Türen« der Jugendhilfeträger, verschiedene Beratungsangebote und Maßnahmen des Kinder- und Jugendschutzes. Das Leistungsspektrum der Kinder- und Jugendhilfe ist wesentlich im SGB VIII (Sozialgesetzbuch) ausgeführt.
2 Für eine umfassende Darstellung der Präventionsproblematik vgl. Rauf Ceylan/Michael Kiefer: Salafismus. Fundamentalistische Strömungen und Radikalisierungsprävention, Wiesbaden 2013, S. 99–115.
3 Ebd., S. 104.
4 https://www.demokratie-leben.de.
5 Umfassende Informationen zum Projekt können unter http://www.clearing-schule.de nachgelesen werden.
6 Während der Begriff »Salafismus« der islamischen Ideengeschichte entstammt und an die ersten drei, als vorbildlich betrachteten Generationen der frühmuslimischen Gemeinde erinnert – die Generation des Propheten Muhammad mit eingeschlossen –, bedeutet des Präfix »Neo« einen Bruch mit der historisch-theologischen Tradition. Einerseits wird zwar für die eigene religiöse Orientierung ein starker Bezug auf die frühislamische Geschichte genommen, andererseits erfährt sie eine erhebliche ideologische und methodische Veränderung. Daher spricht Olivier Roy von »entwurzelten Religionen« oder gar von einer »Mutation«, wenn er die gegenwärtigen fundamentalistischen Bewegungen charakterisiert.
7 Susanne Johansson: Rechtsextremismusprävention und Demokratieförderung in den Feldern der Pädagogik, der Beratung und Vernetzung: eine kurze Begriffseinordnung und -abgrenzung, https://www.biknetz.de/fileadmin/Dokumente/Oeffentlichkeit_herstellen/Themen/Aufsaetze/Aufsatz_S._Johannson_REprävention_final.pdf (letzter Zugriff: 08.08.2015).
8 Schulgesetz des Landes Nordrhein-Westfalen vom 15. Februar 2005, geändert durch Gesetz vom 14. Juni 2016, 1. Teil, 1. Abschnitt, §2, https://www.schulministerium.nrw.de/docs/Recht/Schulrecht/Schulgesetz/Schulgesetz.pdf (letzter Zugriff: 12.04.2017).
9 Vgl. auch Bernd R. Bauknecht: Mit Islamischem Religionsunterricht gegen Extremismus, in: Wael El-Gayar/Katrin Stunk (Hrsg.): Integration versus Salafismus, Schwalbach/Ts. 2014.
10 Yasar Sarikaya: 401 Hadithe für den Islamunterricht, Hückelhoven 2011.
11 Hadîth, in: Ralf Elger/Friederike Stolleis (Hrsg.): Kleines Islam-Lexikon. Geschichte – Alltag – Kultur, 5., akt. und erw. Aufl., München 2008, http://www.bpb.de/nachschlagen/lexika/islam-lexikon/21426/hadith (letzter Zugriff: 31.07.2017).
12 Gesicherte wissenschaftliche Erkenntnisse liegen hierzu nicht vor. Es kann jedoch festgestellt werden, dass große Teile der Ausgereisten offenbar keine umfassende religiöse Bildung in Anspruch genommen haben.
13 http://www.schule-ohne-rassismus.org/startseite/.
14 http://www.dialogmachtschule.de/.
15 http://www.mik.nrw.de/verfassungsschutz/islamismus/wegweiser.html.

16 http://www.bpb.de/fortbildung-salafismus.
17 http://www.donau-uni.ac.at/de/studium/neo-salafistischer-islamismus/index.php.
18 Es handelt sich um Indikatoren, die Radikalisierung anzeigen können. Hierzu zählen unter anderem problematische Einstellungsveränderungen und damit einhergehende Beziehungsabbrüche.

Kurt Edler

Mit radikalisierten Jugendlichen diskutieren[*]

Am 12. September 2001 kam meine Schülerin Anja[1] – wie üblich verspätet – in den Oberstufenkurs und war im Gegensatz zu sonst strahlender Laune. Der Unterricht war bereits im Gange. Sie schlich leicht verlegen zu ihrem Platz und sagte dabei halblaut in den Raum hinein, die Faust mit nach oben gerecktem Daumen: »Jetzt haben sie's den Amis aber mal so richtig gegeben.« Es war der Morgen nach »Nine Eleven«.

Ich werde erst zum Schluss dieses Beitrages skizzieren, wie ich damals reagiert habe. Die Episode soll hier unser Aufhänger sein, um Folgendes klarzumachen: In der pädagogischen Praxis gibt es keine Äußerung ohne Situation, kein Argument ohne Subjekt, kein Thema ohne Kontext. Deshalb gibt es keine sieben goldenen Regeln, mit denen wir automatisch für alle zukünftigen Ereignisse gewappnet sind. Pädagogische Situationen sind immer komplex und zur pädagogischen Kompetenz gehört der geübte Umgang mit Komplexität – auch wenn Stundentafel, Lehrplan und Prüfungsordnung versuchen, die Unübersichtlichkeit der Lebenswelt zu reduzieren. Wer also glaubt, dass man nach dem Muster »wenn der Schüler A sagt, antwortet der Lehrer B« verfahren kann, stellt sich die Sache zu einfach vor. Wer dies von diesem Text erwartet, muss enttäuscht werden. Was wir aber tun können, ist, Handlungskorridore und kommunikative Szenarien zu beschreiben.

Wie gehe ich mit radikalisierungsgefährdeten Jugendlichen um?

Was die Konfrontation im pädagogischen Raum charakterisiert, ist meistens die Flüchtigkeit des Augenblicks und die Eingebundenheit in eine komplexe Situation. Als Lehrkraft habe ich womöglich gerade »den Kopf voll« mit anderen Dingen, fühle mich aber dennoch genötigt, auf eine Handlung oder Äußerung zu reagieren. Das erleben die »Profis« im Schul-

---

[*] Bei dem Beitrag handelt es sich um eine aktualisierte und erweiterte Fassung des im Infodienst Radikalisierungsprävention veröffentlichten Textes vom 18.01.2016.

und Jugendbereich täglich hunderttausendfach. Soweit die Ausgangslage der Pädagoginnen und Pädagogen.

Doch auch die Ausgangssituation der Kinder und Jugendlichen muss mitgedacht werden. Kinder sind einfach »unberechenbar«, Jugendliche erproben immer neue Rollen.[2] Damit geht bei einigen eine Faszination für Utopien und Erzählungen von fremden, mächtigen Reichen und großen Führern einher. Im Normalfall vermag die oder der Jugendliche, diese auf dem Weg der Reifung als nicht real zu erkennen, so wie das Kind auch im vertieften Spiel »weiß«, dass es kein Pilot oder Polizist ist. Manche jungen Menschen bleiben aber auch nach der Pubertät in ihrer »Nebenrealität«[3] hängen und manchmal lädt sich diese durch politischen Stoff auf, der aktuell das Weltgeschehen prägt oder in der Vergangenheit geprägt hat. Dieser Stoff kann z.B. einem totalitären Narrativ entstammen, etwa von einem »tausendjährigen Reich« oder einem weltumspannenden »Gottesstaat«. Gefährlich wird es, wenn die davon faszinierte Person sich dieses Narrativ als politischen Entwurf aufschwatzen lässt und daraus eine Anleitung für das eigene Tun ableitet.

Für das pädagogische Handeln gilt somit, dass die psychologische Tiefenwirkung einer politischen Verblendung immer mitreflektiert und mitbearbeitet werden muss. Zugleich muss die Faszination besagten politischen Stoffes in ihrem spezifischen Reiz erkannt werden. Wir müssen also sowohl die Ideologie kennen, die den jungen Menschen in ihren Bann zieht, als auch seine persönliche Anfälligkeit für ihre Verlockungen. Dies setzt voraus, dass wir uns in seine Beweggründe hineinversetzen können und dass unser politisches Werturteil keine Blockade für unser Einfühlungsvermögen sein darf. Verstehen bedeutet ja nicht gutheißen. Vorschnelle, schroffe Urteile können die Dialogbasis mit dem gefährdeten jungen Menschen zerstören; denn wir sprechen mit ihm über etwas, was ihm lieb oder gar heilig ist und von dem er oder sie vielleicht weiß oder ahnt, dass wir es fatal oder sogar verbrecherisch, zumindest aber schwierig finden. Ohne Selbstreflexion, Selbstdisziplin aufseiten der Lehrenden und eine vertrauensvolle pädagogische Beziehung zum jungen Gegenüber ist Prävention somit nicht möglich.

Gerade in der schulpädagogischen Beziehung droht der Dialog aber in eine entscheidende Zwickmühle zu geraten. Daran ist die Schüler-Lehrer-Hierarchie schuld. Wer als junger Mensch mit umstrittenen Ansichten ein Gespräch mit einer Lehrkraft führt, wird womöglich seine Zunge hüten; es sei denn, es besteht eine gewisse Vertrauensbasis zwischen beiden. Auf pädagogischer Seite entfaltet sich aber gerade dann ein dienstrechtliches Dilemma, wenn der junge Mensch »auspackt« und z.B. die Beteiligung an extremistischen Aktivitäten offenbart – plakativ gesprochen: Lehrerinnen und Lehrer sind keine Beichtväter. Sie können nicht einfach aus dem dienstlichen Verhältnis aussteigen und sind somit nicht berechtigt, es für sich zu behalten, dass sie Kenntnis von strafrechtlich relevanten Tatsachen haben. Fair und verantwortungsvoll ist also nur ein Verhalten, das dem jungen Menschen vorher klarmacht, dass er oder sie mit einem Vertreter bzw. einer Vertreterin des Staates spricht. Der Zwiespalt ist also offensichtlich: Diese Rechtsklarheit aufzubringen und zu vermitteln und sich gleichzeitig offen und empathisch gegenüber der Schülerin bzw. dem Schüler zu zeigen, fällt uns Lehrerinnen und Lehrern nicht immer leicht, weil das pädagogische Verhältnis auch uns emotional korrumpieren kann.

Das folgende reale Fallbeispiel veranschaulicht die Dilemmata, in die Lehrkräfte dabei geraten können:

> Anlässlich der Vorbereitung einer Auslandsschulfahrt wendet sich ein Schüler an seinen Klassenlehrer und offenbart ihm, dass er derzeit keinen Pass besitzt und daher nicht mitkommen kann. Der Lehrer, der ein gutes Verhältnis zu diesem Schüler hat, fragt nach dem Grund. Der Schüler legt ihm nun ein Schreiben des Ordnungsamtes vor, aus dem hervorgeht, dass seine Reisedokumente bis auf Weiteres eingezogen worden sind. Als Begründung wird angeführt, es lägen Informationen darüber vor, dass der junge Mann sich an radikal-salafistischen Koranverteilaktionen (gemeint ist hier die »Lies!«-Kampagne des mittlerweile verbotenen Vereines »Die wahre Religion«) beteiligt habe. Man habe Grund zu der Befürchtung, er könne sich während einer Auslandsreise dschihadistischen Gruppen anschließen.

Der Lehrer erschrickt, als er dies liest, denn der Schüler war an der Schule nie auffällig. Er ist erleichtert, dass er ihm das Schreiben gezeigt hat. Der Schüler bittet ihn jedoch, darüber Stillschweigen zu bewahren. Das Dilemma ist offenkundig: Meldet der Lehrer seiner Schulleitung den amtlichen Grund für die Nichtteilnahme an der Schulfahrt, enttäuscht er das Vertrauen seines Schülers. Meldet er es nicht, verletzt er seine Dienstpflichten.

Solch ein Dilemma ist im pädagogischen Alltag nichts Ungewöhnliches. In dem oben skizzierten Fall ist eine Anzeige nicht erforderlich, weil die Sachlage ja offenkundig den Sicherheitsbehörden schon bekannt ist. Hier besteht jedoch auf Lehrerseite die Pflicht, die Schulleitung zu informieren.

Was Kinder und Jugendliche im pädagogischen Raum erzählen, kann jedoch auch ein Produkt ihrer Fantasie sein, eine Übertreibung, eine Provokation, nur ein Versuch gar, durch Unglaublichkeiten Aufmerksamkeit zu erlangen. Schule und Jugendeinrichtung sind Häuser, in denen sich die Jugend ausprobiert. Die Schule ist also auch ein Ort des Spieles, Theater ist daher eines der elementarsten Medien der Persönlichkeitsentwicklung.

Doch wie können Lehrkräfte einschätzen, wann die radikale Selbstdarstellung bloß Provokation oder Spiel ist und wann von einem ernsthaften Hintergrund auszugehen ist? Gespielte Radikalität ist ein zeitlich begrenztes Phänomen. Von ihr kann sich der junge Mensch wieder distanzieren, d. h., er kann die Rolle, in die er schlüpft, ablegen. Im Gegensatz dazu bedeutet Fanatismus eine ständige Humorlosigkeit und Verbissenheit. Er führt dazu, dass der junge Mensch sich weigert, spielerisch eine Rolle zu übernehmen, die ihm nicht behagt. Er spielt z. B. nicht den Teufel, selbst im Sketch oder in der Komödie nicht. Deshalb ist das Rollenspiel für Therapeuten und Profis der Gewaltprävention so wichtig. Wer eine ihm eigentlich widerstrebende Position oder Haltung einnimmt, bringt die emotionale Intelligenz einer Gegenperspektive auf. Er versetzt sich spielerisch in »den Feind«.

Hieraus lässt sich als Empfehlung ableiten, dass es unter bestimmten Bedingungen angesagt sein kann, die radikale Position in der Klasse zur Debatte zu stellen. Dabei kann die Position entweder »im Originalton« von der Person vorgetragen werden, die sie vertritt. Die Lehrkraft muss dann allerdings sicherstellen, dass daraus weder ein Pranger noch eine Tribüne für eine Hasspredigt wird. Oder aber die Position wird in spielerischer Verfremdung von Mitschülerinnen und Mitschülern vorgetragen, die in Wirklichkeit ganz anderer Meinung sind. Überprüft werden sollte vorher allerdings, ob die Lerngruppe dies ohne ideologische Überwältigung aushält. Dazu muss die Lehrkraft die Schülerinnen und Schüler der Klasse gut kennen. Auf dieser Basis lässt sich die Verabredung zu einer Debatte mit verteilten Rollen und klaren Spielregeln treffen.

Wann und zu welchen Themen eine solche Debatte stattfindet, ist von Fall zu Fall unterschiedlich. Ich würde zu meinen Schülerinnen und Schülern immer sagen: »Die wirklich heißen Sachen können wir nur thematisieren, wenn ihr ein hohes Maß an Respekt und Selbstdisziplin erreicht habt. Lasst uns das zunächst mal an den weniger gefährlichen Themen üben.« Diesen Weg zu gehen bedeutet auch, dass es eine Arbeitsteilung in der Klasse geben muss: Moderation und Sanktion (bei Regelverletzungen) gehören hier ebenfalls dazu. Jugendliche, die täglich mit verbaler Gewalt konfrontiert sind, genießen es geradezu, wenn sie den so hergestellten Frieden eines zivilen Umganges an ihrer Schule erleben.

Der ideologische Kontext

Mit dem Islamismus macht sich eine radikale Deutung des Weltgeschehens und der Geschichte bemerkbar, bei der Religion als Meta-Folie benutzt wird, die über alle anderen historischen Dimensionen und politischen Faktoren gelegt wird. Von zentraler Bedeutung ist z. B. die Deutung der Kriege und Eroberungen in der Zeit des Imperialismus und Kolonialismus, gedeutet als Auseinandersetzung zwischen Muslimen und Ungläubigen. Die vorgebliche »Demütigung der Muslime« in dieser Zeit wird zur Rechtfertigung des Dschihad gegen die »Kreuzfahrer« der Neuzeit und der Gegenwart (die Advokaten des heutigen »Global War on Terror«) angeführt.

Tab. 1: Vorurteilsfallen und didaktische Auswege

Ideologische Fixpunkte, auf die sich radikalisierte Personen beziehen	Unterrichtsthemen, die andere Perspektiven erschließen können
Religiöse Deutung politischen Geschehens	Multifaktorielle Aufbereitung politischen Geschehens
Monokausale Geschichtsdeutung	Ursachenvielfalt am historischen Beispiel
»Der Westen« contra »die Muslime«	Vielfalt muslimischer Gesellschaften, Dekonstruktion »des Westens«
»Aufstand der Muslime«	Hoffnungen des Arabischen Frühlings
Dschihadismus als persönliche Karriere	Studium dschihadistischer Biografien
Welt-Kalifat	Konzepte von Weltherrschaft im 20. Jahrhundert
Tyrannei der Lebensform/Vorschriften	Vielfalt muslimischer Glaubens- und Lebenspraxis
Verdammung der Laizität	Religion und Frieden: europäische Aufklärung
Recht nur von Gott/radikales Verständnis des Begriffs Scharia[4]	Naturrechtslehre/Rule of Law
Radikales Islamverständnis	Theologische Gegenmeinungen
Abwertung anderer Religionen	Geschichte der abrahamitischen Religionen
Abwertung anderer Weltanschauungen	Begründung der negativen Religionsfreiheit

Die »Demütigung der Muslime« ist gegenwärtig das wahrscheinlich wirkmächtigste islamistische Narrativ bei der Gewinnung neuer Anhängerinnen und Anhänger. Es wird häufig zur moralisch aufgeladenen Ansprache von jungen Menschen mit kulturmuslimischem Hintergrund benutzt, also solchen, deren Eltern aus einem Land mit islamischer Tradition stammen. Real erlebte Diskriminierungen werden dabei als religiöse (um)gedeutet, ethnische Zugehörigkeiten werden religiös aufgeladen, nach dem Schema »Du bist Türke, also Muslim«. Insinuiert wird außerdem: »Du hast es als Türke in Deutschland schwer, weil hier alle gegen die Muslime sind.«

Nicht nur Politik oder Geschichte, sondern auch die Religion selbst wird in der Auseinandersetzung mit einer radikal-religiösen oder gar islamistischen Position zum Streitgegenstand. Ideologischer Kern der Position, wie sie von den betreffenden Jugendlichen vertreten wird, ist die Inanspruchnahme einer Höherwertigkeit bei gleichzeitiger Bereitschaft, »Ungläubigen« bzw. Andersgläubigen ihr Daseinsrecht abzusprechen. Im Extremfall wird die Verfolgung und Ermordung von Angehörigen anderer Religionen gerechtfertigt oder zumindest nicht abgelehnt.

Für die Auseinandersetzung mit diesen Jugendlichen ein Kerncurriculum zu entfalten, würde den Rahmen dieses Beitrages sprengen. Wir müssen uns deshalb darauf beschränken, stichwortartig wichtige Vorurteilskonstrukte und didaktische Wege zu ihrer Überwindung gegenüberzustellen (vgl. Tab. 1).

Die Entfaltung dieser Fixpunkte und Stichworte zu einer Unterrichtseinheit oder einem schulinternen Curriculum erfordert die Zusammenarbeit der verschiedenen Fachlehrkräfte. Es geht um die Steigerung der Analyse- und Urteilsfähigkeit, um die Bereitschaft zum Perspektivwechsel und um die Fähigkeit zur Ambiguitätstoleranz bei den Schülerinnen und Schülern. Dabei dürfen die Lehrenden nicht alleingelassen werden, sondern das ist Aufgabe der ganzen Schule. Zu empfehlen ist eine Kollegiumsklausur oder Ganztagskonferenz, auf der das vorhandene Schulcurriculum fachlich durch Inhalte und Methoden von präventivem Wert ergänzt wird.

Als ehernes Prinzip sollte man immer im Auge haben, dass es die Glaubwürdigkeit der Lehrperson vollständig zerstört, wenn sie sich im Streitgespräch dazu hinreißen lässt, offenkundige Fakten zu bestreiten. Zu einer demokratischen Pädagogik gehört die Ehrlichkeit, Fehler und Schwachstellen der demokratischen Ordnungen und Gesellschaften weder zu leugnen noch kleinzureden. Der Unterschied zur Diktatur besteht darin, dass die Demokratie die Möglichkeit gibt, Missstände zu kritisieren und Fehlentwicklungen zu korrigieren, ohne Menschenrechte zu verletzen.

Kurt Edler

Wie behandeln wir »heiße Themen«?

Grundbedingungen

Je näher wir den »harten« Themen kommen, desto solider und tragfähiger muss die moralische Plattform sein, auf der die Auseinandersetzung stattfindet. Die Erarbeitung einer solchen Plattform sollte im Kontext einer demokratiepädagogischen Schulentwicklung stehen, die um die Leitfrage kreist: Wie wollen wir hier, an unserer Schule, zusammen lernen und leben?

Die Angst vor Themen wie Islamismus und Terrorismus kann auf pädagogischer Seite ein Vermeidungsverhalten und eine Vogel-Strauß-Haltung auslösen. Wie wir uns im Schulkontext auf eine radikal-religiöse Weltdeutung einlassen, hängt von den Bedingungen ab, die wir in der Lerngruppe vorfinden, und von unserer Beziehung zu ihr. Welcher Lerngegenstand der richtige ist und welches das passende methodisch-didaktische Arrangement, lässt sich ohne eine Klarheit über diese Bedingungen nicht festlegen. Voraussetzung für eine radikalisierungspräventive Pädagogik ist, dass die pädagogischen »Profis« zugleich grundrechtsklar, politisch informiert und pädagogisch sensibel sind. Die globalen Krisen und Kriege sind im Klassenzimmer angekommen – und mit ihnen jene Konfliktthemen, die die Jugendlichen oft selbst entzweien und Spannungen in die Schule tragen: Israel und Hamas, die Lage in der Türkei, Flüchtlinge und Pegida, der sogenannte Islamische Staat und Terroranschläge.

Wenn ich als Lehrkraft diese »heißen Eisen« anpacken will – und ich muss es, wenn sie die Schülerinnen und Schüler aufwühlen –, dann ist die Grundbedingung dafür, dass ich in meiner Lerngruppe die Grundlagen einer zivilisierten Debatte, bei der den Andersdenkenden Respekt gezollt wird und die damit verbundenen Diskussionsregeln eingehalten werden, gelegt habe. Debattenvertagung, Debattenabbruch und Sanktionen gegen Fehlverhalten sind selbstverständliche Mittel, um die Teilnehmerinnen und Teilnehmer vor schlechter Behandlung zu schützen. Wichtig ist, dass die Kinder und Jugendlichen selbst nicht nur die Regeln, sondern auch die nötigen Sanktionen mittragen.

Der pädagogische Raum ist also für die Auseinandersetzung mit menschenrechts- und demokratiefeindlichen Haltungen und Ansichten erst zu öffnen, wenn die »Geschäftsordnung« für die Debatte von allen Beteiligten »unterschrieben« worden ist – und wenn, so wie im Parlament, Verstöße gegen die Debattenregeln sanktioniert werden können.

»Themenverliebte« Fachlehrkräfte, die nur die Vermittlung ihrer fachspezifischen Inhalte im Kopf haben, sollten sich daher bewusst machen, dass die Erarbeitung eines menschenrechtsfreundlichen Umgangsstils unter den jungen Menschen schon »die halbe Miete« ist, also keineswegs Zeitverschwendung, sondern wesentliches Unterrichtsthema.

Was macht »heiße Themen« so explosiv?

Was »heiße Themen« so explosiv macht, ist neben der zunehmend unfriedlichen Weltlage vor allem, dass in der multikulturellen und multireligiösen Schulklasse oder Jugendgruppe Sichtweisen aufeinanderprallen, die durch nationale, ethnische oder eben religiöse Selbstdefinitionen eine elementare Wucht entfalten. Das ist bei einem salafistisch inspirierten Jugendlichen noch stärker der Fall; denn Salafisten verstehen sich unter den Musliminnen und Muslimen gleichzeitig als »Fremde«[5] und als elitäre Minderheit, die die *Umma* – die Gemeinschaft der Gläubigen – aus ihrem »Dämmerschlaf« reißen wollen. Mit solchen Jugendlichen über einen friedlichen Mehrheits-Islam reden zu wollen, um ihre Position als minoritär zu diskreditieren, ist zumindest sehr schwierig. Unterrichtliche Auseinandersetzungen mit jungen Salafistinnen und Salafisten, die auf einen argumentativen Sieg durch theologisch fundierte Argumentation zielen, verkennen, dass der Salafismus die meisten Denkvoraussetzungen des Mainstream-Islams gar nicht teilt. Gerade deshalb muss allerdings auch das Bekenntnis, der »wahre Muslim« zu sein, kritisch abgeklopft werden. Das geht besonders gut, wenn nicht salafistische, gemäßigte Muslime in der Gruppe sind, die den salafistischen Alleinvertretungsanspruch infrage stellen.

Lassen Sie mich die Schwierigkeit explosiver Themen noch an einem anderen Beispiel illustrieren:

> An einem Hamburger Gymnasium bietet ein jüdischer Schüler zur Zeit des Gazakrieges seiner Lehrerin an, ein Referat zum Konflikt zwischen Israel und der Hamas zu halten. In der Klasse sind mehrere junge Leute aus kulturmuslimischen Familien. Die Lehrerin willigt ohne Bedenken ein und vereinbart mit dem Jungen gleich einen Termin für das Referat, sieht sich aber seine Ausarbeitung nicht vorher an.

Ich vermute stark, dass die Leserinnen und Leser mit ihrer Fantasie über den weiteren Verlauf dieser Begebenheit genau richtig liegen. In der Tat, es kommt zu einem riesigen Konflikt, bis sich höchste ministerielle Stellen mit dem Ganzen befassen müssen. Ich erzähle hier aus Platz- und Diskretionsgründen lieber keine Einzelheiten. Wir müssen von unseren Pädagoginnen und Pädagogen erwarten können, dass sie den Zündstoff einer solchen Situation erkennen. Dazu gehört der wache Blick einer grundrechtsklaren und zugleich konfliktfähigen Pädagogik im Hinblick auf folgende Fragen:

- Wo liegen die politisch und weltanschaulich neuralgischen Punkte?
- Wie gewandt bin ich im Streitgespräch mit der Moderation (= Mäßigung), ohne dass Differenzen unter den Tisch gekehrt werden?
- Wie gut kenne ich meine Schülerinnen und Schüler und ihre Standpunkte und Loyalitäten?
- Wo, wann und wie muss ich handeln, wenn von meinen Schülerinnen oder Schülern extremistische Auffassungen zu hören sind?

Nach dem Anschlag auf die Redaktion von *Charlie Hebdo* am 7. Januar 2015 in Paris war von manchen Schülerinnen und Schülern zu hören, dass die Karikaturisten »selber schuld« seien, denn sie hätten »unseren Propheten« beleidigt. Für die Lehrkraft stellen sich damit einige Fragen:

- Wie ist die Formulierung »selber schuld« gemeint?
- Inwiefern wird hier ein terroristisches Verbrechen verharmlost oder gerechtfertigt?
- Ist die Schüleräußerung eine Straftat?
- Werden hier Grundrechte wie die Meinungsfreiheit und die Freiheit der Kunst infrage gestellt?

Wie zu reagieren ist, kommt auch hier auf den situativen Kontext an. Hat die Lehrkraft den Anschlag im Unterricht thematisiert und die Klasse um Meinungsäußerungen gebeten, ist die Äußerung anders zu bewerten, als wenn sie als öffentliches Statement und damit als politische Handlung betrachtet werden muss. Volksverhetzung, die Rechtfertigung von Straftaten oder gar die Parteinahme für eine terroristische Vereinigung sind Delikte, die auch in der Schule begangen werden können. Die Schule ist kein rechtsfreier Raum.

Jenseits rationaler Argumentationen …

Die Eigentümlichkeit des salafistischen Diskurses besteht darin, dass er nur begrenzt diskursiv ist. Er ist von der Form her eher ein Monolog oder eine Predigt als ein auf geistige Auseinandersetzung zielender Dialog. Predigen in diesem Sinne heißt, geistig Gewalt ausüben. Salafistische Agitatoren wie der aus dem Internet bekannte Konvertit Pierre Vogel faszinieren ihr Publikum durch die Schlichtheit ihrer Denkstruktur und fordern zum Gehorsam auf. Zweifel sind des Teufels. Jugendliche, die sich in einer immer komplexer werdenden Welt nach schlichten Wahrheiten und einfachen Rahmungen sehnen, erliegen dieser Aufforderung und unterwerfen sich. Die Abschottung des salafistischen Diskurses macht es denn auch so schwierig, im Schulalltag mit Jugendlichen zu diskutieren, die sich mit dieser fundamentalistischen Auslegung des Islams identifizieren.

Gleichzeitig sollten die Lehrkräfte wissen, dass das Wort »Religion« auf den lateinischen Begriff für »Rückbindung« zurückgeführt werden kann. Das mag uns bewusst machen, dass wir mit den so Gebundenen in einen kritischen Dialog über ihre Bindung treten sollten, in dem ihre Beziehung zu etwas Angebetetem selbst in den Fokus rückt.

Abb. 1: Trias: Gott – Ich – Wir

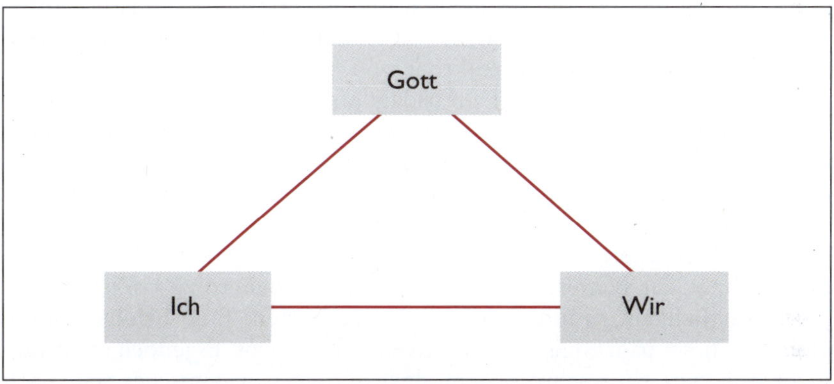

© Kurt Edler

Welche Folgen hat dein Religionsverständnis für deine Beziehung zu anderen Menschen? Das ist die Schlüsselfrage, die wir als Lehrkräfte dem oder der Jugendlichen stellen müssen. Wir müssen also das Augenmerk auf die desozialisierende Wirkung einer salafistischen Radikalisierung lenken und dabei den gefährdeten jungen Menschen zu einem Blick auf sich selbst und seinen Umgang mit der Religion bringen. In dem Dreieck *Ich – Gott – Wir* (vgl. Abb. 1) muss die schwache, horizontale Verbindungslinie gestärkt werden, indem der junge Mensch darauf aufmerksam gemacht wird, dass ein wesentlicher Sinn der Religion darin besteht, die Verhältnisse zwischen dem »Ich« und der menschlichen Gemeinschaft (»Wir«) zu regeln. Wir lassen uns also wenigstens für einen didaktischen Moment auf sein religiöses Weltbild ein, um ihn mit dem Argument nachdenklich zu machen, dass Gott ihm die Verantwortung für seinen Umgang mit den Mitmenschen nicht abnimmt. Auf dieser Basis ist dann ein Dialog über alles Weitere möglich – vom kleinsten Verhaltensdetail unter Mitschülern bis hin zum Terrorkrieg des »IS«.

Kerngedanke dieses Dialogansatzes ist, dass wir mit dem jungen Menschen auf eine Reflexionsebene kommen müssen, die über den Barrieren liegt, die aus einzelnen religiösen Dogmen errichtet werden können, und die ebenso über dem Feld bloßer politischer Faktizität liegt. Der Widerstand, auf den wir bei dieser Strategie stoßen, liegt in der Weigerung des radikalen »Ich«, also des jungen, in seiner Ideologie verhafteten Menschen, überhaupt Selbstreflexion zu betreiben. Was aber, könnten wir fragen, willst du mit Religion, wenn du nicht über dich und deine Beziehung zur Welt (»Wir« im oben dargestellten Dreieck) nachdenkst? Vielleicht gelingt es uns im ruhigen Dialog, Radikalität und Religiosität miteinander insofern in Widerspruch zu bringen, als wir an den ethischen Sinn appellieren, der sich über die Religiosität reaktivieren lässt.

Diesen Weg zu gehen, setzt auf pädagogischer Seite ein gelassenes Verhältnis zu Religion und Glaubensfragen voraus, die Geduld, mit einem jungen Menschen über ein Thema zu reden, das nicht nur emotional, sondern jenseits vieler weiterer Aspekte auch aggressiv besetzt ist, und Empathie und Respekt gegenüber einer jungen Persönlichkeit, die sich einer geistigen Fremdherrschaft unterworfen hat. Dazu gehören aufseiten des Lehrers bzw. der Lehrerin auch der Mut, ein Scheitern zu riskieren, und die Beharrlichkeit, es immer wieder zu versuchen. Eine Erfolgsgarantie gibt es in dieser pädagogisch-präventiven Arbeit nicht. Es jedoch nicht versucht zu haben, kann schwere Schuldgefühle auf pädagogischer Seite nach sich ziehen, wenn die Radikalisierung des jungen Menschen einen tragischen Ausgang nimmt.

Noch eines gehört dazu: Zeit. Eine Schule, die sich als Lernfabrik versteht, leidet in aller Regel an systemischer Zeitnot. Ein Oberstufenkurs, der kurz vor einer Klausur steht, kann nicht innehalten. Erinnern Sie sich an Anja? Ich habe damals in der Unterrichtsstunde nicht reagiert, sondern mit unbewegtem Gesicht weitergemacht. Was ich eingangs nicht erwähnt hatte: Sie war drogenabhängig, suizidgefährdet und im Kurs extrem isoliert. Es wäre töricht gewesen, sofort auf ihre Äußerung zu den Anschlägen vom 11. September 2001 zu reagieren. Es begann eine Reihe von Gesprächen zwischen uns, in denen es auch um ihre Äußerung ging. Im Kurs konnte ich später auf die Einschätzung der Weltlage zu sprechen kommen, ohne zu riskieren, Anja an den Pranger zu stellen. Anja lebt, hat ihr Abitur gemacht und wir sind per Facebook heute noch in Kontakt.

Anmerkungen

1 Name geändert.
2 »Der Mensch«, sagt Kant, »ist von krummem Holze, als woraus wohl nichts ganz Gerades gezimmert werden kann.« (Immanuel Kant: Idee zu einer allgemeinen Geschichte in weltbürgerlicher Absicht, 6. Satz, W IX, 41.) In diesem Satz liegt auch die Hoffnung der Aufklärung auf die Unausrottbarkeit des menschlichen Freiheitswillens.
3 Vgl. Reinhart Lempp: Das Kind im Menschen. Über Nebenrealitäten und Regression – oder: Warum wir nie erwachsen werden, Stuttgart 2003.
4 Zum Begriff Scharia: »Weder im Koran noch in der Prophetenüberlieferung finden sich Hinweise zur konkreten Herrschaftsausübung. Die Scharia […] gilt als das sogenannte Islamische Recht. Aufgabe der Scharia ist zunächst nichts anderes, als den Gottesbezug zwischen Mensch und Gott zu definieren, ähnlich dem *Nominatio dei* im Grundgesetz, wonach auf ›Gott‹ als diejenige für den Menschen unverfügbare Instanz verwiesen wird, vor der er Verantwortung tragen muss.« (Bundeszentrale für politische Bildung: Salafismus – Ideologie der Moderne, Informationen zur politischen Bildung – aktuell, Bonn, September 2015).
5 Vgl. Benno Köpfer: Ghubara – das Konzept der Fremden in salafistischen Strömungen, in: Behnam T. Said/Hazim Fouad: Salafismus. Auf der Suche nach dem wahren Islam, Freiburg 2014, S. 442–473.

Götz Nordbruch

Präventionsarbeit: Alternativen zu salafistischen Angeboten aufzeigen*

Die Attraktivität der Facebook-Seite »Die wahre Religion« war bis zuletzt an der stetig wachsenden Zahl der Nutzerinnen und Nutzer abzulesen. Im November 2016, als die Seite nach dem Verbot des gleichnamigen Vereins durch den Bundesinnenminister vom Netz genommen wurde, erreichte sie weit über 200 000 Personen. Die Seite des Predigers Pierre Vogel zählt mittlerweile knapp 240 000 »Likes« (Stand: Februar 2017). Diese zwei Seiten zählen zu den bekanntesten deutschsprachigen salafistischen Webseiten in den sozialen Medien. Sie stehen für die wachsende Sichtbarkeit salafistischer Angebote im öffentlichen Raum. Die Zahl der Anhängerinnen und Anhänger der salafistischen Szenen wird in Deutschland auf mittlerweile 9700 Personen geschätzt.[1]

Die Anziehungskraft salafistischer Narrative

Nur ein Teil der Nutzerinnen und Nutzer dieser Facebook-Seiten vertritt im Alltag salafistische Positionen und die wenigsten dürften in den zahllosen salafistischen Gruppen aktiv sein, die in den vergangenen Jahren bundesweit entstanden sind. Eine Faszination für dschihadistische Gewalt ist bzw. war unter den »Fans« von Pierre Vogels Facebook-Seite oder von »Die wahre Religion« nur in Einzelfällen zu beobachten. Gleichwohl illustrieren die Zahlen die Attraktivität und die Lebensweltnähe der Angebote, die von salafistischen Akteuren gemacht werden. Angesprochen werden Themen, Interessen und Bedürfnisse, die für viele Jugendliche und junge Erwachsene generell relevant sind. Neben religiösen Inhalten spielen ganz alltägliche Themen, wie Fragen nach dem richtigen und moralischen Leben oder den Hintergründen von sozialer Ungleichheit oder internationalen Konflikten, und Erfahrungen mit Rassismus und

---

* Bei dem Beitrag handelt es sich um eine aktualisierte und erweiterte Fassung des im Infodienst Radikalisierungsprävention veröffentlichten Textes vom 03.09.2015.

Marginalisierung eine zentrale Rolle, weshalb Angebote salafistischer Gruppierungen auch für nicht muslimische Jugendliche attraktiv sein können. Präventionsarbeit im Bereich Salafismus richtet sich an Jugendliche und junge Erwachsene, die bei unterschiedlichen Gelegenheiten mit der Szene in Kontakt kommen und sich für deren Angebote interessieren.[2] Damit unterscheidet sie sich ausdrücklich von einer Distanzierungs- und Deradikalisierungsarbeit mit Personen, die bereits in salafistischen Gruppierungen aktiv sind und entsprechende Weltbilder und Verhaltensmuster verinnerlicht haben. Diese Unterscheidung ist wichtig, weil eine so verstandene primäre oder universelle Prävention nicht erst bei Gewaltbereitschaft ansetzt, sondern bereits demokratie- und freiheitsfeindlichen Positionen oder dem Ausüben von religiös oder politisch motiviertem sozialem Druck vorbeugen soll.

Ausgangspunkt für erste Berührungen mit der salafistischen Szene sind Suchbewegungen, die typisch für die Jugendphase sind und letztlich alle Jugendlichen am Übergang zum Erwachsensein betreffen: Wer bin ich? Wie will ich sein? Wo will ich hin? Warum ist die Welt so ungerecht? Familiäre Konflikte, biografische Krisen oder Erfahrungen mit Gewalt und Ausgrenzung können die Suche nach Sinn, Identität und Orientierung zusätzlich verstärken.

In Vorträgen und Videos, die von Salafisten verbreitet werden, werden diese Fragen aufgegriffen – nicht selten mit Verweis auf Konflikte in der Welt und aktuelle gesellschaftspolitische Fragen, die Unmoral, Hedonismus und einen negativ bewerteten Individualismus in der Gesellschaft belegen sollen. Das Leid der Menschen in Syrien oder der alltägliche Rassismus hier in Deutschland, Glücksspiel, der offenherzige Umgang mit Sexualität oder die Macht der Banken – die Auswahl ist nicht zufällig, sondern umfasst all jene Themen, die auch in der Gesellschaft selbst umstritten sind und von vielen unabhängig von der Religionszugehörigkeit mit Unbehagen verfolgt werden.

Im Mittelpunkt salafistischer Ansprachen steht das Angebot eindeutiger Regeln und Maximen, die aus den religiösen Quellen des Islams abgeleitet werden. Anders als die meisten islamischen Theologen, die die Interpretationsbedürftigkeit der religiösen Quellen anerkennen und religiöse Normen kontextualisieren, bestehen salafistische Prediger auf einer literalistischen Lesart der Quellen. Sie beanspruchen ein einzig wahres und verbindliches Verständnis des Korans und der Erzählungen aus dem Leben Mohammeds. Demnach bietet ein Leben gemäß den Regeln des Islams, wie er von Salafisten propagiert wird, z. B. Schutz vor den unmoralischen

Verlockungen der Gesellschaft, aber auch vor den Zwängen und der Verantwortung, die mit einem eigenverantwortlichen und selbstbestimmten Leben verbunden sind. Für Jugendliche und junge Erwachsene, die auf der Suche nach Orientierung und Antworten auf alltägliche Fragen der Lebensgestaltung sind, verspricht ein solches Islamverständnis einen niedrigschwelligen Zugang zu einem religiösen Weltbild, das neben Orientierung und Halt auch die Zugehörigkeit zu einer klar umrissenen Gemeinschaft verspricht.

Zielgruppen, Ziele und Handlungsfelder der Präventionsarbeit

Ziel präventiver Arbeit ist die Dekonstruktion der von Salafisten angebotenen Narrative und vermeintlich einfachen Antworten. Präventionsarbeit soll zugleich alternative Angebote schaffen, die der Attraktivität salafistischer Ansprachen entgegenwirken und reale Perspektiven in der Gesellschaft aufzeigen. Teilhabe an der Gesellschaft muss attraktiver sein als der vollständige Rückzug auf die *Umma*, die Gemeinschaft der Musliminnen und Muslime, wie sie von Salafisten propagiert wird.

In den fachwissenschaftlichen Diskussionen über Ansätze der Präventionsarbeit wird die Vielfalt der Handlungsfelder sichtbar, in denen entsprechende Angebote denkbar sind.[3] Sie unterscheiden sich unter anderem nach Rahmen bzw. Ort, an dem die Zielgruppen angesprochen werden, und reichen von der schulischen und außerschulischen Bildungsarbeit, der Kinder-, Jugend- und Familienhilfe, der Erziehungsberatung, sozialpsychologischen Einrichtungen, der Vereins- und Verbandsarbeit bis hin zu Angeboten der Jugend- und Sozialämter und der Polizei. Ein möglicher Schwerpunkt besteht in der Auseinandersetzung mit religiösen Themen, aber auch allgemeine Ansätze der Demokratie- und Menschenrechtsbildung können eine wichtige Rolle spielen. Religiöse und nicht religiöse Ansätze schließen sich nicht aus, sondern können sich in der Präventionsarbeit ergänzen.

In der praktischen Arbeit wird gerade die Notwendigkeit einer Vernetzung unterschiedlicher Akteure sichtbar, um jugendphasentypische Verunsicherungen und Anpassungskrisen aufzufangen und Handlungskompetenzen im Sinne realer Teilhabechancen gemeinsam zu fördern und zu stärken. So lässt sich z. B. Abgrenzungsprozessen einzelner Jugendlicher im schulischen Rahmen allein kaum entgegenwirken. Externe Einrichtungen können unterstützend wirken, z. B. indem sie die Eltern einbeziehen und sozialpsychologische, berufsfördernde oder freizeitpädagogische Hilfestellungen bieten. So können familientherapeutische Angebote oder die Einbindung von Vertrauenspersonen aus dem Fußballverein oder auch der Moscheegemeinde dabei helfen, eventuelle familiäre Konflikte zu entschärfen oder Selbstvertrauen und ein Gefühl der Anerkennung zu stärken. Dies kann wiederum die Rückbindung an die Gesellschaft und das Aufzeigen von Perspektiven auch im schulischen Kontext erleichtern. Im Folgenden werden verschiedene Ansätze kurz vorgestellt.

Islamischer Religionsunterricht

Eine Chance bietet die Einführung des islamischen Religionsunterrichts, der in staatlichen Schulen in Kooperation mit den islamischen Religionsgemeinschaften verantwortet wird. Ausgangspunkt sind hier nicht nur die konkreten Glaubensinhalte und -praktiken, sondern auch die Lebenswirklichkeiten der Schülerinnen und Schüler in einer religiös und kulturell heterogenen Gesellschaft, in der unterschiedliche Werte und Normen gelebt werden. Der Unterricht bietet jungen Musliminnen und Muslimen einen Raum, um Fragen zur Religion in deutscher Sprache und mit Bezug zu ihrem Alltag zu diskutieren und dabei zugleich ein Bewusstsein für innerislamische Diversität zu entwickeln.

Aber auch außerhalb des bekenntnisorientierten Religionsunterrichts kann eine Auseinandersetzung mit religiösen Glaubenslehren und -praktiken hilfreich sein, um Interessen an religiösen Themen aufzugreifen und Reflexionsprozesse anzuregen. Angesichts einer wachsenden Bedeutung der Religion im Selbstverständnis vieler junger Musliminnen und Muslime lassen sich diese Themen auch im Sinne einer politisch-bildnerischen Arbeit zur Förderung von Kommunikations-, Urteils- und Handlungskompetenzen nutzen.

Dialogprojekte

Ein Beispiel hierfür ist das Projekt »Maxime Berlin« des Violence Prevention Network.[4] Es steht für ein Angebot im Ethik- oder Gemeinschaftskundeunterricht, in dem interreligiöse und interkulturelle Zugänge zu religiösen Themen entwickelt werden. Die Workshops, die von praktizierenden Muslimen, Christen und Juden durchgeführt werden, behandeln unter anderem die Glaubensgrundlagen und religiösen Rituale der monotheistischen Religionen und machen »emphatisch das Gemeinsame und alle Menschen Verbindende« sichtbar. In ihnen werden explizit auch

Konflikte und religiös begründete Ressentiments angesprochen, wobei die Trainer-Tandems mit ihren unterschiedlichen religiösen Hintergründen als »authentische Vorbilder« für eine interreligiöse Verständigung auftreten.

Gerade mit Blick auf Konflikte in Schulklassen oder Jugendgruppen, die sich an religiösen oder konfessionellen Unterschieden festmachen – und die z. B. durch den Israel-Palästina-Konflikt oder den Bürgerkrieg in Syrien und im Irak bestärkt werden –, ermöglicht es ein solcher Ansatz, die Normalität religiöser Vielfalt herauszustellen und konstruktive Umgangsformen mit religiösen Unterschieden aufzuzeigen.

Religiöse Fragen sind auch der Ausgangspunkt der Workshops, die vom Verein ufuq.de in Schulen im Regelunterricht oder an Projekttagen angeboten werden.[5] Anlass sind auch für diese Workshops vielfach bestehende Spannungen zwischen Jugendlichen, die sich an religiösen Themen festmachen, oft aber auch ein allgemeines Interesse am Islam und am religiösen Alltag, das von den Jugendlichen formuliert wird. Anders als in interreligiösen oder bekenntnisorientierten Ansätzen geht es hier nicht um eine Vermittlung von Glaubensgrundlagen. Religiöse Fragen und Erfahrungen der muslimischen Schülerinnen und Schüler bilden lediglich einen lebensweltbezogenen Einstieg in Gespräche, bei denen das Verhältnis von Islam und Demokratie, Islam und Gewalt, innerislamische Vielfalt, aber auch Erfahrungen mit antimuslimischen Ressentiments und Alltagsrassismus im Mittelpunkt stehen.

In den Workshops, die von jeweils zwei (in der Regel muslimischen) Teamerinnen oder Teamern moderiert werden, sollen insofern nicht theologische Antworten im Sinne eines vermeintlich »richtigen« oder »guten« Religionsverständnisses gegeben werden. Religiöse Fragen dienen vielmehr als Anstoß für Gespräche über die Hintergründe von Werten, Ritualen und Normen, bei denen ausdrücklich auch nicht religiöse Perspektiven (z. B. zu den Themen Gerechtigkeit, Gleichheit oder Freiheit) sichtbar werden. Mit der Leitfrage »Wie wollen wir leben?« werden religiöse Themen in allgemeine ethische und gesellschaftliche Fragen »übersetzt«, die letztlich für alle Schülerinnen und Schüler unabhängig von Herkunft oder Religionszugehörigkeit von Bedeutung sind. Dabei kann es um demokratische Werte genauso gehen wie um das Problem der Ausgrenzung und Abwertung anderer. Ziel ist es dabei, ein Bewusstsein für unterschiedliche religiöse und nicht religiöse Zugänge zu Werten, Glauben und Identität zu fördern und Handlungskompetenzen im Umgang mit gesellschaftlichen Unterschieden zu stärken.

Das Projekt »Dialog macht Schule« verfolgt ebenfalls einen dialogorientierten, politisch-bildnerischen Ansatz, um demokratie- und freiheitsfeindlichen Einstellungen entgegenzuwirken. Es verbindet »Persönlichkeitsentwicklung, politische Bildung und Integrationsarbeit« und versteht sich ausdrücklich nicht als Präventionsprojekt, das an realen oder vermeintlichen Defiziten und Gefährdungen ansetzt, sondern hat zum Ziel, das Bewusstsein für demokratische Prinzipien zu stärken. Es wendet sich an Schulen mit überwiegend sozial benachteiligten Schülerinnen und Schülern und organisiert moderierte Dialoggruppen in Schulklassen, die über einen Zeitraum von zwei Jahren im Rahmen des Regelunterrichts der Fächer Ethik oder Gemeinschaftskunde begleitet werden. Ausgangspunkt sind in der Regel nicht aktuelle Interessen oder Konflikte der Jugendlichen, die mit religiösen Fragestellungen verbunden sind, sondern allgemeinere Themen, die sich im Zusammenleben in der Migrationsgesellschaft ergeben. Religion kann dabei zur Sprache kommen – im Vordergrund stehen allerdings Auseinandersetzungen mit »Identität, Heimat, Zugehörigkeit, Geschlechterrollen, Gerechtigkeit, Rassismus, Grund- und Menschenrechten«.[6]

Die langfristig angelegten Dialoggruppen bieten die Möglichkeit, weitergehende Projekte anzustoßen, die über die eigentlichen Lerngruppen hinausgehen und andere Schülerinnen und Schüler und Lehrkräfte einbeziehen. So zielen die Angebote des Projektes auch darauf, Migrationsbiografien und Aspekte von gesellschaftlicher Vielfalt über den Projektzeitraum hinaus im Schulalltag zu verankern.

Die vorgestellten Ansätze spiegeln die unterschiedlichen Ausgangssituationen und Bedarfe in den jeweiligen Einrichtungen wider. In Lerngruppen, in denen religiöse Themen nur am Rande eine Rolle spielen, sind Auseinandersetzungen mit Fragen von Identität und Zugehörigkeit hilfreich, um unterschiedliche biografische Hintergründe und Erfahrungen sichtbar zu machen und Identität und Zusammenhalt zu fördern. In Jugendgruppen und Schulklassen, in denen religiöse Themen dagegen von den Jugendlichen selbst eingebracht werden, lassen sich diese aufgreifen, um für gesellschaftliche Vielfalt zu sensibilisieren und Auseinandersetzungen mit unterschiedlichen Wertvorstellungen anzuregen.

Counter narratives, alternative Narrative und Gegenrede

Angesichts der wachsenden Bedeutung des Internets im Alltag von Jugendlichen und jungen Erwachsenen stellt sich die Frage nach der Übertragbarkeit der beschriebenen Ansätze auf die präventive Arbeit in und mit sozialen Medien.[7] Die bisherigen Erfahrungen beschränken sich weitgehend auf Projekte in Großbritannien und den USA. Das britische Projekt

»Abdullah-X« versucht z. B. mit animierten Kurzfilmen über den Konflikt in Syrien und im Irak, über Rassismus oder den Begriff des Dschihads salafistischen und gewaltaffinen Interpretationen des Islams alternative Lesarten (sogenannte *counter narratives* bzw. Gegennarrative) entgegenzustellen. In den Bereich der Gegennarrative gehört auch das ebenfalls in Großbritannien entwickelte Projekt »Against Violent Extremism«[8], das auf direkte Ansprachen von Jugendlichen und jungen Erwachsenen über Chat-Dienste wie WhatsApp oder Messenger setzt, um über Glaubensvorstellungen, aber auch über persönliche Beweggründe für die Hinwendung zu extremistischen Ideologien ins Gespräch zu kommen und alternative Sichtweisen anzuregen.[9]

Auch in Deutschland gibt es mittlerweile verschiedene Initiativen, die mit entsprechenden Ansätzen experimentieren. So sensibilisieren die Videos aus dem Projekt »Extreme dialogue«[10] über persönliche Geschichten von Betroffenen extremistischer Gewalt (Aussteiger, Opfer oder Angehörige) für extremistische Botschaften.

Neben den »Datteltätern«[11], die auf extremistische Botschaften mit Satire antworten, oder dem YouTube-Kanal »Begriffswelten Islam« der Bundeszentrale für politische Bildung[12] wenden sich einzelne Facebook-Seiten, die von Musliminnen und Muslimen betrieben werden, wie »News zur muslimischen Welt«[13] oder »Hessische Muslime für Demokratie und Vielfalt«[14], gezielt an ein muslimisches Publikum, um mit religionsbezogenen Inhalten ein größeres Meinungsspektrum zum Islam und zum Nahen Osten abzubilden. Dabei geht es weniger um eine Widerlegung extremistischer Inhalte als um die Sichtbarmachung alternativer Perspektiven, die ansonsten vielfach nur am Rande eine Rolle spielen.

Mit dem Projekt »Was postest Du? Politische Bildung mit jungen Muslim_innen online«[15] von ufuq.de wurden mithilfe von Gesprächen über Fragen von Identität, Religion und Zugehörigkeit in Facebook-Gruppen auch erste Erfahrungen in der Nutzung sozialer Medien für die politisch-bildnerische Arbeit gesammelt. Auch hier zeigte sich die besondere Wirksamkeit von Videos und Bildern, um inhaltliche Auseinandersetzungen anzustoßen.

Eine wichtige Erkenntnis dieser Projekte besteht insbesondere darin, dass die Wirkung sogenannter *counter narratives* wesentlich von der Authentizität und Glaubwürdigkeit der Sprecherinnen und Sprecher abhängt.

Gemeinschaftsangebote und Empowerment

Die Attraktivität salafistischer Ansprachen gründet auch in dem Versprechen der Zugehörigkeit zu einer Gemeinschaft, in der der bzw. die Einzelne unabhängig von seiner bzw. ihrer Migrationsgeschichte und sozialen Herkunft als »Bruder« oder »Schwester« akzeptiert wird. Durch das Bekenntnis zum Islam, wie er von Salafisten vertreten wird, erhalten Jugendliche Zugang zu einer Gemeinschaft, die sie als familiär wahrnehmen. Sie bietet ihnen Empathie und starke emotionale Bindungen und ist zugleich Grundlage für gemeinsames Handeln und individuelle Selbstwirksamkeit. Die zahllosen Aktivitäten, die von Salafisten unter dem Schlagwort der *Dawa* (Missionsarbeit) initiiert werden, ermöglichen kollektives Handeln, das – anders als z.B. Infostände von politischen Parteien oder Naturschutzorganisationen – in der Regel von großem öffentlichen Interesse begleitet wird. Aber auch auf individueller Ebene verspricht die Zugehörigkeit zur salafistischen Szene Aufmerksamkeit. Ein langer Bart, das Bekenntnis zu Pierre Vogel oder Vollverschleierung provozieren Reaktionen, die mit Tätowierungen oder Hotpants kaum zu erreichen wären.

Angebote in Jugendeinrichtungen und Sportvereinen spielen insofern eine wichtige Rolle in der Präventionsarbeit. Sie können Jugendliche gegen salafistische Ansprachen »immunisieren« und eröffnen gleichzeitig die Möglichkeit, alternative Gemeinschafts- und Freizeitangebote zu entwickeln und Handlungsperspektiven aufzuzeigen. Hierbei steht nicht in erster Linie die politische Bildung im Vordergrund. Jugend- und Freizeitarbeit bietet vielmehr einen Rahmen, um soziale Kompetenzen sowie positive Gemeinschaftsgefühle zu stärken und Selbstwirksamkeit zu erfahren.

Für Jugendliche, die durch Bildungsbenachteiligung oder Erfahrungen mit Diskriminierungen und Ressentiments in besonderer Weise von Exklusion und Chancenungleichheit betroffen sind, sind vor allem Angebote denkbar, die Freizeitgestaltung mit Formen des Empowerments im Sinne einer Förderung von Selbstwirksamkeit und Teilhabechancen verbinden. Die Spannbreite reicht von Projekten, die Jugendliche in die Entwicklung von Leitbildern der jeweiligen Einrichtungen einbinden, über das Anregen von bürgerschaftlichem Engagement im Sozialraum bis hin zu Medienprojekten, in denen neben kritischer Medienkompetenz auch die aktive Nutzung von Medien zur Vertretung eigener Interessen gefördert wird. So will etwa das Projekt »JUMA – jung, muslimisch, aktiv« mit seinen Arbeitsgruppen und Kampagnen zu Islambildern in den Medien, Teilhabe in der Gesellschaft oder Naturschutz »jungen Muslimen eine

Stimme geben« und Interesse an Partizipation und Demokratieerfahrung stärken.[16]

Auch in diesem Zusammenhang ist es notwendig, z. B. in der offenen Jugendarbeit, auf besondere Interessen und Bedarfe von muslimischen Jugendlichen einzugehen. Denn salafistische Initiativen nutzen die Lücken im sozialen Angebot, die durch die etablierten Themenschwerpunkte und organisatorischen Abläufe, aber auch durch finanzielle Kürzungen im sozialen Bereich entstanden sind. Nicht zufällig finden Veranstaltungen salafistischer Akteure oft an christlichen Feiertagen wie Ostern oder Weihnachten statt, an denen nicht konfessionelle Einrichtungen in der Regel keine Aktivitäten anbieten. Ebenso wenig ist es zufällig, dass sie gezielt Themen aufgreifen, für die es ansonsten in der Jugendarbeit kaum Raum gibt, etwa mit Veranstaltungen während des Ramadan, zu Rassismus oder dem Konflikt in Syrien (z. B. in Form von Benefizveranstaltungen).

Angesichts der Attraktivität salafistischer Ansprachen für Mädchen und Frauen stellt sich zunehmend auch die Frage nach genderspezifischen Ansätzen in der Jugendarbeit, die speziell junge Frauen in den Blick nehmen (siehe dazu auch den Beitrag von Silke Baer in diesem Band). So wird in den Handlungsempfehlungen, die cultures interactive e. V. auf der Grundlage von Erfahrungen aus laufenden Projekten erarbeitet hat, vor allem die Notwendigkeit einer parteilichen Jugendarbeit im Sinne selbstbestimmter Geschlechterrollen und einer Förderung von Ambiguitätstoleranz in Bezug auf sexuelle Orientierung und Gender herausgestellt.[17]

Mit der Gründung zahlreicher islamischer Initiativen und Vereine, die im Bereich der Jugendarbeit aktiv sind, bieten sich auch in diesem Bereich Möglichkeiten der präventiven Arbeit. Dies gilt für die Jugendabteilungen der großen islamischen Verbände genauso wie für verbandsunabhängige Initiativen, die vielfach von Jugendlichen selbst gegründet wurden. Gerade für Letztere ist die enge Verbindung von Off- und Online-Aktivitäten charakteristisch. Ein Beispiel für ein solches von jungen Erwachsenen initiiertes Projekt ist die »Muslimische Jugendcommunity Osnabrück« (MUJOS). MUJOS organisiert neben Freizeitaktivitäten auch Gesprächsrunden, z. B. zu den Themen Rassismus oder interreligiöser Dialog, in die auch nicht muslimische Kooperationspartner wie die Katholische Hochschulgruppe oder die Polizei eingebunden werden. Darüber hinaus schafft MUJOS online Möglichkeiten für Diskussionen, in denen präventionsrelevante Themen zur Sprache kommen.[18]

Die Möglichkeit einer reflektierten Auseinandersetzung mit islamischen Traditionen kann ebenfalls für jene Jugendlichen und jungen Erwachsenen hilfreich sein, die in ihren Familien nicht religiös sozialisiert wurden, sich aber aufgrund von jugendphasentypischen Fragen oder Erfahrungen mit Ressentiments und Diskriminierungen für den Islam interessieren. So zeigen Erfahrungen aus der Jugendarbeit, dass auch Jugendliche, für die der Islam im Alltag kaum eine Rolle spielt, immer wieder als »Experten« für den Islam wahrgenommen oder als Muslime diskriminiert werden. Das Interesse an religiösen Themen ist insofern nicht zwangsläufig Ausdruck eigener Motive, sondern wird nicht selten erst durch äußere Zuschreibungen und Ansprachen angestoßen.

Für Konvertiten, die im salafistischen Spektrum verhältnismäßig stark vertreten sind, spielt die Suche nach (religiöser) Gemeinschaft eine wichtige Rolle. Salafistische Gruppierungen bieten ihnen einen einfachen Einstieg in eine oft familienähnliche Gruppe, der nicht an umfangreiches religiöses Wissen über Glaubensinhalte und -praktiken gebunden ist. So finden sich in radikalisierten Szenen gerade auch Personen, die als »religiöse Analphabeten« beschrieben werden. Charakteristisch für diese Personen ist ein auf wenige Normen, Glaubenssätze und Rituale reduziertes, religiös geprägtes Weltbild, das in relativ kurzer Zeit angeeignet wurde.

Die Jugendarbeit islamischer Akteure kann es ermöglichen, die Vielschichtigkeit islamischer Glaubenslehren und -praktiken und zugleich die Vereinbarkeit von muslimischer und deutscher Identität aufzuzeigen. Wichtig ist dabei, dass sich die beteiligten Vereine selbst ausdrücklich zu einem solchen Selbstverständnis als deutsche Muslime bekennen und innerislamische Unterschiede reflektieren.

Ähnlich wie in der politisch-bildnerisch ausgerichteten Präventionsarbeit erweisen sich zudem Peer-Ansätze, in denen Jugendliche und junge Erwachsene selbst als Moderatoren oder »Anleiter« agieren, in den hier behandelten Bereichen der Jugendarbeit als besonders hilfreich. Die Bezugnahme auf ähnliche lebensweltliche und biografische Erfahrungen macht es Jugendlichen und jungen Erwachsenen leichter, Denkanstöße anzunehmen und eigene Orientierungsmuster zu hinterfragen. Als Vorbilder stehen Peers zugleich für realistische Chancen der Teilhabe.

Individuelle Hilfen in Krisensituationen

Die Aktionen der selbsternannten »Scharia-Polizei« in Wuppertal, die im Herbst 2014 auch überregional Aufmerksamkeit erlangten, machen eine weitere Dimension salafistischer Ansprache deutlich, die für die Präventionsarbeit bedeutsam ist. Bei den abendlichen Rundgängen durch die Stadt wandten sich die Aktivisten gezielt an Jugendliche und junge Erwachsene, die sich z. B. in Spielkasinos und Wasserpfeifen-Cafés aufhielten, und appellierten an sie, sich als »gute Muslime« von Glücksspiel, Alkohol und Drogen fernzuhalten. Tatsächlich ist Spielsucht ein Problem, das unter Jugendlichen mit Migrationsgeschichte verhältnismäßig häufig zu beobachten ist[19] – gleichwohl gibt es bisher nur wenige Angebote, die sich genau an diese Zielgruppe wenden.

Aktionen wie die »Scharia-Polizei« machen den Bedarf an individuellen Hilfen deutlich, die Jugendliche mit Migrationsgeschichte gezielt ansprechen. Dies gilt für den Bereich Suchtprävention genauso wie für Angebote der Familienhilfe, der Ausbildungs- und Berufsberatung oder der Krisendienste und der Seelsorge, über die Jugendliche in Krisensituationen (verursacht z. B. durch Suchtproblematiken, familiäre Konflikte, Gewalterfahrungen oder eigene Straftaten) erreicht werden. In diesen Bereichen ist eine Öffnung der Jugendhilfe, die von kommunalen und freien Trägern geleistet wird, für besondere Bedarfe von Jugendlichen mit Migrationsgeschichte überfällig. In den vergangenen Jahren sind erste Initiativen einzelner islamischer Träger, die sich gezielt an muslimisch sozialisierte Jugendliche und junge Erwachsene richten (z. B. das Muslimische Seelsorgetelefon), entstanden.[20] Mit Projekten wie »180°-Wende« in Nordrhein-Westfalen gibt es zudem erste Versuche, entsprechende Maßnahmen unterschiedlicher Akteure zu vernetzen und durch muslimische Coaches und Mentoren zu begleiten.[21] Sie beraten Jugendliche nicht nur in religiösen Fragen, sondern bieten auch Hilfestellung bei der Arbeitssuche, bei Problemen in der Ausbildung oder bei Straffälligkeit und Konflikten mit der Polizei.

Für die Präventionsarbeit ist eine Vernetzung der beteiligten Akteure in allen beschriebenen Handlungsfeldern entscheidend. Dies betrifft insbesondere den Austausch über Hilfsangebote und Interventionen, mit denen die betroffenen Jugendlichen und jungen Erwachsenen auf unterschiedlichen Ebenen erreicht werden können (z. B. Schule, Freizeitgestaltung, Ausbildungsmöglichkeiten, Unterstützung im familiären Bereich). Trotz eines wachsenden Bewusstseins für die Notwendigkeit eines ganzheitlichen Ansatzes, der die unterschiedlichen Lebensbereiche abdeckt, bestehen in der praktischen Umsetzung einer solchen Zusammenarbeit weiterhin zahlreiche Hürden (etwa hinsichtlich der unterschiedlichen Rollenverständnisse der beteiligten Akteure, der Abgrenzung der Kompetenzen oder zu Fragen des Datenschutzes).

Der zunehmende Austausch auf europäischer Ebene (insbesondere mit Großbritannien, Dänemark, Belgien oder den Niederlanden) bietet mittlerweile die Chance, bestehende Erfahrungen der Präventionsarbeit aufzugreifen und auf lokale Kontexte zu übertragen (siehe dazu die Beiträge in Teil II dieses Bandes). Ein Beispiel ist das Radicalisation Awareness Network (RAN), dessen Ziel es ist, den Austausch über Praxisansätze aus verschiedenen europäischen Ländern zu fördern und eine Übertragung auf andere Städte anzuregen. Das Rad, das zeigen die Ergebnisse der Arbeit dieses Netzwerkes, muss nicht überall neu erfunden werden.[22]

Anmerkungen

1 Zahl der Salafisten in Deutschland stark gestiegen, in: sueddeutsche.de, 22.12.2016, http://www.sueddeutsche.de/news/panorama/kriminalitaet-zahl-der-salafisten-in-deutschland-stark-gestiegen-dpa.urn-newsml-dpa-com-20090101-161222-99-637304 (letzter Zugriff: 28.07.2017).
2 Für einen Überblick über Projekte der Präventionsarbeit zum Themenfeld Salafismus und gewaltbereiter Islamismus vgl. bpb.de (http://www.bpb.de/veranstaltungen/dokumentation/186660/salafismus-als-herausforderung-fuer-demokratie-und-politische-bildung) und die Webseite des Programms »Demokratie leben!« des BMFSFJ: https://www.demokratie-leben.de.
3 Zum Stand der Diskussion vgl. Wael El-Gayar/Katrin Strunk (Hrsg.): Integration versus Salafismus. Identitätsfindung muslimischer Jugendlicher in Deutschland, Schwalbach/Ts. 2014; Rauf Ceylan/Michael Kiefer: Salafismus. Fundamentalistische Strömungen und Radikalisierungsprävention, Wiesbaden 2014; Götz Nordbruch: Überblick zu Präventionsprogrammen im Kontext »islamischer Extremismus« im europäischen Ausland, Halle (Saale) 2013. Hilfreich sind auch die Erfahrungen aus dem Bereich des Rechtsextremismus; vgl. Reiner Becker/Kerstin Palloks (Hrsg.): Jugend an der roten Linie. Analysen von und Erfahrungen mit Interventionsansätzen zur Rechtsextremismusprävention, Schwalbach/Ts. 2013.
4 Das Projekt MAXIME Berlin ist zum 31.12.2016 ausgelaufen. Nach Angaben von VPN sind die Angebote von MAXIME Berlin aber weiterhin über das Projekt Teach2Reach verfügbar. Weitere Information dazu unter http://www.violence-prevention-network.de/de/aktuelle-projekte.
5 http://www.ufuq.de.
6 http://www.dialogmachtschule.de/.
7 Sindyan Qasem: Herausforderung 2.0: Ansätze und Erfahrungen der politischen Bildung in Sozialen Netzwerken, in: Dietmar Molthagen/Thilo Schöne (Hrsg.): Lernen in der Einwanderungsgesellschaft. Ein Handbuch für die Bildungsarbeit in Schule, Jugendarbeit und Erwachsenenbildung in einer vielfältigen Gesellschaft, Bonn 2016.
8 http://www.againstviolentextremism.org/about.
9 Vgl. Institute for Strategic Dialogue: One to one online interventions. A pilot CVE methodology, London 2016; Henry Tuck/Tanya Silverman: The Counter-narrative Handbook, London 2016.

10 http://extremedialogue.org/de/.
11 https://www.youtube.com/channel/UCF_oOFgq8qwi7HRGTJSsZ-g.
12 http://www.bpb.de/begriffswelten-islam.
13 https://www.facebook.com/newszurmuslimischenwelt/.
14 https://www.facebook.com/Hessische-Muslime-für-Demokratie-und-Vielfalt-HMDV-988523681191105/?fref=ts.
15 Vgl. dazu ufuq.de: Was postest Du? Politische Bildung mit jungen Muslim_innen online. Hintergründe, Erfahrungen und Empfehlungen für die Praxis in sozialen Netzwerken und Klassenräumen, Berlin 2016.
16 http://www.juma-ev.de/juma/.
17 http://www.womex.org.
18 https://www.facebook.com/pages/Muslimische-Jugendcommunity-Osnabrück-MUJOS/461809603890943?fref=ts.
19 Siehe dazu ein Interview mit Kazim Erdogan von Aufbruch Neukölln, ufuq.de, 13.06.2015, http://www.ufuq.de/interview-erdogan/ (letzter Zugriff: 28.07.2017).
20 http://www.mutes.de/home.html.
21 http://180gradwende.de.
22 http://ec.europa.eu/dgs/home-affairs/what-we-do/networks/radicalisation_awareness_network/index_en.htm.

Silke Baer

Mädchen im Blick: Genderreflektierte Präventionsarbeit[*]

In der Präventions- und Distanzierungsarbeit[1] sowie in der Terrorismusbekämpfung waren Frauen als Gefährderinnen bis vor Kurzem kaum im Blick – weder in der Forschung noch in der Praxis.[2] In den meisten Fällen werden Frauen höchstens als friedvoll-ausgleichende Präventionsarbeiterinnen im familiären und kommunalen Raum in Betracht gezogen, wobei sie etwa von Organisationen der Präventionsarbeit darin unterstützt werden, männliche Familienangehörige vor den Verblendungen durch militante Rekrutierer zu bewahren. Das Erscheinungsbild von militantem, religiös begründetem Extremismus in der Öffentlichkeit ist dagegen martialisch, brutal und vor allem: männlich.

Jedoch lässt sich ein Kalifat, wie es z. B. der sogenannte Islamische Staat (IS) ausgerufen hat, nicht ohne Frauen errichten.[3] Denn es bedarf auch der überzeugten Kriegerinnen, die ihren Kampf in Familie und Kommune führen, den Männern den Rücken freihalten und die Kinder im fundamentalistischen Sinne erziehen. Eine Studie des Bundeskriminalamtes u. a. zeigt, dass sich der Anteil der Frauen an den Ausreisen aus Deutschland nach Syrien und Irak nach der Ausrufung des Kalifates durch den »IS« am 29. Juni 2014 signifikant erhöht hat. Im Zeitraum bis zum 30. Juni 2015 waren 38 Prozent der Ausreisenden weiblich, vor Juni 2014 lag dieser Anteil bei 15 Prozent. Im Schnitt ist von einem Frauenanteil bei den Ausreisenden von ca. 21 Prozent die Rede.[4]

Prävention muss Frauen nicht zuletzt deshalb auch als ideologisch überzeugte Personen, die die Radikalisierung anderer befeuern (etwa in der Familie oder im Freundeskreis) sowie als mögliche Täterinnen im Blick haben. Darüber hinaus muss Prävention aber vor allem erkennen, dass im militanten Islamismus (ebenso wie im Rechtsextremismus) Genderaspekte und -dynamiken virulent sind.[5] Sie muss die Geschlechterrollenvorstellungen einbeziehen, die definieren, was es für die jeweilige »Bewe-

---

[*] Bei dem Beitrag handelt es sich um eine aktualisierte und erweiterte Fassung des im Infodienst Radikalisierungsprävention veröffentlichten Textes vom 20.07.2016.

gung« bedeutet, wenn sich ein Mann oder eine Frau bzw. eine männliche oder weibliche Person in ihr oder für sie engagiert. Das ist eine Voraussetzung für erfolgreiche Prävention, denn auch die Angebote und Rekrutierungsstrategien von islamistischen Gruppierungen sind genderspezifisch. Zudem sind persönliche Vorstellungen von Männlichkeit und Weiblichkeit entscheidend bei der Frage, ob sich jemand – Frauen wie Männer – von bestimmten Milieus und politischen oder auch jugendkulturellen Szenen angesprochen fühlt oder nicht.

Hinwendungsmotive und Rekrutierungsstrategien genderreflektiert analysieren

Für die Mitarbeiterinnen und Mitarbeiter in der Präventions- und Distanzierungs- bzw. Ausstiegsarbeit und in den Sicherheitsbehörden ist es wichtig, zu verstehen, was (junge) Männer und ebenso (junge) Frauen dazu bringt, sich extremistischen Gruppen anzuschließen. Dabei sind persönliche Hinwendungsmotive ebenso wie Rekrutierungsstrategien extremistischer Gruppen von Interesse. In der Extremismusforschung wird von Push- und Pull-Faktoren gesprochen, die in Wechselwirkung bei Radikalisierungsprozessen von Bedeutung sind.

Als Push-Faktoren werden in der Regel eine Reihe von Faktoren genannt, die junge Menschen in Richtung einer Radikalisierung »stoßen« *(push)*, z.B. sozioökonomische und politische Missstände wie soziale Ungerechtigkeit und eingeschränkte demokratische Teilhabemöglichkeiten für manche Gruppen, Benachteiligungs- und/oder Diskriminierungserfahrungen, psychologische und biografische Faktoren und Krisen der jugendlichen Entwicklung, Faszination für Gewalt und Abenteuer, Suche nach Lebenssinn und Selbstwirksamkeit etc.[6] Pull-Faktoren haben eine anziehende *(pull)* Wirkung, dazu zählen z.B. Gelegenheitsstrukturen – hiermit ist vor allem das Vorhandensein von extremistischen Gruppierungen im sozialen Umfeld gemeint – und gezielte Strategien für die Rekrutierung neuer Anhängerinnen und Anhänger sowie attraktive Mitwirkungs- und Aktivitätsangebote für junge Menschen in den verschiedenen extremistischen Gruppierungen.

Mit Fokus auf junge Frauen, die als anfällig für eine Hinwendung zu radikal-islamistischen Gruppen gelten, lassen sich folgende Fragen stellen, um Push-Faktoren der Radikalisierung zu ermitteln:

- Für die individuelle Ebene: Welche Verbesserungsmöglichkeiten mögen sie sich von einem Anschluss an radikal-islamistische Gruppen im Hin-

blick auf soziale Aufwertung, Geltung in der Peergroup, neue Freiräume, verlässliche Gruppenzugehörigkeit versprechen?
- Für die gesellschaftliche Ebene: Wie respektiert ist der Islam als Religion in den westlichen Gesellschaften und wie sehen die realen Teilhabebedingungen für muslimisch geprägte junge Frauen aus?

So sehr es verstören mag, dass junge Frauen, die etwa in Deutschland aufgewachsen sind, sich ideologisch mit Leib und Leben am militanten Dschihad[7] beteiligen, so sehr gilt es zu verstehen, welcher subjektive Sinn und welche Motivationen sich hinter diesem Schritt oder Entwicklungsprozess verbergen.

Ein mögliches Motiv ist etwa, dass sich (junge) Islamistinnen als Kämpferinnen für den »wahren« Islam und Teil einer globalen und wirkungsvollen Bewegung mit hehren Zielen begreifen können.[8] Islamistisch argumentierende Extremistinnen und Extremisten versprechen die Errichtung eines weltumspannenden Kalifates und damit eine individuelle und kollektive Aufwertung von Musliminnen und Muslimen. Dass die jungen Menschen dabei ihre bürgerlichen Rechte und Freiheiten in Deutschland (und anderen Ländern) aufgeben, mag ihnen umso weniger wichtig sein, je mehr diese Freiheiten für sie nur eingeschränkt gelten oder mit quälenden Entscheidungsdilemmata verbunden sind. Angesichts vielfältiger Diskriminierungen fällt es einer jungen Person mit muslimischem Hintergrund schwerer als einer Vertreterin oder einem Vertreter der Herkunftsgesellschaft, ein emanzipiertes und geschütztes Leben zu führen und volle gesellschaftliche Teilhabe für sich zu erlangen.

Viele der Versprechen der »westlichen Welt« werden für Musliminnen und Muslime nicht eingelöst: Chancengleichheit bei der Arbeitssuche? Sie besteht nur formal. Eine Studie der Universität Konstanz von 2010 hat z. B. gezeigt, dass bei gleicher Qualifizierung Arbeitssuchende mit türkisch oder arabisch klingendem Namen seltener zu Vorstellungsgesprächen eingeladen werden als diejenigen mit deutschem Namen.[9] Emanzipiertes Leben für muslimische Frauen? Nur mit Einschränkungen. Frauen, die ein Kopftuch oder einen Ganzkörperschleier tragen, sind in vielen Kontexten nicht gern gesehen. Teilweise gibt es Vorschriften, gemäß derer dies unvereinbar mit einer Tätigkeit im öffentlichen Dienst ist.

Wenn man all die öffentlichen Debatten über muslimische Lebensweisen, die in den vergangenen Jahren stattgefunden haben, Revue passieren lässt, wird schnell offensichtlich, dass hier im Grunde über die Lebensgestaltung von muslimischen Mädchen gestritten wurde. Es ging um die Schwimmunterrichtspflicht für Mädchen, die sogenannte Kopftuchdebatte, um Zwangsheirat und Ehrenmorde. Allerdings wurden muslimische Mädchen und junge Frauen an diesen Debatten kaum ernsthaft beteiligt und das viel beschworene Ziel der Diversität wurde auch nicht entschieden auf Frauenrechte ausgeweitet. Frauenrechte und Gleichberechtigung werden – wenn überhaupt – nach wie vor aus einer »weißen«, protestantisch geprägten Mittelstandsperspektive anvisiert.[10]

Fachleute gehen davon aus, dass Jugendliche mit muslimischem Hintergrund sich mit der Radikalisierung zweifach loslösen wollen: einerseits von den oft willkürlich-patriarchalen Traditionen ihrer Herkunftsfamilien oder aus Familien, die wenig Partizipationsmöglichkeiten oder Einfluss in der Gesellschaft haben. Lamya Kaddor beschreibt für Mädchen in Radikalisierungsprozessen, dass jene, »[...] die aus traditionellen Elternhäusern stammen, um die ihnen vermutlich sowieso vorbestimmte Rolle als Ehefrau und Mutter wissen. [...] Diese Mädchen emanzipieren sich von ihren Elternhäusern, indem sie heiraten. Dann begeben sie sich zwar in die Obhut des Ehemanns, aber gerade für Pubertierende kann so etwas reizvoller sein, als weiter nach der Pfeife der Eltern tanzen zu müssen.«[11] Andererseits geht es um die Lossagung von einer Welt, in der sie von einer gleichberechtigten Teilhabe vielfach ausgeschlossen sind.

Genau hier werden die von islamistischen Gruppierungen ausgehenden Pull-Faktoren wirksam: Der »IS« oder auch Neosalafisten[12] versprechen vor allem für jene jungen Menschen Orientierung und Zugehörigkeitserfahrungen, die in einer persönlichen Wertekonfusion aufgewachsen sind – zwischen den Traditionen und Werten ihrer Herkunftsfamilien und den Werten und Lebensweisen der (»westlichen«) Welt um sie herum. Sie deuten zudem die Gleichheitsversprechen liberaler westlicher Gesellschaften für ihre eigenen Zwecke um, um eine elementare Botschaft an potenzielle Anhängerinnen und Anhänger zu senden: »Der Westen mag keine Muslime‹ und die angeblich universellen Werte der Toleranz, Religionsfreiheit und Gleichberechtigung gelten real nur sehr eingeschränkt für Migrantinnen und Migranten und Musliminnen und Muslime.«

Vermittelt werden solche Botschaften auch mithilfe (jugend)subkultureller Propaganda. Durch Videofilme per Internet, Blogs oder *Naschids*[13] (islamistische Kampfhymnen) dockt etwa der »IS« gezielt an den Lebenswelten Jugendlicher an. Er propagiert dabei eine starke Geschlechterrollenaufteilung, verbindet diese aber mit dem Heilsversprechen der persönlichen Aufwertung für Frauen und Männer, die jeweils ihren eigenen wichtigen Platz in einer islamischen Gesellschaft hätten bzw. bekommen sollten. Zur Rekrutierung neuer Anhängerinnen nehmen z. B. junge Männer, die sich als unerschrockene Recken des »Kalifates« präsentieren, über das Internet Kontakt zu Mädchen auf. Diese fühlen sich geschmeichelt und kokettieren auf den Schulhöfen damit, mit »IS-Soldaten« in Beziehung zu stehen. Einige Mädchen reisen dann auch in die Regionen, in denen der »IS« versucht, eine dauerhafte Vorherrschaft zu erlangen.

Mädchen und junge Frauen, die bereits in das Gebiet des »IS« in Syrien oder im Irak gegangen sind, werden von diesem angehalten, über soziale Medien noch mehr junge Frauen für das Leben im »Kalifat« zu begeistern. Sie beschwören etwa das gottgefällige Leben als Familie und die Schwesternschaft der Musliminnen, suggerieren aber auch Normalität. In einem Tweet schreibt eine Britin ihren Freundinnen, sie möchten doch nachkommen: »I'm making pancakes, and there's Nutella, come up in a bit.«[14]

Rollenangebote islamistischer Gruppierungen für junge Frauen

Die Rollenangebote und Rollenverteilungen in radikal-islamistischen Gruppierungen sind geschlechtsspezifisch ausgerichtet und orientieren sich an traditionellen, vormodernen Vorstellungen, die Frauen vor allem als Akteurinnen im privaten/familiären Raum und Männer aktiv im öffentlichen Raum sehen. Radikal-islamistische Mädchen und Frauen agieren zwar mehr von zu Hause aus, wirken aber als Öffentlichkeitsarbeiterinnen oder Übersetzerinnen von Informationsmaterialien zu Propagandazwecken durchaus in den öffentlichen Raum hinein. Auch zeigen sie sich als streitbare Diskutantinnen in den »weicheren« gesellschaftlichen Kampfarenen des Internets oder in Fernsehtalkshows. Es gibt auch Internetforen, die sich speziell an muslimische Frauen wenden und konkret darauf eingehen, wie genau Frauen sich am militanten Dschihad beteiligen können. Dabei werden Fragen behandelt wie die, ob Musliminnen ohne Erlaubnis der Eltern einen Dschihadisten heiraten und das Land verlassen dürfen oder inwieweit sie unter bestimmten Voraussetzungen selbst mit der Waffe kämpfen können.

Radikal-islamistische Mädchen und Frauen werden darüber hinaus auch in sozialen, halböffentlichen Räumen aktiv, z.B. in der Schule, im Jugendklub oder in der Moschee. Hier agieren sie als Bekehrerinnen für eine streng traditionalistische Lesart des Islams. Vielfach haben sie in den letzten Jahren versucht, andere Mädchen und Frauen als aktive Kämpferinnen für den Gottesstaat des »IS« zu gewinnen. In einigen Moscheegemeinden sind eigens gebildete Mädchengruppen aufgefallen, weil sie radikal-islamistische Haltungen vertreten und andere Mädchen gezielt anzusprechen versuchen.

Eine manifeste geschlechtsspezifische Rollenzuweisung findet vor allem für junge Frauen statt, die in die vom »IS« okkupierten Gebiete in Syrien und im Irak ausreisen. Dieser wirbt Mädchen mit dem »romantischen« Angebot an, Gefährtinnen und Ehefrauen von »heldenhaften Soldaten« des Kalifates zu werden. Jedoch ist die Realität in den Konflikt- und Kampfgebieten nicht so liebe- und respektvoll, wie viele Mädchen und junge Frauen sich das vorgestellt haben. Denn der »IS« rekrutiert sie unter anderem für den »sexuellen Dschihad«. Ihre Aufgabe ist es, den Kämpfern vor Ort das Leben zu »verschönern«. Dafür hat der »IS« sogenannte Ehen auf Zeit eingeführt und für religiös erlaubt erklärt.[15] Auch werden Frauen gezielt angeworben, um mit einem der vielen unverheirateten »Brüder« vor Ort eine Familie zu gründen, und es wird auf verheiratete Kämpfer verwiesen, die bereit seien, eine »ehrenhafte Schwester als zweite, dritte oder vierte Ehefrau anzuheiraten«[16]. Unerwähnt bleibt freilich stets, dass das Leben als Frau in den Konfliktzonen von großen Unsicherheiten und maximaler Entrechtung geprägt sein kann, da Frauen hier ausschließlich den Entscheidungen von Männern unterworfen sind.

Darüber hinaus werden Frauen in islamistischen Gruppierungen mitunter in terroristische Anschläge eingebunden, fungieren als Botinnen, Einkäuferinnen oder auch als Selbstmordattentäterinnen. Ihnen fällt es leichter, die Fahndungsraster der Sicherheitsbehörden zu umgehen. Denn es wird unter anderem wirksam, was in der Rechtsextremismusforschung schon länger als Phänomen der »Genderblindheit« bekannt ist, nämlich dass staatliche und nicht staatliche Akteure weitgehend dazu neigen, die Bereitschaft von Mädchen und Frauen zu Gewalt und Gruppenhass auszublenden – nicht zuletzt weil Gewalt nach wie vor mit »Männlichkeit« assoziiert wird.

Genderreflektierte Präventionsansätze

Grundsätzlich sollten Prävention und Ausstiegsbegleitung von einem wertschätzenden – narrativen – Gestus des persönlichen Austausches getragen sein. Das bedeutet vor allem, dass sie zunächst möglichst wenig argumentativ sein sollten. Wertevermittlung und Resilienzbildung – also die Stärkung von persönlicher Widerstandsfähigkeit im Umgang mit Krisen und Konflikten – erfolgen am besten auf der Basis einer persönlichen (Arbeits-) Beziehung sowie dadurch, dass die Fachkräfte im Umgang mit gefährdeten Jugendlichen ihre menschenrechtlichen und demokratischen Haltungen im Alltag und im direkten Umgang selbst praktizieren, sodass ihre persönliche Überzeugung erkennbar wird. Wichtige Voraussetzung dafür ist die Selbstreflexion der Fachkräfte, wobei diese auch ihre eigenen Geschlechterrollenvorstellungen hinterfragen sollten.

Eine weitere Voraussetzung ist, dass eine Interventionsberechtigung gegenüber den Adressatinnen und Adressaten besteht. Das bedeutet, dass Fachkräfte eine tragfähige Beziehung zu einer Jugendlichen oder einem Jugendlichen haben, die im besten Fall auf gegenseitigem Vertrauen beruht, bevor heikle Themen angesprochen und Haltungen hinterfragt werden. Dazu gehört aus genderreflektierter Perspektive die Frage, ob jemand aufgrund seines Geschlechtes, seines biografischen, sozialen oder kulturellen Kontextes eher durch eine Frau oder einen Mann ansprechbar ist.

Im Folgenden werden Möglichkeiten und vielversprechende Ansätze der Prävention für gefährdete Mädchen und Frauen sowie genderfokussierte Interventionen dargestellt.

Primäre und sekundäre Prävention[17] durch Mädchen-Empowerment

Um Mädchen und junge Frauen in ihrer Identitätsbildung und bei der Suche nach Lösungswegen im Konflikt zwischen den Anforderungen, die ihr persönliches, familiäres Umfeld an sie stellt, und den jeweils aktuellen gesellschaftlichen Herausforderungen zu unterstützen, sind flächendeckende Angebote der »Mädchenarbeit« nötig. Dies gilt – mit Blick auf das hier behandelte Themenfeld – insbesondere in Stadtteilen, die als Brennpunkte der religiös begründeten extremistischen Radikalisierung gelten.

Die Ansätze der »Mädchenarbeit« haben ihre Wurzeln in der feministischen Bewegung der 1970er Jahre. Ziel war es, die gesellschaftlichen Teilhabemöglichkeiten für junge Frauen durch genderspezifische Freiräume und Kompetenzstärkung zu verbessern. Es wurden geschützte Räume der Jugendarbeit eingerichtet (sogenannte Mädchenzentren), die es teilweise heute noch gibt. Dort können persönliche Erfahrungen, Wertvorstellungen und Lebensumstände reflektiert, Konflikte verhandelt, Wünsche artikuliert und Zukunftsperspektiven erarbeitet werden. Vorstellungen der Mädchen zu Geschlechterordnungen und Hierarchien werden dabei aufmerksam von den Sozialarbeiterinnen hinterfragt. Den Mädchen werden Perspektivwechsel ermöglicht, indem sie alternative Formen des »Frau-Seins« erfahren, etwa durch Peer-Learning-Settings, also Lernen mit Gleichaltrigen. In dieser Arbeit ist es sehr hilfreich, junge Frauen mit ähnlichem Erfahrungshintergrund als Rollenvorbilder im Team zu haben. Das können dann eben auch Musliminnen sein, die zeigen, dass für sie eine demokratische Gesellschaft mit vielfältigen Lebensentwürfen nicht im Widerspruch zur Religionsausübung steht. Das können aber auch nicht muslimisch geprägte Frauen sein, die empathische Beraterinnen oder gute Rollenvorbilder für die Mädchen sind.

Vor allem in den Städten gibt es nach wie vor vielversprechende Projekte und Strukturen der »Mädchenarbeit«, auf denen man für die Präventionsarbeit aufbauen kann. Dazu bedarf es allerdings mehr Personal und einer Aufstockung der finanziellen Mittel. Generell sollte die offene Jugendarbeit durch Ansätze der politischen Bildung, der Früherkennung und der primären Prävention von extremistischen Haltungen gestärkt werden. Im Kontext von Radikalisierungsprävention im Phänomenbereich Islamismus bieten Mädchenzentren einen Vorteil, weil manche Mädchen und jungen Frauen mit traditionell-muslimischem Hintergrund nur geschlechtsspezifische Angebote nutzen dürfen. Anders ist es bei Mädchen, die im Zuge der Prävention von Rechtsextremismus angesprochen werden. Sie lehnen geschlechtsspezifische Angebote oft ab, weil sie sich nicht von ihren männlichen Freunden lösen wollen.

Kultursensible Schulen und primäre Präventionsangebote

Für Prävention an Schulen zeichnen sich zwei Bereiche ab: zum einen der gesamte Bereich des interkulturellen Selbstverständnisses im Schulalltag, zum anderen der Bereich der primären Prävention mit gezielten Maßnahmen, die von externen Kräften angeboten werden. In Schulen mit einem hohen Anteil muslimisch geprägter Schülerinnen und Schüler sollten zunächst alle schulischen Regeln im Sinne einer kultursensiblen Herangehensweise überprüft werden. Über Themen wie »Pflicht zum Deutschreden in der Pause«, Turn- und Schwimmunterricht, Umkleidesituation, Duschpflicht und so weiter kommt es vielfach zum Konflikt. Im Interesse eines gleichberechtigten Zuganges zu bestehenden Bildungsangeboten ist es häufig geboten, solche Regeln entschieden zu vertreten. Doch wie so häufig, kommt es hier auf das »Wie« an.

Empfehlenswert sind interkulturelle Eltern-Schule-Dialoge, in denen ein verständnisvoller Perspektivwechsel möglich ist, Regeln erklärt und nicht einfach »durchgedrückt« werden. Das gewährleistet nicht, dass alle Eltern zukünftig den Schwimmunterricht für ihre Töchter unterstützen – aber es signalisiert gegenseitiges Verständnis. Indem Schulangehörige erklären, warum manche Belange für den Bildungs- und Erziehungsprozess, gerade auch im Hinblick auf Integration, wichtig sind, können sie mehr Menschen aus muslimischen Gemeinden gewinnen, vielleicht auch jene, die bislang wenig Verständnis für die deutsche »Mehrheitsgesellschaft« hatten.

Dagegen stößt eine Haltung Menschen vor den Kopf, die ausdrückt: »Das ist eben bei uns so, und ihr habt euch anzupassen.« Eine solche Haltung verstärkt Diskriminierungs- und Ausgrenzungserfahrungen und spielt den Extremisten in die Hände, die behaupten, die Welt habe den Muslimen den Kampf angesagt und als aufrechter Muslim, als aufrechte Muslimin müsse man sich wehren.[18] Prinzipiell hat es eine positive Wirkung, wenn an Schulen Pädagoginnen und Pädagogen mit muslimischem Hintergrund vertreten sind – als Lehrerinnen und Lehrer und Schulsozialarbeiterinnen und Schulsozialarbeiter, aber auch durch die Zusammenarbeit mit externen Trägern. Sie können Rollenvorbilder sein und vermeintliche »Wir«/»Die«-Dichotomien zwischen Muslimen und Nichtmuslimen auflösen. Aber auch in diesem Zusammenhang herrscht in Deutschland Reflexionsbedarf: Es sollte z. B. überprüft werden, inwieweit das pädagogische Neutralitätsgebot als Begründung eines Kopftuchverbotes für Lehrerinnen sinnvoll ist. Von dieser Regelung sind an manchen Schulen auch externe Fachkräfte wie die Trainerinnen der Projektanbieter von »Dialog macht Schule« oder ufuq.de betroffen, was eine Präventionsarbeit hier schwierig macht.

Für die menschenrechtlich geprägte Identitätsstärkung und primäre Prävention liegen zahlreiche, für die Schule geeignete Materialien in den Themenbereichen Demokratie, Islam und Vorurteilsbearbeitung vor. So hat z. B. der Verein ufuq.de[19] als bundesweit tätiger Fachträger im Themenbereich Islamismus und Islamfeindlichkeit Filmmaterialien entwickelt, die von Peer-Trainerinnen und -Trainern mit muslimischem Hintergrund in Schulklassen gezeigt und unter Moderation diskutiert werden. Einer dieser Filme behandelt das Thema »Frauenrechte und Islam«. Er zeigt, dass sich ein modernes Frauenbild, die Regeln des Korans und muslimische Religionsauslegung nicht widersprechen müssen. Da in vielen Fällen die Jugendlichen in einem starken Zwiespalt zwischen dem gesellschaftlichen Umfeld und den religiösen Werten, mit denen sie aufwachsen, leben, sind religionsbasierte Ansätze, mithilfe derer die Jugendlichen offen über Religion und ihre Perspektiven sprechen können, wichtig.

Das Projekt »HEROES gegen Unterdrückung im Namen der Ehre« von Strohhalm e. V.[20] verfolgt hingegen einen Ansatz ohne Rückbezug auf Religion. Vielmehr arbeitet HEROES mit genderbasierten und milieuspezifischen Kategorien zum Thema Ehre und Patriarchat. Dabei werden junge Männer zu Multiplikatoren ausgebildet. Sie gehen in Schulklassen und zeigen kleine Theaterszenen zum Thema »Umgang von Jungen und Männern mit Mädchen und Frauen in patriarchal-archaisch geprägten Milieus«. Das Konzept, junge Männer mit in die Verantwortung zu nehmen, ist prinzipiell wegweisend, um auf das gleichberechtigte Zusammenleben der Geschlechter hinzuwirken.

Sekundäre und tertiäre Prävention durch familien- und gemeinwesenorientierte Hilfen

Zu Jugendlichen, die bereits Kontakt mit fundamentalistischen Gruppen aufgenommen haben, kommt man mit den bislang vorgestellten Ansätzen jedoch kaum einen Zugang, weil sie moderne Interpretationen des Korans mindestens ebenso stark ablehnen wie die Ansichten von sogenannten Ungläubigen. Diese Jugendlichen lassen sich mit zielgruppenspezifischeren Angeboten der sekundären Prävention weitaus besser erreichen.

Wie bereits dargelegt, kann die Beteiligung am Dschihad für junge Menschen aus einem patriarchal geprägten muslimischen Umfeld eine Möglichkeit darstellen, der familiären Enge zu entkommen. Umso wichtiger ist es, familienorientierte Hilfen anzubieten. Es gilt, die Eltern darin zu unterstützen, den Kontakt zu ihren Kindern zu halten – trotz ihrer Abkehr, vielfachen Provokationen und Verachtung gegenüber ihrem bisherigen Leben. Eine Beratung ermittelt Ressourcen und mögliche Anknüpfungspunkte, um die Jugendlichen zu erreichen, und zeigt auf, wie man als Familie im Gespräch bleiben bzw. die Kinder zurückgewinnen kann.

Beispielsweise bieten HAYAT (Berlin, Bonn), beRATen e. V. (Hannover), Beratungsnetzwerk kitab (Bremen), Legato (Hamburg) und Violence Prevention Network (Berlin u. a.) Beratung, die auf einem systemischen Familienansatz beruht. Dabei versuchen die Beratungsteams, möglichst viele Akteure rund um das Familienleben zu berücksichtigen und in den Beratungsprozess einzubeziehen. Die Teams sind gemischtgeschlechtlich, um auf die unterschiedlichen Bedarfe der anfragenden Familien und gefährdeten Jugendlichen reagieren zu können. Neben der Beratung von Fachkräften und Angehörigen von radikalisierten Jugendlichen und jungen Erwachsenen werden Ausstiegsbegleitung sowie Selbsthilfegruppen für Eltern und Betroffene angeboten.

Ein zentrales Thema in der Arbeit der Beratungsstellen ist die Betreuung von Angehörigen, wenn etwa ein Familienmitglied nach Syrien ausgereist ist oder als mutmaßlicher Islamist bzw. als mutmaßliche Islamistin in Haft kommt. Hierbei muss vor allem der Gefahr von innerfamiliären Ko- bzw. Folge-Radikalisierungen entgegengewirkt werden, z. B. bei Geschwistern oder Cousins bzw. Cousinen des/der Ausgereisten. Die Sicherheitsbehörden nehmen dabei oftmals nur männliche Familienangehörige als potenzielle (zukünftige) »Gefährder« in den Blick.

In der familienorientierten Präventionsarbeit spielen darüber hinaus mehr oder weniger genderreflektierte Ansätze in Eltern(selbsthilfe)gruppen eine wichtige Rolle. Dabei können Eltern von bereits radikalisierten Heranwachsenden Beratung und Hilfe vor allem durch den Austausch mit Eltern in einer ähnlichen Situation erlangen. Ähnlich wie bei den Elternberatungen im Bereich Rechtsextremismus sind es zum größten Teil Mütter, die um Hilfe nachsuchen. Mütterspezifische Ansätze sind deshalb ein wichtiger Baustein zur Prävention. Um die Frauen in ihrem Selbstverständnis zu stärken und darin zu unterstützen, sich gegen gewalttätigen Extremismus zu positionieren, wären Ansätze wie die der »Mothers Schools«[21] von Frauen ohne Grenzen hilfreich, die es innerhalb Europas aber bislang noch nicht gibt. Das Konzept, das z. B. in Pakistan und Indonesien umgesetzt wird, umfasst die Ausbildung von Trainerinnen und Trainern sowie die Bildung lokaler Müttergruppen. Ein spezifisches Curriculum unterstützt die Frauen darin, kritische Dialoge in ihren Familien und ihrem sozialen Umfeld zu führen und frühe Warnsignale einer Radikalisierung ihrer Kinder zu erkennen.

Die Müttergruppen des Vereins Aufbruch Neukölln e. V. verfolgen einen ähnlichen Ansatz. Das Angebot wird von Pädagoginnen und Psychologinnen angeleitet. Die Teilnehmerinnen bestimmen darüber mit, welche Themen aus schulischen, erzieherischen, familiären und sozialen Bereichen während der wöchentlichen Treffen besprochen werden. Dabei spielen auch Fragen des religiösen Zwiespalts und die zunehmende Isolierung bzw. Radikalisierung ihres sozialen Umfeldes eine Rolle.

In der Prävention im Phänomenbereich Islamismus werden aber auch vielversprechende Ansätze in der Arbeit mit Vätern sichtbar. Sie sollten noch viel stärker verfolgt werden. Denn bei einer signifikanten Mehrheit extremistischer Menschen waren die Väter physisch oder psychisch abwesend. In den Vätergruppen von Aufbruch Neukölln e. V. werden Männer darin gestärkt, sich der Erziehung ihrer Kinder anzunehmen und sie mit ihren Problemen nicht allein zu lassen. Hauptziele der wöchentlichen Treffen sind: Väter und Männer für Bildung und Erziehung zu sensibilisieren, sie für eine gewaltfreie und demokratische Familie und Gesellschaft zu stärken, Vorurteile abzubauen und Aufklärung über Frauen- und Kinderrechte zu leisten. Das Modellprojekt »Vaterzeit im Ramadan?« in Leipzig hat sich ebenfalls der Thematik angenommen und engagiert sich dafür, dass muslimische Väter in ihrer Rolle als zentrale Bezugspersonen ihrer Kinder gestärkt werden.[22]

Die vorgestellten Angebote erreichen bestimmt nicht all jene, für die sie wichtig wären, aber Gespräche mit Vätern und Müttern haben gezeigt, dass sie froh über Angebote sind, in denen sie ihre eigenen tradierten Erziehungsstile – auch mit psychologischer Hilfe – hinterfragen können und zu neuen Erziehungsmodellen angeregt werden.

Die Feststellung, dass fehlende männliche Vorbilder ein begünstigender Faktor für Radikalisierung sind, wird bislang nur mit Blick auf Vater-Sohn-Beziehungen hervorgehoben. Von Wissenschaft und Forschung im Bereich Radikalisierung unberücksichtigt bleibt die Frage, inwieweit Töchter davon betroffen sind, wenn Väter, gerade auch in der Beziehung zur Mutter, keine guten Vorbilder sind. Dabei hängen wichtige Persönlichkeitsaspekte, wie Selbstwertgefühl und die Fähigkeit, konstruktiv-gleichberechtigte und respektvolle Beziehungen einzugehen, natürlich auch bei Mädchen in hohem Maße von der vorgelebten Elternbeziehung ab. Junge Frauen, die hier keine positiven Vorbilder erlebt oder nur abhängige weibliche Bezugspersonen kennengelernt haben, sind sicherlich anfälliger dafür, sich im Sinne der Rekrutierungsbemühungen militanter Gruppen unbekannten Männern »auszuliefern« und sich in Selbstgefährdungs- und Abhängigkeitsverhältnisse zu begeben. So oder so ist es erstaunlich, wie wenig Väter in den bisherigen Präventions- und Interventionsangeboten ausdrücklich angesprochen werden.

Ausstiegsangebote und Hilfe für Rückkehrerinnen aus Kampf- und Konfliktzonen

Auch Ausstiegsangebote sollten geschlechtsspezifisch angelegt sein und weibliche Ausstiegsbegleiterinnen für Mädchen und junge Frauen aufbieten können. Dabei ist die Auseinandersetzung mit Geschlechterrollenvorstellungen sowohl bei Aussteigerinnen als auch bei Aussteigern wichtig. Dazu gehört eine sensible Bearbeitung von quasiromantischen Vorstellungen von Mädchen, die eine Beziehung zu einem Kämpfer bzw. »Märtyrer« suchen. Geschlechtsspezifische Motive der Hinwendung zu einem religiös motivierten Extremismus müssen ernst genommen werden, ebenso wie andere Motive, etwa die Suche nach Sinn- und Sinnes-Erleben in der Spiritualität oder auch das tief empfundene Engagement für politische Ziele.

Für Frauen und Männer, die aus den Kampfgebieten zurückkehren, mag die Aufarbeitung von traumatischen Ereignissen bzw. die Umkehr von Verrohungsprozessen erforderlich sein. Auch besteht eine besondere Notwendigkeit, das Erleben von sexualisierter Gewalt und Missbrauch aufzuarbeiten. Hierfür müssen ausgewiesene Fachpersonen einbezogen werden. Es gilt, in Distanzierungs- und Ausstiegsangeboten gezielt psycho- bzw. traumatherapeutische Ressourcen zugänglich zu machen, vor allem auch in Gestalt von Fachkräften, die Erfahrung in der Bearbeitung sexuellen Missbrauches haben.

Fazit

Genderaspekte – wie das Thema »Geschlechtergleichstellung« – spielen eine wichtige Rolle in Diskussionen über Islamismus, aber auch über den Islam allgemein. Umso mehr müssen Präventionsangebote diese Aspekte im Sinne einer genderreflektierten und identitätsstärkenden politischen Bildung aufgreifen. Dabei sollten gleichermaßen junge Frauen wie Männer angesprochen und Rollenvorstellungen zu »Frau-Sein«/»Mann-Sein« gemeinsam und auf vielfältige Weise verhandelt werden.

Zudem ist ein verstärkter Fokus auf Mädchen und Frauen in der primären, sekundären und tertiären Prävention wünschenswert. Denn auch wenn Frauen deutlich weniger bei Gewaltakten aktiv sind als Männer, so nehmen sie doch wichtige Funktionen bei der Verbreitung von Ideologien in der Familie, im sozialen Umfeld oder in (sozialen) Medien ein. Primäre und sekundäre Prävention kann auf Konzepte einer intersektionalen[23] Mädchenarbeit, die generell Mehrfachdiskriminierungen beachtet, zurückgreifen.

Für das Feld der Distanzierung und Ausstiegshilfe hat das Projekt »WomEx – Frauen und Genderaspekte in Prävention und Intervention«[24] von cultures interactive e.V. gezeigt, dass radikalisierte (junge) Frauen an anderen Orten für einen Ausstieg ansprechbar sind als Männer. In Gesprächen mit Fachkräften aus verschiedenen Bereichen der Sozialarbeit und Jugendhilfe zeigte sich, dass radikalisierte und radikalisierungsgefährdete junge Frauen am ehesten in Gesundheitsdiensten, Frauen- und Mütterberatungsstellen, Frauenschutzhäusern, Mutter-Kind-Einrichtungen, ambulanten Jugendhilfeeinrichtungen und Jugendämtern auffällig werden und ansprechbar sind. Diese Einrichtungen sollten zukünftig verstärkt für Präventions- und Deradikalisierungsarbeit sensibilisiert und in überinstitutionelle Ansätze, in denen versucht wird, die einzelnen Institutionen miteinander zu vernetzen, einbezogen werden (siehe dazu auch den Beitrag von Diana Schubert in diesem Band). Dabei könnten bestehende Beratungsstellen ihr Angebot ausweiten und Systeme der Ausstiegshilfe, der fachlichen Begleitung und des Coachings, die gezielt den Aufbau von frauen- und mädchenspezifischen Hilfestrukturen vorantreiben, installieren.

Radikalisierte Frauen sollten nicht vergessen oder übersehen werden. Vielmehr muss es für sie eigene Angebote geben, die ihnen ermöglichen, sich von militanten islamistischen Gruppen zu lösen, sich mit den für sie dahinter stehenden Ideen und Ideologien zu beschäftigen, um im besten Fall mit Ausstiegshelferinnen und -helfern alternative Wege eines sinnhaften und wirksamen Lebens zu erarbeiten.

Anmerkungen

1 Distanzierungsarbeit zielt auf bereits radikalisierte Personen. Mit ihren Interventionen will sie bei diesen Zielgruppen eine Distanzierung von menschenverachtenden Ideologien und Szenen anregen. Zur Distanzierungsarbeit gehört auch das Feld der Ausstiegsarbeit.
2 Erst in den letzten Jahren haben sich einzelne Organisationen des Themas angenommen, vgl. das EU-Modellprojekt »WomEx – Women in Extremism, Prevention and Intervention« (2013 bis 2014) von cultures interactive e. V., Ergebnisse unter http://cultures-interactive.de/de/flyer-broschueren.html und http://www.womex.org/ sowie die Publikation »Becoming Mulan? Female Western Migrants to ISIS« (2015) des Institute of Strategic Dialogue, http://www.strategicdialogue.org/wp-content/uploads/2016/02/ISDJ2969_Becoming_Mulan_01.15_WEB.pdf (letzter Zugriff: 28.07.2017) und Fach- und Medienbeiträge des Frankfurter Forschungszentrums Globaler Islam (http://www.ffgi.net).
3 Ähnliches gilt auch für rechtsextreme Gruppen, die ebenfalls auf Frauen in ihren Reihen angewiesen sind, vgl. Silke Baer/Harald Weilnböck: Was zum Teufel treibt ausgerechnet junge Frauen in den Extremismus? Frauen/Gender in Extremismus und Prävention, in: Nils Böckler/Jens Hoffmann (Hrsg.): Radikalisierung und extremistische Gewalt: Perspektiven aus dem Fall- und Bedrohungsmanagement, Frankfurt/Main 2017.
4 Daniel H. Heinke: German Jihadist in Syria and Iraq: An Update, http://icsr.info/2016/02/icsr-insight-german-jihadists-syria-iraq-update (letzter Zugriff: 28.07.2017). Direkt zur Studie von Bundeskriminalamt, Bundesamt für Verfassungsschutz und Hessisches Informations- und Kompetenzzentrum gegen Extremismus aus dem Jahr 2015 geht es hier: https://www.bka.de/SharedDocs/Downloads/DE/Publikationen/Publikationsreihen/Forschungsergebnisse/2015AnalyseRadikalisierungsgruende SyrienIrakAusreisende.html (letzter Zugriff: 04.06.2017).
5 Vgl. Ola Saleh: Gender Pragmatism in Extremism, Stockholm, 20.01.2015, http://cultures-interactive.de/tl_files/publikationen/Fachartikel/2015_Saleh_Gender-Pragmatism-in-Extremism.pdf (letzter Zugriff: 25.07.2017).
6 Vgl. Vortrag von Birgit Rommelspacher, 2006, abrufbar unter http://www.birgit-rommelspacher.de/pdfs/RexuMitteDuesseldNov2006.pdf (letzter Zugriff: 28.07.2017).
7 Dschihad bezeichnet zunächst vor allem den inneren Kampf von Musliminnen und Muslimen, in Übereinstimmung mit den Lehren des Korans zu leben. Deswegen wird hier in Abgrenzung dazu bewusst von »militantem Dschihad« gesprochen, um deutlich zu machen, dass es sich hierbei um Dschihad im Sinne eines militärischen Kampfes handelt.

8 Simon Cottee: Was IS-Frauen wollen, in: Cicero, Heft 7, 2016, S. 68.
9 Vgl. Diskriminierung am Ausbildungsmarkt. Ausmaß, Ursachen und Handlungsperspektiven. Eine Studie des Sachverständigenrat deutscher Stiftungen für Integration und Migration, März 2014, https://www.svr-migration.de/publikationen/diskriminierung-am-ausbildungsmarkt (letzter Zugriff: 28.07.2017).
10 Vgl. unter anderem Charlotte Wiedemann: Schlagloch weißer Feminismus. Kopftuch inklusive, in: taz, 13.05.2015, http://www.taz.de/!5008176/ (letzter Zugriff: 28.07.2017).
11 Lamya Kaddor: Zum Töten bereit. Warum deutsche Jugendliche in den Dschihad ziehen, München 2015, S. 108.
12 Die niedersächsische Beratungsstelle beRATen e.V. aus Hannover charakterisiert Neosalafismus wie folgt: »Neo-Salafiyya als Sammelbegriff schließt eine Vielzahl von Strömungen und Gruppierungen ein, die in Deutschland insbesondere auf junge Menschen eine hohe Anziehungskraft ausüben. Anders als die Migrantenselbstorganisationen bzw. Moscheevereine orientieren sie sich nicht entlang ethnisch-kultureller Muster, sondern verstehen sich als eine universelle Bewegung. Vielmehr wird die Idee der ›ethnizitätsblinden Umma‹ – der muslimischen Weltgemeinschaft – vertreten und darin liegt eine besondere Attraktivität, vor allem für junge Menschen mit Ausgrenzungs- und Diskriminierungserfahrungen. Dabei ist eine Besonderheit des Neo-Salafismus gerade auch die hohe Rekrutierung junger Frauen, die über soziale Netzwerke in Kontakt mit salafistischen Gruppen geraten und z.B. für eine Heirat mit Dschihadisten angeworben werden«, https://www.beraten-niedersachsen.de/neo-salafismus (letzter Zugriff: 03.08.2017).
13 Yassin Mursharbash: Der Soundtrack des Dschihad, Interview mit Behnam Said, in: Die Zeit, 01.07.2016, http://www.zeit.de/2016/28/islamismus-anaschid-musik (letzter Zugriff: 28.07.2017).
14 Homa Khaleeli: The British women married to jihad, in: The Guardian, 06.09.2014, http://www.theguardian.com/world/2014/sep/06/british-women-married-to-jihad-isis-syria (letzter Zugriff: 28.07.2017).
15 Rola el-Husseini: Gender and the Jihadist: Radical Islam and Women, in: Atlantic Council, 06.03.2015, http://www.atlanticcouncil.org/blogs/menasource/gender-and-the-jihadist-radical-islam-and-women (letzter Zugriff: 28.07.2017).
16 Zit. nach Claudia Dantschke: Radikalisierung von Jugendlichen durch salafistische Strömungen in Deutschland, in: Rauf Ceylan/Benjamin Jokisch (Hrsg.): Salafismus in Deutschland. Entstehung, Radikalisierung und Prävention, Frankfurt/Main 2014, S. 201.
17 Es gibt verschiedene Phasen der politischen Radikalisierung. Um die entsprechenden Gegenmaßnahmen auf die Zielgruppen abzustimmen, sollte man zwischen primärer, sekundärer und tertiärer Prävention differenzieren. Primäre Prävention richtet sich an breite und heterogene Zielgruppen – meist an Schule oder in der offenen Jugendarbeit –, ohne vorab eventuell vorherrschende Problemlagen genauer zu analysieren. Sekundäre Prävention zielt auf Menschen, bei denen schon Interesse an Ideologien von und ggf. auch Kontakt zu extremistischen Gruppen erkennbar sind. Hier bieten sich verschiedene Ansätze, wie Sozialtrainings, Einzelfallhilfe und

begleitende Elternberatung, an. Tertiäre Prävention umfasst das Feld von Ausstiegsbegleitung und Trainings zur Deradikalisierung, etwa im Strafvollzug.
18 Dantschke (Anm. 16), S. 199.
19 http://www.ufuq.de.
20 http://www.strohhalm-ev.de/heroes.
21 http://www.women-without-borders.org/projects/underway/42.
22 http://vaterzeit.info/vaterzeit-im-ramadan.
23 Intersektionale Ansätze haben die Schnittmenge und Wechselwirkungen verschiedener Diskriminierungsformen wie Rassismus, Sexismus, Behinderungen, sozialer Status im Blick.
24 http://www.womex.org/de/arbeitsfelder.

Samy Charchira

Möglichkeiten der Einbindung muslimischer Institutionen und Moscheegemeinden in die Radikalisierungsprävention

Insbesondere seit dem Ausbruch des Bürgerkrieges in Syrien ist die schnell voranschreitende Radikalisierung von Musliminnen und Muslimen ein omnipräsentes Thema in der deutschen Öffentlichkeit, das für kontroverse und mitunter auch islamfeindliche Debatten sorgt. Muslimische Institutionen, Moscheegemeinden und Islamtheologen wurden nur zögerlich an Präventions- und Deradikalisierungsprogrammen beteiligt, nicht zuletzt deshalb, weil lange Zeit die Annahme vorherrschte, dass ein enger Zusammenhang zwischen zunehmender Religiosität und beschleunigten Radikalisierungsprozessen bestünde, sodass religiöse Vertreter in Prävention und Deradikalisierung zunächst außen vor bleiben sollten. Eine Annahme, die sich angesichts des aktuellen Forschungsstandes kaum halten lässt.[1]

Dabei können muslimische Institutionen und Moscheegemeinden in einer gesamtgesellschaftlichen Präventionsstrategie durchaus wichtige Aufgaben übernehmen, nicht nur als Träger, sondern auch als Experten, Kooperationspartner und Vermittler.

Als das Bundesfamilienministerium 2010 das Förderprogramm »Initiative Demokratie stärken« gegen unterschiedliche Formen von Extremismus auflegte, gehörten im Bereich der Modellprojekte gegen islamistischen Extremismus gerade einmal zwei (von 39) muslimische Institutionen zu den Trägern (fünf Prozent).[2] Inzwischen erkennt man sie jedoch immer mehr als wichtige Partner im Kampf gegen religiös begründeten Extremismus an. Im aktuellen Förderprogramm »Demokratie Leben!« (seit 2015) liegt ihr Anteil bei 28 Prozent.[3]

Dieser Anstieg ist wichtig und notwendig. Zum einen wecken mangelnde Partizipationsmöglichkeiten von muslimischen Trägern an den Förderprogrammen nicht nur bei diesen, sondern auch bei vielen radikalisierungsgefährdeten muslimischen Jugendlichen den Eindruck, dass Prävention »staatlich verordnet« werde. Dies verursacht durchaus eine oppositionelle Grundstimmung. Zum anderen verfügen islamische Verbände[4] und Moscheegemeinden mit ihren vielfältigen Angeboten[5] über wichtige Zugänge zu den als gefährdet geltenden Jugendlichen und ihren Familien, mit denen sie mehr als 150 000 Menschen pro Woche erreichen (mehr als 100 Kinder und Jugendliche pro Gemeinde und Woche).[6] Hinzu kommt, dass für muslimische Institutionen eine islamistische Radikalisierung im Widerspruch zu ihrer eigenen Glaubenspraxis steht und sie daher ein Eigeninteresse daran haben, sich gegen eine Radikalisierung im Namen des Islams zu stellen.

Potenziale muslimischer Träger in der Radikalisierungsprävention

Für die Einbindung muslimischer Institutionen in eine übergeordnete Präventionsstrategie gibt es also gute Gründe. Ihre Verortung im kommunalen Raum und ihre seit Jahren zu beobachtende steigende Zahl machen sie zu potenziell wichtigen Partnern in der Radikalisierungsprävention.

Vertraute Zugänge und Basisstrukturen nutzen

Moscheegemeinden sind nicht nur Orte der religiösen Praxis, sondern auch Orte der Begegnung, des Lernens, der Vergemeinschaftung und der sozialen Teilhabe. Mehr als 10 000 Personen engagieren sich hier ehrenamtlich, vor allem in den Bereichen der Kinder- und Jugendhilfe sowie Seniorenarbeit.[7] In 80 Prozent der Gemeinden der in der Deutschen Islam Konferenz vertretenen islamischen Verbände gibt es offene Freizeitangebote für Jugendliche in einem Umfang von bis zu zehn Stunden pro Woche und in 58 Prozent der Gemeinden Jugendbildungsangebote, etwa zur Berufsorientierung, Sprachförderung oder Hausaufgabenhilfe. Mehr als 880 Moscheegemeinden bieten Jugendlichen und ihren Eltern Beratungsangebote bei Schul- und Erziehungsproblemen, aber auch zu den Themen Sucht, Diskriminierung, Depression und Gewalterfahrung.[8] Darüber hinaus werden Jugendreisen, Kinderbetreuung, Seniorentreffs, Bildungsangebote für Senioren, Hausbesuchsdienste und vieles mehr angeboten.

Viele Jugendliche identifizieren sich in hohem Maße mit ihren Gemeinden und sehen sie als »authentische Wirkungsräume« (d.h. Orte, wo sie im Einklang mit ihren religiösen Überzeugungen teilhaben und ihre Projekte und Ideen verwirklichen können), als Orte der Ruhe und der freien Entfaltung, wo sie vertrauensvoll und in einem geschützten Rahmen ihre Haltungen, Positionen und Gedanken reflektieren können. Das bietet für

Möglichkeiten der Einbindung muslimischer Institutionen und Moscheegemeinden

sie nicht selten eine wichtige emotionale Entlastung. Daher genießen auch die theologischen und seelsorgerischen Angebote der Moscheegemeinden bei diesen Jugendlichen eine hohe Wertschätzung. Theologisch versierte Multiplikatoren werden von ihnen als Autoritätspersonen angenommen.[9] Deshalb können Moscheegemeinden einen erheblichen Beitrag dazu leisten, radikal-islamistisches Gedankengut zu verurteilen und Jugendlichen aufzuzeigen, dass es in einem zeitgemäß verstandenen Islam keine reale Grundlage hat.

Durch aufklärende Lernarrangements können Gemeindeakteure gefährdete Jugendliche erreichen, ihnen ein modernes Islamverständnis nahebringen und verhindern, dass sie sich radikalen Gruppen zuwenden. In solchen Lernsituationen geht es darum, die Jugendlichen in den Mittelpunkt von Lernprozessen zu stellen, um stärker auf ihre Lebenswelten eingehen zu können. Jugendliche sollen die eigene Ambiguitätstoleranz ergründen, das eigene Religionsverständnis hinterfragen und den Umgang mit Andersgläubigen üben. Zugleich stehen ihre speziellen Interessen und Bedürfnisse im Vordergrund und müssen partizipativ eingebracht werden.

Allerdings erfordern solche Lernarrangements didaktische und pädagogische Kenntnisse, die bei religiösen Autoritäten selten vorhanden sind. So findet nicht jeder Imam einen adäquaten pädagogischen Zugang zu den Jugendlichen. Es können hier durchaus Probleme in der Kommunikation oder in der Vermittlung auftreten. Auch haben Imame nicht immer ausreichende Kenntnisse über die Lebenswirklichkeiten der Jugendlichen. Es ist deshalb erforderlich, religiöse Expertise und sozialpädagogische Fachkenntnisse zusammenzubringen. Dies kann z. B. durch Schulungen und Qualifizierungen von Multiplikatoren, die ohnehin für die Jugendarbeit in den Gemeinden zuständig sind, geschehen. Doch bleibt die Einstellung von pädagogischem Fachpersonal, das ein Höchstmaß an Professionalität gewährleisten kann, unabdingbar. So können sie z. B. die seit Jahren durchgeführten Angebote der Kinder- und Jugendhilfe optimal in die Radikalisierungsprävention einbinden.

Gelingt dies, können muslimische Jugendliche in den Gemeinden so gestärkt werden, dass sie selbst als Multiplikatoren gegenüber Jugendlichen, die sich von radikalen Ideologien angesprochen fühlen, fungieren. Diese Ansätze oder auch solche, die auf Tandemlösungen von sozialpädagogischer und religiöser Intervention setzen, haben bisher nur peripher in die Präventionsforschung zum islamisch begründeten Extremismus Eingang gefunden, wenngleich sie in der Praxis bereits seit Längerem erprobt werden. Dabei können hier Erfahrungen und Erkenntnisse gewonnen werden, die auch für Wissenschaft und Forschung relevant sind.

Wertedialoge und Werteerziehung in den Moscheegemeinden initiieren

Eine der zentralen Debatten unserer Gesellschaft dreht sich um die Frage der »Werte« und Wertevermittlung. Insbesondere im Zusammenhang mit der Forderung vieler Muslime, gleichberechtigt am gesellschaftlichen Leben in Deutschland teilzuhaben – bei gleichzeitiger Muslimfeindlichkeit in Teilen eben dieser Gesellschaft –, wird diese Debatte verschärft geführt und nicht selten begleitet von gruppenspezifischen Konstruktionen von »Wir« (unsere Werte) und die »Anderen« (andere Werte). Interessant ist es, zu beobachten, dass reale oder vermeintliche Wertekollisionen nur peripher entlang von Werten verlaufen, dafür aber stark entlang von Normen und Erwartungshaltungen. Das hängt auch damit zusammen, dass es sich bei vielen vermeintlichen Wertekollisionen eher um Normkollisionen handelt und Werte nicht selten gleichgesetzt werden mit Normen. Mit dem Grundgesetz haben wir in Deutschland einen Wertekonsens, der die fundamentalen Grundrechte jedes Einzelnen sichert und zugleich einen Wertekanon bereitstellt, der nicht nur Staat und Politik prägt, sondern auch eine große Ausstrahlungskraft auf die Gesellschaft und die Lebenswelten der Bürgerinnen und Bürger ausübt.[10]

Aus diesem Wertekonsens leiten sich Normen, im Sinne von konkreten Handlungsanweisungen ab, die für das gesellschaftliche Zusammenleben von fundamentaler Bedeutung sind. Dies erfolgt nicht immer in Form von Gesetzen, sondern ebenso in Form von positiven »Verhaltenserwartungen«. Allerdings müssen die Werte, die hinter den Normen stehen, in Beziehung zu diesen gesetzt werden, wenn sie zu kollidieren scheinen, wie etwa in der Debatte um religiöse Symbole in Schulen. Lange war das Tragen christlich-religiöser Symbole durch Lehrerinnen und Lehrer als Ausdruck freier Religionsausübung akzeptiert. Fundamentale Werte der politischen Bildung, wie etwa das Überwältigungsverbot, schienen nicht gefährdet zu sein. Ein lauter gesellschaftlicher Disput entfachte sich jedoch über den Anspruch muslimischer Lehrerinnen, das Kopftuch in der Schule tragen zu dürfen. Viele Kritiker sahen hier eine Kollision zwischen freier Religionsausübung und dem Überwältigungsverbot. Wie passt das zusammen?

Es gibt kaum einen besseren Weg zu einer friedlichen und solidarischen Gemeinschaft, als einen Wertekonsens, der unterschiedliche Bevölkerungsgruppen trotz ihrer kulturellen, religiösen und sonstigen Unterschiede vereint. Geeignete Maßnahmen, diesen Wertekanon und den dazugehörigen Dialog in den Moscheegemeinden zu etablieren, sind weiterhin notwendig – vor allem im Hinblick darauf, dass muslimische Jugendliche an diesem Wertedialog nicht nur partizipieren, sondern diesen auch aktiv mitgestalten können. Insbesondere für Jugendliche sind Respekt, Toleranz, Vielfalt, Ehrlichkeit und Gerechtigkeit zentrale Werte, die ihnen Halt und Orientierung geben.[11] Wenn Jugendliche, gefestigt in ihrer Persönlichkeit, nach diesen Werten denken und handeln, werden sie kaum anfällig für Eindeutigkeitsansprachen radikalisierter Gruppen und Radikalisierungsprozesse sein.

Daher besteht der größte Nutzen muslimischer Institutionen und Moscheegemeinden im Hinblick auf Radikalisierungsprävention unter anderem darin, muslimischen Jugendlichen diese Werte zu vermitteln und sie in den gesellschaftlichen Wertedialog einzubinden. Freundschaft, Respekt vor dem Gesetz und grundlegende Regeln des Gemeinwesens sind für Jugendliche inzwischen wichtiger als der Wunsch, »das Leben zu genießen«.[12] Diese Haltungen, vor allem wenn sie mit einem erhöhten Grad der Verantwortung gegenüber anderen einhergehen, stehen im Widerspruch zu jeglicher Isolierungs- und Abschottungstendenz, wie man sie etwa bei radikalisierungsgefährdeten Jugendlichen beobachten kann.

Für viele muslimische Jugendliche können Moscheegemeinden daher ein Ort sein, an dem sie einen natürlichen und respektvollen Umgang mit anderen Religionen und gesellschaftlichen Lebensentwürfen erlernen – ein Ort, an dem die eigene gesellschaftliche Verortung entlang der eigenen spezifischen Identitätsmerkmale und getragen von Solidarität und Toleranz reflektiert werden kann – und darüber hinaus ein Ort, an dem die eigene Religion in Einklang mit dem freiheitlich-demokratischen Wertekanon gebracht werden kann. Dies würde auch den Rekrutierungsstrategien neosalafistischer[13] Gruppen entgegenwirken. Denn nicht selten suggerieren diese den Jugendlichen eine vermeintliche Diskrepanz zwischen einer muslimischen Identität und der Zugehörigkeit zur deutschen Gesellschaft.

Besonders effizient kann diese Form der Werteerziehung sein, wenn sie nicht starr und mechanisch tradiert erfolgt, denn »Werte-Erziehung kann in einer modernen Gesellschaft nicht Werte-Vermittlung im Sinne von Werte-Indoktrination sein«[14]. Vielmehr müsste dieser normative Ansatz auf Reflexion setzen. Im Rahmen von Dialoggruppen können muslimische Jugendliche eine eigene Werteklärung betreiben und Werthaltungen überprüfen. Moscheegemeinden und muslimische Institutionen bieten hierfür authentische Rahmenbedingungen und haben die Aufgabe, fundamentalistische und islamistische Inhalte (mit dem gebotenen Abstand) zu thematisieren und durch einen moderierten Dialog mit Jugendlichen daran zu arbeiten, diese zu dechiffrieren und die Missbrauchsmomente aufzuzeigen. Selbstverständlich müsste diese Dialogarbeit von Familie, Schule, Jugendarbeit und anderen Institutionen flankiert und ergänzt werden.

Dialogarbeit und ehrenamtliches Engagement in den Moscheegemeinden

Durch Dialogarbeit und professionell moderierte Dialoggruppen können Moscheegemeinden und muslimische Institutionen außerdem dem viel kritisierten Vakuum in der Angebotsstruktur sozialer Arbeit mit muslimischen Jugendlichen entgegenwirken. Dies ist von enormer Bedeutung, weil radikale Gruppen und Hassprediger gern in dieses Vakuum vorstoßen und gesellschaftlichen Raum besetzen. Dialogarbeit kann einen wichtigen Beitrag zur Förderung kognitiver Entwicklung leisten und somit die alters- und entwicklungsabhängige moralische Urteilsfindung fördern. In konkreten Situationen, etwa bei der Bewältigung persönlicher Krisen oder der Überprüfung der eigenen Lebensentwürfe, können Jugendliche mit wichtigen Fragestellungen konfrontiert werden, z. B.: Wie ist die eigene Identität und Religiosität in gesellschaftlichen Zusammenhängen zu verorten? Welcher Umgang mit Andersgläubigen ist adäquat? Welches Verhältnis hat die Scharia zum Grundgesetz? Welche Stellung nimmt Gewalt im Islam ein? Der Fundus der methodischen Gestaltung dieser Lernumgebungen bietet eine Reihe von Formaten, z. B. Kurse zur Konfliktbewältigung, Biografieseminare oder interreligiöse Begegnungen.

Mindestens genauso ergiebig kann Dialogarbeit sein, wenn sie sich auf Lernarrangements zu »Dilemma-Situationen« stützt, anhand von Fragen, die in muslimischen Communitys immer wieder thematisiert werden, aber keine eindeutigen Lösungen zulassen, z. B.: Wie viel Religion oder Säkularisierung braucht eine integrative Gesellschaft? Was ist uns wichtiger: Leitkultur oder Multikultur? Oder moralische Fragen, etwa: Dürfen undemokratische Regierungen, z. B. in Syrien, auch mit Waffengewalt gestürzt werden?

Dialogarbeit in den Moscheegemeinden eignet sich aber auch, um Empathiefähigkeit zu fördern. Das Solidaritätsempfinden unter muslimischen Jugendlichen könnte auf andere gesellschaftliche Gruppen übertragen werden, z. B. indem Jugendliche die Perspektiven der »Anderen« einnehmen und sich in sie hineinversetzen. Jugendliche können so ihr Gewissen prüfen und ihr Urteilsvermögen schärfen. Sie können dadurch aber auch lernen, besser zwischen verschiedenen Werten, Fairness, Solidarität oder Eigeninteresse etc. abzuwägen.

Dialogarbeit nimmt in der pädagogischen Arbeit mit muslimischen Jugendlichen eine besondere Rolle ein, weil diese nicht selten mit divergierenden Wertesystemen zwischen Elternhaus, Peergroups und Mehrheitsgesellschaft konfrontiert werden. Ihr Prozess der Identitätsfindung kann sich langwierig und konflikthaft gestalten. Dialogarbeit kann helfen, Fragen zu den Rollenanforderungen zwischen traditionsbestimmten Familienzusammenhängen und öffentlichem Raum zu lösen.

Die moderierten Dialoggruppen können ethische Lernziele setzen und mithilfe von Gruppendynamik erfolgreich auf diese hinarbeiten. Insgesamt lernen Jugendliche so, mehr Verantwortung zu übernehmen, und erfahren mehr Selbstwirksamkeit. Durch »Service-Lernen«, bei dem Jugendliche mit hilfsbedürftigen Gruppen (z. B. behinderten Menschen oder Obdachlosen), mit denen sie im Alltag nur wenige Berührungspunkte haben, zusammenkommen, kann Empathie, Kommunikation, Kooperation und Verantwortungsbewusstsein gefördert werden. Außerdem können Konflikte besser eingeschätzt und bearbeitet werden. Gewaltfreie Konfliktaustragung kann als Lernziel geübt werden.[15] So engagiert sich z. B. der Gelsenkirchener Verein Tuisa e. V. bereits seit 2011 für Obdachlose an deutschen Hauptbahnhöfen.[16]

Mit Wohlfahrt gegen Radikalisierung

Jugendschutz, zu dem auch der Schutz vor ideologischer Indoktrination gehört, ist eine Querschnittaufgabe, die umso erfolgreicher ist, je früher sie beginnt. Wertevermittlung, freie Persönlichkeitsentwicklung und ein respektvoller Umgang mit Religiosität und Säkularisierung lassen sich schon im frühen Kindesalter erlernen und üben. Deshalb dürfen Präventionsmaßnahmen nicht erst dann ansetzen, wenn Jugendliche mit konkreten Eindeutigkeitsangeboten konfrontiert werden, sondern dies muss viel früher und diversifizierter im Sinne einer aktuell viel diskutierten »Muslimischen Wohlfahrtspflege« geschehen. Dazu gehören unterstützende Angebote in der frühkindlichen Erziehung, im Primarbereich und vor allem in der sensiblen Phase des Heranwachsens von Jugendlichen. Die Tatsache, dass muslimische Jugendliche immer mehr von Eindeutigkeitsangeboten radikalisierter Gruppierungen angesprochen werden, zeigt, dass die etablierten Konzepte kommunaler und freier Wohlfahrtspflege oft nur unzureichend auf sie ausgerichtet sind. Notwendig ist zum einen ein verstärkter Fokus der etablierten Jugendhilfe auf muslimische Jugendliche, zum anderen die Professionalisierung der seit Jahrzehnten durchgeführten muslimischen Jugendarbeit vieler islamischer Institutionen und Verbände. Beides sind entscheidende Ansätze zur Stabilisierung der Lebenssituationen der betroffenen Jugendlichen und ihrer »Immunisierung« gegen radikale Ansprache.

Muslimische Wohlfahrtspflege vermag nicht nur, muslimische Lebensrealitäten in Deutschland zu »normalisieren«, sondern auch die soziale Teilhabe von Muslimen zu garantieren und dem religiösen Pluralismus im Land Rechnung zu tragen. Allerdings kann dieser präventive Ansatz nur dauerhaft gelingen, wenn ein Paradigmenwechsel vom Ehrenamt hin zum professionellen Hauptamt gelingt. Dazu müssen ohne Zweifel die finanziellen Ressourcen in den Moscheegemeinden aufgestockt und das ehrenamtliche Engagement der Mitarbeiterinnen und Mitarbeiter auf ein professionelles Fundament gestellt werden. Genauso wichtig ist auch, dass ein nachhaltiger Transformationsprozess seitens der muslimischen Institutionen angestoßen wird, wenn sie professioneller Dienstleister sozialer Arbeit sein möchten, einschließlich der Einhaltung von Qualitätsstandards und der Etablierung von adäquaten Organisationsstrukturen.

Das Engagement muslimischer Träger in der Radikalisierungsprävention

Muslime in Deutschland sind eng mit Staat und Gesellschaft verbunden und ihre Einstellungen und Sichtweisen stark von Grundwerten der Bundesrepublik wie Demokratie und Pluralität geprägt, auch wenn dies von großen Teilen der nicht muslimischen Bevölkerung kaum wahrgenommen wird.[17] So engagieren sich Moscheegemeinden und muslimische Institutionen seit Jahren und in den unterschiedlichsten Kontexten in der Präventionsarbeit gegen religiös begründeten Extremismus.

»Gegen islamistische Orientierungen und Handlungen«

Im Themenfeld »Gegen islamistische Orientierungen und Handlungen« des Programms »Demokratie Leben!«[18] des Bundesfamilienministeriums engagieren sich eine Reihe von islamischen Institutionen erfolgreich gegen Extremismus und Radikalisierung, wie etwa SCHURA – Islamische Religionsgemeinschaft Bremen mit ihrem Präventionsprojekt »Al-Etidal« (Die Mäßigung)[19], in dessen Rahmen unter anderem gemeinsam versucht wird, religiös begründete Argumentationen und Ideologeme der Ungleichwertigkeit, wie sie radikale Gruppierungen äußern, sichtbar zu machen und diesen etwas entgegenzusetzen. Das Bündnis der Islamischen

Möglichkeiten der Einbindung muslimischer Institutionen und Moscheegemeinden

Gemeinden in Norddeutschland (B.I.G.) engagiert sich darüber hinaus speziell gegen die Radikalisierung im Internet. Mit seinem Projekt »Think Social Now 2.0«[20] soll die Medienkompetenz der Zielgruppe (Jugendliche, Angehörige und andere Bezugs- bzw. Schlüsselpersonen, wie Lehrerinnen oder Sozialpädagogen) gestärkt und ihr Bewusstsein dafür geschärft werden, welche Gefahr von extremistischen Inhalten in den sozialen Medien ausgeht und wie man sie erkennen kann. Auch alternative Materialien, die den extremistischen Inhalten etwas entgegensetzen sollen, werden im Rahmen des Projektes entwickelt.

Der DITIB[21]-Verband wendet sich mit seiner Präventionsarbeit gezielt an Jugendliche, z. B. mit dem Projekt »Muslimische Jugend – Friedliche Zukunft!«[22]. Es zielt auf die Stärkung der Identität von muslimischen Jugendlichen und versucht, sie mit fundiertem Wissen zu ihrer Religion zu unterstützen. Jugendliche sollen sich mit dem neu gewonnenen Selbstbewusstsein stärker in der Gesellschaft engagieren. Gelingen soll dies durch die Etablierung von Netzwerken in Form von Arbeitskreisen vor Ort und durch die Qualifizierung von jungen Menschen zu Multiplikatorinnen und Multiplikatoren. Darüber hinaus gibt es eine Hotline für ratsuchende Jugendliche, niedrigschwellige Workshopangebote, Seminarreihen sowie Aktionswochen, die lokal in ausgewählten Städten durchgeführt werden.

Auch der Zentralrat der Muslime in Deutschland (ZMD) hat ein auf Jugendliche zugeschnittenes Präventionsprogramm entwickelt.[23] Dem Vorbild des US-Projektes »Safer Spaces« folgend sollen muslimische Jugendliche argumentativ und partizipativ so gestärkt werden, dass sie eine radikalisierende Ansprache erkennen und sich dagegen wehren können. Am Ende der Projektlaufzeit sollen mehrere Tausend Jugendliche teilgenommen haben, die die Projektthemen in Eigenregie, in Form von selbstverantworteten Aktions- und Veranstaltungsangeboten, weiterführen.

Muslimische Frauenorganisationen sind ebenfalls aktiv und bringen eine andere, oft vernachlässigte Genderperspektive ein (siehe dazu auch den Beitrag von Silke Baer in diesem Band). »Radikal nett und engagiert!!!!« heißt das Präventionsprojekt des Muslimischen Frauenbildungszentrum (MINA)[24] in Duisburg. Hier sollen Jugendliche in ihren sozialen und religiösen Identitätsbildungen unterstützt werden und einen natürlichen Umgang mit anderen Religionen, Lebensmodellen und sexuellen Ausrichtungen entwickeln. Auch Menschen, die zum Islam konvertiert sind, sollen mit diesem Projekt angesprochen werden.[25] Die Initiative UTAMARA (Frauenbegegnungsstätte) engagiert sich unter dem Slogan »Frauen stärken Demokratie«[26] insbesondere im Bereich der geschlechtsspezifischen Prävention. Das Projekt wendet sich gezielt an Mütter, die durch Bildungsangebote zu Multiplikatorinnen der Radikalisierungsprävention in den Familien und Moscheegemeinden fortgebildet werden sollen.

Auch im wissenschaftlich-universitären Bereich engagieren sich Muslime, etwa der Rat der muslimischen Studierenden und Akademiker (RAMSA), mit konkreten Projekten, die darauf abzielen, das »Engagement muslimischer Studenten sowie muslimischer Akademikerinnen und Akademiker gegen gruppenbezogene Menschenfeindlichkeit, Diskriminierung, Rassismen und Abschottungstendenzen zu fördern [und zu stärken]«[27].

In vielen anderen Projekten sind muslimische Gemeinden wichtige Kooperationspartner, Türöffner und Mitstreiter gegen Extremismus. Die Türkische Gemeinde Deutschland (TGD) baut aktuell z. B. ein Netzwerk von muslimischen Trägern gegen religiös begründeten Extremismus[28] auf. An ihm sind muslimische Verbände verschiedener islamischer Glaubensrichtungen beteiligt, etwa die Islamische Gemeinschaft der schiitischen Gemeinden Deutschlands (IGS) oder die Ahmadiyya Muslim Jamaat (AMJ).

Seelsorge zur Stärkung der Persönlichkeit

Auf eine Reihe positiver Erfahrungen mit muslimischen Seelsorgern in Krankenhäusern und bei Unfällen (Notfallseelsorger) lässt sich bereits heute zurückblicken. In Hamburg etwa werden bereits seit 2012 muslimische Krankenhausseelsorger ausgebildet.[29] Wichtig für den Bereich der Radikalisierungsprävention sind Seelsorger in Justizvollzugsanstalten (siehe dazu den Beitrag von Husamuddin Meyer in diesem Band). Hier versuchen Imame und andere muslimische Autoritäten, radikale Ideologien der Gefangenen in ihren Grundinhalten zu decodieren und eine Aufarbeitung der delinquenten Vergangenheit der Inhaftierten zu ermöglichen. Auch Inhaftierte, die erst in der Haftanstalt mit dem radikalen Gedankengut in Berührung kommen und sich bislang nicht davon haben vereinnahmen lassen, sollen erreicht werden, bevor eine mögliche Radikalisierung ansetzen kann. Entsprechende seelsorgerische Angebote gibt es inzwischen an vielen Orten, z. B. in Bayern, Niedersachsen, Hessen oder Nordrhein-Westfalen. Bundesweit haben muslimische Träger ein »Muslimisches Seelsorge-Telefon« eingerichtet, das rund um die Uhr erreichbar ist.

Vielfältigkeit und Defizite des bestehenden Angebots

Muslimische Träger bieten auch eine Reihe von Angeboten, die nicht klar als Prävention gegen Radikalisierung gekennzeichnet sind, aber einen wichtigen Beitrag zu einer freien und partizipativen Entwicklung muslimischer Jugendlicher leisten können. Der Bund Moslemischer Pfadfinder und Pfadfinderinnen Deutschlands (BMPPD) widmet sich z. B. seit 2010 einer »koedukativen Erziehung und Bildung junger Menschen im Alter von 7 bis 21 Jahren«[30]. Hier streben muslimische Mädchen und Jungen »dialogische Begegnungen mit Menschen anderen Glaubens, Rasse, Hautfarbe, Sprachgemeinschaft und Nationalität«[31] an und versuchen gleichberechtigte Gemeinschaften zu bilden.

Auch die islamischen Dachorganisationen haben vor Jahren die Gründung von muslimischen Jugendverbänden forciert, z. B. DITIB-Jugend, Jugendverbände des ZMD, der Ahmadiyya oder auch autonome Jugendverbände wie die Muslimische Jugend in Deutschland (MJD).

Dennoch muss konstatiert werden, dass muslimische Träger in bestimmten Handlungsfeldern noch keine Nachhaltigkeit sichern konnten. Eine überwältigende Mehrheit der muslimischen Seelsorger, die z. B. in den Krankenhäusern oder bei Unfällen vor Ort sind, arbeitet ausschließlich ehrenamtlich. Lediglich die wenigen, die in den Haftanstalten tätig sind, erhalten einen bescheidenen Stundenlohn. Hauptamtliche Strukturen konnten sich so kaum verfestigen, was die Sicherung von Qualitätsstandards massiv beeinträchtigt. Außerdem gibt es im Bereich der Jugendverbandsarbeit noch eine zu große Abhängigkeit von den jeweiligen Dachorganisationen. Das kollidiert mit den für die deutsche Jugendverbandsarbeit charakteristischen Prinzipien der Selbstorganisation und Selbstverantwortung und muss sich in den nächsten Jahren ändern. Darüber hinaus leiden die meisten hier vorgestellten Angebote an einem chronischen Geldmangel. Ohne professionelle Akquise und die Etablierung von Refinanzierungsstrukturen wird es schwer sein, die vielfältigen Angebote für die nächsten Dekaden zu sichern.

Schließlich müssen die wenigen Gemeinden, die tatsächlich ideologisch als zweifelhaft einzustufen sind und mit Radikalisierungsgefährdung in Zusammenhang gebracht werden, sichtbarer werden. Informationen über ihre Einordnung als »radikal« in den jährlichen Verfassungsschutzberichten mit entsprechenden Begründungen dafür gilt es in den kommunalen Raum und auch in die Communitys hinein zu kommunizieren, sodass eine Kooperation mit ihnen von vornherein ausgeschlossen ist.

Herausforderungen und Hürden für muslimische Träger in der Radikalisierungsprävention

Von der Projektphase zur Regelleistung

Modellprojekte in der Radikalisierungsprävention sind ohne Zweifel richtig und wichtig. Insbesondere, wenn es darum geht, neue Ansätze zu erproben und vorhandene Konzepte zu überprüfen. Doch darf es nicht bei Modellprojekten bleiben. Das erfolgreiche Engagement muslimischer Träger in diesem Bereich muss in die Regelförderung münden und vor allem von Politik, Verwaltung und Wohlfahrtspflege (z. B. freie Träger) als Daueraufgabe verstanden werden. Nur so lassen sich nachhaltige präventive Strukturen, die von dauerhaftem Nutzen sind, in den Gemeinden etablieren.

Vor allem die Politik ist gefragt, sich zur Präventionsarbeit in den Moscheegemeinden zu bekennen und diese stärker zu unterstützen. Dies würde erheblich den Stigmatisierungsversuchen gegenüber den muslimischen Communitys entgegenwirken, Vorurteile und Feindseligkeit gegenüber Muslimen bekämpfen und die Präventionsarbeit insgesamt stärken.

Transformationsprozess zum professionellen Sozialdienstleister

Moscheegemeinden und ihre Dachverbände verfügen heute weder über ausreichende Mittel und Ressourcen noch über ausreichend Fachkräfte, um im Handlungsfeld der Radikalisierungsprävention dauerhaft zu bestehen. Diese ist primär eine Aufgabe für die Jugendhilfe und den Jugendschutz. Daher ist es für muslimische Träger von enormer Bedeutung, sich in der professionellen sozialen Arbeit und freien Jugendhilfe »fit« zu machen. Selbstverständlich müsste sich eine solche Qualifizierungsoffensive nach den individuellen Bedarfen der einzelnen Gemeinden hinsichtlich fehlender Expertise, Know-how, Fortbildung, Qualifizierung und Begleitung richten. Auch lässt sich eine professionelle soziale Arbeit, die sich nahezu ausschließlich auf das Ehrenamt stützt, kaum realisieren. Hier brauchen muslimische Träger hauptamtliche Fachkräfte wie etwa Sozialarbeiterinnen und Sozialpädagogen. Und schließlich lässt sich soziale Arbeit nicht von oben »dirigieren«, sondern sie braucht stets eine kommunale Verankerung, wenn sie gelingen soll.

Entschärfung des Mediendiskurses

Diverse Studien[32] bescheinigen den Boulevardmedien und auch öffentlich-rechtlichen Sendeanstalten wie ARD und ZDF, dass sie eine negative Themensetzung hinsichtlich des Islams in Deutschland betreiben. Durch die unmittelbare Verknüpfung von Integrationsproblemen mit internationalen Konflikten und Menschenrechtsverletzungen werde ein Agenda-Setting betrieben, das maßgeblich zu einem negativen Bild des Islams und der Muslime beitrage, wie es Kai Hafez beschreibt.[33] Heiner Bielefeldt konstatierte bereits 2008: »Die journalistische Erfahrungsregel, dass vor allem dramatische Negativmeldungen in den Medien Schlagzeilen machen (›bad news is good news‹), gilt im Grunde zwar für alle thematischen Felder, wirkt sich aber in der Islamberichterstattung besonders gravierend aus.« Und weiter: »Sobald der Islam ins Spiel kommt, gibt es offenbar eine verbreitete Neigung, Religion und Kultur als wichtigste Ursachen für die Erklärung von familiärem Autoritarismus, Segregationstendenzen und anderen Fehlentwicklungen anzuführen.«[34]

An dieser Praxis hat sich in den letzten Jahren, trotz der Bemühungen um Differenzierung zahlreicher Journalisten, nur wenig geändert. Dies stellt die Präventionsakteure vor große Herausforderungen, denn tatsächlich begünstigt diese mediale Realität nicht nur die Empfänglichkeit junger Muslime für radikale Eindeutigkeitsansprachen, sondern dient vielen radikalen Gruppen als handfester Beweis für die gestiegene Islamfeindlichkeit und den Alltagsrassismus gegenüber Muslimen in Deutschland. Die Folge ist bei den Muslimen ein massiver Vertrauensverlust in die deutschen Medien. Neue Kampfbegriffe wie »Lügenpresse« gehören durchaus zum heutigen Vokabular deutscher Muslime, wenn auch mit einer eigenen Konnotation.

In der Summe können diese medialen Diskurse bei jungen Muslimen Identitätskonstruktionen von »Wir« und die »Anderen« fördern sowie ihr Resignationspotenzial und ihren Rückzug aus den gesellschaftlichen Räumen begünstigen. Nicht selten werden diese Diskurse auch als Machtdemonstrationen im Sinne einer »Deutungshoheit« verstanden. Die mediale Reduzierung der Islamdebatte auf Themen wie das Burkaverbot oder die Scharia gilt vielen Muslimen als Missbrauch von Deutungsmacht und Desinteresse an einem gegenseitigen Verständnis. Eine »Entschärfung« und Versachlichung der medialen Debatten zum Islam und Muslimen in Deutschland ist mehr als geboten und mündet mittelbar in die Radikalisierungsprävention.

Fazit

Muslimische Institutionen und Moscheegemeinden verfügen über ein hohes Potenzial für eine erfolgreiche Radikalisierungsprävention, das bisher nur unzureichend genutzt wurde. Ihre umfassenden lokalen Organisationsstrukturen und direkten Zugänge zu muslimischen Jugendlichen und ihren Familien können von entscheidendem Vorteil sein und die Installation einer Reihe von Lernarrangements gegen religiös begründete Radikalität ermöglichen. Dieser Prozess kann durch flankierende Maßnahmen muslimischer Wohlfahrtspflege und durch einen breiteren gesellschaftlichen Wertedialog erheblich begünstigt werden. Dafür müssen muslimische Akteure der Präventionsarbeit Zugang zu öffentlichen Fördermitteln bekommen. Ebenso müssen muslimische Träger einen konzeptionellen, methodischen und körperschaftlichen Transformationsprozess zum professionellen Dienstleister der freien Jugendhilfe durchlaufen.

Anmerkungen

1 Längst ist bekannt, dass einige Dschihadisten versuchten, sich vor ihrer Ausreise mit niedrigschwellig gestalteten Publikationen (z. B. »Islam für Dummies«) den Islam erklären zu lassen; vgl. z. B. »Islam für Dummies«: Mit diesem Buch ziehen Europas IS-Kämpfer in den Dschihad, Focus Online, 26.08.2014, http://www.focus.de/politik/ausland/krise-in-der-arabischen-welt/unwissend-aber-bereit-zu-sterben-islam-fuer-dummies-dieses-buch-kaufen-europas-is-kaempfer-vor-dem-dschihad_id_4086131.html (letzter Zugriff: 09.08.2017). Aber auch die kürzlich veröffentlichte Studie »Lasset uns in sha'a Allah ein Plan machen«, die mithilfe eines WhatsApp-Chats das Islamverständnis einer Gruppe Jugendlicher offenlegt, zeigt sehr deutlich, wie wenig Wissen militante Jugendgruppen über die eigene Religion haben und wie sie versuchen, sich einen eigenen »Lego-Islam« zu basteln; vgl. Michael Kiefer u. a.: »Lasset uns in sha'a Allah ein Plan machen«, Wiesbaden 2017.
2 Bundesministerium für Familie, Senioren, Frauen und Jugend (Hrsg.): Abschlussbericht des Bundesprogramms »Initiative Demokratie stärken«, Berlin 2014, https://www.demokratie-leben.de/fileadmin/content/PDF-DOC-XLS/Abschlussberichte/Abschlussbericht-IDS.pdf (letzter Zugriff: 11.08.2017).
3 Acht Projektträger von insgesamt 28; vgl. https://www.demokratie-leben.de/mp_modellprojekte-zur-radikalisierungspraevention.html#t-1 (letzter Zugriff: 22.06.2017).
4 Unter dem Oberbegriff »islamische« bzw. »muslimische Verbände« werden im allgemeinen die großen islamischen Religionsverbände, z. B. DITIB oder ZMD, gefasst.
5 Mehr als 40 Prozent der Moscheegemeinden bieten Hilfesuchenden eine Sozial- und Erziehungsberatung an; mehr als die Hälfte von ihnen unterstützen Schülerinnen

und Schüler bei ihren Hausaufgaben und rund 36 Prozent leisten Angebote der Gesundheitsberatung; vgl. Dirk Halm/Martina Sauer/Jana Schmidt/Anja Stichs: Islamisches Gemeindeleben in Deutschland, im Auftrag der Deutschen Islamkonferenz, Bundesamt für Migration und Flüchtlinge: Forschungsbericht 13, Nürnberg 2012, http://www.bamf.de/SharedDocs/Anlagen/DE/Publikationen/Forschungsberichte/fb13-islamisches-gemeindeleben.pdf?__blob=publicationFile (letzter Zugriff: 11.08.2017).
6 Vgl. Dirk Halm/Martina Sauer: Soziale Dienstleistungen der in der Deutschen Islamkonferenz vertretenen religiösen Dachverbände und ihrer Gemeinden, hrsg. vom Bundesministerium des Innern im Auftrag der Deutschen Islam Konferenz, Berlin 2015, https://www.deutsche-islam-konferenz.de/SharedDocs/Anlagen/DIK/DE/Downloads/WissenschaftPublikationen/soziale-dienstleistungen-gemeinden.pdf?__blob=publicationFile (letzter Zugriff: 11.08.2017).
7 Vgl. ebd.
8 Die hier beschriebenen Angebote werden aus Eigenmitteln und ehrenamtlichem Engagement der islamischen Verbände erbracht. Eine staatliche Finanzierung oder Refinanzierung ist hier nur selten gegeben.
9 Die hier dargestellte Situation bezieht sich auf muslimische Jugendliche mit Bezug und Zugang zu den Moscheegemeinden. Selbstverständlich erreichen islamische Dachverbände und ihre Gemeinden nur einen Teil der Muslime in Deutschland.
10 Vgl. Joachim Detjen: Die Werteordnung des Grundgesetztes, Wiesbaden 2009.
11 Vgl. Shell Deutschland Holding (Hrsg.): Jugend 2015. 17. Shell-Jugendstudie, Frankfurt/Main 2015.
12 Ebd.
13 Der Begriff »Neosalafismus« bezeichnet einerseits eine Bewegung, die eine dogmatische Haltung zu den frühen religiösen Quellen des Islams besitzt. Andererseits signalisiert das Präfix »Neo« den Bruch mit dieser dogmatischen Haltung, um Veränderungen hinsichtlich der Ideologie und Methodik des Salafismus Platz zu machen; vgl. Rauf Ceylan/Michael Kiefer: Salafismus. Fundamentalistische Strömungen und Radikalisierungsprävention, Wiesbaden 2013.
14 Sibylle Reinhardt: Werte in der Politischen Bildung, in: Dirk Lange (Hrsg.): Konzeptionen Politischer Bildung, Baltmannsweiler 2010, S. 157 ff.
15 Vgl. Bertelsmann Stiftung: Religionsmonitor. Verstehen was verbindet. Sonderauswertung Islam 2015. Die wichtigsten Ergebnisse im Überblick, Gütersloh 2015.
16 http://www.tuisa.de/aktuell/?id=32.
17 Bertelsmann Stiftung (Anm. 15).
18 Vgl. Bundesfamilienministerium: Modellprojekte zur Radikalisierungsprävention, https://www.demokratie-leben.de/mp_modellprojekte-zur-radikalisierungspraevention.html (letzter Zugriff: 20.06.2017).
19 http://al-etidal.de.
20 http://thinksocialnow.de.
21 DITIB steht für »Türkisch-Islamische Union der Anstalt für Religion e.V.«. Sie ist der bundesweite Dachverband der ihr angeschlossenen türkisch-islamischen Moscheegemeinden.

22 https://ditib-jugend.de/mjfz.
23 http://www.saferspaces.de/programm/safer-spaces/.
24 http://www.mina-duisburg.de.
25 https://www.demokratie-leben.de/mp_modellprojekte-zur-radikalisierungspraevention/radikal-nett-und-engagiert.html.
26 http://www.utamara.org/index.php/de/projekte/195-utamara-startet-neues-projekt.
27 https://www.demokratie-leben.de/mp_modellprojekte-zur-radikalisierungspraevention/zukunft-bilden.html.
28 https://www.demokratie-leben.de/programmpartner/modellprojekte/modellprojekte-zur-radikalisierungspraevention/praeventionsnetzwerk-gegen-religioes-begruendeten-extremismus.html.
29 Vgl. Zuhören und dolmetschen, in: Die Zeit, 10.06.2015, https://www.zeit.de/gesellschaft/2015-06/seelsorger-muslime-sucht-schulden-beratung (letzter Zugriff: 19.06.2017).
30 http://www.moslemische-pfadfinder.de/verband/wer-wir-sind/.
31 Ebd.
32 Z. B. Deutsche Islam Konferenz: Das Islambild in deutschen Medien, 14.01.2009, http://www.deutsche-islam-konferenz.de/DIK/DE/Magazin/MedienPolitik/Islambild/islambild-node.html (letzter Zugriff: 22.06.2017).
33 Kai Hafez: Islamfeindlichkeit in den Medien: Alter Rassismus im neuen Gewand?, Vortrag auf der Tagung »Antimuslimischer Rassismus – eine gesamtgesellschaftliche Herausforderung«, Köln, 22.10.2014, http://www.mik.nrw.de/fileadmin/user_upload/Redakteure/Verfassungsschutz/Dokumente/Tagung_Antimuslimischer_Rassismus/141022_Vortrag_Hafez.pdf (letzter Zugriff: 23.06.2017).
34 Heiner Bielefeldt: Das Islambild in Deutschland. Zum öffentlichen Umgang mit der Angst vor dem Islam, April 2008, http://www.institut-fuer-menschenrechte.de/uploads/tx_commerce/essay_no_7_das_islambild_in_deutschland.pdf (letzter Zugriff: 23.06.2017).

Diana Schubert

Netzwerkarbeit vor Ort: Ein Praxisbeispiel aus Augsburg*

Während der vergangenen Jahre hat sich auch in Augsburg ein (Jugend)-Milieu herausgebildet, das sich auf der Grundlage einer sehr rigorosen Islamauslegung, nach außen sichtbar oder mental, vom Umfeld abschottet und die »westliche« Gesellschaft und Gesellschaftsordnung ablehnt. Die salafistische Szene in Augsburg ist klein, ihre genaue Größe anzugeben, ist trotzdem schwierig, denn lange bevor der oder die Einzelne als »Gefährder« bzw. »Gefährderin« gilt und somit nach außen hin »sichtbarer« wird, wird versucht, durch Präventionsmaßnahmen Kontakt zu ihnen aufzubauen.

Verdeutlicht werden kann die Schwierigkeit der Zuordnung an folgendem Beispiel: Das Bundesamt für Verfassungsschutz schätzt die Anzahl der Salafisten in Deutschland derzeit auf ca. 9700 Personen.[1] Die Facebook-Seite der Vereinigung »Die Wahre Religion« (verantwortlich für die Koran-Verteilungsaktionen in den Innenstädten vieler deutscher Städte) hatte bis zu ihrem Verbot und der damit einhergehenden Löschung der Seite im November 2016 über 200 000 Abonnenten. Sicher sind davon die wenigsten direkt dem gewaltbereiten Spektrum der Salafisten zuzuordnen. Erwiesen ist aber auch, dass die Übergänge vom politisch-missionierenden Salafismus zum gewaltbereiten Salafismus fließend sind.[2] Beide Ausprägungen sind letztlich als demokratiefeindlich einzustufen und daher Ziel von Präventionsmaßnahmen.

Bis zum Verbot der Vereinigung »Die Wahre Religion« fanden auch in Augsburg regelmäßig Koran-Verteilungsaktionen im Innenstadtbereich statt. Wie viele Personen durch diese Aktionen rekrutiert werden konnten, ist nicht bekannt. In Augsburg befindet sich außerdem auch eine Moschee, die den Salafisten zugeordnet wird und die bereits im Bayerischen Verfassungsschutzbericht Erwähnung fand. Es handelt sich hierbei um die Salahuddin Moschee in der Innenstadt. Sie ist Plattform für salafis-

---

* Bei dem Beitrag handelt es sich um eine aktualisierte und erweiterte Fassung des im Infodienst Radikalisierungsprävention veröffentlichten Textes vom 20.12.2016.

tische Vortragsveranstaltungen und hier treten Prediger auf, die ihr salafistisches Gedankengut verbreiten.[3] Insgesamt ist die Zahl der Personen, die dem gewaltbereiten Salafismus zugerechnet werden, zwar sehr gering; aber die Qualität der von diesen Personen ausgehenden Gefahr gilt als sehr hoch. Die Problematik ist dabei nicht nur eine sicherheitspolitische; die Szene verbreitet demokratiefeindliche, intolerante Wertehaltungen und ist gekennzeichnet durch extremes Schwarz-Weiß-Denken in Bezug auf das, was als richtig oder falsch gelten soll. Damit spaltet sie und gefährdet das friedvolle Zusammenleben in Augsburg.

Leider hat Augsburg, wenn auch im niedrigen einstelligen Bereich, ebenfalls Ausreisende in Kriegsgebiete des sogenannten Islamischen Staates (IS) zu verzeichnen, darunter auch mehrere Frauen. Bislang ist keiner bzw. keine von ihnen nach Augsburg zurückgekehrt.

Viele Akteure sind gefragt, dieser Entwicklung entgegenzutreten. Die Prävention von gewaltbereitem und demokratiefeindlichem Salafismus ist eine klassische Querschnittsaufgabe, für die viele unterschiedliche Kompetenzen notwendig sind, um ein nachhaltiges Präventionskonzept zu entwickeln (behördenübergreifender Ansatz). Diese Kompetenzen finden sich bei verschiedenen Akteuren aus Verwaltung und Zivilgesellschaft. Es gilt also, diese Akteure vor Ort zu vernetzen.

Netzwerkmoderation mit gesamtgesellschaftlichem Ansatz

Schon im Jahr 2011 erhielt die Stadt Augsburg durch die enge Kooperation mit dem Freistaat Bayern und der örtlichen Polizei Hinweise auf die in ganz Europa an Zulauf gewinnende Bewegung des religiös begründeten Extremismus und insbesondere des Salafismus. Gemeinsam mit dem Bayerischen Staatsministerium für Arbeit und Soziales, Familie und Integration wurde 2012 in Augsburg ein Pilotprojekt auf Stadtteilebene durchgeführt, um die Akteure über das Phänomen des religiös begründeten Extremismus zu informieren und für Radikalisierungsprozesse zu sensibilisieren. Um sich insgesamt mehr Wissen über dieses komplexe Phänomen anzueignen und den Austausch mit Kommunen anderer europäischer Länder voranzutreiben, bewarb die Stadt sich 2013 um die Teilnahme als Partner am EU-Projekt »LIAISE – Local Institutions AgaInSt Extremism«[4] (s. u.), das schließlich im Oktober 2014 startete.

Anfang 2016 installierte die Stadt zudem das Augsburger Netzwerk zur Prävention von Salafismus, das strukturell an den Kommunalen Präventionsrat angegliedert ist. Diese strukturelle Verortung ergibt sich aus der simplen Einsicht, dass Prävention aller Facetten der Kriminalität eine Grundvoraussetzung für Sicherheit ist. Gleichzeitig verfolgt Augsburg damit einen gesamtgesellschaftlichen Ansatz, der nach Möglichkeit alle Gruppen und Mitglieder der Stadtgesellschaft einbezieht.

Den Kommunalen Präventionsrat Augsburg (KPRA) gibt es bereits seit 2007. Er setzt sich stadtweit und ressortübergreifend für Kriminalprävention ein. Ziel des KPRA ist es, Kriminalität vorzubeugen und das subjektive Sicherheitsempfinden der Bürgerinnen und Bürger zu verbessern. Hierzu vernetzt der Rat auf städtischer Ebene multidisziplinär Praktikerinnen und Praktiker der Präventionsarbeit und erarbeitet gemeinsam mit ihnen Maßnahmen und Projekte zur Verbesserung der urbanen Sicherheit und für eine lebenswerte und friedliche Stadt.

Die Hauptziele des Augsburger Netzwerkes zur Prävention von Salafismus sind:

- Maßnahmen zu bündeln und zu entwickeln, um demokratiefeindlichen Grundhaltungen möglichst frühzeitig entgegenzuwirken,
- alle Netzwerkpartner und Multiplikatoren über das Phänomen »Salafismus« aufzuklären und dafür zu sensibilisieren, damit Radikalisierungstendenzen frühzeitig erkannt werden können,
- Religionsgemeinschaften und Migrantenorganisationen aktiv in die Arbeit miteinzubeziehen und
- alle Akteure vor Ort über die vom Bund und dem Freistaat Bayern eingesetzten Beratungsstellen zu informieren, z. B. die Beratungsstelle Radikalisierung des Bundesamtes für Migration und Flüchtlinge,[5] die Fachstelle Bayern zur Prävention von religiös begründeter Radikalisierung (die vom Träger ufuq.de verantwortet wird)[6] oder die Beratungsstelle Bayern des Violence Prevention Network (VPN)[7].

Der Geschäftsführung des Kommunalen Präventionsrates obliegen die Vorbereitung und Nachbereitung der Treffen des Netzwerkes sowie die Moderation. Bereits in der Vergangenheit hat es sich in der Arbeit der weiteren themenspezifischen Arbeitskreise des KPRA (unter anderem zu Drogen/Sucht, Graffiti, häuslicher Gewalt und Opferschutz, Jugendschutz und Jugendkriminalität, städtebaulicher Kriminalprävention, Zivilcourage, Sport und Sicherheit, Prostitution) als vorteilhaft erwiesen, diese Aufgaben einer hauptamtlich beschäftigten Person zu übertragen.

Diana Schubert

Chancen und Herausforderungen in der Netzwerkarbeit

Wichtigste Voraussetzung für das Funktionieren des Netzwerkes ist die gemeinsame Basis, d.h. die Verständigung darüber, was mit dem Netzwerk erreicht werden soll. Eine konkrete Zielformulierung ist deshalb unabdingbar. Das Augsburger Netzwerk ist noch sehr jung und doch ist auch in diesem Stadium bereits angesagt, sich regelmäßig auf die konkret gesetzten Ziele zurückzubesinnen. Denn im Alltag gerät dies häufig in den Hintergrund.

Die eingangs erwähnten Ziele lassen die Vielzahl der Akteure erahnen, die hier beteiligt sind. Im Augsburger Netzwerk engagieren sich derzeit:

- das Staatliche Schulamt,
- das Amt für Kinder, Jugend und Familie (Jugendhilfeplanung, Jugendbereich und Sozialdienst),
- die Staatliche Schulberatung für Schwaben,
- das Berufsfortbildungszentrum (Träger der Erwachsenenbildung),
- die Regierung von Schwaben (als Genehmigungs- und Aufsichtsbehörde stationärer Einrichtungen zur Unterbringung unbegleiteter minderjähriger Geflüchteter),
- das Büro für Migration, Vielfalt und Interkultur,
- das Kulturamt (Friedensbüro),
- das Junge Theater Augsburg,
- Jugendhilfeträger (Stadtjugendring und die Brücke e. V. Augsburg),
- die Gleichstellungsbeauftragte,
- Vertreter des Projektes »MUSA – Muslimische Seelsorge Augsburg«,
- die Fachstelle Bayern zur Prävention von religiös begründeter Radikalisierung (verantwortet durch den Träger ufuq.de),
- die Beratungsstelle Bayern (verantwortet durch den Träger VPN) und
- die Polizei.

Da auch dem Gesundheitsbereich eine wesentliche Rolle in der Prävention zugeschrieben wird, finden derzeit Gespräche mit dem städtischen Gesundheitsamt statt, um dieses als weiteres Mitglied für das Netzwerk zu gewinnen. Dabei geht es vor allem darum, Psychotherapeutinnen und Psychiater für Radikalisierungsprozesse zu sensibilisieren. Das zeigt, dass die Mitgliederstruktur nicht statisch ist, sondern bei Bedarf auch andere relevante Akteure zur Mitarbeit angefragt werden.

Die Beteiligten sind auf unterschiedliche Weise und auf verschiedenen Ebenen in der Prävention engagiert. Zu den Bereichen, in denen konkrete

Maßnahmen vom Netzwerk entwickelt bzw. angestoßen werden, gehören unter anderem:

- Werteerziehung/Demokratieförderung (vor allem an Schulen),
- Stärkung von Kindern und Jugendlichen in ihrer Selbst- und Sozialkompetenz (unter anderem in der Jugendarbeit),
- Sensibilisierung von Multiplikatorinnen und Multiplikatoren, Wissensvermittlung (Verwaltung, Schulen),
- Beratung für die pädagogische Praxis (in enger Abstimmung mit dem Verein ufuq.de),
- Intervention/Deradikalisierung, Beratung betroffener Familien (in enger Kooperation mit der Beratungsstelle Bayern des Trägers VPN).

Der Stadt Augsburg ist sehr daran gelegen, neben Kirchen und zivilgesellschaftlichen Trägern die lokalen muslimischen Religionsgemeinschaften und Migrantenorganisationen aktiv in die Arbeit einzubeziehen. Diese Akteure sind, anders als in der medialen Berichterstattung oft dargestellt, Teil der Lösung und nicht des Problems. Diese Überzeugung möchte die Stadt Augsburg auch mit der frühzeitigen Einbindung dieser Partner in die Präventionsarbeit signalisieren. Am effektivsten gelingt die Beteiligung auf kleinräumiger bzw. Stadtteilebene. Augsburg pflegt durch die gemeinsame Entwicklung von Veranstaltungen im Rahmen des jährlichen Friedensfestes und des Runden Tisches der Religionen bereits gute Kontakte, die es noch zu intensivieren gilt.

Jedes einzelne Netzwerkmitglied verfügt über enormes Wissen aus seinem Bereich, das es in das Netzwerk einbringt und mit den anderen Mitgliedern teilt. Ein Beispiel: Die Beauftragte der Stadt Augsburg für Gender Mainstreaming (angesiedelt bei der Gleichstellungsbeauftragten) informiert über Genderaspekte in der Präventionsarbeit allgemein, über die (im Vergleich zu jungen Männern unterschiedliche) Motivation von Frauen und Mädchen, sich dem »IS« anzuschließen, und über mögliche Ansätze, der Radikalisierung bei jungen Frauen vorzubeugen (siehe dazu auch den Beitrag von Silke Baer in diesem Band). Sie achtet bei Ideen- und Projektentwicklungen des Netzwerkes darauf, dass solche genderspezifischen Aspekte Beachtung finden. Ein anderes Beispiel: Die Rolle der Vertreter der Polizei besteht darin, das Netzwerk über die konkrete Situation in der salafistischen Szene Augsburgs zu informieren und die angedachten Maßnahmen aus polizeilicher Perspektive zu beleuchten. Die Mitarbeiterin des VPN bringt ihre Erfahrungen aus der Deradikalisierungsarbeit ein, die auch für die Entwicklung von Projekten der Prävention von

Bedeutung sind. Durch den Wissenstransfer, die Bündelung dieses Wissens und der Erfahrungen der einzelnen Akteure können für Augsburg maßgeschneiderte Projekte entwickelt werden.

Die vergleichsweise hohe Anzahl der Beteiligten und ihre unterschiedlichen Kompetenzen bieten zwar große Chancen, bringen aber auch Herausforderungen mit sich. So gehören unterschiedliche Sichtweisen und Interessen zum Netzwerkalltag. Die Einbindung von Schulen und insbesondere von Lehrkräften in die universelle Präventionsarbeit etwa, die von vielen der Netzwerkakteure gewünscht wird, entspricht nicht den Bedingungen, die der reale Schulalltag mit sich bringt, da Lehrkräfte bereits jetzt stark eingebunden und mit der zusätzlichen Aufgabe der Prävention häufig überfordert sind. Diese und weitere Divergenzen gilt es durch eine gute Netzwerkmoderation auf einen gemeinsamen Nenner zu bringen. Durch sie wird auch dafür gesorgt, dass alle – wenn auch in den unterschiedlichsten Bereichen tätig – »die gleiche Sprache« sprechen. Wertschätzung für die Mitarbeit im Netzwerk ist wichtig und fördert eine vertrauensvolle Zusammenarbeit.

Außerdem sind im Netzwerk nicht nur Personen aus der Entscheidungsebene der einzelnen Institutionen beteiligt. Für die Umsetzung vieler Maßnahmen ist es zunächst notwendig, dass eine Rückkopplung und Abstimmung im eigenen Tätigkeitsbereich erfolgt. Dies gelingt ad hoc manchmal nur bedingt, sodass weitere Gespräche erforderlich werden, die zusätzlichen Zeitaufwand bedeuten. Stehen Fristen an, z. B. zur Beantragung von Fördermitteln, muss dies mitbedacht werden.

Ein Netzwerk lebt außerdem von Kontinuität sowohl in zeitlicher als auch personeller Hinsicht. Regelmäßige Treffen in nicht allzu langen Zeitabständen sind ein bedeutender Faktor, um ein lebendiges Netzwerk aufrechtzuerhalten. Erfahrungsgemäß führen Zeitabstände von einigen Monaten zwischen den Treffen zu Irritationen und Demotivation der Mitglieder.

Ein guter »Netzwerker« bzw. eine gute »Netzwerkerin« zeichnet sich dadurch aus, dass er oder sie sich selbst als Teil des Netzwerkes begreift und großes Interesse an Kooperationen hat. Die Fähigkeit zur wechselseitigen Kommunikation und der Wille, Konflikte zu lösen, anstatt sie zu meiden, sind wichtige persönliche Eigenschaften. Nicht alle Menschen besitzen diese Fähigkeiten. Manchmal stehen Emotionen statt sachlicher Argumente im Vordergrund. Konkurrenzdenken Einzelner und Kompetenzgerangel sind zwar selten, aber doch ab und an Thema. Um hier vorzubeugen, helfen klare Rollenverteilungen und ein kontinuierlicher, an alle gerichteter Informationsfluss sowie Transparenz.

Ergebnisse des Netzwerkes werden regelmäßig dem Lenkungsausschuss des Kommunalen Präventionsrates Augsburg vorgestellt. Der Lenkungsausschuss ist hochrangig besetzt. Den Vorsitz führt der Oberbürgermeister der Stadt Augsburg. Unter anderem sind die Referenten (Dezernenten/Beigeordnete) aus den Bereichen Ordnung, Bildung und Soziales Mitglieder, ebenso wie der Polizeipräsident, Vertreter der Justiz und Professoren der Universität Augsburg. Diese Zusammensetzung aus Politik, Verwaltung und Wissenschaft verleiht den hier getroffenen Entscheidungen das entsprechende Gewicht und ermöglicht fundierte sowie tragfähige Entscheidungen.

Überregionale Zusammenarbeit

Die Stadt Augsburg kooperiert eng mit der Organisationseinheit Radikalisierungsprävention des Bayerischen Staatsministeriums für Arbeit und Soziales, Familie und Integration. Das Augsburger Netzwerk wird von Vertreterinnen und Vertretern dieser Organisationseinheit regelmäßig fachlich beraten und unterstützt. Die Leiterin der Organisationseinheit bzw. eine Mitarbeiterin oder ein Mitarbeiter nimmt regelmäßig an den Treffen des Netzwerkes teil. Beim ersten Treffen gab die Leiterin, die Islamwissenschaftlerin ist, z. B. einen Input zur Geschichte des Islams und dessen unterschiedlichen Ausprägungen. Es erfolgte auch eine Vorstellung des Bayerischen Netzwerkes zur Prävention und Deradikalisierung, sodass jetzt alle Mitglieder über das Beratungsangebot informiert sind.

Vom Bayerischen Staatsministerium für Arbeit und Soziales, Familie und Integration wurde der Verein ufuq.de beauftragt, eine Bayerische Fachstelle zur Prävention von religiös begründeter Radikalisierung aufzubauen. Diese Fachstelle ist in Augsburg angesiedelt und beteiligt sich – wie oben bereits beschrieben – am Augsburger Netzwerk. Der Verein ufuq.de bildet z. B. Augsburger Sozialarbeiterinnen und Sozialarbeiter aus dem Jugend- und Schulbereich fort und befähigt sie, mit den Jugendlichen zu den Themen Islam, Islamfeindlichkeit und Islamismus pädagogisch zu arbeiten. Es wurden auch junge Multiplikatorinnen und Multiplikatoren von ufuq.de ausgebildet – sogenannte Teamerinnen bzw. Teamer –, die mit Jugendlichen in Workshops arbeiten.[8] Ein Ziel der Arbeit von ufuq.de mit Jugendlichen ist, sie in Fragen von Identität und Religion sprechfähig zu machen.

Prävention ist eine Seite. Doch gibt es auch junge Menschen, die sich bereits radikalisiert haben. Hier kooperieren die Netzwerkpartner in Augsburg eng mit der Beratungsstelle Bayern des VPN.[9] VPN ist vom Landeskriminalamt Bayern beauftragt,

- Angehörige in der Auseinandersetzung mit religiös begründetem Extremismus zur Stärkung der erzieherischen Präsenz und der Kommunikations- und Konfliktfähigkeit zu beraten,
- radikalisierungsgefährdete junge Menschen im Vorfeld von Straffälligkeit zu beraten und zu begleiten,
- Ausstiege von Radikalisierten, Ausreisewilligen und Rückkehrern zu begleiten.

VPN berät die Augsburger Akteure und Familien zu konkreten Fragen bei Verdachtsfällen von Radikalisierung. Bei Bedarf stehen allen außerdem die Netzwerkmitglieder aus den unterschiedlichen Bereichen und die Koordinatorin des Netzwerkes zur Verfügung, um den richtigen Partner vor Ort zu finden.

Internationale Zusammenarbeit

Wie bereits erwähnt, engagiert sich die Stadt Augsburg als Mitglied des European Forum for Urban Security (EFUS) im LIAISE-Projekt. Mittlerweile sind 18 Städte und drei Regionen aus zehn europäischen Ländern daran beteiligt. Es dient zum einen dem Austausch von Best-Practice-Beispielen. Zum anderen sind renommierte Expertinnen und Experten eingebunden, die fachlichen Input geben und die Projektpartner bei allgemeinen wie auch individuellen Problemstellungen unterstützen. Teil des Projektes ist außerdem, vor Ort einen Fachtag oder eine Informationsveranstaltung zu organisieren und ein innovatives Projekt anzustoßen. Hierfür werden von der EU-Kommission Projektgelder zur Verfügung gestellt.

Augsburg hat solch einen Fachtag zu den Themen »Religiös begründete Radikalisierung bei Mädchen« und »Counter Narratives (Gegenerzählungen) auf kommunaler Ebene als Instrument der Salafismusprävention« mit Expertinnen und Experten von ufuq.de aus Berlin und dem Institute for Strategic Dialogue[10] aus London durchgeführt, an dem über 50 Personen aus der Fachöffentlichkeit (überwiegend aus den Bereichen Schule, Mädchenarbeit, Sozialarbeit, Jugendsozialarbeit an Schulen etc.) teilnahmen. Im Anschluss an diesen Fachtag startete das Projekt »Aufdrehen – ein Filmprojekt für Mädchen«. Schülerinnen einer Augsburger Schule entwickeln gemeinsam mit einer Filmemacherin und einer Medienpädagogin anhand der aus dem Fachtag gewonnenen Erkenntnisse eine Gegenerzählung zur Propaganda des »IS«.

Neben der Stadt Augsburg als direkter Partner ist das Bayerische Sozialministerium assoziierter Partner im LIAISE-Projekt. Die gemeinsame Teilnahme an den Projekttreffen ermöglicht den unmittelbaren Austausch zu Projekten anderer europäischer Städte. Die Förderung von Resilienz bei Jugendlichen ist dabei sowohl für die staatlichen als auch für die kommunalen Akteure von besonderem Interesse. Das belgische Projekt »BOUNCE«[11], das auf einem der LIAISE-Treffen vom Projektträger vorgestellt wurde, hat genau das zum Ziel. In diesem Projekt sind ganzheitliche Instrumente entwickelt worden, die bei Jugendlichen und ihrem sozialen Umfeld frühzeitig ein Bewusstsein für eigenverantwortliches Handeln schaffen. Diese Herangehensweise begeisterte sowohl die Vertreterin der Stadt Augsburg als auch die Vertreterin des Freistaates Bayern. Gemeinsam wurde überlegt, ob das Projekt sich in das bayerische Konzept bzw. die kommunalen Augsburger Strukturen einfügen ließe. Die Stadt Augsburg hat sich mittlerweile für die Umsetzung von »BOUNCE« beworben und wurde als eine von zehn Pilotstädten in fünf europäischen Ländern ausgewählt.

Das Radicalisation Awareness Network[12] (RAN) der Europäischen Kommission bringt Fachleute aus Europa zusammen, die in der Radikalisierungsprävention arbeiten. Sie tauschen ihre Erfahrungen in unterschiedlichen Arbeitsgruppen aus. Die Stadt Augsburg nimmt seit Februar 2016 regelmäßig an den Treffen der Arbeitsgruppe »Local« des RAN teil. In dieser Arbeitsgruppe kommen ausschließlich Vertreter aus Kommunen zusammen, die multidisziplinäre Netzwerke koordinieren. Da Radikalisierung nicht an nationalen Grenzen halt macht, sind alle mit denselben Problemen und Herausforderungen konfrontiert. Die Teilnehmerinnen und Teilnehmer profitieren dabei von den Kommunen, die in einzelnen Bereichen bereits Lösungsansätze erarbeitet haben und entsprechende Erfahrungen in der Umsetzung bestimmter Maßnahmen sammeln konnten.

Um den Blick international noch zu erweitern, hat der Augsburger Stadtrat im August 2016 beschlossen, dem Strong Cities Network[13] beizutreten, einem weltweiten Zusammenschluss von 110 Städten (Stand: August 2017). Ziel ist es, den sozialen Zusammenhalt und die Gemeinschaft mittels Prävention gegen gewaltbereiten Extremismus jeglicher Form zu stärken. Das Netzwerk erleichtert den systematischen Austausch von Wissen und Erfahrungen zu diesen Themen.

Die überregionale Vernetzung und der damit verbundene Blick über den Tellerrand sind sehr wertvoll, um bereits bei der Planung von lokalen

Aktivitäten und Projekten zu wissen, welche Ansätze wirken und welche Maßnahmen in anderen Städten ohne Erfolg getestet wurden. Die Erfahrungen geben Aufschluss, welche Indikatoren berücksichtigt werden sollten, um erfolgversprechend zu arbeiten und letztlich die knappen Ressourcen passgenau einzusetzen.

Finanzierung von Maßnahmen

Die Stadt Augsburg erhält für demokratiefördernde Maßnahmen allgemein und speziell für Maßnahmen der Prävention im Bereich des demokratiefeindlichen und gewaltbereiten Salafismus Zuwendungen aus dem Förderprogramm »Demokratie leben!«[14] des Bundesministeriums für Familien, Senioren, Frauen und Jugend. Ziel des Förderprogrammes ist, zivilgesellschaftliche Träger vor Ort zu aktivieren, sich mit Demokratie auseinanderzusetzen, Projekte zur Demokratieförderung zu entwickeln und umzusetzen.

Ferner erhält die Stadt Augsburg vom Bayerischen Staatsministerium für Arbeit und Soziales, Familie und Migration Mittel für konkrete Projekte, z. B. für die Durchführung einer Auftaktveranstaltung für das Augsburger Netzwerk. Im Jahr 2016 hat das Ministerium zudem eine Stelle für den Aufbau von kleinräumigen Netzwerken in den Stadtteilen finanziert. Wie bereits eingangs erwähnt, wurden und werden dafür insbesondere Migrantenorganisationen und muslimische Religionsgemeinschaften angesprochen, sich zu beteiligen. Zu einigen Moscheegemeinden besteht nun bereits guter Kontakt und es findet ein regelmäßiger Austausch statt. In der Zukunft sollen gemeinsam Veranstaltungen zum Thema organisiert werden. Für das Jahr 2017 hat die Stadt Augsburg einen Antrag zur Weiterfinanzierung gestellt, bei dem es neben dem Auf- und Ausbau der kleinräumigen Netzwerke auch um Projekte zur Prävention von Radikalisierung bei Mädchen geht.

Maßnahmen der universellen und auch der selektiven Prävention werden bereits in den Regelstrukturen bzw. durch freiwillige Zuschüsse der Stadt Augsburg finanziert. Aufgrund der derzeit sehr angespannten Haushaltssituation ist es schwierig, weitere Zuschüsse auf städtischer Ebene bereitzustellen. Für Fundraising stehen nicht genügend zeitliche und personelle Ressourcen zur Verfügung. Dennoch bemühen sich alle Partner, lokale Projekte in geeigneter Weise umzusetzen. Zusätzliche Mittel lassen sich manchmal über Stiftungen oder ausgeschriebene Preise generieren.

In der Prävention vor Ort besitzt die Aufklärung der Akteure zunächst

Priorität. Diese wird vorwiegend von ufuq.de und VPN geleistet und finanziell von den Staatsministerien des Freistaates Bayern sichergestellt. Ferner bieten Fachleute des Verfassungsschutzes und der Regionalbeauftragte für Demokratie und Toleranz Informationsveranstaltungen an.

Natürlich wäre es aus Sicht des Präventionsnetzwerkes wünschenswert, wenn weitere Mittel zur Verfügung gestellt werden würden. Antragstellungen sind mittlerweile bereits vereinfacht. Leider ist die Auszahlung der Mittel jedoch häufig an nur schwer umsetzbare Regeln gebunden. Haushälterische Vorgaben der Fördergeber und die Vorgaben der Finanzverwaltung der Stadt sind nur mit großem Aufwand in Einklang zu bringen. Sowohl bei EU- als auch bei Bundesmitteln wird vorgeschrieben, dass ein hoher Anteil der Zuwendung für koordinierende Arbeiten eingesetzt wird. Deshalb bleibt in der Regel ein relativ geringer Betrag für die Umsetzung der eigentlichen Präventionsprojekte übrig.

Ausblick

Fast täglich begegnen uns in den Medien Berichte über Terroranschläge und die Ermordung Unschuldiger durch den »IS«. Im Sommer und im Dezember 2016 gab es auch in Deutschland Angriffe und Anschläge. Leider wird die Debatte um Maßnahmen zur Verhinderung solcher Anschläge häufig ausschließlich aus sicherheitspolitischer Sicht geführt. Als Präventionsmaßnahme wird in erster Linie die personelle Aufstockung der Sicherheitsbehörden genannt. Auf kommunaler Ebene vertritt die Stadt Augsburg die Ansicht, dass Prävention aus einem größeren Blickwinkel als dem der Sicherheitspolitik zu betrachten ist. Augsburg möchte ein gesellschaftliches Klima der Zugehörigkeit schaffen und hat sich zum Ziel gesetzt, keinen weiteren jungen Menschen seiner Stadtgesellschaft an demokratiefeindliche, radikale Gruppierungen zu verlieren. In Augsburg wird sich künftig die Präventionsarbeit noch stärker auf die sozialen Nahräume ausrichten. Ziel ist, die Menschen in ihren Stadtteilen noch besser zu erreichen. Dazu gehört auch die sozialräumlich ausgerichtete Salafismusprävention.

Anmerkungen

1 Stand: Juni 2017; vgl. Bundesministerium des Innern: Verfassungsschutzbericht 2016, Berlin 2017, https://www.verfassungsschutz.de/de/oeffentlichkeitsarbeit/publikationen/verfassungsschutzberichte/vsbericht-2016 (letzter Zugriff: 25.07.2017).

2 Vgl. Ulrich Kraetzer: Die salafistische Szene in Deutschland, in: Infodienst Radikalisierungsprävention, Bundeszentrale für politische Bildung, 03.09.2015, http://www.bpb.de/politik/extremismus/radikalisierungspraevention/211610/die-salafistische-szene-in-deutschland (letzter Zugriff: 25.07.2017).
3 Vgl. Bayerisches Staatsministerium des Innern, für Bau und Verkehr: Verfassungsschutzbericht 2014, München 2015, http://www.verfassungsschutz.bayern.de/mam/anlagen/barrierearme_version_verfassungsschutzbericht_2014.pdf (letzter Zugriff: 25.07.2017).
4 Weitere Informationen zum European Forum for Urban Security und zum Projekt »Local Institutions Against Violent Extremism II (LIAISE 2)« unter: https://efus.eu/en/topics/risks-forms-of-crime/radicalisation/efus/10863/ (letzter Zugriff: 25.07.2017).
5 http://www.bamf.de/DE/DasBAMF/Beratung/beratung-node.html.
6 http://www.ufuq.de/bayern.
7 http://www.beratungsstelle-bayern.de.
8 http://www.ufuq.de/teamer_innen-workshops-wie-wollen-wir-leben/.
9 Zu den Aufgaben der Beratungsstelle vgl. http://www.violence-prevention-network.de/de/aktuelle-projekte/beratungsstelle-bayern.
10 https://www.isdglobal.org.
11 https://www.bounce-resilience-tools.eu/de.
12 https://ec.europa.eu/home-affairs/what-we-do/networks/radicalisation_awareness_network_en.
13 http://strongcitiesnetwork.org.
14 https://www.demokratie-leben.de.

Önay Duranöz

Radikalisierung und Rückkehr als Themen des Jugendquartiersmanagements in Dinslaken

Wer den Stadtteil Dinslaken-Lohberg googelt, erhält an zweiter oder dritter Stelle Vorschläge wie »Salafisten« oder »ISIS«. Das ist leider nicht verwunderlich, da die aus Dinslaken stammende, selbsternannte »Lohberger Brigade« im Bereich radikaler Islamismus weltweite traurige Berühmtheit erlangt hat. Vormals einfache junge Männer mit und ohne Migrationshintergrund haben sich hier formiert und radikalisiert, um gemeinsam nach Syrien zu gehen und die Weltöffentlichkeit mit schrecklichen Facebook-Posts und Aufrufen, sich der »Karawane des Dschihads« anzuschließen, zu schockieren. So ist vielen z. B. Mustafa K. durch das Foto, auf dem man ihn mit einem abgeschlagenen Kopf in der Hand und einem breiten Grinsen auf den Lippen sieht, in Erinnerung geblieben. Dieses Foto wird bis heute in Lohberg als Mustafas Abschiedsbotschaft an sein altes Leben verstanden. Bekannt wurde auch der deutsche Konvertit Philipp B., ein junger Mann mit blauen Augen und blondem Bart, der mit einer Kalaschnikow über die Schulter gehängt im syrischen Kriegsgebiet sitzt und die Muslime aufruft, seinem Beispiel zu folgen und ebenfalls in den Kampf gegen »den Westen« zu ziehen. Beide prägen das Bild, das viele heute mit Dinslaken-Lohberg in Verbindung bringen.

Wie sich junge Menschen in Dinslaken-Lohberg radikalisierten

Wie konnte es dazu kommen, dass sich eine ganze Gruppe junger Menschen aus dem Stadtteil radikalisierte und schließlich nach Syrien bzw. in den Irak ging, um sich radikal-islamistischen Milizen wie der ehemaligen Al-Nusra-Front (Jabhat al-Nusra) und später auch dem sogenannten Islamischen Staat anzuschließen?

Um dies nachzuvollziehen, muss man den Weg der Radikalisierung im Stadtteil Dinslaken-Lohberg genauer zurückverfolgen. Nach den Berichten des nordrhein-westfälischen Innenministeriums ist es unbestritten, dass sich die beiden erwähnten jungen Männer sowie bis zu 25 weitere im Stadtteil suchten, fanden und unter gezielter »Anleitung« radikalisierten. Viele Lohberger Bürgerinnen und Bürger meinen jedoch bis heute, dass die Jugendlichen gezielt gesucht, gefunden und radikalisiert *wurden*. Die Mitglieder dieser Gruppe aus heutiger Sicht als gescheiterte Existenzen zu bezeichnen, wäre jedoch zu einfach. Unter ihnen waren auch junge Männer, die durchaus Perspektiven in ihrem Leben hatten, sei es im Beruf, Studium oder Privatleben.

Um Antworten zu finden, muss man sich auch mit den ökonomischen und kulturellen Gegebenheiten in Lohberg befassen. Lohberg ist eine ehemalige Bergarbeitersiedlung, die um die ehemalige Zeche Lohberg entstanden ist und dadurch zum Zuhause von Gastarbeitern aus Polen, Italien und vor allem der Türkei wurde.

Vor allem die Menschen im Stadtteil mit muslimischem Migrationshintergrund sind seit jeher stolz auf ihre nationale, kulturelle und religiöse Identität. Sie leben eine konservative Auslegung des Islams, jedoch mit Offenheit und Akzeptanz gegenüber der einheimischen Mehrheitsgesellschaft. Nach dem Wunsch vieler Familien sollen sich die jungen Menschen im Stadtteil in die Mehrheitsgesellschaft integrieren, aber ohne dadurch ihre nationale, kulturelle und religiöse Identität zu vernachlässigen. Jedoch erhoffen sich die Menschen in Lohberg bei dieser Integration auch die Akzeptanz für ihre Identität, die sie bislang nicht wirklich bekommen haben.

Dank der Zeche Lohberg hatten die Menschen Arbeit und es ging ihnen wirtschaftlich gut. Auch stellte die Zeche jedes Jahr mehr als 300 junge Menschen als Auszubildende ein. Dadurch waren die Menschen mit Migrationshintergrund beruflich und damit auch gesellschaftlich integriert, sodass kulturelle Unterschiede eine geringe Bedeutung hatten. Auch die nicht vorhandenen Sprachkenntnisse spielten keine große Rolle für sie, weil sie durch Kollegen stets wussten, was für sie an ihrem unmittelbaren Arbeitsplatz zu tun war. Doch die Sprachbarrieren im Alltag blieben bestehen und die Familien gaben die Verantwortung zur Überwindung der daraus resultierenden Probleme an die Schulen weiter, die schon dafür Sorge tragen würden, dass ihre Kinder die deutsche Sprache erlernen. Zudem glaubten viele Eltern, vor allem jene mit türkischem Migrationshintergrund, dass ihre Kinder – ähnlich wie die Väter in der Zeche Lohberg – notfalls auch ohne Sprachkompetenzen zurechtkämen.

Mit der Schließung der Zeche im Jahr 2005 gingen viele Arbeitsplätze und auch die Berufseinstiegsmöglichkeiten für junge Menschen mit Migrationshintergrund verloren, ohne dass berufliche Alternativangebote geschaffen wurden. Außerdem hatten die Jugendlichen zuvor nicht gelernt, gängige Kriterien des Berufseinstieges (z. B. ein qualifizierter Berufsabschluss, eine ihren Fähigkeiten entsprechende realistische Berufswahl, aber auch Eigenschaften wie Zielstrebigkeit, Disziplin, Ausdauer und Flexibilität) zu erwerben bzw. zu verinnerlichen. Viele dieser jungen Menschen scheiterten bereits an den Hürden eines regulären Bewerbungsverfahrens, etwa wenn es um das Anfertigen von aussagekräftigen Bewerbungsunterlagen ging. Aufgrund dieser Defizite hatten sie große Schwierigkeiten, den Übergang von der Schule in den Beruf zu bewerkstelligen. Stattdessen suchten sie die Schuld für ihre aussichtslose Situation vielfach in der einheimischen Mehrheitsgesellschaft, obwohl die Jugendlichen nicht zuletzt auch aufgrund ihrer brüchigen Bildungsbiografien und den vorherrschenden Sprachbarrieren ins Hintertreffen geraten waren. Sie fühlten sich von der Mehrheitsgesellschaft abgelehnt und nicht gewollt. Es verstärkte sich bei ihnen das Gefühl, dass sie nicht erwünscht waren und nicht gebraucht wurden, obwohl ihre Väter dieses Land in den 1960er Jahren mit aufgebaut hatten.

Jugendarbeitslosigkeit und fehlende Perspektiven wurden mehr und mehr zum Problem. Parallel dazu nahm die Jugenddelinquenz immer mehr zu und Lohberg befand sich auf dem Weg, ein »Problemstadtteil« zu werden. Um diese Negativentwicklungen zu stoppen, wurden vielfältige soziale Angebote und Hilfsmaßnahmen, wie Bewerbungscoaching, aufsuchende Jugendarbeit und interkulturelle Veranstaltungen initiiert, die kurzfristigen Erfolg versprachen, jedoch Nachhaltigkeit aufgrund begrenzter Projektdauer und Fördergelder vermissen ließen.

Hier muss allerdings betont werden, dass es unter den jungen Menschen in diesem Stadtteil auch einige wenige gab (und gibt), die ihren gewünschten Weg gehen konnten und sich gesellschaftlich etabliert haben. Sie profitierten meist von ihren eigenen, gut integrierten Familien, die sich der gesellschaftlichen Anforderungen bewusst waren und die nicht zuletzt deshalb einen großen Wert auf die Bildung ihrer Kinder legten.

Der Großteil der Jugendlichen entstammt jedoch bildungsfernen Familien und ist weiterhin auf der Suche nach Identität, Gemeinsamkeiten, Akzeptanz und Anerkennung. Was in solch einem Lebensumfeld Abhilfe schafft, wird gern angenommen. So wenden sie sich den Menschen zu, die ihnen vertraut sind, und widmen sich dem Umfeld, das ihnen Identität stiftet. Diese Identität kann durch gemeinsame Nationalität, Kultur und Religion definiert und verstärkt werden und führt nicht selten zum Rückzug aus der Gesamtgesellschaft.

Wenn dann z. B., wie in Lohberg, ein »großer Bruder« (türkisch *Abi*, im Türkischen auch als Respektbezeugung verstanden), der seine Akzeptanz in der Gemeinde auf seiner vermeintlichen Frömmigkeit begründet, diesen jungen Menschen seine Aufmerksamkeit widmet, dann genießt er unter ihnen Anerkennung und Respekt. Man hört ihm zu und widerspricht ihm nicht. Wenn dieser Mensch dann auch noch die Jugendlichen ermahnt, die Älteren zu respektieren und sich von Kriminalität und Drogen fernzuhalten, dann sind sogar die Familien zufrieden mit dem neuen Umgang ihrer Kinder. Dieser *Abi* legitimierte seine Ansichten und Forderungen an die Jugendlichen mit dem Islam, sodass man diese von Beginn an nicht infrage zu stellen wagte. Plötzlich hingen tatsächlich viele junge Männer nicht mehr sinnlos herum, begingen keine Gewalttaten oder Einbrüche, tranken keinen Alkohol, nahmen keine Drogen und gehorchten ohne Widerworte ihren Eltern.

Über die gemeinsame Religion, den Islam, sprach er die Jugendlichen in ihren Lebenswelten an und machte ihre Probleme zum Thema. Sein Ziel war es dabei nicht, den friedvollen und barmherzigen Islam zu lehren; stattdessen zog er Parallelen zu der vermeintlichen Unterdrückung und Diskriminierung der Muslime weltweit, womit sich die Jugendlichen, die sich oftmals selbst ausgegrenzt fühlten, identifizieren konnten. Sie sollten begreifen, so die Logik des *Abi*, dass Ausgrenzung und Muslim-Sein untrennbar miteinander verknüpft waren und dass nur das konsequente Auslegen und Ausleben des Islams ihnen Kraft geben, Zusammenhalt stiften und sie gegen Diskriminierung wappnen würde. Seine Religionsauslegung beantwortete von Anfang an alle Fragen und gab den Jugendlichen eine mögliche Orientierung für ihr Leben. Die mit der Zeit zunehmend zutage tretenden eindimensionalen Ansichten und Interpretationen, das Schwarz-Weiß-Denken, die Haltung, Schuld für die persönliche Misere bei anderen zu suchen, die willkürliche Einteilung in Recht und Unrecht und in Gut und Böse – dieses dichotome Weltbild fand bei den Jugendlichen großen Anklang. Doch vor allen Dingen war da ein *Abi*, eine Art großer Bruder, der ihnen zuhörte und ihre Probleme verstand und für sie da war. Man befand sich in vertrauter Gesellschaft. Alle kannten die Sorgen der anderen und jeder Einzelne hatte die gleichen negativen Erfahrungen gemacht wie sein »Bruder« neben sich.

Genau diese Erfahrungen und Annahmen nutzte der *Abi*, um ein Fundament des Verstehens und Vertrauens zu schaffen, auf dem er dann mit seinen religiösen Ansichten Wege aus diesem vermeintlichen Dilemma vermittelte. Er erklärte den Jugendlichen wieder und wieder, dass die Mehrheitsgesellschaft sie nicht brauche, aber ihre Religion und ihre muslimischen Brüder und Schwestern umso mehr. Durch den ständigen Rückbezug auf den Islam verlieh er seinen Worten Gewicht, nach und nach wuchsen die Jugendlichen zu einer verschworenen Gemeinschaft zusammen und bekamen endlich auch Respekt von außen, weil sie sich so intensiv mit ihrem Glauben auseinandersetzten, sich an die Gebote hielten und ihre Brüder und Schwestern in ihrem Umfeld unterstützten.

Gleichzeitig erzählte der *Abi* den jungen Männern immer wieder vom wachsenden Leid der Menschen in Syrien und im Irak und klagte über die in seinen Augen weltweit verbreitete Ungleichbehandlung von Muslimen und die zunehmende Islamfeindlichkeit – allesamt Faktoren, die bei den jungen Männern wie Trigger wirkten und Radikalisierungsprozesse beschleunigten, nach dem Motto: »Da muss ich doch was tun!« Plötzlich reichte es ihnen nicht mehr, den Brüdern und Schwestern im direkten Umfeld zu helfen, sondern sie wollten sich auch um ihre muslimischen Brüder und Schwestern in Syrien kümmern, die »von imperialistischen Kreuzzüglern und dem Handlangerregime von Assad vor den Augen der Weltöffentlichkeit ermordet wurden«. Mit diesen gezielt verächtlichen Bezeichnungen und diesem martialischen Sprachgebrauch versuchte der *Abi*, die jungen Männer um sich herum immer stärker an sich zu binden und an ihr Schuld- und Verantwortungsgefühl zu appellieren. Ständig fragte er die Jugendlichen, wie sie in Deutschland ruhig schlafen könnten, während muslimische Brüder und Schwestern in Syrien ermordet werden.

Der Radikalisierungsprozess schritt in immensem Tempo voran und entwickelte Anziehungskraft auch über die Grenzen von Dinslaken hinaus. Schnell etablierte sich ein harter Kern, der immer radikaler wurde. Dieser harte Kern, die aus den Medien bekannte »Lohberger Brigade«, verschenkte schon bald seinen »weltlichen Besitz« wie DVDs, Fernseher und Handys, vermied den Kontakt zum anderen Geschlecht und wies in der Öffentlichkeit andere Muslime zurecht, weil diese als zu liberal empfunden wurden. Zudem trugen sie keine westliche Kleidung mehr und bauten auch sprachlich Elemente aus dem Arabischen ein. Für sie gab es nur noch die Auslegung des Korans nach dem von ihrem *Abi* vorgebeteten Verständnis und die Einhaltung der damit einhergehenden Verbote und Gebote. Die Radikalisierung gipfelte in der Ausreise der »Lohberger Brigade« in Richtung Syrien. Neben diesem harten Kern machten sich vier weitere junge Männer auf den Weg in das Kriegsgebiet in Syrien, die jedoch nach kurzer Zeit desillusioniert zurückkehrten.

Önay Duranöz

Ein zurückgelassener Stadtteil

Nachdem zu Beginn der Mut der Mitglieder der »Lohberger Brigade« von einigen Jugendlichen gefeiert worden war und man sich, aufgrund der gemeinsamen Vergangenheit, mit ihnen verbunden gefühlt hatte, machten sich nach den ersten grausamen Bildern und dem Medienauflauf in diesem kleinen Stadtteil Ablehnung und Entrüstung breit. Dieser *Abi* und selbsternannte »Prediger« hatte immer wieder gesagt, dass man nach Syrien gehen müsse, um dort humanitäre Hilfe zu leisten und die vertriebenen Muslime zu schützen. Die Lohberger Familien hatten jedoch nicht geahnt, dass die Jugendlichen dort selbst zur Waffe greifen und ebenfalls morden würden. Viele erkannten nun erst, dass dort in Syrien Muslime andere Muslime töteten. Dass auch Lohberger Jugendliche Menschen töteten und mit abgeschlagenen Köpfen in der Hand in die Kamera lächelten, ging für die Menschen im Stadtteil zu weit. Traurigkeit und Resignation machten sich bei den zurückgelassenen Familien und im Stadtteil breit. Es war nun für alle Menschen deutlich zu erkennen, warum die »Lohberger Brigade« damals heimlich ausgereist war. Es ging hier nicht um humanitäre Hilfe für notleidende Muslime, sondern um den bewaffneten Kampf im Namen des Terrors.

Den Angehörigen wurde schnell bewusst, dass sie die jungen Männer wohl nicht mehr wiedersehen und diese im Kampf im Kriegsgebiet sterben würden. Liberale Muslime in Dinslaken waren entsetzt, dass ihre Religion ausgenutzt wurde, um junge Menschen, verblendet von einer radikalen Ideologie, vom Kampf in einem Kriegsgebiet zu überzeugen. In ihrer Trauer, Wut und Machtlosigkeit über die Vorgänge zogen sich die Menschen im Stadtteil und insbesondere die Angehörigen immer mehr zurück. Auch die Scham darüber, die Absichten dieser Gruppe und ihres »Predigers« nicht durchschaut zu haben, isolierte die Familien immer mehr.

Natürlich blieben diese Entwicklungen nicht im Verborgenen und so wurden neben den Sicherheitsbehörden auch viele Medien schon bald im Stadtteil aktiv. Die Journalisten versuchten, den Vorgängen nachzugehen, trafen jedoch auf Familien und Angehörige, die sich in ihrer Trauer und Wut zurückgezogen hatten und nichts mit den Medien zu tun haben wollten. Die Berichterstattung ließ nicht lange auf sich warten: Schon bald galt Dinslaken-Lohberg deutschlandweit als »Salafisten-Hochburg« und seine Bewohnerinnen und Bewohner als Förderer dieser Geschehnisse, da sie die Radikalisierung und Ausreise ihrer Kinder nicht kommen gesehen oder verhindert hatten. Viele der berichtenden Journalisten verstanden nicht, dass das Handeln der Lohberger Gruppe auch die Menschen im Stadtteil schockierte und deren Familien traumatisiert zurückließ. Entsprechend ablehnend war die Haltung vieler Menschen in Lohberg gegenüber Medienvertretern, denen vielfach eher an der Sensation als an seriöser Berichterstattung gelegen war.

Von einem Großteil der Jugendlichen mit muslimischem Migrationshintergrund im Stadtteil, die ständig für Interviews angefragt wurden, schlug den Journalisten Ablehnung entgegen. Sie versuchten damit auf ihre eigene Art, den Stadtteil und die Angehörigen der ausgereisten jungen Männer zu schützen. Aus ihrer Sicht war dies der einzige Weg, um Solidarität untereinander zu zeigen und Zeit für die Überwindung der Trauer, Wut, Verzweiflung und des Schocks zu gewinnen.

Die Entwicklung des Jugendquartiersmanagements in Lohberg

Trotz der steigenden Aufmerksamkeit für den Stadtteil durch externe Kräfte wie Sicherheitsbehörden, Journalisten und Kommune, wurde es vernachlässigt, den zurückgelassenen Familien Hilfe und psychologische Betreuung anzubieten. Lediglich die Moscheevereine und die Migrantenselbstorganisationen (MSOs) waren bemüht, den Familien der jungen Männer zu helfen. In persönlichen Gesprächsrunden wurde versucht, die Vorgänge zu rekapitulieren und Hilfsangebote zu entwickeln. Doch die Beantwortung der Schuldfrage entzweite die Menschen. Es wurden Vorwürfe laut, dass die Eltern zu naiv und unaufmerksam bezüglich des Umgangs und der Entwicklung ihrer Kinder gewesen seien. Deshalb gingen die Familien auf diese Hilfsangebote nicht ein und versuchten auf eigene Faust, Kontakt zu ihren Kindern in Syrien herzustellen und sie zu einer Rückkehr zu überreden, was ihnen allerdings nicht gelang.

Natürlich stand auch die Soziale Arbeit nach diesen Vorgängen vor einer großen Herausforderung. Man wollte die Menschen im Stadtteil nicht allein lassen und individuelle sowie kollektive Hilfsangebote unterbreiten, die auch dringend gebraucht wurden, um die Erlebnisse zu verarbeiten. Zugleich sollten aber auch Maßnahmen entwickelt werden, die die Wiederholung solcher Erlebnisse in der Zukunft verhindern würden. Die Stadt Dinslaken und der Deutsche Kinderschutzbund waren dafür in intensiven Gesprächen mit den ortsansässigen MSOs, Sozialarbeiterinnen und Sozialarbeitern und weiteren sozialen Institutionen, um gemeinsam ein tiefgreifendes und nachhaltiges Angebot für den Stadtteil Lohberg zu schaffen. Alle, ob externe oder interne Akteure, waren sich einig, dass die Hilfe in der Mitte der Lohberger Gesellschaft verankert sein müsste und dass professionelle Sozialarbeiterinnen und Sozialarbeiter eingesetzt werden müssten, die auch der Sprache der betroffenen, muslimischen Familien mächtig waren, dem gleichen Kulturkreis entstammten und somit die Probleme der Menschen authentisch nachvollziehen konnten.

Ein Großteil der perspektivlosen Jugendlichen im Stadtteil ist ständig auf der Suche nach Vorbildern, an denen sie sich orientieren können. Aus diesem Grund hatten sich einige von ihnen an dem »Prediger« orientiert, der jedoch ihr Vertrauen ausnutzte und missbrauchte. Umso wichtiger war es, dass das Jugendquartiersmanagement (JQM) installiert und mit einem Sozialarbeiter mit muslimischem und türkischem Background besetzt wurde, denn er konnte ein neues, professionelles und positives Vorbild sein – ein *Abi*, der die gleichen Erfahrungen wie alle anderen im Stadtteil gemacht hatte, dem es jedoch gelungen war, sich zu integrieren und seinen beruflichen sowie privaten Weg zu gehen; ein *Abi*, der die Hindernisse für Menschen mit Migrationshintergrund in der Mehrheitsgesellschaft überwunden hatte und Türkisch sprach, denn in sprachlichen und kulturellen Gemeinsamkeiten finden die Menschen im Stadtteil Vertrauen, dann empfinden sie die angebotenen Hilfen als authentisch und nehmen sie gern an. Um schneller mit den Menschen im Stadtteil in Kontakt zu kommen, verstärkte sich das JQM mit einem ehrenamtlichen Helfer, der in Lohberg aufgewachsen und bekannt war. Auch eine Sozialarbeiterin für die Gemeinwesenarbeit, ebenfalls mit Migrationshintergrund, wurde eingestellt, sodass es nun auch eine direkte Ansprechpartnerin für die Mädchen im Stadtteil gab.

Die Angebote des Jugendquartiersmanagements Lohberg

Nach verschiedenen lehrreichen Gesprächen mit seinen Kooperationspartnern entwickelte das JQM bedarfsgerechte Angebote für die jungen Menschen im Stadtteil. Zuerst konzentrierte man sich auf ihre dringlichsten Bedürfnisse, da die Gefahr, dass sich weitere Jugendliche radikalisieren würden, weiterhin sehr groß war. Um die Jugendlichen effektiv und im großen Umfang zu erreichen, hat sich das JQM gezielt weitere, starke Partner aus dem Stadtteil gesucht. So schloss das JQM Kooperationen mit den Moscheegemeinden, MSOs und den lokalen Sportvereinen. Gemeinsam mit der Moscheegemeinde wurden z. B. Gesprächskreise entwickelt und der Imam der Moschee nahm sich Zeit, in einer ungezwungenen und lockeren Atmosphäre die Fragen der Jugendlichen zu ihrem Glauben zu

Radikalisierung und Rückkehr als Themen des Jugendquartiersmanagements

beantworten und Missverständnisse klarzustellen. Außerdem richtete die Moschee eine Sprechstunde für Eltern ein, die Auffälligkeiten bei ihren Kindern erkannten und Rat suchten. Das JQM nutzte diese Gesprächsrunden zugleich, um die Problemlagen und Bedarfe der Jugendlichen und Eltern zu erfassen. Hierbei war es von großer Bedeutung, dass das JQM mithilfe anerkannter und alteingesessener Personen aus dem Moscheevorstand, den lokalen Vereinen, der Lokalpolitik und anderer sozialer Hilfeträger aus dem Stadtteil den Zugang zu den Jugendlichen fand.

Schnell wurde jedoch klar, dass die Jugendlichen besonders dringend Hilfestellungen beim Übergang von der Schule ins Berufsleben benötigten, um sich – nicht zuletzt mit Blick auf die Gesamtgesellschaft – nicht länger ausgegrenzt und perspektivlos zu fühlen. Zu den Angeboten des JQM zählt bis heute deshalb unter anderem das intensive Berufs- und Bewerbungscoaching – das stärkste »Pfund« in seiner Arbeit. Um präventiv anzusetzen, hat das JQM mit den Schulen, die von den meisten Kindern und Jugendlichen aus Lohberg besucht werden, ein Konzept entwickelt, dass ab dem 8. Schuljahr auf den Übergang von der Schule in den Beruf vorbereitet. Externe Fachkräfte bieten über ein gesamtes Schuljahr einmal pro Woche nachmittags Handwerks- und Kunst-AGs an. Durch die Handwerks-AG sollen die Kinder und Jugendlichen den Umgang mit diversen Werkstoffen und Werkzeugen kennenlernen, um ihr mögliches Interesse und Talent an einer handwerklichen oder technischen Berufsausbildung zu entdecken. In den wöchentlichen Kunst-AGs haben sie die Möglichkeit, den Umgang mit verschiedenen Materialien wie Ton oder Holz sowie auch ihr zeichnerisches und kreatives Talent kennenzulernen.

Ab Klasse 9 werden in Kooperationen mit den lokalen Unternehmen und den Berufsschulen diverse Ausbildungsberufe vorgestellt und den Schülerinnen und Schülern wird erklärt, welche Attribute für welchen Beruf von Bedeutung sind. Durch den Besuch der lokalen Unternehmen erfahren die Schülerinnen und Schüler aus erster Hand, was sie für den Berufseinstieg konkret mitbringen müssen. Doch das Hauptziel ist bei jedem Angebot die Entfaltung und Entwicklung sozialer Kompetenzen im Umgang miteinander. Diese Angebote sind bis heute fest an den Schulen installiert und werden vom JQM gemeinsam mit Lehrern und externen Akteuren durchgeführt.

Außerhalb der Schulzeit werden im Stadtteil selbst, im Büro des JQM, das zentral am Marktplatz des Stadtteils gelegen und für jeden zugänglich ist, individuelle und Gruppencoachings angeboten. Um den Kindern und Jugendlichen beizubringen, sich Ziele zu setzen und dafür auch etwas zu tun, werden gemeinsam Zielvereinbarungen getroffen und diese verfolgt. Dies kann dann so aussehen, dass ein Jugendlicher, der eine Berufsausbildung im Handwerk anstrebt, seine Mathematiknote um eine Schulnote verbessern muss. Es kann aber z. B. auch ein verbesserter Umgang mit Mitschülerinnen oder Mitschülern bzw. mit den Lehrkräften vereinbart werden. Da das JQM die Zielvereinbarungen mit den Jugendlichen in Einzelgesprächen trifft, ist dies eine vertrauliche und verlässliche Bindung zwischen den Jugendlichen und dem Sozialarbeiter. Die Sozialarbeiterin der Gemeinwesenarbeit unterstützt das JQM hier bei der Betreuung der Mädchen. Wenn man auf dieser Basis das Vertrauen der jungen Menschen genießt, kann man die Hilfsangebote auf weitere Felder des täglichen Lebens übertragen.

Zu den Inhalten des Bewerbungscoachings, die individuell oder in Gruppen stattfinden, gehören: Überprüfung und Bewusstwerdung der eigenen Stärken und Fähigkeiten hinsichtlich der Berufswahl, Erläuterung der Anforderungen diverser Ausbildungsberufe und Ausbildungsinhalte, Bewerbungstraining (Anfertigen von Deckblättern, Lebensläufen und Anschreiben), Internetrecherchen, Telefontraining, praktisches Üben und Simulieren von Vorstellungsgesprächen, Vorbereitung auf Einstellungstests, Stärkung der sozialen Kompetenz durch Sozialtrainings, Arbeitsweltorientierung und Vermittlung der geforderten Kompetenzen, Aufklärung über Rechte und Pflichten eines Auszubildenden, Informationen über die Berufsabschlüsse, die an Berufsfachschulen erworben werden können, und Vermittlung von Betriebsbesuchen in Kooperation mit lokalen Unternehmen.

Das Konzept zeigte schnell positive Ergebnisse, denn fast alle Jungen und Mädchen konnten nach der Teilnahme entweder eine Berufsausbildung beginnen oder aber in eine schulische Weiterbildungsmaßnahme vermittelt werden. Die Jugendlichen haben erkannt, wie sie die hohen Hürden von der Schule in den Beruf überwinden können und dass sie stets verlässliche Ansprechpartner um sich herum haben. Zudem gab es positive Synergieeffekte, da die Jugendlichen das erworbene Wissen in ihre Peer-Gruppen hereintrugen und so weitere Jugendliche motivierten, diese pädagogischen Angebote anzunehmen. Angesichts der Erfolge der Jugendlichen, die das Bewerbungscoaching absolviert haben, ist es mittlerweile »in«, sich nicht hängen zu lassen, sondern zum JQM zu gehen und Bewerbungen zu schreiben, um selbst eine neue Perspektive durch einen Ausbildungsplatz zu bekommen. Dieses Hilfsangebot ist für die präventive Arbeit mit Jugendlichen im Stadtteil von elementarer Bedeutung.

Das JQM hat darüber hinaus mit den lokalen Schulen ein Konfliktmanagement entwickelt. Über Jahre gab es schon Probleme mit Schülern aus Lohberg, die in verschiedenen Bereichen ein auffälliges Sozialverhalten zeigten. Gleichzeitig hatten die Eltern häufig keinerlei Kenntnisse über pädagogische Hilfsangebote, die sie beantragen und nutzen konnten. Durch die fehlende Kommunikation war der Dialog zwischen Eltern, Schülern und der Schule fast zum Erliegen gekommen. Dies hängt auch damit zusammen, dass es für die meisten türkischstämmigen Familien in Lohberg in der Vergangenheit kaum einen Anlass gab, ihre deutschen Sprachkompetenzen zu verbessern, da sie in ihrem Mikrokosmos allein mit der türkischen Sprache problemlos zurechtkamen.

Hier setzte das JQM an und bot sich als unabhängiger Vermittler an. Da die haupt- und ehrenamtlichen Mitarbeiter des JQM sowie die Sozialarbeiterin der Gemeinwesenarbeit Türkisch sprechen, können sie die Probleme dieser Familien verstehen, einordnen und weitergeben und so als Vermittler zwischen streitenden Parteien dienen. Ziel des Konfliktmanagements war es, die entstandenen Mauern einzureißen und ohne Schuldzuweisungen und unter Berücksichtigung kultureller Gegebenheiten im Interesse aller Beteiligten gemeinsam Lösungen zu finden. Mit diesem Angebot gewann das JQM das Vertrauen der Eltern, aber auch der Institutionen, da man nun vermehrt an einem Strang zog und Probleme rasch anging, um sie nicht eskalieren zu lassen.

Ein weiteres Problem: Vielfach fehlte es in Lohberg an Möglichkeiten zur sinnvollen und effektiven Freizeitgestaltung. Um das Freizeitangebot attraktiver zu gestalten und die Jugendlichen vor dem sinnlosen »Abhängen« zu bewahren, hat das JQM seine lokalen Kooperationspartner in den Sportvereinen mobilisiert. Jugendliche, die nicht viel mit sich, ihrer Energie und ihrer Freizeit anzufangen wissen, können sich den diversen Sportvereinen anschließen. Hierbei ist es wichtig, dass das JQM und die Sportvereine gemeinsam die Eltern und Jugendlichen ansprechen und über Angebote informieren. Dank der öffentlichen Fördergelder zur sozialen und gesellschaftlichen Teilhabe konnten auch die finanziellen Hürden für die Eltern überwunden werden. Die Trainer und Verantwortlichen wiederum wissen, dass sie eine soziale Verantwortung tragen und deshalb immer ein Auge auf die sonstigen Bedürfnisse sowie die Veränderungen im Verhalten und Auftreten der Jugendlichen haben müssen.

Die Zusammenarbeit mit den ortsansässigen Akteuren, Vereinen und Institutionen ist von immenser Bedeutung für das JQM. Ohne dieses große Netzwerk innerhalb des Stadtteiles hätten die beschriebenen pädagogischen Maßnahmen und Angebote der ganzheitlichen Präventionsarbeit nicht umgesetzt werden können. Doch der wohl wichtigste Schritt war es, *Abis* zu finden, die selbst in diesem Stadtteil aufgewachsen sind, ein bestimmtes Alter hatten, im Leben standen und die vor allem den Respekt der Jugendlichen genossen. Diese *Abis* waren für das JQM die Türöffner, erst als sie dem JQM vertrauten, die mit dessen Angeboten verbundenen Ziele erkannten und unterstützten, konnte das JQM in Lohberg Fuß fassen und sich nach gewisser Zeit etablieren.

Die Arbeit mit den Syrien-Rückkehrern

Wie bereits berichtet, kehrten vier junge Männer bereits nach wenigen Wochen wieder nach Hause zurück. Am Anfang begegnete der Stadtteil ihnen mit Angst und Ablehnung. Man wusste nicht, wie man sie empfangen und mit ihnen umgehen sollte. Die Familien im Stadtteil waren besorgt, dass die Rückkehrer ihre Kinder gefährden und radikalisieren könnten. Auch die Rückkehrer wussten, dass sie sich nicht ohne Weiteres wieder in die Gesellschaft integrieren konnten. Nachdem sie nach ihrer Rückkehr Ablehnung und Ausgrenzung erfahren hatten und für einige Wochen bei ihren Familien untergetaucht waren, suchten sie die Unterstützung des JQM, weil sie die vielfältigen Probleme, die sie schon vor ihrer Ausreise gehabt hatten, bewältigen wollten, um einen Neuanfang in Deutschland zu starten. Beim JQM stießen sie auf offene Türen. Nachdem die Sicherheitsbehörden bestätigt hatten, dass keine Gefahr von ihnen ausging, übernahm das JQM ihre Betreuung.

Das JQM konzentrierte sich in der Einzelfallhilfe für diese jungen Männer auf ihre individuellen Bedürfnisse und Ressourcen. Sie hatten Schulden und keine Arbeit, weshalb die wichtigste Aufgabe war, für sie eine Zukunftsperspektive zu schaffen. Durch individuelle Zielvereinbarungen, in denen die Bedürfnisse der Rückkehrer im Mittelpunkt standen, gelang es schließlich, mithilfe der Netzwerkpartner in Dinslaken und Umgebung Arbeitsplätze zu finden und Einigungen mit den Gläubigern zu erzielen.

Zudem wurde die Kommunikation mit den Sicherheitsbehörden aufrechterhalten, um die Informationen und Entwicklungen bezüglich der Reintegration der Rückkehrer abzugleichen. Zeitgleich wurde der Abbau von Vorbehalten der Lohberger gegenüber den Rückkehrern vorangetrieben. In Gesprächen mit den lokalen Akteuren und den Familien erklärten die vier Rückkehrer ihre Beweggründe für ihre Hinwendung zum radikalen Islamismus und ihre Ausreise. Zudem war es für die Menschen wichtig zu erfahren, was die jungen Männer in Syrien erlebt und warum sie sich entschieden hatten, zurückzukehren. Die offenen und ehrlichen Gespräche mit den vier Rückkehrern trugen maßgeblich dazu bei, dass diese sich wieder in den Stadtteil integrieren konnten und nicht weiter stigmatisiert wurden. Doch das hohe Interesse der Presse und der Öffentlichkeit an den Rückkehrern erschwerte ihre Reintegration immens, denn die negative und einseitige Berichterstattung schürte weiterhin Ängste vor ihnen und der »Salafisten-Hochburg« Lohberg. So musste bei sehr vielen Netzwerkpartnern viel Überzeugungsarbeit geleistet werden, damit sie diesen jungen Männern, die aufgrund von Wut, Frustration, falschen Kontakten, aber auch falscher und eindimensionaler Interpretation ihrer Religion und Unkenntnis über die globalen Auseinandersetzungen in der muslimischen Welt nach Syrien gegangen waren, eine neue Chance gaben. Glücklicherweise erhielten die jungen Männer diese und nutzten sie im Laufe der Zeit.

Rückwirkend kann das JQM sagen, dass der wichtigste Punkt im Umgang mit den Rückkehrern die Zurückhaltung der Sozialarbeiter war. Es ging in der sozialen Arbeit mit den jungen Männern nie darum, ihnen Vorwürfe zu machen, nie um das »Wieso«, »Weshalb«, »Warum« oder das »Wie konntet ihr nur!«. Es wurde stets vermieden, Religionsdebatten aufkommen oder sich zu Wertungen hinreißen zu lassen. Die Arbeit mit den Rückkehrern konzentrierte sich ausschließlich auf ihre individuellen Problemlagen. So konnte das Vertrauen der vier jungen Männer gewonnen werden. Sie haben später zurückgemeldet, dass diese Haltung eine große Erleichterung für sie gewesen war.

Doch es muss einschränkend angemerkt werden, dass diese Art der Betreuung nur möglich war, weil die vier Rückkehrer nicht so stark indoktriniert und radikalisiert waren wie Ausreisende und Rückkehrer anderswo in Deutschland. Sie waren unabhängig vom harten Kern der »Lohberger Brigade« ausgereist. Zum Zeitpunkt ihrer Ausreise gab es noch keinen erstarkten »Islamischen Staat« und viele Rebellengruppen in Syrien stritten noch um die Vorherrschaft im Kampf gegen das Assad-Regime. Es war für die jungen Männer auch deshalb alles andere als klar, worauf sie sich konkret eingelassen hatten.

Der eingangs erwähnte *Abi* kam übrigens der von ihm ausgerufenen Pflicht zum bewaffneten Kampf selbst nicht nach, sondern tauchte, nach Informationen der Sicherheitsbehörden, nach der Ausreise der »Lohberger Brigade« im Ausland unter und wagt es seitdem nicht mehr, nach Lohberg zurückzukehren.

Fazit

Durch die intensive Betreuung radikalisierter Jugendlicher konnte das JQM einen einmaligen Einblick in die Propagandamaschinerie radikaler Islamisten gewinnen, der es erlaubte, Gegenkonzepte zu entwickeln, die in der Präventionsarbeit mit weiteren Jugendlichen genutzt werden. Zu dieser ganzheitlichen Präventionsarbeit im Stadtteil kam später hinzu, dass die Rückkehrer bereit waren, anderen, am radikalen Islamismus interessierten Jugendlichen von ihren negativen Erfahrungen und ihrer systematischen Verblendung zu berichten, und sie damit in die Prävention eingebunden werden konnten. So konnten die »heiligen Versprechungen und Prophezeiungen« der radikal-islamistischen Prediger entzaubert und der Blick der Jugendlichen auf sich, ihre Gemeinde und ihre Verpflichtungen und Möglichkeiten innerhalb Deutschlands gelenkt werden. Die Erfahrungen des JQM zu diesem Thema werden in der Präventionsarbeit noch heute in den Schulen an die Lehrer- und Schülerschaft in Dinslaken und Umgebung weitergegeben.

Jeder Sozialarbeiterin und jedem Sozialarbeiter in der stadtteilbezogenen Jugendarbeit muss allerdings klar sein, dass man nicht alles abdecken kann, weshalb man mit anderen Expertinnen und Experten kooperieren sollte. Die Moscheegemeinde und der Imam sind für religiöse Fragen der Jugendlichen zuständig. Die Sportvereine und stadtteilbezogene Jugendprojekte dienen dazu, dass die Jugendlichen ihre Freizeit effektiv nutzen und soziale Kompetenzen (weiter)entwickeln. Bei Problemen in der Schule und beim Übergang von der Schule ins Berufsleben gibt es in Lohberg das JQM, ein Team aus professionellen Sozialarbeitern, ebenfalls mit Migrationshintergrund und im Stadtteil bekannt, die je nach individueller und kollektiver Problemlage Hilfs- und Unterstützungsmaßnahmen entwickeln. Zudem braucht man noch engagierte und zuverlässige Respektpersonen und Vorbilder *(Abis)*, die in Kooperation mit den Jugendhilfeträgern interessante Jugendprojekte entwickeln, anleiten, begleiten und sich dabei an den Bedürfnissen der Jugendlichen orientieren.

Das Projekt »Botschafter der Toleranz«, das bereits mehrfach durchgeführt wurde, oder das Projekt »Bergparkpaten«, sind nur zwei Beispiele solcher Projekte aus Dinslaken. Im Projekt »Botschafter der Toleranz« arbeiten Lohberger Jugendliche mit Jugendlichen mit christlichem und jesidischem Hintergrund aus den anderen Stadtteilen Dinslakens zusammen und suchen z. B. Gemeinsamkeiten in ihren Peergroups, Familien, Religionen und im Alltag. Dieses Projekt dient der Demokratieerziehung sowie der Förderung der Ambiguitätstoleranz und ist bei den Jugendlichen mittlerweile sehr beliebt.

Radikalisierung und Rückkehr als Themen des Jugendquartiersmanagements

Um das alte Zechengelände, das nun der Bergpark ist, wieder attraktiv zu gestalten und die Sachbeschädigungen einzudämmen, beteiligen sich ca. 20 Jugendliche am Projekt »Bergparkpaten«. Gemeinsam als Gruppe säubern, pflegen und gestalten sie den Bergpark in Zusammenarbeit mit den kommunalen Servicediensten und den externen Künstlern, die sich hier niedergelassen haben. So übernehmen sie für sich, ihre Familien und den Stadtteil Verantwortung, denn der Bergpark soll ein Ausflugsziel für Menschen aus Lohberg, aber auch für Gäste aus dem gesamten Rhein-Ruhr-Gebiet sein. Die jungen Menschen möchten unbedingt zeigen, dass der Ruf Lohbergs als »Salafisten-Hochburg« nicht gerechtfertigt ist. Das positive Echo, das dieses Projekt in den Medien und bei den Menschen aus dem gesamten Stadtgebiet findet, bestärkt die Jugendlichen in ihrem sozialen Engagement. Zudem sind dadurch auch lokale Unternehmen auf die Jugendlichen im Stadtteil aufmerksam geworden und haben Praktikumsmöglichkeiten angeboten. Diese positiven Verstärker sind von großer Bedeutung für die gesellschaftliche Teilhabe und Integration der Jugendlichen.

Husamuddin Meyer

Gefängnisse als Orte der Radikalisierung – und der Prävention?

Einleitung

»Wenn man sich selbst hasst, dann ist alles egal. Dann ist man zu allem fähig.« Das sagte mir ein Häftling in einer Rückschau nach einer vierjährigen Haft. Er hatte regelmäßig an dem religiösen Angebot teilgenommen, wir hatten unzählige Einzelgespräche über seine persönlichen Sorgen und über die immer wieder auftretenden Konflikte im Gefängnis geführt. Er betrachtete in dieser Rückschau beeindruckend reflektiert seinen Wandel, auch seinen sehr unruhigen Zustand bei Strafantritt. Er war im Heim aufgewachsen, hatte das für das Leben so zentrale Selbstwertgefühl nicht entwickeln können, führte mehrere Raubüberfälle durch, nahm auf einer der Kundgebungen des salafistischen Predigers Pierre Vogel den Islam an, suchte Anschluss, Selbstbestätigung, Selbstwertgefühl. Er ging nicht sehr weit in die Szene hinein, sonst hätte er ein typischer Syrien-Ausreisender oder gar ein *homegrown terrorist* werden können. Stattdessen kehrte er zurück zu den Raubüberfällen und wurde zu mehr als fünf Jahren Haft verurteilt – als 19-Jähriger. Er hatte das große Glück, dass es in der Justizvollzugsanstalt (JVA), in der er einsaß, ein seelsorgerisches Angebot gab. Das hat ihn sehr verändert und von einem sich selbst hassenden Menschen zu einem reflektierten jungen Mann werden lassen, der sein Potenzial ausschöpft und zufrieden wirkt, endlich ein Selbstwertgefühl entwickeln konnte, sich geliebt fühlt. »Ich habe jetzt verstanden, worum es im Islam geht«, sagte er mir später.

Wäre er im Gefängnis statt auf den Seelsorger auf einen hochgradig ideologisierten Islamisten getroffen, hätte sein Lebensweg sich ganz anders fortsetzen können.

Terroranschläge werden häufig – etwa 2004 in Madrid, 2012 in Toulouse, 2015 in Paris oder im Dezember 2016 in Berlin – von entlassenen Straftätern verübt,[1] bei denen ähnlich wie in dem oben erwähnten Beispiel ungünstige biografische Voraussetzungen, kriminelle Energie und eine menschenverachtende Ideologie eine explosive Mischung bilden. Die

Radikalisierung, die Vermittlung der Ideologie, erfolgte nicht selten im Gefängnis. Nach dem Attentat von Kopenhagen 2015, bei dem zwei Menschen erschossen wurden, sagten Weggefährten des Täters, dass dieser ein anderer Mensch gewesen sei, als er rund zwei Wochen zuvor aus dem Gefängnis entlassen worden war. Statt über Autos und Frauen zu sprechen, habe er über Religion monologisiert, über die Opfer im Gazastreifen und das Paradies.[2]

Die Erkenntnis, dass Gefängnisse zu Brutstätten für Radikalisierungsprozesse werden können, setzte sich seltsamerweise aber erst nach dem Anschlag auf die Redaktion des Satiremagazins *Charlie Hebdo* im Januar 2015 in Paris durch. Von den beiden Attentätern, den Kouachi-Brüdern, die auch im Heim aufgewachsen waren, begegnete einer im Gefängnis einem Rekrutierer von al-Qaida und Getreuen von Osama bin Laden, der seinen Radikalisierungsprozess maßgeblich beeinflusste.[3] Auch Amedy Coulibaly, der dritte Attentäter, der kurz nach dem Attentat auf *Charlie Hebdo* den jüdischen Supermarkt überfiel, hatte im Gefängnis zum Zirkel dieses Rekrutierers gehört. Er saß wegen Raubüberfällen und Drogenhandels ein.[4]

Gerade im Gefängnis muss also verstärkt Präventionsarbeit stattfinden,[5] wenn man Radikalisierungen verhindern möchte. Können muslimische Seelsorger hierzu einen Beitrag leisten?

Muslimische Seelsorge als Beitrag zur Radikalisierungsprävention

Die eigentliche Seelsorge

Die Hauptaufgabe der Seelsorge leitet sich vom Wort selbst ab: Die Sorge um die Seele. Eine gesunde Seele macht einen zufriedenen Menschen aus. Dieser hat keinen Grund für kriminelle Taten, extremistische Bestrebungen oder zerstörerische Handlungen. Selbsthass dagegen ist ein gefährlicher Zustand.

Seelsorge ist insbesondere in Krisensituationen, z. B. im Gefängnis, von großer Wichtigkeit. Die Häftlinge sind vielfach auf sich allein gestellt, dürfen nur begrenzt Besuch bekommen und telefonieren und haben kein Internet. Viele Häftlinge denken in und aufgrund dieser Situation über ihr bisheriges und zukünftiges Leben nach, wollen etwas verändern. Viele beschäftigen sich mit religiösen Fragen wie Vergebung, aber auch mit dem Sinn des Lebens.

Nicht zuletzt deshalb gibt es seit Jahrzehnten vom Staat bezahlte christliche Hauptamt-Seelsorger (meist sogar einen katholischen und einen evangelischen) in allen Gefängnissen, die Gottesdienste abhalten, sich um die persönlichen Probleme der Inhaftierten kümmern und rund um die Uhr ansprechbar sind.

Mittlerweile beträgt der Anteil der Muslime in den Gefängnissen Deutschlands etwa 20 Prozent, im Jugendvollzug teilweise über 50 Prozent.[6] Sie haben durch den meist vorhandenen Migrationshintergrund oft noch mehr Sorgen als die einheimischen Straftäter. Manchmal sind die Straftaten eine direkte oder indirekte Folge des Migrationshintergrundes, etwa wenn sie auf Identitätskonflikte, einen starken Geltungsdrang oder das Aufeinanderprallen von unterschiedlichen Erziehungskonzepten der Eltern und der Mehrheitsgesellschaft zurückzuführen sind oder wenn Diskriminierungserfahrungen gemacht wurden. Bei anderen (etwa bei denjenigen, die ohne gültigen Aufenthaltstitel aufgegriffen wurden, sich nicht einmal in deutscher Sprache verständigen können und hier keine Angehörigen haben) verstärkt der Aufenthalt in der Fremde fern von ihrer Heimat die Probleme; Kriminalität und Gefängnisaufenthalte können folgen. Dennoch gibt es in vielen Gefängnissen keinen muslimischen Seelsorger; in einigen finden vereinzelt Besuche von DITIB[7]-Imamen statt, die allerdings meist kein Deutsch können und daher einen Übersetzer mitbringen.

Als ich 2008 die Arbeit in der Justizvollzugsanstalt (JVA) Wiesbaden begann, bat mich die JVA-Direktion ein Freitagsgebet in deutscher Sprache anzubieten, bei dem explizit auch »Ehrverbrechen« wie der sogenannte Ehrenmord thematisiert werden sollten. Diese Art von Verbrechen machte damals wie heute einen Teil der Straftaten aus, die mit der Religion begründet wurden. Die große Resonanz – die Teilnahmequote lag von Beginn an bei 60 bis 70 Prozent der muslimischen Inhaftierten – zeigte, wie hoch der Bedarf an religiösen Angeboten war (und nach wie vor ist). Der große seelsorgerische Bedarf wurde auch deutlich, als nach dem Freitagsgebet viele Anfragen nach einem persönlichen Gespräch kamen. Viele sagten mir: »Endlich einer von uns, der uns versteht!«

Vermittlung von Islamwissen

Religiöses Vorwissen war damals unter den Häftlingen so gut wie nicht vorhanden. Da es in den meisten Gefängnissen keine offizielle religiöse Betreuung in Form eines Imams gibt, wird diese Funktion dort nicht selten von zweifelhaften bis gefährlichen Mithäftlingen – im schlimmsten Fall von hochgradig radikalisierten Personen – übernommen. Sie erwecken den Eindruck, dass sie den Islam sehr gut kennen, haben aber in Wirklichkeit häufig nur Phrasen und bestimmte Koranverse auswendig gelernt und sich daraus eine vereinfachte Interpretation zusammengebaut. Sie unterrichten quasi »den« Islam im Gefängnis und erklären den Mitgefangenen die Pflicht des Dschihad. Der Dschihad, so belehren sie ihre Mithäftlinge unter anderem, erlaube nach den *Fatwas* (Rechtsgutachten), z. B. von Anwar al-Awlaki[8], neuerdings auch Attacken auf Zivilisten und sogar Selbstmordattentate. Auf diese Art und Weise könne man sich mit ganzer Kraft für den »Islam«, für »Allah« einsetzen und seinem »Leben endlich einen Sinn geben«.[9] Gewalt wird so im Sinne der Religion interpretiert und legitimiert.

Im Gefängnis treffen – vereinfacht ausgedrückt – zwei Typen aufeinander: Radikale und wütende Manipulierbare. Ein Radikalisierter kann schnell viele Anhänger gewinnen, die in der Folge zu vielen – manchmal schlimmen – Straftaten fähig sind, wenn sie sich auf dem richtigen Weg wähnen.[10] Die meisten stehen auf Kriegsfuß mit den Autoritäten, viele haben Erfahrung in der Waffenbeschaffung und entsprechende Kontakte, sind geschult in konspirativen Operationen. Die ohnehin schon geringen Hemmschwellen in Bezug auf Gewalttaten verschwinden durch den nun vorhandenen ideologischen Überbau gänzlich. Gewalttaten und andere Verbrechen werden sakralisiert: Von nun an arbeiten die ehemals Kriminellen für eine große Sache, bekommen anders als zuvor viel Ansehen und werden berühmt. Sie werden zu »Löwen der *Umma* (der muslimischen Gemeinschaft)« bzw. zu »Löwen Allahs«. Im Extremfall werden sogar Drogenhandel mit den *kuffar*[11] (»Ungläubigen«), Vergewaltigungen von »Ungläubigen« oder Einbrüche, selbst in Schulen und sogar in Kirchen[12], von den Extremisten religiös gerechtfertigt. Alles, was vorher illegal war und wofür man sich zumindest etwas schämte, wird nun zu einer guten Tat.

Hinzu kommt, dass bei der Rekrutierung durch radikale Islamisten im Gefängnis ein besonders perfides Argument verwendet wird: Den Rekrutierten wird Angst vor der Hölle gemacht, die sie aufgrund ihrer vielen Sünden nur noch durch den »Märtyrertod«[13] vermeiden könnten, weil man durch ihn garantiert ins (höchste) Paradies käme. Von einem solchen Argumentationsmuster haben mir viele Häftlinge erzählt.

Ab 2011 versuchten Rekrutierer mehr und mehr, in Fitnessstudios, in Schulen, in Moscheen, überall, wo man junge Leute antreffen konnte, mit Videos von Gräueltaten syrischer Soldaten des Assad-Regimes an der syrischen Bevölkerung und einfachen Antworten auf schwierige Fragen junge Menschen dazu zu bringen, sich dem Kampf in Syrien anzuschließen. Auch die kriminelle Szene entdeckten sie schnell als idealen Pool für die zunehmend benötigen Kämpfer gegen das Regime des syrischen Präsidenten Assad. Explizit waren sie dabei auf der Suche nach Leuten mit geringen Islamkenntnissen, die man »formen« und denen man ein bestimmtes Islamverständnis näherbringen konnte.[14]

Insbesondere zwischen 2011 und 2016 war daher im Gefängnis zu spüren, dass neu ankommende Straftäter zunehmend »religiöse« Parolen von sich gaben oder Koranverse über Gewalt zitierten, wie sie z. B. auch von muslimfeindlichen Agitatoren verwendet werden, um aufzuzeigen, dass Gewalt inhärenter Bestandteil des Islams sei. Offensichtlich waren sie also schon vor der Haft oder in anderen Haftanstalten mit Rekrutierern in Berührung gekommen. Mehr und mehr junge Häftlinge sprachen von der Scharia[15], waren unsicher und suchten nach Antworten auf Fragen bezüglich ihrer Religion – wie etwa die, mit denen ich nach dem Freitagsgebet in der JVA Weiterstadt regelmäßig konfrontiert wurde: »Ist die Auswanderung *(hidschra)* in ein islamisches Land bzw. das Kalifat Pflicht?«, »Ist nicht jeder, der nicht auswandert, ein Ungläubiger und damit ein legitimes Ziel für einen Angriff?« oder »Ist der Kampf in Syrien ein Dschihad, der es für alle verpflichtend macht, mitzukämpfen?«, »Müssen Muslime getötet werden, die nicht beten?« – Fragen, die darauf hindeuteten, dass unter den Häftlingen rege Diskussionen stattfanden, und auf die radikalisierte Mithäftlinge ihre ganz eigenen Antworten hatten. Nur alle zwei Wochen, wenn ich das Freitagsgebet abhielt, konnte ich nach der Predigt in den wenigen verbleibenden Minuten versuchen, deren Argumente zu entkräften – ein Tropfen auf den heißen Stein.

Terrorismus war auch in der JVA Wiesbaden von Anfang an Thema, etwa wenn sich afghanische junge Häftlinge während meiner wöchentlichen Besuche erkundigten, wie denn das Engagement ihrer Verwandten bei den Taliban religiös zu beurteilen sei oder wie Osama bin Laden seine Taten rechtfertige, da er ja optisch bzw. von seiner Kleidung her einer religiösen Person glich und sich auf die Religion berief.

Es muss daher unbedingt Islamwissen vermittelt werden, um die muslimische Identität dieser inhaftierten Personen mit positiven Inhalten zu füllen und die große Mehrheit so gegen die Missionierungsversuche der Extremisten zu »immunisieren« bzw. ihnen das entsprechende Werkzeug an die Hand zu geben, sich mit den verschiedenen Interpretationen des Islams kritisch auseinanderzusetzen und diese zu hinterfragen.

Ein im Gefängnis tätiger Imam kann in dieser Hinsicht schon viel bewirken, wenn er z. B. in einer Freitagspredigt Themen anspricht, die die Häftlinge beschäftigen. Die Freitagspredigt wird für gewöhnlich gut besucht und ist eine hervorragende Gelegenheit zur Ansprache. Oft sagten mir junge Häftlinge nach der Freitagspredigt, in der wir auch über den sogenannten Islamischen Staat (IS, früher ISIS) sprachen: »Gut, dass Sie das angesprochen haben! Hier hinter Gittern wird viel diskutiert, ob ISIS gut ist oder nicht. Wenn der Imam das sagt, ist das überzeugend!«

»Wutprophylaxe«

Die Vermittlung von Wissen über den Islam genügt allerdings nicht, denn die Gründe für die Hinwendung zur Gewalt sind vielfältig. Als Mohamed Merah 2012 in Toulouse über mehrere Tage hinweg Franzosen jüdischen Glaubens und muslimische Franzosen in Militärkleidung erschoss, eher er selbst Tage später von Polizisten erschossen wurde, wurde mir durch die Kommentare der Häftlinge zum ersten Mal klar, dass Attentate häufig mehr mit Wut als mit Religion bzw. Fanatismus zu tun haben. Damals sagte ein nordafrikanischer Häftling nach dem Freitagsgebet über den Täter: »Der hat's richtig gemacht!« Als Motiv hatte Merah kurz vor seiner Tat einem Journalisten des Senders France 24 Protest gegen das Verschleierungsverbot, den Afghanistan-Einsatz der französischen Armee und die Situation in Palästina genannt. Die Wut auf »das System«, »den Westen«, Amerika, und immer wieder »die Juden« bzw. Israel ist auch bei vielen Häftlingen groß. Die Weltpolitik wird als insgesamt islamfeindlich wahrgenommen. Dschihadismus und der Krieg in Syrien und im Irak werden daher von vielen als Konsequenz der Interventionen westlicher Länder im Nahen Osten gesehen.[16]

Dass junge radikalisierte Menschen meinen, mit ihrem Kampf in Syrien und dem Irak einer Art internationaler Widerstandsbewegung zur Verteidigung der Muslime weltweit beigetreten zu sein, hat auch mit der ideologischen Hintergrundarbeit zu tun: z. B. erschien 2005 das 1600 Seiten umfassende Werk *Aufruf zum weltweiten islamischen Widerstand* des mutmaßlichen Mitglieds von al-Qaida, Abu Musab al-Suri; es fand starke Verbreitung durch das Internet, insbesondere über YouTube.[17] Auch die deutschen Salafisten nutzten YouTube von Anfang an stark, um zum Zwecke der Missionierung produzierte Videos zu verbreiten.

Während die westlichen Medien oft Gräueltaten islamistischer Terroristen zeigen und damit unbewusst auch der Islamfeindlichkeit in der Gesellschaft Vorschub leisten, schicken sich junge Muslime gegenseitig Videos von den Misshandlungen der Palästinenser durch israelische Siedler und Soldaten, Berichte über Guantanamo, Fotos aus dem amerikanischen Foltergefängnis Abu Ghraib, von den Folterungen und Hinrichtungen von Muslimen in Myanmar durch radikal-extremistische Buddhisten oder von den Massakern an Muslimen durch christliche Milizen in der Zentralafrikanischen Republik. Die von den Extremisten explizit verfolgte Strategie der Spaltung der Gesellschaft wird so kontinuierlich vorangetrieben.

Ein Beispiel aus meiner Arbeit dafür, wie sehr auch Häftlinge durch unreflektierten Medienkonsum manipulierbar sind: Ein Häftling palästinensischer Abstammung sagte einmal bei einem Gruppentreffen: »Es reicht jetzt! Die essen uns! Wir müssen jetzt etwas tun!« Ich fragte: »Was meinst du?« Er sagte: »In Zentralafrika! Ich habe ein Video gesehen, in dem Christen Muslimen hinterherrennen, sie mit der Machete zerhacken, die Körperteile grillen, würzen und dann reinbeißen!« Ich sagte: »Ja, das ist schrecklich, ich habe das Video auch gesehen. Aber was sollen wir jetzt machen? Willst du jetzt den Vollzugsbeamten attackieren, weil dieser möglicherweise Christ ist? Als Racheakt?«

Die Wut, die im Gefängnis nach solchen Ereignissen hochkocht, muss regelmäßig in den Gruppengesprächen abgekühlt und reflektiert werden. Denn Wut kann – in Verbindung mit einem ideologischen Rahmen wie dem Islamismus – aus einem gewöhnlichen Kriminellen einen Dschihadisten machen. Fromme, gottesfürchtige Gläubige werden es nur äußerst selten. Dabei ist es immer wieder eine große Herausforderung, in der großen Runde passende Worte zu finden, die die Inhaftierten auf ihrer Ebene ansprechen, damit sie etwas davon haben und gleichzeitig lernen, wie man als religiöser Mensch mit solchen Situationen umgeht.

Im Jugendstrafvollzug kommt ein weiterer Aspekt hinzu, der Wut und Frustration immer wieder hochkochen lässt: Die meisten Muslime im Jugendstrafvollzug sind hier in Deutschland als »Menschen mit Migrationshintergrund« aufgewachsen, sprechen besser Deutsch als irgendeine andere Sprache. Ihre Vorfahren galten als (vorübergehende) »Gastarbeiter«, später (nationalitätenabhängig) z. B. als »türkische Migranten«, die ihre türkische Identität oft in türkischen Kulturvereinen pflegten. Die Nachkommen der Arbeitsmigranten aus der Türkei, aber auch z. B. Zugezogene aus Marokko oder Geflüchtete aus Afghanistan[18] stehen identitätsmäßig zwischen den Stühlen: Bei Urlauben in ihrem Herkunftsland – insofern sie überhaupt dorthin reisen können – werden sie als Deutsche wahrgenommen. Sie kennen weder die dortige Sprache noch die kulturellen Kodizes gut genug, um nicht als »Ausländer« aufzufallen. In Deutschland hingegen werden sie nicht als Deutsche angesehen, sondern optisch und kulturell nun zunehmend weg von der Nationalität ihrer Eltern einer homogenen Gruppe, nämlich »den Muslimen«, zugeordnet – und damit einer Gruppe, die seit den Terroranschlägen in den USA 2001 verstärkt mit Diskriminierungen und Feindbildkonstruktionen konfrontiert ist.

Was Muslim-Sein dabei konkret bedeutet, wissen viele von ihnen gar nicht, besonders dann nicht, wenn sie z. B. aus einem wenig religiösen Elternhaus kommen. Dennoch greifen sie diese Identitätszuschreibung häufig auf und die Frage, ob sie Deutsche sind, wird (von den Häftlingen) denn auch meistens verbittert verneint, selbst wenn sie hier geboren sind und oft einen deutschen Pass besitzen. Identitätskonflikte sind damit nahezu unausweichlich.

Die von außen zugeschriebene Identität als Muslim bei gleichzeitiger verbreiteter Muslimfeindlichkeit in ihrem sozialen Umfeld, den Medien und der Gesamtgesellschaft führen dann zu einer Wurzellosigkeit, die weit schwieriger auszuhalten ist, als man denkt. Wenn man den jungen Menschen das Gefühl gibt, dass man sie eigentlich nicht hier haben möchte, ihre Religion, ihre Kultur und sogar ihre Hautfarbe hier nicht sehen möchte, dann verursacht das einen Gegenhass, Hass auf die Gesellschaft. Als ich einmal die Inhaftierten fragte, woher denn der Hass komme, sagten sie: »Wir fühlen uns unerwünscht!« Ein anderer sagte: »So wie man in den Wald hineinruft, so schallt es heraus!«

Viele versuchen diese Leere zu füllen, indem sie sich über den Islam informieren und landen dabei häufig bei den Salafisten, die nach wie vor das deutschsprachige Angebot dominieren und die islamische Identität scheinbar am konsequentesten leben. Die Salafisten kehren dabei – und auch das ist ein wichtiger Faktor – die Diskriminierungen um: Nichtsalafisten werden verächtlich *kuffar* genannt.

Es ist klar, dass aufgestaute Wut, Frustration und Diskriminierungsfaktoren allein nicht erklären können, warum junge Menschen sich in Gefängnissen radikalisieren. Es gibt individuell verschiedene Wege und Faktoren, die diesen Prozess beeinflussen. Klar ist aber auch: Ein Mensch, der hier seine Heimat sieht, sich akzeptiert und angenommen fühlt und das Gefühl hat, die gleichen Teilhabechancen zu haben wie alle anderen, der wird sich nicht gegen die Gesellschaft wenden, sondern eher schauen, wie er sich einbringen kann. Junge Menschen mit muslimischem Hintergrund müssen das Gefühl haben, dass sie zu dieser Gesellschaft gehören, dass sie, ihre Kultur und ihre Religion akzeptiert werden. Unrecht und Ungleichbehandlungen sollten vermieden werden. Partizipation muss möglich sein, die Vorteile davon müssen sichtbar sein. Es muss sich lohnen, sich für diese Gemeinschaft einzusetzen. Diesen Eindruck sollten sie gewinnen, dann brauchen sie nicht in irgendeinen »Islamischen Staat« auszuwandern oder den hiesigen zu sabotieren.

Auch deshalb ist die Akzeptanz der islamischen Religion innerhalb des Gefängnisses und die Einrichtung einer gleichwertigen Seelsorge (im

Vergleich zu den bereits bestehenden christlichen Angeboten) ein wichtiger Schritt. Denn die Häftlinge sehen sehr wohl, dass Inhaftierten christlichen Glaubens rund um die Uhr Seelsorger zur Verfügung stehen.

Als die ersten Festgebete und Freitagsgebete sowie generell Zeit für muslimische Seelsorge im Gefängnis eingerichtet wurden, hatte das einen erstaunlichen Effekt. Viele der Inhaftierten fühlten sich in ihrer Identität angenommen und sagten sich: »Ich werde hier anerkannt und ich gebe die Anerkennung zurück.«

Der Umgang mit Rückkehrern in Gefängnissen

Nun kommt aber noch ein neues Problem hinzu: Immer mehr Rückkehrer aus dem Syrienkrieg landen in Haft. Rückkehrer sind nicht zwingend gefährlich; viele sind desillusioniert, hatten etwas ganz anderes erwartet, waren von der Grausamkeit, vom »Unislamischen« des »IS«-Systems schockiert. Viele weitere Rückkehrer sind traumatisiert. Einer sagte mir: »Wenn ich gewusst hätte, was da unten abgeht und wie die denken, dann wäre ich niemals dorthin gegangen!« Dennoch sind einige immer noch ideologisiert oder wurden manchmal erst dort richtig »getrimmt«, militärisch und ideologisch.

Eine Frage, die man sich in diesem Zusammenhang stellen muss, lautet: Soll man Radikalisierte und Rückkehrer, die nun vermehrt verurteilt werden, lieber von den übrigen Gefängnisinsassen isolieren oder gemeinsam mit anderen Insassen unterbringen? In England bringt man die Radikalen in einem separaten Trakt unter. Man will jeden Kontakt zu anderen Häftlingen unterbinden.[19] Auch in Frankreich setzte man eine Zeit lang auf eine gemeinsame Unterbringung aller Radikalen in einem Trakt.[20] Der Vorteil dieser Maßnahme ist, dass sich deren menschenfeindliche Ideologie nicht im Rest des Gefängnisses ausbreitet – eine nicht zu unterschätzende Gefahr, denn Syrien-Rückkehrer und andere Dschihadisten mit Kampferfahrung werden oftmals nahezu als Helden verehrt. Der Nachteil einer gesonderten Unterbringung radikalisierter Häftlinge ist, dass sie eine starke Gruppe bilden, sich aufgewertet fühlen und in ihrer Wichtigkeit bestätigt sehen. Das macht eine Deradikalisierung extrem schwierig. Daher rückte man zumindest in Frankreich wieder davon ab.

In der JVA Wiesbaden versucht man auch, radikalisierte Personen zu resozialisieren: Man trennt Syrien-Rückkehrer und andere Ideologisierte voneinander und bringt sie einzeln in Wohngruppen innerhalb des Gefängnisses, in denen möglichst unbeeinflussbare Personen wohnen, unter. So bekommen sie keine Resonanz für ihre Ideen und viel Kontakt mit Andersgesinnten. Dadurch soll eine Aufweichung der Ideologie erreicht werden.

Es werden zusätzlich Strukturbeobachter[21] in den Gefängnissen ausgebildet, die Radikalisierte anhand bestimmter Merkmale (»IS«-Flaggen, spezielle Symbole, Kriegsmusik) erkennen und Netzwerke aufdecken sollen. Telefongespräche und Post werden überwacht, Zellen werden häufiger kontrolliert. Tatsächlich kursierten schon 2014 Kassetten mit Gesängen zur Lobpreisung des »Kalifen« des »Islamischen Staates« im Gefängnis. Ich hörte mir damals ganze Kassetten an, um unbedenkliche von schädlichen Gesängen zu unterscheiden, die oft auf einer Kassette kombiniert waren.

Post von radikalen Gruppen wie »Ansarul Aseer«, dem »Gefangenenhilfsverein« von Bernhard Falk, der während einer für linksterroristische Aktivitäten verhängten 13-jährigen Haftstrafe zum Islam konvertierte und nun ein Anhänger von al-Qaida ist, oder der nun verbotenen Bewegung »Die Wahre Religion« von Ibrahim Abou-Nagie, der durch die Koranverteilaktion »Lies!« bekannt wurde, wird geblockt, auch wenn sie nur harmloses Material schicken, um den Kontaktaufbau von vornherein zu verhindern.

Eine weitere Maßnahme einiger Bundesländer[22] ist pädagogischer Art: Mitarbeiter des Violence Prevention Network e.V. (VPN) machen mit Extremisten ein Anti-Gewalt- und Kompetenz-Training (AKT®). Speziell für die Arbeit mit religiös motivierten Extremisten wurden muslimische Pädagogen und Islamwissenschaftler eingestellt und zu AKT®-Trainern fortgebildet.[23] Der Zugang zu den Häftlingen wird durch die gemeinsame Religionszugehörigkeit enorm erleichtert. In Gruppen- und Einzelsitzungen werden manipulative Mechanismen für die Häftlinge sichtbar gemacht und die Ideologie dekonstruiert.

Wichtig ist schließlich auch die Betreuung nach der Haft, die ebenfalls von VPN gewährleistet wird und Teil der Maßnahme ist.[24] Da die Gefängnisseelsorger nach der Haft aufgrund der begrenzten Ressourcen nicht in dieser Form tätig sein können und auch in der Haft Seelsorge nicht als »Maßnahme« angeordnet werden kann, bildet das Angebot von VPN hier eine wichtige Ergänzung.

Wo findet man genügend Seelsorger?

Woher bekommt man die benötigten Seelsorger für die Gefängnisse? Ist ein mittelmäßiger Kandidat besser als keiner, weil radikale Mithäftlinge sonst die religiöse »Bildung« der Häftlinge übernehmen?

Erfahrungen aus Großbritannien, wo in manchen Fällen Salafisten oder Wahhabiten die Aufgabe des Gefängnisseelsorgers übernahmen, zeigen, dass Imame mit einem »fragwürdigen« Islamverständnis unter bestimmten Umständen das Problem mit radikalisierten Häftlingen im Gefängnis verstärken können.[25] Die Auswahl der Seelsorger muss deshalb mit größter Sorgfalt erfolgen. Soll man also eine »Gesinnungsprüfung« einführen?

Die Universität Tübingen bietet mittlerweile einen Studiengang »Praktische Islamische Theologie für Seelsorge und Soziale Arbeit« an[26] und in Osnabrück kann man im Rahmen des Studiums der Islamischen Theologie den Schwerpunkt »Gemeindepädagogik und Seelsorge«[27] wählen. Universitätsabsolventen fehlt aber oftmals die praktische Erfahrung.

Der Verein VIBIS e. V. (Verein für islamische Bildung, Seelsorge und Integration) hat daher ein modulares Ausbildungskonzept entwickelt, das aus verpflichtenden und individuell additiven Modulen besteht, je nachdem, auf welchem Gebiet der jeweilige Kandidat Nachholbedarf hat. So kann man möglichst schnell Personal einsetzen und berufsbegleitend fortbilden.

Wichtigste Grundvoraussetzung für einen ausreichenden Einsatz von muslimischen Seelsorgern im Gefängnis sind hinreichende finanzielle Mittel: für eine gute Ausbildung, für ständige Fortbildungen, für einen gegenseitigen Austausch, für Supervision. Und: Es müssen ordentlich bezahlte Seelsorgerstellen geschaffen werden, in Anlehnung an jene der christlichen Kirchen, damit die Seelsorger sich intensiv um die Häftlinge kümmern können, im Sinne des gesellschaftlichen Zusammenlebens und Friedens. Hierin sind die Bundesländer in ihren Bemühungen unterschiedlich weit fortgeschritten.[28]

Fazit

Gefängnisse können Weichen für die Zukunft der Inhaftierten stellen, die in sehr unterschiedliche Richtungen führen können. Die Syrien-Rückkehrer z. B., deren Zahl in den Gefängnissen zunimmt, gelten bei vielen muslimischen Inhaftierten als Helden und Vorbilder, denen man gern zuhört. Wenn diese dann nicht von ihren Erlebnissen traumatisiert und desillusioniert sind, sondern an ihrem Fanatismus festhalten, kann sich die Gefahr schnell multiplizieren. Hinzu kommen diejenigen radikalisierten Häftlinge, die zwar nicht in Syrien oder dem Irak waren, aber dennoch radikale Ansichten vertreten und im Gefängnis agitieren.

Wenn ihren manipulativen Agitationen und vereinfachten Interpretationen des Islams keine plausiblen, islamtheologisch fundierten Argumente entgegengestellt werden, sondern sie unwidersprochen bleiben, dann ist die Gefahr groß, dass sich noch mehr junge Menschen in Gefängnissen radikalisieren.

Hassideologien ist aber mit naivem Ehrenamtsengagement – und dazu gehört die unterfinanzierte muslimische Seelsorge in Gefängnissen bislang leider – nicht beizukommen. Eine professionell organisierte Seelsorge als Beitrag zur Radikalisierungsprävention kann deshalb nur in unserer aller Sinne sein.

Gleichzeitig gilt jedoch: Seelsorge ist keine Deradikalisierungsmaßnahme und auch nicht als solche gedacht. Und: Auch die beste Seelsorge kann nicht jeden retten. Erreichbar sind zudem nur diejenigen, die sich an den Seelsorger wenden.

Es gibt dabei mehrere »Baustellen«, die mithilfe von seelsorgerischen Angeboten bearbeitet werden können, unter anderem:

1. Identitätsfragen,
2. das Islamverständnis,
3. weltpolitische Ereignisse (Naher Osten, Syrien, »der Westen« vs. »die Muslime«),
4. eigene seelische oder psychische Probleme.

Der Stellenwert eines solchen seelsorgerischen Hilfsangebotes wird mir immer wieder daran deutlich, dass mich fast täglich entlassene Häftlinge auf der Straße ansprechen, mir Mails schreiben oder mich anrufen. Manche sagen mir, dass das eine oder andere Buch, das ich ihnen in der Haft gab, sie gegen Indoktrinationsversuche gewappnet und vor einer Radikalisierung bewahrt habe. Andere bedanken sich und sagen mir, wie ihnen die Seelsorgeveranstaltungen und die Gespräche geholfen haben und in welch guter Situation sie sich nun befinden. Viele erinnern sich auch an den einen oder anderen Rat oder eine gelernte Strategie, wie man z. B. mit Wut besser umgehen kann. Gefängnisseelsorge geht also weit über Extremismusprävention im engeren Sinne hinaus und kann in vielerlei Hinsicht der Gesellschaft dienlich sein.

Anmerkungen

1 17 der 24 Täter islamistisch eingestufter Mordanschläge, die zwischen 2014 und 2017 in Europa verübt wurden, hatten Vorstrafen; vgl. Sascha Lobo: Unsere Sicherheit ist eine Inszenierung, in: Spiegel Online, 31.05.2017, http://www.spiegel.de/netzwelt/web/islamistischer-terror-in-europa-unsere-sicherheit-ist-eine-inszenierung-a-1150015.html (letzter Zugriff: 15.06.2017).
2 Vgl. Holger Dambeck/Jörg Diehl/Björn Hengst/Anna Reimann: Was die Attentäter verbindet, in: Spiegel Online, 17.02.2015, http://www.spiegel.de/politik/ausland/terror-in-kopenhagen-und-paris-parallelen-der-attentate-a-1018903.html (letzter Zugriff: 15.06.2017).
3 Vgl. Nadia Pantel: Die Idole der Attentäter, in: Süddeutsche Zeitung, 12.01.2015, http://www.sueddeutsche.de/panorama/terror-in-frankreich-die-idole-der-attentaeter-1.2298813 (letzter Zugriff: 15.06.2017).
4 Vgl. Nadia Pantel: Wie aus Kleinkriminellen fanatisierte Mörder wurden, in: Süddeutsche Zeitung, 09.01.2015, http://www.sueddeutsche.de/panorama/cherif-und-sad-kouachi-wie-aus-kleinkriminellen-religioes-fanatisierte-moerder-wurden-.2297625 (letzter Zugriff: 15.6.2017).
5 Vgl. Sabine Orde: Drei gegen den Dschihad, in: taz, 01.08.2015, https://www.taz.de/Archiv-Suche/!5216737&s=cimsit&SuchRahmen=Print/ (letzter Zugriff: 15.06.2017).
6 In der JVA Rockenberg (für 14- bis 19-jährige Straftäter) sind sogar 100 der 190 Insassen muslimischen Glaubens. In der JVA Wiesbaden (für 19- bis 24-jährige Straftäter) werden 90 Insassen als muslimisch, 80 als evangelisch und 50 als katholisch geführt.
7 DITIB steht für »Türkisch-Islamische Union der Anstalt für Religion e. V.«. Sie ist der bundesweite Dachverband der ihr angeschlossenen türkisch-islamischen Moscheegemeinden.
8 Der in den USA aufgewachsene, jemenitisch-stämmige Anwar al-Awlaki galt bis zu seinem Tod durch eine Drohne im Jemen als einer der meistgesuchten Terroristen. Seine englischsprachigen Videos und übersetzten Schriften finden in der Szene bis heute große Verbreitung.
9 Selbstmord, auch Selbstmordattentate sowie das Töten von Zivilisten galten im Islam von jeher als verboten. Im Widerstand der Palästinenser gegen die israelische Übermacht wurden Selbstmordattentate dann von einigen Ideologen (durch Rechtsbeugung) für erlaubt erklärt und auf andere Fälle übertragen. Vorläufer sind die (»buddhistischen«) Kamikaze-Piloten, die diese Technik zuerst angewandt hatten. Das Konzept des Märtyrertodes – ursprünglich mit einer anderen Bedeutung – wurde von den Palästinensern praktisch in einen »Attentatstod« umgedeutet; vgl. Rüdiger Lohlker: Dschihadismus, Wien 2009, S. 53; ders.: Theologie der Gewalt, Wien 2016, S. 115 ff.
10 In Frankreich haben Schätzungen zufolge offenbar 325 Inhaftierte Verbindungen zu terroristischen Gruppierungen. Weitere 1400 Insassen sollen als Kämpfer für islamistische Zwecke rekrutiert worden sein; vgl. Frankreich will mit neuen Gefängnissen Radikalisierung stoppen, in: Spiegel Online, 06.10.2016, http://www.spiegel.de/

politik/ausland/frankreich-will-mit-neuen-gefaengnissen-radikalisierung-stoppen-a-1115521.html (letzter Zugriff: 15.06.2017).
11 Als *kuffar*, also »Ungläubige«, gelten bei den Radikalen nicht nur Anhänger anderer Religionen, wie z. B. Christen und Juden, oder Nichtgläubige (z. B. Atheisten), sondern auch alle Muslime, die den Islam anders interpretieren. Je höher der Radikalisierungsgrad, desto kleiner wird die Gruppe derjenigen, die nicht als *kuffar* gelten. Ein Syrien-Rückkehrer sagte mir in der JVA Wiesbaden, dass beim »IS«, dem er sich während seiner Zeit in Syrien angeschlossen hatte, alle in Europa lebenden Menschen (auch die Muslime) als *kuffar* gelten würden, da sie nicht der Pflicht zur *hidschra* (Auswanderung in ein islamisches Land) gefolgt seien. Dadurch würden alle zu legitimen Zielen von Attentaten. Diese Aussagen haben bei ihm die ersten Zweifel an der Islaminterpretation des »IS« geweckt und letztlich zu seiner Rückkehr geführt.
12 Vgl. Nina Grunsky: Mutmaßliche Salafisten vor Gericht – Kirchen für den IS ausgeraubt?, in: Westfalenpost, 21.10.2015, http://www.wp.de/region/sauer-und-siegerland/mutmassliche-salafisten-vor-gericht-kirchen-fuer-den-is-ausgeraubt-id11203781.html (letzter Zugriff: 15.06.2017).
13 Zum Konzept des Märtyrertums und seiner Umdeutung durch die Dschihadisten vgl. Lohlker, Dschihadismus (Anm. 9), S. 50 ff.
14 Vgl. Aya Batrawy/Paisley Dodds/Lori Hinnant: So einfach rekrutiert die Terrormiliz IS, in: Die Welt, 16.08.2016, https://www.welt.de/politik/ausland/article157694954/So-einfach-rekrutiert-die-Terrormiliz-IS.html (letzter Zugriff: 15.06.2017).
15 Eigentlich bedeutet der Begriff Scharia so viel wie »den Weg weisen«. Die Häftlinge meinten hier aber das »Göttliche Gesetz« mit den bekannten Strafen, dessen Einführung sie sich wünschten. Auch in dieser Definition sieht man den ideologischen Einfluss der Rekrutierer, die wiederum auf die ideologischen Wegbereiter zurückgreifen (Sayyid Qutb u. a.). Ausgerechnet die ins Deutsche übersetzte Literatur von Autoren wie Qutb fand ich im Gefängnis als einzige deutschsprachige Literatur mit Informationen über den Islam.
16 Tariq Ali: La politique étrangère de l'Occident est responsable du djihadisme, in: Le Monde, 27.05.2017, http://www.lemonde.fr/idees/article/2017/05/27/tariq-ali-la-politique-etrangere-de-l-occident-est-responsable-du-djihadisme_5134541_3232.html (letzter Zugriff: 15.06.2017).
17 Insbesondere Kepel weißt in seinen Publikationen immer wieder auf die Wichtigkeit der ideologischen Komponente hin, z. B. Gilles Kepel: Die Spirale des Terrors, München 2009.
18 Gemeint sind die Nachkommen der ersten »Welle« der 1980er und 1990er Jahre, nicht die Flüchtlinge der aktuellen »Welle«.
19 Ähnliche Experimente mit nordirischen Terroristen waren negativ, trotzdem setzt man wieder auf die Strategie; vgl. Jeremy Armstrong: UK's most dangerous terrorists will be held in ›jail within a jail‹ to stop extremists radicalising other prisoners, in: Mirror, 31.03.2017, www.mirror.co.uk/news/uk-news/uks-most-dangerous-terrorists-held-10135411?ICID (letzter Zugriff: 15.06.2017).
20 Frankreich will Radikalisierung stoppen, in: Legal Tribune Online, 01.04.2016,

http://www.lto.de/recht/hintergruende/h/frankfreich-islamismus-terror-gefaengnis-radikalisierung-im-strafvollzug/ (letzter Zugriff: 15.06.2017).
21 Aktuell gibt es allein in Hessen sieben dieser Strukturbeobachter; vgl. Max Holscher/Martin Sümening: Gefährder hinter Gittern, in: Spiegel Online, 13.11.2016, http://www.spiegel.de/politik/deutschland/extremisten-in-gefaengnissen-hessen-will-radikalisierung-vorbeugen-a-1119137.html (letzter Zugriff: 15.06.2017).
22 Das Programm »Verantwortung übernehmen – Abschied von Hass und Gewalt« von VPN findet zurzeit in den Bundesländern Berlin, Brandenburg, Hessen, Niedersachsen und Sachsen statt.
23 Zu AKT® vgl. http://www.violence-prevention-network.de/de/aktuelle-projekte/maximeberlin/123-maxime-berlin/angebote/429-antigewalt-und-kompetenztraining-aktr (letzter Zugriff: 15.06.2017).
24 Z.B. Sabine Orde: Prävention muss verstärkt werden, in: taz, 07.02.2015, http://www.taz.de/!5021415/ (letzter Zugriff: 15.06.2017).
25 Vgl. Tammy Hughes: UK prison imams are free to spread hatred: Preachers found to be distributing extremist literature including homophobic and misogynistic leaflets, in: Daily Mail, 19.04.2016, http://www.dailymail.co.uk/news/article-3546919/Prison-imams-free-spread-hatred-jails-Preachers-distributing-extremist-literature-including-homophobic-misogynistic-leaflets.html (letzter Zugriff: 15.06.2017).
26 Uni Tübingen führt Studiengang für islamische Seelsorge ein, in: Südwest Presse, 09.06.2016, http://www.swp.de/ulm/nachrichten/suedwestumschau/uni-tuebingen-fuehrt-studiengang-fuer-islamische-seelsorge-ein-13295211.html (letzter Zugriff: 15.06.2017).
27 http://www.islamische-theologie.uni-osnabrueck.de/studium/studiengaenge/islamische_theologie_ma.html.
28 In Hessen wurde das Budget ständig erhöht und 2016 im Schnellverfahren ausgesuchte und ausgebildete Seelsorger in unterschiedlichem Umfang (2–38h/Woche) angestellt. In Baden-Württemberg wurden Seelsorger-Bewerber vom »Mannheimer Institut« zunächst für Krankenhausseelsorge aus- und dann für die Gefängnisse fortgebildet. Die Gefängnisse sind nun in Verhandlung mit der Landesregierung und sondieren den Bedarf. In Niedersachsen wurde mit der Schura (dabei handelt es sich um einen Zusammenschluss von vielen Moscheegemeinden und Vereinen) ein Vertrag zur Versorgung der Gefängnisse mit Seelsorgern geschlossen. Die Vergütung soll aber 12 Euro/Monat und 144 Euro/Jahr nicht überschreiten. Das ist keine dauerhafte Lösung. In Nordrhein-Westfalen wurden noch 2016 fast alle Seelsorger von der DITIB entsandt und bezahlt. Sie besuchen in einem zeitlich sehr geringen Umfang (meist nicht mehr als eine Stunde pro Woche) die JVAs und sind meistens der deutschen Sprache nicht mächtig. In Bayern, wo die meisten Gefährder einsitzen, hat man sehr schnell ein Budget von 200 000 Euro bereitgestellt und sucht nun Seelsorger. In Berlin ist ein Projekt gescheitert, als man nach einer langen Ausbildung feststellte, dass einige der Ausgebildeten ideologische Nähe zu Salafisten hatten. Nun gibt es einen neuen Anlauf. Außerdem gibt es auch noch keine verbindlichen Standards für die Ausbildung.

Thomas Mücke

Pädagogische Ansätze zur Deradikalisierung im Bereich des religiös begründeten Extremismus[*]

Was macht junge Menschen anfällig für die Einflüsse extremistischer Szenen? In vielen Fällen finden sich Krisensituationen, eine Anhäufung individueller Probleme – oder es geht einfach nur um Orientierungssuche und Identitätsfindung. Einen einheitlichen Radikalisierungsverlauf bei jungen Menschen gibt es jedoch nicht. Das zeigen die folgenden Beispiele aus der Arbeit von Violence Prevention Network (VPN):

Abdul mit kurdischen Wurzeln ist 15 Jahre alt und sitzt wegen mehrfachen Raubes und Körperverletzungen noch drei Jahre im Jugendvollzug. Danach möchte er nach Syrien und sich etwas »Großem« anschließen, dem Dschihad, und einmal im Leben etwas Richtiges tun, auch wenn es für ihn den Tod bedeuten würde. Hier in Deutschland sieht er keine Perspektive, seine Familie hat sich von ihm abgewandt. Über seine Religion hat er kein Wissen. Er weiß noch nicht einmal, dass der »Islamische Staat« (IS) gegen die Kurden kämpft.

Mehmet ist 17 Jahre alt und kommt aus einer intakten und aufgeschlossenen Familie. Er ist sich nicht sicher, ob er mit seiner muslimischen Identität in einem säkularen Staat so leben darf, wie er sich das vorstellt. In seiner Moschee bekommt er keine Antworten auf seine Fragen. Erst in salafistischen Gesprächskreisen zeigt man scheinbar Interesse für seine Religiosität. Er reist nach Syrien aus.

Anne ist 18 Jahre alt. Vor Kurzem ist ihr Vater gestorben, zu ihrer Mutter hat sie ein angespanntes Verhältnis. Über Freundeskreise kommt sie mit der salafistischen Szene in Kontakt, fühlt sich dort geborgen und

---

[*] Bei dem Beitrag handelt es sich um eine aktualisierte und erweiterte Fassung des im Infodienst Radikalisierungsprävention veröffentlichten Textes vom 18.01.2016.

aufgehoben. Aus Dankbarkeit will sie nach Syrien ausreisen und etwas gegen die »globale Ungerechtigkeit« tun.

Benjamin, 16 Jahre alt, ist ohne Vater aufgewachsen und hat in seinem Leben wenige Erfolge aufzuweisen. Er verfängt sich in kleinkriminellen Handlungen. Über einen Freund bekommt er Zugang zur salafistischen Szene und lang ersehnten Vaterfiguren. Sein Freund reist nach Syrien aus und stirbt dort. Benjamin hat es sich im letzten Moment noch einmal anders überlegt.

Mohammed ist 19 Jahre alt und in häuslichen Gewaltverhältnissen aufgewachsen. Weder in der Familie noch in der Gesellschaft fühlt er sich angenommen. Nach einer jahrelangen Gewaltkarriere sucht er eine moralische Rechtfertigung für seine Handlungen, ein Ventil für seinen aufgestauten Hass. Er denkt darüber nach, in die Kampfgebiete in Syrien und im Irak zu gehen.

Bei allen Unterschieden verdeutlichen die Beispiele, dass Radikalisierungsprozesse stets im Kontext der konkreten Lebensgeschichte und -ereignisse der jungen Menschen zu betrachten sind. Sie offenbaren zudem, dass diese Menschen noch erreichbar sind und sich aus der Szene lösen können. Der Fortgang der Geschichte von Mehmet bestätigt dies:

> Mehmet sitzt in einen Café und erzählt. Er hat vor Kurzem seinen Realschulabschluss geschafft und eine Ausbildung angefangen. Er wirkt glücklich. Es ist nur wenige Monate her, dass er im syrischen Kampfgebiet war und sich in einem Ausbildungslager des »IS« aufhielt. Heute weiß er, dass sein Leben am seidenen Faden hing. Im Lager bekam er immer wieder zu hören, dass er und die anderen nicht mehr zurückkehren könnten, da ihr früherer Staat sie jetzt verfolgen werde. Mehmet war nach seiner Ankunft in Syrien schnell desillusioniert. Eigentlich wollte er helfen, weil er es ungerecht fand, wie weltweit mit Muslimen umgegangen wird. Aber in Syrien erlebte er keine Religiosität, nur Gewaltverherrlichung und Hass. Fragen stellen durfte er nicht. Es hieß immer: Frage nicht, tue es. Er wollte schnell zurück – aber er machte sich Sorgen, wie der deutsche Staat und die Sicherheitsbehörden mit ihm umgehen würden, wenn er wieder deutsches Staatsgebiet betritt.

Mehmets Familie hat ihm bei der Rückkehr geholfen. Unterstützt wurde sie von den Beraterinnen und Beratern von Violence Prevention Network (VPN). Mehmet wurde nach seiner Rückkehr intensiv betreut. Er besuchte wieder seine Schule und konzentrierte sich auf seine Abschlussprüfungen. Er hat es geschafft, einen Ausbildungsplatz zu erhalten und ist wieder sozial gut integriert. In vielen Gesprächen mit den Mitarbeiterinnen und Mitarbeitern wurden seine Erfahrungen in der extremistischen Szene aufgearbeitet. Früher hatte Mehmet Gesprächspartner für religiöse Fragen gesucht und war über Gleichaltrige auf die salafistische Szene gestoßen. Nur einige Monate später war er in Syrien. Heute weiß Mehmet, dass das in der Szene vermittelte extremistische Gedankengut mit seiner Religion nichts gemeinsam hat.

Mehmet hatte in den Gesprächen mit den Mitarbeiterinnen und Mitarbeitern von VPN viele Fragen, vor allem ob er als Muslim in einer Demokratie leben darf. Es ging bei den Gesprächen nicht darum, Mehmet mit Argumenten gegen seine extremistische Einstellung, mit sogenannten Gegennarrativen, zu konfrontieren. Wichtig war vielmehr, dass Mehmet wieder fragen und eigene Gedanken zulassen durfte. Es ging darum, andere Sichtweisen anzuhören, ohne den Druck zu erleben, sie übernehmen zu müssen. Er sollte erleben, dass er eigene Entscheidungen treffen darf. Sein Bedürfnis nach Gemeinschaft versucht Mehmet heute anderswo zu erfüllen, mit der extremistischen Szene möchte er nichts mehr zu tun haben. Auch seine Familie ist nachdenklicher geworden und möchte Mehmets eigene Wünsche in Zukunft mehr respektieren und unterstützen.

Mehmet konnte am Anfang die Frage, wie es zur Ausreise kommen konnte, nicht wirklich beantworten. Er wusste es nicht, er ist einfach nur gefolgt. Nach und nach verstand er, wie er innerhalb der extremistischen Szene manipuliert worden war. Er verstand die Absichten der von dieser initiierten Entfremdung von seinen Eltern, seinem alten Freundeskreis und der hiesigen Gesellschaft. Man wollte ihn einfach nur gefügig und abhängig machen. Heute fühlt sich Mehmet nicht mehr fremd, er ist wieder Teil seiner Familie und hat seinen Platz in der Gesellschaft gefunden. Er schätzt seine persönliche Freiheit und die Möglichkeit, einen eigenen Weg gehen zu dürfen.

Warum ist die extremistische Szene in unsicheren Lebensphasen attraktiv?

Jede extremistische Szene arbeitet mit nicht befriedigten emotionalen Bedürfnissen junger Menschen. Das ist das Mittel, um neue Anhängerinnen und Anhänger anzulocken und sie für ihre Zwecke zu instrumentalisieren. Dies muss man wissen, wenn man mit jungen Menschen wie Mehmet arbeiten und nachhaltige Prozesse der Deradikalisierung umsetzen will. So suggeriert z. B. die salafistische Szene den jungen Leuten mit ihrem Eindeutigkeitsangebot auf sehr geschickte Art und Weise ein klares Weltbild mit einfach zu befolgenden Regelwerken. Extremistische Salafisten sind für junge Menschen in unsicheren Lebensphasen attraktiv, weil sie Identität, Halt und Orientierung geben können. Sie können verführerisch wirken, weil sie unter anderem folgende Angebote machen:

- Identität, Geborgenheit und Gemeinschaft (auch spirituelle Heimat), unabhängig von nationalen und ethnischen Kategorien,
- Wissen mit einem exklusiven Wahrheitsanspruch (einzige und höhere Wahrheit), der zu einem überhöhten Selbstwertgefühl führen soll und die Zugehörigkeit zur Gemeinschaft ermöglicht,
- eindeutige Wertezuschreibungen mit der klaren Unterscheidung zwischen »Gläubigen« und »Nichtgläubigen«, »Gut« und »Böse« (dichotome Weltsicht, mit der Ungleichheitsideologien vermittelt werden),
- klare Orientierungen durch charismatische Autoritäten mit Gehorsamsanspruch: »Du musst nicht nachdenken, du musst nur folgen«,
- Gerechtigkeitsutopien, die an die hoch ideologisierte Vorstellung von weltweiter Verfolgung von Muslimen (kollektive Opferidentität) anknüpfen und die solidarisch unterstützt werden müssen (Mitmachfaktor), um das Leiden der Muslime zu beenden,
- Aufmerksamkeit in der Öffentlichkeit und Abgrenzung von der Erwachsenenwelt, der Gesellschaft,
- die Möglichkeit, aufgestauten Hass durch Gewalthandlungen zu kompensieren und diese »religiös« legitimieren zu können.

Vor allem Personen, denen in ihrer Heimat »schlechte Prognosen« gestellt werden, scheinen für die extremistische »Versuchung« besonders empfänglich zu sein. Soziale Perspektivlosigkeit, Anerkennungsdefizite im sozialen Umfeld, innerfamiliäre Konfliktdynamiken oder Diskriminierungserfahrungen können ein Teil der Ursachen der Entfremdung von der Gesellschaft sein. Es sind aber auch junge Menschen betroffen, die nicht aus prekären Familienverhältnissen kommen, die ebenso den manipulativen Rekrutierungsstrategien der extremistischen Szene ausgesetzt sind, die es wiederum versteht, durch eine scheinbare Befriedigung emotionaler Bedürfnisse wie Gemeinschaft, Zugehörigkeit, Geborgenheit und Halt bei jungen Menschen »anzudocken«. Das Ergebnis ist dann stets: Entfremdung von der Familie, von den bisherigen sozialen Kontakten, von der Gesellschaft bei gleichzeitiger sozialer Abhängigkeit vom neuen sozialen Milieu (der extremistischen Szene) und somit die Bereitschaft zur bedingungslosen Gefolgschaft.

Der Ansatz von Violence Prevention Network

Ziel von VPN ist es, junge Menschen, die extremistische Tendenzen aufweisen und/oder bereits ideologisch motivierte oder begründete Straftaten begehen, aus dem Radikalisierungsprozess zu lösen. Hierbei werden Maßnahmen einer zielgerichteten Deradikalisierungsarbeit umgesetzt. Zudem geht es um die Früherkennung und Vermeidung von Radikalisierungen durch präventive Ansätze[1] und Interventionen bei beginnenden Radikalisierungsprozessen.

Deradikalisierung beschreibt den Prozess der Auflösung menschenverachtender Ideologien und der nachhaltigen Verhinderung von Handlungen, die gegen Menschen- und Grundrechte gerichtet sind. Mit Deradikalisierungsarbeit ist somit nicht nur die Ausstiegsarbeit gemeint, die eine bewusste Entscheidung des Ausstieges aus der extremistischen Szene voraussetzt. Deradikalisierungsprozesse beginnen vielmehr oft bei gefährdeten Personen, die noch keine oder keine endgültige Entscheidung zur Distanzierung vom extremistischen Gedankengut getroffen haben oder in diesem noch verhaftet sind.

VPN verfügt aufgrund seiner Spezialisierung auf Extremismusprävention und Deradikalisierung über jahrelange Erfahrungen im Umgang mit radikalisierten jungen Menschen und versteht es, Mitglieder dieser Szenen anzusprechen, mit ihnen in den Dialog zu treten, sie zu Veränderungen zu motivieren und bei ihnen Prozesse der Distanzierung von menschenverachtenden Einstellungen auszulösen. Daher hat Deradikalisierungsarbeit einen hochgradig aufsuchenden Charakter und muss oft erst den Willen zu Veränderung bei den Betroffenen anregen.

Eine besondere Herausforderung stellt die Arbeit mit radikalisierten Personen dar, die aus einem Krisengebiet nach Deutschland zurückkehren. Aufenthalte in den Hotspots des internationalen Dschihads können wie Durchlauferhitzer einer weiteren Radikalisierung wirken. Nicht jede/r, die/der nach Syrien reist, endet zwangsläufig in den Armen islamistischer Gruppierungen; manche/r tut dies ausdrücklich mit dem Ziel, notleidenden Menschen vor Ort helfen zu wollen. Und nicht jede/r kehrt hoch radikalisiert in die Bundesrepublik zurück. Einige klopfen zutiefst desillusioniert wieder an die Familientüren, andere sind tief traumatisiert. Nicht selten trifft beides zu.

Wie also mit ihnen umgehen? Deradikalisierungsarbeit beinhaltet sowohl eine niedrigschwellige Bildungsarbeit, die es versteht, mit jungen Menschen Dialoge über schwierige Fragestellungen zu führen, als auch eine sozialarbeiterisch-pädagogische Perspektive, die den Blick auf die Problemlagen junger Menschen richtet. Denn ohne eine soziale Perspektive führt eine »Entzauberung« der extremistischen Ideologie zu einer Dekompensation (»Entgleisung«) bei Menschen, die eigentlich eines sozialen Halts bedürfen. Der Arbeitsansatz von VPN basiert daher auf den folgenden Schwerpunkten:

- *Aufbau einer professionellen Arbeitsbeziehung:*
  Das Herstellen einer Vertrauensbasis zu den Betroffenen stellt eine überaus anspruchsvolle Aufgabe dar, da es gilt, jene jungen Menschen zu erreichen, die von der Gesellschaft und den staatlichen Organen häufig hochgradig entfremdet sind. Dies ist der Grund, warum sie sich – von der extremistischen Szene dazu gedrängt – abschotten. Der Aufbau von Vertrauen gelingt durch aufsuchende Pädagoginnen und Pädagogen, die die betroffene Person nicht gleich mit Gegennarrativen konfrontieren, sondern erst einmal eine interessierende Haltung zu ihr und ihrer Lebenssituation einnehmen.

- *Vermeidung von Selbst- und Fremdgefährdung:*
  Die extremistische Szene agiert auf hochaggressivem Niveau und fordert immer wieder zum Kampf gegen »Ungläubige« auf. In diesem Risikobereich müssen pädagogische Aktivitäten stets darauf ausgerichtet sein, Gefährdungen zu vermeiden. Hierzu ist die Kooperation mit nahestehenden Personen wie Familienangehörigen zentral, denn emotionale Schlüsselpersonen sind wichtige Hemmschwellen für zerstörerische Handlungen (z. B. durch Ausreise in ein Kampfgebiet – hier besteht ein hohes Risiko nicht nur für die ausreisende Person, sondern ebenfalls für andere). In diesem Zusammenhang ist es auch relevant, eine Verunsicherung bezüglich des extremistischen Gedankengutes zu erreichen, indem andere Sichtweisen eröffnet werden. Verunsicherung im Hinblick auf festgefügte ideologische Gedankenmuster ist ein erwünschtes Ergebnis pädagogischer Arbeit, um eine Offenheit für neue Sichtweisen zu ermöglichen. Die Gestaltung des Prozesses der Deradikalisierung ist methodisch und inhaltlich abhängig vom Grad der Radikalisierung. Es kann davon ausgegangen werden, dass die Notwendigkeit einer theologisch-ideologischen Auseinandersetzung parallel zur pädagogisch-psychologischen Intervention steigt, je weiter die Radikalisierung des Einzelnen fortge-

schritten ist. Wenn ein Mensch sich mit dem Willen, für seinen Glauben zu töten, einer extremistischen Gruppierung anschließt, wird die Beraterin bzw. der Berater im Deradikalisierungsprozess viel Zeit darauf verwenden müssen, die ideologischen Rechtfertigungsmuster zu irritieren und Zweifel an diesen zu säen. Bei VPN sind die pädagogischen Teams interdisziplinär zusammengesetzt und verfügen über umfangreiche theologische Kenntnisse, um diesen Anforderungen an die Deradikalisierungsarbeit gerecht zu werden.

- *Entwicklung und Zunahme der Dialogfähigkeit:*
  In extremistischen Szenen gibt es eine hochgradige Gehorsamsorientierung, verbunden mit einer Angstideologie. Entscheidend ist deshalb, dass die ideologische Auseinandersetzung mit der betreffenden Person keinen missionierenden, sondern einen dialogischen Charakter hat. Nur der ehrliche Respekt vor den Ansichten der betroffenen Person ermöglicht es, dass diese sich für den Prozess des Hinterfragens öffnet. Die argumentative Gegenrede führt hingegen zu Abwehr und Verfestigung radikaler Ideologien. In den Gesprächen mit den jungen Menschen ist es zentral, dass sie wieder eigenständiges Denken entwickeln, andere Sichtweisen angstfrei einnehmen können und wieder selbstbewusste und eigenverantwortliche Entscheidungen treffen können. Deradikalisierung kann nur dann nachhaltig gelingen, wenn sich der bzw. die zu Beratende in einer Atmosphäre des respektvollen Umganges sowohl mit seiner Person als auch mit seinen religiösen Vorstellungen wiederfindet.

- *Integration in gewünschte religiöse »Räume«:*
  Im Rahmen der Ausstiegsbegleitung ist es förderlich, die Betroffenen in bestehende muslimische Communitys und Gemeinden integrieren zu können. Der »Ausstieg« erfordert in diesem Feld von Extremismus, anders als z. B. im Bereich des Rechtsextremismus, eine stabile (Neu-) Definition der Glaubensrichtung. Nicht der »Ausstieg« aus dem Islam ist das Ziel, sondern die Abkehr von radikalen und menschenverachtenden Sichtweisen und der damit einhergehenden Bereitschaft zur Anwendung von Gewalt.

- *Entwicklung von Toleranz gegenüber Widersprüchlichkeiten:*
  Neue Perspektiven zu eröffnen und unterschiedliche Sichtweisen einnehmen zu können, sind Grundprinzipien jeglicher Bildungsarbeit. Für Menschen, die in ideologischer Monokausalität verhaftet sind, kann dies nur prozesshaft entwickelt werden. Der etappenweise Einsatz von

unterschiedlich zusammengesetzten Teams mit verschiedenen Weltanschauungen wie auch der Aufbau neuer sozialer Beziehungen bzw. die Reaktivierung früherer sozialer Kontakte unterstützen diesen Prozess.

- *Aufbau eines neuen privaten Netzwerkes und von sozialen Kontakten jenseits der extremistischen Szene:*
Die extremistische Szene will eine Gleichförmigkeit, indem sie Differenzen negiert und »Ungläubigen« das Existenzrecht abspricht. Sie sorgt dafür, dass »Neumitglieder« frühere soziale Kontakte (gegebenenfalls familiäre Beziehungen) abbrechen, soweit sich diese Personen nicht ebenfalls missionieren lassen. Für junge Menschen besteht bei einem Verlassen der Szene die Gefahr einer möglichen individuellen Dekompensation, d. h. sie drohen in ein »Loch« zu fallen, da soziale Interaktionen und die Anerkennung der eigenen Person nur noch im extremistischen Milieu stattgefunden haben. Durch den Aufbau alternativer privater und öffentlicher Netzwerke wird die Distanzhaltung zur extremistischen Szene erleichtert.

- *Orientierung auf einen persönlichen Zukunftsplan jenseits des »politischen Kampfes«:*
Soziale Desintegration ist ein Ursachenfaktor für eine mögliche Radikalisierung oder Re-Radikalisierung. Daher sind schulische und berufliche Integrationsmaßnahmen für den Jugendlichen von besonderer Bedeutung, weil sie soziale Partizipationsmöglichkeiten und neues Selbstwertgefühl ermöglichen.

- *Biografisches Verstehen:*
Extremistische Affinitäten und Gewaltanwendungen sind immer auch Ausdruck eigener lebensgeschichtlicher Ereignisse, die die betroffene Person in ihrer Wirkung nicht verarbeitet hat. Der Verlust eines engen Familienmitglieds kann z. B. der Grund für die Zuflucht in eine neue Gemeinschaft sein. Bruchlinien in der Geschichte eines Menschen werden von extremistischen Rekrutierern schnell erkannt und genutzt, um schutzbedürftige Menschen emotional an sich zu binden. Biografiearbeit bedeutet deshalb, dass die jungen Menschen die wirksamen Faktoren in ihrem Leben identifizieren und verstehen können (biografische Schlüsselkompetenz). Es soll vermieden werden, dass persönliche Lebenserfahrungen von anderen ideologisiert und missbraucht werden. An der Schnittstelle zwischen Biografie und Ideologie müssen Gewalthandlungen, ihre lebensgeschichtliche Entstehung,

sogenannte Interpretationsregimes und mit ihnen die ideologisierten Anlassstrukturen von Hass und Gewalt thematisiert werden. Interpretationsregime sind erworbene Wahrnehmungsmuster, die von biografischen Erfahrungen beherrscht und nicht überprüft werden. So kann etwa eine kollektive Opferidentität – also die Sichtweise, Muslime werden weltweit verfolgt – ein Ausdruck früherer persönlicher Ablehnungserfahrungen im familiären Umfeld sein. Ziel ist es, beim jungen Menschen durch empathische Dialoge zu seinem eigenen Leben Selbsterkenntnisprozesse zuzulassen. Die Entstehung von Gewalt und menschenverachtenden Denkmustern wird als Bestandteil der eigenen Lebensgeschichte erkannt, und damit werden die Anlassstrukturen und Legitimationsmuster von ideologisierter Gewalt aufgeweicht. Eine fehlende Trauerarbeit über ein verlorenes Familienmitglied wird dann z. B. nicht mehr der Anlass für eine Ausreise in ein Kampfgebiet sein.

Differenzierte Ansätze der Deradikalisierung – differenzierte Anforderungen an Beraterinnen und Berater

Die Geschwindigkeit, mit der sich Jugendliche radikalisieren, macht es oftmals erforderlich, zügig differenzierte, aufeinander abgestimmte Maßnahmen der Deradikalisierungsarbeit umzusetzen. Dazu gehören:

- Beratung, Begleitung, spezifisches Training und themenbezogene Bildungsarbeit für radikalisierungsgefährdete junge Menschen im Vorfeld von Straffälligkeit,
- intervenierende Maßnahmen in Fällen sich abzeichnender Radikalisierung (dazu gehört der sofortige Kontaktversuch zur betroffenen Person wie auch die Überprüfung einer möglichen Selbst- oder Fremdgefährdung),
- Deradikalisierung, Beratung und Begleitung im Strafvollzug,
- Aussteigerbegleitung: Beratungs- und Dialogmaßnahmen mit Radikalisierten, Ausreisewilligen und Rückkehrern (z. B. aus Syrien),
- Beratung für Angehörige in der Auseinandersetzung mit religiös begründetem Extremismus zur Erreichung der radikalisierungsgefährdeten bzw. radikalisierten Person.

Für diese Tätigkeit sind besonders Beraterinnen und Berater (auch mit muslimischer Identität) erforderlich, die erfahren darin sind, mit radikalisierten Menschen einen offenen Dialog zu beginnen, ihnen zuhören und sich mit ihnen auseinandersetzen, ohne die Beziehung zu verlassen. Entscheidend ist nicht allein das Sachthema, sondern vielmehr die Person und der Kontext, in dem dieser Dialog geführt wird. Dass die Beraterinnen und Berater in diesen Prozessen eine wichtige Rolle einnehmen, ist offensichtlich – sie müssen verlässlich sein, sie müssen authentisch sein, sie müssen den Jugendlichen Identifikation und Reibungsfläche zugleich bieten, sie müssen sowohl Interesse zeigen als auch Neugierde wecken.»Etwas anderes kennenzulernen«, wird für junge Menschen zuerst an den Menschen greifbar, die ihnen gegenübersitzen, sie bei Ämtergängen begleiten, in Konflikten mit Eltern oder Lehrkräften unterstützen.

Die schwierigste Phase der Deradikalisierungsarbeit ist die Kontaktaufnahme. Da der junge Mensch sich nicht selbst an eine Beratungsstelle wendet, sind Hinweise aus dem sozialen Umfeld notwendig. Bedeutend sind hierbei besonders die ratsuchenden Familienangehörigen, da sie ein wichtiger Partner in der praktischen Arbeit sein können (siehe dazu auch das Interview mit Claudia Dantschke in diesem Band). Aber auch Freundeskreise, Moscheen, Schulen, Sicherheitsorgane, Jugendhilfeeinrichtungen oder Jugendämter können hinweisgebende Instanzen sein.

Die Beraterinnen und Berater überprüfen die Hinweise und eruieren die Möglichkeiten eines Erstkontaktes mit der betroffenen Person. Der Kontakt erfolgt aufsuchend, z. B. in der Familie oder bei einem Workshop in der Schule oder beim Beten in einer Moschee. Der Erstkontakt ist entscheidend für den weiteren Prozessverlauf. Ziel ist es, bei den Betroffenen ein Interesse und eine Motivation für weitere Gespräche zu wecken, weshalb es wichtig ist, den Gesprächsanlass in einer Weise zu erklären, dass kein Gefühl der Stigmatisierung entsteht. Es gilt aber auch zu erkennen, ob akute sicherheitsgefährdende Faktoren vorliegen.

Der idealtypische Verlauf einer Intervention lässt sich wie folgt beschreiben:

- Kenntnis erlangen über eine gefährdete Person, z. B. durch Institutionen, Angehörige oder Elternberatungsprojekte,
- Überprüfen der Gefährdungssituation durch wissenschaftliche und pädagogische Mitarbeiterinnen und Mitarbeiter,
- Herstellen eines direkten Kontaktes zu der Person,
- Aufbau und Stabilisierung einer Arbeitsbeziehung,
- Entwicklung eines Hilfe- und Förderplanes unter Einbeziehung des privaten und öffentlichen Unterstützungssystems vor Ort,
- thematische Dialogarbeit und eventuell Durchführung eines spezifischen Trainings für radikalisierungsgefährdete und gewaltbefürwortende junge Menschen,

- Erarbeitung von Sofortmaßnahmen und langfristigen Ausstiegsstrategien (d. h. unter anderem, soziale Integration – z. B. in Schule und Ausbildung – zu fördern bis hin zum eventuell späteren Wohnortswechsel, um die Distanz zur örtlichen extremistischen Szene sicherstellen zu können),
- Umsetzung der verschiedenen pädagogischen Arbeitsschritte.

Der zu beratende Fall ist abgeschlossen, wenn folgende Bedingungen erfüllt sind:

- kein Vorliegen einer Selbst- und Fremdgefährdung, das Begehen neuer Straftaten erscheint nicht wahrscheinlich (diese Einschätzung wird sowohl durch regelmäßige Fallkonferenzen als auch durch Rücksprache mit den Sicherheitsorganen und allen beteiligten Institutionen überprüft),
- keine Kontakte zur extremistischen Szene,
- Neuorientierung jenseits extremistischen Gedankengutes,
- soziale Integration in den wichtigen Lebensbereichen ist erfolgt,
- die Fähigkeit zu einer eigenverantwortlichen Lebensführung ist erkennbar,
- beteiligte Akteure (Familie, Schule, Sicherheitsorgane etc.) sehen keinen weiteren Handlungsbedarf.

Bedingungen für eine erfolgreiche Intervention

Eine erste Bilanz der Arbeit mit jungen Menschen, die einer extremistischen Szene angehören, zeigt, dass sich folgendes Vorgehen als erfolgreich erweisen kann, um den Willen zum Ausstieg zu wecken oder zu verstärken und einen Veränderungsprozess zu initiieren:

- Die Beraterinnen und Berater suchen die betroffene Person auf und lassen sich von ersten Abwehrreaktionen nicht abschrecken, sodass anfängliches Misstrauen überwunden werden kann. Dabei spielt die authentische Grundhaltung eine zentrale Rolle.
- Die Beraterinnen und Berater nehmen die religiösen Themen und Fragestellungen ernst und gehen hierzu in eine fundierte inhaltliche Auseinandersetzung, die selbst komplexe Textanalysen beinhaltet. Oftmals geht es um eine der folgenden Fragestellungen: Darf ein Mensch muslimischen Glaubens in einem säkularen Staat leben? Welche Werte ver-

tritt die Religion, welches Menschenbild offenbart sich? Welchen Wert hat jeder Mensch an sich, auch wenn Menschen völlig unterschiedlich sind? Was heißt es, Verantwortung für sich, seine Umwelt und seine Mitmenschen zu übernehmen? Wie kann man frühere Fehler wiedergutmachen? Was sagt die Religion über Gewalt und Zwang? Was bedeutet Dschihad im religiösen Sinne? Koranverse zu verstehen, ist nicht einfach, sie können missdeutet und missbraucht werden und müssen im jeweiligen historischen Kontext interpretiert werden.

- Dieses »Ernstnehmen« thematischer und religiöser Fragestellungen führt dazu, dass sich die betroffenen jungen Menschen als Person angenommen fühlen und sich somit für pädagogische Themen wie Biografie, Diskriminierungserfahrungen, Lebenskrisen und kritische Lebensereignisse öffnen können. Erst dann wird es möglich, die Hintergründe und Ursachen der individuellen Radikalisierungsverläufe zu bearbeiten. Die Jugendlichen lernen, über sich selbst zu reden und zu reflektieren. Sie werden von den Beraterinnen und Beratern immer wieder ermutigt, eigene Entscheidungen zu treffen und eigenverantwortlich zu handeln.
- Konkrete familiäre und soziale Integrationsmaßnahmen unterstützen und stabilisieren den Deradikalisierungsprozess. Dazu gehört unter anderem, Konfliktlagen innerhalb der Familie zu klären und Perspektiven für Schule und Beruf zu entwickeln.

VPN hat die Erfahrung gemacht, dass die Jugendlichen ein starkes Interesse an regelmäßigen Zusammenkünften zeigen und professionelle Unterstützung annehmen, besonders wenn es darum geht, wie sie ihre Zukunft gestalten können.

Verlässliche Partner statt extremistischer Eindeutigkeitsangebote

Die Arbeit mit radikalisierten und extremistisch beeinflussten jungen Menschen ist personalintensiv und muss auf einen längeren Zeitraum ausgerichtet sein. Nur durch einen kontinuierlichen persönlichen Kontakt kann eine nachhaltige Ausstiegsarbeit erfolgen, wie bei Mehmet, dem zu Beginn vorgestellten »Fall«. Er ist einer der Rückkehrer, über die allenthalben gesprochen wird, war in einem Kriegsgebiet und hat unvorstellbar schlimme Dinge gesehen und erlebt. Wichtig war es zuerst einmal, ihn zurück ins »Hier-und-Jetzt« zu holen. Die Gespräche haben Mehmet gezeigt, dass Religion komplex ist und dass man sich mit religiösen, politischen und gesellschaftlichen Fragen intensiv auseinandersetzen muss. Er kann heute nachvollziehen, dass die extremistische salafistische Szene eine Auslegung des Islams verbreitet, die Religion instrumentalisiert und auf einfache Antworten ausgerichtet ist.

Die eingangs genannten Jugendlichen haben die ersten Schritte des Ausstieges geschafft und haben keine Kontakte mehr zur extremistischen Szene. Sie stehen für über 350 junge Menschen, mit denen VPN aktuell in der Ausstiegsarbeit tätig ist. Es geht darum, dass diese sich von der Gesellschaft angenommen fühlen, partizipieren können und berufliche wie private Ziele formulieren und erreichen können. Pädagogische Fachkräfte sind in diesen langfristigen Prozessen der Extremismusdistanzierung für den betroffenen jungen Menschen verlässliche und authentische Ansprechpartner.

Anmerkungen

1 Präventive Ansätze zielen darauf, die Ambiguitätstoleranz zu fördern und junge Menschen gegen Extremismus zu stärken. Das Entwickeln von interkultureller Toleranz und kritischer Reflexionsfähigkeit, die Vermittlung von demokratischen Werten, unterstützende Angebote zur eigenen Identitätsentwicklung oder Aufklären über Rekrutierungs- und Manipulationsstrategien der extremistischen Szene sind hier nur einige der Schwerpunktthemen präventiver Arbeit.

Holger Schmidt / Mehlike Eren-Wassel / Johannes Schwartzkopf /
Ina Bielenberg / Michael Kiefer / Hanne Wurzel

Möglichkeiten und Grenzen der politischen Bildung in der Radikalisierungsprävention – eine Diskussionsrunde

Es diskutieren Holger Schmidt (Kriminaloberrat beim Bayerischen Landeskriminalamt in München), Mehlike Eren-Wassel (Straßensozialarbeiterin aus Bremen), Johannes Schwartzkopf (Abteilungskoordinator eines Berliner Oberstufenzentrums), Ina Bielenberg (Geschäftsführerin des »Arbeitskreises deutscher Bildungsstätten« aus Berlin) und Dr. Michael Kiefer (Islamwissenschaftler an der Universität Osnabrück). Moderiert wird die Runde von der Leiterin des Fachbereichs »Extremismus« der Bundeszentrale für politische Bildung (bpb), Hanne Wurzel.

Hanne Wurzel: Seit längerer Zeit treibt uns als bpb nun schon eine Frage um: Was kann die politische Bildung im Feld Radikalisierungsprävention tatsächlich leisten? Wir gehen hier alle von einem gesamtgesellschaftlichen Präventionsverständnis aus. Umso wichtiger ist es deshalb, dass wir alle – und insbesondere die politische Bildung – versuchen, die eigene Rolle zu klären. Deshalb gleich meine erste Frage an Sie: Ist die Präventionsarbeit gegen Radikalisierung im religiös begründeten Extremismus tatsächlich ein Feld für die politische Bildung?

Holger Schmidt: Radikalisierungsprävention ist ein sehr weites Feld. Für mich schließt das diejenigen ein, bei denen noch keinerlei Radikalisierungsgefährdung besteht bis hin zu Syrien-Rückkehrern. Und da sehe ich durchaus mehrere Möglichkeiten für die politische Bildung, tätig zu werden – und natürlich auch Grenzen, klar. Als wichtigste potenzielle Zielgruppe sehe ich für die politische Bildung diejenigen, bei denen noch keinerlei Anzeichen in Richtung einer Radikalisierung vorhanden sind. In dieser Breite geschieht noch viel zu wenig, insbesondere wenn es um die Vermittlung von Werten in diesen Zielgruppen geht. Ich denke vorwiegend an Kinder und Jugendliche im Alter von 12 bis 18, 19 Jahren. Es muss viel mehr darum gehen, dass Jugendliche die Demokratie und ihre Werte, die Freiheit, sowohl Meinungs- als auch Pressefreiheit, zu schätzen lernen und ein Bewusstsein dafür entwickeln, dass es sich dabei um Errungenschaften handelt. Wenn man sich die vollen Lehr- und Stundenpläne und unser Bildungssystem anschaut, sieht man, dass diese Dinge im Augenblick viel zu kurz kommen. Und hier sehe ich für die politische Bildung eine ganz große Rolle.

Eine Gruppe, die aus meiner Sicht bisher noch nicht genannt wurde, sind – und das ist gleichzeitig die größte, mit der wir in der täglichen Arbeit zu tun haben – diejenigen, die zwar noch nicht akut gefährdet sind und bei denen keine baldige Ausreise nach Syrien zu befürchten ist, die aber dennoch bereits erste Radikalisierungstendenzen zeigen, z. B. der 17-Jährige, der sich mit der Thematik Salafismus beschäftigt und sagt, dass sein Ziel irgendwann einmal der Märtyrertod sei, ohne bislang jedoch konkrete Pläne in diese Richtung geschmiedet zu haben. Dennoch ist sein Interesse an der Thematik groß. Er fühlt sich davon angesprochen und ein erster Kontakt zur Szene ist bereits aufgebaut. Da stellt sich natürlich die Frage, inwiefern politische Bildung dort auch tätig werden kann. Und da sage ich ganz klar: Wenn es darum geht, mit einer Person Kontakt aufzunehmen, Vertrauen aufzubauen und erst einmal überhaupt auf die Gesprächsebene zu kommen, sehe ich eher wenig Ansatzpunkte für die politische Bildung. Aber in der Folge, d. h., wenn keine Eigen- und Fremdgefährdung mehr besteht und die Person in gewisser Weise stabilisiert ist, dann halte ich es für genauso wichtig, das, was ich zuvor als Vermittlung von Werten beschrieben habe, auch bei diesen jungen Männern und Frauen zu stärken.

Hanne Wurzel: Herr Schwartzkopf, Sie sind als Abteilungskoordinator in einem großen Oberstufenzentrum mit weit über 2 000 Schülerinnen und Schülern in Berlin tätig. Wie schätzen Sie die Situation ein?

Johannes Schwartzkopf: Ich kann direkt anknüpfen, weil das System Schule in diesem Zusammenhang immer wieder thematisiert wird. Es ist eine Fehleinschätzung zu glauben, dass wir unser Demokratieverständnis, unser Verständnis von Freiheit, dass wir diese Dinge automatisch als Paradigma so übertragen können auf die Jugendlichen von heute. Die denken nicht mehr so. Dementsprechend muss auch die Demokratieerziehung eine andere Herangehensweise finden und selbstverständlich müssen die Lehrer von heute darin geschult werden, unterschiedliche Konzepte, auch Lebenskonzepte, neben ihren eigenen prägenden Demokratieerfahrungen zu kennen und auch wertzuschätzen. Wenn ich mich nämlich gegenüber den Lebensentwürfen der Jugendlichen von vornherein verschließe, baue ich genau jene Differenz auf, die wir vermeiden wollen. Und genau deshalb spielt politische Bildung im schulischen Kontext eine sehr große Rolle. Dabei denke ich sowohl an inhaltliche Anknüpfungspunkte im Curriculum als auch an die Personal- und Organisationsentwicklung, also das System Schule. Da müssen die Unterrichtsinhalte angepasst und das Personal geschult werden und da müssen intelligente Organisationsformen her, eben Zusammenarbeit, Öffnen des Klassenraums – der Lehrer darf kein Einzelkämpfer sein, sondern es muss eine weitreichende Zusammenarbeit mit Sozialberatern und Psychologen geben.

Hanne Wurzel: Herr Kiefer, Sie führen gerade ein mehrjähriges bundesweites Modellprojekt an verschiedenen Schulen durch und arbeiten mit radikalisierungsgefährdeten und radikalisierten Jugendlichen zusammen. Wie stehen Sie zu der Frage?

Michael Kiefer: Na gut, die ist zunächst mal sehr komplex. Wenn wir uns die Trias der Radikalisierungsprävention anschauen – also Primär-, Sekundär- und Tertiärprävention, um mal in dieser alten Systematik zu bleiben –, müssen wir natürlich sehen, dass die politische Bildung in den ersten beiden Bereichen der Primär- und Sekundärprävention ihre klaren Schwerpunkte hat, wohingegen der dritte Bereich der tertiären oder auch indizierten Prävention eher ein Bereich ist, in dem Sicherheitsbehörden, Justizvollzug etc. tätig sind. Da kann politische Bildung natürlich auch eine Rolle spielen, nämlich dann, wenn es z.B. darum geht, Inhaftierte zu bestimmten Themen zu schulen. Aber der eigentliche Kernauftrag der politischen Bildung, auch wenn man ihn erweitert, liegt in der primären und in der sekundären Prävention, und wenn ich ihre Tätigkeitsfelder aufgreife, so geht es einerseits darum, die Akteure in Schule, Jugendhilfe etc. für das Thema Radikalisierung zu sensibilisieren, aber mehr noch, ihnen auch Handwerkszeug an die Hand zu geben, wie man mit bestimmten Problemen konkret im Unterricht umgehen kann. D.h., es geht hier beispielsweise um die Bereitstellung von Unterrichtsmaterialien.

Legen wir allerdings einen erweiterten Begriff von politischer Bildung zugrunde, kann das noch sehr viel weiter gehen: Mit unserem Modellprojekt sind wir auch in den Bereich der Intervention, also der pädagogischen Intervention, vorgestoßen. Hier kommen verschiedene Elemente der unterschiedlichen Präventionsebenen zusammen, also klassische Elemente der primären Prävention, die eher flankierende Maßnahmen im Projekt sind, und die dann kombiniert werden mit pädagogischen, sozialpädagogischen oder sozialarbeiterischen Maßnahmen, die in der sekundären oder auch tertiären Prävention anzusiedeln wären. Aber auch das ist Teil der politischen Bildung. Wir sehen dabei ja auch, dass Arbeitsbereiche, die früher eigentlich getrennt waren – sowohl organisatorisch als auch in der Praxis – immer mehr zusammenwachsen. Das bringt natürlich viele Herausforderungen mit sich, aber es zeigt sich aktuell im Bereich der Radikalisierungsprävention sehr deutlich, dass die einzelnen Bereiche – egal ob Jugendhilfe, Wissenschaft, Bildung, Polizei oder auch Sicherheitsbehörden – in Bewegung sind, sich um neue Zugänge zu der Thematik bemühen und ihre Arbeit in einer ganz neuen Art und Weise miteinander verschränken. Es geschieht etwas und das ist zunächst mal sehr gut so.

Hanne Wurzel: Frau Eren-Wassel, Sie arbeiten bei einem Verein für akzeptierende Jugendarbeit in Bremen und sind dort schon sehr früh mit diesen Fragestellungen konfrontiert worden. Wie ist denn Ihre Einschätzung dazu?

Mehlike Eren-Wassel: Politische Bildungsarbeit spielt dann eine große Rolle, wenn Jugendliche sich selbst und ihre Themen einbringen können. Sie haben sehr viele Fragen zu aktuellen politischen und gesellschaftlichen Themen und suchen immer wieder nach Ansprechpartnern, Möglichkeiten und Räumen, um diese Themen anzusprechen, das merken wir in unserer Arbeit ganz deutlich. Wir merken aber auch, dass Sozialarbeiterinnen und Sozialarbeiter mitunter überfordert sind, wenn die Jugendlichen Fragen zum Nahostkonflikt oder zu ähnlich komplexen Themen haben, und dass es schwierig ist, diese Themen mit der notwendigen Sensibilität zu besprechen. Ich bin deshalb auch der Meinung, dass politische Bildung einen großen Beitrag leisten kann, wenn es darum geht, pädagogische Fachkräfte vor Ort zu qualifizieren und zu sensibilisieren. Radikalisierung und die Auseinandersetzung mit religiös begründetem Extremismus sind auch für viele Fach- und Lehrkräfte neue Phänomene. Religiosität in der Schule und daran angelehnte Fragestellungen waren bislang einfach nicht relevant für sie. Und wir merken bei den Lehrkräften, mit denen wir in Bremen zusammenarbeiten, dass sie sich oft damit alleingelassen fühlen und zu dem Thema selbst nur schwer Zugang finden.

Aber auch Jugendliche brauchen Unterstützung im Umgang mit diesen Themen. Man darf das nicht unterschätzen: Jugendliche, gerade muslimische Jugendliche, sind sehr politisch, sowohl online als auch offline, das ist zumindest unsere Erfahrung in Bremen. Immer wieder werden die Streetworker unseres Vereins von ihnen angesprochen: Was denkst du über

Erdoğan? Was ist jetzt in der Türkei passiert? Was passiert in Syrien? Sie suchen den Austausch mit uns. Deswegen ist es gerade ein Themenfeld für die politische Bildung – allerdings in enger Kooperation mit der Straßensozialarbeit, denn letzten Endes sind wir es, die Sozialarbeiter, die kontinuierlich Kontakt zu den Jugendlichen haben.

Hanne Wurzel: Frau Bielenberg, das sind ganz viele Anknüpfungspunkte genau zu dem Arbeitsbereich, für den Sie zuständig sind. Sie sind Geschäftsführerin des »Arbeitskreis Deutscher Bildungsstätten«, verantworten einen großen Fachverband, haben den Blick auf ganz Deutschland. Wie sehen Sie dieses Themenfeld, politische Bildung und Radikalisierungsprävention?

Ina Bielenberg: Ich kann gut anknüpfen an die beiden Kollegen, Herrn Kiefer und Herrn Schwartzkopf, auch wenn ich mich in der Fachterminologie der Prävention nicht so gut auskenne. Meine Antwort schwankt zwischen »ja« und »nein«.

Also »nein« für mich ganz klar, wenn es – ich sage es jetzt mal etwas überspitzt – darum geht, Jugendliche, die eventuell schon in Richtung Radikalisierung driften oder bereits radikalisiert sind, mit einem Angebot politischer Bildung zu bedenken, und wenn dieses Angebot vorbei ist, dann davon auszugehen, dass alle immunisiert sind und alles wieder prima ist. Das wird selbstverständlich nicht funktionieren – wie es nie funktioniert, weder bei radikalisierten Jugendlichen noch bei allen anderen, weil diese Immunisierungsthese Unsinn ist und weil das selbstverständlich kein Anliegen politischer Bildung ist, so zu arbeiten.

Auf der anderen Seite – wenn ich ein breites Verständnis politischer Bildung zugrunde lege und politische Bildung als grundständiges Angebot auffasse, das potenziell allen offensteht, das die Interessen der Jugendlichen aufgreift und sie ernst nimmt und das nicht mit einem Schubladendenken daherkommt à la »Ihr seid jetzt die Zielgruppe der Radikalisierten, mit euch machen wir jetzt politische Bildung«, wenn man politische Bildung also als Angebot und nicht als Zwang begreift und dadurch Räume schafft, wo Begegnung und gemeinsames Lernen möglich sind – dann sehe ich durchaus eine Rolle für politische Bildung im Bereich der Radikalisierungsprävention. Dabei kann es um ganz zentrale Fragen gehen, die die Jugendlichen bearbeiten können, wie etwa: Wie halte ich es denn aus, miteinander zu diskutieren und unterschiedliche Meinungen zu akzeptieren? Wie lerne ich überhaupt zu diskutieren, zu respektieren? Wie kann ich mit unterschiedlichen Lebensentwürfen umgehen? All das muss gelernt werden. Das ist ja nichts, was uns einfach gegeben ist. Und da würde ich sagen, ja, da hat politische Bildung in der Tat eine Verantwortung und ich glaube, da kann sie auch etwas bewirken.

Wenn jemand allerdings bereits hoch ideologisiert und radikalisiert ist und es darum geht, denjenigen »zurückzuholen« aus der Szene, sehe ich wenig Einflussmöglichkeiten für die politische Bildung. Ich hatte in Vorbereitung auf unser Gespräch in einem Interview mit Professor Dr. Aladin El-Mafaalani gelesen, dass die Jugendlichen, die sich zu salafistischen Jugendbewegungen zugehörig fühlen, gar nicht unbedingt religiöse Fragestellungen bewegen, sondern dass es politische Themen seien, die sie umtreiben, beispielsweise Fragen zu Ausgrenzung, Terrorismus oder Extremismus.[1] Das sind hochpolitische Fragen und das ist natürlich auch Kerngeschäft der politischen Bildung. Und genau diese Fragen aufzugreifen und die Diskussion darüber eben nicht den »falschen Leuten« zu überlassen, sondern sie in die Schulen zu tragen oder in die Bildungsstätten etc., da würde ich unsere Stärke sehen.

Hanne Wurzel: Was ist denn politische Bildung? Gute politische Bildung?

Holger Schmidt: Ich glaube, das kann man ganz einfach sagen.

Mehlike Eren-Wassel: Ganz einfach?

Holger Schmidt: Das ist total simpel. Es ist diejenige, die ihre Zielgruppen auch erreicht, und da reden wir aus meiner Sicht über einen ganz entscheidenden Aspekt. Ich mache es gern an einem Beispiel fest. Was war eines der stärksten Instrumente, das radikale Islamisten in den letzten zwei, drei Jahren in Deutschland genutzt haben, um junge Leute für ihre Ideen zu gewinnen? Das waren die »Lies!«-Koranverteilaktionen in den Fußgängerzonen. Die hat man benutzt, um mit Jugendlichen, mit dem Zielpublikum in Kontakt zu treten. Manche haben ein Exemplar mitgenommen und es dann in den nächsten Mülleimer geschmissen. Aber viele haben zumindest hineingeschaut und sind ins Gespräch gekommen. Und einige sind hängen geblieben und haben über diese »Lies!«-Koranverteilaktionen den Weg nach Syrien gefunden (mittlerweile ist bestätigt, dass es ca. 400 junge Menschen waren, die sich auf diesem Weg radikalisiert haben und nach Syrien ausgereist sind).

Und deswegen sage ich, gute politische Bildungsarbeit ist diejenige, die die Jugendlichen erreicht und der es gelingt, solchen Anwerbeversuchen etwas entgegenzusetzen. Also das, was die Jugendlichen anspricht, was sie neugierig macht, das muss im Idealfall auch politische Bildung bieten können. Wir können noch so viele Broschüren drucken, wir können noch so viele Filmchen produzieren, wenn wir es nicht schaffen, diese Inhalte an die Betroffenen heranzubringen, dann ist es aus meiner Sicht rausgeschmissenes Geld.

Michael Kiefer: Aus meiner Sicht gibt es hier ein Grunddilemma. Was die »Lies!«-Aktion auch gekennzeichnet hat, ist, dass sie mit einer coolen und eingängigen Botschaft auf die jungen Menschen zugegangen ist. Die Menschen hinter der Aktion haben ein absolut dichotomes Weltbild, in dem es nur das von Gott Gegebene und das nicht von Gott Gegebene und, weiter übersetzt, das Richtige und das Falsche oder die Gläubigen und die Ungläubigen gibt. Das hat natürlich für Jugendliche eine ungemeine Attraktivität, weil es eine enorme Entlastungsfunktion mit sich bringt, indem es die Komplexität der Welt reduziert und Antworten auf die drängenden Fragen der Jugendlichen gibt. Für die politische Bildung tut sich hier ein Grunddilemma auf, nämlich, weil ihre Grundprinzipien, wie etwa das Überwältigungsverbot oder das Kontroversitätsgebot, es ihr nicht gestatten, mit diesen kruden und einfältigen Botschaften, selbst wenn sie richtig wären, auf die Jugendlichen zuzugehen. D. h. also, dass das, was wir als hohes Gut der politischen Bildung erachten, genau das ist, was uns den Zugang zu und die Wirkung bei einer bestimmten Zielgruppe erschwert.

Jungen Menschen, die unzufrieden und in einer Suchbewegung sind, bieten die Salafisten sehr viel, z. B. ein eindeutiges Modell der Weltdeutung, Selbsterhöhung und Selbstermächtigung. Das kann und darf politische Bildung nicht leisten. Die Rede davon, dass politische Bildung Gegennarrative entwickeln muss, die genauso wirken, wie die Videos des »IS« – das ist Unsinn. Das kann sie nicht, denn wir machen ja hier keinen Demokratiepopulismus mit einfachen Botschaften.

Deswegen müssen wir, wenn wir die Zielgruppenspezifik in der politischen Bildung thematisieren, uns nicht fragen, wen es zu erreichen gilt, denn das ist, glaube ich, schon klar. Die Frage ist eher: Wann können wir sie erreichen? Und zu welchen Bedingungen? Und das ist für mich immer das Vorher. Also die Phase vor der Radikalisierung. Vor der Radikalisierung ist Differenzierung noch möglich. Vor der Radikalisierung ist auch die Bereitschaft der Jugendlichen noch gegeben, dass sie mit diskutieren, dass sie mit im Gespräch sind. Aber wenn der Schritt in diese Welt der Eindeutigkeit vollzogen ist, ist es vorbei für uns, dann ist das Fenster zunächst mal geschlossen. Natürlich wissen wir aus der Arbeit mit Radikalisierten auch, dass sich das irgendwann wieder ändern kann. Die Menschen bleiben ja Gott sei Dank nicht dauerhaft so. Bei manchen ist es nach zwei, drei Jahren wieder vorbei. Andere brauchen etwas länger, aber eine Zielperspektive gibt es da immer noch. Aber ich glaube, dass wir uns des Grunddilemmas, vor dem die politische Bildung steht, sehr bewusst sein müssen.

Ina Bielenberg: Aber ist das wirklich ein Problem? Die Differenziertheit der politischen Bildung ist ja auch ein Pfund. Also ich würde Ihnen völlig recht geben zu sagen, dass wir einen radikalisierten Menschen mit politischer Bildung nicht erreichen werden. Das wissen wir auch schon aus der Rechtsextremismusforschung, dass man jemanden mit geschlossenem rechtsextremen Weltbild mit politischer Bildung nicht mehr erreichen kann.

Michael Kiefer: Ich weiß, was Sie meinen. Ich will mal ein Beispiel aus der Beratungsarbeit von »Wegweiser«[2] geben: Wir hatten dort den Fall eines jungen Radikalisierten, der sehr viel theologisch argumentierte, sodass die Sozialarbeiter beschlossen, einen Imam dazuzuholen, der dem Jugendlichen eine differenziertere Sicht auf den Islam nahebringen könnte. Das Ganze ging fürchterlich nach hinten los und endete damit, dass der Imam irgendwann wortlos war aufgrund der Eloquenz des Jugendlichen, der ihm vorwarf, dass er als Imam nicht den »richtigen« Islam vertrete, weil er mit den *kuffar*[3] zusammenarbeiten würde und weil er Grundsätze des Islams nicht angemessen berücksichtige und so weiter und so fort. Seine Eindeutigkeit war so überwältigend, selbst einem gebildeten Imam gegenüber, dass man dieses Dilemma in den Gesprächen spüren konnte. Kurzum, der Dialog und das Entkräften von Argumenten mit Gegenargumenten war an dieser Stelle einfach kein gangbarer Weg mehr. In dieser Situation sind die Interventionen andere, die dann mit den Jugendlichen laufen müssen, da geht es weniger um das Austauschen von Argumenten, sondern man muss mit dem betroffenen Jugendlichen arbeiten …

Mehlike Eren-Wassel: … auf der Beziehungsebene …

Michael Kiefer: … und mit Szenarien, d. h., ihm klarzumachen, was geschieht, wenn er so weitermacht, und was das für sein Leben bedeutet, für seine Angehörigen – um ihn sozusagen wieder empathiefähig zu machen. Das sind dann andere Wege, die man geht. Aber mit der politischen Bildung ist man hier am Ende.

Mehlike Eren-Wassel: Ja, auf jeden Fall.

Ina Bielenberg: Absolut, würde ich sofort zustimmen.

Hanne Wurzel: D. h., bei radikalisierten Jugendlichen, die bereits fest in der Szene verankert sind, sollte politische Bildung sich zurückhalten. Aber es gibt ja auch einen großen Graubereich, Jugendliche in Suchbewegungen etc. Was ist da zu tun? Herr Schwartzkopf, auch Sie werden täglich mit solchen Fragestellungen konfrontiert. Was macht man dann?

Johannes Schwartzkopf: Ich möchte erst einmal das Bild zurechtrücken: Die Schule kann nicht alles allein machen. Klar, aufgrund der Schulpflicht ist sie der Ort, an dem zwangsläufig alle jungen Menschen zusammenkommen, von daher ist es auch ein natürliches Empfinden, von ihr zu erwarten, dass sie in Sachen Radikalisierungsprävention die zentrale Rolle spielt. Tatsächlich kann sie das aber nicht leisten und nach meinem Empfinden müssen Radikalisierungsprävention und politische Bildung auf den Schultern vieler unterschiedlicher Institutionen verteilt werden. D. h. aber auch, dass klassische politische Bildung hier an ihre Grenzen stößt, denn es geht gerade nicht darum, nach einem Ursache-Wirkungs-Schema Unterrichtsmaterialien zu produzieren, diese im Unterricht mit den Schülerinnen und Schülern zu nutzen und hinterher eine Reihe demokratiebegeisterter junger Menschen im Klassenraum sitzen zu haben. So funktioniert Unterricht nicht. Und so funktioniert übrigens auch die Arbeit mit Jugendlichen nicht mehr. Das mag vielleicht früher, in den 1950er oder 1960er Jahren so funktioniert haben, aber so funktioniert Schule schon lange nicht mehr.

Gleichzeitig bietet der Sozialraum Schule aber auch eine Chance, und die sehe ich darin, dass Werte gelebt werden müssen. D. h., die Werte, die wir den Jugendlichen mit auf den Weg geben möchten, müssen auch von denjenigen gelebt werden, die mit Jugendlichen arbeiten, und das bedeutet auch, dass die Jugendlichen spüren müssen, dass der Lehrer dort vorne nicht einfach nur seinen Job macht. Arbeit mit Jugendlichen bedeutet Beziehungsarbeit. Und wenn ich nicht bereit bin, eine Beziehung einzugehen zu Jugendlichen, bei der ein vertrauensvolles Verhältnis aufgebaut wird, dann kann ich alles andere vergessen. D. h. für mich in der Konsequenz, dass das Miteinander in den Mittelpunkt gestellt werden muss.

Hanne Wurzel: Ist damit nicht auch unmittelbar die Frage nach dem Demokratieverständnis verbunden?

Johannes Schwartzkopf: Ja.

Diskussionsrunde

Hanne Wurzel: Nach dem eigenen Demokratieverständnis?

Johannes Schwartzkopf: Ja gut, jetzt will ich mal nicht Nestbeschmutzer sein – oder jetzt bin ich es vielleicht doch. Ich glaube schon, dass es Lehrkräfte gibt, dies es zulassen, dass populistische Zuspitzungen im Klassenraum vertreten werden und die selber gar nicht mehr wissen, wo sie sich selbst eigentlich politisch verorten (sollen). Ein Beispiel wäre ein Mathematiklehrer, der auf eine fragwürdige, vielleicht populistische, vielleicht menschenverachtende Äußerung im Rahmen seines Unterrichts nicht eingeht und sie unkommentiert im Raum stehen lässt, weil er meint, die Auseinandersetzung damit sei Aufgabe des Sozialkundelehrers. Und genau das ist falsch. Ich glaube schon, dass es an dieser Stelle einen fachübergreifenden Konsens innerhalb der Lehrerschaft darüber braucht, welche Werte den Schülerinnen und Schülern vermittelt werden sollen – aber auch darüber, dass die Lehrkräfte selbst diese Werte leben und nach außen vertreten, dass man also als Kollegium an einem Strang zieht.

Holger Schmidt: Ich möchte aber trotzdem noch einmal eine Lanze dafür brechen, dass die Schule der beste Ort ist, um Maßnahmen der Prävention und der politischen Bildung umzusetzen, einfach aus der pragmatischen Annahme heraus, dass die Schule der einzige Ort ist, an dem ich aufgrund der Schulpflicht alle Jugendlichen gleichermaßen erreichen kann. Besonders im ländlichen Raum – bei uns in Bayern sieht man das ganz gut – ist die Schule der zentrale Ort für diese Zielgruppe. Die Erfahrung, die wir als LKA in letzter Zeit häufiger gemacht haben, ist, dass die Mädchen, die sich radikalisiert haben, fast alle Konvertitinnen aus dem ländlichen Raum waren. Während in der Stadt bessere Kontakt- und Freizeitmöglichkeiten vorhanden sind, gibt es vergleichbare Angebote auf dem Land nur sehr eingeschränkt. Und weil es kaum alternative Angebote gibt, landen viele der jungen Mädchen in diversen Chats und Foren im Internet, wo sie dann mit Islamisten in Kontakt kommen. Und weil es dieses Stadt-Land-Gefälle in Sachen außerschulische Angebote gibt, finde ich es so wichtig, die Schule zu einem zentralen Ort der Radikalisierungsprävention und der politischen Bildung zu machen.

Hanne Wurzel: Ja, die Schule ist sicherlich ein zentraler Ort für diese Aufgaben. Wir dürfen aber nicht vergessen, dass wir natürlich gerade in Deutschland eine sehr plurale Trägerstruktur haben. Wir haben viele Jugend- und Bildungseinrichtungen, die ebenfalls in diesem Feld unterwegs sind. Wir haben jetzt schon ein wenig über Zielgruppen und den richtigen Zeitpunkt der Ansprache dieser Zielgruppen gesprochen. Ich glaube, es ist aber auch wichtig, sich nochmals die Frage zu stellen, wie wir denn überhaupt die unterschiedlichen Zielgruppen ansprechen können. Brauchen wir beispielsweise spezielle Bildungskonzepte im digitalen Bereich, um die Jugendlichen da abzuholen, wo sich ein Großteil ihrer Freizeit und ihres Lebens abspielt, nämlich in den sozialen Medien?

Ina Bielenberg: Also ich bin weit davon entfernt, der Schule alles aufzubürden, sondern sehe uns da, genau wie Frau Wurzel sagt, in einer gemeinsamen Verantwortung aller Bildungsträger, sowohl Schule als auch außerschulische Einrichtungen, Jugendhilfe und Jugendarbeit, die diese Fragen gemeinsam bearbeiten und angehen müssen.

Gleichzeitig denke ich, dass wir uns neue Verbündete suchen müssen, dass wir neue Kooperationspartner brauchen, von Moscheevereinen und Imamen bis hin zu migrantischen Fraueninitiativen, um den Blick zu weiten und die Zielgruppe besser zu erreichen. Der zweite wichtige Punkt wäre die Aufhebung der strikten Trennung zwischen den einzelnen Disziplinen, also beispielsweise zwischen schulischer und außerschulischer Bildungsarbeit oder zwischen Sozialarbeit, Jugendbildung und politischer Jugendbildung. Ich glaube, dass diese Grenzen sich immer mehr auflösen und ich halte das für eine positive Entwicklung. Es ist wichtig, dass wir lernen, interdisziplinär besser zusammenzuarbeiten. Ein dritter wichtiger Punkt ist für mich, dass wir als politische Bildnerinnen und Bildner noch einmal neu über die Rolle von Emotionen in der politischen Bildung nachdenken müssen. Das haben wir bislang vernachlässigt: Was bedeutet eigentlich Gefühl in politischer Bildungsarbeit? Welche Rolle spielen Emotionen? Wo kommen sie vor und wie können wir sie aufgreifen? Und ein letzter Punkt, der für mich wichtig wäre, ist, dass sich die Vielfalt der Gesellschaft, nicht nur in den Lehrerkollegien, sondern auch bei uns im außerschulischen Bereich, unter den Teamerinnen und Multiplikatoren, die mit den Jugendlichen arbeiten, widerspiegelt. Im Moment gibt es das nur in Ansätzen. Ich glaube, dass uns das auch sehr im Hinblick auf die Ansprache der Zielgruppe helfen würde.

Hanne Wurzel: D. h. zusammengefasst, politische Bildung braucht neue Partner?

Ina Bielenberg: Ja, unbedingt. Wir machen z. B. in der Flüchtlingsarbeit gute Erfahrungen mit sogenannten Brückenpersonen. Die Frage lautet also: Wie kommt man an die Zielgruppe ran? Indem man z. B. Menschen, die vor vier, fünf Jahren schon hierher geflüchtet sind, anspricht und sagt: »Mensch, stell du doch mal den Kontakt her«, sodass sie auf diese Weise die Brücke zur Zielgruppe schlagen. Moscheevereine anzusprechen, Imame und Integrationsbeauftragte einzubeziehen, Netzwerke zu gründen, all das brauchen wir dringend, ja.

Mehlike Eren-Wassel: Aber bevor wir mit diesen neuen Partnern zusammenarbeiten können, brauchen wir gemeinsame Standards, z. B. was die Qualifikation betrifft. Es könnte Probleme in der Kooperation geben, wenn mögliche neue Partner unter Umständen zunächst erst einmal Fortbildungsbedarf haben oder für sich eine klare Haltung bzw. Position finden müssen. Das gilt für die Jugendarbeit, die politische Bildung und die Jugendhilfe gleichermaßen. Für mich spielt politische Bildung hier nach wie vor eine Schlüsselrolle, wenn es darum geht, einheitliche Standards zu etablieren und Qualifizierungen zu fördern. Wir können nur mit neuen Partnern zusammenarbeiten, wenn wir die gleiche Sprache sprechen, d. h.: Was verstehen die einzelnen Partner unter religiöser, was unter politischer Bildungsarbeit? Ohne diese gemeinsamen Standards kann es auch keine Zusammenarbeit geben.

Michael Kiefer: Ich halte es auch für eine Gefahr, mit zu vielen Partnern zusammenzuarbeiten, denn zu viele Partner bedeuten potenziell auch, nicht mehr zu erkennen, wie ihre jeweilige Interessengebundenheit aussieht. Für die politische Bildung hieße das, dass sie sich erst einmal überlegen muss, was mit politischer Bildung eigentlich erreicht werden soll und dass sie sich dann in Anlehnung an diese Werte und Zielvorgaben die passenden Partner suchen kann. Aber sie kann nicht von vornherein sagen, jeder Kooperationspartner ist mir willkommen.

Hanne Wurzel: Gibt es denn schon tragfähige Kooperationsmodelle?

Mehlike Eren-Wassel: In Hamburg sind beispielsweise die unterschiedlichen Träger und Einrichtungen gut miteinander vernetzt. Dort arbeiten Beratungsstellen, Moscheeverbände und die Schura[4] zusammen, wenn es um radikalisierungsgefährdete Jugendliche geht. Wenn etwa ein theologisches Thema für die Jugendlichen interessant ist, dann wird ein Imam zum Beratungsprozess hinzugezogen.

Michael Kiefer: Bevor man die Frage der Kooperation stellt, müssen wir uns doch fragen, was die Prämissen einer erfolgreichen Präventionsarbeit oder einer politischen Bildung in der Präventionsarbeit sein sollen. Und hier müssen wir zunächst einmal unser Prozessverständnis von Radikalisierung klären. Je nachdem, wie man sich dazu positioniert, wird man auch mit unterschiedlichen Partnern kooperieren. Die Stichworte lauten hier: Islamisierung der Radikalität oder Radikalisierung des Islams.[5] Das sind die zwei Positionen, die mit Olivier Roy und Gilles Kepel in Frankreich beispielsweise sehr unversöhnlich aufeinanderstoßen; die Debatte haben wir auch hier. Und wenn ich z. B. die These von Herrn Roy favorisiere, dass wir es mit einer Islamisierung der Radikalität zu tun haben (wofür einiges spricht, denn die Zahlen aus den Sicherheitsbehörden zeigen ja, dass wir sehr viele Delinquenten haben, die im Vorfeld bestenfalls parareligiös gelebt haben oder die aus religionsfernen Familien kommen – d. h., die haben sich ihren Islam selbst gebastelt und damit ihre Radikalität, ihre Delinquenz sozusagen illustriert und letztlich religiös legitimiert), dann kommt den Moscheegemeinden keine große Bedeutung zu – schlicht und ergreifend deswegen, weil unsere Radikalen nicht aus den Wirkungskreisen der großen deutschen islamischen Verbände kommen, sondern von außerhalb. Sie kommen eher aus Familien, wo bestimmte soziale Problemlagen vorherrschen. Und ausgehend von dieser These stellt sich die Partnerfrage meiner Meinung nach anders.

Wenn wir hingegen der These von Herrn Kepel folgen und eine Radikalisierung des Islams annehmen würden, hieße das, dem Islam kommt schon maßgebliche Bedeutung zu, und dann sind die Moscheegemeinden von großer Bedeutung, dann brauchen wir sie unbedingt.

Ich favorisiere die erste These, nämlich die Islamisierung der Radikalität, und ich sage, die Moscheegemeinden sind nicht so wichtig. Das ist meine persönliche Überzeugung. Ich würde sogar sagen, dass sie teilweise schaden, weil es ihnen an den notwendigen Qualifikationen mangelt, um eine professionelle, hochwertige Jugendarbeit gewährleisten zu können. Ich sage das bewusst so überspitzt: Es gibt im Präventionsbereich viele Amateure, die es nicht können, und mit denen sollten wir auch keinesfalls zusammenarbeiten. Manchmal scheint es fast, als könnte jeder Bäcker und Friseur Präventionsarbeit machen. Bachelorabsolventen, die ein paar Semester Theologie studiert haben, gehen in Gefängnisse, um mit radikalisierten Straftätern zu arbeiten ... Was soll das?! Was wir brauchen, sind in erster Linie Fachkräfte, die ein solides Methodenwissen haben, die fachlich qualifiziert sind, die gestandene Sozialpädagogen oder Sozialarbeiter sind, die viel Erfahrung haben, insbesondere in der Arbeit mit jungen Menschen. Alles andere macht keinen Sinn.

Diskussionsrunde

Ina Bielenberg: Aber darf ich da mal zugespitzt nachfragen: Sind dann nicht die ganzen Projekte, mit denen wir muslimische Jugendliche zu erreichen und vor einer Radikalisierung zu bewahren versuchen, fehl am Platz, wenn wir dieser These von der Islamisierung der Radikalität folgen?

Michael Kiefer: Ganz genau das sage ich.

Ina Bielenberg: Denn dann müsste auch die Herangehensweise eine völlig andere sein ...

Michael Kiefer: Ja, genau. Also ich sage nicht, dass Bildung schadet, verstehen Sie mich nicht falsch.

Ina Bielenberg: Nein, keinesfalls, das habe ich schon verstanden. Nur der Ansatz ist ein anderer.

Michael Kiefer: Ja, genau. Ich würde sogar sagen, dass islamischer Religionsunterricht oder Islamunterricht in Bayern und der Ausbau solcher Angebote richtig sind. Ab der Grundschule eine vernünftige religiöse Position in die Schule hineinzutragen und Schülerinnen und Schüler mit der Pluralität der Religion vertraut zu machen, ist wichtig, auch wenn nicht bewiesen ist, dass eine gute religiöse Bildung auch eine immunisierende Funktion haben kann. Dennoch kann sie eine sehr grundlegende Funktion haben. Hier könnten theoretisch die Moscheegemeinden eine große Rolle spielen, aber so, wie sie derzeit arbeiten, sehe ich dieses Potenzial nicht.

Mehlike Eren-Wassel: Die Frage ist aber auch, warum die Moscheen diese Jugendlichen nicht erreichen. Da gibt es unterschiedliche Gründe, wie z. B. Sprachbarrieren. In türkischen Moscheen wird meist Türkisch gesprochen, d. h., die Jugendlichen, die die Sprache nicht fließend beherrschen, werden auch nicht in diese Moschee gehen. Und wenn sie dann aber dennoch ihr Interesse an Religion entdecken und an eine Gruppe geraten, die Deutsch und damit ihre Sprache spricht, dann ist das für die Jugendlichen deutlich attraktiver. Was ich damit sagen will, ist: Ich glaube schon, dass Moscheen den Jugendlichen genau das bieten könnten, wonach sie suchen, nämlich Antworten auf die großen und kleinen Fragen des Lebens, das Erlebnis von Gemeinschaft und das Gefühl, ernst genommen zu werden. Allerdings – und da gebe ich Ihnen recht – fehlen dafür im Augenblick die notwendigen Strukturen. Deshalb müssen wir die Moscheegemeinden beim Aufbau solcher Strukturen noch stärker unterstützen, denn ich glaube schon, dass sie ein großes Potenzial für die religiöse und politische Bildungsarbeit besitzen.

Michael Kiefer: Wir machen das an der Uni Osnabrück seit sechs Jahren. Also ich selbst habe ca. 100 Imame und Religionsbedienstete mit ausgebildet, für die Jugendarbeit in den Gemeinden.

Mehlike Eren-Wassel: Ja, genau solche Projekte meine ich.

Michael Kiefer: Aber das Problem ist, dass diese Moscheegemeinden, wie wir sie klassischerweise kennen und vorfinden, a) überalterte Vorstände haben: Das ist die erste Generation der Zuwanderer, die gekommen sind und die die aktuellen Erfordernisse nicht sehen; und b) das Ehrenamt: Das ist natürlich sehr löblich, dass sich Mitglieder und Imame engagieren – aber ganz ehrlich: Sie können es einfach nicht. Das ist zu weiten Teilen keine qualifizierte Jugendarbeit, sondern eher ein katechetischer Unterricht, wo religiös unterwiesen wird. Das ist auch legitim. Aber das hat mit einer Präventionsarbeit, wie wir sie hoffentlich hier diskutieren, nicht viel zu tun.

Das kann sich natürlich ändern, aber das hätte zur Voraussetzung, dass es in den Moscheegemeinden auch das Bedürfnis gibt, sich neu aufzustellen und über bestimmte Fragen nochmal neu nachzudenken.

Und eine Frage lautet auch: Wie kann ich Geld generieren, um Professionalität in meine Gemeindearbeit hineinzubringen? Für die Kirchen in Deutschland gibt es die Kirchensteuer, womit wir unsere Gemeinden und ein professionelles Personal finanzieren. Und bei den Muslimen muss es tatsächlich einen ähnlichen Prozess geben, also auch die Bereitschaft, Geld in die Gemeinden hineinzugeben, damit diese Professionalisierung vorangetrieben werden kann.

Solange sich an dieser Stelle nichts ändert, sind die Moscheegemeinden in meinen Augen nicht die wichtigsten Partner, denn ich sehe die jungen radikalisierten Menschen auch einfach woanders als im Moscheeumfeld. Deshalb glaube ich auch nicht, dass selbst eine professionelle Jugendarbeit der Moscheen diese jungen Leute erreichen könnte. Die Radikalisierung der Jugendlichen verläuft sehr schnell, weitgehend über soziale Netzwerke, und wenn es jemand bemerkt, ist sie meist schon relativ weit vorangeschritten. Da kann eine Moscheegemeinde herzlich wenig tun.

Da würde ich eher Herrn Schmidt zustimmen und sehe auch die Schule als zentralen Präventionsort an. Aber nicht die Schule, so wie sie heute ist. Das muss man fairerweise sagen. Weil die Schule mit den multiplen Problemstellungen und den wenigen personellen Ressourcen schon jetzt überfordert ist. Und deswegen machen wir ja unter anderem dieses Modellprojekt[6], das klar macht, dass es zusätzliche Fachkräfte und Partner braucht.

Holger Schmidt: Also in vielen Punkten stimme ich Ihnen zu, Herr Kiefer, weil das auch unsere Erfahrung ist, dass die Jugendlichen, die aus muslimischen Milieus kommen, wo die Eltern nur sehr selten die Moschee besuchen (eher aus der Tradition heraus), keinen tief greifenden Bezug zum Islam haben. Wenn sie sich radikalisieren, tun sie das dementsprechend nicht in den Moscheen. Deshalb bin ich auch skeptisch, ob die Zusammenarbeit mit den Moscheegemeinden im Augenblick so viel bringt.

Wo Religion aber aus meiner Sicht schon eine Rolle spielt, ist der Bereich der Deradikalisierung bzw. des Ausstiegs, und zwar bei denjenigen, die schon sehr tief im Radikalisierungsprozess drinstecken oder auch bei Syrien-Rückkehrern. Um mit jemandem, der so hoch ideologisiert ist, überhaupt auf die Gesprächsebene zu kommen und einen Dialog zu beginnen, braucht es allerdings Fachkräfte, die hier entsprechend versiert sind. Allerdings muss von da auch irgendwann der Bogen zum eigentlichen, vermutlich tiefer liegenden Problem geschlagen werden, um den Dialog über die Religion hinaus fortzuführen. Da sehe ich aktuell in der Präventions- und Deradikalisierungsarbeit allerdings noch großen Nachholbedarf.

Wir führen deshalb bei uns im LKA intensive Fallanalysen durch, schauen, worin mögliche Ursachen für die Radikalisierung lagen und arbeiten Schutzfaktoren heraus. Auf der Basis dessen beraten wir dann den für die Deradikalisierung zuständigen Träger und versuchen, den Ausstiegs- und Distanzierungsprozess entsprechend zu steuern. D. h. aber auch, dass wir beim Träger auf Personal angewiesen sind, das sowohl sozialpädagogisch geschult ist als auch Erfahrung mitbringt und sich mit Fragen des Glaubens und der Religion auskennt. Und diese Kombination zu finden, ist momentan ein echtes Problem in Deutschland. Da könnte ich mir gut vorstellen, dass auch politische Bildung in irgendeiner Form Unterstützung leisten könnte, um beispielsweise Fortbildungen anzubieten oder zu begleiten.

Hanne Wurzel: Also, ich höre hier ganz stark das Plädoyer für Qualifizierung und für Qualitätsstandards?

Johannes Schwartzkopf: Ja, unbedingt!

Hanne Wurzel: Und kann die politische Bildung da einen Beitrag leisten?

Ina Bielenberg: Also, je länger ich der Diskussion lausche, desto größer wird für mich der Beitrag, den die politische Bildung hier potenziell leisten könnte. Herr Kiefer, wenn ich Ihrer These zustimme – und ich finde, es ist sehr plausibel, von einer Islamisierung der Radikalität zu sprechen –, dann stehen ja eben gerade nicht religiöse, sondern politische Fragen im Vordergrund. Insofern sehe ich die Rolle der politischen Bildung und die Aufgaben, die wir damit bekommen haben, im Laufe der Diskussion sogar noch einmal aufgewertet. Aber ich möchte darauf hinweisen, dass es mir dabei um politische Bildung geht. Politische Bildung ist keine Sozialarbeit. Ich glaube schon, dass wir genau an der Nahtstelle der verschiedenen Disziplinen wirklich enger zusammenarbeiten müssen, um im Sinne einer Radikalisierungsprävention erfolgreicher zu sein, aber jeder sollte auch wissen, wo seine Kompetenzen liegen.

Johannes Schwartzkopf: Ich glaube, wir müssen das Rad nicht neu erfinden. Für den Rechtsextremismus gibt es ja bereits seit Langem Ausstiegsprogramme. Es ist relativ egal, ob wir über Rechtsextremismus oder Salafismus sprechen, weil die Mechanismen relativ identisch sind. Es gibt aber für den Bereich Rechtsextremismus schon lange Partner, die tragfähige Konzepte entwickelt haben. Und was ich in dieser ganzen Debatte nicht verstehe, ist, warum auf diese Instrumente, die ja eigentlich schon vorhanden sind, nicht stärker zurückgegriffen wird. Warum brauchen wir neue Partner? Wir müssten vielmehr schauen, wie wir in der Vergangenheit mit solchen Problemen umgegangen sind. Das sind keine Phänomene, die vom Himmel gefallen sind. Denn oftmals ist es ja so, dass wir nach Kooperationspartnern rufen und dieser Ruf eher ein Ausdruck der eigenen Hilflosigkeit ist, in einer konkreten Situation die richtige Entscheidung zu treffen. Und weil man es sich plötzlich selber nicht mehr zutraut – weil man vielleicht auch in seinem eigenen Demokratieverständnis nicht gefestigt genug ist –, wird oftmals an den betroffenen Jugendlichen vorbeientschieden.

Ina Bielenberg: Ich würde aber gern ein Fragezeichen an die Aussage machen, dass Ausstiegsszenarien in den verschiedenen Extremismen vergleichbar sind. Da würde sich aus meiner Sicht ein Wunsch anschließen, und zwar hier einen stärkeren Austausch mit Wissenschaft und Forschung zu etablieren, um genau solche Fragen zu klären und die Ergebnisse auch für die Praxis nutzbar zu machen.

Hanne Wurzel: Aber wenn wir mal bei der Aussage bleiben, dass Extremismusprävention und Deradikalisierungs- bzw. Ausstiegsarbeit in

Deutschland schon eine lange Tradition haben, dann schließt sich doch unmittelbar die Frage an: Welche Ansätze haben sich bewährt?

Michael Kiefer: Also ich empfinde den Begriff »Deradikalisierung« als etwas schillernd, ich gebrauche ihn offen gestanden nicht. Ich rede, wenn überhaupt, von Distanzierungsarbeit, den Begriff finde ich unverfänglicher und nicht zu viel versprechend. Denn was können wir erreichen? Wollen wir doch mal ehrlich sein. Wenn wir uns Biografien anschauen von Menschen, die ausgestiegen sind oder die heute als Ausstiegsberater arbeiten, also ehemalige Szenenangehörige, die z. B. in Nordrhein-Westfalen für den Verfassungsschutz arbeiten: Die sagen, sie sind immer noch radikal, selbst zehn Jahre danach noch. Also sie begehen keine Straftaten mehr und wissen, dass sie falsch gehandelt haben. Aber sie sind nicht kognitiv deradikalisiert. D. h., die Mechanismen sind immer noch da. Deswegen muss man sich in der Ausstiegsarbeit darüber im Klaren sein, was man wirklich erreichen will und kann. Also mir persönlich reicht es tatsächlich, wenn ich eine Delinquenzfreiheit bei Klienten erreiche, d. h., dass sie nicht mehr straffällig werden und im Alltag kein abwertendes oder diskriminierendes Verhalten zeigen. Ich erwarte aber nicht, dass ich ihre Ansichten von Grund auf umkrempeln kann. Das halte ich für vermessen und für eine viel zu hohe Erwartungshaltung. Und ganz ehrlich, welche Ressourcen wollen und können wir denn einsetzen? Die stehen ja nicht unbegrenzt zur Verfügung. Wir sind beispielsweise heilfroh, wenn wir die Syrien-Rückkehrer geordnet von der einen Stelle zur nächsten übergeben können und wir zumindest für das erste halbe Jahr oder Jahr eine vernünftige Flankierung erreichen.

Holger Schmidt: Das sehe ich anders. Wir setzen uns in unserem Programm keine zeitlichen Limits und ich bin mir bewusst, dass wir einige von den Personen, die wir von der ersten Stunde an betreuen, noch fünf, sechs oder sieben Jahre begleiten werden. Je älter sie werden, desto mehr prägen andere Erfahrungen ihr Leben, Liebesbeziehungen, berufliche Entwicklungen usw. Die Sinnsuche tritt dann bei vielen in den Hintergrund, der Kontakt zur Szene wird weniger wichtig. Bis dahin ist es aber ein weiter Weg, der begleitet werden muss.

Ich teile aber Ihre Einschätzung, dass es zunächst einmal in der Ausstiegsarbeit darum gehen muss, diese sogenannte Eigen-Fremd-Gefährdung und das Begehen von Straftaten zu verhindern. Das ist ein Ersterfolg. Das Zweite, was wir aber ebenfalls anstreben, ist die Herauslösung aus der Szene. Und klar, irgendwann kommt auch hier wieder die Frage, inwiefern man diesen jungen Leuten Alternativen zu ihrem bisherigen Weltbild aufzeigt, wie sie lernen können, Differenzen auszuhalten und konstruktiv und kontrovers zu diskutieren, ohne andere auszugrenzen oder sich selbst abzugrenzen. Und dann sind wir wieder beim Potenzial politischer Bildung.

Hanne Wurzel: Ich möchte gern noch einmal auf eine Frage zurückkommen: Muss sich die politische Bildung neuen Zielgruppen, wie den hier von Herrn Schmidt beschriebenen Jugendlichen, zuwenden? Sollten nicht auch das soziale Umfeld, die Eltern oder andere Angehörige als potenzielle Zielgruppen mitgedacht werden?

Alle (übereinstimmend): Ja.

Ina Bielenberg: Aber sind diese Zielgruppen nur Jugendliche? Ich meine, wir sprechen die ganze Zeit immer nur von jungen Menschen, aber es gibt doch auch erwachsene Radikalisierte oder liege ich da falsch?

Holger Schmidt: Ich möchte es mal an einem aktuellen Beispiel festmachen. Vorgestern hat mich ein Mitarbeiter aus der Konzernsicherheit eines großen deutschen Finanzunternehmens kontaktiert und hat mir den Fall eines syrischen Mitarbeiters geschildert, der seit Kurzem eine weibliche Vorgesetzte hat und diese beim Reden nicht anschaut, ihr auch nicht die Hand gibt und sie schlicht und ergreifend ablehnt. Und das sorgt jetzt natürlich sowohl bei der Chefin als auch im Team für große Unruhe. Da kommt es dann von beiden Seiten sehr schnell zu Vorurteilen, die Situation heizt sich auf. Vielleicht muss man bei solchen Fällen explizit die anderen Kolleginnen und Kollegen durch Gespräche und vielleicht sogar durch konkrete Maßnahmen einbeziehen. Und auch das sind natürlich Fälle und letzten Endes Zielgruppen, die wir alle im Hinterkopf behalten müssen.

Hanne Wurzel: Herr Kiefer, gibt es denn eigentlich schon Evaluationen zu den verschiedenen Präventions- und Deradikalisierungsansätzen?

Michael Kiefer: Wir stehen mit der Prävention ja noch relativ am Anfang. Die allermeisten Projekte, die aktuell laufen, sind maximal drei Jahre alt. Die Evaluierungen laufen zwar, aber da wird man die Ergebnisse noch abwarten müssen.

Gleichzeitig ist Prävention aber kein gänzlich neues Feld. Auch die Radikalisierungsprävention in Europa oder Deutschland ist nicht ganz neu. In Ansätzen gab es das bereits 2003 oder 2004 und zum Teil hat das europäische Ausland da schon deutlich mehr Erfahrung sammeln können als wir hier in Deutschland. Die Briten haben beispielsweise ihre Präventionsprogramme (»Prevent 1« und »Prevent 2«)[7] schon gründlich analysiert, in den Niederlanden ist die Situation ähnlich. Beide haben eigene Institute zur Erforschung von Radikalisierung und Prävention gegründet, wo auch Evaluation eine entsprechende Rolle spielt.[8] Leider ist das in Deutschland nicht so. Es ist schon erstaunlich, dass hier bei uns bisher einfach nicht die Notwendigkeit eines solchen Instituts erkannt wurde.

Die einzigen, die bislang umfangreiche Daten vorgelegt haben, sind die Sicherheitsbehörden, in ihren Auswertungen. Das BKA wird mit Sicherheit auch Studien durchgeführt haben, das weiß ich, aber die sind meist nicht öffentlich zugänglich. Vor allen Dingen sind sie nicht für die Träger der Präventionsarbeit aufgearbeitet worden. Hier sehe ich tatsächlich ein sehr großes Problem, denn wir alle wissen, dass gute Präventionsarbeit wissensbasiert sein muss. Und genau diese Wissensbasis fehlt in der Radikalisierungsprävention! Es gibt beispielsweise keine profunde Biografieforschung, die interdisziplinär aufgestellt ist und aus deren Ergebnissen wir Handlungsempfehlungen für Praktikerinnen und Praktikern ableiten könnten. Wir müssen unsere Daten bislang mühsam selbst generieren.

Holger Schmidt: Genau, da sprechen Sie mir wirklich aus der Seele. Als wir im Bayerischen LKA unser Kompetenzzentrum für Deradikalisierung aufgebaut haben, war eine der ersten Entscheidungen, die ich getroffen habe, dass jeder Fall begleitend mit einem wissenschaftlich aufgebauten Fragebogen erfasst wird, der von unserer kriminologischen Forschungsgruppe im LKA erstellt worden ist. Wir können nach anderthalb Jahren bereits auf eine Datenbasis von mehr als 100 Fällen zurückgreifen. Mithilfe des Fragebogens sollen alle Fälle nach den gleichen Kriterien erfasst und analysiert werden. Erhoben werden beispielsweise biografische Informationen, aber auch der Verlauf der Radikalisierung und Deradikalisierung bis hin zu der Frage, ob und wie der Fall abgeschlossen wurde. Durch eine Kooperationsvereinbarung mit der Ludwig-Maximilians-Universität in München haben wir uns mit zwei Praktikanten verstärkt, die das im Rahmen ihres eigenen Forschungsprojekts systematisch auswerten.

Aber um genau solch eine wissenschaftliche Begleitung sicherzustellen, braucht es professionell arbeitende Koordinierungsstellen in jedem Bundesland. Sie müssen nicht, wie jetzt bei uns in Bayern, zwingend bei der Polizei angebunden sein – wobei ich da einige Vorteile sehe, aber ich bin da auch nicht ganz neutral. Aber dass man diese Ergebnisse – selbstverständlich unter Wahrung der entsprechenden Regularien und Anonymität – der Wissenschaft zur Verfügung stellt, das finde ich wichtig, da müssen die Sicherheitsbehörden zu Partnern werden.

Michael Kiefer: Es gibt erst seit Kurzem eine relativ umfangreiche Software, mit der man auch gewisse Auswertungsschritte machen kann und die so anonymisiert, dass die Daten weitergegeben werden können, z. B. an andere forschende Institutionen. Damit arbeiten wir jetzt an der Universität Osnabrück – jetzt erst, im Jahr 2017. Das muss man sich mal vorstellen. Und in Niedersachsen – dort berät meine Universität die Landesregierung – fangen die jetzt erst an, die alten Daten dort einzugeben. Wir hinken also massiv hinterher in Deutschland.

Hanne Wurzel: Könnten Datenbestände aus anderen Ländern hier Abhilfe schaffen?

Michael Kiefer: Nein. Also für die Probleme, vor denen wir jetzt stehen, hilft das gar nicht, weil es die Phänomene, mit denen wir heute befasst sind, damals noch gar nicht gab. Z. B. diese »Fernsteuerung«, die uns ja große Sorgen macht, in den sozialen Netzwerken, über Telegram oder WhatsApp, die wir jetzt bei mehreren Jugendlichen hintereinander beobachten konnten – also bei Safia S. in Hannover, bei dem Jungen in Ludwigshafen und beim Axtattentäter in Würzburg[9] – d. h., wo Rekruteure aus der dschihadistischen Szene sich systematisch an labile Persönlichkeiten im Szenenumfeld heranschleichen, sie in Dialoge verstricken und an sich binden, und die dann irgendwann versuchen, sie zu überreden, Straftaten zu begehen – das ist ein relativ neues Phänomen. Die Strategie ist zwei Jahre alt. Wir erleben jetzt die ersten Auswirkungen.

Und das Problem ist, dass uns diese Rekruteure immer einen Schritt voraus sind. Wenn wir endlich Antworten generiert haben für die Prävention, sind die schon wieder einen Schritt weiter. Wir sind jetzt dabei, Eltern für Handynutzung und soziale Netzwerke zu sensibilisieren: Seid aufmerksam, hört genau hin, macht Vereinbarungen mit euren Kindern, dass ihr vielleicht auch mal reinschauen könnt. Das ist oft nicht möglich, ich weiß das, ab 14 lassen Jugendliche das nicht mehr mit sich machen. Und auch die Kinder müssen natürlich sensibilisiert werden und einen kritischen Umgang mit sozialen Netzwerken und Messenger-Diensten lernen. Das sind dann auch wieder klassische Aufgaben der politischen Bildung.

Und was auch klar ist: Die Ergebnisse der ermittelnden Polizeibehörden müssen viel schneller der Forschung zur Verfügung gestellt werden, damit

Diskussionsrunde

diese das Material analysieren und der Praxis zur Verfügung stellen kann. Dieser Transfer von Erkenntnissen ist einfach immer noch zu langsam.

Johannes Schwartzkopf: Ich habe tagtäglich Jugendliche vor mir und habe eigentlich keine Zeit zu warten, bis in drei Jahren die Ergebnisse da sind, sondern ich bin jetzt gerade mit ihnen im Gespräch. Und ich denke auch, dass wir aufpassen müssen, dass wir diese ganze Debatte nicht akademisieren. Ich brauche konkrete, praktische Unterstützung vor Ort. Gleichzeitig muss ich mich als pädagogische Fach- oder Lehrkraft auf die menschlichen Werte rückbesinnen, also darauf, dass ich mein jugendliches Gegenüber ernst nehme und ihm mit Geduld begegne, dass ich ihn gerecht behandle, er das Gefühl hat, mir vertrauen zu können, und ich mich als Partner erweise – all das in einem bewertungsfreien Raum. Nur so habe ich überhaupt eine Chance. Wenn wir hier über Präventionsansätze sprechen, dann ist diese Rückbesinnung auf die Menschlichkeit für mich ein ganz wichtiger Schlüssel.

Holger Schmidt: Frau Wurzel, Sie hatten ganz am Anfang eine interessante Frage gestellt, nämlich: Wo können wir diese Personen erreichen? Und auch: Wann ist eine Person überhaupt erreichbar und mit welchen Möglichkeiten und Mitteln? Ich denke, dass es an dieser Stelle nicht nur einen Auftrag an die Forschung gibt, dies noch einmal genauer zu untersuchen, sondern dass wir auch jetzt schon sagen können, dass es wichtig ist, die Jugendlichen dort abzuholen, wo sie sind, also einen lebensweltnahen Zugang zu ihnen zu finden. Wir haben keinen Mangel an vorhandenen Ressourcen in Deutschland. Aber wo und wie ich diese gezielt einsetze, damit sie auch tatsächlich etwas bewirken – das ist doch die entscheidende Frage.

Hanne Wurzel: Ja. Bei politischer Bildung muss man nicht immer nur von den geschlossenen Seminaren und Bildungshäusern ausgehen, sondern wir müssen auch andere Gesprächsformate und Orte etablieren ...

Mehlike Eren-Wassel: Absolut. Als Verein machen wir das bereits seit vielen Jahren. Vor Wahlen gehen wir z. B. immer raus auf die Straße, dorthin, wo sich die Jugendlichen aufhalten, und versuchen ihnen auf spielerische Weise die Wahlprogramme der Parteien näherzubringen und ihnen zu erklären, warum Wählen wichtig ist – auch damit sie Politik mal spielerisch erleben. Wir müssen der Mobilität der Jugendlichen folgen, wenn wir sie erreichen wollen. Und danach können wir über konkrete Möglichkeiten des Zugangs zu ihnen diskutieren.

Johannes Schwartzkopf: Da muss ich jetzt doch noch einmal aus meiner Perspektive als Lehrer einhaken. Ich habe da 30 Jugendliche vor mir sitzen, davon sind fünf »auf meiner Seite« und hören mir zu, der Rest tummelt sich auf Facebook oder nutzt andere soziale Medien. D. h., es ist mittlerweile eine Parallelwelt in den sozialen Medien entstanden, die für uns, die wir hier am Tisch sitzen, überwiegend gar nicht zugänglich ist. Wir reden von Bereichen, in denen wir uns überhaupt nicht mehr so richtig auskennen. Dort entspinnen sich Debatten, manchmal werden Leute gemobbt und diskriminiert, es kann zu demokratie- und menschenfeindlichen Äußerungen kommen. Und solange wir in diese Mechanismen nicht hineinkommen, werden wir auch nur begrenzt Zugang zur Lebenswelt Jugendlicher finden. Und auch hier sehe ich eine Aufgabe für die politische Bildung, nämlich die klassische Medienbildung und Vermittlung von Medienkompetenz – einerseits für die Lehrkräfte, aber andererseits auch für die Jugendlichen selbst, damit sie z. B. in der Lage sind, Fake-News zu erkennen.

Hanne Wurzel: Ich glaube, es mangelt bislang weitestgehend an pädagogischen Konzepten für die sozialen Medien.

Johannes Schwartzkopf: Ja.

Ina Bielenberg: Nein, da würde ich widersprechen. Also aus Sicht der außerschulischen Jugendbildung würde ich sagen, dass es durchaus schon gute Projekte und Ansätze gibt. Es gibt z. B. Mini-LARPS (Live Action Role Plays), Barcamps, Alternate Reality Games, Geocaching und vieles mehr. Im Medienprojekt »Prometheus« der Bildungsstätte Alte Schule Anspach geht es beispielsweise um das Thema islamistischer Terror; im Medienprojekt Heimat des wannseeFORUMs geht es um Fragen von Verortung und Verbundenheit online wie offline – Fragen, die gerade in Bezug auf Radikalisierung eine große Rolle spielen.[10] Es gibt also ein riesiges Repertoire an Projekten und Methoden in diesem Bereich – da ist immer noch Luft nach oben, aber ich sehe nicht, dass wir noch ganz am Anfang stehen. Da kommt wieder mein Problem: In der Jugendbildung, finde ich, sind wir schon weit gekommen, in der Erwachsenenbildung sieht es ganz anders aus. Da sind wir immer noch beim klassischen Seminar, bei Vorträgen und Diskussionen. Und dann erreiche ich tatsächlich nur die, die sowieso schon bildungsaffin sind, und das ist natürlich ein Problem.

Hanne Wurzel: Aber bei den von Ihnen genannten Methoden geht es ja eher darum, neue Medien sinnvoll in der politischen Bildung einzusetzen. Gibt es denn auch pädagogische Konzepte, die sich gezielt mit demokratiefeindlichen Einstellungen auseinandersetzen?

Michael Kiefer: Ja, das ist in der Tat schwierig. Das haben wir auch gemerkt, als wir die WhatsApp-Chat-Protokolle einer dschihadistischen Jugendgruppe analysiert haben. Das ist eine ganz andere Art von Kommunikation. Erstens, es gibt immer eine klare Rädelsführerschaft in diesen Gruppen. Einen Ersten, einen Zweiten und einen Dritten und Zuschauer, Inaktive, die dazukommen und gehen, die man nicht einschätzen kann. Das ist das eine. Was wir weiterhin sehen konnten, ist, dass die Kommunikation der Jugendlichen immer hybrider wird. D. h., ein Teil findet sozusagen tatsächlich so wie hier, vis-à-vis, statt. Und die andere Hälfte oder mittlerweile vielleicht sogar zwei Drittel hat sich in den virtuellen Raum verlagert. Und unsere künstliche Trennung von real und virtuell findet für die Jugendlichen sowieso nicht mehr statt, weil für sie die Interaktion im Netz genauso real ist wie für uns das Gespräch hier an diesem Tisch.

Für Erziehungsberechtigte, Lehrkräfte und im Zweifel auch für die Polizei bedeutet das ein Monitoringproblem. Was machen meine Kinder? Ich kann diese Frage nicht mehr ohne Weiteres beantworten. Das ist ein Problem, vom dem auch die Schule und die politische Bildung betroffen sind, wenn es darum geht, Zugang zu den Jugendlichen zu finden. Und ich sehe da ehrlich gesagt ein bisschen schwarz für uns. Wir kommen einfach nicht mehr hinterher. Und dennoch ist es wichtig, den Jugendlichen Vertrauen entgegenzubringen und ihren Umgang mit den sozialen Medien nicht per se verdächtig zu finden.

Johannes Schwartzkopf: Kontrolle und Zwang bringen uns hier sicher nicht weiter, besonders nicht uns Lehrkräfte. Was wir brauchen, ist echtes Vertrauen.

Mehlike Eren-Wassel: Genau, und deswegen glaube ich, dass es für uns Priorität haben sollte, dass wir die Jugendlichen handlungsfähig machen, d. h., dass sie lernen, wie sie kritisch mit Inhalten umgehen und diese hinterfragen können. Sie haben ganz am Anfang über Freiheit gesprochen und darüber, dass wir den Jugendlichen beibringen müssen, was es heißt, in Freiheit zu leben. Aber wir dürfen auch nicht vergessen, dass die Jugendlichen von dieser Freiheit oft überfordert sind. Sie wünschen sich Eindeutigkeit und Klarheit, also genau das, was salafistische Botschaften so attraktiv macht. Deshalb muss man diese Fragen und die Idee von Freiheit gemeinsam mit ihnen reflektieren und sie darin unterstützen, diesem Gefühl der Überforderung zu begegnen. Da geht es um Handlungsfähigkeit, ganz klar. Diese zu vermitteln, darin sehe ich auch meine Aufgabe als Sozialarbeiterin.

Hanne Wurzel: Ich nehme also wahr, dass die sozialen Medien ein wichtiges Feld in der politischen Bildungsarbeit sind, insbesondere in der Radikalisierungsprävention, dass uns aber bislang die passenden Konzepte fehlen. Gibt es aus Ihrer Sicht noch weitere Leerstellen?

Holger Schmidt: Für mich bleibt weiterhin die Frage offen, wie wir die bestehenden Angebote an die Zielgruppen herantragen, damit diese sie auch annehmen. Das ist für meinen Geschmack bislang nicht ausreichend thematisiert worden von den Praktikern. Da sollte für mich künftig ein Fokus weiterer Präventionsbemühungen liegen.

Johannes Schwartzkopf: Ich glaube, eine Leerstelle ist, dass wir zum Teil nicht wissen, wie Jugendliche miteinander kommunizieren: Was da eigentlich konkret im Klassenraum als Kommunikationsstruktur läuft, das weiß ich nicht. Ich weiß, dass es WhatsApp-Gruppen gibt, ich weiß, dass wir mittlerweile auch das Problem haben, bestimmte Dialoge überhaupt gar nicht mehr verfolgen zu können, weil sie nach 24 Stunden wieder gelöscht werden, wie etwa bei Snapchat. D. h., selbst wenn wir uns bemühen würden, diese Kommunikation genauer zu erforschen, ist das eigentlich gar nicht mehr möglich. Und das halte ich tatsächlich für eine Leerstelle, allerdings eher im Sinne einer Wissenslücke, die wir als Praktiker bedenken sollten.

Holger Schmidt: Was meiner Meinung nach auch noch zu kurz kommt, ist eine Art fokussierter Best-Practice-Austausch der Praktikerinnen und Praktiker der Radikalisierungsprävention, also dass staatliche Stellen und zivilgesellschaftliche Organisationen gleichermaßen an einem Tisch zusammenkommen. Klar, es gibt immer wieder Fortbildungen und Tagungen, auf denen man sich austauschen kann. Was ich aber meine, ist ein strukturierter und zentral koordinierter Austausch, bei dem es nicht um Informationsvermittlung oder Kompetenzschulung geht, sondern darum, dass man auch mal im geschützten Raum konkrete Fälle und aktuelle Entwicklungen miteinander besprechen kann. Vielleicht braucht es auch eine neutrale Plattform, damit Sicherheitsbehörden und Zivilgesellschaft zueinanderfinden, also jemand, der eher als neutraler Akteur wahrgenommen wird, aber trotzdem staatlicher Akteur ist. Ich habe da z. B. die Bundeszentrale für politische Bildung im Blick, weil ich glaube, dass sie diese Netzwerkfunktion erfüllen könnte und aufgrund ihrer bundesweiten Strahlkraft in der Lage wäre, die relevanten Akteure zu diesem Thema an einen Tisch zu bringen.

Michael Kiefer: Ich finde auch, dass eine koordinierende Funktion dieser Art in jedem Fall beim Bund angesiedelt werden müsste. Die Bundeszentrale für politische Bildung ist eine Option, das könnte aber auch das Bundesfamilienministerium übernehmen, das ja ebenfalls für Prävention zuständig ist und das jetzt auch die Gründung der Bundesarbeitsgemeinschaft[11] forciert hat, wo bereits viele Träger versammelt sind.

Aber noch einmal einen Schritt zurück, denn diese Kooperation von Sicherheit und zivilgesellschaftlichen Trägern funktioniert ja bislang alles andere als reibungslos. Sie haben gesehen, was in Hessen vor einiger Zeit mit den Mitarbeitern von VPN passiert ist.[12] Das muss man sich mal vorstellen: Da ist ein Angestellter eines Präventionsträgers, jemand, der selbst Beratungen anbietet, selbst in Verdacht geraten, Extremist zu sein, aufgrund von Anwürfen von außen. Der ganze Vorfall zog mehrere Sicherheitsüberprüfungen nach sich und so etwas zerstört Vertrauen, bei potenziellen Klienten genauso wie bei den Mitarbeitern selbst. Denn eines ist ganz wichtig: Eine vernünftige Beratung kann es nur geben, wenn du als Berater 100 Prozent Vertraulichkeit zusicherst und die Eltern nicht verunsichert werden, weil sie nicht wissen, wem sie da eigentlich gegenübersitzen.

Natürlich gibt es Bereiche, in die die Sicherheitsbehörden unbedingt involviert werden müssen, etwa wenn es um Straftaten bzw. Eigen- oder Fremdgefährdung geht. Aber die Frage ist doch: Wie weit muss Sicherheit abseits dessen in die Präventionsarbeit mit hineingehen? Mittlerweile kann man eine Versicherheitlichung der Präventionsarbeit beobachten, die man meiner Ansicht nach unbedingt kritisch sehen muss. Wenn wir uns noch einmal die Trias der Prävention, also Primär-, Sekundär- und Tertiärprävention, vor Augen rufen, dann ist klar, dass es Bereiche gibt, in denen die Sicherheitsbehörden viel Kompetenz mitbringen. Es muss aber auch klar sein, dass sie beispielsweise in der Primärprävention nichts verloren haben. Der Verfassungsschutz beobachtet, der erzieht nicht, der macht keine politische Bildung.

Holger Schmidt: Ich denke, dass bei den Sicherheitsbehörden in Deutschland noch nicht das Bewusstsein dafür da ist, was sie selbst leisten können und müssen und welche Aufgaben Partner aus der Zivilgesellschaft im

Bereich Radikalisierungsprävention übernehmen können. Ich sehe ja, was wir polizeiintern an Überzeugungsarbeit leisten mussten, damit ein Polizist, der beispielsweise gerade mit dem Fall eines 17-jährigen potenziell radikalisierungsgefährdeten Mädchens befasst ist, bereit ist, den Fall an eine Beratungsstelle oder Ähnliches weiterzugeben, anstatt sofort nach Schema X ein Ermittlungsverfahren einzuleiten. Genau das ist ja der Grund, warum ich dafür plädiere, dass in jedem Bundesland innerhalb der Polizei zumindest ein zentraler Ansprechpartner vorhanden sein sollte, der nach innen in die Polizeibehörden hineinwirkt.

Hanne Wurzel: Langfristig Vertrauen zwischen den Präventionsakteuren zu schaffen und auf die Kompetenzen des anderen zu vertrauen, das nehme ich daraus mit. Ich würde gern zum Schluss noch einmal den Blick auf unsere Ausgangsfrage richten: Politische Bildung und Radikalisierungsprävention – was würden Sie als die nächsten zentralen Herausforderungen sehen? Was muss gemacht werden?

Ina Bielenberg: Mir wäre es wichtig, noch einmal zu betonen, dass es nicht nur um die Zielgruppe junger muslimischer Menschen geht, sondern dass wir es hier mit einem gesamtgesellschaftlichen Problem und einer gesamtgesellschaftlichen Verantwortung zu tun haben. Als politische Bildner können wir an dieser Stelle vielleicht auch zur Versachlichung aufgeheizter Debatten rund um das Thema Islamismus beitragen und uns einer panikschürenden Muslimfeindlichkeit entgegenstellen – also dass wir auch im übergeordneten Sinne noch einmal einen Beitrag leisten können.

Hanne Wurzel: Müsste nicht auch noch mehr Überzeugungsarbeit geleistet werden, im Sinne stärkerer Zusammenarbeit mit unterschiedlichen Akteuren im Präventionsbereich?

Ina Bielenberg: Ja, wir müssen uns unserer eigenen Rolle noch einmal bewusster werden und deutlich sagen, wo unsere Aufgaben und Grenzen in diesem spezifischen Arbeitsfeld liegen, nicht zuletzt mit Blick auf den Beutelsbacher Konsens.[13] Trägt der Konsens angesichts der Herausforderungen, vor denen wir heute stehen, noch? Ist er noch zeitgemäß? Das ist zwar eine sehr abstrakte Ebene, was die Aufgaben politischer Bildung angeht, aber dennoch eine wichtige.

Mehlike Eren-Wassel: Für mich steht die Frage, wie wir radikalisierungsgefährdete und labile Jugendliche erreichen können, im Fokus. Ich glaube nicht, dass klassische Zugänge der politischen Bildung der Schlüssel zu eben diesen Jugendlichen sind.

Gleichzeitig müssen wir uns auch um die anderen Zielgruppen kümmern, die von diesem Thema betroffen sind; Lehrkräfte brauchen hier genauso Unterstützung wie angehende Polizisten.

Johannes Schwartzkopf: Also was mich bei diesen ganzen Debatten immer ein bisschen ärgert, ist, dass wir die ganze Zeit über Jugendliche sprechen – nur nicht mit ihnen. Das halte ich für ein Problem. In der Schule ist es oft ähnlich, es wird über Schüler gesprochen, nicht mit ihnen, etwa über das, was sie selbst wollen. Da sehe ich Nachholbedarf, auch für die politische Bildung.

Holger Schmidt: Mir geht es ähnlich wie Frau Eren-Wassel. Die Fragen des Zugangs und der Erreichbarkeit jugendlicher Zielgruppen sind für mich zentral. Da müssen wir neue Wege gehen, innovativ sein und experimentieren. Wenn das gewährleistet ist, kann ich mich über alles Weitere verständigen. Da würde ich dann die Vermittlung von kritischer Medienkompetenz für die verschiedenen Akteure besonders wichtig finden; ebenso, dass junge Leute lernen, kontrovers und konstruktiv zu diskutieren und Differenzen auszuhalten und zu akzeptieren. Das fällt für mich alles in den Bereich der Primärprävention, da kann politische Bildung einen großen Beitrag leisten. Aber auch im Bereich der Sekundärprävention kann sie aktiv werden, wenn es beispielsweise darum geht, Fortbildungen für Praktikerinnen und Praktiker zu entwickeln, zu begleiten oder zu fördern. Ich denke z. B. auch an all diejenigen, die sich im Bereich der Flüchtlingshilfe engagieren. Und, mein letzter Punkt, ich kann mir auch vorstellen, dass die politische Bildung und insbesondere die Bundeszentrale für politische Bildung die Rolle des Netzwerkmoderators einnimmt und als neutraler Akteur Praktikerinnen und Praktiker aus den verschiedenen Disziplinen der Radikalisierungsprävention an einen Tisch holt.

Michael Kiefer: Ich glaube, es ist zunächst mal so etwas wie eine Richtungskorrektur erforderlich, und das gilt für den gesamten Bereich der Radikalisierungsprävention. Was mich stört, ist, dass sich die Präventionsarbeit immer mehr als ein Sonderbereich pädagogisch-bildnerischen Handelns darstellt. D. h., dass wir immer mehr spezialisierte Träger haben. Dabei vernachlässigt man aber, dass man Prävention vom Kind oder vom Jugendlichen oder von der betroffenen Person her denken muss, also lebensweltnah. Das bedeutet für mich, dass Prävention mit den Regelakteuren der Schule, der sozialen Arbeit, der Gemeinden etc. gemacht werden muss. Diese Akteure tragen die Last der Präventionsarbeit. D. h., dass wir vor allem den Regelbereich so ausstatten müssen, dass die Akteure die Aufgaben, die auf sie zukommen, bewältigen können. Das ist ein bisschen in Vergessenheit geraten. Und das heißt auch für die politische Bildung, dass man sich in erster Linie an die Regelakteure, die nah an der Lebenswirklichkeit der Jugendlichen dran sind, halten muss. Dass wir diese sensibilisieren müssen, damit sie mit den Problemen kompetent umgehen können. Da brauchen wir natürlich auch Spezialisten, die den Regelakteuren Spezialwissen und -kompetenzen beibringen, das ist gar keine Frage. Aber die Spezialisten besorgen nicht das »tägliche Geschäft«.

Und dass man überhaupt noch einmal neu über Prävention nachdenkt, das finde ich ganz wichtig.

Das Gespräch fand am 20. April 2017 in Bonn statt.

Anmerkungen

1 Transferstelle für politische Bildung: »In einem Einwanderungsland muss sich die politische Bildung mit dem für Einheimische ›Selbstverständlichen‹ befassen.« 5 Fragen an Prof. Dr. Aladin El-Mafaalani, Januar 2017, https://transfer-politische-bildung.de/transfermaterial/im-gespraech/mitteilung/artikel/in-einem-einwanderungsland-muss-sich-die-politische-bildung-mit-dem-fuer-einheimische-selbstve/ (letzter Zugriff: 04.09.2017).
2 »Wegweiser« ist das Präventionsprogramm des Landes NRW gegen gewaltbereiten Salafismus, das derzeit aus 13 Beratungsstellen besteht. Die Finanzierung und Steuerung des Programms erfolgt durch das Innenministerium, vgl. http://www.mik.nrw.de/verfassungsschutz/islamismus/wegweiser.html.
3 *Kāfir*, Plural *kuffār*, bezeichnet in der arabischen Sprache einen »Ungläubigen« bzw. »Ungläubige«.
4 Mit dem Begriff Schura wird hier der Rat der islamischen Gemeinschaften in Hamburg e. V. bezeichnet.
5 Zu der intensiv geführten Debatte zwischen den beiden französischen Islamwissenschaftlern vgl. Leyla Dakhli: Islamwissenschaften als Kampfsport: Eine französische Debatte über die Ursachen dschihadistischer Gewalt, 24. Juni 2016, http://www.ufuq.de/islamwissenschaften-als-kampfsport/ (letzter Zugriff: 10.09.2017).
6 Gemeint ist das Projekt »Clearingverfahren Case Management: Prävention von gewaltbereitem Neosalafismus und Rechtsextremismus«, das von der Aktion Gemeinwesen und Beratung e. V. aus Düsseldorf verantwortet und von der Bundeszentrale für politische Bildung gefördert wird, vgl. https://www.clearing-schule.de/.
7 »Prevent 1« und »Prevent 2« sind Präventionsprogramme und Teil von CONTEST,

der nationalen Strategie der britischen Regierung gegen islamistischen Terrorismus; siehe dazu auch den Beitrag von Paul Thomas in diesem Band.

8 Großbritannien: International Centre for the Study of Radicalisation and Political Violence (ICSR), King's College London, http://icsr.info; Niederlande: Centre for Terrorism and Counterterrorism (CTC) of Leiden University Campus The Hague, https://icct.nl.

9 In allen drei Fällen geht man mittlerweile davon aus, dass die Jugendlichen über verschiedene Messenger-Dienste mit dem »IS« in Kontakt gestanden haben. Für weitere Informationen zum Fall von Safia S. vgl. https://www.tagesschau.de/inland/is-safia-101.html; zum Fall des 12-jährigen Jungen aus Ludwigshafen vgl.: http://www.tagesspiegel.de/politik/ludwigshafen-zwoelfjaehriger-wollte-offenbar-nagelbombe-auf-weihnachtsmarkt-zuenden/14989032.html; zum Fall des Würzburger Axt-Attentäters vgl. http://www.zeit.de/gesellschaft/zeitgeschehen/2016-07/anschlag-wuerzburg-bayern-attentaeter-islamismus-naher-osten (letzter Zugriff: 11.09.2017).

10 Für weitere Informationen zu diesen und ähnlichen Projekten vgl. Arbeitskreis deutscher Bildungsstätten: Das Programm politische Jugendbildung im AdB, Jahresbericht 2016, Berlin 2017, S. 9 ff.

11 Im November 2016 wurde die Bundesarbeitsgemeinschaft religiös begründeter Extremismus gegründet. An der Gründungsversammlung nahmen 25 zivilgesellschaftliche Träger aus dem gesamten Bundesgebiet teil, vgl. https://bag-relex.de.

12 In Hessen sind zwei Mitarbeiter des Trägers des Violence Prevention Network, der dort Beratungsstellen betreibt, selbst unter »Extremismus-Verdacht« geraten, weil ihnen Kontakte zu Vereinigungen nachgesagt wurden, die vom hessischen Landesamt für Verfassungsschutz beobachtet werden. Daraufhin wurden die beiden Mitarbeiter zunächst suspendiert, vgl. Volker Siefert: Mitarbeiter von Beratungsstelle gegen Radikalisierung suspendiert, 25.02.2017, http://hessenschau.de/gesellschaft/mitarbeiter-von-beratungsstelle-gegen-radikalisierung-suspendiert,verfassungsschutz-beratungs-mitarbeiter-extremismus-100.html (letzter Zugriff: 10.09.2017).

13 Der Beutelsbacher Konsens wurde in den 1970er Jahren mit Blick auf das System Schule formuliert und zählt zu den Leitgedanken politischer Bildung. Vereinfacht lässt er sich in drei Kernforderungen zusammenfassen: 1. Überwältigungsverbot, 2. Kontroversitätsgebot (»Was in Wissenschaft und Politik kontrovers ist, muss auch im Unterricht kontrovers erscheinen«) und 3. »Der Schüler muss in die Lage versetzt werden, eine politische Situation und seine eigene Interessenlage zu analysieren sowie nach Mitteln und Wegen zu suchen, die vorgefundene politische Lage im Sinne seiner Interessen zu beeinflussen.« Für ausführlichere Informationen zum Beutelsbacher Konsens vgl. http://www.bpb.de/die-bpb/51310/beutelsbacher-konsens (letzter Zugriff: 05.09.2017).

Die Autorinnen und Autoren dieses Bandes

Silke Baer ist pädagogische Leiterin von cultures interactive e. V., Berlin. Seit 2001 ist sie im Bereich Rechtsextremismusprävention tätig. Ihre Schwerpunkte sind Jugendkulturarbeit als Präventions- und Distanzierungszugänge in genderreflektierter und gemeinwesenorientierter Perspektive. Zu ihren letzten Veröffentlichungen zählt: »Was zum Teufel treibt ausgerechnet junge Frauen in den Extremismus?« (in: Nils Böckler/Jens Hoffmann (Hrsg.): Radikalisierung und extremistische Gewalt: Perspektiven aus dem Fall- und Bedrohungsmanagement, 2017).

Prof. Preben Bertelsen lehrt Persönlichkeits- und Sozialpsychologie und forscht schwerpunktmäßig zu Lebenspsychologie an der Universität in Aarhus. Er entwickelt gemeinsam mit der Polizei in Ostjütland und der Gemeinde Aarhus ein sogenanntes Aarhus Model of Antiradicalization. 2018 wird er den Artikel »Violent radicalization. Theory and method for prevention in a Life Psychology perspective« veröffentlichen.

Ina Bielenberg ist Geschäftsführerin des Arbeitskreises deutscher Bildungsstätten (AdB) mit Sitz in Berlin. Der AdB ist einer der größten Fachverbände außerschulischer politischer Jugend- und Erwachsenenbildung mit über 100 Mitgliedseinrichtungen bundesweit. Zu ihren aktuellen Veröffentlichungen zählt: »Politische Jugendbildung als Profession« (in: Sabine Achour/Thomas Gill (Hrsg.): Was politische Bildung alles sein kann. Einführung in die politische Bildung, 2017).

Janusz Biene ist Koordinator des Präventionsprojekts »PRO Prävention – Projekt gegen (religiös begründeten) Extremismus« im Integrationsbüro des Kreises Offenbach. Zuvor war er unter anderem wissenschaftlicher Mitarbeiter am Leibniz-Institut Hessische Stiftung Friedens- und Konfliktforschung (HSFK). Zuletzt gab er den Sammelband »Salafismus und Dschihadismus in Deutschland. Ursachen, Dynamiken, Handlungsempfehlungen« (gemeinsam mit Christopher Daase, Julian Junk, Harald Müller, 2016) heraus.

Hans Bonte ist Bürgermeister der belgischen Stadt Vilvoorde und in seiner Stadt bereits mehrfach mit der Rückkehrer-Thematik konfrontiert worden. Von 2007 bis 2013 arbeitete er dort als Präsident des Zentrums für Sozialfürsorge sowie als Stadtrat für soziale Belange. Bevor er 1995 Mitglied des belgischen

Abgeordnetenhauses wurde, war er als Experte für Fragen zu Arbeit und sozialer Sicherheit am Forschungsinstitut SEVI tätig.

Samy Charchira ist Diplom-Sozialpädagoge und wissenschaftlicher Mitarbeiter am Institut für Islamische Theologie an der Universität Osnabrück sowie stellvertretender Vorsitzender der Bundesarbeitsgemeinschaft religiös begründeter Extremismus. Zuletzt veröffentlichte er: »Zur Notwendigkeit Islamischer Wohlfahrtspflege und Rolle der Deutschen Islamkonferenz: Einblicke, Rückblicke und Ausblicke« (in: Rauf Ceylan/Peter Antes (Hrsg.): Muslime in Deutschland, Historische Bestandsaufnahme, aktuelle Entwicklungen und zukünftige Forschungsfragen, 2017).

Claudia Dantschke ist seit Dezember 2001 wissenschaftliche Mitarbeiterin der ZDK Gesellschaft Demokratische Kultur gGmbH Berlin. Von 2007 bis 2010 arbeitete sie im Projekt »Familien stärken gegen Gewalt und Extremismus« des ZDK, in dem Angehörige rechtsextrem oder islamistisch orientierter Jugendlicher betreut und beraten werden. Seit Sommer 2011 leitet sie in der ZDK gGmbH die Deradikalisierungs-Initiative HAYAT-Deutschland. Sie studierte Arabistik an der Universität Leipzig.

Önay Duranöz arbeitet als Sozialpädagoge beim Deutschen Kinderschutzbund Dinslaken-Voerde e. V. und ist für das Jugendquartiersmanagement in Dinslaken-Lohberg zuständig. Zu seinen Arbeitsschwerpunkten gehören unter anderem die Koordinierung der sozialpädagogischen Angebote, Berufscoaching beim Übergang von der Schule in den Beruf, Konfliktmanagement sowie Demokratieerziehung. Außerdem ist er in der Radikalisierungsprävention und als Referent zum Thema Salafismus an den lokalen Schulen tätig.

Kurt Edler ist Studiendirektor im Ruhestand und war zuletzt am Hamburger Landesinstitut für Lehrerbildung und Schulentwicklung Referatsleiter für die gesellschaftswissenschaftlichen Fächer. Des Weiteren war er im Auftrag der Schulbehördenleitung für Extremismusprävention im Schulbereich zuständig. Seit 2009 ist er von der Kultusministerkonferenz bestellter Länder-Koordinator des Programmes »Education for Democratic Citizenship and Human Rights« des Europarates.

Mehlike Eren-Wassel arbeitet als Sozialarbeiterin und Beraterin im Beratungsnetzwerk »Kitab« und im Modellprojekt »Jamil – Jugendarbeit in muslimischen und interkulturellen Lebenswelten«, die beide beim Verein zur Förderung akzeptierender Jugendarbeit (kurz VAJA e. V.) angesiedelt sind. Zuletzt veröffentlichte sie: »Aufsuchende und sozialraumbezogene Jugendarbeit zur Prävention demokratie- und menschenrechtsfeindlicher Einstellungen salafistischen Ursprungs bei Jugendlichen« (mit David Aufsess, in: Unsere Jugend, Heft 11 + 12, 2016)

Carmen Figlestahler arbeitet als wissenschaftliche Referentin am Deutschen Jugendinstitut in Halle/Saale. Ihre Arbeitsschwerpunkte sind Jugendforschung, pädagogische Auseinandersetzungen mit gewaltorientiertem Islamismus, soziale Probleme und soziale Kontrolle. Zu ihren Veröffentlichungen zählt: »Distanzierung vom gewaltorientierten Islamismus. Ansätze und Erfahrungen etablierter pädagogischer Praxis« (mit Michaela Glaser, in: ZJJ – Zeitschrift für Jugendkriminalrecht und Jugendhilfe, Heft 3, 2016).

Patrick Frankenberger leitet seit 2017 den Bereich »politischer Extremismus« bei jugendschutz.net in Mainz. Der Politikwissenschaftler arbeitete dort von 2011 bis Ende 2015 als Fachreferent für »Islamismus im Internet« und übernahm 2016 die Koordination des gleichnamigen Projektes. Das Monitoring islamistischer Online-Angebote geht den Fragen nach, wie Islamisten Jugendliche im Netz ködern und gegen welche Jugendschutzbestimmungen dabei verstoßen wird.

Michaela Glaser ist Soziologin (M. A.) und als Leiterin der Arbeits- und Forschungsstelle Rechtsextremismus und Radikalisierungsprävention am Deutschen Jugendinstitut in Halle/Saale tätig. Ihre Arbeitsschwerpunkte sind Forschung und Wissenstransfer zu Rechtsextremismus und gewaltorientiertem Islamismus im Jugendalter sowie die wissenschaftliche Begleitforschung pädagogischer Praxis im Themenfeld.

Christian Hantel baut seit 2015 die niedersächsische Beratungsstelle zur Prävention neo-salafistischer Radikalisierung beRATen e. V. auf und leitet diese. Als Teil des Nordverbundes arbeitete er außerdem an der Entwicklung eines Leitfadens für Dschihad-Rückkehrer. Er ist Diplom-Sozialpädagoge und war zuvor in den unterschiedlichsten Feldern der sozialen Arbeit tätig. Zuletzt war er langjährig als pädagogischer Leiter für unbegleitete Flüchtlinge verantwortlich.

Dr. Julian Junk ist wissenschaftlicher Mitarbeiter am Leibniz-Institut Hessische Stiftung Friedens- und Konfliktforschung (HSFK) in Frankfurt am Main und führt das Berliner Büro der HSFK. Er leitet Forschungsprojekte in der vergleichenden Radikalisierungsforschung sowie zu Online- und Offline-Radikalisierung in den salafistischen Dschihadismus. Zuletzt erschien unter anderem in Ko-Herausgeberschaft der Band »Salafismus und Dschihadismus in Deutschland. Ursachen, Dynamiken, Handlungsempfehlungen« (gemeinsam mit Janusz Biene, Christopher Daase, Harald Müller, 2016).

Jana Kärgel ist Referentin im Fachbereich »Extremismus« der Bundeszentrale für politische Bildung (bpb) und befasst sich dort schwerpunktmäßig mit Islamismusprävention. Zuvor hat sie im Fachbereich »Extremismus« ein zweijähriges Volontariat absolviert und Erfahrungen im Journalismus gesammelt. Sie hat Kommunikationswissenschaften, Anglistik (B. A.) und Politikwissenschaft (M. A.) in Leipzig und Oslo sowie »Violence, Terrorism and Security« (M. A.) an der Queen's University Belfast studiert.

Prof. Farhad Khosrokhavar lehrt an der École des Hautes Études en Sciences Sociales in Paris und ist Direktor des Programmes »Observatoire de la radicalisation« am Maison des Sciences de l'Homme in Paris. Zu seinen Forschungsschwerpunkten gehört der Dschihadismus in Europa mit einem besonderen Fokus auf Frankreich. Zu seinen zahlreichen Veröffentlichungen zählt unter anderem das Buch »Radicalisation« (deutsche Übersetzung: »Radikalisierung«, 2016).

Dr. Michael Kiefer ist Islam- und Politikwissenschaftler und arbeitet am Institut für Islamische Theologie an der Universität Osnabrück. Darüber hinaus ist er für den Düsseldorfer Kinder- und Jugendhilfeträger AGB e. V. tätig. Zuletzt veröffentlichte er (gemeinsam mit Rauf Ceylan): »Radikalisierungsprävention in der Praxis. Antworten der Zivilgesellschaft auf den gewaltbereiten Neosalafismus« (2017).

Joachim Langner arbeitet als wissenschaftlicher Referent am Deutschen Jugendinstitut in Halle/Saale. Hier ist er in der wissenschaftlichen Begleitung von Modellprojekten des Programmes »Demokratie Leben!« und in der Arbeits- und Forschungsstelle Rechtsextremismus und Radikalisierungsprävention tätig. Sein Arbeitsschwerpunkt liegt auf der pädagogischen Auseinandersetzung mit der Hinwendung junger Menschen zu demokratiefeindlichem und gewaltorientiertem Islamismus. Er studierte Islamwissenschaft, Politikwissenschaft und Ethnologie.

Husamuddin Meyer ist Gefängnisseelsorger und Imam in der Justizvollzugsanstalt Wiesbaden. Zudem führt er für VIBIS e. V. Projekte in Schulen und

Moscheen durch, leitet die Hotline Salafismus in Wiesbaden und arbeitet beim Violence Prevention Network (VPN) in der Beratungsstelle Hessen in Frankfurt am Main. Er studierte Ethnologie, Islamwissenschaften und Geografie in Freiburg, Dakar (Senegal) und Ouagadougou (Burkina Faso).

Dr. Gerwin Moldenhauer ist als Staatsanwalt beim Generalbundesanwalt beim Bundesgerichtshof (GBA) in Karlsruhe in der Abteilung Terrorismus beschäftigt. Dort befasst er sich unter anderen mit strafrechtlichen Grundsatzfragen im Bereich Terrorismus oder den Aufgaben des GBA im Gemeinsamen Terrorabwehrzentrum (GTAZ). Er ist außerdem Lehrbeauftragter an der Freien Universität Berlin und Autor zahlreicher strafrechtlicher Veröffentlichungen.

Thomas Mücke ist Mitbegründer und Geschäftsführer von Violence Prevention Network, Diplom-Pädagoge und Diplom-Politologe. Als Dozent, Referent und Coach arbeitet er bundesweit zu den Themenschwerpunkten Radikalisierung und Deradikalisierung, politischer Extremismus sowie Konzepte und Methoden der Antigewaltarbeit. Zuletzt veröffentlichte er: »Zum Hass verführt – Wie der Salafismus unsere Kinder bedroht und was wir dagegen tun können« (2016).

Holger Münch ist Präsident des Bundeskriminalamtes. Nach einer Ausbildung zum Polizeibeamten und einem späteren Studium an der Polizeiführungsakademie in Münster nahm er verschiedene Leitungsfunktionen bei der Polizei sowie beim Senator für Inneres in Bremen wahr. Vor seiner Ernennung zum Präsidenten des Bundeskriminalamtes 2014 war er bereits Polizeipräsident Bremens sowie Staatsrat beim Senator für Inneres und Sport in Bremen.

Prof. Peter R. Neumann ist Direktor des International Centre for the Study of Radicalisation und lehrt Sicherheitsstudien am King's College London. Aktuell dient er außerdem als OSZE-Sonderbeauftragter zur Bekämpfung des gewaltbereiten Extremismus. Sein aktuelles Buch heißt »Der Terror ist unter uns: Dschihadismus und Radikalisierung in Europa« (2016). Davor erschien »Die neuen Dschihadisten: IS, Europa und die nächste Welle des Terrorismus« (2015).

Dr. Götz Nordbruch ist Islam- und Sozialwissenschaftler sowie Mitbegründer und Ko-Geschäftsführer des Vereins ufuq.de. Zu seinen Arbeitsschwerpunkten zählen unter anderem Jugendkulturen zwischen Islam, Islamfeindlichkeit und Islamismus sowie Prävention von islamistischen Einstellungen in schulischer und außerschulischer Bildungsarbeit.

Die Autorinnen und Autoren dieses Bandes

Dr. Behnam T. Said ist wissenschaftlicher Referent beim Landesamt für Verfassungsschutz Hamburg. Zuvor studierte er Islamwissenschaft, Sozial- und Wirtschaftsgeschichte sowie Politikwissenschaft in Hamburg und promovierte 2014 mit einer Arbeit zum Thema »Hymnen des Jihads. Naschids im Kontext jihadistischer Mobilisierung«. Darüber hinaus veröffentlichte er »Islamischer Staat – IS-Miliz, al-Qaida und die deutschen Brigaden« (2014).

Katja Schau ist als wissenschaftliche Referentin am Deutschen Jugendinstitut in Halle/Saale tätig. Ihre Arbeitsschwerpunkte sind pädagogische Prävention von demokratiefeindlichem und gewaltorientiertem Islamismus, Umgang mit sozialen Problemen sowie Normativität in der pädagogischen Prävention. Sie veröffentlichte: »Wie kann pädagogische Prävention von Islamismus bei Jugendlichen gelingen?« (in: Landesinstitut für Schulentwicklung Baden-Württemberg u. a.: Jugendliche im Fokus salafistischer Propaganda, 2016).

Holger Schmidt ist Kriminaloberrat und leitet seit 2015 das Kompetenzzentrum für Deradikalisierung im Bayerischen Landeskriminalamt. Unter seiner Führung wurde ein zentraler Ansprechpartner für Radikalisierungssachverhalte in Bayern geschaffen. Neben der operativen Fallbearbeitung und -steuerung ist er außerdem für die Koordination von Forschungsprojekten mit Bezug zu (De-)Radikalisierung verantwortlich.

Diana Schubert ist seit 2006 Geschäftsführerin des Kommunalen Präventionsrates Augsburg und leitet das Büro für Kommunale Prävention der Stadt Augsburg. Dabei bildet seit 2011 auch religiös begründete Radikalisierung ein Schwerpunktthema der Arbeit. Sie vertritt die Stadt Augsburg außerdem in internationalen Projekten und Netzwerken, wie z. B. dem Radicalisation Awareness Network (RAN) und dem Strong Cities Network.

Johannes Schwartzkopf arbeitet als Abteilungskoordinator am Oberstufenzentrum Informations- und Medizintechnik in Berlin. Er koordiniert an seiner Schule das Modellprojekt »Clearingverfahren und Case Management – Prävention von gewaltbereitem Neosalafismus und Rechtsextremismus«. Zuvor war er zehn Jahre Fachbereichsleiter für Sozialkunde, Politikwissenschaft und Wirtschaftswissenschaften.

Jessika Soors ist die Deradikalisierungsbeauftragte der belgischen Stadt Vilvoorde, wo sie die städtischen Bemühungen in Sachen Radikalisierungsprävention koordiniert. Auf internationaler Ebene ist sie außerdem Ko-Vorsitzende der Arbeitsgruppe »Local« des Radicalisation Awareness Network (RAN) und darüber hinaus an Initiativen beteiligt, die Trainingsprogramme zur Reintegration von Rückkehrern entwickeln. Sie hat einen Master-Abschluss in Arabistik und Islamwissenschaft.

André Taubert ist seit 2015 Leiter der Fachstelle »legato – systemische Ausstiegsberatung – Fachstelle für religiös begründete Radikalisierungen« in Hamburg. Zuvor arbeitete er als Straßensozialarbeiter in Bremen und beriet zwischen 2012 und 2015 im Pilotprojekt »Kitab« Eltern, Lehrer und Sozialarbeiter im Umgang mit salafistisch orientierten Jugendlichen. Außerdem ist er im Radicalisation Awareness Network (RAN) aktiv.

Prof. Paul Thomas lehrt zum Thema »Jugend und Politik« an der Universität Huddersfield in Großbritannien. Sein Forschungsinteresse gilt unter anderem der Frage, wie multikulturelle Politikansätze, wie etwa das »Prevent«-Programm zur Terrorismusbekämpfung, auf der kommunalen Ebene und von pädagogischen Fachkräften umgesetzt werden. Darüber hinaus ist er selbst ausgebildeter Jugendsozialarbeiter. Zuletzt erschien von ihm »What the Prevent duty means for schools and colleges in England: An analysis of educationalists' experiences« (mit J. Busher, T. Choudhury und G. Harris, 2017).

Britta von der Heide gehört zur Recherchekooperation von NDR, WDR und Süddeutscher Zeitung. Sie ist Autorin verschiedener Reportagen und Dokumentationen, darunter unter anderem »Ein Sommer im Dschihad – erstes Fernsehinterview mit einem IS-Rückkehrer«. Außerdem betreut sie als Redakteurin investigative Langformate anderer Autoren und ist stellvertretende Leiterin im NDR-Ressort Investigation.

Hanne Wurzel leitet seit 2013 den Fachbereich »Extremismus« der Bundeszentrale für politische Bildung (bpb) und zeigt sich für die Neustrukturierung der Extremismuspräventionsarbeit verantwortlich. Weiterhin koordiniert sie die Umsetzung des Bundesprogramms »Zusammenhalt durch Teilhabe«, das auf die Förderung von Projekten der demokratischen Teilhabe und gegen Extremismus in ländlichen oder strukturschwachen Regionen ausgerichtet ist. Zuvor hat sie in der bpb verschiedene leitende Positionen wahrgenommen.